JN323899

マルクス「信用論」の解明

その成立史的視座から

小林賢齊

八朔社

凡　　例

1. マルクスからの引用は，Karl Marx Friedrich Engels Gesamtausgabe（MEGA）をテキストとして用いる。
2. 『資本論』からの引用は，Karl Marx・Friedrich Engels（MEW）をテキストとして用いる。
3. 『資本論』第Ⅲ部（手稿）からの引用は MEGA, Ⅱ/4・2（1992）によるが，それについては単に *MEGA*, S. xxx というように簡略化して表記する。ただし MEGA, Ⅱ/4・2以外についてはその限りではない。
4. 『資本論』第Ⅲ部からの引用は MEW, Bd.25（1976）によるが，それについては単に *MEW*, S. xxx というように簡略化して表記する。ただし MEW, Bd.25以外についてはその限りではない。
5. 『資本論』の翻訳書としては，長谷部文雄訳(青木文庫版)を用いるが，第Ⅲ部については簡略化して，単に，訳，xxx ページと表記する。
6. *The Economist* 誌からの引用については，簡略化のために掲載誌の年月日のみを挙げ，掲載ページを表記していない場合がある。
7. 利用したイギリス上下両院の『委員会報告書』のフル・タイトルは，本書第8章に掲出してあるので，簡略化して引用する場合もある。
8. 上記『委員会報告書』からの「質疑・応答」の引用に当たっては，煩瑣を避けて，『報告書』のページを一々挙げることはせず，「質疑・応答」の番号だけを括弧（　）に入れて示している。なおその際，委員の質問[尋問]にはQの記号を，証人の答弁[証言]にはAの記号を付していくこととする。
9. 特に断らない限り，引用文中の傍点﹅は元著者による強調を，また傍点…は著者(小林)による強調を表している。
10. 引用文中の括弧[　]の中は，特に断りがない限り，すべて著者(小林)による補足である。

まえがき

　本書は，手稿「信用。架空資本」を読み解くために，およそこの15年間に著者が書き綴ってきた論考を一書に取りまとめた，いわゆるマルクス「信用論」の成立史的視座からの解明である。

　ここで手稿「信用。架空資本」とは，従来，マルクスの「信用論」と呼ばれてきた現行版『資本論』第Ⅲ部第5篇「利潤の利子と企業者利得への分裂。利子生み資本」の第25〜35章部分，即ち，手稿の第Ⅲ部第5章第5節「信用。架空資本」の謂いである。それは「冒頭部分」，「補遺」，「資本主義的生産における信用の役割」，「Ⅰ）」，「Ⅱ）」，「Ⅲ）」，「混乱」，「Ⅲ）：続き」，「混乱：続き」の9項目から成り立っている。エンゲルスはそれらを，第25〜35章の11章に編みあげ，第27章を除くそれら各章に，彼が標題を付していったのである。そして彼は，その編集について，『資本論』第Ⅲ部の「序言」で次のように述べている。第27章と第29章を除くと，「引用資料の選別や他の箇所にあった材料の挿入」を自分が加えていないところはなく，特に第30章からは「本来の困難が始まり」，「引用文献からなる材料のみでなく，絶えず挿入文・岐論などによって中断されて他の箇所で…続けられている［マルクスの］思想的経路をも，適宜に整理することが必要であった」，と。

　ところが，例えば，このようにエンゲルスが殆ど手を入れる必要がなかったと述べている第27章においてすら，彼は「以下の諸章」についての「叙述プラン」に，彼の解釈を次のように加えている。即ち，手稿によれば，その個所は次のように記されている。「われわれは今や利子生み資本そのもの〔それ［利子生み資本］が受取る形態のような，信用制度によるそれ［利子生み資本］への影響〕の考察へと移る」，というのである。しかし現行版では，「以下の諸章では，利子生み資本そのものとの関連で信用を，即ち，その［信用の］これ［利子生み資本］への影響，並びに，それ［信用］がこの場合に受け取る形態を考察する」と改められている。したがってこれによれば，以下では利子生み資本そのものではなく，それとの関連で信用ないし信用制度を考察するということとなるであろう。

因みに，手稿「信用。架空資本」の第1項である「冒頭部分」（現行版第25章の主要部分）で，マルクスは，ここでの考察の前提となる近代的信用＝銀行制度の2つの側面・基礎について予め本質的な規定を与えていくのではあるが，しかしこの「冒頭部分」は「信用制度や信用貨幣等々のようなそれが生みだす諸用具の分析はわれわれの計画の外にある」という文言で始まり，「銀行の特殊な形態のような特殊な信用諸用具は，われわれの目的にとっては立ち入って考察することを必要としない」という文言で終わっている。そしてその第3項「…信用の役割」（現行版第27章）は，内容的にはこの第1項に続き，第1項と共に手稿「信用。架空資本」全体の序章をなしていると考えられるのであるから，そこでの「叙述プラン」で，「利子生み資本そのものとの関連で」とは言え，マルクスが以下では信用ないしは信用制度の考察に移ると言っているとは解し難い。

　マルクスの手稿と現行版『資本論』との間の異同が大谷禎之介氏の考証によって明らかとなり，さらに$MEGA, II/4・2$という形で『資本論』第III部の手稿(第1稿)が既に公刊されている現在においては，マルクスの「信用論」は手稿「信用。架空資本」を離れては語り得ない。したがって現時点でマルクスの「信用論」の検討を試みる場合には，エンゲルス篇の現行版『資本論』を参照しつつも，マルクスの手稿そのものをいかに読み解くかが問われることとなるであろう。

　さしあたりこの「叙述プラン」との関連で言えば，いうところの「利子生み資本そのもの〔…信用制度によるそれ[利子生み資本]への影響]の考察」とは何を意味しているのかが問われねばなるまい。別言するならば，この第5節「信用。架空資本」の主題とは何であるのかを明らかにしていかなければならないこととなるであろう。

　この第5章(現行版第5篇)では第1節から第4節(現行版第21章～第24章)において，既に利子生み資本についての概念論が展開されてきている。したがってここ第5節の第3項である「…信用の役割」の個所で，以下で「利子生み資本そのもの」を考察するといっても，それは，利子生み資本

についての概念論の再説を意味するのではなく，第1項である「冒頭部分」で，その2つの側面・基礎について規定した近代的信用＝銀行制度を前提し，それによる利子生み資本への影響などの利子生み資本そのものについての考察に移っていくと述べていると理解して，大過ないであろう。つまり「利子生み資本との関連で」の信用ないし信用制度の考察にではなく，信用＝銀行制度の下での利子生み資本そのものについての考察に移っていく，とマルクスは言っているのである。

その課題に著者は，いわば成立史的視座に立ち，2つの視点からアプローチすることとした。その1つは，「信用。架空資本」論で取り扱われている資料，材料の「源流」を探るという視点からのアプローチであり，いま1つは『資本論』第Ⅱ部の「再生産論」と第Ⅲ部の「信用論」との内的連携を探るという視点からのアプローチである。

まず第1の点であるが，実はマルクスは，ロンドン移住後ただちに『エコノミスト』誌——したがってまたJ. ウィルソンによる1844年銀行法批判の論説——を読み漁り，それらを『ロンドン・ノート』に書き記し，手稿「信用。架空資本」執筆に当たっては，この『ノート』を直接に利用していくのである。他方彼は，同じ『ロンドン・ノート』には通貨学派のノーマンやオーヴァーストーンの小冊子からの引用を書き留めながらも，この手稿執筆に際しては，大英博物館に通いつつ，1844年「銀行法」等々に関するイギリス上下両院の膨大な『委員会報告書』を渉猟し，彼らの主張をもっぱら「銀行法特別委員会（1857年）」における彼らの証言に依拠して批判していくのである。だからこれらの資料・材料には，19世紀中葉のイギリス経済の実態のみでなく，通貨学派の，就中オーヴァーストーンによる「銀行法擁護」の「貨幣＝資本」論そのものも含まれているのであり，したがってその意味では，この「信用。架空資本」論は，これらの資料，材料をいわば「源流」とする1844年銀行法をめぐる「現状分析」論とみることができるのである。

そしてこうした視座からのマルクス「信用論」へのアプローチは，ある意味では，これまでの研究のいわばニッチを埋めることともなるものと思われる。

そこで本書では，第Ⅰ部を「『エコノミスト』誌とJ.ウィルソン」，第Ⅱ部を「下院『銀行法特別委員会(1857年)』の証言から」とし，このような意味での「信用。架空資本」論のいわば「源流」を尋ねると共に，第Ⅰ部と第Ⅱ部のそれぞれの末尾の章で，マルクスが手稿「信用。架空資本」を執筆するにあたって，いかに『エコノミスト』誌や両院の『委員会報告書』を渉猟していたかを，備忘のために収録することとした。

ところでこの手稿でのトゥック（およびフラートン）に対するマルクスは，ウィルソンやオーヴァーストーンに対するのとは若干趣を異にしている。そしてその点が，「再生産論」（「再生産＝循環論」）と「信用論」との内的連携の問題に係わってくる。

社会的総資本の再生産過程の分析は，『資本論』第Ⅲ部の第1稿の執筆に先立つ1861年～1863年執筆の手稿『経済学批判』（いわゆる『23冊ノート』）に含まれている「剰余価値に関する諸学説」のアダム・スミスの価値＝剰余価値論におけるいわゆる「v＋mのドグマ」批判（第6冊）に始まる。しかしこの「諸学説」は「生産過程」のところに属しているという理由から，スミス（およびトゥック）の「貨幣流通」把握の批判は「流通過程」のところで行うものとして後に回されていく。そしてそれは，この同じ『23冊ノート』に含まれている「エピソード。資本主義的再生産における貨幣の還流運動」（第17冊，第18冊）において果たされていくのであるが，マルクスは同時にそこで，先の「諸学説」での再生産過程の考察は，年総生産物の「価値＝素材補塡」論に止まり，そこでは貨幣は単に「計算貨幣」としてのみ考慮されていたにすぎなかったとして，「再生産論」のいま1つの側面である年総生産物の転態を媒介する「貨幣流通＝還流」の考察を行っていく。しかもそれ通じて，再生産論の2つの側面――「価値＝素材補塡」論と「貨幣流通＝還流」論と――が，再生産＝循環論として統一され，しかも単純再生産の範囲においてではあるが，「1つの到達点」に達していく。

なおマルクスは自らの「経済表」をこの『ノート』の第22冊に書き記し

ていく。

　実はこの「エピソード」は，そもそも貨幣の形態規定とそれらが資本や所得を表すかどうかとを「直接に同一視する」トゥックの誤りの批判で始まっている。そしてトゥックに対する「反対論者」がトゥックに投げかけた疑問——資本家はいかにして流通に投入するよりも多くの貨幣をたえず流通から引上げ得るのか——を，マルクスは次のように「立て直す。」即ち，問題は，剰余価値を含む商品の価値を実現するのに必要な貨幣はどこから来るのかにある，と。そして彼は，上述のように，総再生産過程における「貨幣流通＝還流」を考察し，資本家は資本としての貨幣のみでなく，剰余価値（所得）の流通に必要な貨幣をも流通に投入すること，だから資本家自身が取引に必要な貨幣を「階級として」，つまり全体としての資本家が供給することを明らかにしていく。なおその際マルクスは，信用＝銀行制度の下では貨幣の還流が「時計仕掛けのように簡単に」行われるとするフラートンを批判し，そのように見える運動の基礎には，この再生産＝循環過程での貨幣流通＝還流という「本質的な運動」「真の運動・関係」が存在することをも指摘していく。

　ところがこれら再生産論次元での諸論点は，いずれも，手稿「信用。架空資本」において，信用＝銀行制度の下での問題として，再度考察されていく。例えば，「エピソード」の書き出し部分でのトゥック批判は，手稿「信用。架空資本」の第4項である「Ｉ）」（現行版第28章）冒頭でのトゥック批判に直接連なっているのみでなく，そこではむしろこの「エピソード」でのトゥックの考察を前提に，トゥック批判が進められていく。
　同様に，信用＝銀行制度の下での取引に必要な貨幣（通貨）を銀行業者が預金などの自分の債務を貨幣貸付資本として供給（前貸し）するという問題の前提には，この「エピソード」で流通に必要な貨幣を誰がどのように供給するのかといっ再生産論次元での問題が置かれている。そして銀行業者が貨幣を貨幣貸付資本として前貸しするところから，逼迫期に不足するのは貨幣か資本かといういわゆる「係争問題」も生まれるのであり，また取引に必要な貨幣（通貨）の絶対量と逼迫期における「貨幣の退蔵」や貸し渋りや信用の収縮，等々の問題も

そこから派生することとなるのである。

　「一見したところすべての恐慌は信用恐慌および貨幣恐慌として現れ」「手形の貨幣への『転換可能性』」等々にのみ人々は注目するが，しかしそれらは信用＝銀行制度を「主要な槓杆として」「再生産過程が暴力的に拡張」された結果である。だから恐慌を過去のものとしようとした1844年銀行法に対し，マルクスは「どのような銀行立法も恐慌を取り除きうるものではない」と批判し，さらに括弧〔　〕に入れた岐論としてではあるが，「現実の恐慌の究極の原因」に言及していくのも，信用＝銀行制度の下での貨幣の還流運動の背後には，まさに現実資本の「再生産＝循環」過程における貨幣流通＝還流という「本質的な運動」・「真の関係」が存在するという，基本認識があったからに他ならない。

　因みに，『資本論』の成立史からすると，マルクスはこの第Ⅲ部第1稿の執筆を中断して，第Ⅱ部の第1稿を書きあげて，第Ⅲ部の執筆に戻っていくのである。しかもそれは，この手稿「信用。架空資本」が含まれている第Ⅲ部第1稿の第4章執筆の前に執筆を中断して，第Ⅱ部第1稿を一気に書き上げ，第Ⅲ部に戻るのであるが，その場合彼は，第4章部分に一括されていた「商品資本と貨幣資本の商品取引資本と貨幣取引資本への転化」部分を第4章として独立させ，第5章を上述のように，「利潤の利子と企業利潤への分割。…利子生み資本」として，第1〜4節では利子生み資本の概念論を展開し，第5節で件の「信用。架空資本」を考察対象とするに至り，しかもこの第5節では，「以前に見てきた」「先に考察した」という形で，都合5回にわたって，第Ⅱ部での「再生産過程の考察」に言及していくのである。

そこで本書では，この「エピソード。資本主義的再生産における貨幣の還流運動」についての「解題」をその「序章」とし，手稿「信用。架空資本」論の資料，材料の「源流」を尋ねた後に，第Ⅲ部として「信用。架空資本」論そのものについての考察を配することとした。なおそこでは，上述の「叙述プラン」に示されているように，「利子生み資本そのもの」が考察されるのではあ

るが，それは結局のところ，「信用という事柄全体で唯一困難な問題」——貨幣貸付資本の蓄積と現実資本の蓄積との関係，および，貨幣貸付資本の増減と貨幣量との関係——の考察として，展開されていくのである。そしてその考察を通して，同時にそこでは，当時の「新版」貨幣数量説である「通貨理論」，就中オーヴァーストーンの「貨幣理論」，並びに，それに準拠した1844年ピール銀行法の根底的批判が行われていく。

　このようにマルクスの「信用論」は，19世紀中葉のイギリスの資料・材料を「源流」とし，「再生産＝循環論」を基礎において構成されてきたものであるが，そこで「信用という事柄全体で唯一困難な問題」として検討され析出されてきた基本的諸命題は，「再生産＝循環論」からの基本的諸命題と共に，今日にも妥当する。即ち，一般的妥当性をもつ。

　ところで，アメリカの「サブ・プライム・ローン」問題の表面化に端を発し，2008年9月のリーマン・ブラザーズ証券の倒産を契機に一挙に世界化したいわゆる「金融危機」(financial crisis)は，例えば「金融工学」による高度の数学的解析が必要とされるような証券化商品のグローバル化にあったといった，実体経済から自立的な単なる「ファイナンシャル・クライシス」(Kreditkrise)にすぎなかったのか，それともクオンツ(quants)たちを通じて巨大化された金融取引を介して齎らされた，実体経済に根差す，いわゆる「過剰生産恐慌」の一環としての「ファイナンシャル・クライシス」であったのか？　本書が，今次の「世界大不況」やその後の金融政策，等々の分析に，些かなりとも資するところがあるとすれば，著者にとって望外の喜びとするところである。

　2009年10月

小　林　賢　齊

目　次

凡　例
まえがき

序　章　再生産＝循環論と「信用論」
　　　　——解題：『エピソード。貨幣の還流運動』—— ……………………… 1

　第1節　はじめに　1

　第2節　「エピソード」前半部分——(1)　3

　第3節　「年々の生産的資本全体」の貨幣流通＝還流と
　　　　　スミス＝トゥック批判——「エピソード」前半部分——(2)——　13

　第4節　「エピソード」後半部分　31

　第5節　手稿『経済学批判』における「貨幣流通＝還流」分析　47

　第6節　むすびにかえて　57

第Ⅰ部　『エコノミスト』誌と J. ウィルソン

第1章　「通貨と銀行業」の「根本的原理」
　　　　——J. ウィルソンの「通貨原理」批判—— ……………………… 62

　第1節　本章の課題　62

　第2節　ウィルソンによる「通貨と資本の区別」　65

　第3節　「預金銀行の設立」と「資本」としての「地金」　69

　第4節　「通貨の機能を遂行する」貨幣と「資本を代表する」貨幣　74

第2章　J.ウィルソンのR.ピール銀行法批判 …………………… 77

第1節　はじめに　77

第2節　「通貨原理」の第1～第3の「仮定」の検討
　　　　──銀行業者は「受身の代理人」──　78

第3節　「通貨原理」の第4・第5の「仮定」の検討
　　　　──物価の変動と為替相場──　86

第4節　「銀行実務」の「基本的原理」について
　　　　──むすびにかえて──　94

第3章　J.ウィルソンの銀行業論──資本主義構造論によせて── ………… 103

第1節　『エコノミスト』誌からの2つの引用　103

第2節　銀行業の本質把握と銀行業務の「根本原理」　104

第3節　「資本」の社会的「配分」といわゆる「貨幣市場」　109

　〔補遺〕鉄道建設と「資本」の「新配分」について　120

第4節　むすびに──イギリス資本主義の構造的特質──　125

第4章　『エコノミスト』誌と『ロンドン・ノート』 ……………………… 136

第1節　備忘のために　136

第2節　『ロンドン・ノート』における
　　　　『エコノミスト』誌からの抜き書き　138

第3節　1847年恐慌と銀行法の「一時停止」　146

第4節　『エコノミスト』誌の援用
　　　　──手稿「信用。架空資本」における──　147

第5節　貨幣貸付資本と資本一般との「同一視」
　　　　──『エコノミスト』誌批判──　156

目　次　xiii

第Ⅱ部　下院「銀行法特別委員会（1857年）」の証言から

第5章　オーヴァーストーンの「1844年銀行法弁護」……………………162

第1節　はじめに　162

第2節　1844年銀行法の「第一義的目的」と「大原理」　165

〔補遺-1〕1819年銀行法の「不備」と
　　　　　イングランド銀行の発券「規則」の提案　171

〔補遺-2〕イングランド銀行の不動産担保貸付と
　　　　　投機との関係について　173

第3節　「貨幣量」と「貨幣の価値」に関する「理論」　176

〔補遺-3〕「資本の価値の変化」による
　　　　　利子率の「大きな変動」　185

〔補遺-4〕「高利禁止法」の廃止と1844年銀行法　187

第4節　「紙券」に関する「理論」と
　　　　イングランド銀行の発券業務「分離」　190

〔補遺-5〕銀行部準備と地金量　201

第5節　「政府書簡」と銀行法の「一時停止」
　　　　――むすびにかえて――　203

第6章　D.B.チャップマンの「1844年銀行法修正」案………………212

第1節　はじめに　212

第2節　手形決済に「必要な通貨」と「貨幣退蔵」　216

第3節　逼迫期におけるイングランド銀行の貸付
　　　　――発券部準備と銀行部準備――　225

第4節　1844年ピール銀行法の評価――「長所」と「欠陥」――　234

第5節　「過剰発行」と「正貨支払の維持」
　　　　――銀行法「修正」の「立法」化――　242

〔備考〕委員ウィルソンの質問——「資本か貨幣か」—— 247

　第6節　むすびにかえて　251

第7章　W. ニューマーチによるイングランド銀行割引率についての提言
　　　——1844年銀行法批判との関連で——………………………259

　第1節　本章の課題　259

　第2節　イングランド銀行の独自の位置　262

　第3節　1844年銀行法とイングランド銀行割引率の乱高下　267

　　〔補遺-1〕取引の増減と流通銀行券の増減　276

　第4節　イングランド銀行の最低割引率
　　　　——地金流出を防ぎ，一定額の貴金属を維持するための——　278

　第5節　地金の流出入と為替相場——結びに代えて——　285

　　〔補遺-2〕「金の交換価値」について　292

第8章　備忘録：手稿「信用。架空資本」と両院『委員会報告書』等…295

　第1節　はじめに　295

　第2節　『秘密委員会報告書』と『特別委員会報告書』等　296

　第3節　手稿執筆と『委員会報告書』の利用について　298

　第4節　おわりに　314

第Ⅲ部　「信用。架空資本」論の考察

第9章　ギルバート著『銀行業の歴史と原理』の引用を巡って
　　　——手稿の「冒頭部分」（現行版第25章）における——……………316

　第1節　手稿「信用。架空資本」と現行版との異同について　316

　第2節　信用制度の第1の側面とギルバートからの引用　322

　第3節　「信用制度の他の側面」とギルバートからの引用　327

目　次　xv

　第 4 節　引用 8 ～ 14 について　333

　第 5 節　引用 15 ～ 18 は「冒頭部分」か「補遺」部分か？　339

　　　〔備考〕「永久貸付」と「銀行営業資本」,「公債投資」と
　　　　　　「真の資本」　345

　第 6 節　むすびに　348

　　　〔補遺〕手稿「Ⅱ)」における「銀行業者の資本」の
　　　　　　「立ち入った吟味」について　350

第10章　「英語でいう moneyed な Capital」について
　　　　──手稿「Ⅰ)」(現行版第28章)の冒頭部分について──……………356

　第 1 節　moneyed Capital とは　356

　第 2 節　下院「秘密委員会」での委員クレイの「尋問」　358

　第 3 節　「貨幣取引資本」と「貨幣貸付資本」──その 1　363

　第 4 節　「貨幣取引資本」と「貨幣貸付資本」──その 2　365

　第 5 節　利子生み資本 (Zinstragendes Capital) と
　　　　　貨幣貸付資本 (monied capital)　369

　　　〔補遺-1〕「以下について」の「叙述プラン」との関係について　376

　　　〔補遺-2〕現行版第28章冒頭のパラグラフについて　378

第11章　「発券銀行業者の立場」と「彼の資本」
　　　　──手稿「Ⅰ)」(現行版第28章)についての覚え書き──………………382

　第 1 節　はじめに　382

　第 2 節　貨幣の諸機能と所得または資本の貨幣形態
　　　　　──トゥックの誤り──　383

　第 3 節　フラートンの言う「資本」とは　385

　第 4 節　マルクスの言う banking Capital とは　393

　第 5 節　マルクス自身による問題の整理　401

〔補遺〕 現行版第28章の末尾部分について　404

第12章　「銀行業者の資本」の「架空性」
　　　　──手稿「Ⅱ」（現行版第29章）について──……………………407

第1節　はじめに　407

第2節　「銀行業者の資本［資産］」の構成とその「架空性」　409

第3節　貨幣貸付資本の「架空化」・「貨幣請求権化」　413

　〔備考-1〕　同一貨幣片による貸付について　415

　〔補遺〕手稿「Ⅲ）：続き」後段での「架空性」再論　418

第4節　「準備ファンド」の「架空化」　420

　〔備考-2〕パルグレイヴによる
　　　　　「銀行貸借対照表のフォーム」について　421

　〔備考-3〕「単一準備金制度」の確立について　421

第5節　預金と支払準備金とビル・ブローカー　427

第6節　むすびに　432

第13章　「唯一困難な問題」について
　　　　──手稿「Ⅲ）」（現行版第30章）以下について──……………………435

第1節　「唯一困難な問題」とは　435

第2節　貨幣貸付資本の蓄積と現実資本の蓄積との関係，
　　　　並びに，貨幣貸付資本の増減と貨幣の量との関係　443

第3節　貨幣貸付資本の蓄積と現実資本の蓄積との関係（続き）
　　　　──「Ⅲ）：続き」の前半部分について──　460

第4節　オーヴァーストーンの「ごった混ぜの言葉使い」
　　　　──「Ⅲ）：続き」の後半部分について──　471

　〔備考-1〕　一連の岐論部分について　480

第5節　貨幣貸付資本の増減と

　　　　　　「借入れられた貨幣」としての「貨幣の量」との関係
　　　　　　　──「混乱：続き」の「第1の部分」（前半）について── 485

〔備考-2〕「第1の部分」の後半について 494

〔備考-3〕「混乱」部分について 495

第6節　貿易差額と支払差額，為替相場と地金流出入
　　　　　　──「混乱：続き」の「第2の部分」と「第3の部分」── 504

〔備考-4〕「第4の部分」について 514

第7節　結びに代えて
　　　　　　──「どのような銀行立法も恐慌を除去できない」── 519

〔備考-5〕「現実の恐慌の究極の原因」の挿入について 526

あとがき

　　　　　　　　　　　　　　　　　　　　　　　　　　装幀・髙須賀優

序章　再生産＝循環論と「信用論」
——解題：『エピソード。貨幣の還流運動』——

第1節　はじめに

　周知のように，『資本論』成立過程の第2の時期に執筆された手稿『経済学批判』（いわゆる23冊ノート）——1861年8月～1863年6・7月——は，『経済学批判。第1分冊』（1859年刊）の「第1篇　資本一般」第1・2章に続く，「第3章　資本一般」の「Ⅰ．資本の生産過程」として書き始められる[1]。したがってその第6冊220ページに始まる「5．剰余価値に関する諸学説」も，この「Ⅰ．資本の生産過程」の「篇(Abschnitt)」に属している。

　ところが第15冊の890ページで，「諸学説」の叙述は中断され，第18冊1084ページで「諸学説（結び）」が再開されるまでの間に，(1)「エピソード。所得とその源泉」（第15冊891-944ページ），(2)「商業資本。貨幣取引に従事する資本」（第15冊944-973ページ，第17冊1029-1038ページ，第18冊1075-1084ページ），(3)「第3章　資本と利潤」（第16冊973-1021ページ），(4)「エピソード。資本主義的再生産における貨幣の還流運動」（第17冊1038-1065aページ，第18冊1068-1074ページ）等々が，挿入されてくる[2]。そしてこれらの挿入部分の表題は，「諸学説（結び）」の部分についてのいわゆる「1863年1月プラン」の，「1．剰余価値の利潤への転化。…」，「8．産業利潤と利子とへの利潤の分裂。商業資本。貨幣資本。9．所得とその諸源泉。…。10．資本主義的生産の総過程における貨幣の還流運動。11．通俗経済学」等[3]に照応している[4]。

　しかしこれらの挿入部分の(1)には，『資本論』第Ⅱ部第1稿[5]（1864年末～1865年前半）「第1章　資本の流通」の「第1節　資本の姿態変換」即ち「資本循環」論の「原型」が，また(2)には，同「第4節　流通費」論の「素材・下地」[6]が，そして(4)には，同上「第3章　流通と再生産」の直接の素材が含ま

れていること[7]が，既に明らかになっている。

とはいえ特に挿入部分(4)「エピソード。貨幣の還流運動」については，若干複雑である。この「エピソード」は，第1に，「23冊ノート」の第22冊における「マルクスの経済表」(1863年5月)に結実していく一定の位置をもっているが，この「マルクスの経済表」を含むことになると推定[8]される「資本主義的生産の総過程における貨幣の還流運動」という「1863年1月プラン」の第「10」章自体が，したがって「経済表」もまた，現行版『資本論』第Ⅲ部からは消えるに至る[9]。第2に，これから詳細に検討するように，この「エピソード」には，単に現行版『資本論』第Ⅱ部第Ⅱ篇第17章及び第Ⅲ部「再生産表式」論の直接の下地・素材が含まれているだけでなく，その一部は第Ⅲ部第Ⅳ篇第17章「商業利潤」の下地を形成し，さらに第Ⅴ篇第25章以下の「信用。架空資本」論の基礎をもなしていくのであるが，他方，「63年1月プラン」の第「8」章「産業利潤と利子とへの利潤の分裂。商業資本。貨幣資本」は，第Ⅲ部第1稿(いわゆる「主要原稿」)の執筆が中断(1864年夏)され，その間に第Ⅱ部第1稿が執筆された後には，2つの章——「商業資本と貨幣資本の商品取引資本と貨幣取引資本への転化」と「利潤の利子と産業利潤とへの分裂。利子生み資本」——に組み替えられ(1865年後半〜)，そして後者に「信用。架空資本」の考察が加えられるに至る[10]。

そこに，『資本論』成立史におけるこの「エピソード。貨幣の還流運動」の，独特な位置がある。

1) Cf. *MEGA*, Ⅱ/3・1, 1976, S.5*-6*.
2) これらの挿入部分のうち(3)の部分は，第15冊以前に執筆されたものである。また(2)のうち944-973ページと1029-1038ページとは続けて執筆されているが，1075-1084ページの部分は，(4)「貨幣の還流運動」の後で，「商業資本。(続き)」として書き足された部分である。
3) *MEGA*, Ⅱ/3・5, 1980, S.1861：資本論草稿集編集委員会訳，『資本論草稿集』⑧，［1861-1863年草稿］，541ページ。
4) エンゲルスも，これらの部分は『資本論』「第Ⅲ部のための…諸課題」が取扱われているものとみなしている(cf. *MEW*, Bd. 24, S.8：『資本論』第Ⅱ部，訳，8ページ。)
5) Cf. *MEGA*, Ⅱ/4・1, 1988, S.137f.：中峯／大谷／他訳『資本の流通過程——『資本論』第2部第1稿——』1982年。なお手稿『経済学批判』の中には第2篇(部)の

6）　小林賢齊「『資本論』第Ⅱ部第Ⅰ編「資本循環論」の成立過程の一齣——手稿『経済学批判』第ⅩⅤ冊および第ⅩⅦ冊について——」『土地制度史学』第132号，1971年7月，1-14ページを参照されたい。

　　7）　さしあたり，小林賢齊「『蓄積におけるⅡcの転態』について——『残された問題』との関連で——」『武蔵大学論集』第27巻第3・4・5号，1979年12月，369-373ページ；小林「『単純再生産表式』成立過程の一齣——「エピソード。貨幣の還流運動」についての覚書——」同上，第29巻第3・4号，1981年12月，25ページ以下を参照されたい。

　　8）　既によく知られているように，マルクスは1863年7月6日付のエンゲルス宛の手紙で，「この表は僕の著書の終りの方の一章に総括として掲げられる」と伝えている。

　　9）　ヴィゴツキー等によって，第Ⅲ部第1稿を執筆する際に書かれていたと推定される「プラン」では，なお「第7章」として残っている(cf. B. Выгодский／Л. Миськевич／М. Терновский／А. Чепуренко, О периодизации работы К. Маркса над 《Капиталом》 в 1863-1867гг., *Вопросы зкономики*, 1891, No. 8, стр. 101：中野雄策訳「1863-1867年におけるマルクスの『資本論』執筆の時期区分について」『世界経済と国際関係』第56集，1981年，202ページ)。

　　10）　Cf. *MEGA*, Ⅱ／4・1, *Apparat*, 1988, Entstehung und Überlieferung, S. 560-562：大谷禎之介「『資本論』第2部および第3部の執筆時期の関連についての再論」『経済志林』第57巻第3号，1989年，169ページ以下。

第2節　「エピソード」前半部分——(1)

　「エピソード。貨幣の還流運動」の主題は「貨幣流通と再生産過程との関係[1]」の検討であり，それをマルクスは，トゥックの「通貨と資本」の誤った「区別」の批判で始め，そして「蓄積，特に貨幣との関連で」の項目の検討にほんの少し入っただけで，「この点の立入った解明」を「後に延ばす」かたちで終わっている。しかもこの「エピソード」は，上述のように，手稿第17冊の1038ページから始まり，第17冊の最後の1065aページまで書き進められた後，第18冊の冒頭の「複利」についての書き込み(1066-1068ページ)を挟んで，1068-1074ページへと書き続けられている。そして内容的には，第17冊1064ページまでの前半部分と，1065ページの1行目からの後半部分とに一応分けることができる。そして前半部分には，後半部分のようにはノンブルを付した小項目が立てられていないが，以下では，前半部分についてもノンブルを付して考察する

こととする。

　[1]　さて前半部分は,「貨幣の種々な形態規定と, これらが資本や所得を表わすかどうかということとを直接に同一視する」トゥックの誤りの批判で始まる。そのために「まず最初に」トゥックにならって,「生産[産業]資本家[K]と小売商[D]と労働者[P]との間の流通[2)]」が例に取上げられる。

　この場合, 貨幣はK—P—D—Kと流れるが, K—Pにおいては, Kの側からすれば「貨幣は購買手段, 流通手段として機能する」が, その点を「別にすれば」, それは「ただ形態転換が行われる資本であるにすぎない」が, しかし「資本を表わす。」他方Pの側からすれば, 流通はA(W)—G—Wの前半であり,「貨幣は単に鋳貨であるにすぎず, 単に所得を表わしているにすぎない。」またP—Dは, Pにとっての流通の後半であり, それによってDの資本＋利潤, 即ち小売商の商品, が実現される[3)]。そして最後にDの下では,「貨幣はまず第一に流通手段として機能する」が, しかしDのG—W—G′としてみれば,「貨幣は彼にとっては彼の資本の形態であるというだけでなく, その還流運動が彼の資本の運動でもある」ということになる。したがってD—Kが「商人相互間の取引」で, またP—Dが「商人と消費者との間の取引」であるとしても, 信用を介入させなければ, 同じ貨幣が取引を媒介する。そして「ここでは貨幣は, 3つのすべての過程の中で流通手段として登場」し,「さらに同じ貨幣が資本の単なる形態転換として, 所得として, 資本・プラス・所得として, 機能する。」「だから, こうした貨幣を所得であるとか資本であるとかあるいはその種類の何かであるというように言うのは, 馬鹿げている[4)]」, と。

　[2]　このようにマルクスは, まずトゥックの「通貨と資本との区別」における「機能的諸規定の取り違い[5)]」を批判した後, それを受ける形で「エピソード」の本題──「いったい資本家はいかにして流通に投入れるよりも多くの貨幣をたえず流通から引上げうるのか」という問題, 即ち,「貨幣流通と再生産過程との関係」──に入っていく。というのはこの問題は, もともとは「G—W—G′と言う形態に依拠する, トゥックに対するある論敵が彼に問いかけた[6)]」問題であったからである。

(1) この問題をマルクスは，さしあたり，スミス＝トゥックの言う「商人と消費者との間の流通」――消費資料を生産する資本家(K)―小売商(食料雑貨商)(D)―労働者(消費者)(P)の関係――における，小売商の利潤を実現するための貨幣の問題として，具体的数字を入れて検討しようとする。即ち，Kは100ポンドで労働能力を買い，PはそれでDから商品を買う。DはKから100ポンドの価値のある商品を90 $\frac{10}{11}$ で買い，それをPに100で売る。だからDは，「自分が流通に投入したよりも多くの貨幣を流通から引出したことになる[7]」，と。

ところでこの場合，Dは100の価値ある商品をPに売るのであるから，Dが9 $\frac{1}{11}$ ――利潤率10％として――だけ多くの貨幣を流通から引出すためには，「労働者の賃金を支払うのに必要な貨幣が流通しているということの他には何も必要としない。」だからこの場合には，Dがより多くの貨幣を流通から引出すには，「資本家が労働者に毎週…彼らの賃金を支払うことが必要とされる」だけである。そしてKが賃金を「定期的に支払うためには」，KとPとDとの間の「この流通以外には他の財源を少しも必要としない。」なぜならDが「利潤を全部消費してしまう」もの――商業資本の単純再生産――と仮定すれば，Dは9 $\frac{1}{11}$ の利潤でKから商品を買うことによって，Kには100ポンドの貨幣が「還流する」からである[8]。

さてここまできたところでマルクスは，「以前に」商業資本を捨象して分析した年総生産物の再生産＝補塡を想起しつつ，次のような一つの結論を引出す。「もしわれわれが食料雑貨商を生産資本家に加えるか，または全く除外してしまうならば」，KはPに100ポンド支払い，このPはKから100ポンドの商品を買い戻すこととなる。「こうしてこの100ポンドは彼[K]の手に還流する。」ただしこのKとPとの「取引では，資本家は何の利益もあげない[9]」，と。そして「ここで…問題になることは」，小売商の資本が年に何回転するかとか，あるいは流通費の問題とかではなく，「次ぎのことである」という。即ち，K―P―D―Kという貨幣100ポンドの「資本の一循環」は，100ポンドの商品労働力と200ポンド分の商品が買われるという「貨幣の流通が考察される限りでは，確かに貨幣の単なる通流G―W―G―W等々を表現する」が，「しかし同時に，その背後に隠されている過程を考察するならば，[それは]生産，消費，分配，

流通および再生産の諸契機が絡み合って含まれている再生産過程の総循環(Gesamtturnus)を[表現する][10]」，と。

(2) 次に，小売商が蓄積する場合の必要貨幣量の問題に移っていく。Kは最初に自分の100ポンドで賃金を支払い，またDも自分の100ポンドでKから110ポンドの価値のある商品を買うものと仮定する。「だから今度は200ポンドの貨幣が投下されている。」しかし「過程が始まる」と，Kが最初に流通に投入した貨幣100ポンドは，K—P—D—Kと流れて，「資本家に還流」し，そこで「200ポンドが彼のポケットの中に」あり，「100ポンドの貨幣は今はこの流通から投出されている」こととなる[11]。また「現実の再生産過程では…利潤の一部分は所得として消費され，他の部分は蓄積される」から，100の資本で10%の利潤をあげる食料雑貨商は，利潤の半分を消費し，半分を蓄積するものと仮定する。そして「計算を簡単にするために」，KはPに110の賃金を支払い，DはKから110の価値ある商品を100で買い，それを労働者に110で売るものとすると，Kには「105ポンド」しか「復帰」せず，したがって「資本家[K]はこの流通循環とは別な源泉から…賃金として5ポンドを余分に流通に投じなければならないであろう」こととなる。なぜならDのこの蓄積は，「さしあたり貨幣の形態で」行われるからであり，「遊休資本の規定を伴っている」が，この蓄積は「実際には単に貨幣蓄蔵にすぎないからである[12]。」

そこでこのような蓄積過程を5年間計算して，マルクスは次の結論を引出す。「ともかく，こうしたことは結局先に説明した法則に帰着する。賃金は利潤も含めて小売商の総資本を支払う。小売商…が蓄積するならば，賃金の支払いに投下される貨幣は増大するに違いない。この因果関係は実際には逆の関係にある。小売商が小売商として蓄積する…ことができるのは，ただ，生産[産業]資本が拡大された規模で生産する場合だけであり，この拡大が可変資本…の拡大を伴って行われる限りでだけである[13]」，と。

では，小売商の年々の貨幣蓄積を可能にしうる産業資本の拡大，即ちその可変資本の拡大のための，追加の貨幣はどのようにして調達されるのか。ここでマルクスは，信用制度を介入させる。「潜勢的資本という規定をもつ」小売商のこの「貨幣蓄蔵」は，「資本主義的生産様式の基礎上では，小売商はこの金額を毎年銀行業者に預金するということが仮定されなければならない」，と。

その上で，この蓄積における必要貨幣量を問題とする。「彼［D］がそれ［預金］によって利子を得るか…はここではどうでもよいことで…，とにかく考察されなくてはならないのは，再生産の全体についてであろう。」Dが毎年5ポンドを貨幣蓄蔵し，それを預金すると仮定すれば，「小売商がこの場合［流通に］返す［――預金する――］金額と，資本［家］が5年間年々追加しなければならない金額――5ポンド――とは等しい，ということだけは明らかである[14]」，と。

この場合「もちろん，資本家［K］は，彼［D］がこのように毎年引き上げる各5ポンドについては，その度ごとに5ポンドの価値の資本（価値）を銀行業者から借りる[15]」ものと想定される。まず「第1年度」，KはDから貨幣100ポンドを受取り，110ポンドの価値の商品を渡し，「労働者には110を支払い」，Pはこれでdから110の価値の商品を買う。Dは5を預金する。「第2年度」には，KはDから貨幣105を受取り，「銀行業者から5を受取り［借入れ］」，「労働者に110ポンドを支払う。」PはこれでDから110の価値の商品を買い，Dは5を預金する。「第3年度」以下は第2年度の場合と同様である。だから「このように流通は110ポンドの金額でもって年々継続することができ」，他方「食料雑貨商が銀行業者のもとに預金した25ポンドは，常にただ5ポンドという形態で存在するだけである。」その上，「銀行業者のもとに預金されている25ポンドの彼［D］の［潜勢的］資本は，銀行業者への25ポンド分の貸付に帰着するが，これは（銀行業者が一般に自己資本で(mit eigenem Capital)取引する限りでは），有価証券，将来の所得に対する単なる支払指図書，即ち国債や商業手形や株式等の形態で存在する。」だから「ここで実際に集積されているものは，銀行業者に対する食料雑貨商の支払指図書であり，国家や株式会社や生産［産業］資本に対する支払指図書である。ここでは蓄積は，実は，生産［産業］資本から流れ出る所得［剰余価値］に対する単なる支払指図書の蓄積である[16]」，と。

ところで，このような小売商の蓄蔵貨幣＝潜勢的貨幣資本の信用制度を通じた架空資本化の「考察は，本来，信用制度に属する。」では，ここでは何が問題なのか。「ここで重要なことは…流通にとっては，たとえ25ポンドが潜勢的貨幣資本として蓄積されるとしても，相変わらず110ポンド［の貨幣で］で足りる，ということである。このことから，本来の（外見上の）貨幣蓄蔵と通貨(currency)の流れとの相違そのものが解る[17]」，と。即ち，商品の流通に必要な

「通貨」としての貨幣量には変化がないと言うのである。

　だから「生活資料を労働者に売る商人…に関しては…，既に見てきたように，彼はたえず『自分が流通に投入するよりも多くの貨幣を流通から引出す。』『剰余価値』の一部を彼は『商品価値』として引出すのであるが，しかしこれは一般的法則でなければならない。なぜなら，利潤｛利子および地代｝によって生活する人達はみな，一部を自分達の個人的消費のために支出しなくてはならないからである。」そして必要貨幣量に関して言えば，「この操作のためには，週賃金の労働者への支払い…に必要な貨幣額が流通する，ということで充分である。」また「この流通に必要な貨幣は大部分，小売商自身の資本から（もし彼が製造業と信用で取引するのでなければ）供給される（のであって，［それが］資本の一部を形成する）。」例えば「第1年度」，「小売商は100ポンドで自分の小売用に110ポンド分の商品価値を買う。賃金は110。」そこで産業資本家は110ポンド－100ポンド＝10ポンドだけ貨幣を投入すれば足りる。そしてこの「資本家が流通に投入れる10ポンドは，小売商の利潤に等しく，流通［貨幣量］の11分の1に等しい[18]」，と。

　［3］　さて「資本家が貨幣をすべて流通に投入れる，即ち彼が流通の出発点でもあり復帰点でもある」のに，「彼はどのようにして自分が流通に投じるよりも多くの貨幣を流通からたえず引上げることができるのであろうか[19]」という問題を，以上のように，小売商の利潤の実現に必要な貨幣の問題として検討したマルクスは，「上述の研究は，再生産過程の間に生じる貨幣流通との関連において商業資本が演じる役割にとっては，非常に重要」ではあるが，「二重の観点から」「問題はそれでは片付いてはいない」，と反省する。

　即ち，第1に，商業資本を「生産［産業］資本そのものに加える」ならば，上述のように，貨幣はK―P―Kと流れて「資本家の手に還流」し，この賃金の「支払い過程からは」Kには「少しも利益は生じない」からである[20]。

　〔補注〕
　　なおここでマルクスは，貨幣の通流と還流との区別を次のように与えている。「貨幣の単純な通流は，同じ貨幣片が種々の異なった人の間を流通することに他ならない。これに反して，還流運動――連続性（Continuität）

序章　再生産＝循環論と「信用論」　9

——は，同じ貨幣片またはいずれにせよ同じ貨幣額が，同じ人によってたえず新たに購買または支払手段として流通することを含んでいる」，と。そこで還流を考慮すると，例えば，「資本家が彼の可変資本を労働者に支払うために持っていなければならない貨幣資本は，この可変資本そのものの大きさには全く比例しない」こととなる。毎年5720ポンドの可変資本を投下する資本の場合，毎週110ポンドが還流するならば，可変貨幣資本として必要な貨幣は110ポンドで足りることになる。「こうしたことは，貨幣流通の機構を把握するための，還流運動における重要な一契機である[21]」，と。

　第2に，「小売商の商業資本に関して」みると，その利潤は，彼が売る商品の価値が支払われれば得られるが，それは彼が売る商品の価値と買う労働者の賃金とが「等しい」からに他ならない。「しかし，このことを一般的に表現してみれば，…問題そのものが…ただ別の形態で繰り返えされているに過ぎないことが解る」からである。つまりこの場合には，「資本家が流通に投入れたよりも多くの貨幣を流通から引出すためには，彼の商品の価値が支払われるということ，即ち，彼の商品の価値を支払うのに足りる貨幣が現存するということの他には何も必要としない」ということに帰し，それでは「問題そのものの繰り返えしに他ならない」からである[22]，と。

　そこでマルクスは「なによりもまず第一に，問題そのものを最も単純に表現するように努めなければならない」と述べて，「問題そのもの」をいま一度整理し直す。即ち「資本家は，彼が支出するよりも多くの価値を取戻すということは，問題になっている事柄ではない。なぜなら，このことは，剰余価値の起源（Ursprung）についての解決済みの問題であろうからである。したがって，この剰余価値は流通の中でどのように実現されるのかという問題こそ重要なのである」，と。そしてその点を自ら次のように説明する。生産過程で価値が増殖し，剰余価値を含む商品が流通過程で交換され，その過程で剰余価値が実現されるが，「このことがどのように行われるかは，総再生産過程で種々の諸資本の使用価値と価値とが互いに補填し・支払い・実現しあうその仕方を考察した際に，…既に述べておいた。だからこのことも問題ではない。」ただし「前

述の［総再生産］過程を説明した際には，…貨幣流通を捨象していた。即ち，貨幣をただ価値の表現として，計算貨幣としてのみ考察していた。」「ところがいまや問題は，購買するための貨幣に関連する。」したがって「ここでは，問題は，この剰余価値が貨幣でどのように実現されるのか？剰余価値はどのようにしてより多くの貨幣の形態を受取るのか？[23]」と立てられなければならない，と。

　［4］　このようにG—W—G′において，資本家が流通に投入する貨幣は出発点のGであり，彼がより多くの貨幣として流通から引上げる貨幣とは復帰点でのG′である。そしてGがG′に増加するのは，実はW…P…W′という資本の生産過程で価値増殖した価値を含む商品W′が流通過程で販売されるからであり，したがって商品W′を流通させるのに必要な貨幣量が存在しさえすれば，「問題」はそれ自体としては解消することとなる。そして一般的には，「生産過程でいかに価値増殖が行われようとも，…この価値増殖は貨幣の量を絶対に変えるものではない。貨幣自身は生産過程の前でも後でも同じ量で流通の中にある。」またこれまでのところ，「貨幣はただ流通過程の中で考察されただけで，生産過程とは関係がなかった[24]」のである。

　ところが，「生産過程の前と後」とで，貨幣の量に変化をもたらす生産がある。それが金生産である。金生産者の「商品としての貨幣はそうではない。貨幣そのものは商品として生産過程から出てくる。そして貨幣(金，銀)は，初めは商品であって，その後で，それは流通の中で貨幣として通流する[25]。」そこで，剰余価値を貨幣で実現するための貨幣との関連で，金生産の問題を検討しておくことが必要となる。

　いま，金生産資本を40c＋60v＝100とし，地代を含む利潤は30m，生産物＝金は130ポンド(＝40c＋60v＋30m)と仮定する。ところが金生産の特徴の一つは，例えば「流通に投じられる［貨幣］100ポンドが，生産過程そのものから130ポンドの金…として出てくる」点にある。そこで金生産者が「自分の生産物の$^6/_{13}$を労働者に支払う」とすると，「彼の場合には，この$^6/_{13}$即ち60ポンドの還流は生じないであろう。」というのは，「労働者がそれをもって小売商から［商品］を買う」ことが，だから「金…の商品への転化」が，金生産資本家の生産

物の「最初の姿態変換」となるからである。そして金60ポンドは新貨幣としてＫｇ(金生産者)―Ｐ(労働者)―Ｄ(小売商)―Ｋ(生活資料生産資本家)と流れていく。40 c の部分については，金40ポンドを「金生産者は機械や補助材料等に再転化させる」から，この部分はＫｇ―Ｋ(生産手段生産資本家)と流れる。「利潤および地代の30ポンドは，最終的には，…その一部は消費され…その一部は蓄積されるはずであり，したがって貸付市場に投ぜられる。」だから「130ポンドの新たな金が貨幣として流通の中に流れ込む[26]。」

このように「金生産の側からは，剰余(30ポンド)だけでなく総生産物…が流通に投入れられる」のに対し，金生産以外の一般商品を生産する資本の側からすれば，「再生産過程の新たな循環を開始するのに充分な通貨(Zirkulation)は存在していた」のだから，「必要とするのは，ただ剰余価値」の部分の流通に必要な貨幣としての金だけである。ただし「年々の生産物の全部が金銀と交換される」場合がある。「金銀の生産が自国内で行われない場合[27]」に，金産出国からの金の輸入に当てられる生産物がそれである。

いずれにせよ金生産の場合には，「貨幣の流通と再生産過程との関係」に次の諸特徴がある。①「金生産者の年々の生産物の全部分が，金生産に支出されるよりも多くの金を表わし，剰余価値を直接に…金の剰余分として表わす。」②「総投下資本を金で再生産する。」③生産物の「金が金加工業に入っていく限りでは，…それは，ここでは…関わりのない貨幣蓄蔵の一形態[――奢侈品としての金製品――]でもある」が，それはさしあたり「宝石商や金匠や時計製造業者等の不変資本を補填する。」④生産物金の「他の一部分は，摩滅したり蓄蔵されたりする鋳貨を補填するためであろうと，または商品価値の実現が通貨のより多くの量を必要とするからであろうと，通貨の中に入っていく。」⑤その「第3の部分は蓄蔵貨幣(遊休資本)になり，この形態では，その部分は，単なる蓄蔵貨幣(遊休資本)であるか，または支払手段や購買手段のための，最終的には国際貸借の決済や国外での購買手段のための準備金であるか，そのいずれかである。」なお「地金のままで金を役立てることができるのは，ただ世界市場での支払手段としてだけで…，国内では，金は実際には鋳貨に変換されるか，または少なくとも計算貨幣に換えられるに相違ない[28]」，と。

1) *MEGA*, II/3・5, S.1704：訳, ⑧, 250ページ。
2) *Ibid.*, S.1702：訳, ⑧, 247-24ページ。
3) 「この…事情は重要であるが, トゥックによって全く見過ごされている」(*MEGA*, S.507 ; *MEW*, S.460：訳, 632-633ページ)。
4) *MEGA*, II/3・5, S.1701-1702：訳, ⑧, 246-248。
5) *MEGA*, S.506 ; *MEW*, S.460：訳, 631ページ。この点については, 例えば, 本書第11章第2節の注4)も参照されたい。
6) *MEW*, Bd. 24, S.331：『資本論』第II部訳, 429ページ。因みに *MEGA* 編集者は, この「論敵」は R. トレンズであると推定している(cf. *MEGA*, II/12, *Apparat*, S, 1240)。
7) *MEGA*, II/3・5, S.1703：訳, ⑧, 248-249ページ。
8) *Ibid.*, S.1703-1705：訳, ⑧, 249-252ページ。
9) *Ibid.*, S.1703：訳, ⑧, 249ページ。なお「年総生産物の再生産＝補填」と言う場合には, その「価値＝素材補填」のみが問題になっており, それを媒介する「貨幣流通」は考慮されていない。
10) *Ibid.*, S.1706：訳, ⑧, 254 ページ。
11) *Ibid*.
12) *Ibid.*, S.1707-1708：訳, ⑧, 255-257ページ。
13) *Ibid.*, S.1710：訳, ⑧, 263ページ。
14) *Ibid.*, S.1711-1712：訳, ⑧, 264-266ページ。
15) *Ibid.*, S.1713：訳, ⑧, 268 ページ。
16) *Ibid.*, S.1710-1712：訳, ⑧, 264-267ページ。
17) *Ibid.*, S.1713：訳, ⑧, 267ページ。
18) *Ibid.*, S.1713-1714：訳, ⑧, 268-270ページ。なお「小売商が生産的に蓄積する」即ち「自分の事業を拡張するとすれば, こうしたことは, [産業]資本家によって使用される可変資本が増大するということが前提になっている。」なぜなら「この場合には, 流通は, 小売商が商品価値として消費してしまわない貨幣の全額分, つまり小売商からの購買貨幣である貨幣の全額分だけ増大する」からである(*ibid.*)。
19) *Ibid.*, S.1714-1715：訳, ⑧, 271-272ページ。
20) *Ibid.*, S.1715-1716：訳, ⑧, 272-273ページ。
21) *Ibid*.
22) *Ibid.*, S.1716：訳, ⑧, 273-274ページ。
23) *Ibid.*, S.1716-1717：訳, ⑧, 274-276ページ。上述のようにマルクスが, この問題を「貨幣流通と再生産過程との関係」として捉えているのは, この意味であったのである。
24) *Ibid.*, S.1717-1718：訳, ⑧, 276-277ページ。なおここでマルクスは, 次のように, 信用貨幣は流通そのものが作り出すものとの挿入をしている。「ここでは, 流通そのものが貨幣の生産作業場(Productionsatelier)として機能するような信用貨幣の場

合のことは無視されている」，と。
25) *Ibid.*, S.1718：訳，⑧，276-278ページ。
26) *Ibid.*, S.1718-1719：訳，⑧，277-279ページ。
27) *Ibid.*, S.1720：訳，⑧，279-280ページ。
28) *Ibid.*, S.1720：訳，⑧，280-281ページ。なお金生産の問題は，「エピソード」の「後半部分」で，社会的総資本との関連でいま一度考察し直される。(後述)

第3節 「年々の生産的資本全体」の貨幣流通＝還流と
　　　　　スミス＝トゥック批判
　　　　──「エピソード」前半部分─(2)──

　さて[4]において，「生産過程の前と後とで」「貨幣の量」に変化を及ぼす金生産を考察した後マルクスは，先に[3]のところで「剰余価値は貨幣でどのようにして実現されるのか？」と整理し直した本題を，今度[5]では「年々の生産的[産業]資本全体」の問題として，しかも剰余価値の貨幣での実現に必要な貨幣は現存するものとして，4つの事例によって検討する。そしてその第4例検討の過程で，スミス＝トゥックの「貨幣流通」論の批判も行っていく。

　[5] (1) 第1例は，年総[産業]資本を600万ポンド，利潤(剰余価値)を180万ポンド，したがって年総生産物を780万ポンドと仮定し，その流通に必要な貨幣量の算出という形をとって始められる。即ち，資本の$\frac{1}{6}$＝100万ポンドを可変資本とすれば，毎週労働力の購入に必要な貨幣は$^{1000000}\!/\!_{52}$＝19230ポンドであり，「それ自身の価値の52倍の商品」を流通させる。「利潤(地代を含む)」(剰余価値)180万が「全部消費されてしまう」ものとすれば，毎週必要とされる貨幣は$^{1800000}\!/\!_{52}$＝34615$\frac{5}{13}$ポンドであるが，賃金の支出と異なって「一時的かつ定期的な購入が増大するので」10万ポンドとしておくと，「部門Ⅰ(Sphäre od. Klasse Ⅰ)」の280万の生活資料の流通に必要な「通貨量はおよそ119230[ポンド]となる。」さらに「可変資本と不変資本との割合は一般的に1対5と仮定」し，また生活資料の総生産物の「$\frac{1}{6}$が彼らの利潤から成立っている」ものとすると，「利潤は466666$\frac{4}{6}$で」，これは「利潤(剰余価値)」のおよそ$\frac{1}{4}$にあたる。だからその流通に必要な貨幣は，10万ポンド×$\frac{1}{4}$＝25000ポンドとなる。

しかし「通貨の状態にある現金の節減にとって最も不利である場合」を想定しても，この利潤部分の流通に，「どの人によっても流通が10回行われる」ものとすれば，必要貨幣量はさらにこの$1/10$つまり2500ポンドで足りることとなる。そして2333334(＝1800000－466666)の資本の「$1/5$が可変資本で，$4/5$が不変資本である」とすると，資本は1866667c＋466667vとなり，この可変資本のためには466667v×$1/52$＝8974ポンドの貨幣があれば足りることになる。また「1866667ポンドは，生活資料の生産者が彼らの不変資本を支払うためのものであり，また不変資本の製造に従事する労働者と資本家とが彼らの可変資本を補塡し，かつ彼らの利潤を実現するためのものである[1]」。

さて「600万の資本のうち，[部門Ⅰ]生活資料製造(Lebensmittelfabrikation)に使用される2333334を引き去った後に残っているのは，3666666」の部門Ⅱの「不変資本製造(Fabrikation des constanten Capital)」の資本である。また100万の可変資本のうち部門Ⅰのそれは466667であるから，「その[部門Ⅱの資本の]うちの可変資本は533333ポンドで」，3133333がその不変資本である[2]，と。

そして流通に必要な貨幣量についてみれば，なお「残っているのは，部門Ⅰと部門Ⅱと間の流通について」であるが，「その計算は[これまでとは]多少別にすべきものである[3]」として，第2例に移っていく。

(2) 第2例では，まず部門Ⅰの構成が，Ⅰ．1944445c＋388888v＋466667m＝2800000と改められる。そこで可変資本部分の流通に必要な貨幣は$388888/52$＝$7476\ 36/52$(≒7477)ポンドで，また利潤部分についてのそれは，「その金額の$1/10$で充分」と想定し，さらに「還流運動によって同じ貨幣額の回転が同じ人々の手によって…平均10回」行われるものとして，466667×$1/10$×$1/10$＝4666ポンドで足りるものとされる。したがって「この部門の内部の流通のために必要とされる」貨幣量は「合計12143ポンド」となる[4]。

さて部門Ⅰの1944445cは「部門Ⅱ，つまり不変資本の製造業者に売られる」が，部門Ⅱの総生産物は500万ポンドであり，したがってそのうちの1944445がⅡのv＋m部分をなす。そしてそのうちの「1111112が賃金」部分とすると，833333が利潤(剰余価値)部分をなす。そこで「この賃金を支払うためには$1111112/52$＝21367ポンド[の貨幣]が必要」で，また「利潤を支払うためには…そ

序章　再生産＝循環論と「信用論」　15

の金額の$\frac{1}{10}$，したがって83333が必要である。」この合計「104700ポンドで部門Ⅱの資本家と労働者とは彼らの生活資料を部門Ⅰから買い，そして部門Ⅰは自分の不変資本の補塡分を現物で部門Ⅱから買う。[そこで]還流が生じる。」

だからこの場合には，104700ポンドの貨幣で「1944445ポンドの2倍分，3888890ポンド分の商品価値」が「実現される。」そしてなお残っているのは3055555（＝500万－1944445）Ⅰcであるが[5]，「さらにこのうちの$\frac{1}{10}$だけは現物で補塡されるものと仮定する。」そうすると，「305555が差引かれ」，「残り275万ポンドの商品」が「部門Ⅱの中の第2の流通」に入ることとなる。そして「ここでは，貨幣は大部分が支払手段として流通するであろうし，ただ差額だけが貨幣で支払われるであろう」が，「貨幣そのものを流通させるとすれば，多くてもその$\frac{1}{20}$…つまり$\frac{2750000}{20}=137500$［の貨幣］が必要とされるに過ぎない。」だから社会全体で必要とする流通貨幣は，「部門Ⅰの中で流通する12143ポンド。部門Ⅰと部門Ⅱとの間で流通する104700ポンド。部門Ⅱの中で流通する137500ポンド。合計すれば，貨幣で254343ポンド」である。そして「これ［必要貨幣量254343ポンド］は，賃金に投下される資本［150万ポンド］の$\frac{1}{6}$よりも若干多い。」しかし「金生産者が，［社会全体の］賃金に投下される資本の$\frac{1}{6}$を貨幣化するのに必要なだけの［金＝貨幣］量しか供給しないとしても…こうした量で，全通貨を供給するのに充分であろう（貨幣の摩滅を別として）」，と[6]。

ところでこの第2例から次のことが再確認できる。即ち，「資本家が［流通に］投入れるよりもより多くの貨幣を流通から引出すためには，一般的に必要なことは，流通する商品価値を貨幣に転化させるのに足りる貨幣が流通しているということの他には全くなにもない」ということである。そしてこの「必要な［貨幣］額は，資本のうち直接に金と交換される部分を通じて，換言すれば，金銀生産者に売られて，代わりに金銀地金をもたらす商品を通じて調達され」，また「ある社会のこのような金輸入部分（金生産部分と同じことであるが）は，資本全体の流通のために必要な貨幣を補塡する[7]」，と。

〔補注〕

なお関連して，ここに次の2つの重要な注意が記されている。

「第1に」，貨幣の還流と貨幣の通流速度との関係。「還流によって影響を受ける同じ貨幣総額の流通には同じ貨幣個体の流通が常に付随している

が，他方，同じ貨幣個体が惹き起す種々な流通の回数は決して還流を含んでいない。」例えば，貨幣がD―K―P―Dへと流れてDに還流する場合，「ここでは同じ貨幣が3回の流通を惹き起す。…それとは別に，還流はこうした循環の繰り返しを含んでおり，同じ貨幣総額に関しては，それが今度は全く同一の[貨幣]片から成立っていることもあるし，そうでないこともある。」ところが「一つの貨幣片は，…一日に10回流通しても，還流を一つも表わすことはないであろう。」

「第2に」，貨幣の所得としての流通と貨幣資本としての流通。「貨幣が最初に把握されたW―G―Wにおいては，即ち商品がその生産者や所持者のために生活資料へ転化させられる際に，鋳貨として現われる場合には」，たとえその「貨幣が同時に資本(資本・プラス・利潤)を補填する」としても，「貨幣は第1に払い出されてしまう賃金として，A―G―Wとして機能するだけであり，第2に利潤や利子や地代など…の場合には，所得として支出されてしまう。」「これに対し，貨幣が流通の中に現われる際のその他のすべての機能は，つねに，貨幣が資本主義的な生産の一局面を形成する際の諸形態である。」そして「貨幣がこのように[資本として]流通する限り，それは貨幣資本である[8])」，と。

では誰が，「流通する商品価値を貨幣に転化させるのに足りる貨幣」を最初に流通に投入するのか？

これまでの考察の出発点は「小売商と製造業者と労働者との間の同じ貨幣額の循環」であった。そして「小売商の媒介を無視するならば」「これは…製造業者と労働者との間の同じ貨幣額の流通」であった。その場合「貨幣を最初に投入れるのは…製造業者である」が，それには「彼[製造業者]はその貨幣をもともと流通から受取っていなければならない。」そして「それは金生産者との流通から」得た貨幣であるか，あるいは「この過程がもっと以前に行われ…貨幣形態で蓄積された自分の資本の一部として…所有している」貨幣である[9])。そこでこの関係を検討しようとするのが第3例である。

(3) 第3例では，製造業者の「全資本を1500[ポンド]，そのうちの1000は固定資本，398は毎週の原材料(matière brute et insturumentale)，100は毎週の

賃金」,「固定資本は10年の1循環で摩損」し,年50週として「毎週の…摩損分」は2ポンド,また「彼の毎週の商品価値は600ポンド(そのうち利潤は100ポンド)」と仮定する。そして最初に「彼は自分の商品の$1/6$を金生産者に売らなければなら」ず,それによって彼は「毎週の賃金の支払いのために必要とする100ポンド［の貨幣］を確実に(ein für allemal)手に入れる」ものとする。というのは,次のような理由からである。即ち,「最初の週に彼が600ポンドを受取る」が,「そのうちの100は商品とではなく貨幣［金］と交換されて」おり,しかも「彼は自分の全利潤を貨幣［金］に転化させている」とすると,この「最初の週には彼は自分の利潤を少しも消費できない」ことになる。そこで「第1週には,彼は自分の資本のうちの一部分［可変資本部分］が2倍——第1には商品の形態で…,第2には金の形態で…——必要」になる。即ち,労働者に販売する商品と労働者に支払う賃金のための金＝貨幣と。「したがって彼はこの［第1］週には,彼自身が食べてしまう分のための準備鋳貨(Reservemünze)…を持っていなくてはならない。」「第2週には」,第1週に支払った100ポンドの$1/6$を商品として,また貨幣として,二重の形態で所持している必要はない。」「だから自分と労働者との間のこの流通を堅持するためには,彼は1週の生産物の$1/6$の部分をもって,金を金生産者から買いさえすればよい[10]」,と。

このようにこの第3例は,労働者が生活資料を買うための貨幣は,資本家から出発し,その貨幣は本源的には金生産者から流れてくることを示そうとしたものと解しうるが,同時に利潤部分を実現するための貨幣(「準備鋳貨」)を,資本家は「相続等などをしたか,掛け買いで生活して［借りた］貨幣」として「持っていなくてはならない」ことも指摘される。そして続けて「貨幣のうち流通の中にある部分をまず最初に投入れるのは誰か,ということがつねに問題」なのであり,「それはつねに資本家」であって,「労働者や利子または地代の取得者では決してない」として,後の2者の検討に移っていく。即ち「利子付きで貸付ける者は,資本を…生産［産業］資本家の手に渡すのであるが,しかしこの［産業］資本家こそがそれを初めて現実に流通に投入れる」のであり,また「地代取得者が受取る彼の貨幣は,一部は農業資本家によって支払われたものであり,一部は産業資本家によって支払われたもので」あり,「さらに労働者によって支払われたものである。」そしてこの最後のものは,「資本家と労働者との

間の流通から取り出されたもので、したがって賃金分として流通する通貨の中に含まれている[11]」、と。

ところで、例えば「農業者や鉱山資本家等々が支払う本来の地代は、彼らの生産物の剰余価値の一部分である」が、「土地所有者は地代として受取る貨幣で製造業者や農業者から商品を買う」のであるから、「通貨のこの部分がひとたび存在すれば、その部分は、賃金としての貨幣と全く同様に、たえず生産[産業]資本家の手に還流する。」ただしそのためには、「生産資本家は商品によって貨幣を新たに流通から引上げなければならない。」だから「地代を貨幣に換えるその通貨は、地代をたえず新たに支払うために…足りる」こととなる。そして土地所有者と同様に「生産[産業]資本家が利潤を消費する」ものとすれば、「地代(土地所有者の)と利子(貨幣貸付業者の)とに妥当するのと同じことが、利潤そのものにも妥当する。」即ち「地代や利子や利潤を表わす貨幣は、それらが個人的消費のための商品を買う限り、賃金を表わす貨幣と同様に、購買手段や支払手段として生産[産業]資本家の手に還流するに違いない。」だから利子や地代を考慮しても、「生産[産業]資本家が流通に投入れたよりも多くの貨幣をそこから引出すためには、商品価値の代価を支払うのに充分な貨幣が流通しているということ以外に何も必要としない」[12]ことになる。

さて、このように生産物のうちの利潤(剰余価値)部分の実現に用いられる貨幣が資本家の手に還流してくるものとすれば、「増大した価値の現実の貨幣表現である通貨がいったいどこから出てくるのか」という、「難問(what puzlles ist)」も解決しうることとなる。即ち「資本家自身が——階級として——実際に全貨幣財産を持っている」のではあるが、「しかし区別が必要である。資本家としては、彼は単に自分の資本(即ち、その貨幣表現)を流通に投入れるだけであるが、しかし利潤を実現してしまった者としては…彼は自分の剰余価値の貨幣表現の一部分を流通に投入れる。それは、この剰余価値のその他の部分——地代と利子——の貨幣表現が、土地所有者や金利生活者によって流通に不断に投入れられたり、また最後に労働者によって賃金の貨幣表現が、そうされるのと同様である[13]。」だから資本家階級が持っているこの「貨幣財産」の一部は、先の「準備鋳貨」であり、またこの「剰余価値の貨幣表現の一部分」とは、先の第2例における〔補注〕の注意点「第2」で既に指摘されていたW—G—

序章　再生産＝循環論と「信用論」　19

Ｗにおける貨幣であり，したがってそれは「所得として支出されてしまう」貨幣なのである。

(4)　そこで以上を，必要貨幣量の計算としてではなく，年総生産物の「3大取引」に従って総括するのが，第4例である。だからそこでは「第Ⅰ部門(die erste Klasse)」の「内部の流通」から考察が始められる。

① 「生産［産業］資本家の第Ⅰ部門は，生活資料をその最終形態で…生産する資本家から成立っている。彼らの年生産物の価値は…［第1に］不変資本」，「第2に，可変資本」，「最後に…第3の部分。剰余価値」から成立っており，第1の部分は「固定資本の摩損分」と「原材料(Rohmaterial und matière instrumentale)」とであり，また第3の部分は「利潤(利子)と部分的には地代に分解する。」そして「ただ単純再生産だけを考察することにする」と，「この生産物の一部は，この部門の労働者によって買われ，したがって労働者に賃金として資本家から与えられた貨幣」は，「再び生産資本家の手に流れていく。」「これは，労働者によって消費された資本部分の補塡ではなく，生産資本家への通貨(currency)の還流である。」次に剰余価値部分であるが，(a)その「多かれ少なかれ僅かの部分」は「この部門の中で現物で消費され」，したがって「貨幣化を必要としない。」(b)「前年度に支払われた(または…再生産が進むにつれて支払われた…，または事業が新たに開設される場合には，生産資本家の鋳貨準備(Münzereserve)から支払われた)地代や利子や利潤によって，第Ⅰ部門の総生産物のうちそれらに照応する価値部分が買い戻され…，それによって生産資本家が地代や利子の支払いにあてた通貨(currency)が彼に還流する。」(c)「この部門の資本家 a が…b, c, d, e の生活資料を購入するとすれば」，この場合にも「それぞれに各人がそれでもって他の商品を購入し，そして改めてそれで購入される通貨(currency)が還流する[14]」，と。

ところで部門「Ⅰの資本のもう一つの部分，不変部分は…現物で補塡されなければならず」，また「Ⅰの資本のうちのこの部分は，第Ⅱ部門(Zweite Klasse)によって買われなければならない。」そこで「これら2つの部門間の貨幣流通[15]」が問題となる。

② 「第Ⅱ部門。この部門の生産物も同じく不変資本…，可変資本と，利潤(利子)や地代の形態で再分配される剰余価値とから成立っている。」そこで

「2つ部門間の流通を確定するのに最もはっきりしている点から始める」ならば，それは部門Ⅱの賃金の支払いとその貨幣の還流の仕方である。「この貨幣は，Ⅰの場合にそうであったようには，生産[産業]資本家の手に直接には還流しない。」貨幣はⅡK—ⅡP—ⅠK—ⅡKと流れる。「こうした迂回を経て，賃金の支払いのために必要な，そして本源的にはⅡの資本家自身によって支出された通貨が，彼らの手に還流する[16]。」

そしてこの場合には，貨幣は，ⅡPが「彼の生活資料を部門Ⅰから買う」こと(＝所得の支出)によってⅠKに流れるが，その貨幣は，「所得の生活資料への転化ではなく資本のその諸要素への転化」＝「部門Ⅰの側からの不変資本の購入」＝「資本としての…商品の購入への投下」(したがって不変資本の補塡投資)を通じて，「最初の生産資本家[ⅡK]のもとに復帰する。」ただし，この部門Ⅱで「賃金に支払われる貨幣は，毎週部門Ⅱに還流するのではなく」，部門Ⅰで「生産が行われる規模とⅠの特種な諸部面のそれぞれにおける資本の再生産条件とに応じて，長期間にわたり大量に行われる。」そこでスミスやトゥックのように，還流してくる「この貨幣を見ても，それがどこから来るのか絶対に解からない」し，「さらにまた，農業や特定の都市の商工業においては，週賃金が支払われる場合であっても，特定の期間に多くの労働が使用されるのであって，したがって多くの賃金は，年度内の時期が異なれば殆ど支払われない。だから還流は時計仕掛けのようには簡単にはいかない[17]」，と。

そしてここに，看過すことのできない極めて重要な注意が示される。即ち，確かにこの部門Ⅱの賃金のための貨幣も，「銀行が発展するようになると，実際には生産[産業]資本家の手許に毎週還流する」ようになる。そして「この運動がそれ以上にどのように媒介されるかは，一般的に，信用制度において初めて説明されることである。」しかしこの「賃金用の貨幣」は「迂回」をしてのみ部門Ⅱに還流する，つまり，それは所得の支出を媒介するとともにまた不変資本の補塡投資をも媒介するのであって，「時計仕掛けのようには簡単にはいかない。」そして「ここで重要なのは，ただ，本質的な運動を把握しておくことだけである。」とは言え「その[信用制度の]理解のためには，この本質的な運動を予め知っておくことが必要なのである[18]」，と。

なおこれに続けてマルクスは，年総生産物の部門間の価値＝素材補塡(『資本

と所得との交換」）それ自体もまた，複雑な現実からの抽象であることを，次のように指示している。即ち「部門Ⅱの生産物のうち，その剰余価値を表わす部分と，生活資料の形態で存在する部門Ⅰの不変資本との交換は，世界市場では，例えば，イギリスのキャラコと綿花との交換として，あるいはイギリスの機械や綿糸と他国の小麦等との交換として，明白に現われる[19]」，と。

さて部門間流通のうち，第Ⅱ部門で「利潤（利子，地代）の形態で用いられる所得」部分は，「前年度等のその貨幣化された存在が，部門Ⅰの生産物のなお最後に残っている部分に支出される。そこで貨幣が部門Ⅰに流れ，それによって部門Ⅰにはなお欠けている不変資本を部門Ⅱから買い戻す。したがってこのことが部門Ⅱの剰余価値のために貨幣を還流する。」そしてこの場合にも「いま一度注意しておくべきこと」がある。即ち，「部門Ⅰにとっては資本の再生産であるものが，部門Ⅱにとってはその剰余価値の貨幣化であり，さらにまた，Ⅱの貨幣がⅠにいかに流れるかという流れ方は，まさに［それが］日々の出費かそれとも臨時の（不規則な）もっと大きな出費の形態で——なぜならこれは所得［剰余価値］の支出であり，それゆえ個人的消費の欲求や気まぐれに対応しているから——あるため，ⅠとⅡの同じ貨幣額が還流する仕方と形態によって種々であるに相違ない。なぜならこれは，貨幣として存在している資本の生産資本への再転化であり，またここで購入される量と，同じく期間とは，両資本の生産条件に照応するに違いないからである[20]。」

しかし「明らかなことは」，部門Ⅱの資本家の場合にも，「彼は流通に投入れたよりもより多くの貨幣を流通から引出した」のではあるが，それは「彼が自分の消費基金(Consumptionsfond)となっている［貨幣］を，等しい価値の生活資料と引き替えに支出した」からであり，「資本家としてではなく，単なる貨幣所持者，それも支出［消費］者(Verausgeber)として，支出した」[21]からなのである，と。

③　残るのは，部門Ⅱの不変資本部分の転態を媒介する貨幣流通のみである。そして「固定資本のうち，生産物の価値に入っていかない，したがって消費されていない部分」は「計算に入らない」が，「固定資本の摩損分が表わすところの，また原材料…が表わすところの価値部分は，補塡されなければならない」ことは，部門Ⅰの不変資本部分と同様である。ただし「部門Ⅱでは不変資

本は，それ自身の生産部門の中で現物での補塡によって実現されるか，この同一部門での種々な分野間での生産物の交換によって実現され」，交換が行われる場合には，「事柄の性質上貨幣は支払手段として発展し，そしてそれゆえ運動は貨幣なしに相殺(setoffs)によって均衡させられるであろう。」しかし各分野の，ここでは例えば「生産物AがBに入っていく期間と，BがAに入っていく等々の期間とは種々に異なっていることがありうるから，この場合には貨幣流通が多かれ少なかれ生じうる」し，また差額決済のために貨幣が流通に入りうることとなる。「いずれにせよ，ここでは，そのようなことを考察しておくことが重要」であるが，「ここでは事実上不変資本と不変資本との交換が行われ，生産物がただ相互に生産過程におけるその位置を取り替えるだけであるから，貨幣の方は，それを支出する人の手にたえず還流する。」なお「生産物が直接にそれ自身の再生産に入っていく場合ですら，分業の結果として，貨幣流通は生じうるし，資本の再生産が貨幣流通を伴うことはありうる[22]」，と。

このように，年総生産物のうちの「資本と資本の交換」(第Ⅱ部門内転態)を媒介する貨幣流通についてのみ，マルクスは，「事柄の性質上」――つまり買手にとって資本を表わすとともに，売手にとっても資本を補塡する――この貨幣は，支払手段として機能するものとする。そして最後に，スミスが商品の価値構成部分の中から結局は追い出してしまったこの不変資本部分とその転態＝流通について，次の確認をする。「部門Ⅰのための不変資本を生産する生産[産業]資本家の生産物[＝部門Ⅱ]のうち不変資本に分解するこの部分は，生産物の中の他のどの部分とも全く同様に，年労働の生産物である，換言すれば，それは労働過程を通過することによってのみ再生産される。しかし，その価値は，過去の，前年等々の労働の結果である。そしてそのような価値としてそれは，生産物のうちその再生産に必要とされる部分を買い戻す」，と。そしてこの不変資本部分の再生産における労働の生産性の変化と生産物中のこの価値構成部分との関係に言及して，第4例の説明を終えるとともに，「エピソード」の前半部分をも終えていく[23]。

[6] このように第4例は，「再生産表式」としての総括という形をとるまでには完成していないものの，「社会的総資本の単純再生産に関する価値＝素

材補塡，並びに貨幣流通＝還流の検討」としては，既に「一つの到達点に達している[24]｡」そして部門間転態を媒介する貨幣流通＝還流を考察したところで，この「本質的な運動の把握」が「信用制度の理解のために必要である」ことに注意を喚起したマルクスは，第Ⅱ部門内転態の考察に入る前に，スミスによる「総流通の2区分」説と，さらにそれを「貨幣理論の根本原則の一つにしている[25]」トゥックの主張との，批判を挿入する。というのは，第Ⅰ部門の全生産物（＝全生活資料）は，単純再生産を想定する限り，部門内転態による第Ⅰ部門の賃金および剰余価値による購買，並びに部門間転態による第Ⅱ部門の賃金および剰余価値による購買を通じて，つまり賃金，利潤（利子，地代）によって，個人的に消費されるからである。

だからマルクスは次のようにいう。「A.スミスが，ある年の生産物中のこの部分［全生活資料］は単に所得に分解し，その所得は賃金，利潤（利子），地代によって支払われる，と言っていたのであれば，彼は全く正しかったであろう。それにしてもこの場合，彼は，この総所得が部門Ⅰの全不変資本を補塡するのである，ということをつけ加えておかなければならなかったであろうに。」なぜなら部門間転態は，部門Ⅱの側からの所得（賃金，利潤，地代）の支出であると同時に，部門Ⅰの側での不変資本の補塡投資であるからである。

ところがスミスは，「年総産物の全体についてこうしたことを主張し，しかも部門Ⅱの不変資本をその部門の所得と部門Ⅰの所得とによって補塡させているのであって，そうであれば，彼は正しくない[26]」，と。

そしてスミスの「総流通の2区分」──「あらゆる国の流通は，2つの異なる部門に分けて考えることができるのであって，商人たち（dealers）相互の流通と，商人たちと消費者たちとの間の流通とがそれである。紙券（paper money）であれ金属貨幣であれ，たとえ同一貨幣片が，あるときには前者の流通に使用され，あるときには後者のそれに使用されるにしても，この2つの流通はいずれもたえず同時に行われているのであるから，それぞれの流通が行われるためには，いずれかの種類の貨幣の一定の貯量（stock）が必要である。種々な商人の間を流通する財貨の価値は，商人たちと消費者たちとの間を流通する財貨の価値を決して越えることができない。というのは，商人たちによって買われるものがおよそどのようなものであろうと，それは究極的には消費者

たちに売られるのを予定されているからである。｛商人たちの間の流通は，卸売によって行われるから，各それぞれの取引に一般にかなり多額[面の貨幣]を必要とする。これに反して，商人たちと消費者たちとの間のそれは，普通小売りで行われるから，ごく小さい額面の貨幣しか必要としない場合がしばしばであり，1シリング貨あるいは半ペニー貨があれば間に合う場合さえしばしばである。ところで，金額の小さい貨幣の方が大きいものよりもはるかに急速に流通する。…だから，たとえ凡ての消費者の年々の購買高が，少なくともその価値では，すべての商人のそれに｝等しい｛にしても，一般に前者の購買は後者のそれよりもはるかに少量の貨幣で取引きできる…｝[27]」――を引用し，次の諸点を指摘し批判する。

即ち，スミスは「生産過程と流通過程とに関与するすべての資本家」を「商人(dealer)」，また「労働者と資本家，土地所有者等と彼らの僕婢たち――彼らが所得を消費する限りでの――」を「消費者(consumer)」と呼んでいること。商人相互間を流通する財貨の価値は，商人と消費者との間を流通する財貨の価値を越えることができないという主張は，「スミスの，賃金と利潤と地代とによる商品価値の誤った分析に対応している」こと。「この誤った見解は，それ自体また…蓄積された資本は――不変資本も――本源的には剰余労働から生じるのであり，換言すれば，利潤が資本に転化されるのだ，ということに基づいている」が，しかし「このことからの結果として，一度び資本に転化された利潤が『利潤』から成立っているということには決してならない」こと。商人相互間の「流通は不変資本のうち種々な現物成分の交換を含み，この交換は，資本のうち消費者が決してその代価を支払わない価値部分を補塡する」のであるから，「種々な商人の間を流通する財貨の価値は，商人と消費者との間を流通する財貨の価値よりも，つねに大きい」こと。年総生産物の再生産＝補塡の「運動の――そして姿態変換および再生産のそれぞれの継起的契機(それは同時に(zugleich)同時的並列的進行として現れるのだが)の，――同時的並列的進行(das gleichzeitige Nebeneinanderlaufen)が，スミスによる運動そのものの観察を妨げた」こと。「そうでなければ，スミスは，自然価格の誤った分析から創出した彼の命題を資本の貨幣流通において裏付けるのではなく，論破されていることを見いだしたであろう(hätte)」こと。また「『商人』と『消費者』と

いう言い方も［運動そのものの考察の］妨げになっている」こと，等々[28]。

さて実はトゥックは，マルクスがこのように批判しているスミスによって与えられた「総流通の2区分」を，「本質的に正しい[29]」として引用している[30]。そこでマルクスは，このスミス批判に続けて，トゥックの次の文章――「商人と商人との間のすべての取引――これは，生産者ないし輸入業者から，製造業者またはその他の中間過程の全段階を経て小売商，ないし輸出商に至る一切の販売を意味する――は，資本の運動または移転に帰着する。ところで資本の移転は，大多数の取引においては，移転の際に，貨幣即ち銀行券や鋳貨の授受――私の考えているのは具体的であって抽象的ではない――を必ずしも想定していないし，また実際に現実にそれを必要とするものでもない。資本の運動はすべて，鋳貨または銀行券――即ち一方の手で発行されて他方の手で受け戻される，あるいはもっと適切にいえば，帳簿の一方の側に記帳されると同時に他方の側に反対記帳される想像上(suppositions)の銀行券ではなく，現実の，目に見え，手に触れることのできる銀行券――による現実の支払の介在なしに，銀行および信用の操作によって，おそらく実現されるであろうし，また大多数はこのようにして実現される。そしてさらに重要な考慮すべきことは，商人と商人との間の取引の総額は究極的には商人と消費者との間の取引の額によって決定され，制限されなければならない，ということである[31]」――を引用し，その検討に移り，この最後の部分を先ず取上げる。

即ち，「一般に生産に使用される全部門の資本は，『終局』においては，生産者が売ることができる生産物の量に依存し，だからそれによって決定される」のであるから，トゥックが「『商人と商人との間の取引』の『総額』が『究極的には』商人と消費者との間の取引の額によって決定されなければならない」と述べても，それだけならば「全然問題の余地のないことで…取るに足りないことである。」しかしスミスは「そういうことについては言及しなかったし，トゥックはスミスの命題を反復していると考えている」のだが，しかしスミスは「『商人と商人との間を流通する財貨の価値』は『商人と消費者との間を流通する財貨の価値』に『等しい』」といっているのだ，とまず批判する[32]。

次にマルクスは，「トゥックは，前述の著書［『通貨原理の研究』］では，もっぱら通貨原理との論争に没頭している」と，彼の関心の所在を一般的に指摘し

た後，引用文の最初に戻り，トゥックの誤りの核心——「商人と商人との間の流通は『資本の運動あるいは移転』に帰着するという言い方」に示されているトゥックの「考察方法全体の基礎にあるもの」——を批判していく。即ち，「資本の運動(movement of capital)」というのは，「再生産過程の質的に異なった諸局面」つまり資本の姿態変換運動であり，「まさにこの運動を規定し分析することが肝要であった」のに，彼は「資本の運動を，流通部面の中で考えており，そのために彼がここで資本といっているのは常に貨幣［資本］または商品資本のことである。」その上また彼は「資本の運動あるいは移転」といっているが，「『資本の移転(transfers of capital)』は，これも運動ではあるが，資本の運動とは非常に異なって」おり，それは「実際にはただ商業資本と関係があるだけであって，実際資本が種々な局面を経てある買手から他の買手に渡るということ，即ち，ただ資本自身の流通運動に過ぎないということ以外には，なにも意味しない。」それどころか，「資本の『移転』は，可変［貨幣］資本が賃金として労働者の手に移り，それが［賃金＝所得の支出として］『通貨』に転化させられる場合にも生じる。」トゥックが「ここで関心を持っているのは，彼の反対者達とは反対に，ただ，再生産過程における諸資本の流通から生じる相互の債務がどのように決済されるかという問題——理論的には全く副次的問題——に過ぎない。」だから彼がここで言わんとしていることは，「要するに，資本そのものの運動では——商品としての資本と消費者との最終的な交換よりも前には［商人相互間の取引では］——貨幣はただ支払手段としてのみ流通し，それゆえ一部はただ計算貨幣としてのみ機能し，一部はもし差額があれば，ただ差額決済としてのみ機能する，というだけのことである。」しかも「トゥックはこのことから，このような貨幣の２つの機能［支払手段としての機能と購買手段としての機能］の相違が『資本』と『通貨』との相違であると推論する。」即ち「彼は，そもそも最初に，貨幣や商品を，資本の存在様式としての貨幣や商品と，つまり貨幣［資本］や商品資本と混同しており，第２に彼は，資本が流通する際の一定の貨幣形態を，『資本』と『鋳貨(Münze)』との区別として考察している[33]」，と。

そしてマルクスは，「次の文章は良い(gut)」として，さらにトゥックから次の文章——「銀行業者の業務は，要求払いの約束手形の発行を別にすれば，商

序章　再生産＝循環論と「信用論」　27

人と商人との間の取引と，商人と消費者との間の取引というスミス博士の指摘した区別に照応する2つの部門に分けることができる。この銀行業者の業務のうちの一部門は，資本を直接に使用しない人々から集めて，それを使用する人々に分配または移転することである。他の部門は，その顧客の所得から預金を受入れて，彼らが消費対象への支出として必要とするだけの額を彼等に払い出すことである。前者は帳場の後ろの業務とみなすことができるであろうし，後者は帳場の前の業務ないし帳場での業務とみなすことができるであろう。なぜなら，前者は資本の流通(a circulation of capital)であり，後者は通貨の(of currency)流通だからである[34]」——を引用する。しかしマルクスは，引用文の末尾に続けて，「即ち，貨幣資本の第1の流通。これは本来の流通(Circulation)ではなく，移転(tarnsfer)である。現実の流通は常に資本の再生産過程の客観的な一契機を含んでいる」が，「移転は，商業資本の場合にそうであるように，一方の人と他方の人との位置を取り替える。しかし，資本はまだ以前と同じ局面にある[35]」として，「資本の運動」の一局面としての「本来の流通」と「移転」との，トゥックによる混同を批判する。

　ここで注意すべきは，マルクスは，引用文末尾の「通貨の流通」が「即ち，貨幣資本の第1の流通」であるといっているのではない。「要求払いの約束手形の発行を別」にした，「銀行業者の業務」が「即ち，貨幣資本の第1の流通」で，つまりG—G—W—G′—G′の最初のG—Gで，したがってそれは「本来の流通ではなく，移転である」といっているのである。だからこの「貨幣資本」は，'moneyed capital'の意味での貨幣資本，即ち貨幣貸付資本と解さなければならず，またここでの「移転」は，現実資本の流通過程の中での「移転」ではなく，「貸付」としての「移転」でなりればならない。

　だからマルクスは，これに続けて次のように「移転(transfer)」の種々な形態を指摘する。即ち，「移転は，いつでも貨幣の——または所有名義の——（あるいはまた商品の）一方から他方への移行(Übergehen)であって，この貨幣が［再生産過程で］姿態変換を経てきたということではない。」商業資本の場合「の他に，こうしたことは銀行業者の仲介によって行なわれる貸付等による貨幣資本の移転についても妥当する。」また「同様に，この移転は，資本家が彼の現金化した剰余価値を一部は利子生活者に，一部は土地所有者に，分配する

場合にも妥当する。」いずれにしても「ただ商業資本の一方の種類の商人から他方の種類のそれへの移転だけが，商品資本そのものを貨幣への転化に近づける[36]」，と。

そしてこのような批評に続けてマルクスは，トゥックからの3つ目の引用——「銀行業務のうち，一方では資本の集中に関係し，他方ではその分配に関係するその部門を，その地方の地域的な諸目的のための流通を管理するのに用いられるその部門から，推論的に区別しまたは分離することは，{外国為替によって流通量を調節するという問題，並びに通貨と物価との間の関連という問題に，}極めて重要な関係を{もつものであるから，この区別の実際上の作用について最も詳細な説明が当然必要となる}[37]」——を書き記して，スミス＝トゥックの「貨幣流通」論の検討を終える[38]。

1) *MEGA*, II/3・5, S.1725-1727：訳，⑧，290-292ページ。ここには計算上のミスがあるが，そしてマルクス自身気がついて訂正している場合もあるが，煩瑣を避けて一々指摘することはしない。以下同様とする。
2) *Ibid.*, S.1727：訳，⑧，293ページ。そこで以上を表式化すれば——マルクスはそれを試みてはいないが——，次のようになるであろう。

$$\left\{\begin{array}{l}\text{I}.\ 1866667c + 466667v + 466667m = 2800000\text{生活資料}\\ \text{II}.\ 3133333c + 533333v + [1333334m] = 5000000\text{不変資本}\end{array}\right\}\ 7800000$$

3) *Ibid.*
4) *Ibid.*：訳，⑧，293-294ページ。
5) だから部門IIの総生産物の価値構成は，
   $3055555c + 1111112v + 833333m = 5000000$ ということになる。
6) *Ibid.*, S.1727-1729：訳，⑧，294-296ページ。
7) *Ibid.*, S.1729：訳，⑧，296-297ページ。「金の生産を一国から他国に移してみても，事態は絶対に変わらない。A国における社会的労働力と社会的生産手段との一部は，金を買うためにB国に輸出される500ポンドの価値ある生産物，例えば麻織物に転形される。…A国のこの生産物は，500ポンドの金として現れ，貨幣としてA国の流通に入り込む」(*MEW*, Bd. 24, S. 337：訳，439ページ)。
8) *Ibid.*, S.1729-1730：訳，⑧，297-298ページ：cf. *MEGA*, S. 506；*MEW*, S. 459：訳，631ページ。
9) *MEGA*, II/3・5, S.1730：訳，⑧，299ページ。
10) *Ibid.*, S.1730-1731：訳，⑧，299-300ページ。
11) *Ibid.*, S.1731：訳，⑧，300-301ページ。
12) *Ibid.*, S.1732-1733：訳，⑧，303-304ページ。

序章　再生産＝循環論と「信用論」　29

13) *Ibid.*, S.1733：訳，⑧，304-305ページ。
14) *Ibid.*, S.1734-1735：訳，⑧，306-308ページ。
15) *Ibid.*, S.1735：訳，⑧，308-309ページ。
16) *Ibid.*, S.1735-1736：訳，⑧，309-310ページ。なおここに2つの括弧〔　〕に入れられた挿入がある。一つは，「部門Ⅰ内での」賃金の支払いのための貨幣の迂回的還流についてであり，それは奢侈品生産で生じるという指摘である。いま一つは，信用制度が，したがって「銀行が発展してくると，そうでない場合に賃金のための貨幣がただ迂回をしてのみ生産資本家に還流しようとしまいと，実際それは彼に毎週還流する」ようになるという注意である。次の注18)も，併せ参照されたい。
17) *Ibid.*, S. 1736-1737：訳，⑧，310-311ページ。
18) *Ibid.* 因に，この「還流は時計仕掛けのようには簡単には行かない」は，「本質的な運動」との内的関連を見ないで，信用＝銀行制度の下では「賃金のための貨幣が…毎週還流する」という表面的運動から，次のように言うフラートンを皮肉ったものと解することができる。即ち彼は，「銀行券の流通は…，規則的に生起する原因によって一定の周期的な干満をたどりやすい」が，しかし銀行券の「周期的膨張が…物価の一時的な騰貴を惹き起こした…事実は存在しない」として，「兌換通貨の自動調節的原理が，そのような場合には時計仕掛けの正確さで作用するからである」(J. Fullarton, *On the Regulation of the Currencies*, [2nd ed., 1845], reprint, 1969, p. 87：天利長三訳『通貨論』〈岩波文庫版〉，116-117ページ)としている。
19) *MEGA*, Ⅱ/3・5, S. 1737；訳，⑧，311ページ。このマルクス自身による注意は，現行版『資本論』第Ⅱ部および第Ⅲ部の成立史上からも，また，同，第Ⅱ部第Ⅲ編と第Ⅲ部第Ⅴ編「信用。架空資本」との関係理解にとっても，看過しえないものと言えよう。そのことはまた，「再生産表式」を基準に現実の経済を分析するに際し，「表式」を単に価値＝素材補塡論──「市場理論」・「実現論」──に矮小化してはならないことを示している点でも，重要な注意となろう。なお，「本質的な運動」を分析する際の外国貿易の捨象は，金の国内生産の想定に照応する。なお先の注7)を参照されたい。
20) *Ibid.*, S.1737：訳，⑧，311-312ページ。なお，この「部門Ⅰにとって資本の再生産であるもの」の中には，固定資本の再生産＝補塡部分も含まれるが，未だマルクスはこの問題には言及していない。
21) *Ibid.*, S.1737-1738：訳，⑧，311-312ページ。なお，これに続けてマルクスは，スミス＝トゥックの「貨幣流通」論の批判を行っていくが，ここではそれを次の[6]項として考察することとする。
22) *Ibid.*, S.1742：訳，⑧，319-321ページ。
23) *Ibid.*, S.1743：訳，⑧，321-322ページ。
24) 小林「『単純再生産表式』成立過程の一齣」前掲，43ページ。
25) Cf. *MEGA*, Ⅱ/3・5, S.1739：訳，⑧，315ページ。
26) *Ibid.*, S.1738：訳，⑧，313ページ。

27) A. Smith, *An Inquiry into the Nature and Causes of the Wealth of the Nations*, (1767), 4 th ed. by Cannan, Vol. I , 1924, p. 305 ; 大内兵衛・松川七郎訳『諸国民の富』(岩波文庫版), ②, 320-321ページ。引用文中の傍点…は, マルクスによる強調である。また括弧 { } 内を, マルクスは引用していない。
28) *MEGA*, Ⅱ/3・5, S. 1738-1739：訳, ⑧, 313-315ページ。
29) T. Tooke, *An Inquiry into the Currency Principle*, 1844,(2 nd ed.), p. 34 ; 玉野井芳郎訳『通貨原理の研究』(世界古典文庫) 77ページ。
30) Cf. Tooke, *ibid.*, p. 33-34, 71：訳, 76, 128ページ。なおトゥックは, スミスによる「総流通の2区分」の説明に続くパラグラフ——「紙券の流通は, これを規則によって著しく局限し, 種々な商人の間の流通だけにしてしまうこともできるし, またこれを規則によって同じ程度に拡大し, 商人たちと消費者たちとの間で流通させるようにすることもできる。ロンドンでのように, 10ポンド以下の価値の銀行券が1枚も流通していないところでは, 紙券の流通は著しく局限され, 商人たちの間での流通だけになっている。10ポンドの銀行券がある消費者の手に入ると, たいていの場合, 彼は5シリングの値の品物を買う必要が生じた最初の店でそれを両替することを余儀なくされるから, この銀行券は, 消費者がまだこの貨幣の1/40も消費してしまわないうちに, 商人の手に還ってくることがしばしばある」(Smith, *op.cit.*, p.305：訳, 321-322ページ)——をも引用している(cf. Tooke, *op. cit.*, p. 34：訳, 76-77ページ)。
31) Tooke, *ibid.*, p.35-36：訳, 78ページ。引用文中の傍点…は, マルクスによる強調である。
32) *MEGA*, Ⅱ/3・5, S.1740：訳, ⑧, 316ページ。なおマルクスは, このように「トゥックが実務家としての彼独自な生硬さでA. スミスの命題を反復しているのは, 彼がスミスには理論的に歯が立たないからである」としている(*ibid.*)。
33) *Ibid.*, S.1740；訳, ⑧, 316-317ページ。
34) Tooke, *op. cit.*, p.36-37：訳, 78-79ページ。
35) *MEGA*, Ⅱ/3・5, S. 1741：訳, ⑧, 318ページ。
36) *Ibid.* したがって銀行業者の「帳場の後ろの業務」は「資本の流通」ではなく「移転」であり, また「帳場の前の業務」にも「所得の分配」としての「移転」が含まれることとなる。
37) Tooke, *op. cit.*, p.37：訳, 79ページ。なお括弧 { } 内をマルクスは引用していない。
38) Cf. *MEGA*, Ⅱ/3・5, S.1741：訳, ⑧, 318ページ。なおこの引用箇所についての検討は見出せない。

序章　再生産＝循環論と「信用論」　31

第4節　「エピソード」後半部分

　「エピソード」後半部分には，上述のように，そこでの考察項目がノンブルを付して最初に列挙されている。「今度はさらに次のことを考察しなければならない。1. 蓄積，特に貨幣との関連で。2. 種々な運動の同時性。3. 金生産者。4. 運動全体における商業資本」，と。しかしマルクスは，これらの問題のうち，「その運動を一つの事例によって，即ち労働者に生活資料を売る小売商によって，既に説明しておいた」第4項目[1]から検討をはじめている[2]。

　[7]　さて，この「運動全体における商業資本」の項では，先の[5]の「第4例」を前提に，商業資本が導入される。
　(1) そのためにマルクスはまず，「労働者に生活資料を売る小売商」の「部類全体(die ganze Klasse)」を「部類A」と呼ぶこととし[3]，以下の計算例を使って検討していく。
　第1例。まず「生産者部門(Productenklasse) I が…この小売商部類 A)(Shopkeepersklasse A)に販売する全生産物は500000ポンドに等しいと仮定」する。また「この500000を買うのは5人の卸売商(wholesale)で…，彼らの資本は[年]5回転し…，彼らの利潤は10%であると仮定する。」そうすると，産業「資本家は，外見上は，5人のそれぞれに $1/5$ 年毎に20000ポンドと引き換えに24000ポンドの商品を売る」ことになる。次に「部類Aの小売商は100人」とする。彼らこそ消費者に「毎日毎時販売するのであるが，しかし彼らは…おそらくただ $1/5$ 年毎か，あるいは月毎にしか卸売商から買わない。」そして「これらの小売商たちの価格追加分は20%，即ち利潤10%と，彼らの流通費…10%とする。」そうすると，1卸売商に対し20人の小売商になるから，1卸売商から1小売商が $1/5$ 年毎に買う額，「24000の $1/20$ は，1020に等しい」[――正しくは1200でなければならない　]が，仮に「小売商は1年間に彼の購入を10回行なう」ものとすると，1小売商が「$1/5$ 年間に1020ポンドを買うためには，ただ510ポンド[の貨幣]しか必要ではない[4]」，と。
　先の[2]の場合とは異なって，ここでは新しく卸売商が導入されてきている。

しかし単純な計算上の誤りを別にしても，卸売商が小売商に売る，年[生産物全体]の価値は，24000×5×5＝600000でなければならないから，500000ポンドではありえない。そこで再び，卸売商を捨象し，商品の小売価格つまり最終価格(＝実現された価値)から計算をやり直すのが，次の第2例である。

　第2例。今度は，「部門ⅠとⅡとについての賃金全体は550000ポンドであると仮定」する。したがって「これが部類Aの小売商が労働者に売る商品価値である。」ところがこの商品価値の中には「小売商の10％[の利潤]」が含まれていなければならないから，「彼は550000ポンドに対して，それに含まれているよりも$\frac{1}{11}$[「50000ポンド」]だけより少なく支払っているのでなければならない。」だから「彼は550000の商品価値と引き替えに，ただ500000ポンドを支払っていたに過ぎないことになろう。」次に，「小売商は彼の資本を年に10回転させる」ものと仮定する。そうすると，小売商100人で「ただ55000[50000]ポンドの資本を投下すれば足りる。」したがって「年利潤は5500ポンド」，「$\frac{1}{5}$年毎では1100ポンドとなる。」小売商1人当たりでは，資本は550ポンド，$\frac{1}{5}$年では2回転して，「11ポンドの利潤を含めて」「労働者に1100ポンド分[の商品]を売る5)」，と言う計算になる。

　さて年に小売商1人が1100ポンドの価値の商品を労働者に販売し，そのうち利潤は11ポンドで，したがってさしあたり「費用」は「1089ポンド」――したがって年間5445，小売商全体では544500――と計算したマルクスは，「さらに次のようなものが控除されなければならない」として，流通費とそれに対する利潤，即ち「小売商が流通費や店舗等に投下された資本に対して計算する利潤，このような資本の摩損部分，最後に，価格追加分のうち小売りの生産的労働に投下された資本に属する部分」を挙げる。そして「その全部で，[商品の]買付けのために絶えず流通している資本に対する利潤とほぼ同じ量になる」ものと仮定して，それを「$\frac{1}{5}$年毎で11ポンド」とすれば，小売商1人が$\frac{1}{5}$年毎に商品の仕入れに支払う額は，1089−11＝1078となる。もっともこの「第2の11ポンドを，簡単化のために…諸費用…とその資本の生産的部分に対する利潤とを含む価格追加分であると仮定する。」したがって，この11×5×100＝「5500を，[小売商によって]買われる商品の価値の中には含まれていなくて，小売商が初めてその商品に追加するものとして，控除する。」だから100人の小売商全体で

序章　再生産=循環論と「信用論」　33

は550000－550 ＝545500で商品を買うのであるが,「これが, 小売商が毎年生産者から買う現実の商品価値である」ということになる。だから「小売商が毎年生産者に支払う」のは, そこからさらに「利潤分の5500を差し引いた」539000ポンドとなる[6]。

　第3例。いま一度卸売商を第2例に組み込んでくるのが, この第3例である。即ち第1例と同様に「5人の卸売商が100人の小売商に相対していると仮定」すれば,「前者は後者に年544500の価値を, $\frac{1}{5}$年では108900の商品価値を売る」が, 後者からは「107800を受取るに過ぎない」という関係となる。したがって各卸売商は,「$\frac{1}{5}$年に, 20人の小売商に…21780ポンドの商品価値を売る」が,「彼が[小売商から]貨幣で受取るのは21560である」から, 彼は「最初に生産者から21560と引き替えに21780ポンドの商品価値を受取らなければならない。」「彼もまた利潤をあげなければならないからである。」そして卸売商の資本が全体で107800ポンド, 年5回転し, 生産者から年539000だけ買うものとし, また利潤率を資本の10%と仮定すれば, 年利潤は10780ポンド,「$\frac{1}{5}$年では2156ポンド」となる。これは各卸売商にとっては「$\frac{1}{5}$年で431$\frac{1}{5}$ポンドの利潤になる。」そこで各卸売商の$\frac{1}{5}$年の売上21560から利潤431$\frac{1}{5}$を控除した「21128$\frac{1}{5}$ポンド」で, 各卸売商は「21780ポンドの商品」を仕入れていなければならない。したがって, 卸売商「5人は$\frac{1}{5}$年に105644を, 1年間全体で528220を支払い」, それと引き替えに「生産者は実際には544500の商品価値を渡さなければならない[7]。」

　ところで「ここで重要なのはただ一つ, 卸売商の介入によって, 食料雑貨商と生産者と労働者との間の上述の循環[第2例]にはなんらの変化もない, ということだけである。」即ち, 生活資料の生産者が小売商に行う「値引き分は卸売商と小売商との間で分配される。換言すれば, 剰余価値のうち商業利潤に帰着する部分は, [両者の間で]分配される。」また貨幣の流通=還流に関していえば,「部門ⅠとⅡとの全労働者の貨幣賃金は, 小売商と卸売商とを通じて(労働者の手に属していく商品の再購買と, さらに卸売商と小売商の利潤の商品での実現とにおいて), 部門Ⅰの生産者達に還流する。」そして「それでもって, 部門Ⅰの生産者達は, 一部は彼らの可変資本を貨幣で補塡し, 一部は部門Ⅱから不変資本を買い, そして部門Ⅱはこの貨幣で, 彼らがそこから賃金を支払う貨幣

基金(moneyfonds)を再び受取る[8]。」したがって, 部門Ⅰの可変資本部分の部門内転態＝流通, 並びに部門Ⅱの可変資本部分の一部との部門間転態＝流通に, 卸売商と小売商が介在することによって, 部門Ⅰの剰余価値の一部がこのように商業利潤として分配されることにはなるが, しかし先の［5］の「第4例」で示された, 資本の「本質的な運動」は基本的に妥当するのである。

(2) そこで今度は,「剰余［価値］の所有者でありその消費者である者［部門ⅠとⅡの産業資本家］に, 生活資料を販売する小売商と卸売商」を部類「B)」と呼ぶこととして, 彼らを介入させてみる。しかし「小売商と卸売商のB)についての関係は, 小売商と卸売商のA)についての関係と同様である[9]。」したがって, 部門Ⅰの資本家が彼らの個人的消費のために支出した貨幣は, 小売商・卸売商の「B)」を通じて, 彼らの剰余価値を実現して部門Ⅰの資本家のもとに還流し, 彼らの「準備鋳貨」を形成する。また部門Ⅱの資本家が彼らの個人的消費のために支出した貨幣は, 同じく小売商・卸売商の「B)」を通じて部門Ⅰの資本家に流れ, それによって部門Ⅰの資本家が不変資本の残る一部を部門Ⅱから買う。そこで部門Ⅱの資本家も, 彼らが個人的消費支出をする「準備鋳貨」を再び受け取ることとなる。だからこの場合にも, 部門Ⅰの剰余価値部分の部門内転態＝流通, 並びに部門Ⅱの剰余価値部分と部門Ⅰの不変資本部分の一部との転態＝流通を,「小売商と卸売商のB)」が媒介することによって, 部門Ⅰの剰余価値の一部が商業利潤として彼らの間で分配されるが, しかし先の「第4例」における資本の「本質的な運動」には変化は生じない, ということになる。

とはいえ, 商業資本の介入は,「商品の流通」と「貨幣の還流」について,「真の運動, 真の関連」を見誤らせる次の諸現象を生み出す。即ち, その一つは,「商品の流通」とそれを媒介する「貨幣の還流」とは, 具体的には異なった現われ方をするという点である。仮りに, 部門Ⅰの生産物を販売する「部類A)」の卸売商を5人, 小売商を100人とすれば,「生産者部門Ⅰ)の生産物は, それがいかに多かろうとも, 卸売商の5つの貯水池に集められ, 次に小売商の100の貯水池に集められ, ここでそれは断片的に小売商と消費者との間の流通に毎日毎時入っていく」という形をとる。ところが「これに反して, 貨幣の還流の場合には, 商品の流通の場合のような絶えず増加する分割は生」ぜず,

「逆」となる。例えば「労働者の[支出する]貨幣は，100人の小売商のもとに集積され，次に卸売商の5つの貯水池に集められ，そしてそれが個々の生産者たちに還える時にやっと配分される[10]」，という形をとる。

　いま一つは，商業資本に媒介された「商品の流通」や「貨幣の還流」は，実は「移転(transfer)」である，と言う点である。即ち，「商品の流通の場合には，生産者から卸売商へ，卸売商から，商品を初めて最終的に販売する小売商への，単なる移転」であり，また「還流(Reflux)の場合も同様に，資本家に還流していく(zurückfliessend)貨幣の，戻りの，つまり小売商から卸売商へ，卸売商から生産者への，移転である[11]。」

(3)　ところで，小売商・卸売商の「A)」と「B)」とは生活資料の流通だけを媒介する商業資本である。「不変資本[諸要素]の売買を媒介する，換言すれば，産業的消費のために売買する商人達」の場合にはどうなるのか。彼らは部門Ⅱの資本家から買って，部門ⅠとⅡの資本家(生産的消費者)に売る。「例えば，卸売商が綿糸を紡績業者[部門Ⅱ]から買ってそれを織物業者[部門Ⅰ]に売るか，あるいは麻を農業者[部門Ⅱ]から買ってそれを麻糸製造業者[部門Ⅱ]に売る。」しかし「実際に紡績業者に支払いをするのは織物業者である。」だから，これらの「商人達の関係も，[先の場合と]全く同様で…ここでも[彼らの]利潤は，彼らが[部門Ⅱから]商品をその価値よりも安く買ってその価値で(zu ihrem Werth)で売り，こうして[部門Ⅱの]商品の剰余価値に対する自分たちの分け前を受取るという点にある[12]。」したがって「この流通は，それ自体としてなんら特別な意味をもつものではない[13]。」

　しかし「これら個別の(besonnder)商業諸資本の流通は，たえずある特定の(bestimmt)商品が，これらの個別の商業諸資本のところで売られるということによって，真の運動，真の関連を隠蔽する。例えば，麻生産者[部門Ⅱ]と商人と紡績業者[部門Ⅱ]との間の流通のうちに現われるすべてのことは，紡績業者がたえず麻生産者から買うということ以外のなにものでもない。」それは先の[5]の「第4例」で考察された通りであるのに，「再生産過程の各個々の行為がこのように分離され独立化されて現われる[14]」，と。したがって「本質的な運動を把握」しておかないと，例えばこの「麻生産者[部門Ⅱ]と紡績業者[部門Ⅱ]との間の流通」が，スミス＝トゥックのように，「商人たち相互の間

の流通」一般の中に解消されてしまう[15]ことになる，というのであろう。

　[8]　以上のように，「資本の運動」に，即ち，資本の姿態変換運動の一局面としての資本の本来的流通過程に，商業資本を導入するならば，どのようにして剰余価値の一部が商業資本に商業利潤として分配されるかは明らかにしうるが，しかしそのことによって資本の「本質的な運動」そのものには変化が生じないことを確認したマルクスは，「後半部分」の最初で考察対象に予定した「1. と3. の項目(蓄積と金生産)に立ち返えろう[16]」と言う。そして「蓄積」を念頭に置きながら，さしあたり「金生産」を立入って考察する。

　(1)　マルクスは，ここでは「簡単化のために，…貨幣材料の生産者としての，金生産者についてだけ言及する」と述べ，そのような金生産は「特殊な一部類」であると言う。即ち，「再生産過程の場合には，1)生活資料を生産する生産者の部門(Klasse)…，2)第1の部門のために不変資本を生産する生産者の部門，がある。」そして生産物によっては，むろん，生活資料にも不変資本要素にもなりうるが，「それは，生産者が個人的消費[者]に売る限りで部門Ⅰに属し，生産者に売る限り部門Ⅱに属する。」ところが「これらの部門と並んで(neben diesen Klassen)，貨幣として機能する商品の・即ち貴金属の・生産者は，特殊な一部類(eine Categorie sui generis)を形成する[17]」，と。

　(2)　とはいえ金生産は，そのすべてが「特殊な一部類」に属するのではない。「金は原材料として一連の奢侈品生産に入っていく。金生産者が金をこれらの物品(Artikel)の生産者に売る限り，彼は，不変資本の諸要素を生産し販売する部門Ⅱに属する。」そしてこの部門Ⅱに属する「金生産[者]と金を消費する生産者との間の流通」は，次の「一点で重要」である。即ち，貨幣材料の生産者としての金生産者の場合とは異なって，「この取引(trade)においては，金生産者が投入れる金は，流通に貨幣としてではなく，生産要素として入っていくのだから，彼は貨幣を投入れる代わりに，流通から貨幣を引上げる[18]。」そこで予めこの点を考察しておくことが必要となる。

　実際「金鉱山等が存在する国には，金の平均的な生産的消費がある。」そこで「仮にこの消費が，金生産者の[支払う]賃金[部分]を満たし，そして利潤[部分](彼が所得として消費する部分)をも満たす程に大きければ，2種類の事柄

序章　再生産＝循環論と「信用論」　37

が生じよう。」即ち「1. 金の年生産のこの全部分［v＋m 部分］は貨幣(Geld)としては［流通に］入っていかない。［それは，］小売商と個人的消費者との間の流通に通貨[currency]（鋳貨[coin]）としても，また生産的消費者達の諸取引(Transactions)の間に貨幣資本(Geldcapital)としても，入っていかない。」また「2. ここでは貨幣の（流通からの）金生産者への還流と繰り返す還流が生じる[19]。」

〔補注〕

　「後半部分」での検討項目の「2. 種々な運動の同時性」についての立入った考察は見出せない。しかしこの金の生産的消費との関連で，「通貨（鋳貨）」と「貨幣資本」に言及したところに続けて，マルクスは括弧〔　〕に入れた挿入のかたちで，「種々な運動の同時性」の問題に言及している。即ち，「鋳貨(Münze)と貨幣との間の区別は，ここでは，貨幣資本が労働者に対して鋳貨で支払われる限りで(so far als)である。というのは，それ(es)［貨幣］は小売商と最終消費者との間の流通で流通するからである。他方で，それ(es)が生産的消費者達即ち生産的［産業］資本家達の間で運動する分野——それ(es)はこの流通［小売商と最終消費者との間の流通］には入っていかない——では，主として支払手段として役立ち，そして彼［労働者］の手中では，それ(es)が最終消費者の手中で表わす(vorstellen)ことを中止するところの，資本を表わすことを中止する。流通の異なる継起的な諸局面——流通は同時に異なる諸資本にとっては常に逆の諸局面を表わしている(darstellen)が——の同時性(Gleichzeitigkeit)と並進(Parallellaufen)とは，一方では資本がそして他方では所得がそれで流通する貨幣種類(Geldsorten)［貨幣と鋳貨］の区別を惹き起す。一つの貨幣種類の他の貨幣種類への移行は［流通局面の］入れ替わり(Wechseln)によって媒介される[20]」，と。これもまたトゥックの「通貨と資本との区別」への批判である。

　そこで部門Ⅱに属する金生産者は，貨幣材料の生産者としての金生産者とは異なって，例えば，自分の生産物の v 部分を，部門Ⅰに属する金匠などに「商品［原料］として売る」のであるから，「この場合には［賃金に支払った］貨幣の還流が生じ」，金生産者は，例えば「4 半期の賃金を表わす額を，彼に同じ

額が4半期毎に流通から再び還流してくる際に，鋳貨で準備しておきさえすればよい」ことになる。別言すれば，既に「前半部分」で考察したように，「金生産者は他のどの資本家とも同様，賃金を支払うために，賃金の年貨幣表現額の…一可除部分だけ[の鋳貨]を必要とするだけである」，と言うことになる。「それに対して金匠等は，金の購入に支払われた彼の貨幣資本を，所得[剰余価値]の支出者達(spenders)の貨幣によって補填する」のであるから，「金のこの[奢侈的]消費(Consumtion)が充分可なりの額になるとすれば，それは単に賃金のための貨幣のみでなく，所得のための貨幣をも…金生産者に供給するであろう。」そして金生産者は，「彼自身の所得の消費の場合にも，同じ貨幣が還流しそして新たに役立つので，所得[剰余価値]の年価値の非常に少ない貨幣表現のみを必要とするだけである。」だから金生産者にとっては，「賃金[の支払いに用いた貨幣]が…たえず流通から還流するためには，金の生産的消費者に販売されるであろう生産物[金]の一僅少部分のみが必要であろう(wäre)。」したがって，「金生産者の資本のこの[v]部分については，そして事情によっては彼の所得の貨幣的表現についても，それらが個人的消費者と生産者との間で運動する限り，彼の側では流通への追加は[必要で]ない[21]」，と。

(3) ではどのような場合に，金生産者は貨幣材料の生産者として，「貨幣の量」に変化を及ぼすのか。それは，金生産者が自分の生産物である「金で買う」，つまり「金を貨幣として支出する場合」である。そして「(このように限定された)金生産にとっての金生産者の立場」が，上述のように「特殊(sui generis)[22]」なのである。

というのは，貨幣材料としての金生産には次の特殊性があるからである。即ち，一面では，「彼が生産した生産物，即ち商品は，[生産]要素として他の生産分野の不変資本にも，また可変資本にも入っていくことはできず，したがって，…現実の再生過程に入っていかない」し，「それ自身の不変資本あるいは可変資本にも入っていかない」のみでなく，「それはまた同様に，所得が直接に支出される商品範疇にも入っていかない。」ところが「他面ではこの商品[金]は，それが単なる技術的転化によって国民的貨幣に転化しうるように，それは世界市場にその形態で貨幣として入りうる形態を直接に保持している。それは直接貨幣として働きうる，即ち購買できる。商品の転化された形態[貨幣

形態]が，この商品の原初の(primitiv)形態である。だからそれ[この商品]が流通資本(Cirkulirendes Capital)の絶対的形態，即ち貨幣資本の形態を直接保持しているとしても[23]」，貨幣に転化しうる。

そこで「金生産者は，[生産物を]売る必要なしに，直接買うことができる。彼の商品は，それが交換される，即ち，それが買う商品の生産的存在条件とそれ[彼の商品]の関係をなんら考慮することなしに，直接あらゆる他の商品に転換しうる(convertible)[24]」こととなる。

だから「金の生産者はその金で彼が欲するものを…，一方では生活資料を，他方では生産手段(Prodctionsinstrumente)を買うことができる」のみでなく，「彼の金生産物のうちの剰余価値(利潤，地代)を表わす部分を，…後に所得あるいは資本に転化する目的で，この形態で蓄蔵することもできる。」そして「金生産者がそうする限り，彼は彼の生産物の一部を現物形態で蓄積する[25]。」

そこで，「彼が生活資料または生産手段と交換する[彼の金生産物]部分」を立入って考察することが必要となる。但し次の諸前提を想定する。1)「流通は，…可変資本を貨幣等の形態で補塡するのに充分に満たされており，また流通資本(circuliredes Capital)のうちの貨幣資本として流通しなければならない部分についても同様である。」2)部門Ⅱに属する金生産に関する諸点は考慮しない。したがってまた，部門Ⅰの生産者には「金匠等」は含まれていない。さらに「奢侈的消費のための金生産は，金生産者のための通貨を，彼がそのために他の貨幣を流通に投入れることなしに，補塡する」ものとするが，「しかし彼が消費する商品の部分——そしてそれを除外すれば，彼によって消費される商品に含まれている労働部分[可変資本部分?]は，その同じ生産者によって新たな労働[力]の購入を通じて補塡されねばならない。」3)「外国貿易はここでは意識的に関係させない[26]。」

さて金生産者が，その生産物(金)で，例えば生活資料を買うものとしよう。この場合，金生産者に商品(生活資料)を売った生産者の側からすれば，彼らの生産物のうち金生産者に売ったその部分は，「その全部が金で，即ち，それによっては彼らの諸商品の再生産過程が更新されることのできない一形態で存在する」こととなる。例えば「生活資料の売手」をとってみれば，金生産者から得た金のままでは，「原料…としても，また生産用具の補塡のためにも使用す

ることができない。」もちろん生活資料の売手であるこの第Ⅰ部門は、金生産者に売った「商品に含まれている剰余価値を金で蓄積することはできるし、金をその同じ形態としてしっかり持っていることも、この剰余価値を金の形態で貯蔵し、保存し、保有していることもできる。」しかし「商品が同じ規模で再生産されるためには」、「この部門は原料や機械を補塡しなければならない。」なお「可変資本を貨幣で保持するのには、これまでの流通は充分である」と仮定しておく。そこで「生活資料の生産者は、受取った金部分――それを彼は彼の剰余価値(利潤)の直接的形態としては保持する――で、半製品、材料、機械等を買う[27]。」

ところが、生活資料生産者に原料や機械を販売して、前者から金を受取った「これらの諸商品の生産者たちは、皆［生活資料生産者と］同じ関係にある。各々は、自分の利潤あるいは剰余価値一般の一部分に等しい金部分だけを保持することができる。彼はその他の部分で原料等を補塡」しなければならない。そこでこの「原料生産者達に渡る、金のこの最後の部分と引き替えに、彼らは彼らの全商品を、全体として(pro toto)、販売し、そして原料生産者達の間での交換を除けば、彼らはこの同じ金を剰余価値の部分や生産資本の部分に分解することはできない。だから彼らにとってはこの金は彼らの剰余価値の金で蓄積された部分以外の何物も意味しない。そして彼らがこのように間接的に金生産者に販売する諸商品は、彼らの生産物のうち剰余価値がそこに実現されている部分の一部を構成する[28]。」

これが、「金生産者が生活資料を買う限り」で用いられた金の「足取り」である。そして金生産者が「生産用具や原料を買っても、同じことである。」だから結局、「金生産者の全年生産物は…剰余価値の金貨幣化(Vergoldung)に帰着し、それは直接金に化身し、金に転化する、社会全体の剰余労働の一部である」ということになる。即ち、金生産者の総生産物の価値構成は $c+v+m$ であるが、しかし「社会全体に関しては、それ［金生産者の総生産物］は単に剰余価値や剰余労働の化身に過ぎない。」そして金生産者の「剰余価値を考察する限り、それは金生産者にとっては直接に生産過程から出てきた形態であるが、他の生産者にとっては交換、流通によって媒介される。」即ち「他の生産者達は…、彼らの生産物のうち剰余価値を表わす部分の一部を、金生産者の金と交

換し，彼らは金生産者の資本をこうして補塡し，そして金生産者は彼らに，彼らが彼らの剰余価値の一部をそれで実現する商品[金]を，与える。だから金生産者の部門Ⅰと部門Ⅱに対する関係は，まさに部門Ⅰと部門Ⅱとの相互の関係と同様で…，金生産者の全年生産物は所得[剰余価値]に帰着する，即ち，それは生活資料と生産手段のうち，それらの生産者にとって所得[剰余価値]を表わす部分と交換される。」したがってそれは「剰余労働の実現[29]」ということに帰着する。

ところで，部門Ⅱがその剰余価値部分を実現するには，それを部門Ⅰの不変資本部分の一部と転態しなければならないが，「部門Ⅰがその剰余価値の一部をそれ自身の生産物において実現するように，金生産者はそうすることができる。しかしそれは一部だけである。彼は彼の剰余価値の一部を消費(aufessen)してしまはなければならない。他方，他の諸部門は，彼らが彼らの剰余価値の一部を金の形態で保有したいときには，それを消費してしまうには及ばない。だから補塡のこの形態を考察する限り，金生産者と他の諸部門との間の交換は，なんら新たな現象を表示しない。」とはいえそれは，「剰余価値の一部が，ここでは直接に貨幣材料に転化され，そしてそれとともに単純再生産過程が，商品[資本?]の価値増殖が直接に金蓄積として，だから潜勢的貨幣資本の蓄積として現われるところの契機を，保持する限りにおいてである[30]」，と。

(4) このように「貨幣材料」としての金生産は，社会的剰余価値の一部の金での蓄積・新たな「蓄蔵貨幣」の形成に帰着する。そしてこのことは，「資本主義的生産の形態を捨て去って」みると容易に理解できるとマルクスは言う。即ち「生産者たちは彼らの生産物の一部分を，一部は個人的消費のために，一部は生産的消費のために，相互に交換しあわなければならない」から，「彼らはただ剰余だけを金あるいは銀生産者たちの生産物と交換することができる。そして実際にこのよっにして彼らの蓄蔵貨幣は形成され，そして一般的に金属貨幣流通のための土台が据えられる」のであるが，「この剰余だけが金に転化されうるということは，資本主義的生産においても同じままである。」したがって「貨幣蓄積──新たな金生産と一致するものとしての──は，その国の剰余労働の一部が，金の生産に投ぜられることを必要とする[31]」ということに他ならない，と。

だから金生産者がその生産物・金で，他の生産者から買うことによって，剰余価値の一部が金で蓄積される「蓄蔵貨幣」形成は，次に考察する蓄積のための貨幣蓄蔵・「蓄積基金」の形成とは異なる。この場合には，金生産者の生産物との交換を通じて，剰余価値の一部が既に金・貨幣で蓄積されているのであるから，「金生産者とその他の生産者が，彼ら[のこの蓄蔵貨幣]を，(これまで彼らの間で流通している貨幣への追加である)貨幣として，新たに資本に転化する限りでは，問題は少しも特殊(spezifisch)ではない。」この場合には，「一般的に貨幣の資本への転化のために必要であるのと同じ諸条件が，そのために必要[32]」なだけである，ということになる。

[9] そこでマルクスは今度は，「新たな金の生産を全く脇に置いた[33]，一つの他の枠組みでの問題」，即ち，「蓄積，特に貨幣との関連で」の項「に移る。」そして彼は，問題の所在を次のように詳細に説明する。「ここで取上げる問題は，以前に再生産のところで既に考察された問題，即ち，貨幣として存在する剰余価値が，あるいはむしろ剰余価値のうち消費されてしまはない部分が，どのように生産資本に再転化しうるかという問題ではない。そうではなく，問題は，どのようにして，そしてどのような諸条件の下で，剰余価値の一部分が，消費されないで，貨幣として蓄積されうるのか，またこのことが，金――または銀――を生産する資本家との交換を全く考慮することなしに，どのようにしてまたどのような諸条件の下で可能なのか，という問題である[34]」，と。

その上で彼は，「われわれは異なった部門(Klasse)を考察しよう」と述べて，次の3部門を提示する。即ち，「部門Ⅰ)，それは生活資料を生産する。部門Ⅱ。それはこの生活資料のための不変資本とこの不変資本のための不変資本を生産する。部門Ⅲ。商業資本と貨幣取引資本(the mercantile and monied capital)で，それらは最初の2つの部門の間の運動を仲介するだけである[35]」，と。

そして生産部門である部門Ⅰから検討を始める。「剰余価値に関していえば，部門Ⅰはその一部を自己消費しなければならない。しかし，部門Ⅰの生産物全体は，剰余価値も資本も，直接的消費のための形態で…存在している」から，それはまず販売されねばならないが，「それの販売は，それが消費のために買われるということを意味する。このことは，生産物のうち剰余価値を表わす部

分と資本を表わす部分とに共通している。」そこで単純再生産の場合のように「もしこの部門がその剰余生産物自身の消費部分のみを必要としているのであれば，全生産物が消費されるに相違ない，——そしてそれゆえ全生産物が消費者に売られるに相違ない。」しかし「もしそうでなければ［即ち，蓄積が行われるとすれば］，それは消費されない，そして売れない商品の形態で彼らの倉庫を塞ぐであろうに[36]」，と。

その理由をマルクスは次のように説明する。「前提に従えば，部門Ⅰは，その生産物のうちその不変資本を表わす部分だけを部門Ⅱと交換し，したがって［その］所得［剰余価値］のどの部分も［部門Ⅱとは］交換しない。だからこの部門［Ⅱ］との交換は，この［蓄積という］問題の場合には，部門Ⅰが関係する限り，全く考慮の外に置かなければならない。［そこで］われわれは［部門Ⅰ］それ自体に投げ返される。」ところが「部門Ⅰ自体の内部では，労働者との交換は消去されなければならない。彼ら［部門Ⅰ］自身の労働者は労働者に商品で支払われた資本価値を貨幣で彼ら［部門Ⅰ］に払い戻すだけである。［だから］この交換は剰余価値の実現とは全く関係がなく，ただ投下された可変資本とのみ関係するだけである。」また「部門Ⅱの労働者は，既に部門Ⅰの［部門］Ⅱとの交換に含まれており，その交換は消去されるべきである。」そうなると，「部門Ⅰで生産された剰余価値の分配を受ける，部門Ⅰ自体の関係者達(parties)を考えなければならない」こととなるが，「彼らは，彼らの交換によって産業資本家(producing capitalist)に，部分的には投下された彼の資本の，即ち部分的には彼の利潤の，貨幣的価値(monetary value)を，返えす」のである。このように「部門Ⅱとの交換も，また部門Ⅰ内部での可変資本の支払も，このように立てられた問題(question)とはなんら関係がない[37]」，と。

そこでマルクスはいま一度問題点を次のように整理する。即ち，既に［8］において，「資本の一部がどのように［所得＝剰余価値から］貨幣資本として蓄積されうるかを見てきたが，それは次の限りにおいてである。即ち，金生産者が現物で消費する所得［剰余価値］部分のみでなく，彼の生産物(金)のうち，彼が彼の資本の補塡のために現物で交換に供さねばならない部分(この生産物のうち彼が原料として他の生産分野［金匠等］に販売する部分を除外して)も，他の生産者たち［部門ⅠとⅡ］の所得のうち，金の形態で直接に保持され，最初は蓄蔵され

た金であり，それから実は貨幣資本として機能しうる，即ち，資本の蓄積過程に直接入りうる部分を形成する限りにおいてである。」これに対し，「われわれがいま提起している問題は，剰余価値のうち，金生産者との交換によって金の形態で蓄積されるこの部分を除外して，生産的[産業]資本は一般的に彼の所得[剰余価値]の一部を，どのようにして，それを[個人的消費に]使ってしまう（verausgaben）代わりに，さしあたりは金[貨幣？]としてかき集めて溜め込み，それからこれを貨幣資本として蓄積させることができるのか，という問題である。」「所得が全部消費されてしまう」ものとすれば（つまり単純再生産の場合には），「所得の消費に支出された貨幣が実際には剰余価値を金貨幣化し，それを払い戻す。」ところが，例えば，部門Iの総資本が100ポンド，総利潤が10ポンドで，その半分を「この部門は現物で消費する」ものとすれば，「どのような諸条件の下でこの部門は5[ポンド]を貨幣として取っておくのかが，所得の資本への再転化の最初の諸条件が，問われる。」「5ポンドと引き換えに商品は誰に売られるのかが問われる[38]」，と。

しかしマルクスはこのように問題を再度整理しただけで，部門IIの蓄積についての検討もせずに，「この点の立入った解明は後に延ばされるべきである[39]」として，「貨幣との関連での」「蓄積」というこの問題の考察を打ち切ってしまう。そして，それがまたこの「エピソード」の後半部分の終りともなっていく。

1) ここでは，「後半部分」での叙述の順序に従って，この第4項目に，「前半部分」からの通しのノンブル[7]を付していくこととする。
2) *MEGA*, II／3・5, S.1743：訳，⑧，322ページ。なお第2項目「種々な運動の同時性」についての立入った考察は見出せない。
3) *Ibid.*
4) *Ibid.*, S.1744-1745：訳，⑧，324-325ページ。
5) *Ibid.*, S.1745：訳，⑧，325ページ。この第2例は，手稿のS.1065aの最初の行に始まっている。そのためか，*MEGA*版では改行されずに，恰も第1例の続きのように組まれているが，内容的には明らかに前提の異なる計算例である。なおマルクスは，小売商全体の資本額を誤って「55000ポンド」とし，その数字を基に次の計算をしていくが，煩瑣を避けて，そのままにしておくこととする。
6) *Ibid.*, S.1745：訳，⑧，325-326ページ。ここではマルクスは，この「第2の11ポンド」に含まれる「諸費用」を「簡単化のために」「流通費および生産費」とし，したがって小売り活動で「生産的労働」も行われ，また「資本家的生産者としてあげ

序章　再生産＝循環論と「信用論」　45

る利潤」も考慮されるものとしている(*ibid.*)。なお彼は，この「エピソード」に先立って，手稿第15冊の「商人資本．貨幣取引に従事する資本」において，「流通費」の検討を行っている。それについては，さしあたり，小林『『資本論』第Ⅱ部第Ⅰ編…成立過程の一齣』前掲，5-7ページを参照されたい。

7) *Ibid.*, S.1750：訳，⑧，337-338ページ。
8) *Ibid.*, S.1750：訳，⑧，338-339ページ。
9) *Ibid.*, S.1750：訳，⑧，339ページ。
10) *Ibid.*, S.1750-1751：訳，⑧，339ページ。これは，先の「5」の「第4例」における注意——信用制度が発展し，商人の手許に流れてくる貨幣が銀行に集積されるようになれば，たとえ部門Ⅱの労働者が生活資料の購入に支出する貨幣でも，部門Ⅱの資本家の手許に毎週還流し，それが「迂回をしてのみ」還流するという「真の運動，真の関連」には「無関心になる」——を補うものであろう。
11) *Ibid.*, S.1751：訳，⑧，339-340ページ。ただし，「資本家が信用で売る場合には，資本の[手形での]還流であるが，しかし彼が現金で売る場合には，貨幣の，しかも購買手段としての貨幣の還流であるか，あるいは彼の資本の貨幣形態の還流である」(*ibid.*)，と。この注意もまた，先の「5」の「第4例」のところに挿入されたトゥックの「資本の運動あるいは移転」という理解の批判を補うものであろう。
12) なおマルクスは，括弧〔 〕に入れた次の注意を挿入している。「一般的な剰余価値[の大きさ]を見積もる場合には，商業利潤を[剰余価値に]算入することが極めて重要である。というのは剰余価値の一部がここに紛れ込んでおり，そして特殊な生産分野に端を発するように見えるからである」(*ibid.*, S.1751：訳，⑧，340ページ)，と。
13) *Ibid.*
14) *Ibid.* なおマルクスは，別のところに，「輸出業者と輸入業者は，それ自体単に卸売商人(wholesaledealers)の範疇である。…卸売商人は，事柄の性質上，2つの主要範疇(Hauptcategorien)——[輸出入業者]——から区別されない」，との挿入をしている(*ibid.*, S.1752：訳，⑧，341-342ページ)。
15) なおこの点については，第5節の注10)を付した個所も参照されたい。
16) *MEGA*, Ⅱ/3・5, S.1751：訳，⑧，340ページ。
17) *Ibid.*, S.1751-1752：訳，⑧，340-341ページ。なおここでも先の[4]の場合と同様に「簡単化のために，金生産者を資本主義的生産国の只中に置」き，「また同じ理由で外国貿易を除外する」という限定を付している。というのは，それによって，しばしば非資本主義的生産国である「貴金属生産国に属する独自の事柄」を，「この一般的考察」の外に置くことができ，以下で見るように，金生産者の生産物である金の価値構成を，他の資本主義的生産者の生産物と同様に，c＋v＋mとして考察することが可能となるからである。
18) *Ibid.*, S.1752-1753：訳，⑧，342-343ページ。したがって，この場合の金生産者は，「生産過程の前と後」とで，貨幣の量に変化をもたらさないこととなる。
19) *Ibid.*, S.1753-1754：訳，⑧，343-344ページ。

20) *Ibid.*, S.1753：訳，⑧，343-344ページ。
21) *Ibid.*, S.1754：訳，⑧，344-345ページ。そしてリカードは「この事情を全く見落している」(*ibid.*)と，マルクスは付け加えている。
22) *Ibid.*, S.1754-1755：訳，⑧，345-346ページ。
23) *Ibid.*, S.1755：訳，⑧，346ページ。なお，マルクスは手稿第15冊の「エピソード。所得とその諸源泉」に挿入した岐論「資本の種々な形態」において，既に流動資本と流通資本との区別に，事実上，達しているが，しかしなおどちらも，circulirendes Capital という用語で表現している(cf. *MEGA*, Ⅱ／3・4, 1979, S.1468-1469；訳，⑦，431-432ページ)。小林「『資本論』第Ⅱ部第Ⅰ編…成立過程の一齣」前掲，8-10ページも参照されたい。
24) *MEGA*, Ⅱ／3・5, S.1755：訳，⑧，346ページ。なお，「以下では，金のうち，原材料として他の商品の生産に入っていく部分を…全く無視」(*ibid.*)する。
25) *Ibid.*, S.1756：訳，⑧，347-348ページ。
26) *Ibid.*, S.1756-1757：訳，⑧，348-349ページ。なおこれらの「想定」や「仮定」等は，ところどころに記されており，手稿における叙述は必ずしも整理されて展開されているわけではない。
27) *Ibid.*
28) *Ibid.*
29) *Ibid.*, S.1757-1758：訳，⑧，349-350ページ。
30) *Ibid.*, S.1758：訳，⑧，350ページ。
31) *Ibid.*
32) *Ibid.*
33) このように問題を立てる理由として，マルクスは，「およそ1808-1830年という長い期間，新たに供給された金と銀は摩滅(Abrasion)等，ヨーロッパの貨幣資本の摩損(tear and wear)を補填するのにちょうど充分であった」ということ，換言すれば，この間の蓄積＝拡大再生産にとって追加の金生産は必要なかったこと，したがって「資本主義的蓄積過程はそれ自体として——まさに貨幣に関して——金および銀の生産を一切持ち込むことなしに考察されなければならない」ということの，2点を挙げている。
34) *Ibid.*, S.1758-1759：訳，⑧，351-352ページ。
35) *Ibid.*, S.1759：訳，⑧，352ページ。なおこの monied capital については，次節の注26)を参照されたい。
36) *Ibid.*
37) *Ibid.*, S.1759-1760：訳，⑧，353ページ。ここではマルクスは，この理由付けの最初のところで既に躓いている。
38) *Ibid.*, S.1760：訳，⑧，353-355ページ。
39) *Ibid.*

第5節　手稿『経済学批判』における「貨幣流通＝還流」分析

　ところで上述のようにこの「エピソード」の前半部分は，トゥックが貨幣の機能の区別を通貨と資本の区別に転化するという誤謬の指摘――[１]――で始まり，単純再生産の場合の年総生産物の「３大取引」を媒介する貨幣流通＝還流の「本質的運動」・「真の運動」の解明と，さらにトゥックの誤謬がその上に立てられたスミスの「総流通の２区分」にまで遡った根底的なトゥック批判――[５]と[６]――とをもって終っている。

　ところがマルクスは既に，『経済学批判。第１分冊』において，トゥック等は「貨幣を一面的にではなく，その種々な諸契機において把握はしている」と評価しつつも，「しかし，なにかある生きた関連――それがこれら諸契機相互のものであれ，あるいはそれが経済的諸範疇の総体系であれ――なしに，ただ素材的に把握しているだけで」，したがって「彼らは，流通手段と区別しての貨幣を誤って資本と，あるいは商品とさえも，混同する」と批判している。にもかかわらずマルクスは他方では，「単純な金属流通の領域」で「貨幣をまず抽象的な姿で」考察している「ここでは…まだ立入って論ずることはできない[1)]」として，トゥック批判を留保していた。

　ではどのような経緯で，この「エピソード。貨幣の還流運動」において，トゥック批判が立入って検討されるに至ったのであろうか。

　手稿『経済学批判』は，既に最初に指摘しておいたように，『経済学批判』体系の「第１篇　資本一般」の中の「第３章　資本一般」の「Ⅰ．資本の生産過程」として書き始められており，「剰余価値に関する諸学説」もその「5.」に属している。したがって，手稿第６冊の220ページでこの「諸学説」の考察を「a）ステュアート」から始めたマルクスは，「b）重農学派」の考察においても，ケネーの経済表の検討には立入らず，「資本が流通においてとる諸形態および一般的に資本の流通過程と再生産過程との間の諸関連」については「流通に関する章(Capitel)で立返ること[2)]」としていた。

　そして続く「c）A.スミス」においても，「剰余価値の性質と源泉に関するスミスの研究」の考察を主題としているのではあるが，しかしスミスの「社会

的生産物の全価値を所得に分解する…誤り」の批判との関連で，不変資本の再生産の問題——「年々の利潤と賃金が，利潤と賃金の他に，それを越える不変資本を含む年々の諸商品を購入することが，いかにして可能であるかの研究」——にまで踏み込んでいくことになる。そしてこの「不変資本(capital constant)の再生産に関する問題は，明らかに資本の再生産過程あるいは流通過程の篇(Abschnitt)に属するのではあるが，それでもそのことはここで主要な事柄を解決することを妨げはしない」とマルクスは述べて，彼は織物業(消費資料生産部門)の不変資本と，紡績業および機械製造業(生産手段生産部門)の所得との，再生産＝補塡の関係を析出するに至る[3]。

とはいえマルクスは，ここではなお，「流通過程の篇」に属する問題を全面的に取扱おうとしているわけではない。即ち，「一国の総生産物が賃金および利潤…に分かれるという同じ見解を，A.スミスは［『諸国民の富』］の第2篇第2章で，貨幣流通と信用制度の考察の際に述べている(これについては後でトゥックを参照)，そこで彼は次のように言っている[4]」とスミスを引用し，彼の「総流通の2区分」説[5]が自然価格についての彼の「ドグマv＋m」に由来することを指摘し，「この点，並びにトゥックについては，先に進んで立返えること」(手稿第6冊283bページ)[6]としている。また生産手段生産部門内部での不変資本の再生産＝補塡の問題についても，「諸問題のうちなお解決されるべく残っている部分」とし，「資本の流通過程のところでそれに立返える」(手稿第7冊294ページ)[7]としている。

ところが手稿第8冊346ページ以下で，スミスの生産的労働論との関連において，「労働」が「資本」と交換されるか，「所得」と交換されるかについて検討する際に，マルクスは，この生産手段生産部門内部での不変資本の再生産＝補塡の問題にも決着をつけてしまう[8]。また第9冊の379ページに始まる括弧〔　〕に入れられた岐論的部分——そこでは年総生産物の再生産＝補塡の問題が再度検討されている——では，手稿第6冊283bページで「先に進んで立返えること」としていたスミスの「総流通の2区分」については，この括弧〔　〕でくくられた岐論的部分の中に，さらに括弧〔　〕の岐論を挿入する形で[9]，次のようにやや立入って言及していく。

即ち，「A.スミスの命題——商人と商人との間の取引は，商人と消費者…と

の間の取引に等しいに相違ない——は，誤りである。それは全生産物が所得に分解すると言う彼の誤った命題に基づいており，それは事実上，ただ諸商品の交換のうちで資本と所得との交換に等しい部分が諸商品の全交換に等しい，ということを意味しているに過ぎない」，と。そして続けて，「だからこの命題と同様に，トゥックが貨幣流通に対してその上に打ち立てた理論的応用(特に商人の間で流通している貨幣量と商人と消費者との間で流通している貨幣量との関係)もまた誤りである」として，次の例を示していく。即ち，個人的消費者に販売する商人(小売商)の「生産物A」(例，リンネル)は，「$1/3$ A に等しい A の所得と $2/3$ A に等しい B の所得とによって買い取られる」ものとする。そうすると，これが「商人と消費者との間の取引」となる。そしてこの小売商がリンネルを織物業者から買うのが「商人と商人との間の最後の取引」，織物業者が糸・機械・石炭等を買うのが「商人と商人との間の最後から2番目の取引」，紡績業者が麻・機械・石炭等を買うのが「商人と商人との間の最後から3番目の取引」，麻栽培農家と機械製造業者とが機械・鉄等々を買うのが「商人と商人との間の最後から4番目の取引」，…等々と，商人間の取引が続くこととなる。しかし「最後から3番目の取引」以下の諸取引，つまり「Bの生産者たち[生産手段の生産者たち]の間の」・「彼らの不変資本を補塡するための諸取引，およびこれらの取引の価値は，Aの生産物が，所得と所得との間の交換のためにであれ，所得と不変資本との交換のためにであれ，通過するところの諸取引には入っていかない。」ところが「これらの取引もまた貨幣を必要とし，また商人によって媒介されている。」だから「貨幣流通のうち，もっぱらこの分野に属する部分は，商人と消費者との間のそれからは全く区別される[10]」，と。

このようにマルクスは，「剰余価値の性質と源泉」についてのスミス批判を主題としつつも，それとの関連で「流通過程の篇」に属する問題にまで考察の対象を次第に広げていくのであるが，手稿第9冊(400ページ以下)で，スミスの生産的—不生産的労働の規定に「反対している…著述家[11]」としてのデステュット・ド・トラシーの剰余価値論の検討に入ると，彼が「利潤」の源泉を貨幣流通=還流のうちに求めているところから，ここでマルクスは貨幣流通=還流の問題にも，むしろ進んで言及していかざるを得ないこととなる[12]。そこで彼は，これまでは「流通の章で立返えること」としており，さしあたっては「独

立のノート」に書いてきた「ケネーによる経済表」の検討をも、「岐論」として、この「23冊ノート」の第10冊に組込んでくることとなる[13]。

だからこの「岐論。ケネーによる経済表」には、ケネーの「経済表」そのものの検討のみでなく、次のように、貨幣の流通＝還流問題一般についての言及も含まれる。即ち、「経済表」では借地農業者(F)が地主(P)に10億リーブルの地代を貨幣で支払い、その貨幣で地主は借地農業者から商品を買うことによって、10億リーブルの貨幣は借地農業者に「還流」する。しかしこの「還流」は、「一つの再生産過程を表現する限りでの」還流、つまり、資本家が生産手段と労働力を購入して生産をおこない、その生産物を売ることによって投下した貨幣が資本家に還流するG—W—G′としての「貨幣の出発点への還流」とは、「本質的に異なる。」「これに対して」「経済表」におけるF—P—Fの場合には、「なんら再生産過程は生じない。」「この場合貨幣を還流させるものは…消費で」あって、しかも「この種の還流は、生産者が自分の生産物…によってではなく、生産物の価値を貨幣で債権者に支払う場合には、いつでも生じるに相違ない。」この場合「貨幣は…支払手段として役立ち、〔次に〕購買手段として役立つ。」そして実際「所得として支払われる貨幣、つまり例えば地代または利子または租税は、…支払手段の一般的形態をもっている。」しかしそれは「貨幣の単なる移転(transfer)」に過ぎず、ここでは「貨幣の二度の位置転換は…商品の一度の、即ち生産者の手から所得の所有者の手への、位置転換を表現するに過ぎない。」だから借地農業者から地主への「貨幣の持手の変化の場合には、これは、商品の所有名義の変更を表現するだけで、」「商品と貨幣との同時的な位置転換は生じていない[14]」、と。

そしてさらにマルクスは、ここで『経済学批判。第1分冊』での叙述を自ら訂正する。即ち、このような貨幣の「形式的な還流」は、「資本のうち、産業資本家と労働者との間で流通する部分（つまり、流動資本(circulierendes Capital)のうちの可変資本に等しい部分）においても生じ」、この還流も「それ自体としてはなんら再生産を表現していない。」ここでは「資本家が、初めは買手として現われ、それから改めて同じ相手に対し売手として現われる。」「これに対し労働者は、初めは売手として、次には買手として現われる。」そこで「資本家には、G—W—Gという運動が生じ」、「労働者の方は、W—G—Wという

序章　再生産＝循環論と「信用論」　51

流通を表わす。」前者では「交換過程の目的は交換価値，貨幣，したがってまた貨幣の増加であり，他方の側では使用価値，消費である」が，しかし「このG—W—Gが，労働者と資本家との間における貨幣…の還流を表現するに過ぎない場合には，それ自体としてはなんら再生産過程を表わさず，ただ買手が同じ相手に対し，改めて売手になることを表わすだけである。それはまた，資本としての貨幣…を表わすものでもない。むしろそれは，同一貨幣額…がその出発点に形式的に還流することの表現でしかない。」「だから私が第1冊で，形態G—W—G＝G—W—G′であるに相違ないといったのは，誤りであった[15]」，と。

　それのみでない。ここには，次のような「還流」の具体的形態についての言及も見出せる。即ち，①「賃金として支払われた貨幣の資本家への還流は，「実際上は，資本家の取引銀行業者へ」の還流となること，そして「事実上，銀行業者たちは，個々の資本家に対して，総資本を，即ちそれが貨幣として現われる限りでの総資本を代表していること[16]。」②「買手が改めて売手になるところではどこでも，つまり，すべての買手たちが相互に売るために買い，買うために売るすべての商業資本の場合には，この還流の形態G—W—Gが見られる[17]」こと。③「不変資本の交換においても同じである」こと。即ち，例えば，「機械製造業者が製鉄業者から鉄を買って，彼に機械を売る」場合，「貨幣は鉄の購買手段として支出され，…次にそれは製鉄業者にとって機械の購買手段として役立ち，そして機械製造業者の手許に還流する。」そして「彼らが相互に勘定を清算しあい，貨幣が彼らにとって支払手段として役立つ場合にも，同じである[18]」こと。④「手形を割引し，あるいはまた銀行券で前貸し（advance）をする銀行への銀行券の還流は，これまで考察してきた貨幣の還流とは全く別の現象である」こと。手形の割引の場合には，「商品の貨幣への転化が先取りされて」おり，「商品が［現実に］売れるとその時に…，貨幣は銀行に還流する[19]」こと，等。

　とはいえこの「岐論」では，次の諸点については単に問題点の指摘に止まっている。即ち，①「所得［剰余価値］の支出だけを示す貨幣流通」の場合，「例えば，資本家自身も年々一定量のものを消費する」が，「彼は既に自分の商品を貨幣に転化させていて，この貨幣を自分が最終的に消費しようとする商品に対して支出する。この場合にはW—G—Wであって，彼への貨幣の還流は生ぜ

ず，売手(例えば小売商)への還流が起こり，所得の支出が，この売手の資本を補塡する」のは，どのようにしてかという問題。②「いま一つ提起されうる問題。」即ち，「資本家によって行われる，自己増殖する価値を表わすG—W—Gにおいては，資本家は，流通に投入れるよりもより多くの貨幣を流通から引出す。…資本家全体が，つまり産業資本家階級が，彼らが投入するよりも多くの貨幣を絶えず流通から引出すということは，いかにして可能なのか？」という問題。③「固定資本は，商品の生産過程には全体として入っていくが，商品の価値には常にごく小部分ずつしか入っていかない。」即ち，固定資本の価値のうち「商品の形態をとって流通に入っていく」のはその僅かな部分だけである。「これが一つの問題である[20]」，と。

　このように手稿第10冊の「岐論。ケネーによる経済表」では，マルクスは貨幣流通＝還流一般の問題にまで踏み込んでいくが，しかし①〜③については「後で考察すべき未解決の問題[21]」として，そこでは立入っていかない。そしてその①と②の問題を直接に受ける形で展開されることとなるのが，まさに第17〜18冊における「エピソード。貨幣の還流運動」に他ならず，しかもこの「エピソード」は，上述のように，トゥック批判で始まっている。

　では，既に手稿第6冊で予告されていたスミス＝トゥックの，就中トゥックの「貨幣流通」論の立入った検討を，なぜマルクスは手稿第17〜18冊の「エピソード」にまで持ち越したのであろうか。

　それは，彼らの「貨幣流通」論が，ケネーの「経済表」の場合とは異なって，「商業資本」や「貨幣取引資本(moneyed capital)」によって媒介された現実的・具体的貨幣流通論，つまり「貨幣流通＝信用」論であったからである。

　第3節の[6]におけるスミス＝トゥックからの引用が示しているように，スミスは，「生産過程と流通過程とに関与するすべての資本家」を「商人」，また労働者および「所得[剰余価値]を消費する限りでの」資本家，土地所有者等を「消費者」と呼び，あらゆる国の「総流通」を，「商人と消費者との間の流通」と「商人相互の間の流通」とに「2区分」し，主として前者は小売り取引，後者は卸売り取引として行われ，さらに前者では例えば「1シリング貨または半ペニー貨」が，後者では「10ポンド銀行券」が用いられる，としている。またトゥックは，スミスのように「総流通」を「2区分」し，それぞれの流通に用

序章　再生産＝循環論と「信用論」　53

いられる貨幣の形態を区別することが, 上述のように,「本質的に正しいことはなんら疑う余地もありえない[22]」とする。その上で彼は, スミスとは異なって, 商人間の取引を「資本の運動または移転に帰着」させ, この取引は主として「銀行および信用の操作」によって行われ,「商人と消費者との間の取引」においてのみ「鋳貨および小額面の銀行券」が流通する――即ち,「流通手段(circulating medium)」ないし「交換用具(instruments of interchange)」の「通貨と資本」との 2 区分――とし, さらに進んで, 発券業務を除く銀行業務を,「資本」を取扱う業務(「資本の流通」)と「通貨」を取扱う業務(「通貨の流通」)とに 2 区分する。

　だからこれを, 例えば, 次のように図式化することができるであろう。

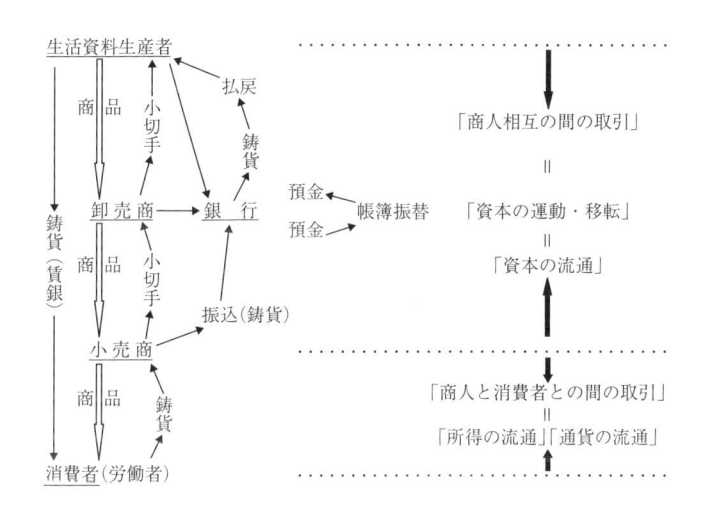

```
生活資料生産者 ···················
  │↑         ↓
商│小払         「商人相互の間の取引」
品│切戻            ‖
  │手鋳         「資本の運動・移転」
  ↓│貨            ‖
卸売商 → 銀 行 ← 帳簿振替 → 「資本の流通」
  │↑   預金
商│小   預金    ···················
品│切
  │手振込(鋳貨)
  ↓│
小売商           「商人と消費者との間の取引」
  │↑              ‖
商│鋳            「所得の流通」「通貨の流通」
品│貨
  ↓│         ···················
消費者(労働者)
```

　いずれにしても, スミスもトゥックも「貨幣流通」をこのように具体的・現実的次元で考察しているのであるから, これを検討・批判するには, マルクスもまた「貨幣」ないし「資本」を,「生きた関連」にまで展開しておくことが必要となる。しかし手稿第 6 ・-10 冊執筆当時には「経済的諸範疇の総体系」はなお煮詰められるには至ってはおらず, したがって彼は, ケネーに続けて, スミス＝トゥックの「貨幣流通＝信用」論の検討に直ちに入ることができなかったものと見なければなるまい。

ところが「剰余価値に関する諸学説」の検討は，単に利潤や地代のみでなく，利子や商業利潤についても，それらが剰余価値の「転化形態」・「分肢形態」であることに論及することを必要とする。そこで「5. …諸学説」の終わりの近くになって，マルクスは「諸学説」の考察を中断し，上述の「エピソード。所得とその諸源泉」および「商業資本。貨幣取引に従事する資本」を挿入する。そしてこれら資本の具体的形態の検討を通じて，「経済的諸範疇の体系」展開の見通しが立ち，したがってまたスミス＝トゥックの「貨幣流通＝信用」論批判も可能となっていく。

即ち，まず「エピソード。所得とその諸源泉」では，「所得」(利子)と「その諸源泉」(利子生み資本)との「最も呪物的」関係が考察され，利子もまた剰余価値の「転化形態」・「分肢形態」であること，また「信用制度は産業資本に独自な創造物，それ自体産業資本の一形態」であること等々が明らかにされる[23]と共に，利子生み資本という資本の形態との関連で，重要な二つの岐論[24]が展開される。その一つにおいては，「資本の種々な形態」についての規定が与えられ，「近代的資本の基本形態」である「生産的資本」(＝産業資本)は，「生産資本」と「流通資本」の形態で存在し，しかも産業資本の一部は絶えず流通資本として流通過程に「固定」され，その部分は「商業資本」という「特殊な種類」の資本として自立化することが示される。また他の一つでは，「資本の運動」が，生産過程と流通過程との「連続的なものとして，したがって流通過程と生産過程とのよどみない統一として」考察されるなら，そこに「再生産過程の3形態」(即ち資本の循環の3つの型の原型)が現われることが示される。

次にこれらの岐論を前提に，さらに「商業資本。貨幣取引に従事する資本」においては，「純粋な形態」の商業資本，即ち「流通過程の内部に押し込められていて，商品の使用価値およびその完成の種々な段階とは絶対に関係のない資本」の析出のために，「流通費」が分析され[25]，また純粋な「商業資本(Handelscapital)」の具体的形態として，「商人資本(Kaufmannscapital; commercial capital)」(＝商品取引資本)と「貨幣取引に従事する資本(das im Geldhandel beschaeftigte Capital; moneyed capital)」(＝貨幣取引資本)とが，「資本循環論」(原型)を基礎に析出され，貨幣の「支払や収納と同様に貸付や借入が，貨幣取

序章　再生産＝循環論と「信用論」　55

引に従事する資本の特種な機能――資本の再生産過程自体から生じる機能――となり」，そこで「貨幣取引業者」に「資本として貸付可能な貨幣の集中[26]」が行われ，したがってそれが利子生み資本の現実的・具体的形態として現われること，等々が指摘される[27]。

そして最後に，「信用制度(Creditwesen)と共に，貨幣貸付資本(moneyed capital)，貨幣取引業は，資本主義的生産様式そのものから生じる形態を受取る」こと，また「ここで初めて信用としての資本についての篇(Abschnitt)に詳細に立ち入ることができるが，それはここでの課題には含まれていない」ことが指摘され，「商業資本。貨幣取引に従事する資本[28]」の主要部分の考察が終わる。

このようにしてマルクスは，「エピソード。貨幣の還流運動」に，即ちトゥックの「貨幣流通＝信用」論の本格的検討に進みうることになったものと考えられるのでる。

1) *MEGA*, II/2, 1980, S. 243-244：宮川實訳『経済学批判』(青木文庫版) 249-250ページ。因に，マルクスは『ロンドン・ノート 1850-1853』においては，トゥックの『物価史』(*A History of Prices*, 1848)からの抜粋等にとどまっているが(cf. *MEGA*, IV/7, S. 62f., 68f., 84f.)，『経済学批判要綱』(1857-1858)になると，トゥック『通貨原理の研究』(*An Inquiry into the Currency Principle*, 1844)の第2章「金属流通の作用の仕方」からの引用も見出されるに至る(cf. *MEGA*, II/1・2, 1981, S.736：高木幸二郎監訳，IV, 847ページ)。
2) *MEGA*, II/3・2, 1977, S.334, 338：訳，『資本論草稿集』⑤，7, 12ページ。
3) *Ibid*., S.365, 398, 402：訳，⑤, 54, 109, 113ページ。
4) *Ibid*., S.416：訳，⑤, 136-137ページ。
5) この点に対する『経済学批判要綱』におけるマルクスついては，さしあたり，小林賢齊「再生産表式と資本の循環・回転――『表式』成立過程の一考察――」『経済学論集』(東京大学)，第25巻第3・4号，1958年9月(小林『再生産論の基本問題』1975年，に所収，18, 22-23, 39ページ)を参照されたい。
6) *MEGA*, II/3・2, S.416：訳，⑤, 137ページ。
7) *Ibid*., S. 431, 436：訳，⑤, 158, 166ページ。
8) Cf. *ibid*., S. 509：訳，⑤, 287ページ。
9) 「年総生産物の再生産＝補塡」，即ち「年総生産物の価値＝素材補塡」の問題自体が，「資本の流通過程の篇」に属する問題であるから，「剰余価値に関する諸学説」を考察しているここでは「岐論」としての扱いとなる。そして「貨幣流通」がまさに問題となるスミスの「総流通の2区分」説への言及は，さらに派生してくる問題

として，ここでのマルクスにとっては，いわば「岐論の岐論」という扱いとなっているのである．

10) *MEGA*, II／3・2, S.572-573：訳，⑤，389-390ページ．この点については，前節の注15)を付した箇所も参照されたい．
11) *Ibid.*, S.600：訳，⑤，435ページ．
12) Cf. *ibid.*, S.592：訳，⑤，421ページ．
13) この間の事情については，さしあたり小林賢齊「手稿『経済学批判』の第Ⅹ冊について——マルクスの『経済表』成立過程との関連で——」『土地制度史学』第109号，1985年10月，33-42ページを参照されたい．
14) *MEGA*, II／3・2, S.627-630：訳，⑤，477-482 ページ．だから，トゥックのように，貨幣が支払手段として機能するからといって，その貨幣を「資本」と呼ぶことは，この点からも誤りとなる．また「貨幣の単なる移転」と「貨幣または商品流通」との区別は，上述のように，「エピソード」でトゥックを批判する際の重要なポイントの一つであった．
15) *Ibid.*, S.636-638：訳，⑤，493-495ページ．
16) *Ibid.*, S.636-637：訳，⑤，493ページ．
17) *Ibid.*, S.638：訳，⑤，497ページ．
18) *Ibid.*, S.638-639：訳，⑤，497ページ．
19) *Ibid.*, S.641：訳，⑤，501-502ページ．
20) *Ibid.*, S.640-641：訳，⑤，500-501ページ．
21) *Ibid.*, S.655：訳，⑤，525ページ．
22) Tooke, *op. cit.*, p.34：訳，77ページ．
23) Cf. *MEGA*, II／3・4, 1979, S.1450, 1470, 1466, usw.：訳，『資本論草稿集』⑦，404, 434, 426ページ等々．
24) Cf. *ibid.*, S.1468-1469, 1477-1480：訳，⑦，430-433, 447-452ページ．
25) Cf. *MEGA*, II／3・5, S.1570-1574, usw.：訳，⑧，48-54ページ等々．なお，このように「流通過程の内部に押し込められて」いる商業資本の「運動」の場合には，それが「産業的消費者との交換である限りでは(ここでは一人の買手の手から別の買手の手への，卸売の手から小売の手への，等々の運動を別とすれば)，単なる資本の移転(transfer von Capital)であり，個人的消費者との交換である限りでは，所得との交換である」(*ibid.*, S.1593；訳，⑧，78ページ)との指摘が，「エピソード．貨幣の還流運動」に先立つここで既になされている．
26) Cf. *ibid.*, S.1578-1579, 1679-1699, usw.：訳，⑧，60-61, 238-241ページ等々．なお，マルクスは，ここで既に，「貨幣取引資本(*moneyed capital*)(ここでは貨幣取引業の意味でのそれ)」(*ibid.*, S.1579：訳，⑧，60ページ)と「貨幣取引に従事する資本(これには貨幣貸付資本(*moneyed capital*)，即ち利子生み資本も含まれる)」との区別に達している．なおこの点については，本書第10章第3節・第4節を参照されたい．

27) 以上の諸点については，さしあたり，小林「『資本論』第Ⅱ部第Ⅰ編…」前掲，1-14ページを参照されたい。
28) *MEGA*, Ⅱ/3・5, S.1701：訳，⑧，244-245ページ。

第6節　むすびにかえて

　さて「エピソード」の「後半部分」は，上述のように，「運動全体における商業資本」の考察——[7]——で始まり，次いで，奢侈品の材料としての，および貨幣材料としての金生産を，同じく運動全体において考察——[8]——し，最後に「特に貨幣との関連で」の「蓄積」の問題の検討に入る——[9]——が，しかしこの点については，事実上問題の所在の開示に止まって，その解決は「後に延ばされ」て，終っている。

　とはいえこの最後の問題は，改めて指摘するまでもなく，それ自体が所得＝剰余価値の流通に必要な貨幣の問題の一部をなすと共に，それはまた「社会的総資本の蓄積＝拡大再生産の考察に際しての基本的2論点[1]」の一つをなす。だからマルクスは，手稿第17冊の「4. 剰余価値の資本への再転化」の「(α)剰余価値の資本への再転化」(1353-1395ページ)の中の岐論的小項目「再生産」(1371ページ以下)の，さらに括弧〔　〕に入れられた挿入部分で，蓄積＝拡大再生産を「最初は貨幣を考慮することなしに，それから貨幣を考慮して，叙述すべきである」として，この蓄積のための貨幣蓄積の問題の検討をも試みようとする。しかしここでも，結局は，「貨幣を伴う場合は後で考察すべきである[2]」として，再び問題を残していく。というのは，ここでも「エピソード」の場合と同様に，「貨幣を伴わない」場合についてすら，問題はなお未解決であったからである。

　そして「蓄積＝拡大再生産の考察に際しての基本的2論点」のうちの第1点，即ち，「蓄積と不変資本，就中Ⅱcの再生産＝補塡との関係[3]」については，『資本論』第Ⅱ部第1稿「第3章〔篇〕　流通と再生産」の「第5節　蓄積，即ち拡大された規模での再生産」において，「エピソード」の場合とは異なって，解決への決定的一歩を踏み出していく[4]。また第2点，即ち，「蓄積のための貨幣蓄蔵の問題[5]」は，「第6節　蓄積を媒介する貨幣流通」において初めて

やや立入った検討が試みられる。そしてここでも問題は未解決のままとなるが，しかしマルクスは，ここでは「貨幣蓄積としての貨幣蓄積，資本の蓄積の特殊な一形態としての貨幣蓄積を考察すべきであろう」とし，次のような指示を残していく。即ち，この「貨幣蓄積」の検討に際して「退けられるべき最初のもの」として，「現存資本(existirendes Capital)に対する，あるいは将来の収入(Einkünfte)に対する，単なる所有権原(Besitztiteln)(国債等のような)の集積にすぎない，いわゆる貨幣資本」を挙げ，そして「この『観念的資本(ideales Capital)』の形態についてのより詳細は，利子生み資本のところ(第Ⅲ部第4章)で述べるべきである[6]」，と。

ところでこの「(第Ⅲ部第4章)」とは，最初に指摘した「1863年1月プラン」の第「8」章に相当する部分であり，またこの「第4章」を書き始めたところでマルクスは，『資本論』「第Ⅲ部」の執筆(1864年晩夏)を中断し，第Ⅱ部第1稿を書き上げ(1864年末〜1865年前半)，再び「第4章」に戻り(1865年後半〜)，そしてこの「第4章」を2つの章——第4章[篇]「商品資本と貨幣資本の商品取引資本と貨幣取引資本への転化」と第5章[篇]「利潤の産業利潤と利子とへの分裂。利子生み資本」——に分け，この新たな「第5章」で「信用。架空資本」——現行版，第Ⅲ部第Ⅴ編第25章〜第35章以下——をも考察するに至ることも，既に最初に指摘しておいたところである。だからマルクスは，現実資本の下での蓄積のための貨幣蓄積の問題をなお未解決のまま[7]，その解決を念頭に置きながら，さしあたりまず「信用制度下での利子生み資本」即ち信用制度下での「貨幣貸付資本(moneyed capital)」の蓄積の問題に立入っていったものとみることができる。

そして「エピソード」前半部分の[6]でなされたスミス＝トゥック批判のうち，スミスの「総流通の2区分」説の引用・批判は，第Ⅱ部第1稿では第3章[篇]に再出し[8]，それはまた現行版では第Ⅱ部第Ⅲ篇第20章に引き継がれていく。それに対しトゥックからの引用・批判は，現行版第Ⅲ部第Ⅴ篇第25章・第28章に再出[9]していくこととなる。そこに，スミス＝トゥック「貨幣流通」論の検討・批判としての「エピソード」の，『資本論』成立過程における独特な位置が示されている。

序章　再生産＝循環論と「信用論」　59

1) 小林「『蓄積における II c の転態』について」前掲, 372ページ。
2) *MEGA*, II / 3・6, 1982, S. 2258, 2260. なおマルクスは, 蓄積＝拡大再生産についての「貨幣を伴う場合」の考察は後に回したのであるが, 単純再生産についての「貨幣を伴う」場合をここで数量化し, ケネーの「経済表」になぞらえて自らの「経済表」作成するに至る。これらの点については, さしあたり, 小林賢齊「マルクスの『経済表』——一断章——」『武蔵大学論集』第32巻第5・6号, 1985年3月, 147ページ以下；小林「『剰余価値の資本への再転化』と『経済表』——手稿『経済学批判』第XXII冊における——」, 同上, 第33巻第5・6号, 1986年3月, 27ページ以下を参照されたい。
3) 小林「『蓄積における II c の転態』について」前掲, 372ページ。
4) Cf. *MEGA*, II / 4・1, S. 353f.：訳, 266ページ以下。
5) 小林, 同上。
6) *MEGA*, II / 4・1, S. 360：訳, 274-275ページ。
7) 手稿第10冊の「岐論。ケネーによる経済表」において, 「後で考察すべき未解決の問題」として上げられた③の, 固定資本の再生産＝補填とそれを媒介する貨幣流通＝還流問題も, この第III部第1稿執筆の時期には, 依然として「未解決」のままである。念の為に。
8) Cf. *MEGA*, II / 4・1, S.321：訳, 321-323ページ。なおここでマルクスはスミスから引用した後, 彼の「命題と同様に, トゥックが貨幣流通のためにそこから引出している応用（Nutzanwendungen）もまた誤っている」（*ibid.*）とトゥックに言及はしているものの, 「エピソード」のように, スミスに続けてトゥックを引用し批判することはしていない。しかし第II部第II稿の第3章「A)不変資本, 可変資本および剰余価値の社会的流通」の「b)仲介する貨幣流通の叙述」（cf. *MEGA*, II / 11, 2008, S. 419f.)では, この「エピソード。貨幣の還流運動」の前半部分の諸論点が圧縮されて示されていく。なお小林賢齊の「『資本論』第II部「資本の流通過程」成立過程の一齣——「トゥックに向けられた疑問」に焦点をおいて——」(『武蔵大学論集』第57巻第3・4号, 2010年3月, 34ページ以下）を参照されたい。
9) Cf. *MEW*, S.417, 458-459；訳, 574, 629-630ページ。

第Ⅰ部

『エコノミスト』誌とJ.ウィルソン

第1章 「通貨と銀行業」の「根本的原理」
―― J. ウィルソンの「通貨原理」批判 ――

第1節 本章の課題

　1844年7月にピール銀行法が議会を通過する直前の5月以来，J. ウィルソンは『エコノミスト』誌上でピール銀行法批判の論陣を張っていく。そして彼は翌1845年3月から5月にかけて，改めて『エコノミスト』誌上で，ピール銀行法とその基礎となった「通貨原理」の批判を，「通貨と銀行業」というシリーズの論説Ⅰ-Ⅹ[1)]において展開する。即ち，「第1に，通貨と銀行業(currency and banking)が，それを基礎とし，またそれによって規制されるところの根本原理。第2に，それらの原理の，過去のイングランドにおける通貨および銀行業務(the currency and practice of banking)への応用。第3に，昨年の会期の[に通過した]条例の下での，これらの原理の応用。そして第4に，それらの，スコットランドおよびアイルランドの銀行制度への応用[2)]」の4点が，それである。
　即ち，第1の点は，彼のピール銀行法批判の基準となる2つの基礎理論から成立っており，その1つが商品の流通に必要な貨幣量に関する理論であり，いま1つが，銀行業者はイングランド銀行を含めて，流通に必要な貨幣の量に影響する力を持っていないという理論，つまり銀行業者はその点では「受身」であるという銀行業論である。そして彼は第Ⅰ～第Ⅱ論説で，これら両基礎理論を含む「通貨と銀行業」についての「根本的原理」を，商品の価値-価格論にまで遡りながら，「純粋金属通貨」と「預金銀行の導入」という想定の下で考察する。
　また第2の点は，「媒介者としての銀行業者の特質」と現実の「銀行業務」のための基礎理論についての考察である。彼はそれを，第1の点で考察した

第 1 章　「通貨と銀行業」の「根本原理」　63

「これら[根本]原理の，最近の法令[ピール銀行法]以前にイングランドに存在した銀行業(banking)への応用[3]」という形で，第Ⅲ論説と第Ⅳ論説前半とで取り扱い，さらに第Ⅳ論説後半では，兌換銀行券，したがって「発券銀行」を導入し，「銀行券と鋳貨との混合通貨について[4]」の基礎的考察を行う。

　その上で第3点の検討となる。そこではウィルソンは，「ピール銀行法に含まれている諸原理[通貨原理]を表わしている…5つの仮定」ないし「前提」を，トゥックおよびフラートンの「実際的知識と経験[5]」に依拠しながら，第Ⅴ～Ⅵ論説で順次検討・批判する。

　なお第4の点では，主としてスコットランドでの銀行券発行と，イングランドでの銀行券発行並びにイングランド銀行からの対内金流出との関係が論じられ[6]，また最後の第Ⅹ論説では，イングランド銀行の金保有高と通貨流通高とは実際にも一致していないことを示して，補論的にオーヴァーストンを批判する[7]。

　そしてこのようなウィルソンによるピール銀行法批判の基調には，銀行業者が「銀行業務」についての「根本的原理」——第2点——を遵守して業務に従事するならば，「逼迫やパニックのときでさえも」「資本」を損なうことはなく，したがってピール銀行法のような「自動原理(a self-acting principle)」に基づく「規制」など必要ないのみか，そのような「規制」は事情によっては恐慌を激化さえしかねない[8]，という考えが横たわっている。別言するならば，「逼迫やパニック」の責めを発券銀行業者に，だからイングランド銀行や地方銀行業者に，負わせることはできないというものである。

　ところでウィルソンは，「通貨(currency)や銀行業についての著述家や解説者の間での殆ど一般的な混乱(confusion)と呼びうる点を，つまり，資本としての貨幣・鋳貨・地金と，通貨(circulation)即ち通貨(currency)としての貨幣・鋳貨・地金とを混同(mix)し，そしてそれらの間に何ら正しい区別をしない点を」，予め，「銀行業務の考察[第2の点および第3の点]に立ち入る前に明らかにすることが，最も(in the first degree)本質的と考える[9]。」そして彼は読者に，「以下でのわれわれの推論や議論の多くが，この点と関係してくるであろうから，われわれのこの研究のこの部分に真剣で厳密な注意を切望する[10]」，と言う[11]。

そこで本章では，その点を含む「第1の点」を検討することとする。

1) Cf. J. Wilson, Currency and Banking, *The Economist*, Vol. Ⅲ, 1845, Mar. 8, p. 215f.; Mar. 15, 238f.; Mar. 22, p.262f.; Mar. 29, p.287f.; Apr. 5, p.311f.; Apr. 12, p. 337f.; Apr. 19, p.360f.; Apr. 26, p.385f. なお彼は1847年に『資本，通貨，および銀行業(*Capital, Currency, and Banking*)』という著書を刊行したが，同書の副題に「1844年のイングランド銀行条例(the Bank Act)の諸原理について1845年の『エコノミスト』誌に発表した諸論説，および最近の貨幣的・商業的恐慌について1847年に発表した諸論説の論文集，云々」と記されているように，「通貨と銀行業(Ⅰ～Ⅷ)」に，さらにスコットランドとアイルランドの銀行業についての2論説(May3, May17)を加えて10章として，同書の前篇「1844年の銀行条例」を編んでいる。なお同書の第2版(1859年)からの邦訳が部分的に試みられている(岡林英夫訳「J. ウィルソン『資本，通貨および銀行業』(訳)」『商経論集』(北九州大学)，第19巻第4号，1984年3月以降，参照)。なお，この「通貨と銀行業」が，ウィルソンの著書『資本，通貨および銀行業』(1847年)に，「1844年の銀行条例」として収められる経緯などについては，本書第4章第2節を参照されたい。

2) J. Wilson, Currency and Banking, *The Economist*, Mar. 8, 1845, p.215.

3) Do., Currency and Banking(Article Ⅲ), *The Economist*, Mar. 22, 1845, p.262.

4) Do., Currency and Banking(Article Ⅳ), *The Economist*, Mar. 29, 1845, p.288-289.

5) Do., Currency and Banking(Article Ⅴ), *The Economist*, Apr. 5, 1845, p.312.

6) 「第Ⅸ論説」(Currency and Banking(Article Ⅸ))という表題の論説は『エコノミスト』誌には見いだせない。Cf. Wilson, The Outline of the Scotch and Irish Currency Measure, *The Economist*, Apr. 26, 1845, p.381-383; do., Scotch and Irish Bank Bill, *The Economist*, May 3, 1845, p.405-406.

7) この第Ⅹ論説(Currency and Banking(Article Ⅹ), *The Economist*, May 17, 1845, p.455-457)は，内容的には1844年の論説(The New Bank Bill. Mr. Samuel Jones Loyd's Pamphlet, *The Economist*, Aug. 3, 1844, p.1057-1059)の再論と見ることが出来る。

8) Wilson, The Present Crisis, and the Bank Bill, *The Economist*, Aug. 21, 1847, p.953.

9) Do., Currency and Banking(Article Ⅱ), *The Economist*, Mar. 15, 1845, p.238. なおウィルソンは，ここに「トゥック氏は彼の最近の小冊子[『通貨原理の研究』1844年]では，この区別は極めて明らかである」と脚注している。

10) *Ibid*. なお，例えば本書第6章第5節の〔備考〕も参照されたい。

11) 「銀行業の実際」に立ち入る前に，予め，「通貨と資本」という概念の，世上での「混乱」を批判しておくことが「最も本質的」であるというこの考察方法を，マルクスは手稿「信用。架空資本」の考察に際して踏襲していく。

第2節　ウィルソンによる「通貨と資本の区別」

　さてウィルソンによると,「R. ピール卿の銀行業法案(banking measure)並びにこの法案が明らかに…その上に打ち立てられている通貨の制度ないしは原理の根本的誤謬は, まさに, 通貨の機能を遂行するものとしての貨幣または鋳貨と, 資本を代表するものとしての貨幣または鋳貨との, ある適切な区別の欠如にまで明らかに遡り得る[1)]」のである。実際「ロイド[オーヴァーストーン], ノーマン, トレンズ氏等」は,「地金の輸入は, 通貨(circulation)を増大し, 物価を引上げ, 輸入を刺激し, 為替相場を是正するという効果[――「通貨原理(the doctrine of currency)」――]に絶対的な信頼を置いている。」それに対しウィルソンは,「実は地金の輸入や輸出は, 通貨(circulation)(初めから純粋金属通貨について語っているのだが)にはどんな直接の効果も持たないということを信じて」おり, また「地金が輸出されたり輸入されたりする通常の場合は, すべて, 輸出または輸入を促した同じ諸原因が, 当初は, 流通にある鋳貨の量に, ロバート・ピール卿の法案並びにロイド氏の理論によって示されたのとは反対の方向に作用するであろうということが, 疑いもなく証明され得ることを信じている[2)]。」

　と言うのは, 彼によると,「鋳貨あるいは貨幣のうちで, いつでも公衆の手中にあって諸商品の交換を行うことに用いられている部分だけが通貨(*circulation*)と見なされるに値する, が他方, 銀行業者あるいは貿易商(merchant)の手中に横たわっていて, 利益ある投資機会を求めている鋳貨または貨幣または地金はみな, 資本――即ち, 恐らくは, 流通から, 永久に, つまり節約する原理の導入によって引き上げられたか, あるいは一時的に, つまりその年のうちでごく僅かの通貨が必用とされる特定の時期に引き上げられた資本――である, ということは明らかである」からである。そして他方, この流通から「引上げられ」「資本」となる鋳貨, 貨幣, 地金は預金銀行制度の下では銀行に預けられる(後述)が, その「預金は短期間であっても, そしてそれが常に預金者たちの支配下にあっても, いかなる点でも事態(the matter)に変わりはない。なぜなら, それら[預金]はある人によって引出されても, 他の人によって補塡さ

れるからであり，そして一般的平均は大きくは変わらないからである³⁾」⁴⁾，と。

　つまりウィルソンによると，「流通に必要な貨幣量」は，したがって通貨量は，商品の取引量に依存するので増減するが，流通から引き上げられた「資本」としての「貨幣」である預金の量は「一般的には大きくは変わらない。」この両者の増減は異なった「原理」による，と言うのである。そしてこのような「通貨と資本の区別」は，彼の場合にも，国内流通に必要な通貨量は，例えば輸出商品という「資本の補塡⁵⁾」として貿易商の手中にある「資本」——輸入金地金——量の増減とは異なった原理によるという主張の伏線となっていく⁶⁾。

　そこでまず流通に必要な貨幣量の問題を立ち入ってみることとしよう。

　ウィルソンは，商品＝貨幣流通について次のような「根本的な原理(the fundamental principles)」を前提する。「物々交換の状態では，供給と需要が交換価値の直接の(immediate)規制者で，生産費が究極の(ultimate[and in the long run])規制者である。物々交換制度の不便さが価値の1つの共通の基準(a common standard of value)の固定化に導いた時にも，この原理はいささかも変更されなかった⁷⁾。」即ち，「1トンの鉄，1クォーターの小麦，および1束の木材が相互に交換されることに代わって，それぞれが金でのその等価物(equivalent)と，即ち，それぞれの価値がそれとの関連で表現される基準でのその等価物と，交換されるという相違はあるが，物々交換の制度は名目的には放棄されるけれども，実際には(virtually)，依然として全く同様に行われている，…［相違はあるが］しかし依然として費用の現実の関係は，価値の基準［である金］と他の諸商品との間に保持されている。物々交換の状態におけるのと同様に，いずれの物品の価値も，依然として，その物品の費用と金の費用とに，あるいはそれら［物品と金］を生産するのに必要な労働の量［「内在的価値(intrinsic value)」］に，比例して変化した⁸⁾」，と。

　このように「すべての他の諸商品の価値がそれによって表現されるべき，そしてすべての他の諸商品を交換する媒介物として用いられるべき商品［一般的等価物たる貨幣商品］を確定」すると，次に「政府」が価格の度量基準を定め，それに従って金鋳貨を鋳造する。「交換に用いられる金属の量目［重量

第1章 「通貨と銀行業」の「根本原理」　67

(*weight*)]と品位(*fineness*)を吟味し，同様にその金属を分割」し，「公衆に対する保障として，政府が刻印を付した」ものが「鋳貨あるいは貨幣」である。そしてわが国では「主たる計算貨幣(money in account)として，ポンドという言葉(term)」が採用され，「1ポンドを代表しているこれらの[貨幣]片のそれぞれが，金のどれだけの量を含むべきかを決定した。」即ち，「1オンスの金は，このような3個の鋳貨(three of such coins[3ポンド])と補助鋳貨の17シリング10½ペンスに等しい第4個目の鋳貨となるように」決定した。そこでウィルソンは言う，「価値の基準(standard)としての金の採用も，金が貨幣に鋳造されることも，他のすべての商品，並びにそれぞれに対する金の内在的相対価値(intrinsic relative value)を変えるという影響をもつものではなく，またあの価値における変化を決めたところの本源的な法則を変えるという影響をもつものでもない…。価値の基準としての，また鋳貨としての金は，正確に，金が物々交換の素朴で単純な商品の時にそうであったところのものである。唯一の相違は，価値のあらゆる変化が，今や，鋳貨を構成している1商品において表現されるということであるが[9]」，と。

そしてウィルソンは貨幣の価値尺度(Maß der Wert)機能と価格の度量基準(Maßstab der Preise)とを区別し，次のように指摘する。「金は1オンスについて3ポンド17シリング10½ペンスの固定された価格(fixed price)をもつといわれるが，しかしながら，それは鋳貨の量目が確定されているにすぎないのに，金の価値が確定されていると想定することによって，この問題について多くの人々を大きな誤謬に導いている[10]」，と。

ところで「価値の基準がこのように承認され，それが交換の直接の道具として貨幣に鋳造されたのだから，公衆はそのような鋳貨を，わが国の事業を遂行し，そして商品の国内流通のための媒介物を形成するのに必要な量だけ整えなければならない[11]」。そして「わが国の資本の一部は，この必要な機能[商品流通のための媒介物としての機能]を遂行するために鋳貨に投下されなければならなかった[12]。」しかし国内の商品流通にとって「貨幣が必要とされる唯一の目的は，それら諸商品を一方の手から他方の手に移転する単なる手段としてなのである。」そして「1個同一の鋳貨が，1日のうちに，その価値を諸商品で百倍あるいはそれ以上も移転するために用いられるかもしれない。一般的原則

として，誰も彼の事業を遂行するのに必要以上の鋳貨を手元に留めはしない。貨幣で表されたすべての買掛金(book debt)や債務についても同じである。…同一の貨幣が決済のために用いられうる信用取引(account)や支払に関しては，時間と個人的行動以外の制限はない。」だから流通手段としてであれ，支払手段としてであれ，同一貨幣片の通流速度を考慮に入れれば，「比較的に少ない鋳貨総額がわが国の事業の遂行に必要とされた[13]」のである。

とはいえ「各個人」は，「日常の使用(daily uses)」のための「準備金(reserve)」を持っていなければならないし，また「離れた日に満期が来る支払いに応じるための」準備金を「蓄積(accumulate)」していなければならないことは「自明である。」そこでこのために「多額の貨幣が流通から引上げられ，そして当分の間個々の商人(dealer)の金庫の中で，遊休し利潤を生まないまま，そして若干の危険にさらされたままにされていた。そしてそれはそれだけ多くの資本を遊休させたままにすることによって社会一般にとって損失となり得たであろうし，事業の追加利潤が商人達にその償いをしなければならなかった。」そこで「この損失と不便さが預金銀行(bank of deposit)の設立に導いた[14]」，とウィルソンは言う。

したがって購買および支払のための準備金——鋳貨あるいは貨幣——が銀行業者に預託され，それが「通貨」とは「区別」された「資本」となることとなる，と言うのである。

1) Wilson, Currency and Banking(Article Ⅱ), *The Economisit*, Mar. 15, 1845, p. 238.
2) *Ibid.*, p.239-240.
3) *Ibid.*, p.238.
4) 因みにマルクスは，手稿「信用。架空資本」の第2項である「補遺(Zusätze)」部分の，最後の，しかし最も長い小見出し部分「通貨(Circulation)，貨幣，資本」の最初に，『エコノミスト』誌から，この個所を引用している*。なお引用文中のthe matter が，*MEGA* 版のマルクスの引用では the process となっているが，これは誤りである。念のために。
    *MEGA, S.482. Cf. *MEGA, Apparat*, S.1295. 因みに現行版では，この『エコノミスト』誌からの引用は，断りなしに削除されている。本書第10章第5節〔補遺-2〕を参照されたい。
5) Cf. Wilson, *op.cit.*, p.239.

第 1 章 「通貨と銀行業」の「根本原理」　69

6）　この点は，次節で考察する。
7）　Wilson, *ibid.*, p.215. だから彼の場合には，事実上「単純な価値形態」と「貨幣形態」の2つだけの「価値形態」が想定されているということとなる。「当面の一般的研究では，交換を容易にする貨幣の使用に最初に導いた必然性の考察にまで遡って追跡しようとは思っていない。われわれは，物々交換行為が終って，他のすべての商品の価値がそれと関係づけられる，ある商品を，価値の1つの共通の基準として決定することの必然性が登場する時から，［考察を］始める」（*ibid.*），と。
8）　*Ibid.*, p.215-216.
9）　*Ibid.*, p.216.
10）　*Ibid.*
11）　*Ibid.* 彼が必要貨幣量を云々する時，支払手段としての貨幣をもそこに含ませている。例えば，「貨幣で表現された，すべての契約や取引が，一定の照応する金量とまさに実際関係することは明らかである」（*The Economist*, Mar. 15, p.238）という場合や，あるいは「貨幣は，単にそれによって取引行為（act）が行われ，またそれで帳簿がつけられ，相対的価値が計算される道具に過ぎない」（*The Economist*, Mar. 8, p.216）と言う時にもそうである。
12）　Wilson, *The Economist*, Mar. 15, 1845, p.238.
13）　Do., *The Economist*, Mar. 8, 1845, p.216.
14）　*Ibid.*

第3節　「預金銀行の設立」と「資本」としての「地金」

　ところで「通貨として使用される鋳貨部分は，交換の単なる手段として以外の——即ち，直接にはそんなに便利には経過し得ない諸商品の移転を間接的に行う媒介物として以外の——，いかなる価値（value）あるいは効用（utility）もない」のであるから，通貨として使用される「鋳貨の量が少ないほど…全体にとってはそれだけ良い。」しかも上述のように「すべての商人（tradesman）や私人は，ある与えられた瞬間に単に実際に使用している貨幣を保持しているのみでなく，加えて，一定の準備金（reserve）を保持していることをも求められ，」したがって「この［準備金の］必要の結果，商品の現実の流通が求めたよりもより多くの資本額が，いつでも，通貨という目的のために引き上げられていた[1]。」

　そこで既に述べたように，この「公衆の予備貨幣（spare money）」を，即ち「将来の支払に応じ，そして将来購買するために必要な元本（funds）を，各個人

が手元に保持する代わりに，必要とされる時には払い戻されることを信頼して，各人がそれらを彼の銀行業者に貸付け，そして銀行業者は他の方面で，事業を容易にし，生産を促進するように，それらを使用した。」そしてこのような「預金銀行の設立[2]によって」流通に必要な貨幣量は「節約」され，「遥かに少ない貨幣あるいは鋳貨が，事業の遂行に必要となった。」預金「銀行業者は，多数からなる貸手層に対して，多数からなる借手層の状態や評判についての彼の優れた知識で，彼の保証を介在させながら，前者・貸手層と後者・借手層との間の単なる代理人（simple agent）」となると共に，「このことによって，資本は，恰も資本の額に対する1つの実際の追加が同程度に生じたかのように，非常に有効となった[3]」，と。

このことをウィルソンは次のようにも表現する。預金銀行の設立によって「これまで通貨または流通手段として使用されていた貨幣または鋳貨の大きな部分が，通貨または流通手段の諸機能を損なうことなしに，資本に振り替え（transfer）られた——即ち，公衆の手の中での流通手段としての不生産的鋳貨から引き抜かれ，そして銀行業者を媒体にして，諸事情が慎重に果たす程度まで，資本として，生産的諸目的に復帰された。実際は，その効果は，恰もそれだけの新たな資本がわが国の富に追加されたのと同じであった[4]」，と。

だから上述の，「銀行業者…の手中に横たわっていて，利益ある投資機会を求めている鋳貨または貨幣」とは，「流通から，永久に，つまり節約する原理の導入によって引き上げられて，あるいは一時的に，つまりその年のうちでごく僅かな通貨が必要とされる特定の時期に引き上げられて」，「資本に振り替えられた」，預金としての「鋳貨または貨幣」に他ならない。

このように預金によって，「準備金」を含めて「これまで通貨として使用されていた貨幣または鋳貨の大きな部分が，通貨の諸機能を損なうことなしに，資本に振り替えられ」，したがって「通貨の節約」が行われ，「資本として，生産的諸目的に復帰される」としても，しかし，「資本と通貨[5]についての公共の便宜と支配が原因で，相互に置かれている相対的位置では，預金や銀行業者は単なる結果である。前者は常に強力的に働きかけ得るが，しかし後者はいつでも前者に極めて弱々しく働きかけ得るだけである。当面の事例でいえば，銀行業者は流通手段の量…に影響するどんな力も持ってはいないであろう，とい

第 1 章 「通貨と銀行業」の「根本原理」　71

うことは全く明らかである。」流通に必要な通貨の量は，上述のように物々交換の場合の「原理」が貫徹するのであるから，「それはただ，日常の交換(daily exchanges)を遂行するために公衆の手に保たれていることが公衆にとって必要な実際の額によってのみ決まる」のであって，この場合，「銀行業者なるものは単なる受身の代理人に過ぎない(THE BANKER IS THE MERE PASSIVE AGENT)[6]。」即ち，銀行業者はこの必要貨幣量を「節約」することはできるが，だからといってこの必要貨幣量そのものを決めることはできない。これがウィルソンにとって重要な「原理」の1つなのである。

　ところで，既に預金銀行は登場するが，しかしなおここでは，次の2つの「前提」が置かれている。1つは，「鋳造についての特権的手数料がなく，一方の国でと同様に他方の国でも輸出入のための完全な自由があるならば，単なる商品としても，資本を代表するものとしても，あるいはまた外国への搬送[送金]のためにも，…鋳貨と地金との内在的価値には相違などは存在し得ない」から，「一致する重量の鋳貨と地金とを，全く同じ価値を持つものとして取り扱う」というものである。いま1つは，「金属貨幣だけが使用されており，紙券(paper money)導入以前という仮定された事例を取り扱っている[7]」というものである。したがって預金銀行は登場するが，未だ発券銀行は想定されていない。

　このような前提の上でウィルソンは，金が果たす諸機能を次のように整理する。「[(1)]金は，流通する媒介物としてのその機能の遂行で重要であるが，他の多くの諸能力でもそれに劣らず重要である。[(2)]金は，彼ら銀行業者達に要求される物に応じるために，銀行業者達によって保有されている資本の準備金という性格で遂行するために，いま1つの異なった機能をもっており，そしてこの能力では，[金は]流通手段として活動している鋳貨の量には如何なる仕方でも影響することなしに，おそらく非常に大きく積極的に使用されうる。」例えば，A銀行業者の顧客aがB銀行業者の顧客bに支払うために「多額の貨幣」を引き出して，それをB銀行業者の手に「移転する」が，次にbはC銀行業者の顧客cに同様に支払うかもしれない。これは「資本移転(transferring capital)」であり，そのために銀行業者は，それぞれの「顧客達の流動負債(current liabilities)に応じるため」の「準備金[8]」を必要とする[9]，と。

そして彼はさらに，[(3)]「鋳貨としてであれ地金としてであれ，いま1つのそして遥かに大きな貴金属の用途」があり，それは，「ある国から他の国へ資本を送る(transmitting)目的のためのものであり，そして商品交換を清算する(balance)ためのものである[10]」という。

だからこの第(3)の金の機能は，明らかに世界貨幣としての金の機能である。ところがウィルソンの世界貨幣としての金についての理解は，次のように独自なものである。

例えばわが国が不景気で，商品の価格が「異常に低い」と仮定すれば「商品の大量の輸出」が生じるが，見返りに商品を輸入しても国内で消費されないものと仮定すると，代って「大量の地金の輸入」が生じることとなる。しかしこれは，「商品・地金によるあの資本[輸出した商品]の補塡(replacing)」であるから，この地金は「まず第1には，流通過程にある鋳貨の量には，穀物あるいは羊毛によってそれ[輸出商品としての資本]が補塡された以上のいかなる影響も与えなかったであろう。」そして実際には，このような場合には，「地金を輸入した貿易商達」は，新たな貿易の見込みも立たないから，「疑いもなく彼らの資本(地金)を貨幣に転換(convert)し，それを利付で運用しようとするであろう。最初に，それは銀行業者の手許で増大した預金として現れるであろう。」だから「このような諸事情の下での大量の地金の輸入と同時に，国内流通手段の減少が生じるであろうし，そして銀行業者への預金での鋳貨量は照応して増大するであろう。」そして「これこそまさに最近の3年間にわたって働いていた原理である[11]」，と。

これが，いうところの「貿易商の手中に在って，利益のある投資機会を求めている…地金」としての「資本」なのである。

このようにウィルソンもトゥックと同様に，世界貨幣としての金地金を，「商品の移転を間接的に行う媒介物」であり，「商品の国内流通のための媒介物」である「通貨」から「区別」して，「資本」と規定することによって，地金の流出入と国内通貨の増減との直接的因果関係を否定する。確かに貨幣は世界市場では，各国が着せた制服を捨てて地金に，貨幣商品金の姿態に戻る。しかし金地金が例えば貿易収支を決済し得るのは，世界貨幣としての支払手段機

能においてであって，商品資本としての地金の故ではない。あるいはまた「ある国から他の国へ資本を送るために」，例えば外国証券に対する投資のために地金が用いられたとしても，それは資本としての地金でなされたのではない[12]。

　だから彼が通貨主義者に対して次のように批判する時，実はそれは，彼自身にも向けられなければならなかったのである。「流通手段(通貨)の機能を遂行する鋳貨または貨幣と，資本の機能を遂行するそれ[鋳貨または貨幣]との間の真の区別に関しての概念(idea)の混乱が大きいならば，この混乱が，このごちゃ混ぜの諸概念連合(indiscriminate association of ideas)を，[(1)]流通している鋳貨にも，また資本として投資を待っているか，あるいは銀行に対する不慮の需要に応じるための準備金として保有されているかのどちらかで，[(2)]銀行業者が手許にもっている鋳貨にも，また[(3)]貿易商の手中にある地金，あるいは外国為替相場逆調の場合の預金者の需要に応じるための準備金として銀行業者によって保有されている地金にまで，等しく(alike)拡大していくことによって，さらに大きくなってしまいさえする[13]」，と。

1) Wilson, *op.cit.*, *The Economist,* Mar. 15, 1845, p.238.
2) ウィルソンは，「シティの銀行業者(a city banker)」と「ウェスト・エンドの銀行業者(a West End banker)」とを区別している。前者は「貿易商(merchant)や有価証券仲買人(stock-broker)の貨幣を保管している」銀行業者である。これら預金者達の預金の「目的は，絶対的に必要である以上に多くの失業貨幣(unemployed money)[準備金]を保持することでは決してないが，彼らは受取ったり支払ったりする大きな額を持っており，したがって彼らの銀行業者への[預金]残高は，ある時には非常に大きく，またある時には比較的に少ない。」それに対し後者は，「貴族やジェントルマンの貨幣を保管している」銀行業者である。彼らの預金は「支出(expenditure)のために漸次的に引き出され，彼らの地代や収入が受け取られる時に定期的に補塡される。」だから両銀行業者は「非常に異なった規則(rule)に従って」(*ibid.*, p.216-217)営業することとなる。なお，預金銀行が順守する「規則と計画」について「評論」(*ibid.*, p.238)するのが，上述のように第Ⅲ～Ⅳ論説なのである。
3) Do., *op.cit.*, *The Economist,* Mar. 8, p.217. そこでウィルソンは，預金銀行の設立を「通貨節約の第1歩」(*The Economist,* Mar. 15, p.238)と呼んでいる。
4) *Ibid.*, p.238.
5) 「通貨は全資本の諸生産物を流通するために使用される」(*ibid.*, p.239)「交換の道具」にすぎない。
6) *Ibid.*, p.239.「もしも取引が増大し，より多くの労働者が雇用され，そしてより多

くの賃金が支払われるならば，そして商品の価格が上昇するならば，公衆はこれらの新たな請求(calls)に答えるために，彼らの資本のより多くの部分を貨幣で保持することが必要だということに気がつくだろう。流通手段は増大するであろうし預金は減少するであろう。そして貸付けられるべき[預金]額が少なくなるのに，他方では借入需要が同じ理由から増大するであろうから，利子率は上昇するであろう。もしも取引が減少するならば，この逆のことが生じるであろう」(*ibid.*)。

7) *Ibid.*, p.238.
8) *Ibid.*, p.239. なお事情によって，銀行業者はこの「準備金」を増減することを望み，「それ故，より多くの金量またはより少ない金量が異なった時期に必要とされる」が，しかしそうなるのは「決して流通手段に対する何らかの働きかけによって結果され得たのではなく，利子率の引き下げまたは引き上げによって結果され得たのであった」(*ibid.*)。したがってこれは，預金の支払準備金としての役割であろう。
9) 先には，預金は，預金者である「公衆」にとっての「準備金」であり，それが金鋳貨で預金され，同時に銀行業者にとっての「資本」としても使用されるものとされていた。それに対しここでは，銀行業者のとっての「準備金」としての「金」の機能が言われているのである。
10) *Ibid.*, p.239.「この商品[つまり，金地金]は，他のいかなる商品よりも好んで用いられる。なぜならそれは，あらゆる国々で比較的一様な価値を持ち，そして全く関税なしに輸出入されることが認められているからである」(*ibid.*)。
11) *Ibid.*, p.239. なお，もし預金に利子が付かなければ，「それは公債(pubulic funds)あるいは他の政府証券(government securities)にその道を見つけ出すであろう。」「あるいは，それは商業手形の割引に用いられるように，ビル・ブローカーに譲られる。しかし資本に対する需要が殆ど存在しない時には，資本充用のためのこの大競争が，利子率を大きく低下させ，さしあたり，銀行業者を含む広範な取引業者(trader)層の利潤を減少し，需要を減少し，商品価格を低位に維持するであろう。」そして低下した利子率が生産回復の1つの条件となると共に，外国証券への資本投下の1要因ともなっていくであろう(*ibid.*)。
12) この点については，次節の注10)を参照されたい。
13) Wilson, *op.cit.*, *The Economist,* Mar. 15, p.239.

第4節 「通貨の機能を遂行する」貨幣と「資本を代表する」貨幣

これまで考察してきたように，ウィルソンは，「われわれの通貨(circulation)即ち通貨(currency)は，それがたとえ…純粋に金属通貨であるとしても，貴金属がわが国に流入または流出するのに正比例して膨張または収縮するであろう，という非常に一般的な見解(notion)[1]」に対して，「根本的原理」であ

る価値-価格論にまで遡って流通に必要な貨幣量を確定し，さらに銀行業者はこの流通に必要な貨幣量に対しては「受身」であることを明らかにし，通貨学派の貨幣数量説を批判していくのである。ただし彼は，「通貨としての貨幣または鋳貨」と「資本としての貨幣または鋳貨」とを，上述のように，「通貨の機能を遂行するものとしての貨幣または鋳貨と，資本を代表するものとしての貨幣または鋳貨」という基準で「区別」する。そしてさらに彼は，流出入する「地金」を，「商品の国内流通のための媒介物」としての「通貨」から「区別」して「資本」と規定し，「資本」としての「金地金」の流出入と，「通貨」としての金鋳貨の増減とは直接的な因果関係にはないとすることによって，この「一般的な見解」つまり「通貨理論」を批判しようとする。

〔補注〕

「所得の流通(circulation)としての通貨(circulation)と資本の流通(circulation)としての通貨(circulation)との区別を，通貨(circulation)と資本との区別に転化することは馬鹿げたことである[2]。」そしてこのことをむしろトゥック以上に徹底させたのがキニーアであり，逆に徹底させていないのがウィルソンである。だからウィルソンの場合には，概念のあいまいさが残る。例えば，「貨幣のうちでいつでも公衆の手中にあって商品の交換を行うことに用いられる部分だけが通貨」であるとされ，また商品の「日常的交換(daily exchanges)」とか貨幣の「日常的使用(daily uses)[3]」といった表現も見られるのではあるが，しかし「商人と消費者との間の取引」に用いられる貨幣という規定は見当たらない。しかもその貨幣(「流通手段」)には，支払手段も含まれているとも解し得る[4]。

同様に，「資本の機能を遂行する貨幣」が「商人(dealer)と商人との間の取引」で使用される貨幣と明示的に規定されていないのみでなく，「銀行業者〔あるいは貿易商(merchant)〕の手中に横たわっていて，利益ある投資機会を求めている鋳貨または貨幣〔または地金〕[5]」と規定されるのであるから，ウィルソンの場合には，生産者(産業資本家[6])の保持している・「準備金」を除く・貨幣は，「商品の移転を…行う媒介物」であるのか，それとも「資本の移転[7]」を媒介する手段であるのかが，曖昧となる。

しかしこの場合「通貨の機能を遂行する」とは，日常の商品取引で鋳貨（購買手段）としての貨幣の機能を果たすことを事実上意味しているのであるから，ウィルソンの「通貨と資本との区別」も，実は彼が「区別が明らかである[8]」としたトゥックの場合と同様に，「実際には，所得の貨幣形態と資本の貨幣形態との区別」に「帰着」している[9]こととなるであろう。だからまたトゥックによる「通貨と資本との区別」についての，次のようなマルクスによる批判も，そのままウィルソンにも妥当することとなるであろう。即ち，「商人と商人との間の取引」で「資本の移転」のために使用される貨幣も，「商人と消費者との間の取引」で「所得の実現」のために使用される貨幣も，貨幣としては「本来的流通手段」である鋳貨（購買手段）あるいは支払手段として機能するのであるから，貨幣が所得を表すか資本を表すかということと，貨幣が購買手段あるいは支払手段として機能するかということとは全く別のことであり，また対外的に流出入する「地金」は，「国内流通のための媒介物」から「区別」されるが故に「資本」なのではなく，それは「１つの独自の機能における貨幣[10]」である，等々，と。

1) Wilson, *op.cit.*, *The Economist,* Mar. 15, p.239.
2) *MEGA*, S.507; *MEW*, S.461：訳，63ページ。
3) Cf. Wilson, *op.cit.*, p.216, 239.
4) 第２節の注11）を参照されたい。
5) Wilson, *op.cit.*, p.216, 238. なお貿易商の手中にある地金を明示するように，括弧〔　〕を挿入した。
6) A. スミスが，「消費者(consumer)」に対して「商人(dealer)」という時の「商人」には，生産者も含まれている。
7) Wilson, *op.cit.*, *The Economist,* Mar. 15, p.239.
8) 先の，第１節注９）を参照されたい。
9) この点については，本書の序章および第11章等も参照されたい。
10) 地金の「流出は，フラートン，トゥック等々が言うのとは異なって，『単なる資本の問題』ではない。そうではなく，…１つの独自の機能における貨幣の問題…である。通貨学派の連中が考えているように，それが『通貨(circulation)』の問題ではないということは，フラートン等々が考えるようにそれが単なる『資本の問題』であるということを，決して証明するものではない。それは，貨幣が国際的支払手段としてとる形態における貨幣の問題である」(*MEGA*, S.513; *MEW*, S.468-469：訳，644ページ。Cf. *MEGA*, S. 506-507 ; *MEW*, S.458-461：訳，630-632ページ)。

第2章 J.ウィルソンの R.ピール銀行法批判

第1節 はじめに

　前章で考察したように，ウィルソンは1845年3月から5月にかけて，『エコノミスト』誌上で，ピール銀行法とその基礎となった「通貨原理」の批判を，「通貨と銀行業」というシリーズの論説で，4点にわたって展開する。即ち，「第1に，通貨と銀行業(currency and banking)が，それを基礎とし，またそれによって規制されるところの根本原理。第2に，それらの原理の，過去のイングランドにおける通貨および銀行業務(the currency and practice of banking)への応用。第3に，昨年の会期の[に通過した]条例の下での，これらの原理の応用。そして第4に，それらの，スコットランドおよびアイルランドの銀行制度への応用[1]」の4点がそれである。そしてその第1の点については，既に前章で考察したところである[2]。
　第2の点は，「媒介者としての銀行業者の特質」と現実の「銀行業務」のための基礎理論についての考察であるが，それを彼は，第1の点で考察した根本的「諸原理の，最近の法令[ピール銀行法]以前にイングランドに存在した銀行業(banking)への応用[3]」という形で取り上げ，さらに兌換銀行券を，したがって預金銀行のみでなく発券銀行をも導入し，「銀行券と鋳貨との混合通貨について[4]」の基礎的考察を行っていく。
　その上で第3の点の検討となるのであるが，そこでは彼は，「ピール銀行法に含まれている諸原理[通貨原理]を表わしている…5つの仮定」(後述)ないし「前提」を，トゥックおよびノートンの「実務的知識と経験[5]」に依拠しながら，順次検討し，その誤りを明らかにしていこうとする。
　なおその場合，第2の点で明らかにされた「銀行業務」についての「根本的原理」を遵守して銀行業者が業務に従事していくならば，「逼迫やパニックの

ときでさえも」「資本」を損なうことはなく，したがってピール銀行法のような「自動原理(a self-acting principle)」に基づく「規制」などの必要はないのみか，そのような「規制」は事情によっては恐慌を激化さえしかねない[6]，という考えが基調に横たわっている。

そこでウィルソンは，一方では，「ピール銀行法に含まれている諸原理を表わしている…5つの仮定」ないし「前提」を検討し批判していくと共に，他方では，金融逼迫や恐慌・パニック等の根本的原因を，1847年恐慌の分析を通して積極的に解明していくこととなる。

そしてウィルソンによるピール銀行法批判は，これら両側面の全体から成り立ている[7]のであるが，本章では，ウィルソンによる銀行法批判の第1の側面を，特にその第3の点を中心に考察し，最後に第2の点にも言及することとする[8]。

1) J. Wilson, Currency and Banking 〔(Article I)〕, *The Economist,* Mar. 8, 1845, p.215.
2) なおこれら4点のうちの最初の3点は，『エコノミスト』誌に，第Ⅰ～第Ⅷの番号が付された「通貨と銀行業」という表題の論説として連載されたことについては，前章第1節で指摘しておいたところである。
3) Do., Currency and Banking(Article Ⅲ), *The Economist,* Mar. 22, 1845, p.262.
4) Do., Currency and Banking(Article Ⅳ), *The Economist,* Mar. 29, 1845, p.288-289.
5) Do., Currency and Banking(Article Ⅴ), *The Economist,* Apr. 5, 1845, p.312.
6) Do., The Present Crisis, and the Bank Bill, *The Economist,* Aug. 21, 1847, p.953.
7) 因みにマルクスは，この2つの側面を丹念にフォローしている。その経緯については，本書第4章を参照されたい。
8) なお，この「第2の点」と，いま1つの側面である金融逼迫や恐慌の根本原因の問題等は，次章で考察する。

第2節 「通貨原理」の第1～第3の「仮定」の検討
────銀行業者は「受身の代理人」────

ウィルソンによると，「ピール銀行法に含まれている諸原理を表している…

仮定」ないし「前提」は，次の5つの「命題」に要約される。

「第1に，銀行券は，保持者の自由意志によって(at option of holder)鋳貨で支払われ得るけれども，なおそれは過剰に発行されがちであり，結果として減価を被りやすい。」「第2に，兌換性は，銀行券と鋳貨との混合通貨が，その変動で，純粋金属通貨を規制するであろう同じ法則に従うであろう，唯一の充分な保証ではない。」「第3に，銀行券の発行者は随意に(at pleasure)通貨(the circulation)を増減する力を持っている。」「第4に，銀行券発行の随意の拡張あるいは収縮によって，商品の価格が上昇または下落されうる。」「第5に，価格のこのような騰落によって，外国為替相場が是正され，地金の不当な流出入が，事情に応じて，阻止されるであろう[1]」，と。

さて第1の「兌換紙幣と[その]減価[2]」という「仮定」（第V論説）についてであるが，銀行券の「保持者の自由な選択で…銀行券の鋳貨への即時の兌換が，銀行券のいかなる減価に対しても，いつでも全く確実な保証であろうという，この原理の点では，たとえ通貨についてのその他の点での意見に相違があるとしても，アダム・スミスからリカードやハスキッソン(W. Huskisson)に至る…すべての著者達が少なくとも承認していた[3]」ところである，というのがウィルソンの基本的考えである。そして彼は，銀行券がその保持者の随意にしかも即時に兌換が可能であるという事情の下では，仮に銀行券が減価したとしても，「銀行へ足を運んで銀行券を提示すれば」，その銀行券よりもより大きな価値つまり「完全な価値(full value)」をもつ鋳貨に兌換できるのに，それだけのことをしようとしない「公衆」を考えることは出来ない，と言う[4]。

ところがノーマン(Norman)が挙げる例の場合にも，またピールが挙げている銀行券の過剰発行による減価の4例の場合にも，その銀行券が「随意かつ即時の兌換」券であるかどうかについての，事実誤認が含まれている。そしてウィルソンによると，「最も巧妙で誠に奇妙な議論が，トレンズ(Torrens)によって用いられている議論」で，それはこうである。不換銀行券の増大は無制限であるが，兌換銀行券の増大は銀行券の保持者が金と交換しようとすることによって制限されている。したがって「不換紙券(inconvertible paper)が減価する傾向(liability)と兌換紙券が減価する傾向との間には相違がある。」したがってまた，兌換銀行券の増大が金との関係でその価値を低下させ，減価することが

なければ，兌換銀行券の保持者がそれを金と交換しようとする「動機(motive)」をもちえなかったであろうのに，兌換が求められているのであるから，兌換銀行券も減価する，というのである[5]。

この「巧妙な論議」に対しては，ウィルソンは次のようにその「誤り」を指摘する。「真実は，通貨の異なった諸部分が，異なった種類の交換を行うのに用いられるのである」，と。つまり各種の通貨には，それぞれの用途があり，例えば「銀行券，特に額面の大きなそれは，大きな支払をするためか，あるいは貨幣を遠方に送るために用いられるが，他方，鋳貨は主にその場での小口の支払のために用いられる。しかしまた鋳貨は，必要な場合には，わが国の銀行券が流通しない支払をするために他国へ送るのにも役立つ」のであるから，兌換の必要性を銀行券の減価に帰することは出来ない，と[6]。

次に第2の「仮定」に対してであるが，ウィルソンは，「混合通貨(a mixed currency)の金属通貨(a metallic currency)の変動との一致」が明らかになれば，それは「通貨理論(the currency theory)にとっての厳しい障害」になると考える。しかしそれにはまず「第1歩」として，「商品価格が騰落するとき，あるいは，逆または順の為替相場から生じる地金の流出入の場合に，純粋金属通貨(a purely metallic currency)がいかに変動するであろうかを確かめること」が必要である，と彼は言う。というのは「通貨学派」の人々は，「金属通貨は価格上昇と共に減少し，価格低落と共に増加するであろうということ——[したがって]地金の流入の場合には増大し，地金の流出の場合には減少するであろう(would)ということ——とを，当然のことと考えて」，「金属通貨の正確な動き」について，「明瞭に説明しようとした人は一人もいなかった」からである。実際，彼らが依拠しているのは「流通銀行券の定期報告」であって，それは混合「通貨の一半だけ」についての報告である。がしかし「他の一半」である金属通貨は，「銀行券に対して固定的な割合ないしは一定の割合を必ず保っているわけではない[7]」のである，と。

ところでオーヴァーストーンは，「わが国の紙券通貨(paper circulation)量を地金の変動(fluctuations)に一致させる[ように規制する]ことが不可欠である」ことの第1の理由として，「金属通貨(a metallic circulation)は決して流出し尽くされ得ないであろう(could)。なぜなら，[金の]流出が進んでいくと，減少

した［金属通貨］量が通貨の絶えざる価値増大を生み出すであろうからであり，そして利子率や信用状態やそして価格へのその［通貨の価値増大の］影響によって，流出のある進行段階で確実に金流出を停止するであろうからである[8]」，と主張している。

これに対してウィルソンは，蓄蔵貨幣の役割を事実上導入し，「混合通貨の金属通貨の変動との一致」を示すことによって，次のように批判する。「交換に必要な鋳貨や銀行券の量」は，第1の点に属する「通貨と銀行業」の「根本原理」（第II論説）に従って，商品の価格と取引数量とによって決まるのであるから，価格が上昇しても，取引数量が増大しても，「より多くの通貨が必要となる。」しかし地金の流出が生じた場合には，その「需要は，実際に流通している鋳貨に直接に作用するのではなく，地金のストック(the stocks of bullion)，そして銀行業者の準備金である鋳貨(the coin in the reserves of bankers)に作用する。」例えば仮に「流通している鋳貨の一部が輸出され」，「通貨が不足する瞬間には，［通貨の］必要量は銀行にある預金から供給されるであろう」から，「地金流出が直ちに通貨(the circulation)に作用」して，「通貨の価値が上昇する」ことはない。したがってまた，例えば凶作で穀物を輸入して地金が流出する場合には，「純粋金属通貨であれ，紙券と鋳貨［との混合通貨］であれ，かかる金流出と，国内流通に必要とされる現実の通貨量が，少なくとも一時的には増大するということとの，同時存在は，疑いもなく在りうる[9]」ことなのである。だから銀行券発行の「規制」ではなく，「兌換制の原理のみが，…一つの通貨［混合通貨］がいま一つの通貨［金属通貨］に厳密に一致するであろう完全な保障なのである[10]」，と。

さて「銀行業者は随意に通貨を増減しうる」という第3の「仮定」（第VI論説）についてもウィルソンは，既に第1の点（第II論説）で検討した「通貨の真の性質と銀行業者の機能[11]」を前提に，その「誤り」を検討する。即ち，必要通貨量は商品価格と取引数量とによって決まってくるのであるから，「通貨の増大または収縮は結果であって原因ではない。」したがって「銀行業者は，必要とされる通貨の量を決定する諸事情によって働かされる，受身の代理人(a passive agent)であって，通貨の量に働きかける，積極的な代理人(an active agent)ではない[12]。」これが，ここでウィルソンが前提する「通貨と銀行業」

についての「根本原理」である。

　そしてこの「根本原理」は，上述のように，「純粋金属通貨」と「預金銀行の導入」を前提に組立てられており，その場合，購買および支払の「準備金」としての「予備の貨幣」を含む「通貨[金鋳貨]を節約する第1歩[13]」として預金銀行がまず登場し，次いで発券銀行が，「為替手形」・「銀行業者の小切手」および「兌換銀行券」による「通貨節約」との関連で[14]考察されていく。

　しかもウィルソンによれば，必要貨幣量と銀行業者の機能との関係は，純粋金属通貨の下でも混合通貨の下でも，「小切手や銀行券」が「随意に鋳貨に兌換可能である限り…異なることはない[15]」のであるが，「これらの関係についての誤った考え(notion)が，ロバート・ピールの条例の根本的な誤り」となっているのである。

　だから彼によれば，銀行業者は，まず預金銀行を，次いで発券銀行を設立することによって「通貨」を「節約」することはできる。しかし流通に必要な貨幣の量には，物々交換以来の「根本原理」が貫徹し[16]，それは，「日常の交換を遂行するために公衆が公衆の手に保持していることを必要とする実際の量によってのみ決まる[17]。」確かに銀行業者は銀行券を「貸付において，手形を割引くことによって，あるいは預金の支払いにおいて，必要なだけを発行しうる。しかし」公衆が銀行券を保持するには，利子を支払うか，あるいは預金利子を得ないでいることが必要であるから，取引に「必要とされる以上の銀行券は1ポンドたりとも流通には留まらず，…鋳貨との交換においてか，あるいは銀行業者に負っている負債の支払においてか，あるいはまた[銀行券の]保持者の口座への預金において，直ちに銀行業者に還流していく。」したがって「紙券」が「要求次第支払われうる(payable on demand)」兌換銀行券である限り，「通貨が純粋に金属であるならば必要とされるであろう額以上の銀行券を，流通に保つことは全く不可能」であり，それ故にまた，「流通に保たされうるその量は，ビジネスの用途にとって絶対的に必要なものによって決まり，銀行業者が発行するかもしれない量によっては決まらない[18]。」言い換えれば，「銀行業者は通貨(circulation)の量…に影響するどんな力ももっていないであろうということは，全く明らかなのである[19]。」

　だから仮に，商業上の取引が流通にある銀行券の一定量を必要としなければ，

「それらの銀行券は発行者に還流されるであろう」し，また仮に「銀行券を流通から強制的に引き上げることによって通貨を削減することが試みられるならば，それはただ公衆に彼らの預金からより多くの鋳貨を引き出すことを余儀なくさせるだけであろう。」したがって例えば，凶作で穀物輸入が急増し，為替相場が逆に転じ，地金が急速に減少したと仮定すると，1844年のピール新銀行法の規制の下では，イングランド銀行は「通常の割引を取り止めるか，あるいは有価証券の売却かによって，流通からそれだけの銀行券を引き上げなければならない。」しかし法律がそうだからといって，「その間に，わが国の取引でより少ない通貨を必要とするようなことを惹き起すことは何も起きていない。」それどころか食糧品の価格騰貴によって，「より多くの通貨」が必要となろう[20]。

なおそのような場合，1844年銀行法の下では，地方銀行券の増発によって通貨の不足を埋めることが出来ないから，地方銀行業者は有価証券の売却に進むし，他方「国内需要に応えるために鋳貨の形態で銀行から預金が引き出される。」だからその結果は，「通貨原理」とは異なって，「イングランド銀行の側での通貨削減のいかなる試みにも拘わらず，イングランド銀行がなし得るすべてのことは，銀行券と鋳貨との比率を変更すること——即ち，地金の国内流出と国外流出との並存および国内流出の国外流出への追加であろう」とウィルソンは言う[21]。

逆に，為替相場が順で金が流入するとき，「イングランド銀行が随意に通貨を増大する選択権などを行使することはできない。」その理由はウィルソンによると次の通りである。「わが国に負っている債務の支払に金の流入へと導く理由は，わが国が商品(commodities)を輸入することで利益がなくなったからである。このような場合には，金は，商人がそれで利潤を引き出す物品(article)として輸入されるのではなく，金は，最小の損失で他国から彼の資本を本国に持ち帰る手段なのである[22]。」つまり，輸出した商品(資本)の代価を，相手国からの輸入商品で償うのであれば，国内での商品取引量が増大するから，この取引に必要な通貨も増大する。しかし，国内で販売するための物品(商品)の輸入では利益が生まれず，そこで金を輸入するのであるから，金の流入は，国内での商品取引量の増大にはならず，むしろ輸入商品の減少となる。したが

ってまた商品取引に必要な通貨量の増大は生じ得ず，だからまたイングランド銀行が「随意に通貨を増大させる」ことなどは出来ない，というのである[23]。

そして彼は，1844年9月7日に新銀行法が施行されてからこれまでのところは，為替相場は順であったが，この6ヶ月間の経験も，「イングランド銀行は随意に通貨に働きかけるいかなる力もない…単なる受身の代理人にすぎないという，われわれの見解を確証している[24]」としている。

1) Wilson, Currency and Banking(Article V), *op.cit.*, p.312. なおウィルソンは，「これらの学説(doctrine)に対してこの通貨理論ないし通貨原理(the currency theory or principle)]という」名称[を使用する]理由を知らないが，よく知られた区別としてわれわれも[それを]用いる」との注を付している(*ibid.*, p.314)。
2) Do., *ibid.*, p.312.
3) Do., Currency and Banking (Article IV), *op.cit.*, p289. なおウィルソンは，兌換銀行券であっても「即時の兌換券」でなければ減価しうる，としている(*ibid.*)。
4) Do., Currency and Banking (Article V), *op.cit.*, p.313.
5) *Ibid.*, p.313.
6) *Ibid.*, 313-314. なおウィルソンは既に1844年に，トレンズについて評論している*。
   *Wilson, The Practical Effects on Commerce of the New Currency Proposition. Sir Robert Peel—Colonel Torrens, *The Economist,* May18, 1844, p.793 f.; do., Mr. Tooke and Colonel Torrens, *ibid.*, June 16, 1844, p.889f.
7) Do., Currency and Banking (Article V), *op., cit.*, p.314.
8) L. Overstone, *Thoughts on the Separation of the Departments of the Bank of England,* 1844. in Overstone, *Tracts and other Publications on Metallic and Paper Currency,* 1857, p.250-251. なお彼はこの冊子の別の箇所でも，ほぼ同趣旨の議論を展開している(cf. Overstone, *ibid.*, p.244-245)。
9) Wilson, Currency and Banking(Article V), *op.cit.*, p.314. ただしこの「地金のストック」や「準備金である鋳貨」は，ウィルソンにとっては，「資本」なのであって「貨幣」ではない。だから事実上蓄蔵貨幣の機能を捉えるに止まる。その点に注意しなければならない。なおニューマーチは，流出入するこの貴金属は，「イングランド銀行の中央蓄蔵金」からであり，流出入する地金が直接「通貨」の増減となるのではないことを「証言」している。この点については，本書第7章第2節の証言(第1889号A)を参照されたい。
10) Do., *ibid.*, 315.
11) Do., Currency and Banking (Article VI), *The Economist,* Apr. 12, 1845. p.337.
12) *Ibid.*, p.338.
13) Do., Currency and Banking(Article II), *op., cit.*, p.238. Cf. do., Currency and Banking [(Article I)], *op.cit.*, p.217.

14) Do., Currency and Banking(Article Ⅳ), *op.cit*., p.288.「銀行券の使用」こそ「預金銀行の導入以来貨幣［鋳貨］の使用が節約された最重要な方法」(*ibid*.)である。因みに，ウィルソンによると，鋳貨は，「流動資本(floating capital)」に属する貴金属の一部から鋳造されるのであるから，「通貨」(＝鋳貨)の「節約」は，また「資本の節約」をも意味することとなる＊。

 ＊Cf. Do., The Present Crisis—the Money Market. What constitutes the Differences between Capital and Money, Currency or Circulation? *The Economist,* Feb. 6, 1847, p.143-144；etc.

15) Do., Currency and Banking (Article Ⅵ), *op.cit*., p338.

16)「価値の基準としての金，そして鋳貨としての金は，金が物々交換の素朴で単純な商品の時にそうであったところのものである。唯一の相違は，価値のあらゆる変化が，いまや，鋳貨を構成している1商品において表現されるということである」(Wilson, Currency and Banking[(Article 1)], *op.cit*. p.216)。

17) Do., Currency and Banking(Article Ⅳ), *op.cit*., p.289.

18) Do., The Present Crisis—the Money Market. What constitutes the Difference…?, *op.cit*., p.144.

19) Do., Currency and Banking(Article Ⅱ), *op.cit*., p.239.

20) Do., Currency and Banking(Article Ⅳ), *op.cit*., p.338.

21) *Ibid*., p.338. しかし彼は，イングランド銀行からの地金流出分のどれだけが実際に対外流出で，どれだけが対内流出であるかを「確かめる手段がない」(*ibid*.)と述べている。なおこの場合，公衆は「日常の取引が必要とする以上に多くの銀行券は保有しない」ということと，「銀行業者の手元には［公衆の］大きな預金総額が存在する」ということとが，暗黙のうちに前提されている。

22) ウィルソンは，このように流入する金地金を1つの「商品」として規定する＊と共に，上述のトレンズ批判の場合のように，事実上，鋳貨を「世界市場」での購買および支払手段としても取り扱っている＊＊。

 ＊Cf. Wilson, The Present Crisis, its Character and Remedy, *The Economist,* May 8, 1847, p.520；do., A Reply to Further Remarks on the Proposed Substitution of one Pound Notes for Gold, *ibid*., May 22, 1847, p.574.

 ＊＊Cf. Do., Currency and Banking(Article Ⅴ), *op.cit*., p.313-314. Cf.do., Capital—not Currency—deficient, *The Economist,* Oct. 16, 1847, p.1186.

23) Do., Currency and Banking(Article Ⅳ), *op.cit*., p.338. なおウィルソンはこの点についても，既に第Ⅱ論説で立ち入って検討したところであるとの指摘をしている(*ibid*.)。

24) Do., *ibid*., p.339.

第3節 「通貨原理」の第4・第5の「仮定」の検討
――物価の変動と為替相場――

　ところで，銀行が随意に銀行券を発行して通貨量を増減し得ないのであれば，銀行券発行量の増減によって商品価格が騰落するという，新銀行法に含まれている「諸原理」(「通貨原理」)の第4の「仮定」に対しても，また，商品価格の騰落を通じて為替相場を是正し，地金の流出入を調整するという第5の「仮定」に対しても，既に自ずと答えが出ているはずである。
　しかしウィルソンは，この第4の「仮定」を，第VII論説ではまず，既に第1の点(第I論説)で明らかにしていた「通貨と銀行業」についての「根本原理」の中の最も基礎的な「原理」にまで遡って検討する。即ち，「金，小麦，鉄，木材，またはその他どんな物品(article)でも，その直接の(*immediate*)交換価値は，供給が需要に対して保つ比例によって決まるが，しかし究極の(*ultimate*)価値は，それを生産するのに必要とされた労働の量によって決まる。」そしてやがて「金は，価値の基準(*the standard of value*)として採用され，通貨(*current money*)に鋳造されるとしても，金は，他の諸商品(commodities)[小麦，鉄，木材，またはその他の物品]に対して，金が単純な物々交換の一物品として持ち続けねばならなかったであろう同じ関係を，価値では，唯一なお保持している。そして唯一の違いは，あらゆる変化が，ある与えられた時点で，ある他の諸商品の一定量と交換しようとする金(貨幣)の量の多寡によって，表わされるということだけである[1)]」，というのがそれである。
　したがって「商品価格の一般的上昇」は，i)，例えばアメリカにおける「豊かな鉱山」の発見による「貴金属量増大の結果として」か，あるいはii)，「不換紙幣」または価値の「基準以下に品位を落とされた鋳貨」である「通貨(currency)」が増大することによってしか，生じ得ないこととなる[2)]。
　そこで彼は，ここでは進んで，「商品価格の一般的上昇」の条件と為替相場との関係について検討する。
　まずi)の場合については，需給によって貴金属の「交換価値」が低下したのではなく，「生産に必要な労働が減少した」ことによる貴金属の「価値の低

下」であるから，それで貴金属の「供給が阻止されることはない。」そこで「貴金属の交換価値[価値]のこの減少が，照応的に，価値の基準としての貴金属に基礎づけられたすべての貨幣あるいは流通媒介物(circulating medium)の価値を低下させ，結果として，すべての他商品の貨幣価格(money price)を引き上げる。」しかし「貴金属が各国で自由に流出入することが許されている限り，その影響[貴金属の価値低下]はすべての国で一般的であり，また等しく感じられる。」そこでこのような「貴金属の増大によって[諸商品の]価格が引き上げられる時には，影響は一般的であって地方的ではない——即ちある一国の諸商品に対して作り出された影響[価格上昇]は，すべての他の国々の諸商品に対しても同様に作り出される。」したがってこの価格上昇では「名目の価格」が変わるだけであるから，「各国間での為替相場はそれによっては全く影響されないままであろう。」即ち，「事態はすべて相対的に以前と同じままに留まるであろう[3]。」

これに対し第 ii)の場合には，例えばアッシニア紙幣が減価した場合，フランで表された商品価格は上昇しても，この上昇は，為替相場でのそれ相応の下落によって相殺されてしまう。だから通貨の減価とその商品価格への「影響」は，「地方的であって一般的ではない」こととなる。ただしこの場合にも，通貨が例えば「不換紙幣」であるということだけでは，その減価の充分な条件ではない。「不換紙幣が税金の支払いで政府によって受け取られ，貨幣として通用している(pass current as money)限り，またその量が通貨(the currency)に必要とされるものを越えていない限り，——即ち，鋳貨がこのような紙幣と一緒に流通し続ける限り——，減価などは生じないだろう」からである。また「鋳貨の品位を落とす」と，鋳貨の品位が落とされた国では「すべての諸商品の名目価格は疑いもなく上昇するであろうが，他国におけるそれら諸商品の交換価値は正確にそれがあるままであるであろうし，また売買取引は為替相場における変更によって調節されるであろう」から，不換紙幣が減価した場合と「正確に類似の結果が作り出されるであろう[4]。」

そこでウィルソンは， i)の場合であれ， ii)の場合であれ，「いずれの場合にも，どこか他の国への輸出なりまたは他の国からの輸入を増加または減少する何らかの理由を構成し得るほどの価格への作用は存在しないし，また異なっ

た国々の間で支払われるべき[貿易]差額に何らかの仕方で影響し得るほどの価格への作用もない[5]」と結論する。したがって「新銀行法」が銀行券の発行額の増減と関係づけている商品価格の騰落とは，このような「名目的」なものではなく，「実質的(real)」なものでなければならないこととなる。

ところで，「兌換通貨(convertible currency)の場合に，仮にそうする[「照応する国内取引の増大なしに，流通媒介物の量が永続的に増大され得る」]方法が実際に存在するとすれば，価格騰貴は，鋳貨で[表される]か，あるいは鋳貨に兌換可能な銀行券で表されるであろうから，価格騰貴は名目的ではなくて，実質的であるであろう(would)。そしてだから[この]価格騰貴は，他の場合[不換通貨による価格騰貴]のように，為替相場のなんらかの下落によっては埋め合わされないであろう」ということとなる。「しかしこのことは，直ちに，通貨が兌換可能であるときには，…[[国内取引の増大に照応しない流通媒介物（兌換紙券と鋳貨）]の]『増大』の不可能性を示す。」そしてまた「公衆は，銀行券の使用のために利子を支払うことなしに銀行家から銀行券を受け取ることはなく，また利子がいかに低くても，公衆は彼らが絶対的に必要とする以上に[銀行券を]持つことはない——即ち，取引の便宜が必要とする以上に銀行券を彼らの手元に留めない。だから，仮にその[必要]量を超えて[銀行券が]発行されるとしても，そして兌換可能であれば，一部は即座に発行者に還流されるであろう(would)。」したがって逆に，「国内取引が増加するならば，あるいは諸商品の価格が上昇するならば，純粋金属[通貨]であれ，紙券と鋳貨との混合[通貨]であれ，より多くの流通媒介物(circulating medium)が交換を行うために必要」とされるのである。そこでウィルソンはトゥックにならって「通貨理論」を批判する。「増加された通貨(circulation)は価格上昇を作り出す原因としての存在とは言われ得ないであろうが，それはより高い価格の影響ないし結果と推定されるであろう[6]」，と。

〔補注①〕

この問題でトゥックは，次のように「通貨の量は価格の結果である」という。即ち，「商品価格[の騰落]は銀行券の量によって示された貨幣量に依存するのでも，また全流通媒介物の量によって示された貨幣量に依存するのでもなくて，反対に，流通媒介物の量[の増減]は価格[騰落]の結果で

ある」，と。
　トレンズはこれを，「この[トゥックの]結論の論理的正確さは類似の(analogous)命題を確かめることによって検証され得よう」として，トゥックの命題をもじって次のようにいう。「南アメリカの鉱山の発見後は，ヨーロッパにおける商品価格[の上昇]は鋳貨の額によって示された貨幣量に依存するのでも，また金銀の供給全体によって示された貨幣量に依存するのでもなくて，反対に，南アメリカの鉱山，そしてそこから獲得された金銀の増大した量は，その後の価格上昇の結果であった」，と。
　これに対しウィルソンは，「類似の命題」どころか，トレンズには「通貨と資本との——即ち，流通媒介物としての鋳貨と商業上の商品としての貴金属との——真の性質についての…，全くの混同」があると批判する。そして彼は，「鉱山からの金属の増大によって一般的に作り出される結果[価格上昇]と類似の(similar)結果が，地金の流入の場合にはいつも，地方的に経験されるであろうという考え方」があるが，しかし「相違は非常に本質的である」という。なぜなら「為替相場が順であることによってもたらされる…通常の金流入の場合には，金の一般的量には変化がなく，また他の諸商品に対する金の価値における関係にも変化がない：金の新たな配分が，生じているすべてである」からであり，南アメリカでの鉱山から増大する貴金属が流入する場合は，「その国に船積みした商品と交換に，鉱山の増大した生産性の結果，より多くの量の金属を受け取るのである」からである，と。
　そして彼は，ここでも，「純粋金属通貨の場合における，順な為替相場の結果については第Ⅱ論説で充分に考察したが，鋳貨と兌換銀行券との混合通貨の場合にも，同じことが正確に生じるに相違ない」，と付け加えている[7]。

[補注②]
　「兌換流通紙券」の量の増大は，国内取引の増大の結果か，または「その価値に生じたなんらかの減価」以外には「不可能」であることは，「不換通貨がどのような過程で減価していくかが考察される時により明瞭になるであろう」とウィルソンは言い，その点を次の第Ⅷ論説の冒頭に書き加

例えばアッシニア紙幣の場合でも,「鋳貨が流通から押し出されるまでは, 減価あるいは商品の価格上昇も生じなかった。」というのは, 紙券発行による「過剰通貨への傾向が, 銀貨の引き上げによって——銀は世界市場で一般的価値をもつ商品であるから, 輸出されうるし, あるいは両替商または銀匠の一般的な使用のために取り出されうるので——絶えず是正されたからである。」しかし「銀が流通から流出されるや, そしてアッシニアの発行がなお続き, 国内交換が同じままの量に留まると, 商品の存在量以外に吸収手段がないので, 通貨が過剰となる。」そして「供給と需要の単純な法則がこの紙券の価値を引き下げ, 紙券で表現された商品価格を増大するであろう。」

つまり流通に必要な貨幣量は取引総額と取引される商品の価格によって与えられるから, アッシニア紙幣が増発されると, 他に転用されうる銀貨は流通の外に追い出され, やがて紙幣量が流通に必要な銀貨量を超過すると, 紙幣の減価と商品の価格騰貴が生じるに至る, というのである。

ただし「価格のこの上昇は紙券アッシニアのみと関係し, 紙券が本来代表していた鋳貨とは関係がない。なぜなら, 鋳貨または地金はこの段階では他の物財と同じ比率で騰貴するからである」というのであるから, ウィルソンは, 紙幣の減価をその代表金量の低下として理解しているものと見てよいであろう。そこで彼はそこから逆に, つまりここまで説明してきた「諸原理の単純な系論」として, 紙券の「過剰」も,「金の価値と紙券の価値との間の開き」も,「商品価格の一般的増大」も,「紙券が随意に金と兌換が出来る限り」生じ得ない, と言えるものとする。

さて第5の「仮定」——「物価による為替相場の調整」——についての「通貨学派」の「理論」は,「単純かつ簡単で」, 第3および第4の「仮定」を前提に, 次のように主張されているにすぎない, とウィルソンは言う(第Ⅷ論説)。即ち,「為替相場が順で金がわが国に流入しているときには通貨(the circulation)が一様に増大」するが,「為替相場が逆で, 金が流出に遭っているときには通貨が収縮され得るであろう(could)」, という「一般的法則が確定される」

ならば，前者の場合には「商品価格は上昇し，他国のより安価な商品の輸入が促進され，わが商品の輸出は消沈し，やがて順な為替相場は是正され」，後者の場合には，事態が逆に進んで，「逆の為替相場は是正され，金の流出は阻止されるであろう(would)。」そして「この目的遂行のために」銀行法によって，「イングランド銀行は，1400万ポンド[「いかなる事情の下でも必要とされるであろう」と考えられている「紙券の最低額」]までは，国債を担保に銀行券を発行するが，それを超えて発行される銀行券量は，イングランド銀行における地金が変動するのに正確に変動しなければならない」，という「方策」が「提案」されたのである[9]，と。

そこで彼は，これまでは新銀行法がその上に建てられている4つの「仮定」を吟味し，「通貨学派」の「理論がその上に構成されている根本的基礎を論評」し，その「理論が重大で本質的な誤りに基づいていることを証明」しようと努めてきたが，ここでは逆に，これまで「根拠がない(groundless)」ことを示そうとしてきたこの「通貨原理」や新銀行法によって「提案された」「機構」が，「通貨学派」の主張通りに「真実」有効で，しかも銀行券発行額が「物価に作用」し，それが「為替相場を是正する」ものと仮定して，その上で新銀行法がどれだけ有効であろうかを検討する，と言う[10]。

その第1が，「イングランド銀行が随意に通貨の増減によって価格に影響することができる」としても，価格には，通貨量「以外の非常に重要な諸要素もまた，いつでも，作用しているに相違ない」という点である。実際イギリスでは，「為替の残高[金準備]がわが国に何か不便なほどに逆転することは，もしあるとしても，海外での戦争からであるか，または穀物の輸入の必要からであるかを除けば，滅多にあり得ない」ことなのである。そして「貿易収支の攪乱が発生するこれ以外のいかなる場合にも，その是正は早期で容易であろう。」というのは，例えば穀物以外の一般的な輸入商品——絹，羊毛，麻，砂糖，コーヒー，茶，等——の場合には，それらに対する投機で輸入が増大し，為替相場が逆になって地金が流出したとしても，輸入商品の高価格と輸入増とで，それらの商品の需給関係が変化して，「条例」で通貨の収縮などを図らなくても，それらの価格は低下し，輸入が減少し，やがて安い商品の輸出が生まれて，為替相場は短期間のうちに好転してしまうであろうからである[11]。

第2は「不作の場合」である。この場合には,「一般的な輸入商品」の場合とは異なって,穀物が高価格となっても,一定量の輸入が必要であり,例えば1839年の凶作のときには400万クオーターの小麦の輸入を必要とした。だからこの場合に,一体,「通貨量のどれほどの収縮が,この商品[小麦]の価格を引き下げ得たのであろうか,あるいは輸入を阻止し得たのであろうか[12]」という問題が生まれるのである。

　そしてウィルソンが「最高に重要な問題(question)」というのが,次の第3の点である。即ち,この銀行法によって「わが通貨制度は,その中に,為替相場がわが国に逆で,そして地金の流出という事態においては,それによって金よりはむしろ商品が輸出されるように,商品価格が引き下げられるという[通貨]収縮の自動原理(a self-acting principle of contraction)[——この銀行法の「偉大なそして指導的な原理」——]をもつ」こととなったのが,「この規制(regulation)の実際上の弊害(evil)[13]」というのが,それである。

　彼によると,商品価格が「下落しつつある市場では,人々は彼らの購買を拡大することはない。反対に,そういうときには,彼らには価格が最低点を見,上昇の可能性があるという意見が強くなるまでは,拡大する購買のための誘因は存在しない。」そして他方では製造業者は売り急ぐものである。だから,例えば凶作で地金が流出し,この銀行法で「自動原理」として取り込まれた通貨「規制」によって金融引締めが進み,商品「価格が急速にかつ破滅的に引き下げられる」としても,それがますます進むであろうと予想されるときには,輸出商人はそのための買い注文を手控え,また海外の買手もイギリス製品に対する注文をすぐには行うものではない。これが「実際上の(practical)」問題で,したがって商品価格が下落に向かうからといって,それが輸出増加と為替相場の好転には容易に結びつくものではないであろう。したがってこの銀行法は,ピールが「期待しているような為替相場への効果が獲得…されないだろうだけでなく,…むしろ弊害を大きくし,長びかす傾向をもつ[14]」と言うのである。

〔補注③〕

　　ウィルソンは,1819年の兌換再開から1844年のピール銀行法の施行までと,それ以降とを,イングランド銀行による銀行券発行についてのこの「自動原理」の点で区別し,ピール銀行法では「イングランド銀行の理事

者達の判断と知識に代って，自動原理が提案され」，その結果「わが国は，イングランド銀行の側での初期の予防措置の欠如による差し迫った危険の下に置かれることとなった」と，いわば金融政策の弱体化を指摘している。

なおその場合彼は，兌換準備額は銀行条例で「自動原理」の下に置かれるが，預金準備はイングランド銀行の「理事者達の判断に残されている[15]」としている。

そして彼は1847年9月末から10月にかけてのパニックを「1825年以来の最も異常な逼迫」とした上で，この「異常なパニック」は「イングランド銀行の運営(management)の失敗にまで跡づけられ得る[16]」として，この恐慌が激化した一因を，ピール銀行法によってイングランド銀行理事の「判断(discretion)」の誤りが生まれ易くなってしまったことに求めている。

1) Wilson, Currency and Banking, (Article Ⅶ, Sir Robert Peel's New Bill continued—Influence of Currency on Prices), *The Economist,* Apr. 19, 1845, p.361. Cf., Do., Currency and Banking〔(ArticleⅠ)〕, *op. cit.*, p.215-216.

2) Do., Currency and Baning (Article Ⅶ), *op.cit.*, p.361.

3) Do., *ibid*.「これが純粋金属通貨の場合である」とウィルソンは言う。ただし彼は，この少し後では，「[貴]金属のこのような追加供給の配分に影響する限り以外には」との限定を付している(*ibid.*, p.362)。なおマルクスが「現実の貨幣は常に世界市場貨幣であり，そして信用貨幣は常に世界市場貨幣(Weltmarktgeld)に基づいている」(*MEGA*, S.604;*MEW*, S.552:訳，760ページ)と言うときに念頭においていた「世界市場」とは，ここでウィルソンが想定していたような，貴金属の価値革命が直ちに一般化されうる「世界市場」であったと見てよいであろう。

また1848年の大陸における革命や政治情勢，並びにカリフォルニアやロシヤにおける金鉱発見等々の影響の下での，1850年代初頭における異常なポンド安―フラン高という為替相場と，この「原理」との関係については，ウィルソンの次の諸論説を参照されたい。Wilson, Californian and Russian Gold. The Effect on the Currency and on Prices. *The Economist,* Sept. 14, 1850, p.1010f.; do., The Remarkable Phenomena of the Foreign Exchanges. *ibid.*, Nov. 30, 1850, p.1317f.; do., The Foreign Exchanges. —California Gold and the Gold Currencies of Holland, Belgium, and France. *ibid.*, Dec. 14, 1850, p.1373f.; do., The Balance of Trade, England with the World, The Foreign Exchanges. *ibid.*, Jan. 11, 1851, p.29f.; etc.

4) Do., Currency and Banking (Article Ⅶ), *op.cit.*, p.361. なお「貨幣国定説」の先

駆ともいうべき「バーミンガム派」の不換紙幣論に対するウィルソンの批判については, Do., The Advocates of Inconvertibility.—The Birmingham School. *The Economist,* Oct. 9, 1847, p.1158f.; Do., The Anti-gold League and the Working Classes. *ibid.,* Oct. 16, 1847, p.1186f. を参照されたい。なお「バーミンガム派」のケイリーについては, 本書第6章第5節の〔備考〕および第13章第2節の〔補注〕も参照されたい。

5) Do., Currency and Banking (Article Ⅶ), *op.cit.*, p.361.
6) Do., *Ibid.*, p.362.
7) Do., *ibid.*, なお本章第2節の注6) も参照されたい。
8) Do., Currency and Banking (Article Ⅷ), *The Economist,* Apr. 26, 1845, p.385.
9) Do., *ibid.*, p.385.
10) *Ibid.*, p.385.
11) *Ibid.*, p.386.
12) *ibid.*, p.386.
13) *Ibid.*, p.386.
14) *Ibid.*, p.386. なお彼は,「弊害が拡大され, そして目的[「期待しているような為替相場への効果」]は成就されないであろう」とも表言している。
15) Do., The Present Crisis, and the Bank Bill, *The Economist,* Aug. 21, 1847, p. 953-954.
16) Do., The Crisis of the Last Week—The Bank Management. *The Economist,* Oct. 9, 1847, p.1157.

第4節　「銀行実務」の「基本的原理」について
―― むすびにかえて ――

以上が,「ピール銀行法に含まれている諸原理を表している…5つの仮定」に含まれている「誤り」の, ウィルソンよる批判――第3の点(第Ⅴ～Ⅷ論説)――の骨子である。

これに対し第2の点は, 最初に指摘しておいたように,「通貨と銀行業」についての「根本原理」の,「最近の法令以前にイングランドに存在したような銀行業(banking)への, 応用[1)]」としての, 現実の「銀行業務」についての基礎理論の問題である。

したがってそこでは, 第1の点で明らかにされている「根本原理」のうちの「銀行業」に関する次の部分[2)]が前提となっている。即ち,「銀行業者は, 多

数からなる貸手層に対して，多数からなる借手層の状態や評判についての彼の優れた知識で，彼の保証を介在させながら，前者つまり貸手層と，後者つまり借手層との間の単なる代理人(simple agent)[3]となる」のであるから，一方では「通貨の量に影響するどんな力も持たない」「単なる受身の代理人に過ぎない(THE BANKERS IS THE MERE PASSIVE AGENT)[4]」が，他方では彼は「資本の前貸し」については，それを「随意に(at pleasure)増減することができる。」ただし銀行業者は，「要求次第でいつでも預金を払戻す」という条件で「借入れた貨幣」を貸出すのであるから，「あり得る[払い戻し]請求を満たすであろうところの，充用されていない一定量の貨幣を保持しなければならない(should)[5]」，というのがそれである。

そこでこのような「根本原理」を前提に，ウィルソンは，「イングランドにおいて運営されてきたような銀行業[6]」の特質を以下のように指摘する。

「一般原則として，銀行業者達の独自の資本(independent capital)[自己資本]は，彼らがそれで取引する手段(means)中のほんの一小部分をなしているにすぎない。…銀行業者達は彼ら自身の資本での取引業者であるよりも，むしろ彼らを通じて他人の資本が貸出され，また借入れられる媒介者(medium)である。銀行に属する私的で独自の払込済み資本は，銀行の取引資産(means of trading)中のある重要な部分を構成しているものとしてよりは，むしろ公衆に対する保証の観点で，銀行に置かれた預金の使用で銀行が陥るに相違ないと解っている危険に対する銀行の担保と見なされ得よう。」

「銀行業者は，まず第1に，本質的に貨幣の，要求次第返済されうる(returnable on demand)貨幣の，借り手であるから，彼の職業の大きな技能(art)は，いつでも，そして通常の事情の下では，彼がこのような要求を満たしうるような仕方で，これらの[借入れた]資本(funds)を使用することである。彼に一時的に託されたこのような資本(funds)の慎重な使用が，銀行業者にとっては，大きな独自の資本[自己資本]の所有よりも，無限により重要な考慮すべき事柄である。とはいえ…，当事者達の評判と性格に加えて，実際に払い込まれた資本が，公衆に完璧な信頼を与えるであろう程度に存在するということが知られているべきであることは，必要なことである。[しかし]この考慮を別にすれば，大きな[自己]資本は，一般的に，銀行業をより利益あるものとする追加的資産

(means)としてよりも、むしろ不都合な物と感じられている。旨く運営されている銀行は、通常の時にはいつでも、そして逼迫やパニックの時でさえも、その担保の選択に然るべき注意を払っていれば、厳密にいえば銀行の営業資本(its banking funds)と呼ばれうるものをもって、そして銀行の資本(its capital)を損なうことなしに、銀行の業務(its affairs)を行うことができるのである。」

「長期の(permanent)」資本で、かつ利子を求める「資本は、一般的には[イングランドでは]コンソル公債かまたはその他の政府債に投資されていた。」「イングランドにおける諸銀行がそれを基礎に彼らの業務を行う主要な資本は、わが国の取引と所得の厖大量が従事している活動から、暫くの間――何か長期のまたはより利益のある投資に向かうには、余りに短か過ぎるか、あるいはその間不確実なので――自由になっている予備の資本(spare capital)の、その時々の集計額からなる預金である。」

「簡単にいえば、銀行業者を、ある特定の瞬間に貨幣の貸し手と借り手との間で行動する代理人(agent)――いつでも借りる準備があり、そして払い戻す(repay)準備のある[代理人]――と考えてよい[7]」、と。

〔補注④〕

　このようにウィルソンも、信用制度の下での貨幣貸付資本つまり銀行が貸出す「主要な資本」を、預金という銀行にとっての債務である「銀行営業資本(the banking capital)[8]」として捉え、その意味で銀行業者は「他人の資本の貸借の媒介者」、「貨幣の貸し手と借り手との間で行動する代理人」であり、だからまた銀行業者の業務とは「借入れることと貸出すこと[9]」なのである。

　したがってウィルソンもまた、銀行業者による貨幣の貸付を「自己宛債務の債権化[10]」として理解しているのであるが、ギルバートが、預金その他の債務を通じて、銀行が貸出しうる「銀行営業資本」を「調達」・「創造」する側面を強調する[11]のに対して、ウィルソンの場合には、銀行業者の「媒介者」・「代理人」としての側面が強調されているように思える。

以上のような銀行業者の特質把握から、現実の「銀行業務の全技能(art)を

意味している」「2つの大きな本質的そして根本的原理[12]」を，ウィルソンは次のように導き出す。

　第1は，銀行がそれによって「預金の最大量を引き寄せうる」ための「原理」である。

　銀行業者が「公衆の貨幣の借り手であり保管者(safe-keeper)」であるところから，その「第1の要素」として，「公衆の側での［銀行に対する］全幅の信頼(confidence)」が挙げられる。しかしこの「信頼という大きな必要条件から独立に，銀行業者の手における預金の量に実質的に影響する，その他の重要な諸原因」も存在する，とウィルソンは言う。それらが，預金に対する利子や銀行業務についての手数料等の問題であり，したがってまたそれは，銀行はどのようにして「利潤を引き出す」のかという問題でもあることとなる。そしてこの点で，「一方では最大量の預金［の引き寄せ］に役立ち，一般的には銀行自身の最大の成功に役立ち，他方では最大の利益が公衆に確保されるような，銀行業務遂行の原理」を「追求」してきたのが，イングランドの銀行ではなくて，「スコットランドの銀行」である，と彼は言う[13]。

　そしてウィルソンは，「銀行実務」についてのこの「第1」の「根本的原理」との関連で，イングランドとスコットランドの銀行制度の相違を次のように指摘する。「イングランド銀行はその利潤を自分の流通銀行券(circulation)および預金の一部の運用から獲得する」が，預金には利子を支払っておらず，「ロンドンの銀行業者達も極めて僅かの例外はあるが，預金に対して利子を支払っていない。」しかし反面彼らは，その顧客の口座維持などに「手数料を課していない。」そして顧客の「預金残高」の一部を運用することで，銀行の利潤を獲得している。ただしイングランドにおける「地方銀行業者」の場合には，必ずしもロンドンの銀行業者達とは同じではなく，またロンドン・ビル・ブローカーはそのような条件の違いの中から生まれてきた[14]。

　これに対しスコットランドでは「銀行は，公衆に最大の信頼を提供する原理に従って組織されて」おり，「その流通銀行券(circulation)から得られた利潤で，銀行は，いかに短期でもすべての預金に利子を認めうるようにする。そして銀行はこのような預金の顕著な部分をより高い利子率で投資することが認められるから，それからさらに高い利潤を引き出す」という，いわば借入と貸出

との好循環を生みだしている。このようにして「銀行が預金に対して認める利子率は，一般的に政府証券への投資によって獲得されうるであろう利子率に等しく」なる。「その結果は，殆どの人が銀行勘定を持ち，そして殆どの人が日々の仕事の終わりに節約し得たどんなに僅かの貨幣でもそこに払い込み，彼が受け取るであろう日歩に期待を寄せる[15]。」そしてこれがウィルソンのいうところの「最高の完成度[16]」に達したスコットランドの銀行制度なのである[17]。

　第2は，銀行が「これらの預金を，預金がなされている条件，即ち，要求次第の払い戻しという条件に矛盾なく，最も有利に使用しうる」ための「原理」である。そしてこれについてウィルソンは次のように言う。即ち，銀行業者は「要求次第で払い戻すという条件で借り入れた」貨幣を貸し出すのであるから，「彼の貸付は，与えられた時に彼の元本(funds)が還流してくることに彼を依存させ得るような，あるいは予期されなかった必要の場合には，貨幣に換金され得るような有価証券によって貸付を代表させうるような，条件および担保を付けてなされることが必要である」，と。したがって「銀行業者は担保の究極の安全性と同様に，彼の担保の換金性(convertibility)に注意すべきことが等しく必要である。この故に，不動産抵当(mortgages on real property)は，適正な銀行貸出担保(proper banking securities)としては，いまでは一般的に(universally)拒否されるものとなっている[18]」のである，と。

　そして「銀行実務」についてのこの「第2」の「根本的原理」との関連で，ウィルソンは，「完璧な銀行貸出担保(a perfect bank in security)」を次のように「厳密に」規定する。即ち，「究極の安全性」，「確定された遠からざる日付での支払の確実性」，「予期されざる緊急の場合に貨幣に転換される適応性」および「減価し難いこと(a freedom from liability to depreciation)」の4点を兼ね備えている担保物件である，と。そして具体的には，期間が短く再割引が可能で，しかも振出人の信用が充分に知られている「為替手形」が第1であり，「より厳密にいえば，…為替手形は…銀行業者がその預金を絶対的に適切に投資しうる唯一の担保物件」なのである。これ以外は，「大蔵省証券，コンソル公債，よく知られていて換金価値のある公企業の仮証券，公共の倉庫にある商品担保[倉荷]証券」等々のような「有価証券類の担保によって保証されたむしろ対人貸付(personal-loans)の形態」であり，商品担保融資の多くの場合には，

例えば「倉荷証券と一緒に借り手の支払約束手形が預託されること[手貸し]が珍しいことではない[19]」，と。

なお，例えば1年の一定の時期には事業の性質からより多くの資本が必要で，それ以外の時期には「予備の資本」を預金しており，しかも借り手についての充分な信頼を銀行業者がもっているような場合には，「有価証券類の担保[による保証]なしの」，銀行業者の「思慮と注意に全く依存」し，したがって「借り手の個人的な信用にのみ依拠する」貸出し[対人信用]も行われる。「フィールド・インダストリー(field industry)[20]」を営む「農業家(farmer)[資本主義的借地農業資本家]の取引の単純性と，銀行家がもっている農業の業務についての比較的詳しい知識とから，この種の貸付が，農業地方では比較的広範に存在しまた危険も少ない。」家畜購入のための資本とか，地代支払のための貨幣とかの貸出が，それである[21]，と。

そこで銀行業者が，このような「銀行実務」についての「2つの大きな根本的原理」に従い，さらに，「預金使用にとっての4つの一般的規則」——1）貸付が「最終的に全く安全である」こと，2）貸付が「短期に」定期的に「還流」すること，3）貸付は一般的には必要な場合に再転換可能な性質」をもつものに対してであるか，または「預金その他の充分な割合のものが，予期せざる緊急時に銀行業者が貨幣を支配しうるであろうような，準備金中の有価証券で，保持されるべきである」こと，そして最後に，4）貸付は「元本の減価に対する完全な保証」を与えること，つまり「通常の価格下落に対して少なくとも銀行業者に保証しうるであろうマージンを提供する」こと[22]——を遵守するならば，上述のように，「逼迫やパニックの時でさえも」，「銀行営業資本」を損なうことなく，「銀行業務」を遂行し得るはずであり，したがってまた「誤った」「原理」に基づくピール銀行法のような「自動原理[23]」に従った「規制」などの必要はないはずなのである。

ところで銀行業者は「他人の資本が貸出され，また借入れられる媒介者」であるから，自らの債務である預金や流通銀行券の支払ないし兌換請求に随時に応じ得るように，自らの信用を維持しつつ銀行業務を営んでいくには，事情によっては，利子率を引き上げ，「資本の前貸し」（貸出）を抑制し，一定量の貴金属の保持に努めなければならない。そしてそれはトゥックも認めているとこ

ろあり[24]、銀行業者にとっては当然のことであって、銀行業者の責めに帰し得るものではない。これが「銀行学派」――「銀行業者の経済学[25]」――の一員でもあるウィルソンの言いたいところであったのであろう。

しかし発達した信用制度の下では、銀行業者こそ通貨の本源的な供給者として現れる[26]のであるから、銀行業者が貸出を引き締めるならば、「逼迫期」には、それによって流通に必要な通貨の供給が制限されざるをえない[27]こととなる。というのは、流通に必要な貨幣量は取引される商品の価格と取引量によってきまるのであって、銀行業者はそれを任意に増加し得ない「単なる受身の媒介者」であるとはいえ、銀行業者はこの必要な貨幣を、逼迫期にも、貨幣貸付資本として前貸する(貸し出す)のであるから、なのである。そしてこの問題は、同時に、「逼迫」期に「不足」しているものは「通貨か資本か」と言う「係争問題[28]」と係わってくる。したがってこの問題は、「金融逼迫」や「恐慌」ないし「パニック」の根本原因をどこに求めていくのかという、ウィルソンによる銀行法批判の第2の側面に連なっていくこととなる。

1） Wilson, Currency and Banking（Article Ⅲ）, *op.cit.*, p.262.
2） この場合に想定されている銀行業は、さしあたっては、預金銀行である。その点については、本章第2節を参照されたい。
3） Do., Currency and Banking〔（Article Ⅰ）〕, *op.cit.*, p.217.
4） Do., Currency and Banking（Article Ⅱ）, *op.cit*, p.239. ウィルソンはこの点を再三強調している。「通貨の量を実際に統御している諸条件は、銀行業者がどのようにしても影響し得ない諸条件であるから、銀行業者は明らかに単なる受身の代理人に過ぎない」（Do., Currency and Banking（Article Ⅵ）, *op.cit.*, p.338）、と。
5） Do., The, Present Crisis, its Character and Remedy—The Operation of a purely Metallic Currency, *The Economist,* May 8, 1847, p.520.
6） Do., Currency and Banking（Article Ⅲ）, *op.cit.*, p.262.
7） *Ibid.*, p.262-263. なお銀行業者は、「平均的に彼の預金のどれだけの部分を安全に投資し、または…貸し付け得るかの知識を、経験によって獲得する*」のであるが、支払(現金)準備額を、彼は、第1に「預金総額との関連」で、そして第2に「顧客が通常以上に貨幣を求めようとしているか」どうかといった「特定の時期の諸条件（circumstances）との関連で**」決めなければならない、と指摘している。
　*Do., Currency and Banking〔（Article Ⅰ）〕, *op.cit.*, p.216.
　**Do., The Present Crisis…, *op.cit.*, p.520.
8） Cf. J. W. Gilbart, *The History and Principles of Banking,* 1st ed., 1834, p.117.
9） Wilson, Currency and Banking（Article Ⅳ）, *op.cit.*, p.287.

10) この点については，さしあたり，小林賢齊『概説 経済学原理』，1997年，190, 196, 207ページ等を参照されたい。
11) この点については，本書第9章第3節を参照されたい。
12) Do., Currency and Banking(Article Ⅲ), *op.cit.*, p.263.
13) *Ibid.*, p.263-264.
14) *Ibid.*
15) *Ibid.*, p.264.
16) *Ibid.*, p.263.「他のすべての職業を越えて，銀行業は，全くの自由と不干渉(entire freedom and non-interference)の下で，最も急速にその最高の完成度に位置づけられるであろう職業である」(*ibid.*)。
17) 社会的に見たスコットランドの「この制度の現実的な効果」として，ウィルソンは2点を指摘する。その「第1の効果が，通貨(currency)[鋳貨]を節約することである。」そして「第2の著しい結果が巨額の預金」，即ち「予備の資本(spare capital)」であり，「さもなくば遊休(idle)しているであろう」この「予備の資本(spare capital)」が，「銀行業者という媒介者(medium)を通じて」「資本」として「利用可能に変えられる」ことである(*ibid.*, p.263)，と。
18) Do., Currency and Banking(Article Ⅳ), *op.cit.*, p.287. 因みに，ここでウィルソンが念頭においているのは「シティーの銀行業者(a city banker)」であって，「ウェスト・エンドの銀行業者(a West End banker)」ではない。本書第1章第3節の注2)を参照されたい。
19) *Ibid.*, p.288.
20) Do., Commerce and Finance—Our Present State and Future Prospects, *The Economist, Apr.* 10, 1847, p.406. なお穀物生産を「フィールド・インダストリー」として捉える歴史的背景を，ウィルソンは次のように指摘している。1819年までの「兌換停止の継続の間に」，したがって産業革命のほぼ終了近くの時期に農業革命も進展し，「大量の小農業家(small farmer)は消滅し，農業人口の大半は貧困層(paupers)の状態に押し下げられた。貧農層(peasantry)の衰退は1819年条例以前に始まっていたし，またそれはほぼ完了していた。ラッダイトの蜂起が始まったのは1811年であった」(Do., The Anti-gold League and the Working Classes, *The Economist*, Oct. 16, 1847, p.1187)，と。
21) Do., Currency and Banking (Article Ⅳ), *op.cit.*, p.288. したがって農業金融も，農業経営への融資であって，土地担保の貸出ではない点に注意しなければなるまい。
22) *Ibid.*, p.288.
23) Do.,The Present Crisis, and the Bank Bill, *The Economist,* Aug. 21, 1847, p. 953.
24) Cf. Do., Conformity of Convertible Notes with a Metallic Currency, *The Economist,* Dec. 11, 1847, p.1418.
25) *MEGA*, S.519 ; *MEW*, S.461：訳，633ページ。

26)「貨幣が銀行業者達の手に集積されている発達した信用制度の下では，少なくとも（名目的には）貨幣を前貸しするのは彼らである。この前貸しは流通にある貨幣とのみ関係する。それは通貨(Circulation)の前貸し(Vorschuss)であって，貨幣が流通させる資本の前貸しではない」(*MEGA*, S.602；*MEW*, S.547：訳，752ページ)。なおこの点については，例えば本書第13章第5節を参照されたい。

27)「通貨の絶対量は，ただ逼迫期においてのみ，利子率に決定的なものとして作用する」(*MEGA*, S.601；*MEW*, S.545-546：訳，751ページ)。この点は，例えば本書第6章第2節の注20)を参照されたい。

28)　*MEGA*, S.519；*MEW*, S.477：訳，655ページ。

第3章　J. ウィルソンの銀行業論
―― 資本主義構造論によせて ――

第1節　『エコノミスト』誌からの2つの引用

　ウィルソンの銀行業論は，1847年の恐慌分析をも含む形での，1844/45年のピール銀行法批判[1]として展開されているが，その銀行業論は，銀行業の本質論とそれに基づく銀行業務論とから構成されており[2]，そして彼の銀行業論においては，預金銀行(商業銀行)論としての銀行業論と，いわばリース固定資本としての固定資本論とが，相互に補完する形をとっている。実はそこにイギリス資本主義の構造的特質が現れているものと考えられる(後述)。しかも彼は，流動資本と固定資本の社会的配分[3]に，信用＝銀行制度の役割，銀行が果たす役割を見出している。

　そこで本章では，最初に銀行業務(貸付)に関する基本的考え方を示している『エコノミスト』誌の論説(ウィルソン)からの2つの引用を掲げ，それを手掛かりに，ウィルソンの銀行業論を検討していくこととする。

　その1つは，「不動産抵当(mortgage on real property)は適正な(proper)銀行貸付担保としては，いまでは一般的に拒否(repudiated)されるものとなっている[4]」(*The Economist*, Mar. 29, 1845[5])――引用(ⅰ)――である。

　いま1つは，「その国の所得から全部補塡される商品の担保に基づく貸付は，ただ動産(personal security)次第ではあるけれども，最良の一時的[短期の]投資である(is)。固定資産(fixcd property)に基づく貸付は，長期の貸付にとっては最良の担保であろうに(would)。…前者の担保は流動資本を表わしているが，他方，後者への投資は，流動資本を固定資本に転換(convert)し，だからそれは銀行業者にとっては全く不適切(unsuitable)である」(*The Economist*, Feb. 13, 1847)――引用(ⅱ)――である。

そして引用（ⅰ）は銀行業務論に関する論説からのものであり，また引用（ⅱ）は「資本」の社会的配分に関わる論説からのものである。

〔補注〕
　現在のわが国の金融危機・不良債権の実態と比較すると[6]，これらの引用に示されている，預金銀行の貸出しにとっての，このようないわば準則のうちにも，イギリス資本主義の構造的特質が，即ち，資本・賃労働・土地所有の編成上の特質が，表われているように思われる。

そこでまず，引用（ⅰ）の点から見ていくこととする。

1) この点については，さしあたり第1章第1節を参照されたい。
2) そこで，ここでは両者をあわせて銀行業論と呼ぶこととする。
3) なお本章の主題ではないが，この資本配分論こそウィルソンの恐慌論であるといってよいが，後述するように，そこには，独自の資本と貨幣の区別，および流動資本と固定資本の把握が含まれている。
4) この不動産抵当貸出しについては，本書第5章第2節の〔補遺-2〕も参照されたい。
5) 本章では，*The Economist*（『エコミスト』誌）からの引用は，すべて同誌の年月日だけを括弧（　）に入れて示すこととする。
6) 本章は，2000年1月15日(比較)構造論によせて—」)における配布資料に，脚注を付して『武蔵大学論集』に掲載した論考を定本としている。

第2節　銀行業の本質把握と銀行業務の「根本原理」

さて既に前章までに考察してきたように，ウィルソンの言う「通貨と銀行業」についての「根本原理」とは次のごときものである。即ち，「銀行業者は，多数からなる貸し手層に対して，多数からなる借り手層の状態や評判についての彼の優れた知識で，彼の保証を介在させながら，貸し手層と借り手層との間の単なる代理人となる」(*Mar. 8, 1845*)。また，流通に必要な通貨の量は商品価格と取引数量とによって決まってくるのであるから，銀行業者は「通貨の量に影響するどんな力も持たない」「単なる受身の代理任に過ぎない」(*Mar. 15,*

1845)。「通貨の増大または収縮は結果であって原因ではない。」したがって「銀行業者は，必要とされる通貨の量を決定する諸事情によって働かされる受身の代理人(agent)であって，通貨の量に働きかける積極的な代理人ではない」(Apr. 12, 1845)。しかし銀行業者は「資本の前貸し」，つまり貸付に関しては，「随意に増減することができる。」ただし銀行業者は「要求次第でいつでも預金を払い戻す」と言う条件で「借入れた貨幣」を貸出すのであるから，「ありうる[払い戻し]請求を満たすであろうところの，充用されていない一定量の貨幣を保持していなければならない(should)」(May 8, 1847)。

そしてこのような銀行業に関する「根本原理」を，彼はイングランドで運営されてきた銀行業から導き出している。即ち，

「一般原則として，銀行業者達の独自の資本(independent capital)[自己資本]は，彼らがそれで取引する手段の中のほんの一小部分を成しているに過ぎない。…銀行業者達は自身の資本での取引業者であるよりも，むしろ彼らを通じて他人の資本が貸出され，また借入れられる媒介者(medium)である。銀行に属する私的で独自の払込資本は，銀行の取引資産中のある重要な部分を構成しているものとしてよりは，むしろ公衆に対する保証の観点で，銀行に置かれた預金の使用で銀行が陥るに相違ないとわかっている危険に対する銀行の担保とみなされよう。」

「銀行業者は，まず第1に，本質的に貨幣の，要求次第返済され得る貨幣の，借り手であるから，彼の職業の大きな技能(art)は，いつでも，そして通常の事情の下では，彼がこのような要求を満たし得るような仕方で，これらの[借入れた]資本(funds)を使用することである。彼に一時的に託されたこのような資本の慎重な使用が，銀行業者にとっては，大きな独自の[自己]資本の所有よりも，無限により重要な考慮すべき事柄である。とはいえ，…当事者達の評判と性格に加えて，実際に払い込まれた資本が，公衆に完璧な信頼を与えるであろう程度に存在するということが知られているべきであることは，必要なことである。[しかし]この考慮を別にすれば，大きな[自己]資本は，一般的に，銀行業者をより利益あるものとする追加的資産(means)としてよりは，むしろ不都合なものと感じられている。上手く運営されている銀行は，通常のときにはいつでも，そして逼迫やパニックのときでさえ，その担保の選択にしかるべき

注意を払っていれば，厳密に言えば銀行の営業資本(its banking funds)と呼ばれうるものをもって，資本(its capital)を損なうことなく，銀行の業務を行うことができるはずである。」

「長期の(permanent)」資本で，且つ利子を求める「資本は，一般的にはコンソル公債かまたはその他の政府債に投資されていた。」それに対して「諸銀行が，それを基礎に彼らの業務を行う主要な資本は，わが国の取引と所得の膨大量が従事している活動から，暫らくの間——何か長期の，またはより利益のある投資に向かうには，余りに短すぎるか，あるいはその間不確実なので——自由になっている予備の資本(spare capital)の，その時々の集計額からなる預金である。」

そこで「簡単に言えば，銀行業者を，ある特定の瞬間に貨幣の貸し手と借り手との間で行動する代理人(agent)——いつでも借りる準備があり，そして払い戻す準備のある代理人——と考えてよい」(Mar. 22, 1845)，と。

このように，預金銀行＝商業銀行としての銀行業の本質理解の点で，ウィルソンの場合には，「媒介者」「代理人」という銀行業者の側面が前面に出ており，銀行業の「基本原理」と称する著書をもつギルバートの場合には，「銀行営業資本」の「調達」・「創造」の側面が強調されている[1]が，いずれにしても両者には，銀行業者が運用する「銀行営業資本」は，銀行にとっての自己宛て債務であり，貸出とはそのような債務の債権化であるという認識で共通していることに，注意しなければならない。そしてウィルソンの銀行業務論も，まさにこの認識を出発点としている。

即ち，以上のような銀行業の本質把握から，ウィルソンは，次のように銀行業務についての「2つの大きな本質的そして根本的原理」(Mar. 22, 1845)を導き出す。

第1は，「預金の最大量を引き寄せ得る」ための「原理」である。そして銀行業者は「公衆の貨幣の借り手であり保管者」であるところから，その「第1の要素」として，「公衆の側での[銀行に対する]全幅の信頼」が挙げられる。しかしこの「信頼という大きな必要条件から独立に，銀行業者の手にある預金の量に実質的に影響する，その他の重要な諸原因」も存在する。それが預金に対する利子や銀行業務についての手数料などの問題で，したがってそれはまた，

銀行はどのようにして「利益を引き出す」のかという問題でもあることとなる[2]。

　そして「イングランド銀行はその利潤を自分の流通銀行券（circulation）と預金の一部の運用から獲得する」が，預金には利子を支払っておらず，また「ロンドンの銀行業者達も，きわめて僅かの例外はあるが，預金に対して利子を支払っていない。」しかし反面彼らは，その顧客の口座維持などに「手数料を課していない。」そして顧客の「預金残高」の一部を運用することで，銀行は利潤を獲得している。ただしイングランドにおける「地方銀行業者」の場合には，必ずしもロンドンの銀行業者とは同じではなく，そこからロンドンのビル・ブローカーが生まれてきたもの，としている（Mar. 22, 1845）。

　第2は，銀行が「これらの預金を，預金がなされている条件，即ち，要求次第の払戻しという条件に矛盾なく，最も有利に使用し得る」ための「原理」である。これについて彼は次のように言う。銀行業者は「要求次第で払い戻すという条件で借入れた」貨幣を貸出すのであるから，「彼の貸付は，与えられたときに彼の元本が還流してくることに彼を依存させ得るような，あるいは予期されなかった必要の場合には，貨幣に換金され得るような有価証券によって貸付を代表させ得るような，条件および担保をつけてなされることが必要である。」したがって「銀行業者は担保の究極の安全性と同様に，彼の担保の換金性（convertibility）に注意すべきことが等しく必要」となる。そして「この故に，不動産抵当は，適正な銀行貸出担保としては，いまでは一般に拒否されるものとなっている」（——引用（ⅰ）——）と言うのである（Mar. 29, 1845）。

　そして「銀行実務」についてのこの「第2」の「根本的原理」との関連で，ウィルソンは，「完璧な銀行貸出担保」を次のように「厳密に」規定する。即ち，「究極の安全性」「確定された遠からざる日付での支払の確実性」「予期されざる緊急の場合に貨幣に転換される適応性」および「減価しにくいこと」の4点を兼ね備えている担保物件であること，と。そしてそれは具体的には，期間が短く再割引が可能で，しかも振出人の信用が充分に知られている「為替手形」が第1で，したがって「為替手形は…銀行業者がその預金を絶対的に適切に投資し得る唯一の担保物権」ということとなる。そしてこれ以外では「大蔵省証券，コンソル公債，良く知られている換金価値のある公企業の仮証券，公

共の倉庫にある商品担保証券」等々のような「有価証券類の担保によって保証された,むしろ対人貸付(personal loans)の形態」であるが,商品担保融資の場合には,例えば「倉荷証券と一緒に借り手の支払約束手形が預託されること[手貸し]が珍しいことではない」(ibid.),と言う。

以上のように,銀行業者は「他人の資本が貸出され,また借入れられる媒介者」であるから,自分の債務である預金や発行銀行券(circulation)の支払いないしは兌換請求に,随時に応じ得るように,一定の現金を準備するだけでなく,担保を吟味しなければならない。これが第2の「根本的原理」である。その上にさらにウィルソンは,次のような「預金使用[貸出]にとっての4つの一般的規則」を挙げている。念には念を入れよというところである。

即ち,1)貸付が「最終的に全く安全である」こと,2)貸付が「短期に」定期的に「還流」すること,3)貸付は「一般的には,必要な場合に再転換可能な性質」をもつものに対してであるか,または「預金その他の充分な割合のものが,予期せざる緊急時に銀行業者が貨幣を支配し得るであろうような,準備金中の,有価証券で保持されるべきである」こと,そして最後に,4)貸付は「元本減価に対する完全な保証」を与えうること,つまり「通常の価格下落に対して少なくとも銀行業者に保証し得るであろうマージンを提供する」こと(ibid.),と。

なお彼は,預金の払戻し請求や兌換請求に随時に応じ得るための「支払準備金」(現金準備)についても次の指摘をしている。即ち,銀行業者は「平均的に彼の預金のどれだけの部分を安全に投資し,または…貸付け得るかの知識を,経験によって獲得する」(Mar. 8, 1845)が,支払(現金)準備額を,彼は,第1に「預金総額との関連」で,そして第2に,「顧客が通常以上に貨幣を求めようとしているか」どうかといった「特定の時期の諸条件との関連で」,決めなければならない(May 8, 1847),と。

そして彼は,これだけの注意を払うならば,上述のように,パニックの時でさえも銀行業は安全であり,しかも銀行業ほど「全くの自由と不干渉の下で」発展する職業はない(Mar. 22, 1845)のに,ピール銀行法は,「通貨収縮の自動原理(a self-acting principle)」(Apr. 26, 1845)をもち込むことによって,イングランド銀行の理事者達の判断力までも誤らせ,1847年の春と秋の金融危機を

激化させるに至らしめてしまった(*Aug. 21, 1847*)，と見ているのである。

1) W. ギルバートの「銀行営業資本(the banking capital)」の理解については，本書第9章の第3節・第5節を参照されたい。
2) なおこの点で，一方では最大量の預金[の引き寄せ]に役立ち，一般的には銀行自身の最大の成功に役立ち，他方では公衆に最大の利益が確保される銀行業務遂行の原理」を「追及」してきたのが，イングランドの銀行ではなくて，「スコットランドの銀行」であると，ウィルソンは言う。前章第4節を参照されたい。

第3節 「資本」の社会的「配分」といわゆる「貨幣市場」

ところで引用(ⅱ)の問題，つまり，「資本の配分(the distribution of capital)」(*Nov. 6, 1847*)において信用＝銀行制度が果たす役割の問題に入るには，ウィルソンによる，資本，および固定資本と流動資本(floating capital)の概念規定の考察から始めることが必要となる。

彼はまず，「資本の発生と通貨の確立の段階」を次のように想定する(*May 8, 1847*)。1) すべての資本は労働の貯蓄と蓄積である。2) この蓄積を容易にする分業と職業の単一化が生じ，3) 物々交換が必然的となる。4) 物々交換を容易にするための，すべての他の商品の価値がそこに表される尺度(a standard or measure)としての1商品が確定する。5) 商品交換をさらに容易にするための，交換の媒介物として，その貴金属が価値の度量単位(標準)として採用され，6) 交換の媒介物として用いられる商品(金)が，所与の重量と品位をもった，造幣局の刻印によって保証された，個片に鋳造されると，それが貨幣(Money)と呼ばれるに至る，と。

したがってウィルソンによれば，貨幣より先に資本が存在する。そしてその資本を彼は一般的に次のように定義する。即ち，「社会の最も単純な状態から最も複雑な状態に至るまで，すべての資本は，蓄積された労働を表しており，そしてそれは，それが将来の生産を容易にする(facilitate)と考えられて投下されたのにまさに比例しただけの価値がある[1]。」そして「この蓄積された労働の価値は，資本が将来の生産に対して与えた便宜(facilities)にまさに比例して増大するであろう」(*Jan. 23, 1847*)，と。

例えば「社会の初期の(early)状態」で漁網を作るならば、この「漁網から成り立っている資本は2つの価値をもつ。1つは、それを製作するのに支出された時間と熟練によって測られるであろう価値であり、そしてそれが、他人がその購入に喜んで支払うであろう価格を決めるであろう価値である。いま1つは、その使用が与えるであろう利益ないし便宜(the profit or facility)によって決められるであろう価値であり、そしてそれが、人がその借入(loan)に対して喜んで支払うであろう価格を決めるであろう価値である。第1の価値が販売価格であり、第2の価値が賃料ないし利子(rent or interest)である。」「この蓄積された労働の価値は、将来の生産に対して与える便宜(facility)に比例しているであろう」(*Jan. 23, 1847*)。

　したがってこの場合の「資本」とは、労働手段つまり道具であり、そしてその利用によって生産性が向上するから、それに「比例して」、道具の使用料つまり賃料としての道具の価値が決まると言うのである。

　だからこの第2の価値は、資本財ないし労働手段の使用価値の、賃料としての表れ、あるいは賃料として表現された使用価値であるはずである。ところがウィルソンでは、この第2の価値が第1の価値と並んで挙げられてくる[2]。

　ところが「社会の最も洗練され複雑化された(refined and complicated)状態では」、労働手段だけでなく、労働の生産物としての商品がすべて資本である、と彼は言う。即ち、「資本は、生産の自然的要素におけるすべての改良――即ち、生産を容易にするすべての改良――と、および、消費のために生産されるのではあるが、しかもその価値が、それらを消費する人々の諸所得から生産者に補填される商品[消費資料]とから成り立っている。だから、同じ労働でより多くの穀物が生育される土地の恒久的改良、水路・河川・ドックでの改良、交通や商品交換を容易にする運河・道路・鉄道の建設、建物、船舶、機械、家畜、再生産用のすべての道具と、並びに、布・小麦・砂糖・金・銀・鉄・等のようなあらゆる種類の商品――それらは販売のために生産され、その価格は消費者の所得から補填されることとなっているが、利潤だけは生産者によって消費されることとなっている商品――とが、一国の資本を構成している」(*Jan. 23, 1847*)、と。

　だから「分業」と「交換」の発達した「文明社会」（スミス）では、「資本は

すべて，蓄積された労働であり，労働が支出された商品によって表され，また商品から成り立っている」(*Feb. 6, 1847*)こととなる。したがってこの「洗練され複雑化された」「文明社会」では，「初期の」「原始未開社会」(スミス)とは異なって，労働手段のみでなく，労働対象も，さらに消費資料も，商品として生産されるのであるから，それらが資本を構成することとなる[3]。

さて，この蓄積された労働である「資本」は，生きた「労働に対する一定の支配力(command)を供給し，そして労働の雇用によってのみ生産的に変えられ得る。しかしこの労働は，2つの異なった商品種類(classes 範疇)の生産に使用される。それ[この労働]は，道具・土地の改良・家屋の建築・あるいは道路や将来の生産を容易にする目的のものすべての建造に充用されるか，もしくは，社会の直接消費のための商品——それはわが国の所得によって払い戻されそして補塡される(return and replace)商品であるが——の生産の目的に用いられる」(*Jan. 23, 1847*)。だから社会的総生産は，ウィルソンにとっては，もはや農工分割としてではなく，固定資本の生産と流動資本の生産という「2部門」分割として示される。そしてそこから，固定資本と流動資本の概念が導き出される。

即ち，「最初の場合[固定資本]では，労働は固定され，そしてそれに由来する利潤(profit)は，将来の生産の追加的な便宜の形でか，または誰かがその便宜の使用に喜んで支払う賃料(rent)の形で存在するに相違ない。この場合には，資本自体は所有者に還流しない。」そして「このような資本[工場や機械など]に由来する利潤はみな，賃料の性格であるに相違ない。そしてこのような場合にはみな，それ[このような資本]がその生産を容易にするところの財貨[消費資料]の，費用に含まれている賃料ないし利子(the rent or interest)のみが，わが国の所得から支払われる」(*Apr. 10, 1847*)。

例えば，「人が工場を建て，そこに機械を据え付ける。工場と機械は，所有者に，彼がこれまで以上に容易に布を生産し得る便宜を代表しており，このより大きな便宜がこのように投下された資本に，賃料に似た，利潤をもたらす。あるいは彼がそれ[この設備]を，他の人——このように与えられる便宜に賃料を喜んで支払う人——に，賃借り[on hire]させる。」したがってこのように，工場や機械の建設に投下された「資本自体が，わが国の所得(the income of the country)から払い戻されず，ただその使用に対する賃料または利子のみが[所得から]払い戻されるすべての場合に，それ[資本]は固定資本として分類されなければならない。これは，家屋・土地の改良・航海・道路・機械・船舶・および一般的消費財を生産する手段を形づくるだけの商品のすべての部類に，当てはまる」(*ibid.*)。

それに対し，「後の場合[流動資本]には，わが国の一般的所得(the general income of the country)を構成する元本(fund)から支払われ，資本全部(the whole capital)が生産者に，彼の利潤と一緒に還流する」(*ibid.*)。

例えば，「布(毛織物)を生産する工場や機械を，借りるか充用し(rent or employ)，そして彼の資本を布の生産に使用するいま一人の人は，資本を羊毛の購入や賃金の支払に充用する。そして彼は，彼の布が，このように支出された彼の資本全部を，工場[等]のための経費(outlay)という賃料ないし利子，および彼の資本の使用に対して彼に報いるであろうような利潤，そしてまた彼の事業を遂行する労働と，一緒に補塡するであろう価格で売れると信じて，そうするのである」(*Jan. 23, 1847*)。別言すれば，「毛織物を製造する全コストは，即ち，羊毛・種々な種類の食料品・衣類および住宅調度品(house accommodation)・充用された機械類の利子並びにその他のすべての経費(charges)は，製造業者の利潤と共に，その国の所得からすべて払い戻され，そして同じ操作をいつでも反復できるようになっている」(*ibid.*)。

このように，「この[流動資本の]場合には，全資本が，利潤と共に，わが国の一般的所得から補塡され，そして全資本は同じ操作の遂行のため，および同じ量の労働を雇用し続けるために，再び利用可能となる。このような商品すべてがわが国の流動資本を構成し，それには，農産物・製造品・輸入消費財，および簡単に，所得から完全に補塡されるあらゆる物，が含まれる」(*ibid.*)。

だから以上を整理すると，次のようになる。消費資料の価値構成を見ると，それは，労働手段の維持費に相当する「固定資本の賃料ないし利子」と，原料となる労働対象と賃金に支払われる「諸経費」——これが「流動資本」を構成する——と，この「諸経費」に対する「利潤」という，3つの部分から成り立っている。そしてこのような消費資料である商品は，その価値が一国の所得によって支払われる。しかし労働手段についてみると，一国の所得によって支払

われる価値構成部分は,「賃料ないし利子」の「性格の利潤」部分だけである。そして労働手段のこの部分が,消費資料の価値に「賃料ないしは利子」として含まれている部分なのである。だから労働手段の生産に投下された「資本そのもの」,つまり労働手段生産のための労働手段部分は言うに及ばず,さらに労働手段の生産に投下された「流動資本」——実は賃金部分だけであるが——部分も,「所得からは払い戻されない」,即ち所得によっては「補塡されない」というのである。

因みにウィルソンは,このような固定資本・流動資本の規定,並びに両者の関係についての説明を,若干のニュアンスの違いはあるが,繰り返し行っている。例えば,「われわれは既に次のことを知った,即ち,すべての資本は,商品によって表わされる・蓄積された労働から成り立っていること,——流動資本は,次のような商品かあるいはそれらの商品に対する支配力から成り立っている。そしてそれらの商品は,その国の消費のために必要とされ,そして年々の生産によって(利潤と共に)補塡され,翌年の類似の仕事をいつでも遂行できるようになっている商品の,年々の生産に使用される商品である。」——「固定資本は,土壌の改良,機械類(machinery),建物,道路,鉄道,船舶,そして生産に便宜を与え[生産を]より容易にするその他すべての投資対象物から成り立っているが,しかしそれらは所有者に再生産されないが,彼はそれらの使用に対して利子または配当(interest or dividends)の形で,年々の所得を受取る」(*Apr. 10, 1847. cf. Feb. 6, 1847, Nov. 6, 1847*)[4]。

さて「固定資本のすべての場合には,社会は,賃料に類似の・便宜の使用に対する・代価にだけ,所得から支払う。…他方流動資本の場合には,社会によって,一般的所得から,布・穀物・あるいは砂糖・等々に支払われた価格は,それらに支出された資本全体を補塡し,同種の労働の・将来の雇用のために減少されない同じ大きさの元本と,そして同種の商品の再生産を残す。」「前者の商品部類は,ただ所得[賃料と利子]を生むだけで,静止的(stationary)である。後者の商品部類は,絶えず流動的(circulating)で,そしてそれは,わが国の当座の所得(current income)から,再生産のための・新雇用の絶えざる手段を与えている。」そこで具体的には次のような考察となる。例えば,広幅白綿布(キャラコ)生産の場合,工場を建設し機械を据え付ける。これが固定資本を生産

する労働である。原料と労働に資本を投下して，綿布を生産する。これが直接の消費用の商品を生産する労働である。綿布の価格には，原料と賃金に支出された流動資本の全額の他に，その資本の利潤と，さらに工場や機械などの設備の賃料ないし利子も含まれている。いま賃金を取り上げてみると，「賃金が貨幣で支払われるか，あるいは…食物や衣服で支給されるかは，全く同じである。」そこで「簡単化のためにキャラコを1000反生産する製造業者を仮定し，彼が貨幣-賃金を支払う代わりに，工場の人々の間に彼らを維持するのに適当な量のパン・肉・砂糖・衣類を分配するものと仮定する。」すると，「1000反のキャラコは，小麦や食料との交換で借地農業資本家に，異なった種類の衣料品との交換で他の製造業者に，そして砂糖や茶との交換で貿易商に分配され，そして彼らは彼らで，これらのキャラコを，他の物と一緒に，これら種々な商品を生産することに雇用された労働者達に分配する。このようにして[キャラコの]製造業者は再び同じ操作を反復するために，もう一つの商品ストックを所有していることとなる。このようなプロセスによって，すべての労働がその将来の維持の元本を再-生産している。貨幣や信用の導入は，この簡単な操作に追加的な便宜を与える手段に過ぎない[5]。日々の消費ないしは支出が同様の生産によって全体として補塡されるだろうから，このプロセスは，労働がこのように消費される商品の生産に雇用されている限り，何らの中断も無しに進行するであろう。別言するならば，わが国の資本がこの流動する状態または流通する状態(floating or circulating state)であり続ける限り，[そうなの]である。しかしわれわれが家を建て始め，道路を作り始め，あるいは航海を改良し始める瞬間，それらは将来の再生産の便宜には付け加えるのではあるが，一方ではパン・肉・衣類・茶・砂糖・等々の同じ消費が行われるが，他方では，このような仕事は，それらが利子または賃料を与える限りでは，このような仕事への投資は良いものであり，あるいは利益あるものではあるが，これらの商品[直接の消費財]，あるいはこれら商品と交換する何らかのものを，直接には何も再生産はしない。だからこれら[の仕事つまり固定資本財の建設・生産]は，余剰な必需品(surplus provisions)，あるいは正規の再生産(regular reproduction)にとって必要とされる量を超えて残っている資本によることを除けば，企てられ得ないことは明らかである」(*Jan. 23, 1847*)，と。

第3章 J.ウィルソンの銀行業論　115

だから「簡単に，わが国の流動資本とは，わが国の通常の消費(ordinary consumption)を構成するか，もしくは海外で生産されてこのように消費される商品と交換する[6]，これらすべての商品の生産に充用される資本である。そしてそれは，それらがどんな形(shape)で見出されようとも，このような[通常の消費の，ための，または輸入消費財と交換するための]商品によって，いつでも表わされている(represented)資本である。そしてそれは常に，労働・地代・利子・または利潤のいずれに由来するものであれ，わが国の現在の所得から補填される。他方，固定資本とは，現在用途の商品(commodities for current use)[消費財]を直接生産するために必要とされる以上であるので，そのような[消費財]生産から引き抜かれて(withdrawn)，通常の[消費財]生産の新たな便宜を与えることによって，そしてわが国の流動資本および労働により大きな価値をこのように分け与えることによって，利子または賃料を年々与えるであろうような方法で投資される，労働の部分から生まれる」(ibid.)，と言うこととなる。

だから以上から，一国の総固定資本と流動資本の関係を，次のように図式化し得るであろう[7]。

$$\begin{cases} \text{I. 固定資本財} = <\text{固定資本の維持}> + \text{流動資本}[(\text{原材料}) + \text{賃金}] \\ \qquad\qquad\quad [\text{労働手段の維持費相当部分}] \\ \qquad\qquad\qquad\qquad\qquad + \text{賃料に似た}[\text{固定}]\text{資本の利潤} \\ \\ \text{II. 消費資料} \quad = \text{固定資本の賃料ないし利子} + \text{流動資本}[\text{原材料} + \text{賃金}] \\ \qquad\qquad\quad [\text{労働手段の維持費相当部分}] \\ \qquad\qquad\qquad\qquad\qquad + [\text{流動}]\text{資本の利潤} \end{cases}$$

そしてこのような固定資本と流動資本についての分析から，ウィルソンは，次のような社会的総資本の拡大再生産の条件を導き出す。

「一社会の継続的繁栄にとっての本質的な事柄は，日常使用の商品(commodities of every day use)の継続的再生産が，同様に労働の絶えざる雇用が，それに依存するその社会の流動資本が，これらの必要目的から引き抜かれ，そして，このような[消費に必要な]商品の，国内の成長であれ海外の成長であれ，生産を継続するのに必要な全元本を補填した後に，その国の余剰蓄積(surplus accumulation)が許すであろうよりも大きな程度に,固定資本に転換されるべきではない,ということである」(*Jan. 23, 1847*),と。

 所得によって消費される「現在用途の商品」・「日常使用の商品」,つまりスミス流に言えば「真の富」である「生活の必需品と便益品」が大前提にある。そしてそれが「労働雇用の元本(the fund for the employment of labour)」(*ibid.*)をなしており——「賃金基金説(the wage fund theory)」[8]——,これらの商品とその原材料とが「流動資本」の主要構成部分である。そしてこの資本の維持つまり単純再生産が,社会の「継続的繁栄」の前提条件を成す。そして「固定資本」の生産にも「雇用元本」が必要であるが,固定資本生産部門の生産物には当然のことながら「雇用元本」となる商品は含まれていない。だからまず「雇用元本」となる資本を「補填」し,それ以上のものが残れば,「資本は蓄積された労働」だから,それが「余剰蓄積」つまり「余剰資本」(surplus capital)となる。そして実は,それが「社会の貯蓄」である。だからこの「社会の貯蓄」を上回る新たな「蓄積」即ち「固定資本新投資」は,「流動資本」の過度な「固定資本」化となる。これがウィルソンの拡大再生産＝蓄積論の骨子である。

 「どんな社会も,最大の不便や混乱無しには,その日々の生活のために(for its daily subsistence)依存しているこれらの商品の生産から,労働を節約(spare)しうるよりもより急速にその固定資本を増大することはできない,ということは明らかである。すべての事情の下で,固定資本の増大に充てられ得る労働は,社会の貯蓄(savings)が支配し維持し得る労働の量のみである。…いかなる社会もその固定資本の増大に,取っておくことができる元本は,社会がその消費以上に(over and above)生産する一般的用途の商品(commodities of general use)によって,あるいは,一言を以ってすれば,社会の貯蓄によって,制限されるに相違ない」(*Jan, 23, 1847.* cf. *Apr. 10,1847*)[9],と。

 だから,このような「継続的繁栄」の前提条件を攪乱する資本の配分が生じると,恐慌に導かれることとなる。

 「わが国の流動資本が…固定資本に途を間違えて進んでしまうならば,究極の結果は以下の通りであるに相違ないことは全く明らかである；即ち,固定資本を代表している雇用された労働は,労働を支持する(support)ことで消費さ

れた商品を，あるいはこのような商品の内外の生産者と交換され得る何らの商品をも，再生産しないので，それらの商品が稀少になり高価となるに相違なく，そして結局は労働を雇用する元本が減少するに相違ない」(*Jan. 23, 1847*)。

つまり，固定資本は年々の所得によって補塡されず，固定資本の生産に振り向けられた労働は，彼らが消費した「労働雇用元本」である生活必需品・便益品を再生産しない。だから，必需需品・便益品（およびそれらの原材料）を，「誤って」流動資本の「余剰蓄積」(「貯蓄」)以上に固定資本生産に振り向けてしまうと，それらの不足（流動「資本の不足」）が生じ，それらの商品の価格が上昇し，またこれら「労働雇用元本」が減少することとなってしまう。

ただしこのような「誤った」固定資本投資も，経過的には「外観上の繁栄」をもたらす。「流動資本の固定資本への転換(conversion)の過程が進行していたその間は，大好況の貨幣的な外観(a monetary appearance of great prosperity)[10]となるであろう(would)。…わが国の流動資本のかかる混乱ないし誤導(disturbance or misdirection)の究極の影響は，高い利子率にはっきりと示される(evinced)であろう流動資本の大きな欠乏(a great scarcity)と，および結局は，継続的な労働の維持がそれに依存する元本の枯渇(exhaustion)の結果における，労働に対する需要の大きな減少とを，創り出すことであるに相違ない」(*ibid.*)。

では信用＝銀行制度は，以上のような社会的「資本」の「配分」に，どのように関わるのであろうか。そしてこの点を考察する場合には，いま1つ，ウィルソン独自の「資本と貨幣，通貨との区別」(the difference between capital and money, currency or circulation)の問題(*Feb. 6, 1847*)が付け加わってくる。

上述のように，ウィルソンによると，貨幣の発生以前にまず資本が存在し，「文明社会」において資本を構成している商品には，労働手段の他に，消費資料と原材料とが含まれている。そして資本としては，労働手段である商品が固定資本であり，消費資料と原材料である商品が流動資本と規定される。したがって商品の交換を容易にし，便宜にするための交換の標準(a common standard)に，そして価値の基準ないし尺度(the standard or measure of value)に，さらに交換の媒介物(medium of exchange)に選ばれるに至る貴金属(金や銀)は，流動資本に属していることとなる。

「貨幣に鋳造されたこの金は，再-生産的資本ではなく，単に，わが国の残りの資本の生産性のために，より大きな便宜を与えるに過ぎないであろう。そこで，実際，鋳貨に転換された(converted)貴金属は，交換の簡単化や容易化によって，残りのものにより大きな生産性を与えるために，直接の生産的目的から抽出された(abstracted)それだけの流動資本である。」そして「貴金属は，貨幣の性格で交換の媒介物を形作る他に，別の用途[装飾品・食器類・等]を持っているから，通貨の目的のために一般的資材(stock)から抽出される量は，かかる[交換の媒介物という]目的のために絶対的に求められるものに限られるであろう。」だから「誰一人，彼の取引遂行かまたは彼の支払に時々実際に求められる以上には[鋳貨を]保持しないのが通則(the rule)なのである。」したがってまた鋳貨の「節約」，だから「社会の資本」つまり「流動資本」としての貴金属の「節約」が生まれる。そしてそれ故に社会は「銀行制度(the system of banking)の導入」を試み，前述のように，最初に登場するのが預金銀行なのである，とウィルソンは言う(Feb. 6, 1847)。

なおその場合，「マネーという用語(term)の下に，言葉(word)の通例の使われ方に従って，鋳貨と共にわが国の通貨(circulation)を構成している，要求次第支払われ得る銀行券(banker's notes)をも含めようと思う」と彼は言う。そして彼は，「貨幣，通貨，および流通銀行券(money, currency, and circulation)——われわれの当面の目的にとっては，それらを同義でしかも置き換え可能な言葉と考えているのだが——と，資本との間に存在する混乱は，絶えず流通し自らを再-生産している(circulating and re-producing itself)流動資本とのみ関係している。[ところが]人々は彼らの資本を事業に投資するとき，彼らは資本の一方から他方への移転がそれによって成される貨幣だけを見ている。」つまり，貨幣によって移転される流動資本の方は見ていない，というのである(Feb. 13, 1847)。

しかし「一方，流動資本は…消費を超える生産によって蓄積された・日々の用途の・商品から成り立っており，そして新たな生産活動でのその商品の充用は，その所有者に，わが国の所得から彼の利潤と共に[資本]全額を払い戻す。が他方，貨幣は，資本を構成しているこれらの商品すべての交換を容易にするという目的のために，価値の標準としておよび流通の媒介物として確定された

(fixed) 1つの特殊な商品の一部分に過ぎない。資本の所有は単に種々な種類の商品に対する支配力(command)に過ぎない。信用が貨幣で与えられようとあるいは商品で与えられようと，これらの商品があらゆる信用の基礎(basis)を構成する。これらの商品がすべての銀行預金や政府収入やある人によって他の人に支払われるべきすべての負債の，基礎を構成する。そして貨幣はこれらの商品に対する支配力をある人から他の人に渡すのに用いられる単なる手段に過ぎない」(ibid.)。

だからウィルソンによれば，商業信用だけでなく，本来的貨幣貸付信用も，商品が基礎になっている，と言うのである。そこで彼によると，「銀行業でさえ，粗雑ではあるが，貨幣無しに存在し得たであろう(might)」のであるが，しかし銀行業者は，性質の異なった商品の貸借の評価に苦しむので，商品を価値の標準で秤量する，つまり貨幣を使用することとなったというのである。

だからまた，預金も，銀行業も，次のように理解される。

「ある銀行業者が預金を受取るとき，彼は実際には商品に対するある支配力(command)を受取るのであり，そして彼が手形を割引くとき，彼は彼の顧客に商品に対する支配力を供給するのである。そして，預金も貸付け(loan)も価値の標準との関係で大きさが限定され，そして貨幣で表現されているけれども，どちらの場合にも，貨幣は，表わされている財貨の多種多様な移転をもたらす(effect)ために用いられるかもしれないし，あるいは用いられないかもしれない。［というのは］預金は小切手で成されるかもしれないし，そして銀行業者による顧客への前貸し(advance)が単に顧客の口座(credit)への記入であるに過ぎないかもしれず，そして彼の小切手が振り出され，商品または資本が，一方から他方へ，全く貨幣の介在無しに移転されるかもしれない［からである］。」

「だから，実際，資本は人から人へと移転される商品から成り立っており，そして銀行業(banking)はこれらの移転がそれで成される主たる媒体である。これに対し貨幣は，ある場合にはこれら商品の移転をもたらすための単なる手段に過ぎない。とはいえ，貨幣の反復使用によって，貨幣がそれを移転するのに充用される商品の価値に対しては，非常に小さな割合を保っている」，と。

実は，先の引用(ⅱ)は，直接には，このような「資本と銀行業と貨幣との区別」から導き出されている。即ち，

「その国の所得からすべて補塡される商品を担保に置いた貸付け(loan)は，一定の時点での返済の確実性を表わしている。固定資産(fixed property)を担保に置いた貸付けはそうではない。前者は，ただ動産[担保商品]次第ではあるけれども，最良の一時的[短期の]投資である。後者は，長期の貸付けにとっては最良の担保であろうに。前者は，彼の預金の一時的な充用を望んでいる銀行業者に適した担保である。そして後者は，彼の資本の長期の投資を望んでいる抵当権者(mortgagee)に最も適した担保である。前者の担保は流動資本を表わし，他方，後者への投資は流動資本の固定資本への転換であり，それ故に，銀行業者には全く不適当なのである[11]」(Feb. 13, 1847)。

実際ウィルソンは「いわゆる貨幣市場("the money market")」に，次の役割を担わせている。「資本の投資と関係し，そして世間で(popularly)『貨幣市場』と呼ばれているものが関係しているすべての問題点(questions)の中で，大きなそして本質的な事柄は，資本を表わしている商品の配分(distribution)，および，流動的充用かまたは固定的充用かという，資本のこのような使用の適切な割当(apportionment)と最も密接に関係している」(Apr. 10,1847)，と。

そして彼によれば「『貨幣市場』を現在[1847年4月]の状態に導いてきた原因」は，鉄道建設を通じた「流動資本の固定資本への余りにも急速な転換」(ibid.)にある。だから銀行業者は，即時の回収の困難な「不動産抵当」による貸付までもして，社会的総資本の「誤った」配分をして，自分を縛ってはならないと言うのである。

〔補遺〕 鉄道建設と「資本」の「新配分」について

ウィルソンは，鉄道建設と「貨幣市場」との関連での，「特に過去2年間にわが国の[自由にし得る(disposable)]資本の配分(distribution)で生じた突然の変化[「新配分」]」について，以下のように，具体的な説明を試みている。

「イングランド銀行，その他すべての銀行」，「商人，製造業者」から「小売業者に至るまでのすべての事業者(trader)」は，「自己資本(the independent〈and actual〉capital, one's own individual and independent capital)によりも，むしろあれやこれやの形態での信用に，より多く依存して

第3章　J.ウィルソンの銀行業論　　121

いる。」つまり彼らは「個別的には，彼らの使用総資本(the capital at their disposal)を増大するために彼らの信用を上手に利用する。」しかし「にもかかわらず，わが国の総資本(the entire capital of the country)は，われわれの事業が外国から獲得された信用によって行われると想定されない限り，かかる方法［信用による借入］によっては増加され得ない。」「個別事業を遂行する手段を何らかの形態の信用で増大しているように見えても，それはすべてみな，どこかでの資本の真の投資(an actual advance)にまで遡られ得る。…いずれの場合にも，いずれの信用も，誰かに属する資本の真の投資［自己資本の投資の意］にまで遡られ得るのである。」「社会全体としては，わが国の資本は，信用によって有利な充用に流動される(circulated)けれども，ただ1シリングも増加しない。…いかなる形態でなされたあらゆる貸付も，わが国の誰かによって所有されている真の資本(actual capital)を表わしている」(*Nov. 20, 1847*)。

　信用・「銀行制度(banking system)」はこのような社会「総資本」を「貨幣市場」で「配分」するのである。即ち，まず少額の預金が地方の銀行に集められ，純農業地方ではそれを利用する充分な方法(means)がなく，商工業地方では大きな需要があるので，「通常ビル・ブローカーと呼ばれる資本配分の新たな商会層(a new class of houses in the distribution of capital, who usually called bill-brokers)」が形成され，彼らが，「一定期間に一定の利率では充用されない，地方の銀行業者の余剰資本(surplus capital)を，…資本のより需要のある地域の銀行業者に，より高い利率で，一般的には…手形を再割引することによって，前貸しする。このようにしてロンバート・ストリートが余剰資本(spare capital)の移転が…なされる一大センター」となる。そして「最初は，鉱山業や製造業の地方での銀行への手形を割引くことによって，その地方での活動を拡大することに利用されたが，次には倉荷証券(Dockwarrants)や船荷証券(bills of lading)に対する前貸しによって外国生産物の輸入に大きな便宜を与えるために利用され，このようにして，海外取引や植民地取引に従事する商会本来の商業上の資本(legitimate mercantile capital)を開放して，それを海外プランテーションに対する前貸しという最も反対すべき前貸し(the most objectionable advances)[12]に誘い込むのに利用される」(*ibid.*)にまでになって行った。

　これが，「わが国の[余剰]資本が，それを通じて，…集められ，…集中され，…利用される[つまり「配分」される]，信用の直接の鎖(the direct chain of trust)」(*ibid.*)[13]である。そしてこのように，この「余剰資本」が，ウィルソンでは，即「預金」となって現れてくる「貸付可能資本(the loanable capital)」であり，だから，「資本の配分」は即「貸付資本の配分」でもあることとなる。そこで次のような理解が生じる。

　「銀行業者の手中にある[[わが国の充用されない資本の全般的な]]残高(the general aggregate balances of the unemployed capital)を減少させる傾向のあるものは何でも，…これまで商業に利用可能であった(available)元本を減少させる傾向を生むであろうし，貸付可能資本というこの元本(this fund of loanable capital)が減少するのに比例して，利子率が上昇するに相違ないことは明らかである」(*Nov. 20, 1847*)，と。

　ところで彼は「過去2年間，特にこの12ヶ月間に，『鉄道株式の払込請求(calls)』に対する払込や『社債(debentures, bonds)』の購入のために預金が引き出されたので，王国津々浦々の銀行すべてにおける預金が次第に減少してきた，そして結果としてビル・ブローカーへの貨幣の供給が減少してきたが，他方，商業および製造業地方からの需要は増大し続けた」ので，「必然的結果は…利子率の大きな上昇であった」(*ibid.*)，と言う。

　もちろん彼は「『鉄道株式の払込請求"calls"』が，たとえどんな源泉から支払われようとも，…一時は，その鉄道会社の銀行業者に預金として止まる」ことを承知している。「が，結局はすべてが，食料や種々の糧食に，これらの商品，またはそれらと交換し得るいかなる物をも再生産すること無しに支出されるということを，決して忘れてはならない。」つまり「それら[預金]は，あれやこれやの水路を経て[流動]資本の量を減少させる直接の傾向をもっている」(*Apr. 10, 1847*)，と言うのである。

　そして国内でこれらの流動資本が不足し，それらの価格が上昇すれば輸入が急増するが，輸入代金を支払う輸出商品が不足する。その上「われわれの輸入にとっては，その船積みと同時に手形がわれわれに振り出され，

だからこのような輸入のどのような増大も，資本の直ちの供給を要求するが，他方，われわれの膨大な輸出…は，イギリス資本による委託販売でなされており，それに対する売上代金は遠い先の時期まで受取れない」(ibid.)。そこで金地金で収支尻を支払うこととなる。

さて「イングランド銀行の第一の義務は，あらゆる商業上の金融機関と同様に，その債権者の要求に対するその負債の支払に応ずること」であり，金地金は，「その預金と発行銀行券(the circulation of notes)から成り立っているイングランド銀行の負債のうちで，支払を要求されやすい部分に応ずるため」のもの[14]である。しかもこれらの「負債の量は，その変動では，イングランド銀行の意思にではなく，公衆の必要と資力に，従うものである。」例えば，流通に必要な銀行券の量は，イングランド銀行の意思で随意に決めることはできない(May, 1, 1847)。そして「イングランド銀行は，その預金のうちの，経験が安全で慎重であることを証明している部分を，公債類や為替手形の割引に使用する」のであるから，金地金の減少は引き締めにつながることとなる(May 8, 1847)。

だから「もしも仮にイングランド銀行が，割引を差し控えるか，あるいはその有価証券を販売して，流通からその銀行券を引き上げ，わが国の国内交換を行うのに実際に必要とされる額以下に通貨(the circulation)を減少させるならば，公衆は，イングランド銀行における民間預金が主にそこに属している民間銀行を介して，彼らの預金から必要とされる銀行券を引き出すであろう(would)。そこでイングランド銀行にある民間預金が大いに減少するまでは，流通にとって絶対的に必要である銀行券を，公衆の手に与えずに置こうとするイングランド銀行の側での努力も，預金の引出しによって帳消しにされるであろう」(May 1, 1847)，と。

1) だからこれは，資本(capital)というよりも，スミス(A. Smith)のいう資財(stock)である。
2) なおこの第2の「価値」規定のうちに，後の(1870年代の)メンガーによる「資本用役説」(Capitalnutzungstheorie)の先駆を見ることができよう。(Cf. C. Menger, *Grundzätze der Volkswirtschaftslehre*, 1871, S.123f.：安井琢磨訳『国民経済学原理』120ページ以下。)

3） しかしウィルソンは，この年総生産物を，スミスのように「流動資本(circulating capital)」とは規定していない。Cf. Adam Smith, *An Inquiry into the Nature and Causes of the Wealth of Nations*, 1776, 4thed., by Cannan, 1904, Vol. I , Bk. II, Ch.2, p.272：大内兵衛／松川七郎訳『諸国民の富』（岩波文庫版），②，254-255ページ。なお小林賢齊「アダム・スミスの再生産論」『武蔵大学論集』第7巻第2・3・4号，1959年11月，4ページ等も参照されたい。

4） なおここでは，「流動資本」については「商品に対する支配力」と言う規定が加えられてきている。

5） この考え方については，後述するところを参照されたい。

6） 後述するように，消費資料を輸入するために輸出される商品もまた「流動資本」であるというこの規定が，金地金の対外流出の問題に連携していく。

7） この図式の特徴は，部門Ⅰの「賃料に似た[固定]資本の利潤」部分だけが，部門Ⅱの「固定資本の賃料ないし利子」と，部門間で転態されるという点である。

　　なお括弧＜　＞の部分は，全くウィルソンの視野の外に置かれているが，彼が部門Ⅰについて，「資本そのもの」と言うときには，事実上は，「＜固定資本の維持＞＋流動資本[(原材料)＋賃金]」を意味している。

8） 因みに，「賃金基金説」の代表とされるJ. S. Mill, *Principles of Political Economy*（戸田正雄訳『ミル経済学原理』第2篇第11章）は，1848年の刊である。

9） 社会的総資本の蓄積＝拡大再生産（あるいは一般的にマクロ理論にとって，と言い換えてもよいが）の考察において，「解決しなければならない基本的2論点」を，マルクスがどのように提起し，その解決に努めてきたかについては，小林賢齊「『蓄積におけるⅡcの転態』について」（『武蔵大学論集』第27巻第3・4・5号，1979年12月）；小林「拡大再生産表式の展開軸──『資本論』第Ⅱ部用第Ⅷ稿における──」（同上，第34巻第2・3・4合併号），1986年12月；小林「拡大再生産表式と貨幣流通＝還流──『資本論』第Ⅱ部第Ⅷ稿の検討──」（同上，第47巻，第2号，2000年1月）を参照されたい。

10） 景気局面についてのウィルソンの用語法は次の如くである。即ち，crisis (and panic), depression and stagnation, a revival of commercial prosperity, prosperity, the appearance of internal prosperity or a certain appearance of prosperity (*Apr. 10, 1847; Nov. 20, 1847*)。因みにマルクスは，このウィルソンの景気局面区分を，『資本論』第Ⅲ部でそのままドイツ語に置き換えて使用している。例えば，die scheinbare Prosperität がその好例である。なおギルバートも既に次のような用語法を用いている。「1825年。この年の初めには全般的好況(prosperity)のあらゆる外観(appearance)が存在したが，しかし12月には『パニック』が突発した」（J. W. Gilbart, *The History and Principles of Banking*, 1st ed., 1834, p.59），と。

11） 「銀行業者や商人が，それを担保に前貸しするはずの担保の性質の点で，大きな差異を形づくるのが，この[流動資本と固定資本の]区別である」（cf. *Nov.* 6, 1847）。

12） なおこの海外プランテーションの点について，ウィルソンは，「「輸入商の，これま

第3章　J. ウィルソンの銀行業論　125

で彼らの事業がそれで行われてきた流動資本(floating capital)の，全く固定された抵当物(all fixed securities)——海外プランテーション——という最も反対すべきものへの投資」(*ibid.*)とも表現している。
13) Cf. *MGA*, S.550；*MEW*, S.515：訳，705ページ。
14) 金地金は，商品として，したがって流動資本として，輸入された「資本」であると共に，それはこのような支払の「準備金」としては，イングランド銀行の「資本」でもある(*Apr. 5, 1845*)。しかし彼は，地金が世界市場(the markets of the world)で購買手段および支払手段として用いられていることを認めている。「わが国がいま必要としているものは資本であって，通貨ではない。銀行券の前貸しは，銀行券がその保持者に，世界市場で商品を購買し，あるいは既に購買され輸入された商品を支払うであろう地金を獲得させるであろうということを除けば，何の救済も与えないであろう」(*Oct. 16, 1847*)。なおウィルソンは，イングランド銀行から流出する金地金のうち，どれだけが対外流出であるかを「確かめる手段がない」(*Apr. 12, 1845*)，とも言っている。

第4節　むすびに
——イギリス資本主義の構造的特質——

　上来，銀行業務についての2つの「引用」が，どのようなコンテクストのもとで，どのような考え方に基づいて述べられていたかを検討してきた。そこで最後に，この「引用」に現れたウィルソンの銀行業論を生み出してきたイギリス資本主義の構造的特質を示すと思われる若干の指標に言及して，むすびに代えることとする。
　まずウィルソンが念頭においている銀行業者とは，既に第1章・第2章でも指摘してきたように，「シティーの銀行者(a city banker)」であって，「ウェスト・エンドの銀行業者(a West End banker)」ではないという点である。前者は，「商人や証券業者(stock-brokers)——その目的が，絶対に必要である以上には充用されない貨幣をもつことにではなく，大きな支払を行ったり受取ったりにあり，だから彼らの銀行への預金残高が，時には非常に大きくまた時には比較的に小さいのだが——の貨幣を，手元にもっている」銀行業者である。それに対し，後者は，「貴族やジェントルマンの，出費(expenditure)のために漸次的に引き出され，彼らの地代や所得が入ってくるときに定期的に補填される貨幣を，手元にもっている」銀行業者である。したがって，前者の銀行は，後

者の「銀行にとって安全であるかもしれないルールから非常に異なったルールに従わねばならない」(Mar. 8, 1845)と言う主張が，彼の基調をなしている。

　だからウィルソンが銀行業務の「根本的原理」として導き出した，上述の，貸出とその担保についてのいわば準則は，預金銀行業者であり，商業銀行業者であるシティーの銀行業者に関する「原理」なのである。したがって彼の銀行業論の展開は，まず預金銀行の登場であり，預金銀行によって小切手(だから預金通貨)による貨幣(鋳貨)の「節約」が行われ——この場合，預金もまた帳簿上での「貸方への移転記入」として行われるものとされている(Feb. 6, 1847; May 8, 1847)——，次いで，小切手と同様に債権を移転する手段としての兌換銀行券による「通貨」の「節約」，だから(地方)発券銀行の登場という問題の立て方となっている(Mar. 29, 1845)。

　その場合，次のような歴史的経緯が前提されているものと考えられる。即ち，預金銀行業者であると同時に発券銀行業者でもあるこの地方銀行業者は，1750年頃には僅かに10数行に過ぎなかったが，1800年には300余行に増大したこと[1]。しかもその中には，工業家が銀行業者を兼業する「いわゆる産業銀行業者」(industrial banker or industrialist banker)[2]が数多く含まれていたこと。また1779年の兌換停止後，地方銀行業者による銀行券の発行が容易となり，1819年銀行法(1821年兌換再開[3])の実施後の，1825/26年恐慌では個人地方銀行が60余行も倒産し，イングランド銀行および地方銀行業者の側での「銀行券の過剰発行」論が台頭すると共に，1826年銀行法では，一方で地方銀行による5ポンド以下の兌換銀行券発行の漸次的禁止となっていくが，他方では「65マイル」外での発行権のない株式銀行の設立とイングランド銀行の支店の設置が容認されたこと(Apr. 5, 1845; May 8, 15, 1847; Oct. 2, 9, 1847)。また1833年にはイングランド銀行券が「法定通貨」化され，同じ1833年の銀行法で，最高利子率(高利禁止令)が廃止されると共に，初めてロンドンおよび「65マイル」内でも，非発券株式銀行の設立が容認されるに至り，その結果1830年代中期には，リヴァプール-マンチェスター地方で銀行が急増するが，しかし1837年恐慌でその半数近くが倒産ないし大きな打撃を受けていくこと(May 22, 1847)。1839年の不作とそれに伴う穀物輸入急増と金流出(Apr. 12, 26, 1845)，等々[4]。

　なお兌換再開以来のこうした経緯が「通貨論争」の直接の背景であり，また

第3章　J. ウィルソンの銀行業論　127

ウィルソンによる1847年恐慌対策としての1ポンド兌換銀行券の発行論は，まさにこの1826年銀行法の廃止に直結していたのである。

　ところでウィルソンによる固定資本−流動資本の規定についてはやや複雑であり，また若干趣が異なる。そこにはスミス理論（価値・価格論，資本分類論および資本蓄積論等）についての理論的継承の問題が絡んで来ているからである。しかしここでは資本主義の構造という観点から，産業革命期の設備・固定資本投資についての若干の指標を挙げておこうと思う。

　まず産業によって相違があるが，少なくとも18世紀までは，工業は，「職人(artisan)」的規模の生産での高利潤の蓄積から出発し，必要な場合には，事業主(特に繊維産業では，多くは職人(artisan)または小工業家(small industrialist)が，「パートナーシップ(partnership)」を結成して資本を集め，事業を組織するのが支配的であった[5]。そしてこの共同出資者(partner)には，家族・親類・友人から，土地所有者・商人・産業家，時には銀行業者も含まれていた。なおこの「共同出資会社」は，現在の合名会社に近いもので，共同出資者(partner)は，本来，連帯無限の責任を負うのではあるが，しかし出資者全員の一致があれば「持分」を移転でき，その上，いわゆる「休眠共同出資者('sleeping partner')」――形の上でだけの共同出資者――として事業に参加する場合がしばしば存在したといわれる。そして「共同出資」に対しては5％の「配当」が行われる場合が多く，しかも利子率は4−5％であった[6]。だから「共同出資」で設置された設備(固定資本)には，事実上，利子が支払われることとなる。

　次にこの「共同出資」その他の形で，工業的事業に関係してきた土地所有者の役割であるが，一般的に，18世紀には，17世紀に較べて土地所有者の意義が低下したのみでなく，産業革命が始まる18世紀半ば頃から国民経済内部でのセクター間での資本の流れに変化が現れ，それまで「最大の産業(industry)として農業(the land)が工業の成長を容易にする資産(resources)の主たる源泉であったが，…農業上の(agricultural)変化が工業の変化と並んで進み出して，農場経営(farming)の改善が［農業(the land)での］大量の貯蓄を消費する」に至る。そこで18世紀半ば以降「土地所有者(landlords)は急速に工業的企業への直接の共同事業から[資本を]引き上げ，1820年代には貴族的企業家は[石炭などの例外はあるが]稀」となり，さらに土地所有者は経済上の「危険を避ける

ために」「工業的資産を次第に手放し」,「代って, 炭坑や鉄工場が, …リースに出される[7]」こととなる。

なお土地所有者の工業的事業への参加の仕方も, また「固定資本」のリース主も, 業種によって, また地域によって異なっていたので, 若干の事例に言及しておこう。

例えば19世紀の半ば近くなっても「工場(factory)」という「言葉(word)」は「綿紡績設備(a cotton spinning plant)」と「同義」に使われていたと言われる綿工業でも, 水車から本格的に蒸気力に切り替わっていくのは1820-30年頃といわれ, また1790年頃にやっと「専門機械製造業者」が生まれてくるとされる状態で, むしろ大きな紡績会社は紡績機械を自給［機械工場の併設］し, 場合によっては, 生産した機械を他の紡績業者にリースするに至っている[8]。なお繊維産業, 特に綿工業では, 設備投資に果たす土地所有者の役割はゼロであったとする論者の場合にも, 工場用地や工場屋舎, あるいは水車が賃貸(リース)であったかどうかには言及がない[9]。しかし羊毛工業では,「家内縫製業者が, 土地所有者や商人によって建てられた賃貸工場(renting mills)によって, 工場主となった」例などが指摘されている[10]。

しかし石炭および鉄鋼業, 特に石炭業での土地所有者の大きな役割については, ほぼ見解が一致しているようである。特に石炭産業では, 1810年ごろから深堀のための設備投資が新たに生まれ, またこの産業では, 石炭の輸送のために, 鉄道や車両への「共同投資」も行われ, 1840年代に入っても, 貴族やジェントリーの石炭鉱山所有者が支配的であった地域もある。そして巨大マグナーテンと共に, 小さな家族的な炭坑が存在し, 19世紀半ばでも炭坑(colliery)のリースが行われていた。そしてこの石炭産業の場合にも, 農場(farm)のリースと同様に, 多くの場合に, 建物・設備などを含む「炭坑」が, 大土地所有者からのリースの対象であった[11]。

なお地域によっては, 1800年頃の銑鉄生産と石炭生産とは殆どが結合しており, 鉄工業者(iron-master)が炭坑(collieries)を所有していた。そして1780-1830年頃の鉄工業者は, 多くが「共同出資会社」の形態をとっており, 金属取引業者が逆に鉄の生産に参入したり, あるいは, ブリストルやロンドンの鉄取引商が出資者となったりし, しかもしばしば「休眠出資者」であったり, また

第3章　J. ウィルソンの銀行業論　129

彼らから「共同出資持分(partnership shares)」を担保に借入をしていた。なおこの時期には，上述のように，「綿工業と同じく，鉄工業者(iron-master)がしばしば銀行業者」となっていた[12]。

このように，広範に行われていた「共同出資」会社方式による設備投資と，機械製造業者や商人による「固定資本」リース，さらに土地所有者からのリースも加わった「固定資本」リースという歴史的現実が，ウィルソの「固定資本」把握の背景にあって，だからこそ他方での，鉄道会社のように議会の承認を得てその設立が認可される株式会社形式での巨大な規模での「固定資本」建設は，それはそれで国民経済の拡大再生産過程における攪乱要因として，特別の位置が置かれることとなったのであろう[13]。

さて工業における「本来的マニュファクチュア」と農業における「エンクロージュア運動」(自営農民層の分解)との並進がイギリス資本主義の「厳密な意味でのマニュファクチュア時代」の構造的特質であるとするならば，工業における産業革命と農業における農業革命との並進が，1760-1830年の産業革命期イギリス資本主義の構造的特質である[14]。そしてこの後の特色は，いま簡単に言及したように，「産業金融」史の研究者によって，農業分野への「資本」の回帰として，一般的に認められてきているところでもある[15]。

そこで貨幣＝信用論に関する論説のはしはしに示された限りではあるが，ウィルソンの農業理解について，最後に簡単に言及しておこう。

まずわれわれを驚かせるのは，ウィルソンが農業を'field industry'という言葉で表現していることである。これは，突然の大規模な鉄道建設で労働力が'field industry'から大量に引き抜かれたという風に使われている(*Apr. 10, 1847*)のであるが，それは，19世紀半ばのここイギリスでは，農業生産も1つのindustryとして出来上がっていることを示すものである。だから彼はまた，地方銀行業者が農業に融資する場合についても，対人信用の例として，次のように述べている。1年の一定の時期には事業の性質上，より多くの資本が必要で，それ以外の時期には「予備の資本(spare capital)」を預金しており，しかも借り手についての充分な信頼を銀行業者が持っているような場合には，「有価証券類の担保無しの」，銀行業者の「思慮と注意に全く依存」し，したがって「借り手の個人的な信用にのみ依拠する」貸出も行われる。「フィールド・

インダストリー」を営む「ファーマーの取引の単純性と，銀行家が持っている農業(agriculture)の業務についての比較的詳しい知識とから，この種の貸付けが，農業地方では比較的広範に存在し，また危険も少ない。」家畜購入のための資本とか，地代支払のための貨幣とかの貸出がそれに当る(*Mar. 4, 1845*)，と。

そして彼は，「兌換停止の継続の間に」，「大量の小ファーマーは消滅し，農業人口の大半は貧困層(paupers)の状態に押し下げられ，貧農層(peasantry)の衰退は1819年[銀行]条例以前に始まっていたし，またそれはほぼ完了していた」(*Oct. 16, 1847*)と指摘し，産業革命が終了に近づく頃までに既に農業革命も進展していたという歴史認識を示している。

なおこの「フィールド・インダストリー」の担い手は，いうまでもなく「ファーマー(farmer)」つまり農場を「ファーム」する人である。そしてファーマーは多くの場合，先の「炭坑(colliery)」のリースの場合と同様に，農地のみでなく，それに付随する農屋や，場合によっては家畜までも一括して借り受けて農場を経営する人である。つまり借地農場経営者である。だから地方銀行業者の農業への貸付も，そもそも，土地や付随の不動産担保の貸付ではありえない。したがってファーマーが銀行から借入れるのは，彼の自己資本──だからその主要部分は「流動資本」と言うこととなるが──を補う資本であり，彼はそれを自己資本に加えて彼の「使用総資本」として農場に投資し，それらを「利潤と共に回収する」。だからファーマーは借地農業資本家であり，彼に農場を貸出す土地所有者は，ファーマーに産業利潤を許す近代的大土地所有者ということとなる。そしてこのような土地所有者が，上述のように，例えばロンドンの「ウェスト・エンドの銀行業者」[16]に，「地代やその他の所得を定期的に預金する」「ノーブルマンやジェントルマン」なのである。だからここには，農業生産における「3階級分割(tripartite division)」が示されている。

だからこのイギリスの土地所有は，私的所有としての私的土地所有ではなく，フィールド・インダストリーとしての資本に従属する資本主義的土地所有[17]である。したがってまた，土地価格も，このような農場としての土地所有がもたらす収益(それこそが近代的地代である)を資本還元して形成されるものとなる。

第3章　J.ウィルソンの銀行業論　131

〔補注〕　戦後の西ドイツ，そして日本

　因みに「上からの近代化」とされるドイツの場合でも，ユンカー制度として資本主義的農業が確立すると，ここでも農場としての農地の売買が一般的となり，単なる農地片の売買はむしろ例外的となる[18]。

　そして資本主義的農業が確立したところでは，戦後の西ドイツでも，公的な開発による利益が土地所有者にのみ帰することを課税によって防ぐことが認められてきている。そこにも，勤労ないし労働に基づく富と考えられてきた資本と，土地の所有に基づく富との間には，一つの距離が置かれているように見える。戦後西ドイツにおいて中心的役割を果たしたとされる「社会的市場経済論(Soziale Marktwirtschaftslehre)」に基づく「ネオ・リベラリスムス」の下でも，土地所有と関連する住宅政策・農業の構造改善政策・道路建設計画などは，「市場原理」には委ねることをしなかった。そして例えば住宅政策で広域の開発が進んだ場合，道路・上下水道などの公共的費用を課税によって土地所有者に負担させることが一般に認められ，それによって公共投資の財源を確保すると同時に，地価の上昇も抑制してきたとされている[19]。

　これに対しわが国の場合は，いかようであったであろうか。

　旧来の半ば封建的な地主的土地所有——それは旧憲法と皇室典範の下で神聖不可侵な土地所有となっていったのだが[20]——も，戦後改革の一環としての農地改革によってその根幹から解体されるが，しかしその後，農業生産が資本主義的農業に，そして土地所有が資本主義的土地所有に，再編＝転換し得ず，したがって一般的に土地が単なる土地として売買され，地価もまた擬制資本として収益還元で形成されてきてはいなかった[21]。

　「高利禁止条令」(最高法定利子率)という歴史的基盤[22]の上に，農業革命が並進する産業革命期に，「農業の末裔としての工業」(スミス)の中心をなす繊維工業で，「インダストリアル・バンカー」が生まれてくるイギリス預金＝商業銀行と，土地所有としての土地所有が銀行貸出の「最良」の担保物件とみなされてきたわが国の戦後の場合と。農地改革の場合と同様，戦後改革の一環としての財閥解体・銀行再編が行われたが，しかし銀行業もまた，ウィルソンの銀行業論に表わされる古典的な近代的預金銀行

＝商業銀行[23)]の土壌の上には再編＝転換され得ないまま「戦後段階」を経過[24)]し，1990年代の構造転換期を迎えることとなってしまったのではなかろうか。

1）「言葉の近代的意味での銀行業は，イングランドには，1640年以前には存在しなかった。」「地方の小さな商店主(miserable shopkeepers)の，即ち，穀物商，洋服商，織物商の多くが，きのこのように乱立し，そして銀行業者に転進し，彼らの銀行券を発行し，彼らの襤褸切れ[銀行券]でわが国[イングランド]を水浸しにしていた。バーク(Burke)は，彼が1750年にイングランドに来たときにはロンドン外には12の銀行もなかったが，1793年には400行近くであったと語っている。1775年には20ポンド以下の銀行券の発行を禁止する条例が通過し，2年後には5ポンド以下の発行も禁止された。今日の最も立派な銀行(banking firm)の多くがその起源をこの時代にもつということ，しかしそれらは，比較的に言ってではあるが，ほんの僅かである，というのは，疑いも無く真実である」(H. D. Macleod, *The Theory and Practice of Banking*, Vol. I (1st ed., 1855, 5th ed. 1892, p.433, 507)。Cf. M. Collins, *Banks and Industrial Finance in Britain 1800-1939*, 1991, p.24-26.

2）「多くの工業家が，彼ら自身の銀行を創設することによって，あるいは銀行業者への共同出資に入ることによって，銀行業者となった」(F. Crouzet, Capital Formation in Great Britain during the Industrial Revolution, (1962), in F. Crouzet (ed.), *Capital Formation in the Industrial Revolution*, 1972, p.192); cf. P. L. Cottrell, *Industrial Finance 1830-1914—The Finance and Organization of English Manufacturing Industry*—, 1980, p.14. 因みに，これらのindustrial bankerは，主として金属・繊維・醸造の分野に存在し，預金業務・貸出業務を行いながら，本業の資本強化に努め，時には他企業にも長期貸出(long-term loan)をも行っていた。ただしそういった長期貸出が，これら地方銀行業者の失敗の主要な原因となったといわれる。

3）この1819年銀行法では，兌換が段階的に再開され，「金1オンスが3 £ 17s. 10½ d. の率で」の再開は，1821年5月1日からであった(cf. Gilbart, *op. cit.*, p. 53-54)。因みに，リヴァプール卿の鋳貨法（いわゆる「金本位法」）は1816年である。

4）Cf. Gilbart, *ibid.*, p.59-63, 82-86 ; Cottrell, *op.cit.*, p.14-15, 25; Collins, *op.cit.* p. 24.

5）因みに「利潤率」は，特に18世紀末から19世紀初頭にかけては，しばしば15%，場合によってはそれを超えたとされる。なお共同出資者の範囲とほぼ同じ範囲からの「個人的」借入も行われており，その場合には不動産抵当も行われていたといわれる(cf. Crouzet, *op. cit.*, p.164-165, 168-169, 195-196)。

6）Cf. Cottrell, *op. cit.* p.8-9, 13, 23, 31, 39; 大河内暁男『産業革命期経営史研究』1978年，159-63ページ。

7）Cottrell, *ibid.*, p.12-13. Cf. Crouzet, *op. cit.*, p.174. なおこの最後の点については，

「土地所有者の(工場や溶鉱炉を…リースするという)固定資本の『いわば消極的('passive')』供給者としての役割」(Crouzet, ibid.)と言った表現も見出される。
8) Cf. Cottrell, op. cit., p.20-21, 32.
9) Cf. Crouzet, op. cit., p.178.
10) Cf. Cottrell, op. cit., p.26：大河内，前掲，185-196ページ。
11) Cf. Crouzet, op. cit., p.171, 179；Cottrell, op. cit., p.13, 28-31：大河内，前掲，169-190ページ。
12) Cf. Cottrell, op. cit., p. 30-31, 216. 因みに，石炭を燃料とした銑鉄生産の普及は18世紀後半になってからであり，錬鉄(wrought iron)の生産が始まるのが1790年代である。
13) なお18世紀から19世紀への転換の時期に，ボゥルトン＝ウォット商会の「ソホウ蒸気機関製造所」では，むしろ例外的にではあるが，既に機械類の「減価率」が「賃借料率もしくは最高利子率から自由に」「固定資産の磨耗の性質にしたがって割り出されている」(大河内，前掲，256-257ページ)が，ウィルソンの固定資本把握からは，そういった事柄への問題関心すら読み取ることはできない。このような先駆的現実の受け入れを拒んだ理由の1つは，恐らく「v＋mのドグマ」(マルクス)と呼ばれるスミス的な理論の枠組みであろうが，いま1つは，「流動資本の過度な固定資本化」から予想した1847年恐慌の到来という事実であったのであろう。実際彼は，既に1845年に10月に，鉄道建設による流動資本の異常な固定資本化のもたらす結果としての輸入の急増と輸出の減少，その差額を埋めるための金地金の輸出の可能性を予測し，それらについて，「商業に従事する者，特に銀行業者は…注意しすぎることはない」と指摘し，さらに「これらの兆候は既に現れている」と警告していたのである(Oct. 4, 1845)。因みにマクロードも，1847年恐慌の原因の1つを，「流動資本の膨大量の固定資本への突然の転化」に求めている(cf. Macleod, op. cit., p.81)。
14) この問題については，山田盛太郎「再生産表式と地代範疇」(『山田盛太郎著作集』第四巻，42-44ページ)；同，「農政学講義案　第一分冊」(『山田盛太郎著作集』第五巻，180，192ページ：小林賢齊編『資本主義構造論　山田盛太郎東大最終講義』1-4ページ：同，「編者あとがき」134-135ページ，等を参照されたい。
15) なおウィルソンは，上述のように，「交通や商品交換を容易にする運河・道路・鉄道の建設」を，「建物・船舶・機械・家畜・再生産用のすべての道具」と共に，「固定資本」としてしばしば指摘しているが，1835-1855年の鉄道建設時代を切り開らいたマンチェスターからリヴァプールへの鉄道完成に匹敵する，ワースリーからマンチェスターへの運河が1762年に完成し，1770-1795年の運河建設時代が開らかれていく(Macleod, op. cit., p.506)。そして18世紀後半には，この運河建設と同時に有料道路(turnpike)の建設といったインフラが整備されていく(Crouzet, op. cit. p.174)。そこで例えばポラードは，ウィルソンとは異なって，産業革命期の「固定[資本]投資を2つのグループに…分けなければならない」(S.Pollard, Fixed Capital in the Industrial Revolution in Britain, (1964), in F. Crouzet (ed.), *Capital Formation*

…, *op. cit.*, p.146)とさえ言っている。
16) しかしこの銀行業者ついては，コリンスも言及はしているがウィルソンの説明にも満たないもので(M. Collins, *Money and Banking in the UK：A History*, 1988, p.11)，残念ながらこの銀行の貸出先などに関しては，筆者には不明である。
17) 土地所有者による工鉱業へのリース制に関しても，「市民革命以前と比較して」，それ以降の「作業場等賃貸借制は，産業資本に対する土地所有の従属形態であると言ってよい」(大河内，前掲，208ページ)。なおギルバートもマクロードも，近代的銀行業の発祥を，クロムエル革命期に求めている。先の注1)および後出の注21)，22)を参照されたい。
18) わが国とのこの差は，例えば，日本がそれを見習って実施しているのは「農家経済調査」であるが，ドイツで1938/1939年以来実施してきているのは農業「経営成果(Betriebsergebnisse)」の調査(cf. Bundesministerium für Ernährung, Landwirtschaft und Forsten, *Landwirtschaftliche Buchführungsergebnisse…in Verbindung mit allgemeinen Angaben über die landwirtschaftliche Produktion und die Entwicklung der Betriebsergebnisse seit 1938/39*)である点にも現れている。
19) 佐上武弘『経済奇跡のゆくえ——西独の経験と日本への教訓——』(1970年，155，163, 218-219, 238-240, 301-302, 567-568ページ等)；NHKスペシャル「緊急・土地改革——地価は下げられる——」(1990年10月10-14日放映の，特に②「解決の条件2——公共優先の年計画——」，③「解決の条件3——実効ある土地政策——」); 等を参照されたい。なお近年，「開発利益の公共還元」問題への経済学的接近も試みられている。例えば，山田良治『増補 開発利益の経済学 土地資本論と社会資本論の統合』(1996年，1-9，222ページ以下)を参照されたい。
20) 山田盛太郎「農地改革の歴史的意義——問題総括への一試論——」(1949年10月)；同「日本農業生産力構造の構成と段階」(1960年11月)。『山田盛太郎著作集』第四巻，10, 27, 31, 36-38, 128-129ページ等，を参照されたい。
21) 現在日本では，例えば『日本経済新聞』(1999年12月9日)で，「迫る不動産時価会計・上」という論説の中で，不動産の「収益還元法」についての「解説」がやっと加えられているほどである
22) 「1546年には，マネーに対して利子を取ることがイングランドでは合法的(legal)とされ，その率は10％に固定された。この条令は1552年に撤廃されたが，しかしそれは1571年に再制定された。法定利子率(the legal rate of interest)は1642年に8％に引き下げられ，1651年には6％に引き下げられた。1714年には，それは5％に引き下げられ，それが現在まで残っている。法定利子率は，アイルランドではなお6％である。以前には利子を取ること一般に用いられていた，高利貸(usury)という言葉は，利子を取ることが法律によって承認された後は，法律が承認した利子率よりも高い利子率を指すことに限られることとなった」(Gilbart, *op.cit.*, p.20)。
23) 「銀行業務のうち，より高い利子率で再び貸出す目的で貨幣を借りることから成り立つ部分は，銀行業の歴史において新時代(a new era)が出現した1645年までは銀

第3章 J. ウィルソンの銀行業論　135

行業者によっては行われていなかったようである。」そしてこのような業務を行う銀行業者が、「新型の金匠ないし銀行業者(the new-fashioned goldsmith or banker)」と呼ばれるようになる(cf. Gilbart, *ibid.*, p.20-23)。なお因みに、1640-1660年がピューリタン革命期で、1645年はクロムウェルの軍隊が国王チャールズⅠ世の軍隊を打ち破った年である。

24) 因みに、一方では「金融大再編」(『日本経済新聞』1999年10月19-23日)が進行している中で、他方では、利息制限法での上限金利(15-20%)と出資法での上限金利(およそ40%)との関連や「貸金業規制法」のいわば不備が、不況下で「社会問題化している『商工ローン』」との関連で改めて取り上げられ(『日本経済新聞』1999年11月11日)、また異業種の「銀行業務参入」が『日本経済新聞』1面のトップを占めている(1999年11月12日)のが、日本の現状である。〈出資法の上限金利は、1973年までは109.5%、1982年からが40.004%で現在に至り、2000年6月以降は29.2%となるが、「日掛け金融」についての特例として、現在でも109.5%の金利が存続してきている(NHKクローズアップ現代「追跡高金利地獄―日掛け金融トラブルの実態」2000年3月6日放映)〉

第4章 『エコノミスト』誌と『ロンドン・ノート』

第1節 備忘のために

　手稿「信用。架空資本」(現行版『資本論』第Ⅲ部第Ⅴ篇第25章～第35章)には，『エコノミスト』誌からの引用が10数ケ所も見出される。その多くは，事実を確認するための，あるいは例証としての『エコノミスト』誌からの引用であるが，しかしそれだけではない。「信用。架空資本」論を展開するに当たっての要所とも言うべきところに，『エコノミスト』誌が，つまりJ. ウィルソンの見解が，肯定的であれ否定的であれ，配されているように見える。
　その第1が，「通貨学派」批判に当たって，最初に彼らの概念の「混同」を原理的に批判するというウィルソンの方法である。マルクスはその方法を，そっくり「銀行学派」批判に援用する。それが手稿の「Ⅰ)」(現行版第28章)である[1]。
　第2は，イングランド銀行の金準備に係わる論点である。この金準備の諸機能を立ち入って整理する際に，マルクスは事実上『エコノミスト』誌を援用し，また「通貨学派」と「銀行学派」との間の「争い」が結局どこにあるのかを，『エコノミスト』誌を指示することによって確認している[2]。
　第3に，貨幣貸付資本(moneyed capital)の価値と商品資本等々の現実資本(real capital(Warencapital, etc))の価値との「これら双方の資本価値を同一視する[3]」ロイド(＝オーヴァーストーン)を批判するウィルソンも，地金流出入と為替相場との関係で，結局，「貨幣貸付資本(*moneyed capital*)と資本一般(Capital generally)とを同一視してしまっている(möchten)[4]」とマルクスが批判する点が，それである。
　ところで『資本論』第Ⅲ部の手稿の執筆は1865年であるが，マルクスが『エコノミスト』誌を丹念にフォローし始めるのは，彼がロンドンに移り住んで間

第4章 『エコノミスト』誌と『ロンドン・ノート』 137

もない頃である。MEGA, IV/7 の編集者によると,「1849年の『エコノミスト』誌からのメモを, マルクスは恐らく1849年末/1850年初めに一つの独立のノート(Heft)に書き上げている[5]。」そしてこの「独立のノート」に続けて,彼が主として1844年から1847年の『エコノミスト』誌からの抜粋を記していくのが, 『ロンドン・ノート1850～1853年』であり, 本章で立ち入って検討していくように, およそ15年後に手稿「信用。架空資本」を執筆するときに, 『エコノミスト』誌からとして利用しているのが, この『ロンドン・ノート』のそれなのである。

他方『エコノミスト』誌の創始者であり編集者であるウィルソンは, 1845年と1847年に同誌に執筆した論説の中から何点かを取り出して, 1847年8月に『資本, 通貨, および銀行業[6]』という著作を上梓していくこととなる。しかしマルクスは手稿「信用。架空資本」執筆時に, ウィルソンのこの著作については一切言及していないが, この著作以降の『エコノミスト』誌をも利用するという関係にある。そして他方, マルクスの「信用論」についても, 『資本論』第Ⅲ部の手稿の MEGA での公刊以来, それはそれで, 手稿と現行版との照合なしには, もはや彼の「信用論」は論じえないという錯綜した関係にある。

そこで本章では,「信用。架空資本」論で取り扱われている資料・材料の源流を探る1つの作業として, マルクスは『ロンドン・ノート』でどのように『エコノミスト』誌を読んでいったのか, 他方ウィルソンは『エコノミスト』誌の論説をどのように纏めて著作としていったのか, さらにマルクスは手稿「信用。架空資本」のどのような文脈の中で『エコノミスト』誌を位置づけていったのかを, ここでは備忘のために, クロノロジカルにではあるが整理・概観しておきたいと思う。

1) 手稿『補遺(Zuzätze)』での『エコノミスト』誌からの引用が, 現行版第26章では削除されている。なおそれらについては, 本書第10章第5節の〔補遺-2〕を参照されたい。
2) MEGA, S.622-623, 625; MEW, S.578, 583, 587-588 : 訳, 808, 812ページ。この点については, 本書第8章第3節, 第12章第6節注3), 等を参照されたい。
3) MEGA, S.486; MEW, S.436 : 訳, 600ページ。なおオーヴァーストーンは, 「両者〔貨幣貸付資本と現実資本双方の資本価値〕を, 『通貨』の, 即ち貨幣の, 欠乏という1つのことに(einem want of 'circulation', of money)対比させることによって」, この

双方を「同一視」するのである。
4） *MRGA*, S.635. 因みに, この箇所も現行版では削除されているが, この点については, 本書第8章第3節, 第13章第6節の注44), 等も参照されたい。
5） *MEGA*, Ⅳ/7, 1983, Einleitung, S.14*. イギリス工業製品の最大の消費者はドイツであり, 他方ドイツは, 羊毛・材木・亜麻・等の原材料のイギリスへの供給者である, という1849年9月15日号からのメモに始まり, 10月20日の貿易統計の書き抜きまでの「ノート」が, それである。Cf. *ibid.*, S.5-25.
6） James Wilson, *Capital, Currency, and Banking*. 1st ed., 1847. なお本書第1章第1節注1) を参照されたい。

第2節 『ロンドン・ノート』における 『エコノミスト』誌からの抜き書き

さて『ロンドン・ノート1850-1853年』第Ⅲ〜Ⅴ冊に, まず1850年の『エコノミスト』誌からの書き抜きがなされているが, 抜粋の月日を挙げると, 次の通りである。

第Ⅲ冊……1850年8月31日；9月7, 14, 21, 28日；10月5, 12日[1]
第Ⅳ冊……1850年11月30日[2] および11月9, 16, 23日[3]
第Ⅴ冊……1850年12月14, 21, 28日[4]

そしてこれらの書き抜きの後, マルクスは

1847年5月8, 15, 22, 29日；7月3日；8月7, 21日；10月2, 9, 16, 23, 30日[5]

に遡っていく。それから一度は

1851年1月4, 11, 18日[6]

に飛んで, 再びまた1847年(「1847年からの続き」)に戻っていく。それが

第Ⅵ冊……1847年11月6, 13, 20日；12月11, 25日[7]

である。

これに続けてマルクスは, さらに1844年へと遡っていく。即ち,

1844年1月27日；5月11, 18日；6月15日；7月20日；8月3, 17, 31日；9月21, 28日；10月5, 19日；12月7, 14日[8]

そしてこの第Ⅵ冊の最後に, 再び1851年からの抜き書きがくる。恐らくこれは抜き書きをしている時点の『エコノミスト』誌なのであろう。それが1851年

2月15日[9)]である。

　ところでこの『ロンドン・ノート』の第Ⅵ冊を執筆した後にマルクスは，「恐らくは既に1851年2月に着手されたであろう手稿『地金。完成した貨幣制度(Bullion. Das vollendete Geldsystem)』[10)]」を認めている。そしてそこにも，「第 LXXX．[b]エコノミスト誌(1847年)」と「第 LXXXI．エコノミスト誌．1844年」という2つの「節(Abscbnitt)」が含まれており，前者では1)～27)項目についての，また後者では1)～15)項目についての，『エコノミスト』誌からの「抜粋とメモ」が記されている[11)]。しかもこの手稿『地金。云々……』の「続き[12)]」が終ったすぐ後に，今度は再び『エコノミスト』誌1851年4月26日；5月3，10，17，24，31日；6月7，14日からの抜き書きが，別個独立に記されている[13)]。恐らくこれらは，抜き書きをしている時点の『エコノミスト』誌のものであろう。

　そしてこの後マルクスは，『ロンドン・ノート』に復帰し，「ノート」第Ⅶ～第Ⅹ冊へと書き進んでいくが，その第Ⅷ冊で，再び1845年と1846年の『エコノミスト』誌からの抜き書きおこない，さらにそれに1845年からの追加の抜き書きを加えていく。即ち，

　　1845年3月8，15，22，29日；4月5，12，19，26日；5月17，24日；6月14日[14)]
　　1846年8月1日；9月19，26日；10月3日[15)]
　　1845年4月26日；5月3日[16)]

ただしこの第Ⅷ冊ではマルクスは，『エコノミスト』誌の年時と通しページを挙げているだけであり，したがって上に掲げた月日は，マルクスが記した通しのページから，著者(小林)が直接『エコノミスト』誌にあたって確認したものである。

　このようにマルクスは『ロンドン・ノート』では，『エコノミスト』誌の1849年と1850年とをまず読んだ後，恐慌の年であった1847年に立ち返り，そして恐らくはこの恐慌を激しくした主要因の1つとされている1844/45年のピール銀行法との関連で，1844年・1845年へと遡って読んでいったのであろう。そしてまた恐らく1845年4月19日号で，スコットランドとアイルランドの通貨問題が論じられているところから，アイルランド問題についての1846年9月19，26日および10月3日を取り上げ，さらにスコットランドとアイルランドの新銀

行法を扱っている1845年5月3日を追加的に取り上げたのであろう。

いずれにしてもマルクスは，このように1850～53年の時期に『ロンドン・ノート』などに書き抜いた『エコノミスト』誌を，1865年に「信用。架空資本」を執筆する際に利用する[17]こととなる[18]。

次に，マルクスが『ロンドン・ノート』第IV冊に書き抜いた1844年の『エコノミスト』誌の論説などの表題を一瞥しておこう。その場合，新イングランド銀行法(1844年ピール銀行法)が議会を通過したのが1844年7月19日(9月7日施行)であり，またT. Tooke, *An Inquiry into the Currency Principle* の刊行が同年の3月，J. Fullarton, *On the Regulation of Currency*…の刊行が同年8月であることを，念頭に置くことが必要である。

1. Reciprocity, Currency, and Free Trade.　　　　　　　　Jan. 27
2. The Bank Charter. — The Currency.　　　　　　　　May 11
3. The First Step in the Currency Question.
　　　　　　　　Sir Robert Peel　　　　　　　　May 11
4. The Practical Effects on Commerce of the New Ccurrency
　　　　　Proposition. Sir Robert Peel—Colonel Torrens.　　May 18
5. Mr. Tooke and Colonel Torrens.　　　　　　　　June 16
6. Tbe Action of Money on Price.　　　　　　　　June 16
7. The Bank Charter Bill. *　　　　　　　　July 20
8. The New Bank Bill. Mr. Samuel Jones Loyd's Pamphlet.　Aug. 3
9. The New Bank Bill. *　　　　　　　　Aug. 17
10. The Bank Charter Act. *　　　　　　　　Aug. 31
11. The Currency Question—Convertibility.　　　　　　Sept. 21
12. The Effect of an Inconvertible Currency
　　　　　　　　on our Foreign Trade.　　　　　　Sept. 28
13. Mr. Fullarton on the Regulation of the Currency.　　Sept. 28
14. The Fallacy of "a Fixed Price of Gold".
　　　　Standard of Value and Medium of Exchange.　　Oct. 5
15. The Currency—Convertibility—Depreciation.　　Oct. 19

16. The Actual Comparative Condition of the Bank, as shown
      by Old and New Forms of the Returns.   Dec. 7
17. Bank Circulation.   Dec. 14

以上のうち,表題の末尾に著者(小林)が＊印を付したものは,いずれも『エコノミスト』誌の論説ではなく, 7番は To the Editor of the Economist であり,また9番と10番は Correspondence and Answers―to Inquiries であるが[19],例えば3番6番14番などの論説では,ウィルソンが「通貨学派」批判の基礎的「原理」と考ええていたところの価値＝価格論が既に展開されている。また11番や12番などの論説には「通貨学派」の不換銀行券と兌換銀行券との「混同」に対する批判も見られ,さらに8番16番17番などの論説では,いわば現状分析の視角からの「通貨学派」批判,つまり「通貨学派」の主張と現実との不一致の分析・指摘を通じた批判も,既に行われている。

そしてこれらの主張が,翌1845年に, 1844年新銀行法批判に的を絞って「通貨と銀行業(Currency and Banking)」として改めて整理され,『エコノミスト』誌に連載されていくこととなる。それが次の諸論説である。

Currency and Banking. 〔(Article Ⅰ)〕   Mar. 8
Currency and Banking. (Article Ⅱ)   Mar. 15
Currency and Banking. (Article Ⅲ)   Mar. 22
Currency and Banking. (Article Ⅳ)   Mar. 29
Currency and Banking. (Article Ⅴ)   Apr. 5
Currency and Banking. (Article Ⅵ)   Apr. 12
Currency and Banking. (Article Ⅶ)   Apr. 19
The Outline of the Scotch and Irish Currency Measure. Apr. 26
Currency and Banking. (Article Ⅷ)   Apr. 28
Scotch and Irish Bank Bill. [20]   May 3
Currency and Banking. (Article Ⅹ)[21]   May 17

その上ウィルソンは,これらの論説を, 1847年8月刊の著書 *Capital, Currency and Banking*[22] の前編に,「1844年の銀行条例(The Bank Act of 1844)」として納めていく。なおその際彼は, 1845年4月26日に掲載された The Outline of the Scotch and Irish Currency Measure を前編の「第Ⅸ論説」と

し[23]，また1845年10月4日掲載の The Railway Monitor の最初の5論説[24]を，同書全体の序章に用いている。

〔補注〕

『エコノミスト』誌は1843年9月2日に，*The Economist: or The political, Ccommercial, Agricultural, and Free Trade Journal* として，その第1号が発行されるが，翌1844年2月10日号から *The Economist: A political, Commercial, … Journal* と改名される。そして1845年1月4日号からは，*The Economist, Weekly Commercial Times, and Bankers' Gazette. A Political, Literary, and General Newspaper* に改名し，取り扱う対象領域を拡大する。そして本文で指摘した，1845年10月4日号から，さらに鉄道関係が新たに独立の項目として加わって，*Bankers, Gazette* の次に *Railway Monitor* の2文字が挿入され，*The Economist, Weekly Commercial Times, and Bankers' Gazette & Railway Monitor. A Political, Literary, and General Newspaper* へと発展する。念のために。

さて『ロンドン・ノート』に戻ると，その第Ⅴ・第Ⅵ冊に，マルクスが1847年の『エコノミスト』誌から書き抜いた論説・その他は，かなりの数にのぼっている。そこでこれもまた便宜のために番号を付して，挙げておこう[25]。

1. The Present Crisis, its Character and Remedy.　　　　　May 8
2. The Currency.　　　　　May 15
3. A Reply to Further Remarks on the Proposed Substitution
　　　　　of one Pound Notes for Gold.　　　　　May 22
4. Plan for a Secure Paper Currency.
　　　　　Free Competition in Banking.　　　　　May 29
5. A Country Banker.*　　　　　May 29
6. The City Petition. ―The Bank Act of 1844.　　　　　July 3
7. An Historical Survey of the German Banks,
　　　　　and other Monetary Institutions.　　　　　July 3
8. Archibald Alison : Free Trade and a Fettered Currency.　　　　　Aug. 7
9. The Present Crisis, and the Bank Bill.　　　　　Aug. 21

第4章 『エコノミスト』誌と『ロンドン・ノート』　143

10. The Money Crisis and its Remedy.　　　　　　　　　　Oct.　2
11. The Recent Extensive Failures and their Cause.
　　　—What constitutes a Good Mercantile Security?　　Oct.　2
12. The Crisis of the last Week. —The Bank Management.　Oct.　9
13. The Advocates of Inconvertibility.
　　　　　　　　　　—The Birmingham School.　　　　　Oct.　9
14. Capital—not Currency—Deficit.　　　　　　　　　　Oct. 16
15. The Anti-gold League and the Working Classes.　　　Oct. 16
16. The Bank Act of 1844.　　　　　　　　　　　　　　Oct. 23
17. The Scotch Bank Bill—1845.　　　　　　　　　　　Oct. 23
18. Capital—Sunk and Floating. *　　　　　　　　　　 Oct. 23
19. Suspension of the Bank Act.　　　　　　　　　　　 Oct. 30
20. Suspension of Sir R. Peel's Act.　　　　　　　　　　Oct. 30
21. Fixed and Floating Capital.　　　　　　　　　　　　Nov.　6
22. The Bank of France and the French Loan.
　　　　　　　　The Economy of Paper Money.　　　　　Nov. 13
23. The Currency. *　　　　　　　　　　　　　　　　　Nov. 13
24. Fixed and Floating Capital. *　　　　　　　　　　　Nov. 13
25. The Changed Distribution of Capital　　　　　　　　Nov. 20
26. Conformity of Convertible Notes with a Metallic Currency.　Dec. 11
27. On the Use and Function of Banknotes.
　　　　　—Circulation. —The Bank Act of 1844.　　　　Dec. 25

そしてウィルソンはと言えば，以上27点の中の1～4番の論説を，マルクスが『ロンドン・ノート』に書き抜いていない次のⅰ～ⅵ番の6論説[26]の後に配して，それらを前掲の著書 *Capital, Currency and Banking* の後編に，「恐慌。――貨幣市場 (The Crisis. —The Money Market)[27]」として納めていく。即ち彼は，

ⅰ．The Present Crisis—the Money Market.　　　　　　Jan. 23
ⅱ．The Present Crisis—the Money Market.　　　　　　Feb.　6
ⅲ．The Present Crisis —the Money Market—continued.　Feb. 13

iv. Commerce and Finance.
　　—Our Present State and Future Prospects.　　　　Apr. 10
v. The Prospects of Trade.　　　　　　　　　　　　　Apr. 17
vi. The Crisis.
　　What is the Character of the Present Crisis.
　　The Present State of the Bank of England, and
　　how it is affected by the Bill of 1844.　　　　　　 May 1

の後に, 先の

vii. 1. The Present Crisis …….　　　　　　　　　　May 8
viii. 2. The Currency.　　　　　　　　　　　　　　May 15
ix. 3. A Reply to Further Remarks …….　　　　　　May 22
x. 4. Plan for …….　　　　　　　　　　　　　　May 29

を加えて, 当面する1847年恐慌の性格の解明とその対策の提言としていく。

1) *MEGA*, IV/7, S.227-235.
2) *Ibid.*, S.273-276.
3) *Ibid.*, S.309-314.
4) *Ibid.*, S.347-360.
5) *Ibid.*, S.440-460.
6) *Ibid.*, S.461-466.
7) *Ibid.*, S.467-478.
8) *Ibid.*, S.479-495.
9) *Ibid.*, S.603-604.
10) *MEGA* 編集者は, この手稿を「1851年3月～6月執筆の抜粋とメモ」としながらも, 2月に「着手され」たものと推定している。(Cf. *MEGA*, IV/8, 1986, Einleitung, S.13*)。
11) Cf. *MEGA, ibid.*, S.64-69 u. S.69-71. ただしこれらの「抜粋とメモ」は, 後述するように, 『ロンドン・ノート』に書き抜いた『エコノミスト』誌からの再度の「抜粋とメモ」と推定できる。
12) この手稿『地金。云々……』は, *MEGA* では, 「第Ⅰ節(Abschnitt)アダム・スミス」に始まって「第LXXXⅢ節　ジョン・ロック」まで書き進んだところで, エンゲルスによる内容目次が書き加えられ, その後が『地金。云々……(続き)』となっている(cf. *MEGA, ibid.*, Inhalt, S.6*-7*)。
13) *MEGA, ibid.*, S.86-94.
14) *Ibid.*, S.292-301.

第4章 『エコノミスト』誌と『ロンドン・ノート』   145

15) *Ibid.*, S.302-303
16) *Ibid.*, S.426-428.
17) 例えば *MEGA, Apparat,* S.1312f. を参照されたい。
18) なお『ロンドン・ノート』第Ⅶ冊には,「商業的窮境(Commercial Distress)1847-8年」(*Reports from the Secret Committee 1847-8. Eighteen Volume. —Part I. Commercial Distress*：—Part I.：*First Report from the Secret Committee on Commercial Distress, with the Minutes of Evidence.* Ordered, by The House of Commons, to be printed, 8 June 1948) についての「秘密委員会」での「証言」からの引用もなされている(cf. *MEGA*, Ⅳ/8, S.247-271)。そしてこの第Ⅶ冊に記されている「委員会証言」も,手稿「信用。架空資本」執筆の際には,後述のように,『エコノミスト』誌からの書き抜きと同じく,利用されることとなる(cf. *MEGA*, S.476-477; *Apparat,* S.1289)。
19) ここでは便宜上著者(小林)が,表題の前に番号を付した。なお8番の表題に含まれている「ロイド氏のパンフレット」とは, 1844年7月の *Thoughts on the Separation of the Departments of the Bank of England* を指している。そしてそれは,後に, Lord Overstone, *Tracts and other Publications on Metallic and Paper Currency,* 1857の p.237-284に納められることとなる。念のために。
20) ただし「第Ⅸ論説(Article Ⅸ)」と番号を付されている論説は見出せない。なおこれらについては,本書第1章を参照されたい。
21) 因みにマルクスがこれ以外に1845年の『エコノミスト』誌から書き抜いている論説には次のようなものがある。
Remarkable Discovery—Electricity and Culture.   Apr. 26
The Condition of the Labouring Classes. Food and Raiment.   May 26
Changes in the Relative Prices of Food and Clothing.   June 14
　　なお5月3日には,既に The Condition of the Labouring Classes という論説が掲載されている。
22) 因みにフルタイトルは次の通りである。*Capital, Currency, and Banking：being a Collection of a Series of Articles published in The Economist in 1845, on the Principles of the Bank Act of 1844, and in 1847, on the Present Monetarial and Commercial Crisis; concluding with a Plan for a Secure and Commercial Currency.*
23) Cf. J. Wilson, *Capital, Currency, and Banking,* (1847,1st ed.), Contents. なお4月26日付けの『エコノミスト』誌上では,この論説は381-383ページに,そして「第Ⅷ論説」が後の385-386ページに掲載されている。念のために。
24) この5論説の表題は次の通りである。Railways—Past, Present, and Future/ Annual Accumulation of Capital/ Extent of Present Liabilities for Railways/ Power of Railways to Income Wealth/ Effect of Railway Investment on the Money Market.
25) これらのうち,表題の末尾に著者(小林)が ＊ 印を付した 5, 18, 23, 24番は,この場

合にも『エコノミスト』誌の論説ではなく，読者の投書(To the Editor of The Economist)であり，また8番は書評である。

26) これらの第ⅰ～ⅵ論説についての抜き書きは，マルクスの『ロンドン・ノート』第Ⅴ・Ⅵ冊の中には見あたらない。また上述のように，第Ⅵ冊と第Ⅶ冊との間に記された別の手稿『地金。完成した貨幣制度』には，「第LXXX. [b]エコノミスト誌(1847年)」という「節」(「抜粋とメモ」)が含まれているが，そこで取り上げられている同誌の論説・その他は，『ロンドン・ノート』第Ⅴ冊・第Ⅵ冊に書き抜かれたもの，第3, 4, 5, 8, 9, 11, 13, 14, 15, 21, 25, 26, 27番からのものである(cf. MEGA, Ⅳ/8, Apparat, S.837-842)。

因みに，同じこの手稿『他金。云々……』の「第LXXX. エコノミスト誌(1844年)」の「節」で取り上げられている1844年の同誌の論説・その他は，『ロンドン・ノート』第Ⅵ冊で書き抜いたものの中の，第2, 4, 5, 6, 8, 12, 13, 15, 16番の論説(上述)である(cf. MEGA, ibid., S.842-844)。

27) 同書の後編：「恐慌。―貨幣市場」での各論説の表題は，前編「1844年の銀行条例」の場合とは異なって，『エコノミスト』誌への初出の表題とは必ずしも一致していない。また同書の中では，後編の1月6日と13日の論説(つまりⅱ番とⅲ番の論説)は，一つに纏められている。念のために。

第3節　1847年恐慌と銀行法の「一時停止」

既に第1章及び第2章で見てきたように，ウィルソンによれば，「通貨原理」には「通貨と資本」との「区別」についての根本的・原理的な誤りが存在し，したがってその「原理」を基礎とする1844年の新銀行法によっては，この法律が目指した「目的」――つまり為替相場の逆調とそれに伴う金地金の流出による金融逼迫や恐慌の回避という「目的」――は達成し得ないはずであった。これが1845年3～5月の「通貨と銀行業」に至るまでの彼の，したがって『エコノミスト』誌の，1844年来の主張の基調をなしていた。

そして彼は1845年10月5日号の『エコノミスト』誌で，既に，鉄道建設がピークに達しつつあり，したがってまた「流動資本(floating capital)の固定資本(fixed capital)への転換(conversion)」が可なりに進みつつあるとの現状認識を示していた[1]。

1847年に入るとウィルソンは，次第に迫りつつある金融逼迫・恐慌を感知して，まず1月から2月にかけて，同誌に，いわば「流動資本」の過大「固定資

本化」論——「固定資本」過剰投資論(=「流動」「資本不足」論)——を展開し始めていく。それが，既に第3章で見てきたように，銀行券の過剰発行に金融逼迫・恐慌の根本原因を求めた「通貨学派」を批判するウィルソンのいわば恐慌論である。彼は「通貨学派」とは異なって，恐慌の根本原因を「流動資本のいわば過大な固定資本化」による「流動資本不足」に求め，その具体的形態として鉄道建設と金融逼迫との関係の分析を進めていく。しかし彼は同時に，1847年恐慌が秋にピークに達する前の同年5月に，この独自の「資本不足」論に基づく「資本不足」の解決策として，したがって一種の恐慌対策として，1ポンド兌換銀行券の発行を提案していく[2]。

しかしイギリスの経済状態はさらに悪化し，シティーの銀行業者は，既に夏にはピール銀行法の「緩和」を「嘆願」し始め，結局，同年10月25日の「政府書簡」によって同法の効力は一時的に「停止(suspension)」されることとなり，同法の真価が問われるまさにそのときに，「実際にはその[同法の]原理の放棄[3]」がなされることとなる。そこでウィルソンは夏から年末にかけて，この銀行法が恐慌を激化している点に批判向けていくと共に，これまでの主張を再説し，また「通貨学派」と「銀行学派」との異同を論じていく。

1) Cf. J. Wilson, Commerce and Finance—Our Present State and Future Prospects. *The Economist,* Apr. 10, 1847, Vol. V, p.405.
2) 上述のようにウィルソンは，この1ポンド銀行券発行の提案のところまでを「恐慌。－貨幣市場」として，『資本，通貨および銀行業』の後編に納めたのである。
3) Wilson, Suspension of the Bank Act. *The Economist,* Oct. 10, 1847, Vol. V, p. 1241. 因みに，この「一時停止」とは，イングランド銀行券発行の最高限度についての規定の「一時停止」であって，イングランド銀行券の兌換の「一時停止」ではない。念のために。

第4節 『エコノミスト』誌の援用
——手稿「信用。架空資本」における——

以上のように，マルクスは1850年代初頭に『エコノミスト』誌を精力的に読み込み，それを『ロンドン・ノート』に書き抜いていったが，1865年に『資本論』第Ⅲ部手稿の第5章第5節「信用。架空資本」を展開するにあたって，

『エコノミスト』誌を，この『ロンドン・ノート』から10数ケ所にわたって引用していく。そして本章の最初に指摘しておいたように，特にその中の3点は，マルクスの「信用。架空資本」論の展開にとって軽視し難い意味を担っているように思える。

そこでまず，引用された『エコノミスト』誌[1]と，手稿(MEGA版)および現行版での引用箇所との対照表を掲げておこう。

エコノミスト誌		手稿	現行版	
1) Mar. 15, 1845	補遺	MEGA, S.482	……	……
2) Mar. 15, 1845	役割	MEGA, S.501	第27章	MEW, S.452
3) Nov. 20, 1847	役割	MEGA, S.503	第27章	MEW, S.457
4) Nov. 20, 1847	Ⅲ)	MEGA, S.549-551	第31章	MEW, S.514-515
5) May 8, 1847	混乱・続	MEGA, S.623	……	……
6) May 8, 1847	混乱・続	MEGA, S.623	第34章	MEW, S.5
7) Oct. 23, 1847	混乱・続	MEGA, S.623	第34章	MEW, S.578
8) Dec. 11, 1847	混乱・続	MEGA, S.625	第35章	MEW, S.588
9) May 22, 1847	混乱・続	MEGA, S.635-638	第35章	MEW, S.600-603
10) May 22, 1847	混乱・続	MEGA, S.638-639	第33章	MEW, S.556
11) Aug. 21, 1847	混乱・続	MEGA, S.639-640	第35章	MEW, S.600
12) Jan. 11, 1851	混乱・続	MEGA, S.640-641	第35章	MEW, S.605
13) Nov. 30, 1850	混乱・続	MEGA, S.641	第35章	MEW, S.605
14) Jan. 22, 1853	混乱・続	MEGA, S.645	……	……

この対照表から直ちに解るように，手稿第5節「信用。架空資本」での『エコノミスト』誌の利用は，手稿の第2項，第3項である「補遺」・「資本主義的生産における信用の役割」部分と，第5節の終わりの部分(第8項)である「混乱：続き」とに限られている。しかも第1の点――表の1)――は現行版には全く収録されていないのみでなく，第2の点――表の5)～8)――も一部は削除されており，さらに第3の点――表の9)――も肝心なところが収録されておらず，したがって現行版からではマルクスによる『エコノミスト』誌引用

の意図を明確には理解し得ないように見える。

そこで以下，第1の点から順次，手稿ではどのような文脈の中での引用であるかを概観することとする[2]。

さてマルクスは，手稿第5節の第1項である「冒頭部分」(現行版第25章)で，近代的信用制度＝銀行制度の2つの側面・基礎について考察した後，第2項の「補遺」に移っていく。そこでは最初にギルバートの著書『銀行業の歴史と原理[3]』からの抜き書き[4]があり，その後に『商業的窮境1847-8年』の「秘密委員会」における「証言」が，最初の証人ホジソン(A. Hodgson)以下，ターナー(C. Turner)，ガーニー(S. Gurney)，モリス(J. Morris)，…，トゥック(T. Tooke)と，順次書き抜かれていく[5]。そしてその間，ターナーのところに匿名の著書『通貨理論評論[6]』とハバードの『通貨と国民[7]』からの引用が入り込んではくるが，トゥックの「証言」のところまでは，上述した『ロンドン・ノート』第Ⅶ冊における『商業的窮境1847-8年』からの抜き書きを利用[8]していく。そしてこのトゥックの「証言」に続いてマルクスは，括弧〔 〕に入れた短い岐論を挿入し，それから小見出し「通貨(*Circulation*)，貨幣，資本」という小項目に移り，その最初に『エコノミスト』誌——先の表の「1) Mar. 15, 1845」——，つまりウィルソンからの引用をする。

この『エコノミスト』誌の論説からの引用箇所は，ウィルソンが「銀行業の実際の考察に立入る前に」まず「区別」しておくべき点として提示してくる，彼の「通貨と資本の区別」の箇所である[9]。そしてこれに続けてマルクスは，このウィルソンの「通貨学派」批判と対比する形で，以前に書き抜いた『商業的窮境1847-8年』の「証言」からではなく，今度は新たに読み込んだ『銀行法特別委員会報告書(1857年)[10]』におけるノーマン(G. W. Norman)およびオーヴァーストーン(Lord Overstone)の「証言」を引用しながら，オーヴァーストーンに対する立ち入ったコメントを書き加えていく[11]。

そして，ウィルソンが「銀行業の実際に立ち入る前に」まず「通貨学派」による「資本と通貨の混同」の批判から始めたのに倣って，マルクスは，この「補遺」に続く「役割」部分[12](現行版の第27章)の終わりに近いところで，「利子生み資本が受け取る形態のような，信用制度によるそれへの影響の考察に移る」前に，「銀行学派」について「若干の経済学的な論評を加えておかねばな

らない[13]」と指摘して，手稿の第4項である「I）」の部分(現行版第28章)以下に，論を進めていくこととなる[14]。

次に第2の点であるが，それは，手稿「混乱：続き」部分での，イングランド銀行の金準備に係わる『エコノミスト』誌——先の表の「5）」〜「8）」——からの一連の引用箇所である。

しかしその問題に入る前に，手稿における「混乱：続き」の位置に言及しておくことが必要であろう。即ち，手稿では「…役割」部分の次が，手稿の第4項・第5項である「I）」・「II）」と続いていくが，そしてこの「I）」と「II）」に現行版の第28章と第29章とはほぼ照応するが，しかし「信用という事柄全体における唯一困難な問題[15]」を取り扱う，手稿の第6項である「III）」(現行版第30章・第31章)以下は，文字通り未定稿のままであり，「III）」は途中で中断されて手稿の第7項である「混乱」部分に移り，それからその第8項である「III）：続き」（現行版第32章)となり，そしてその第9項である「混乱：続き」部分となって，手稿第5節は終わることとなる[16]。

「III）」以下ではマルクスは，例えば『銀行法特別委員会報告書(1857年)』を，読み直しながら書き取っており，同一人物の「証言」が，「混乱」・「III）：続き」・さらに「混乱：続き」で，というように書き抜いては読み，読んでは書き抜くというふうに，書き足されていっている。1，2の例を挙げれば，チャップマン(D. B. Chapman)の「証言」は，『報告書』の460-506ページにも及ぶものであるが，その中から，「混乱」では証言番号第5120-5159および第4926-5057——必ずしもこのすべてとは限らない。以下同様——が，「III）：続き」では第4886-4892が，そして「混乱：続き」では，第4868-4963，5035-5105，5169，5177-5195，5218-5387などが書き抜かれていく。またニューマーチ(W. Newmarch)の「証言」も，『報告書』の116-176ページにも及んでいるが，そのうち「混乱」では証言番号第1357-1989が，「III）：続き」では第1358が，そして「混乱：続き」では第1364，1426-1889などが書き抜かれていく[17]。

そしてこのような「混乱：続き」のほぼ中程のところで，マルクスは「逼迫期における銀行券の退蔵(Hoard)」との関連で，この時期には「貴金属の退蔵(Hoarding)が社会の最も本源的段階におけるように再現される」ことを指摘し[18]，さらにこの「銀行券の退蔵」との関連で，1857年恐慌時には1844年銀行

第 4 章 『エコノミスト』誌と『ロンドン・ノート』　151

法の規定する「最高発行限度」ではなお足りなかったことを，『銀行法特別委員会報告(1858年)』の「報告(the Report)」部分における数字を用いながら指摘する[19]。そしてこの法定「最高発行限度」は，既にこの時点では「14,475,000ポンド＋地金額」であったが，さらにその「地金の流出入に関して注意すべき」諸点——9点——の指摘に入っていく。

ところでこの「注意すべき」諸点の第5が，「イングランド銀行の地金準備の準備金[機能]規定(die Bestimmung des Reservefonds der Bullionreserve der Banks)」についてである。そしてマルクスはこの機能を，「預金のための準備金」を含めて「三重である」とし，しかも「単なる貨幣としての貨幣の諸機能と関係する」2つの機能「規定」の他に，「銀行業務(banking)と関連し，単なる貨幣としての貨幣の諸機能(Funktionen des Geldes als blosses Geld)とは関係のない，銀行券の兌換および預金のための準備金」という機能「規定」があることを再確認し，「銀行券の兌換性(および預金)のための最低限と見なされているところのもの[金準備]が地金流出で影響」を受け，「そのことが，イングランド銀行が強力的に維持しようと努める金準備に作用する[20]」ことなどを指摘していく[21]。

なおマルクスは，この第5の「注意点」の末尾に，この銀行業務と金準備との関連で，「純粋金属通貨(a purely metallic Circulation)と集中化された銀行制度の場合には，中央銀行(die Bank)はその準備(hoard)を預金の換金性(Convertibility)のための保証としても考えねばならないであろうし，また金流出の場合には，ハンブルクにおけるのと同じパニックが生じうるであろうに」と書き添え，そして第9の「注意点」を指摘した後に，「仮にイングランド銀行が，銀行券を発行せず，単に金属通貨(metallische Circulation)のみであるとするならば(wäre)，[金流出入の]影響は次のようであろうに」と述べて，「純粋金属通貨(a purely metallic circulation)」の場合における「金流入時」および「金流出時におけるその影響」についての，1847年5月8日付の『エコノミスト』誌の指摘[22]を引用している[23]。

手稿ではこれに続けて，イングランド銀行の地金準備との関連で，括弧(　)に入れた同じ日付の『エコノミスト』誌の同じ論説の，しかし別のパラグラフの引用がなされている。即ち，「スコットランドの銀行業者は，常に，使用さ

れていない現金残高を彼らのロンドン代理店に保持している。…スコットランドの銀行は，この残高を彼らのロンドンの代理店——例えばジョンズ・ロイド氏商会——に任せ，ジョンズ・ロイド氏商会は彼らの使用されていない残高をイングランド銀行に預け，そしてイングランド銀行の金地金はいつでもその預金者の需要に応える。云々[24)]」，と。ただしこれは1845年までのことである。そこでマルクスは，この引用に脚注として，さらに別の日付(1847年10月23日付)の『エコノミスト』誌からの引用[25)]をし，それに「1845年の[銀行]条例の結果における金の流出と流入について」との小見出しを付していく[26)]。

そしてこの後に，続けて，恐慌に続く利子率低落の「第1段階」と利子率がまだ中位の高さに達していない「第2段階」の「時期」における「地金の輸入」と，「破局」に先立つ時期における「地金の輸出」とが考察され，さらに「僅か5～8百万ポンドの地金の流出」がイギリス経済に「極めて大きな影響を及ぼしうる」のは，「地金が単なる地金として作用する」からではなく，「貨幣貸付資本(moneyed Capital)としての地金の特殊な性質によって」作用するからであること，また地金が天秤上の羽毛と同様に働くこと，に帰着することが指摘される[27)]。

ところがマルクスは，「凶作などの結果での地金流出」の場合はこれまでのところ顧慮の外にあったし，さらにまた「銀行券の兌換性の保証としての，および全信用制度の旋回軸(pivot)としての，地金(bullion)を度外視していた」と言う。そしてこのような地金流出入との関連で，「信用貨幣制度の金貨幣制度への急変が必然的である」ことは，「私は既に以前に『支払手段』のところで叙述しておいた」とした上で，この問題についての「通貨学派」と「銀行学派」との異同について次の結論に達する。「金属的基礎(die metallne Basis)を維持するためには，現実的富の最大の犠牲が必要であることは，ロイドによってと同様に，トゥックによっても認められている。争い(der Streit)は単にプラスかマイナスか，および不可避的なことの合理的な取り扱いが多いか少ないかを巡ってであるにすぎない[28)]」，と。そしてその際マルクスは，1847年12月11日付の『エコノミスト』誌の参照を求め，この結論がウィルソンの見解[29)]に依拠していることを示していく。

第4章 『エコノミスト』誌と『ロンドン・ノート』　153

1） なお手稿第5章第2節および第4節（現行版第Ⅴ篇第22章, 第24章）でも,『エコノミスト』誌から次の2箇所が引用されている。
　　Jan. 22, 1853　手稿第2節（現行版第22章）　*MEGA*, S.431-432；*MEW*, S.370
　　July 19, 1851　手稿第4節（現行版第24章）　*MEGA*, S.466；*MEW*, S.410
2） なお第1の点については, 本書第10章第5節の〔補遺-2〕も参照されたい。
3） J. W. Gilbart, *The History and Principles of Banking*, 1st ed., 1834.
4） この点については, 本書第8章第3節および第9章を参照されたい。
5） Cf. *MEGA*, S.476-482；*MEW*, S.430-432：訳, 591-594ページ。
6） A Banker in England, *The Currency Theory Reviewed*；…, 1845.
7） J. G. Hubbard, The Currency and the Country, 1843.
8） Cf. *MEGA*, Ⅳ/8, S.247-270. マルクスが『ロンドン・ノート』の抜き書きを直接利用していることは次の点からも明らかである。即ち,『商業的窮境1847-8年』における最初の証人ホジソンの証言を『ロンドン・ノート』に引用する際, マルクスは, 初めは証言番号ではなく, この『報告書』のページのみを挙げており, 途中で証言番号とページとの両方を書き込んでいく。そしてその形式がそのまま「信用。架空資本」の「補遺」に踏襲されているのみでなく, そこには, そのページについて,「ミュウジアムにおいて付けられたページ番号による引用」という括弧（　）に入れた注意を書き込んでいる。というのは, マルクスが『ロンドン・ノート』に書き込んだページ番号は,「商業的窮境」についての『報告書』に印刷されているページ番号ではなく, 手書きのそれであったからであり, それをそのまま「信用。架空資本」の手稿でも使っているからなのである。
　　実はこの *Commercial Distress*：*First Report* は, 他の委員会 *Report*（『報告書』*）と同様に, まず the Report があって, 次に Proceedings of the Committee が, そして Minutes of Evidence（並びに Appendix と Index）, という構成をとっている。そして, そのような『報告書』全体の中表紙をⅰページとした小文字のローマ数字での通しのページ番号が「委員会記録」のところまで付けられている。しかし「証言議事録」部分からは, その最初を1ページとしたアラビア数字で通しのページ番号が新たにこの「議事録」に付けられていく。ところがマルクスが『ロンドン・ノート』に「証言」を書き抜く際に書き込んでいるページ番号は, 中表紙をⅰページとして,「証言議事録」にまで延長された, 手書きのつまり「ミュウジアムにおいて付けられた」通しのページ番号であり, それを,「信用。架空資本」の「補遺」でも, そのまま踏襲しているのである。
　　*この点については, 本書第8章第3節注16）も参照されたい。
9） 本書第1章第1節末尾を参照されたい。
10） *Report from the Secret Committee on Bank Acts; together with the Proceedings of the Committee, Minutes of Evidence, Appendix and Index.* Part Ⅰ. *Report and Evidence.* Ordered, by The House of Commons, to be printed, 30 July 1857, p. 271f., 327f.

11) Cf. *MEGA*, S.483-495, 500；*MEW*, S.432-450：訳594-601ページ。この『エコノミスト』誌からの引用から，オーヴァーストーンの『証言』の検討までが，手稿の「補遺」の終わりの部分であるが，なおその途中には『商業的窮境1847-8年：第Ⅲ部*』におけるガーニーの「証言」も挿入されている(cf. *MEGA*, S.485)。

　　＊なおこの『商業的窮境』の『第Ⅲ部』については，本書第8章第2節を参照されたい。

12) この「役割」部分では，「銀行券(Papier)による金貨幣の代替」との関連で『エコノミスト』誌——先の表の「2) Mar. 15, 1845」——が，また信用による他人資本の自由処分(Verfügung)との関連で，同じく先の表の「3) Nov. 20, 1845」が，引用されている。Cf. *MEGA*, S.501, 503；*MEW*, S.452, 455：訳，620, 625-626ページ。

13) *MEGA*, S.505；*MEW*, S.425, 457：訳，626-627ページ。

14) 本書第10章第5節〔補遺-2〕を参照されたい。

15) *MEGA*, S.529. Cf. *MEW*, S.493. なお本書第13章第1節を参照されたい。

16) この第5節の終わりのところは，書きかけの「4つ折り版ノート」のページに余白を残したままで，ページを改めて「第6節　先資本主義的なもの」(現行版第36章)が書き始められていく(cf. *MEGA*, S.546；*MEGA*, *Apparat*, S.1082)。

17) Cf. *MEGA*, S.568-572, 589-590, 600-606 u. S.561-564, 597, 624-635. チャップマンおよびニューマーチの「証言」については，本書第6章および第7章を参照されたい。なおマルクスはこの手稿執筆に際して，『ロンドン・ノート』に書き取っていた『エコノミスト』誌の論説などや，『商業的窮境1847-8年：第Ⅰ部』の「証言」および既掲出の『商業的窮境1847-8年：第Ⅲ部』，『銀行法特別委員会報告(1857年)』の「証言」などの詳細な検討の他に，『銀行法特別委員会報告(1858年)』の「報告(the Report)」部分や「委員会記録(Proceedings of the Committee)」などをも検討しているが，その点については，本書第8章を参照されたい。

18) *MEGA*, S.620. なお現行版では，ここからが第35章第1節とされていく(cf. *MEW*, S.580：訳，793ページ)。

19) *MEGA*, S.620；*MEW*, S.580：訳，793ページ。Cf. *Report from the select Committee on the Bank Acts,* 1858, p.xi.

20) *MEGA*, S.621-622；*MEW*, S.582-583：訳，801-802ページ。なお現行版では，このbanking が，Funktion des Geldes になぞらえてか，意味不明の Bankfunktion に書き換えられている。

21) 因みに，「この準備金が同時に銀行券および預金の兌換性のための保障」としても機能していることについては，「Ⅰ)」においても既に指摘されている(cf. *MEGA*, S.514)が，現行版ではなぜか「預金」が脱落している(cf. *MEW*, S.471：訳，646ページ)。

22) ウィルソンは言う。金流入であれば，第1に「預金が増大し，そしてそれに応じて地金準備も増大し」，第2に「有価証券を増大し，そして低い利子率でのストック

への前貸しによって，手形割引が必要とされなければ」，そして第3に，「低い利子の確立によって最終的には，より積極的なビジネスを促進し，手形に対する前貸しを通じて通貨を増加する」こととなる。しかし金流出であれば，第1に「イングランド銀行が預金を保護するために必要とされる以上に保持している，イングランド銀行にある鋳貨の準備に(手形割引の増加によって)頼」り，第2に「単に，部分的には有価証券の減少によってのみ，また部分的には手持ち鋳貨の減少によってのみ行われうるところの，イングランド銀行によって保持される預金に頼り，そして第3に，これらの措置の結果として，また他の原因の結果として，取引を縮め，そして通貨を減少する」(Wilson, The Present Crisis, its Character and Remedy. *The Economist,* May 8, 1847, Vol. V. p.521)，と。

23) Cf. *MEGA,* S.623. ただし現行版では『エコノミスト』誌からの引用を含むこの部分は削除されている。

24) Wilson, *op.cit.,* p.524. 先の引用箇所が，The Operation of a purely Metallic Currency という節からであったのに対し，この引用は，The Scotch System of Banking という節からのものである。なおマルクスの引用はやや意訳であり，現行版では，手稿での引用箇所の少し前の文章が引用されている。しかも手稿では後にくるこの引用が，現行版では前の方に，『資本論』で言えば第34章に移され，その上この引用に注記されている1847年10月23日号からの引用と併記の形で納められている (cf. *MEW,* S.578；訳，796ページ)。

25) 「1845年以前には，スコットランドの諸銀行は，実際上は彼らの所有での金準備を保持することを求められはしなかった。…/ 1845年の条例が発効してからは，スコットランドの諸銀行は常時金地金の一定のストックを自分の所有で保持すること，そしてスコットランドの通貨需要の増減に比例して金地金のストックを増減すること，が必要となった。それ故，そのとき以来，スコットランドに一律に金の大きな額が釘付けにされ，そしてその他に可成りの額がロンドンとスコットランドとの間を往き来し続けることとなった。スコットランドの銀行がその銀行券に対する需要が増大すると予想する時期が到来すると，金の箱がロンドンから運び込まれ，この時期が過ぎ去ると同じ箱が，一般に開封もされずに，ロンドンに返送される」(Wilson, The Scotch Bank Bill—1845. *The Economist,* Oct. 23, 1847, Vol. V, p. 1214-1215.)

26) この場合にもマルクスの引用の仕方は意訳である(cf. *MEGA,* S.623)。なお現行版では，この小見出しは削除されている。

27) *MEGA,* S.623, 621；*MEW,* S.585, 586；訳，805, 807ページ。

28) *MEGA,* S.625；*MEW,* S.587-588：訳，808, 811ページ。なおこの pivot という言葉は，W. Newmarch, Evidence No.1364 (*Report from the Select Committee on Bank Acts;* 1857, p.119) から採られたものである。なおこの点については，本書第7章第2節，第4節を参照されたい。

29) 「両当事者[トゥック氏とロイド氏]は，利子率の増大と割引および貸出の削減とに

よってのみ，彼らの目的〔「金に対する需要の強さに比例した信用の縮小」〕が達成されるということを認めている。その上に両者は，単にその銀行券の兌換を保証するためだけでなく，その預金者からのあり得るどんな需要をも満たすためにも，すべての事情の下で，イングランド銀行が充分な金準備を維持する必要性で一致している。」(Wilson, Conformity of Convertible Notes with a Metallic Currency, *The Economist*, Dec. 11, 1847, Vol. V, p.1418), と。

第5節　貨幣貸付資本と資本一般との「同一視」
―― 『エコノミスト』誌批判 ――

このように「通貨学派」と「銀行学派」との真の「争点」を突き止めたマルクスは，次のパラグラフ以下で――手稿そのものでは，そこからが新しいページとなっているが[1]――，『銀行法特別委員会報告(1857年)』からのニューマーチの「証言」の抜き書きに移り[2]，さらにその途中から，小見出しを付けながらのニューマーチの「証言」の抜き書きに変わっていく。そういう中でマルクスは，次の2つの理由を挙げて「アジアとの為替相場」という小項目を立てていく。

即ち，「以下の諸点が重要であるのは，部分的には，それらが，例えばイギリスにとってアジアとの為替相場が逆であるから〔場合に〕，他の国々のアジアからの輸入を(貨幣的処理に関する限り)イギリスが媒介しなければならないその他の国々に，イギリスはいかに頼らなければならないかを示すからである。しかし第2に，ウィルソン氏がまたしてもここで，地金の輸出(export of Bullion)の為替相場への作用と，資本の輸出一般の(export of Capital generally)為替相場への作用――共に，支払手段あるいは購買手段としての輸出ではなく，投資のための輸出が問題である場合のことであるが――とを同一視するという，馬鹿げた試みを行っているからである[3]」，と。

この場合問題なのは，例えばインドでの鉄道建設のためにイギリスから数百万ポンドの投資が行われるとして，それが金地金での投資であるか，例えばレールでの投資であるかによって，為替相場に影響があるのかないのかという点である。仮に投資が地金で行われるとすれば，それだけイングランド銀行から地金が流出し，それが減少する。このようにインドへの投資が地金で行われれ

ば，「直接に貨幣貸付資本(moneyed capital)であり，金貨幣制度の基礎である」ところの地金の流出となるのだから，それは，「すべての条件の下で必然的にではないが，しかし…地金を輸出する国の貨幣市場に直接に作用する。(利子率にもまた[作用する]。)為替相場にもまた直接に作用する」こととなる。しかしこれに対し投資が現物出資で行われ，仮に「資本がレールなどの形態で送られるとすれば，インドはそれ[送られてきたレール]に対する見返り(return)の支払の必要がないから，為替相場には何らの影響も与え得ない。そして貨幣市場に何らかの影響を与えることもない[4]」こととなる。

ところが「ウィルソンは，このような特別支出[鉄道建設のような何百万ポンドという投資]は貨幣融通を求める特別需要を引き起こし，それが利子率に作用することによって，このこと[為替相場への作用]がもたらされる[5]」，つまり地金での投資と結果は同じである，と考える。

実はマルクスは，このようなウィルソンの誤謬を，「銀行法特別委員会(1857年)」での尋問者ウィルソンと，証人ニューマーチとのやりとりの中で見つけだしていく。例えば「証言」番号第1802，1803，1804のところに，マルクスは次のようなコメントをする。「間抜けなウィルソンは，第1802で鉄鉱石や機関車の特別搬送は『インドとの為替相場に影響する』に相違ないと主張する。そして第1803では，資本の移転(transfer)は…それが一方の形態で送られても他方の形態で送られても同じであるという彼の平凡さ。第1803で彼に対してニューマーチは，『債務』は同じであろうと答える。そこからウィルソンは，『あたかも全部が地金で送られたかのように，資本価値の増大という点で，ここ[イギリス]での(一般化された)資本市場に対し同じ結果となるであろうというのですか？』という，まさに誤った結論をひきだす。」したがって「彼(ウィルソン)は，貨幣貸付資本(moneyed Capital)と資本一般(Capital generally)とを同一視してしまった(möchten)[6]」のである，と。

このようにニューマーチの「証言」の書き抜き中に確認したウィルソンの資本把握の誤りを，マルクスは次に『エコノミスト』誌でも検討しようとする。それが，マルクスによる『エコノミスト』誌からの引用の第3の注目点なのである。したがってそれは，これまで考察してきた第1・第2の点とは異なって，ウィルソンに対して明白に否定的見地をマルクスが提示しているところである。

そこでマルクスは，ニューマーチの「証言」の書き抜きが終えたところで，「『エコノミスト』誌は次の文章で貨幣貸付資本の過多(superabundance of moneyed capital)(即ち，低い利子率(niedriger Zinsfuß))を，資本一般の過剰(superabundance of capital überhaupt)と同一視しようと努める[7]」との小見出し[8]を付けて，次の文章を引用する。「しかしながら，地金を含むあらゆる種類の商品の大きなストックで示されるような資本の過剰(abundance)は，必然的に，単に商品の一般的な低価格に導くであろうのみでなく，資本の使用(use)に対する利子のより低い率にも導くであろうことは，疑いもない。云々，云々[9]」，と。

ところでマルクスはこの引用を事実上4分割する形で，引用文中に長いコメントを加えながら書き抜いている[10]。そしてこれに続けて手稿では，「手形と銀行券」「為替相場」「貿易収支」「外国為替相場」という小見出しの下で，先に掲出した「10)」～「12)」の『エコノミスト』誌からの引用がなされていく[11]。

1) Cf. *MEGA*, S.626.
2) 前節の注28)で指摘したニューマーチの「証言」は，手稿では脚注である。恐らくマルクスはこの脚注を認めることによって，再度ニューマーチの「証言」に立ち返る必要を感じたのであろう。なおこの小項目「アジアとの為替相場」は，現行版では第35章第2節に納められている(cf. *MEW*, S.591f.：訳，814ページ以下)。
3) *MEGA*, S.628; *MEW*, S.591-592：訳，814-815ページ。
4) *MEGA*, S.629; *MEW*, S.592：訳，814-815ページ。これがマルクスの答えである。
5) *Ibid.* なおマルクスは，これに対し，「あり得るケースではあるが，しかしもし一般的に主張されるならば，全く馬鹿げている(reiner Blödsinn)」と酷評している(*ibid.*)。
6) *MEGA*, S.631; *MEW*, S.595；訳，818-819ページ。手稿とは異なって，現行版では，二人のやりとりは『報告書』によって補われているが，ここでは手稿のままにしておく。なお「銀行法特別委員会(1857年)」におけるウィルソンとニューマーチとの質疑・応答等については，本書第7章第5節を参照されたい。
7) *MEGA*, S.635. なお，ウィルソンによる貨幣貸付資本と資本一般とのこの「同一視」については，前章第3節も参照されたい。
8) マルクスが『エコノミスト』誌を引用するに当たって付したこの小見出しも，現行版では削除されてしまっている。
9) Wilson, A Reply to Further Remarks on the Proposed Substtution of one Pound Notes for Gold. *The Economist*, May 22, 1847, Vol. V, p.573.
10) Cf. *MEGA*, S.635-638. 現行版では，引用文とコメントとを分離する形がとられ，

したがってコメントは引用の後に回されている(cf. *MEW*, S.600-604：訳, 826-831ページ)。
11) Cf. *MEGA*, S.638-641.

第Ⅱ部

下院「銀行法特別委員会 (1857年)」の証言から

第5章　オーヴァーストーンの「1844年銀行法弁護」

第1節　はじめに

　イギリス下院における1857年の第1会期中の2月12日に発足した「1844年銀行法，並びに1845年アイルランドおよびスコットランド銀行法の効果の調査を命ぜられた…特別委員会」（下院「銀行法特別委員会」—1857年—）は，同年3月3日にイングランド銀行総裁ウェーグェリン(T. M. Weguelin)および同副総裁ニーヴ(S.Neave)を証人に招いて質疑・応答〔尋問・証言〕を開始する。それは下院の第2会期にも引継がれ—5月12日再開—，5月19日以降，多数の証人を招いて質疑・応答〔尋問・証言〕を続け，同年7月24日にロンドンの建築業者キャップス(E. Capps)との質疑・応答をもって「調査」を終え，7月30日付けで，『銀行法特別委員会報告書』[1)]を下院に提出して，その任務を完了する。そしてこの間の7月7日，10日，14日の3日間にわたって，オーヴァーストーン(Lord Overstone, 旧Samuel Jones Loyd)に対しても証人として質疑・応答が行なわれる[2)]。

　しかもオーヴァーストーンに対するこの3日間にわたる質疑・応答は，その第3640号[3)]から第4248号までの都合609回，印刷ページにして『報告書』〔『第1部。報告と証言』の印刷総ページ519ページ〕の327ページから419ページまで都合93ページにも及ぶものであり，したがって取上げられた問題も多岐にわたり，また同一の問題についての異なった立場の委員からの質問とそれに対する彼のニュアンスに微妙な相違のある応答も見られることとなる。

　ところで『資本論』第Ⅲ部手稿の第5章第5節「信用。架空資本」——「補遺(Zusätze)」および「Ⅲ）：続き」（後半）——において，マルクスは，彼が『ロンドン・ノート』の第Ⅴ冊に書き抜いていたオーヴァーストーンの2冊の小冊子[4)]にも，また1857年1月にJ. R. M. 〔マカロック(J. R. McCulloch)

によって刊行されたオーヴァーストーンの『著作集』(*Tracts and other Publications on Metallic and Paper Currency*)[5]にも言及することなく，専ら1857年の下院におけるこの『銀行法特別委員会報告書』に[6]依拠して，オーヴァーストーン批判を行なっている。

そしてマルクスによってこの『特別委員会報告書』から書き抜かれたオーヴァーストーンの「答弁」の殆どは，手稿「補遺」部分における「通貨(*circulation*)，貨幣，資本」という小見出しの項目[7]の下に見出だされるが，しかもそこでマルクスが引用し，検討・批判を加えているオーヴァーストーンの「答弁」の主要部分は，委員ケイリー(Cayley)とのやり取り[8]——第1日目の31回と第2日目の3回——で，それ以外にマルクスが引用しているのは，第1日目冒頭での委員長[9]との質疑・応答からの4回と第2日目の委員ウィルソンとのやり取り4回のみである。マルクスは，まさに「貨幣」と「資本」との区別という「係争中の問題(the question at issue)[10]」(第4305号A)に焦点を当てて，委員ケイリーによって，オーヴァーストーンが問い詰められていく様子を追いながら，オーヴァーストーンの概念の「混乱」と「答弁」の「不正直さ」「不誠実さ」「抜け目なさ」[11]を示していこうとしたのであろう。

また手稿「Ⅲ):続き」部分でも，マルクスは，オーヴァーストーンが「たえず『資本』と『貨幣』との間で混乱している[12]」例として，この「銀行法特別委員会」第2日目の委員ヒルドヤード(Hildyard)とのやり取りでのオーヴァーストーンの「答弁」1回，委員ホーキー(Haukey)とのやり取りでの「答弁」2回を，引用している[13]。

そこで本章では，マルクスが析出しようとした通貨学派の，特にオーヴァーストーンの概念の「混乱」とその「答弁」のしたたかさを念頭に置きながらも，やや視点を変えて，オーヴァーストーンが，1844/45年ピール銀行法施行の真の狙い・目的を何処に置き，その目的をどのような「理論」を前提に実現しようとしたのかを，一言をもってするならば，彼の「1844年[ピール]銀行法の弁護(defence)[14]」(第3994号A)の基本的組立を，この「銀行法特別委員会」における質疑・応答に基づいて[15]，明らかにしていきたい。

1) Cf. *Report from the Select Committee on the Bank Acts; together with the Proceed-*

ings of the Committee, Minutes of Evidence, Appendix and Index. (Ordered, by the House of Commons, to be Printed, 30 July 1857). Part I . Report and Evidence.
2） 因みに，ノーマン(G. W. Norman)との質疑・応答は，オーヴァーストーンとの質疑・応答に直接先立つ 6 月30日と 7 月 3 日に行なわれている。
3） この質疑・応答番号は，下院の第 1 会期中の 3 月 3 日に始まったウェーグェリンに対する質疑・応答からの通し番号である。念のために。
4） これについては，本書第 8 章第 1 節の注 2)を参照されたい。
5） この『著作集』には，彼の主要著作のみでなく，「発券銀行に関する下院特別委員会」(1840年)および上院での「商業的窮境に関する秘密委員会」(1848年)における彼の「答弁」(「証言」)の抜粋も，収録されている。
6） 念のために付言するならば，現行版『資本論』第Ⅲ部第34章で，エンゲルスは，『商業的窮境に関する秘密委員会報告書』の『第Ⅲ部』(1848年の上院委員会)でのオーヴァーストーンの「答弁」(「証言」第1514号，第1604号)に言及している*。
　*Cf. MEW, S.578-579：訳，796-797ページ。
7） この「通貨，貨幣，資本」という小項目は，『エコノミスト』誌からの引用によるウィルソンの「通貨(circulation)」と「資本」の区別で始まり，この「銀行法特別委員会(1857年)」での「質疑・応答」におけるノーマンおよびオーヴァーストーンの概念の「混乱」と彼らに対する批判が，それに続く。そこまでが，この「通貨，貨幣，資本」という小項目である。そして手稿の当該「補遺」部分は，この小項目で終わっていく。なおこの点については，本書第 4 章第 4 節および第10章第 5 節〔補遺- 2 〕も参照されたい。
8） 委員ケイリーについては，本書第13章第 2 節の〔補注〕も参照されたい。
9） 第 2 会期からは，この「特別委員会」の委員長に大蔵大臣が当ることとなる。
10） この「答弁」でのオーヴァーストーンによるこの「係争中の問題」という言葉の使い方は，マルクスが手稿の「Ⅰ)」部分(現行版第28章)の末尾で，「逼迫期に不足しているのは一体何か，『資本』か『支払手段』としての規定性での『貨幣』か？ そしてこれが周知の一論争点(eine Kontroverse)である」(MEGA,S.519 ;MEW, S.477：訳，655ページ)，と言っているほど限定的な意味合いにおいてではない。むしろエンゲルスが手稿の「補遺」(現行版第26章)に挿入した部分で用いている「もつれた論争点(die verwirrende Streitfrage)」(MEW, S.443：訳，610ページ)というほどの意味合いに近いように思われる。
11） MEGA, S.489, 500, 593; MEW, S.439, 450, 531：訳，604，617，729ページ。
12） MEGA, S.588; MEW, S.525：訳，720ページ。
13） 因みに，マルクスが「補遺」部分でノーマンの「答弁」から引用している個所は，彼に対する「質疑・応答」の第 2 日目末尾の部分(第3635号−第3638号)からである。
14） これは，委員ウィルソンの質問に対する答弁での表現である。
15） なお，1844年ピール銀行法へ向けての，1830年代のオーヴァーストーンおよびノ

ーマンについての，渡辺佐平氏の優れた通貨学派研究――「オーヴァーストーンのパーマー批判」および「ノーマンの通貨流通にかんする教義」（共に，渡辺佐平『地金論争・通貨論争の研究』1984年刊，に所収）――がある。参照されたい。

第2節 1844年銀行法の「第一義的目的」と「大原理」

さてオーヴァーストーンによると，「正貨支払」のための「地金準備(the bullion reserve)の有効な保護こそ[1844年]銀行法の第一義的目的(the primary object and purpose)であり」(第3648号A)，そして彼は，この目的は，「わが国の紙券(the paper money)の量を，金属通貨(the metallic currency)の量における変化がそうであるであろうその変化に一致させる[1]」という「1844年[ピール]銀行法の大原理(the great principle)[2]」(第3646号A)によって達成されるものと考える。そこで彼は，委員ウィルソンの質問[3]に対して次のように言う。「私は，1844年法の下では，…，正貨支払(specie payments)の維持は決して危険に曝されないということを言っている。これが，貴方[ウィルソン]の1844年[銀行]法への異議を許さない，私のその弁護(defence)なのである」(第3994号A)，と。そしてさらに彼は，「1844年[銀行]法の諸原理の，明確かつ強調的な私の擁護(maintenance)，そして金融制度(monetary system)の安全のためにそれら[諸原理]が絶対的に必要であるという私の宣言(declaration)は，まさに…事実に基づいている[4]」(第3895号A)，と。

ではオーヴァーストーンは，一体いかなる「事実に基づいて」，「地金準備の有効な保護」という1844年銀行法の「最終目的(final object)」(第3779号A)の必要性を知るに至ったと言うのであろうか？

彼によると，1819年銀行法に基づく兌換再開後のイギリス「金融法制(our monetary legislation)」には基本的な欠陥があり，その故に諸恐慌が繰り返されたのである。即ち，「1819年には現金支払が再び始められた。イングランド銀行券は何時でも兌換可能であると宣言された。しかしその兌換可能性を保証する方策は，イングランド銀行の運営に委ねられていた人々の自由裁量に残されたままであった。彼らの[運営の]指針のための，あるいは金融制度(the monetary system)の保全のための，明確な諸規定などは定められていなかった。法

律のこの状態の下で，3度の相継ぐ恐慌[―1825年，1837年，1839年の諸恐慌―]が勃発し，そしてその各々の恐慌は，地金の非常に少ない量(a very low amount)への減少，イングランド銀行券の兌換性に対する差し迫った危険，この問題についての普遍的な驚き，そして金融制度の一般的恥ずべき状態によって，特徴付けられていた」(第3648号 A)のである。

ところで「逼迫」時における銀行業者の対応の仕方は以下のようであった。即ち，「逼迫が発生すると，あらゆる銀行業者(―イングランド銀行も大規模な1銀行業者以外の何者でもない―)は，彼の顧客の要望を，ほどよくできる限り充たそうと望み，顧客の期待を満足させる。そうするために銀行業者は，彼が安全にそうし得ると考える限り，彼の銀行営業準備(banking reserve)を極度に使用し，彼がこれ以上にはそうし得ないことを知る時に，彼は彼の顧客への貨幣融通を引き締めねばならないか，あるいは顧客を援助する彼の資金を強化するために，他の有価証券を現金化しなければならない。これが事柄の自然な，そして明らかな経緯である。さて1844年法以前には，…イングランド銀行の準備(the reserve of the Bank of England)は[1844年法のようには]明確に定義付けられておらず，また無限定的であった。イングランド銀行は，その顧客への貨幣融通を銀行券の無制限な発行によって支える力を持っていた。私が銀行券の無制限な発行と言う時，銀行券に金で支払う最終的で究極の義務以外には，他のどんな制約によっても制限されていないということを意味している。イングランド銀行は，その銀行営業準備(banking reserve)の限界について困難が発生しないので，これ[銀行券の発行による貨幣融通]を行ない続け，そしてこの過程によってイングランド銀行に在る地金が，公衆の間に非常に大きな驚きとパニックを生み出す程度に減少するまで，イングランド銀行はその銀行券で前貸しをし続け，そこで公衆へのこの行動を通して矯正が何とかして行なわれた，がしかし何時でもではなかった」(第3895号 A)。

そこで例えば「1825年の大恐慌」(第4182号 A)について，オーヴァーストーンは次のように「分析」する。「1821年8月，イングランド銀行の外部に在るイングランド銀行券は20,295,000ポンド，1825年8月19,398,000ポンド。ここでは1821年と1825年との間に銀行券の明らかな減少，およそ1,000,000ポンドがある。しかし1821年8月の5ポンドおよびそれ以上のイングランド銀行券は

17,747,000ポンドで，その時に5ポンド以下のイングランド銀行券は2,548,000ポンドであった。1825年8月の5ポンドおよびそれ以上のイングランド銀行券は19,000,000ポンドであったが，5ポンド以下のイングランド銀行券は396,000ポンドに減少された。そこで公正かつ公平に分析する場合には，計算は，実際に約1,250,000ポンドのイングランド銀行券の増加を示すこととなる。事態のこの経緯は，イングランド銀行に在る地金の全くの枯渇に終わった，ということはよく知られているところである。…1825年8月の地金は3,634,000ポンドであった。仮に1844年［銀行］法の諸規定が当時効力を持っていたとすれば，国債に対して発行されたであろう銀行券は14,000,000ポンド，そして銀行券の総発行額は17,634,000ポンドとなったであろう。しかし当時イングランド銀行の外部に在った銀行券の実際額は19,398,000ポンドであった。」だから1844年法施行下での「発券額を超えて，2,000,000ポンド近くの銀行券をイングランド銀行の外部に持っていたのである。」事実「1825年春…ハスキッソン氏（Mr. Huskisson）は，当時，為替が不満足なそして不安定な状態であると公衆に力を入れて警告したが，しかし彼のこの警告は風の音のように省みられないまま無視されていた」（第4182号A）。そしてこれにさらに地方銀行券の発行と投機とが加わったのである，と。

ただし「1825年における地方［銀行券］発行の，この瞬間の，公式の報告はない」（第4183号A）ので，彼は，1824年と1826年の間に地方銀行券の発行は2倍になった，イングランド銀行券は1824年から1825年に8％の増加であったが，地方銀行券はおよそ33％の増加であった，あるいは地方銀行券でわが国は水浸しになり，1824年6月から1825年10月までに鋳貨および地金10〜12百万ポンドが流出した，等々という，リヴァプール卿（Lord Liverpool），ランスドゥーアン卿（Lord Lansdowne），アシュバートン卿（Lord Ashburton），その他の，イギリスの諸「権威」の発言や推定を，さらにはフランス銀行副総裁による推定までも引き合いに出して，地方銀行券の乱発を示そうとする（第4183号A）。

そしてオーヴァーストーンは，通貨主義の立場に立つ[4)]委員ウッド（Sir Charles Wood）との質疑・応答の中では，名指しでトゥック（T. Tooke）を次のように論難する。「誰もが知っているように，そのとき［1819年に］，現金支払（cash payments）の再開が制定された。ロバート・ピール卿が，それによって

わが国の貨幣にその真の価値を回復させたあの法律を提出したのがその時であった。さて，1844年[銀行]法の反対者である一団の人々は，1819年[銀行]法への断固とした賛成と支持とを声高に誇っていた。私には…彼らに幾つかの疑問を投げかけることが許されるべきである。彼らはどんな原理に従って1819年[銀行]法を支持し，1844年[銀行]法を拒否するのか？トゥック氏はどんな原理に従って1819年法には賛成するのか？」（第4181号 A），と。

まさにそこが問題なのであり，そしてこの見解の相違は，この「銀行法特別委員会」での委員ウィルソンとオーヴァーストーンとの次ぎの質疑・応答にも現われている。

「貴方は1844年法の主要原理は，紙券量の変化を金属通貨の変化に一致させることであると理解し，貴方は，銀行券の兌換性だけでその目的を成し遂げるであろうという見解ではないと述べていましたね」（第3874号 Q）——「はい。確かに。限りない例証で満ちているわが国の歴史上の経験は，そういう見解と直接矛盾しています」（第3874号 A）。

「投機が助長されたのは，もし発券銀行が銀行券を発行しなかったとするならば，彼らが与えなかったであろう彼らの銀行券を通じて，発券銀行によって与えられた思慮のない大胆さの結果であった，と貴方は考えているのですか」（第3988号 Q）——「1783年の恐慌をもたらしたもの，そして1797年の恐慌をもたらしたものは，地金が流出していながら紙券を収縮するのに手抜かりがあった，という意味です。1825年の恐慌をもたらしたもの，そして1833年から1837年のそれも，かなりの程度までは，通貨(circulation)の量の明白で絶対的な増加であったこと，そしてそれらのいずれの一つにおいても，地金が流出したときに紙券の減少がなかったことが，これら恐慌の直接の本質的な(intimate)原因であったということを，私は言いたいのです。そして1844年[銀行]法は，その原因から生じるこれらの弊害(evils)が再び繰り返し得ることを不可能にしたのだと私は言いたいのです」（第3988号 A）。

「とすると，[恐慌に先立つ]これらの投機の時期が助長され，そこから生まれる有害な結果が創り出されたのは，銀行券から独立な，資本の前貸し(advance)[＝銀行の貸付]によるよりも，むしろ銀行券の発行によったのだとい

うご意見ですか」(第3990号 Q)——「どんなに大きな災害(mischief)も資本の現実的な前貸し(the real advances of capital)によって助長されたり，または創り出されたりしたとは考えません」(第3990号 A)。

「貴方が言及した恐慌のうちの幾つか，特に1825年の恐慌においては，銀行業者達の間での倒産(failure)が，預金銀行の間でも，発券銀行の間と同じく沢山あったということをご存知ですね」(第3991号 Q)——「はい。両種の銀行の非常に広汎な倒産がありました」(第3991号 A)。

「事実の点で，発券銀行ではないロンドンの銀行によって恐慌が始まったということをご存知ですね」(第3992号 Q)——「それは充分に可能です」(第3992号 A)。

「その場合，恐慌は思慮のない資本の前貸しによって惹き起こされたのであって，銀行券の発行へのどんな行為によっても惹き起こされたのではないのです」(第3993号 Q)——「今私は，地金の枯渇について話をしているのです。思慮のない銀行業務(banking)の程度がどんなであっても，あるいは商業上の倒産の程度がどんなであっても，もしも1844年銀行法が施行されていたならば，地金が1825年に生じた少なさ(diminution)にまで曝され得たであろうということは不可能であったでしょう」(第3993号 A)。

ここでウィルソンが言っている「資本の前貸し」とは貨幣貸付資本である「銀行営業資本(banking fund)[5]」の「貸付」という一般的な意味での銀行業者の「前貸し」に他ならない。そして彼によれば銀行券が，その保持者の随意でしかも即座の，つまり「要求次第(on demand)」の正貨支払である限り，銀行券の過剰発行によるその減価などあり得ないのである[6]。

ところがオーヴァーストーンは，上の第3990号 A のように，銀行業者の「前貸し」を，資本一般の「前貸し」と「同一視[7]」し，したがって銀行業者による「資本」の「前貸し」を現実資本[8]の「前貸し」に置き換えて答えていく。そして彼は，「わが金融制度の安全性」は，「わが地金準備の維持(the maintenance of our bullion reserve)」に「依存している」(第4014号 A)にも拘わらず，地金が流出し減少している時に，銀行業者が銀行券を発行したところに問題があったのであり，だから「わが国の紙券が量において，地金における変動と一致して変動することを，有効に確保するような規制を打ち立てること」

（第3779号 A）が必要になるのであって，だからこの「1844年［銀行］法は，正貨支払にとっての一定の保証（a certain security for specie payments）として地金準備の保全に排他的に向けられている」（第4013号 A）のである，と主張する．

1） 「それ［1844年銀行法］の最終目的（the final object）は，わが国の紙券（the paper money）が量において，地金の変動に一致して変動することを，有効に保証するような規制を打ち立てることである」（第3779号 A）．
2） 彼によると，この「大原理」以外の1844年銀行「法の，その他の全ての規定（provisions）は，この大原理を成し遂げる補助的なものなのである」（第3646号A）．したがって一般的に考えられている「1844年の銀行法の主要諸原理」——即ち，「イングランド銀行についていえば，…有価証券［公債］に対する発券1400万ポンド，それを超えては地金に対する発券という限度，並びに［発券業務と銀行業務とへの］業務部局の分離（separation of departments）」という「3つの主要諸原理（the three main principles）」，そして「イングランドの地方銀行についていえば，ある時期までの地方銀行券の流通の平均に従ったその発券の制限ならびに新たな地方銀行の設立の禁止」（第3646号 Q）——は，オーヴァーストーンによれば，全て「補助的規定」に過ぎないのである．念のために言っておけば，これらの引用は，オーヴァーストーンとの質疑・応答第1日目の冒頭での，委員長とのやり取り——第3640号から第3727号——からのものである．
3） 委員ウィルソンと証人オーヴァーストーンとのやり取りは，彼に対する質疑・応答第2日目の，第3846号から第4014号までである．
4） Cf. *MEW*, S.569：訳，783ページ．因みに，委員ウッドのオーヴァーストーンに対する質問は，第4155号 Q から第4166号 Q までと，第4170号 Q から第4200号 Q までで，彼に対する質疑・応答の第3日目に行なわれている．
5） 銀行業者の信用によって「調達」・「創造」され，銀行業者によって貸付けられるこの資本を，ウィルソンは銀行の banking fund と呼んでいる．この点については，本書第2章第4節〔補注④〕を参照されたい．
6） この点については，本書第2章第2節を参照されたい．
7） この点については，本書第13章第1節，第4節，等を参照されたい．
8） なおオーヴァーストーンは，「貨幣は単に資本を獲得する特殊な道具（instrument）であるに過ぎない」（第3655号 A）と言い，他方，「資本」の「科学的定義に入っていくことは失礼ながら辞退したい」が，「単に私が『資本』で何を理解しているかの一般的指示を与える」というのであれば，「資本は，それによって取引が遂行される種々な商品から成り立っており，固定資本と流動資本とがある」（第3744号 A），と答弁している．

第5章　オーヴァーストーンの「1844年銀行法弁護」　171

〔補遺-1〕　1819年銀行法の「不備」と
イングランド銀行の発券「規則」の提案

　兌換を再開させた1819年銀行法には，イングランド銀行券の発行限度をイングランド銀行理事の「自由裁量」に任せたままにしたという「欠陥」ないし「不備」があるという「金融制度」についての認識は，ノーマンもまたオーヴァーストーンと共有している。そしてこの「銀行法特別委員会」でも，例えば，委員ウッドと証人ノーマンとの質疑・応答においては，1819年銀行法から1844年銀行法に至るいわば中間時点での，イングランド銀行総裁パーマーによる先駆的な発券「規則」の提案が取上げられている。そこでその点に簡単に触れておこう。

　委員ウッドは，まずノーマンが36年間イングランド銀行の理事であったこと(第3361号Q)，また理事に就任したのが1821年であったこと(第3363号Q)を確認した後，ノーマンがイングランド銀行に「関係した初期にイングランド銀行の発券がそれに従って規制された原理(principle)は何でしたか」(第3364号Q)と質問する。「残念ながら発券は何らかの種類の確定した原理に従って規制されてはいませんでした」(第3364号A)，「私が最初に入行した時に，イングランド銀行の指導的理事達によって保持されていた教義(doctrine)は，もしも彼等がある率での手形割引（一当時，割引は5％でというのが常でしたが一）で銀行券を発行するだけで，イングランド銀行の立場はそれがあらねばならないところのものであるに違いなかった，と私は考えます。私が知る限り，彼等がそれに従って行動する他の原理などありませんでした」(第3365号A)，というのがノーマンの答である。

　そこでウッドは，「ということは，もしも理事達が手形をある率で割引くならば，彼等はいくら発券しても構わないということですか？」(第3366号Q)，「貴方が理事になった後のある時期は，それ[『イングランド銀行券の不換性の時期に保持されていたのと同じ教義]が，銀行券の発行がそれに従って規制される唯一の原理，即ち，利了率に，そして手形の満期(échéance)に注意するというのが[唯一の原理]，と見なされていたのですか？」(第3369号Q)，と問い質す。そしてノーマンはいずれの質問にも「はい」と答え，そして次のように説明する。「当時イングランド銀行の指

導的理事達は，もしも銀行券の発行が商業上の適正な需要と見なされていたものによって求められていたのであれば，イングランド銀行は自分の意志を守りにくい立場には(in a false position)ありえなかったと考えていた，と私は思います。永年の間イングランド銀行は正貨支払(specie payments)という考査に曝されていなかったということが思い起こされねばなりません。1821年に，私が理事となる直前に，現金支払(cash payments)の完全な再開(the absolute resumption)が生じたと考えています」(第3370号A)，と。

このように質疑・応答の両当事者が，イングランド銀行の割引(つまり貸出)は，即イングランド銀行券の発行であるとした上で，1825年恐慌を悪化させる影響をもったのは，イングランド銀行券の発行であったのか，それとも地方銀行券の発行であったのか(第3375号Q)という問題に入っていく。いうまでもなくノーマンの答えは，オーヴァーストーンと基本的に同一で，「それ[銀行券発行]が恐慌を顕著に悪化させたということに私は疑いを持っていません。なんらかの状況の下で大きな災害(mischief)が生じたのであろうとは考えますが，しかし，市中発券銀行業者達(the private issuers)の行為，そしてある程度まではイングランド銀行の行為もまた，当時存在した弊害(the evil)を悪化させたと私は考えます」(第3375号A)。そして「イングランド銀行がより早期のそしてより積極的な[「地金流出に反作用する」]処置を採っていたならば，存在した災害は和らげられたであろうに」(第3376号A)，と考えているというものである。

ところで「1825年に生じた諸結果が，イングランド銀行の理事達の見解における何らかの変化へと導いて」ゆき(第3382号Q)，「ホースリー・パーマー(Horsley Palmer)氏によって，イングランド銀行の発券規制のために規則(rule)を採用するということが考えられるようになったのは」1830年頃でしたか(第3384号Q)と，委員ウッドは質問を続ける。「イングランド銀行の理事達によって一般的に，ともかく彼等の多くによって，確定した規則が採用されるべきであるということが，感じられていたと私は思います。パーマー氏，即ち当時の総裁が，この見解を強く持っており，そして彼は困難に対処するべき規則を案出する努力をしました」(第3384号

第5章　オーヴァーストーンの「1844年銀行法弁護」　173

A)。そしてその「規則とは，銀行券の何らかの増減を預金または地金に従わせておいて，同じ瞬間に有価証券(securities)は出来るだけ精密に(nearly)維持されねばならない，というものでありました」(第3386号A)。「それはパーマー氏の大きな功績であったと私は今も考えており，それは原理に充分に適った，そして以前に存在していた規則の全くの欠如を取り除く，何らかの計画を案出するための重要な一歩でありました」が，しかし「有価証券は変動してしまい，規則は維持されることが出来ませんでした」(第3388号A)，とノーマンは答える。

　このようにノーマンは，委員ウッドとの質疑・応答の中で，兌換再開後のイングランド銀行には，その理事達が銀行券を発行する際に従うべき確定した「規則」ないし「準則」が「全く欠如」しており，パーマーの提案は1819年銀行法の「不備」を補う方向への「重要な一歩であった」としているのである。

〔補遺-2〕　イングランド銀行の不動産担保貸付と投機との関係について
　ノーマンはオーヴァーストーンと同様に，恐慌に先立つ投機を銀行券の過剰発行に結びつけるのであるが，委員スプーナー(Spooner)のノーマンに対する質疑・応答の中には，1825年恐慌に先立つ投機，特に「南アメリカ鉱山」投機との関連で，1821-22年当時におけるイングランド銀行の不動産担保貸付のことが取上げられている。
　ノーマンは，この投機における不動産抵当貸出の役割を否定していくのではあるが，上述の本文で取上げた1825年恐慌に先立つ投機の問題でもあり，またイングランド銀行における当時の貸出業務の一端を知る上で興味をひく問題でもあるので，委員スプーナーとノーマンとのやり取りを簡単に記しておくこととする。
　まず委員スプーナーは，ノーマンがイングランド銀行の理事に就任したのが1821年4月であること(第3568号Q)，1821年は「大きな窮境(the great distress)」であったこと(第3569号Q)，イングランド銀行理事会は長い間「不換通貨に従って行動することに慣れていたので，通貨が兌換された時にそれに従って行動されるのに必要な原理に，理事会は従っていなか

った」こと（第3571号Q）などを確認した上で，「貴方は議会で行なわれたこと，つまり1821年または1822年にイングランド銀行は，初めて，不動産抵当で貨幣を貸付ける(lend money on mortgages)ことを許されたということを，思い出せますか」（第3572号Q）と問い質す。ノーマンは，「不動産抵当での最初の貸付けを完全に覚えています。それは決して何か非常に大きな額ではありませんでした。しかし私はそれが法律上の制定の結果であったとは知りませんでした」（第3572号A）と答弁する。

委員スプーナーによると，「1821年か1822年に，わが国で当時非常に大きかった窮境を救うために，キャッスルリーグ卿(Lord Castlereagh)が3つの法令(measures)を提出したのであり，それらの直接の効果はイングランド銀行の銀行券発行を大いに拡大することであった。そしてそれら法令の第1がイングランド銀行をして…不動産抵当で貸出すことを可能にすることであり，次のものは，実際上は政府への期限付年金に対する(upon terminal annuities)貸出で，それは一般には重荷(the dead weight)と呼ばれているものを，イングランド銀行が引受けることであり，そして第3が，不換銀行券発行の，1819年法が試みたよりもおよそ2年間長い継続だった」（第3573号Q）のである。

これに対しノーマンは「イングランド銀行が不動産抵当で貸出すことが出来るように，何らかの特別の法的規定が採用されたという記憶はない」が，「イングランド銀行が重荷を引受けたことも完璧に記憶している。しかしそれがイングランド銀行に特に適用される何らかの法立上の制定の結果であったとは知りません」（第3573号A），と法的措置については否定する。

そこで委員スプーナーは質問の焦点を実質的な点に移していく[1]。「イングランド銀行に不動産抵当で貨幣を貸付ける権限を与えること，そしてその権限に従ってイングランド銀行が活動することは，イングランド銀行の発券(circulation)を増大する傾向とはならなかったとお考えですか？」（第3575号Q），と。そしてノーマンは，「ある程度までは。しかし，それは全く取るにたらない程度のことです。イングランド銀行は不動産抵当ではおよそ1,100,000ポンド以上には決して前貸し(advance)したとは私は考

第5章　オーヴァーストーンの「1844年銀行法弁護」

えません」(第3575号A)と，数字を挙げて答弁する。

　さて問題はこの110万ポンドの不動産抵当貸出と1825年恐慌前の投機との関係である。

　そこで，これら3つの法令には，「あらゆる種類の驚くべき量の投機が，特に南アメリカ鉱山での投機が直ちに続き，そしてわが国はその時から1825年まで熱狂的に突っ走ったのが，事実ではなかったのでは」(第3576号Q)，と委員スプーナーは質問する。しかし，「1823年までは投機の精神などは存在せず，興奮の最大の時期は1824年と1825年であった」(第3577号A)というのが，ノーマンである。したがってここでも，質疑・応答は事実認定を巡って噛み合わないのではあるが，ノーマンも，スペイン領アメリカでの投機という事実は次のように認めていく。「物価はある時期非常に低く，それが次第に上昇し，そしてわが国は好景気となっていく。そのころスペイン領アメリカとの貿易は，大きな利益が得られそうだと思われた。そこでメキシコ鉱山の再開となった。一定の期間，わが国を犯すある種の伝染性の病が生じた」(第3579号A)，と。

　そこで委員スプーナーが，「イングランド銀行は現在不動産抵当で貨幣を貸付けますか？」(第3581号Q)と問い質すと，ノーマンは，「いいえ，われわれはかなりの期間不動産抵当で貨幣を貸してはいないと思います。われわれの不動産抵当は既に減らされています。われわれは現在は非常に僅かな額しか持っていません」(第3581号A)，例えばドックに対する貸付けも，「企業(corporation)に貨幣を貸付けている」(第3582号A)のであって，「不動産抵当のような担保で個人(private persons)に貨幣を貸すことはしていません」(第3584号A)，と答える。

　いずれにせよ，1819年から1821年にかけての兌換再開の過程が「大きな痛み(distress)」を伴ったこと，そしてこの過程でイングランド銀行もなお不動産担保で貸出をしていたこと，そして「現在」ではそれは行なわれなくなっている[1]ことを知ることが出来る。

---

1)　とはいえ，委員スプーナーは，「キャッスルリーグ卿は，1819年法は原理的には正しいけれども，余りに急速に実施され，窮境が非常に大きくそれを緩和するために

何かが成されなければならないと下院で演説し，あの窮境を緩和するという差し迫った目的のためにこれら3つの法令を持ち出したということを，貴方は御存知では？」(第3580号Q)と，質問を繰り返している。
  2) ウィルソンは既に『エコノミスト』誌(1845年3月29日)上で,「不動産抵当は適正な銀行貸出担保としては，いまでは一般的に拒否されるものとなっている」と指摘している。この点については，本書第3章第1節，第2節，等を参照されたい。

第3節 「貨幣量」と「貨幣の価値」に関する「理論」

ところで，「正貨支払の維持」のための「地金準備の有効な保護」(第3648号A)のために,「紙券の量を金属通貨の量の変化に一致させる」(第3646号A)法規制が必要であるという，オーヴァーストーンの1844年ピール銀行法の「弁護」(第3994号A)には，実は，2つの「理論」的前提が置かれている。1つが「貨幣量」と「貨幣の価値」に関する「理論」であり，いま1つが「紙券」に関する「理論」(および，それと表裏の関係にある平板な銀行業論)である。

そこでまず，第1の「理論」から見て行くこととしよう。

オーヴァーストーンによると，「純粋金属通貨」の場合には，たとえ地金の流出が生じても，その一定の段階で流出が停止する内的メカニズムが存在する。そのことを，彼は既に1840年に次のように説明している。「金属通貨は決して流出し尽くされ得ないであろう。なぜなら[地金の]流出が進んでいくと，減少した[金属通貨]量が通貨のたえざる価値増大を生み出すであろうからであり，そして利子率や信用状態やそして価格へのその[通貨の価値増大の]影響によって，流出のある進行段階で確実に金流出を停止するであろうからである[1]」，と。そして彼はこれを受ける形で，この「銀行法特別委員会」では，次のように述べている。「わが国の紙券(the paper money)は，1844年法の下では，金属通貨(a metallic circulation)に正確に量で一致し，したがって価値で一致する。これら[通貨]の量の変動は，そしてただ純粋金属通貨(a purely metallic circulation)の下で起きるであろうこれらの変動が，1844年法によって規制されたような，金貨と紙券とのわが現在の混合通貨(our present mixed circulation of gold and paper)の下で起き得るし，また起きるであろう」(第3648号A)，と。

だから彼によれば，1844年銀行法の「大原理」が正確に実施されるならば，現

在の「混合通貨」制度の下でも，地金の流出は，「純粋金属通貨」制度の下でと同じように，その一定の段階で停止することとなる筈なのである。

その点を彼は，この「大原理」に従った「1844年[銀行]法の効果」として次のように敷衍する。即ち，「イングランド銀行券，別言すれば，わが国の貨幣は，地金流出が進むにつれて減少するに相違ない。[そして]その価値の増加[2]は2つの影響を作り出すに相違ない。1つは，それ[価値の増加]が，イングランド銀行がそれに一致させなければならない利子率における一時的な上昇の原因となる。いま1つは，それが，この国の地金商達(the bullion merchants)に，彼らの海外の取引先(correspondents)に，『他の全ての商品との関連で，貨幣がこの国ではこれまでそうであったよりもより高くなったので，われわれとの取引では，他の商品に優先して貨幣を送れ』と書き送らせる。このようにして為替相場が間もなく是正される」(第3651号A)，と。

では「地金の流出」によって「減少」するという「わが国の貨幣」の量は，そもそもどのようにして決まるのであろうか？ オーヴァーストーンによると，「いかなる国であれ，その国の取引(transactions)調整のためにその国が所有している貨幣量は，いかなる法律の，ないしはいかなる特定の組織(body)の，制御(control)の内にもない事柄(matter)であって，それは，世界貨幣(the money of the world)のある一定量をそれぞれの国に割当てる世界の大きな出来事(events)によって決定される。[そして]これらの諸法則がわが国に貨幣の一定量を割当て，そしてそれは立法府(Legislature)の制御を全く超えている[3]」(第3690号A)のである。

しかも彼は，「世界貨幣のある一定量」が「物々交換」の法則に従って各国に「割当てられる」と言う。即ち，「事物の自然の状態においては，世界貨幣は世界の異なった国々の間に，一定の諸比率で配分される。そしてこれらの諸比率は，その配分の下で，ある1国と世界の他の全ての国々との間の交易(intercourse)が共同で物々交換(an intercourse of barter)となるであろう比率である。しかし攪乱的な諸事情がその配分に影響することを生じさせるであろうし，またそれらの諸事情が生じる時には，ある与えられた国の貨幣のある部分が他の国々に消えていく。消え去っていくその経過中には，若干の小さな不便や逼迫があるが，しかしそれは事物の調整(rectification)のために必要な不便や逼

迫であり，それゆえそれは有益であり，また実際に不可避である。事物の適正な(proper)規制の下では，その逼迫はほんの軽微なものである。逼迫に作用する原因の性質に従って，もちろん多かれ少なかれ軽微であり，その原因がどんなものであれ，その原因は矯正されなければならず，そしてより早期に矯正処置に訴えるならば，逼迫や不便はそれだけ少ないであろう」（第3745号 A），と。

そしてこれが，オーヴァーストーンの，「対象に関する基本的(elementary)な見解[4]」（第3745号 A)なのである。

〔補注〕「オーヴァーストーン理論のルーツ」

1858年5月15日付の『エコノミスト』誌の「書評(Literature)」欄で，James Maclaren の著書——*A Sketch of the History of the Currency: comprising a brief Review of the Opinions of the most Eminent Writers on the Subject.* London, 1858—— が，高い評価で大きく取上げられ，「オーヴァーストーンの理論の根底にある(at the root)通貨についてのこの見解」として，リカード「貨幣理論」が，スミスのそれとの対比で紹介されている。

マルクスは，『経済学批判要綱』のほぼ末尾の部分に，「マクラーレンは，次のように言っている」として，この『エコノミスト』誌の「書評」から2ヶ所を引用している[5]。そしてその１つには，「オーヴァーストーンの理論の根底にある(at the root)云々」という文言が引用されているが，しかし『エコノミスト』誌のこの文言は，マクラーレン自身のものではない。彼の著書では，「読者は，オーヴァーストーン卿の諸見解が，リカード氏のそれらと非常に類似していることを知るであろう。云々[6]」となっている。念のために。

なお，マルクスは，「『エコノミスト』誌がそれについてやっている大騒ぎを見れば，また僕自身が読んだ抜粋によれば，これを知らないで先に進むことは僕の理論的良心が許さない。」しかしマクラーレンのこの本は「９シリング６ペンス」もするので，「この金額を郵便為替で送ってもらえるとありがたい[7]」と，1858年5月31日付でエンゲルスに無心の手紙を送っている。ここで「僕が読んだ抜粋」と言っているのが，『要綱』に書き抜かれている『エコノミスト』誌の「書評」を指しているものと思われる。

第5章　オーヴァーストーンの「1844年銀行法弁護」　179

　では，この「物々交易(an intercourse of barter)」ないしは「物々交換(barter)」は，「世界貨幣」の「一定部分」をどのようにして各国に「配分」するというのであろうか？オーヴァーストーンによると，「商品の交換」にとっては(第3790号Q)，「物々交換の状態がいかなる時にも真の状態(the real state)である。貨幣はその物々交換を営む手段に過ぎず」(第3790号A)，「諸外国とのわれわれの諸取引(transactions)」(第3791号Q)をも含めて，「全ての取引は根底において(at the bottom)物々交換であり，またそうであるに違いない。それらは物々交換以外のいかなるものでもあり得ない」(第3791号A)のである。
　むろん「貨幣の存在が物々交換の取引を遥かに便利にしてはいるが，しかしそれは根底にある事柄を本質的に変更してはいない。商品は商品と引き換えに与えられねばならない。これが主題の根底でなければならない」(第3792号A)。オーヴァーストーンはまた，貨幣の必要性を認めて次のように言う。「何かある1つの一般的等価物(some one universal equivalent)が，全ての国々によってかかるものとして選ばれているべきであるということは，文明社会の諸関係を営むためには必要であり，そして貴金属がその特性で選ばれ採用されている[8]。そこで異なった国々の種々な諸条件が世界の貴金属の一定部分をそれぞれの国に割当てて，そして活動の目的のためにそれぞれの国々に一般的等価物として割当てられた部分が，その国の貨幣なのである」(第3819号A)，と。そして，この「一般的等価物の機能を遂行するのに特に充当されている地金も，ある程度までは，取引の1つの物品(an article)という一般的特質(the general character)から，それは貨幣として選ばれているが，しかし完全に自由に流出入する」(第4137号A)。だから「地金の輸出」(第3747号Q)は，ある国に割当てられている「世界貨幣を構成している貴金属の一定の割合を手放すこと」(第3747号A)，即ち，ある国の「貨幣の減少」となる，と言うのである。
　そこで彼の言うところを整理すると，こうなるであろう。海外との取引を含めて，「文明社会」で行なわれている貨幣に媒介された諸取引も，「根底においては」「物々交換の取引」であり，ある商品はその商品の等価物である別のある商品と引き換えに交換されるのであって，その「特性」から「一般的等価物という機能」を果たすこととなった「貴金属」(「地金」)も，この「物々交換」

における「取引の1つの物品」である。だから「世界貨幣」を「構成している」この「貴金属」も，ある商品はその商品の等価物である別のある商品(貴金属)と引き換えられるという「物々交換」の法則に従って，だから「物々交換の取引」量に応じて，それぞれの国に「一定の比率で配分される」こととなる。そしてこれが「事物の自然な状態」，即ち，「世界貨幣」の各国への「配分」の「均衡(equilibrium)」(第4032号A，第4111号A)の状態なのである。しかし地金がある国の「貨幣」となっても，地金の流出入は「取引の1つの物品」として自由であるから，この「均衡」が「攪乱される」ことがある。例えば，わが国から「地金が流出」すると，「根底において」「物々交換の取引」量に応じて「配分」されていた「一般的等価物」である「貨幣」が「減少」することとなるが，わが国に「残っている貨幣の価値」(4064号A)の増大によって，やがては地金が流入することとなり，不均衡は是正されるというのである。

ただし，「貨幣」が「減少」する場合に「増加」する「貨幣の価値」は，上述のように，「2つの影響を作り出す。」そしてその1つは，「他の全ての商品との関連で」「貨幣の価値」が増加して「より高価になる」(第3651号A)という「影響」であり，いま1つはイングランド銀行「利子率の一時的な上昇」という「影響」である。だから，第1の意味での「貨幣の価値」とは，事実上「貨幣の購買力」でなければならない[9]。

そこで仮に，増加する「貨幣の価値」が，第1の意味である「購買力」を指すものとすると，「貨幣の価値」が減少して物価が上昇し，輸入が増加すると，その支払のために地金が国外に流出して国内の貨幣量が「減少」する。すると今度は「貨幣の価値」即ち「購買力」が増大し，国内の物価は下落する。即ち，「もはやわが国に商品を送ることが有利ではないほどに，わが国の貨幣は価値において増大され，…[世界]貨幣はわが国に送るべき最良の送金手段[となる]。そこでこれによって地金の貯蔵(store)が直ちに補充される」(第3649号A)。そしてオーヴァーストーンによると，「これが，世界を通じての貴金属の交換(interchange)に関する問題について書かれてきた，いずれの権威によっても認識され承認されている原理の働きからの，単純な結果なのである」(第3649号A)。

しかし委員スプーナーにとっては，このような「原理の働き」は必ずしも「単純」ではない。「どのようにして地金が[わが国に]入ってくるのか」(第

4029号Q)と，彼は質問する。というのは，地金を送るのが「最善の送金手段である」と言ったところで，「他の国々は[わが国に]支払うべき地金など持ってはいないのでは？」(第4031号Q)と考えるからである。

ところがオーヴァーストーンによると，「貨幣の価値」が増大すると言っても，それは「単なる相対的価値の問題(a mere question of relative value)に過ぎない」から，「世界における他の全ての国々がわれわれに送るべき地金を持っていないという状態にはあり得ない」のである。ある国には，「世界の異なった国々を通じて相対的割合で(in relative proportions)配分された貨幣の一定量が存在する」のだから，「その割合が何らかの関係である与えられた国で乱されると，その国における[貨幣]不足を補充するために，他の国々から貨幣を引き寄せる傾向が生じる」(第4031号A)のである。

では貨幣の「単なる相対的価値の問題」とは何を意味するのであろうか？「国内流通の全目的にとっては，紙券(paper currency)は，それが兌換可能である限り，鋳貨と価値では全く同一であるに相違ないのでは？」(第3878号Q)という委員ウィルソンの質問に対して，オーヴァーストーンは次のように答える。「疑いもなく[国内では]そうであるに違いないが，しかし，1844年[銀行]法の大原理は，世界における他の全ての国々の通貨との関係での，この国の通貨の価値(value of currency)の問題に係わっているということを，別言すれば，大原理は為替の状態に影響する…事情や事柄に係わっているということを，想起しなければならない」(第3878号A)，と。したがって増減する「貨幣の価値」とは，「他の国々の通貨との関係で」増減するわが国通貨の「相対的価値」であって，結局，それは為替相場に示される「貨幣の価値」であるというのである。

またオーヴァーストーンは，1844年銀行法と1847年恐慌との関連についての，委員ヒルドヤードとの質疑・応答でも，「わが国の貨幣は当時[1847年春]，他の国々の貨幣との関係で減価(depreciate)しており，しかもその減価を是正する手段がとられないとすれば，貨幣は無限にわが国から出て行き続けたであろうに」(第4062号A)，と述べている。そしてこの場合にも「貨幣の価値」は，やはり「他の国々の貨幣との関係で」捉えられ，その「減価」(第4063号A)が言われているのであるが，しかし委員ヒルドヤードは，この「減価」した「貨

幣の価値」を，第2の意味つまり「利子率」と理解し，したがってこの意味での「貨幣の価値」の「減価を是正する手段」を，「イングランド銀行によって課せられた利子率」(第4064号Q)の引上げの問題として，質疑を続けていく[10]。

ところで「貨幣の価値」の，この第2の意味——即ち，利子率ないしは割引率——の場合には，オーヴァーストーン独自の利子率変動論が絡み合ってくる。

彼によると，「利子率における変動(fluctuations)は，2つの原因のうちの1つから，即ち，資本の価値における変化(alteration)からか，あるいは，わが国における貨幣量における変化(alteration)から，生じる」(第3653号A)。あるいは次のようにも言う。「割引率(the rate of discounting)は貨幣の価値(the value of money)であり，これは2つの事柄の1つによって規定される。一般的に，その大きなそして長期の(permanent)変動の全ての場合には，それは実際に資本の価値(the value of capital)における変化であり，その小さな(minor)——程度についても持続期間についても小さな——変動の若干の場合には，それは貨幣量における減少(decrease)の結果であろう。利子率における全ての大きな——程度についてか，あるいは持続期間について大きな——変動は…実際に資本の価値における変化の結果である。わが国における貨幣量におけるいかなる変化から生じる利子率における諸変化も，それらは，規模についてもあるいは相対的持続期間についても，非常に小さい。それらが非常に頻繁であるということは，…実際にはそれらの有用性(utility)のまさに最も重要な性質である。わが国における貨幣量における変化(changes)によって作り出される利子率における変動は，実際的には綱渡り師の絶え間ない振幅(oscillations)のようなもので，それによって明らかに，彼は彼の状態のバランスを乱されないように保っているのである」(第3652号A)，と。

このように，第2の意味での「貨幣の価値」とは，事実上，利子ないし利子率のことであり，したがってこの場合の「貨幣」とは，「貨幣市場における貨幣[11]」つまり貨幣貸付資本，マルクスの言う moneyed capital[12] に他ならない。そしてオーヴァーストーンが，「世界貨幣」の各国への「配分」の「均衡(equilibrium, balance)」の確保にとって重要と考えているのは，貨幣量の増減の結果としての利子率ないし割引率の，「程度についても持続期間についても小さな変動」の方なのである。

第5章　オーヴァーストーンの「1844年銀行法弁護」　183

　だからオーヴァーストーンは，この「小さな変動」の「有用性」を再三にわたって強調する。「貨幣量における変化から生じる利子率の頻繁な細かな変化は，極めて有用(useful)である」（第3718号 A)。あるいは，「貨幣量における変化と直接に関係する[利子率ないし割引率の]単なる変動に関して言えば，その変動が非常に頻繁であることは恐らく真実であるが，しかしその変動は程度において非常に小さく，そしてそれらの頻繁性は…その変動の有用性の非常に本質的な原理である。地金についての流出が始まるまさにその時に，その変動が開始するということ，そしてまさにその瞬間に開始することによって，その変動が地金の流出を適度な限度内に制限するということ，これがその変動の非常に決定的な原理である。その変動発生の頻繁性がその変動の有用性の非常に決定的な原理である」（第3782号 A)，と。

　ただし彼は，上述のように「割引率は貨幣の価値である」（第3652号 A)と言いながら，他方では，「貨幣の価値」とイングランド銀行利子率とを次のように区別する。即ち，「わが国における貨幣量の減少(decrease)が，残っている貨幣の価値を引上げ(raise)，そしてイングランド銀行がその利子率を単に任意の行為(an arbitrary Act)によって上げる(raise)のではなく，イングランド銀行は貨幣量の減少があるという公衆の確信(conviction)によって作り出された貨幣の増大された価値(increased value)に[その利子率を]一致させるのである」（第4064号 A)，と。そして公衆が「確信」するこの「貨幣の価値の増大」とは，公衆の「貨幣不足の一般的な感触(feeling)」（第4029号 A)という場合の「貨幣」と同様に，この「貨幣」は「貨幣市場における貨幣」を意味し，したがってその価値の「増大」は，結局「貨幣市場」での利子率ないし割引率の増大を意味するのであるが，後述するように，「公衆」は「イングランド銀行の銀行部の準備の増減によって…貨幣量の増減」（第3839号 A)を知るとオーヴァーストーンは言うのであるから，この問題はまたイングランド銀行業務の2部局への「分離」の問題と係わって行くこととなる。

　1) Samuel Jones Loyd, *Thoughts on the Separation of the Departments of the Bank of England*, 1844; in *Tracts and other Publications*…, ed. by J. R. M., *op. cit.*, p.250-251; cf. p.244-245. なおこの冊子 *Thoughts on the Separation*… は，1840年に「私的頒布のために」(*ibid.*, p.239)，「私家版」（「私的に出版されたパンフレッ

ト*」)として刊行されている。

  *Cf. A Catalogue of Books on British Banking and Currency, 1992, p.26-27. 武蔵大学図書館刊。

2) なお彼は、「残っている貨幣の価値を引上げる」(第4064号 A)と言い直している。

3) しかし、ある国に「割当てられた貨幣量のうちの、どれだけの割合(proportion)が公債を引当に発行された紙券で、またどれだけの割合が地金に対して発行された紙券であるかを決定することは、立法府の力の範囲内である」(第3690号 A)。だから、1844年銀行法によって、イングランド銀行券の発行は、「有価証券に対する発券1400万ポンド、それを超えては地金に対する発券」(第3646号 Q)に限られるという同法の「補助的」(第3646号 A)規定が設けられたのだ、と言うのである。

4) オーヴァーストーンのこの「基本的な見解」に、マルクスは手稿では、「旧いリカードの排泄物(Scheisse)」(*MEGA*, S.492)と汚い言葉で表現している。エンゲルスは『資本論』では、内容に即して、それを「旧いリカードの貨幣理論(Geldtheorie)」(*MEW*, S.445：訳、612ページ)に改めている。

5) *MEGA*, II／1・2, S.738-739：高木幸二郎監訳、IV、850-852ページ。

6) Maclaren, *op.cit.*, p.193.

7) *MEW*, Bd. 29, S.329-330：岡崎次郎訳『往復書簡集』上巻、91-92ページ。

8) 「物々交換」から出発し、貨幣を商品の価値の「等価物」として捉える限りでは、本書第1章第2節で見てきたように、オーヴァーストーンとウィルソンとの間に相違はない。この両者に共通する貨幣把握の出発点(「物々交換」)を批判するのが、委員ケイリーである。なお本書第13章第2節の〔補注〕も参照されたい。

9) 「『第4112号。貨幣がこの国から出ていくのにつれて、この国にある[貨幣の]量が減少する。この国に残る[貨幣の]量のこの減少が、その貨幣の価値の増大を作り出す。』〔このことは、彼の理論においては本源的には、諸商品の価値と較べての貨幣としての貨幣の相対的価値における、(通貨(Circulation)の収縮による)、増大である。だからこの場合には、貨幣の価値におけるこの増大は、イコール諸商品の価値における減少(decrease)である。しかし、その間に、流通している貨幣の量が価格を規定するのではないことが彼[オーヴァーストーン]にとってすら異論の余地ないように証明されたので、いまや、通貨(currency)としての貨幣の減少(Verminderung)が、利子生み資本としての、即ち、貨幣貸付資本としての(als Zinstragendes Kapital, als monied Capital)、その[貨幣の]価値を、だから利子率を、増大させるというのである〕」(*MEGA*, S.588；*MEW*, S.525：訳、721ページ)。

10) なお委員ヒルドヤードの質問(第4061号 Q から第4124号 Q)は、委員スプーナーの質問(第4023号 Q から第4060号 Q)に続いて行なわれている。

11) 「われわれは貨幣市場における貨幣を、少なくとも通常は、所有者が充用することを望んでいない当座の貯蓄(the current savings)の額、そして1つの充用から別の充用への移動の状態にあるような資本の額を表わしていると考えなければならない。読者は、貨幣市場で貨幣と呼ばれているものは、通貨ではなくて、貸出力(the

power of lending)であるということを想起するであろう」(Maclaren, op.cit., p. 238-239)。そしてそれを，マクラーレンは別の個所では，「貸付可能資本(loanable capital)」(ibid. p.301, 333)と呼んでいる。
12)「利子生み資本(moneyed Capital im englischen Sinn)」(MEGA, S.505 ; MEW, S.458 : 訳，629ページ)。前注9)では，マルクスはZinstragendes Kpitalをmonied Capitalで言い替えている。なお本書第10章を参照されたい。

〔補遺-3〕「資本の価値の変化」による利子率の「大きな変動」
　「貨幣の価値」が利子ないし利子率を意味し，その「長期の大きな変動」は「資本の価値における変化の結果である」(第3652号A)というのであれば，貨幣貸付資本の価値である利子(率)が「資本の価値」の変化から生じるということとなり，原因となる「資本」とは何であり，またその「価値」とは何を意味するのかという新たな問題が生じることとなる。そして原因となるこの「資本」が，貨幣貸付資本から区別された機能資本を意味するのであれば，「資本の価値」とは機能資本の利潤を意味するはずであり，したがって利子率は長期的には利潤率によって規定されると言っているに過ぎないこととなる[1]。
　しかしオーヴァーストーンにとっては，この「資本の価値の変化」による利子率の「長期の大きな変動」論は，1844年銀行法施行後の高利子率批判に対する反論として役立てられる。
　そこでその点を，委員長との質疑・応答から見ていこう。「現在，[1844年銀行]法の施行に対する主たる実務上の反対は，割引率における[頻繁な]変化についてと割引の高い率についてであり，公衆はそれらをこの法律の施行に帰そうとする傾向があります。既に貴方は，第1に，割引の高い率は必ずしも弊害(evil)ではないという意見を，そして第2に，それはこの法律の施行に帰せられるべきではないという意見を，表明していますね？」(第3718号Q)という委員長の質問に対して，オーヴァーストーンは次ぎのように答弁する。「…割引率の大きな上昇に関して言えば，それは資本の増加された価値に全く由来するできごとで，そしてこの資本の増加された価値の原因を誰でも全く明晰に発見しうるものと，私は考えます。この法律が施行してからの13年間に，この国の取引は45,000,000ポンドか

ら120,000,000ポンドに増加したということに既に言及しました。…誰か,このように恐ろしく大きく増加した取引を遂行するための資本に対する膨大な需要を考えて御覧なさい,そして同時に誰か,その大きな需要がそこから供給されるべき自然の源泉,即ち,この国の年々の貯蓄を考えて御覧なさい。そしてそれ［貯蓄］は 3 - 4 年も［クリミア］戦争という利益を生まない支出に消費されてきたのです。私の驚きは利子率が現にそうであるよりも遥かに高くないということである,あるいは別の言葉で言えば,私の驚きはこれらの恐ろしく大きな活動を遂行するための資本に対する逼迫が,貴方が現に見てきたよりも遥かに切迫していないということであると,告白します」(第3718号 A),と。

だからオーヴァーストーンも,1844年以前に較べて,それ以降では割引率ないし利子率が高くなっているという「事実」を認めて,今度はそれを,「程度についても持続期間についても」「大きな変動」に分類し,したがってこの変化つまり利子率の上昇は,「資本価値の変化」つまり「資本価値の増加」によるもので,そしてその原因は,資本需要の増大に帰されるというのである。そしてそれは, わが国の取引額が13年間で2.66倍にも増大した結果であるのだから,この変化・利子率の上昇は「弊害」などではないのである。そこで彼は第3726号 A,第3781号 A においても繰り返し,イギリスにおける利子率上昇を資本需要増大に帰している[2]。

1） Cf. *MEGA*, S.484-485; *MEW*, S.434-435：訳, 597ページ。
2） なお委員ケイリーが,彼の最初の質問*である第3728号・第3729号で,「通常の」「平均の利潤率が 7 - 8 パーセント」の場合に,「割引率の変化が 2 パーセントから 7 ないし 8 パーセント」に上昇したとしたら,それは「利潤率に実質的な影響を与えるに相違ないのではありませんか？」と,利潤率と利子率との関係を問い質すのは,このようなやり取りの文脈においてである。しかしオーヴァーストーンは,この質問には正面からは答えず,「割引の意味とは何か？人はなぜ手形を割引くのか？」(第3729号 A)についての意見開陳に逃れていく。マルクスが手稿「補遺」部分で,オーヴァーストーンの答弁を引用しながら,「手形割引」の経済学的意味について解説を加えていくのは, このような文脈においてなのである(cf.*MEGA*,S.489-491; *MEW*, S.439-443：訳, 604-608ページ)。

　　＊因みに,委員ケイリーによるオーヴァーストーンに対する第 1 日目の質問は,第3728号 Q から第3842号 Q までである。

〔補遺-4〕「高利禁止法」の廃止と1844年銀行法
　1844年銀行法施行後は，以前に較べて「割引率の頻繁な，そしてより便宜でない変動」（第3653号Q）つまり「その高い率」（第3718号Q）が生じるようになったという「実務上の反対」（第3718号Q）問題について，オーヴァーストーンが，「小さな」「短期の」変動の頻繁性は為替相場の修正にとって不可欠であるというその「有用性」を強調していること，また「大きな」「長期の」変動は「資本需要の増大」の結果であると答えていることは，既に見たところである。
　ところでこの場合，1844年以降と比較される「1844年以前」について，質疑・応答の中で，いわゆる「高利禁止法(the usury laws)」の問題が取上げられている。オーヴァーストーンは，以下の様に，イングランド銀行も「法定利子率(the legal rate of interest)」を超える利率で，つまり「高利」で貸出していたと言うのであるが，1833年以降もこの「高利禁止法」が存続していたとするならば，利子率に上限を付することのない1844年銀行法は施行し得なかったのであるから，この点についてのやり取りに簡単に触れておくことが必要であろう。
　例えば，委員ケイリーの質問に答えてオーヴァーストーンは，1783年，1793年，1797年，1825年，1836年，1839年には「割引率が非常に高かった」（第3768号Q，第3769号A）ことを確認し，さらに彼は「対仏戦争中の利子率が全く非常に高かったことは余りに有名(notorious)な事実でした」（第3773号A），と付け加える。しかし委員ケイリーは直ちに，「［それは］市中利率(the commercial rate)ですね？」（第3774号Q），「［それは］イングランド銀行利率(the Bank rate)ではありませんね？」（第3775号Q），と問い質す。
　これに対するオーヴァーストーンの答はこうである。即ち，「イングランド銀行利率は法律によって制限されていました。そのことの結果は，商業手形(commercial bills)の割引に用いられている貨幣に代って，貨幣は別の仕方での充用を，…公債に対して貸出すという貨幣の充用を，強いられました」（第3775号A）。「それがいわゆる『日歩の繰越("continuation")』

と呼ばれていたところのもの，即ち，それは実質的には公債を担保に貨幣を貸付けたのですが，しかしそれは[公債の]購買と販売の形で貨幣を貸付けていました。疑いもなく全く非常に高い率であり，7, 8, 9, 10, そして12パーセントがこのようなやり方で継続的に獲得されていました」(第3776号A)，と。

彼がここで「法律によって制限されていた」といっている「法律」が，いわゆる「高利禁止法」であり，「イングランド銀行利子率」はそれによって制限されていたけれども，しかしイングランド銀行も「実質」的には「高利」で貸してもいたと言うのである。そして彼は，委員ウィルソンとの質疑・応答でもその点を次のように繰り返している。

「高利禁止法(the usury laws)が廃止された年」(第3848号Q)の「正確な日付は覚えていません。が最初は部分的な廃止で，続いて全面的な廃止でした」(第3848号A)。「それらの法律が廃止されたのは1835年以前であったと信じます。しかし高利禁止法の存在が，市場の状態に従ってイングランド銀行の利子率を規制するイングランド銀行の力を妨げませんでしたか？」(第3849号Q)。「もちろん妨げました…」(第3849号A)。とはいえ，「高利禁止法の影響は疑いもなく，手形が公然と，そして直接に5パーセント以上の高い率で割引かれることを不可能にさせることでした。しかしこれら諸法は，貨幣市場(money market)の状態に作用する種々の他のやり方を妨げはしませんでした。例えば，割引かれる手形の支払満期日(the échéance)――専門的にそう呼ばれているのですが――の短縮とか，あるいは，信用欠如(the want of credit)の根拠によってではなく，イングランド銀行は社会全体に対して与えられた額以上を割引くことはできず，そして与えられた額が社会の異なる構成員の間に配分されなければならないとの理由で，与えられた額以上を当事者のために割引くことを拒否すること，によって。[このように]高利禁止法は，5パーセント以上の高金利をもたらしうるこれら他のやり方のどれかによって，イングランド銀行が貨幣を貸付ける力に，全く影響しなかった」(第3850号A)，と。

だからオーヴァーストーンによれば，「高利禁止法」の下でも，種々な抜け道が存在したから，必要に応じて「高い」利子を支払うところに貨幣

貸付資本は「自由に」配分されていっていたし，イングランド銀行も抜け道を利用していたと言うのである。

　そこで委員ウィルソンは，「しかし，イングランド銀行の大きな業務を構成している手形の割引あるいは担保貸出に関する限り，それはイングランド銀行の運営においては5パーセントに制限されていた。だからそれまでは，利子率を変更することに関してのイングランド銀行の裁量は，イングランド銀行の取引の関連で，高利禁止法によって制限されていたのでは？」（第3851号Q），と重ねて問い質す。これに対しオーヴァーストーンは，「真の事実は全く明々白々です。人はあからさまには貨幣のいかなる前貸し（advance）にも5パーセント以上を課することはできなかった。しかし貨幣が5パーセント以上で前貸しされるかも知れないし，そして5パーセント以上で前貸しされた仕方や形態には無限の多様性があったのです」（第3851号A），とイングランド銀行も実質的には「高利」に手を染めていたと主張する。

　しかし，委員ウィルソンも，委員ケイリーと同様に，「市中利子率」と「イングランド銀行利子率」との区別について質問する。「これらの形態は，イングランド銀行が関係する限り，低められた率での有価証券の購買によって間接的にのみ，そしてまた他の銀行業者や手形仲買人に関係する限り，彼等が課した利子率への手数料（commission）の追加によってのみ，あり得たのですね？」（第3852号Q），と。オーヴァーストーンは，「既に述べたように，…割引の額［つまり利子の額］を引き上げる種々な間接的な仕方があった」（第3852号A）と繰り返すだけで正面からは答えていない。ただし，ウィルソンは，「しかし高利禁止法は，手数料を課すという習慣にはなく，そして利子率を課しただけであったイングランド銀行を通じた貸付けの，自由で便宜な働きにとっての障害として作用したというのは疑いないのでは？」（第3853号Q）という遠まわしの質問に対しては，オーヴァーストーンも，「高利禁止法の存在が，さもなければ自然に想定したであろう水路によって，そして形態を通して，資本の自由な配分に対する非常に厳しいそして非常に不適切な障害であったのは，疑うことはできない」（第3853号A）と，「高利禁止法の存在」意義が存在したことを認めること

となる。

第4節 「紙券」に関する「理論」と
イングランド銀行の発券業務「分離」

　以上のような「純粋金属通貨」を想定した「貨幣量」と「貨幣の価値」に関する「理論」は，「紙券」に関する独自の「理論」と結びつくことによって，1844年銀行法の「大原理」を生み出していく。しかもこの「紙券」に関する「理論」（および，それと表裏の関係にある平板な銀行業論）から，イングランド銀行業務の発券業務と銀行業務とへの「業務部局の分離(separation of departments)」という，1844年銀行法の「主要な補助規定(the main ancillary provision)」（第3646号A）も生まれてくる。そこで，いま1つの「理論」的前提である，「紙券」に関する「理論」の検討に進むこととする。

　さてオーヴァーストーンによると，ある国に「一般的等価物として割当て」られ「配分」された貴金属である「貨幣」は，具体的には，既に引用したように，「金貨と紙券との…混合通貨」（第3648号A）という形態をとって現われる。しかしこの「紙券，即ち銀行券(paper money, i. e. bank notes)」（第3648号A）は，委員ケイリーとの次の質疑・応答に示されているように，製造業者や商人の振出す信用貨幣である為替手形とは異なるが，しかし銀行の振出す信用貨幣である「要求払」の「正貨支払」の約束証書ではなく，「金の証明書(certificate)」なのである。

　「為替手形は製造されたか取引された商品(goods)の代理物(representatives)ではないのですか？」（第3739号Q）――「私はそのような表現の意味を殆ど知りません。為替手形は製造された商品の販売の結果非常にしばしば振出されますし，譲渡された信用の結果非常にしばしば振出されます。…」（第3739号A）。

　「銀行券(the bank paper)が金の代理物あるいは金の映像(shadow)であると貴方が述べたのと同様に，為替手形は商人や製造業者の資財(stock)の代理物ではないのですか？」（第3740号Q）――「いいえ。私は為替がそうとは考えません。銀行券(the bank paper)は金の代理物です。なぜなら，それは，それと引き換えに預金された金の証明書ですが，振出された為替手形は決して言葉の

第5章　オーヴァーストーンの「1844年銀行法弁護」　191

証明書という意味での商品の証明書ではないからです」(第3740号 A)。

　そして委員ウィルソンとの次の質疑・応答からも，イングランド銀行に「預金」された地金とその「地金を代理する」「銀行券」という「紙券」理解が明らかとなってくる。

　「貴方は『通貨(currency)』という言葉に何を含めるのですか。銀行券と公衆の手にある鋳貨だけですか，それともイングランド銀行にある鋳貨も含めるのですか」(第3879号 Q)——「私はイングランド銀行を公衆のうちの極めて重要な1人物(personage)と考えています。私は，イングランド銀行と私自身の銀行との間に，そのことが関係する限りでは，区別などを知りません」(第3879号 A)。

　「貴方はイングランド銀行に在る地金を通貨の部分として含めるのですか」(第3880号 Q)——「私は銀行部に在る貴金属を通貨であると考えますが，しかし発券部に在る地金をそうは考えません。なぜなら，それに対して，銀行券がそれ[地金]を代理する(represent)ものとして発行されているからです」(第3880号 A)。

　「貴方は，地金および鋳貨並びに銀行券の供給の全体が，わが国の全通貨(the entire circulation)を構成していると考えるのですか」(第3883号 Q)——「もしもわれわれが『通貨(circulation)』という言葉を『貨幣(money)』という言葉に取り替えることができるのならば，それはわれわれの考え(ideas)を鮮明に維持するのに恐らく役立つかも知れません。偉大な一般的等価物(the great universal equivalent)として何時でも使用される状態で保持されているもの，即ち，他のあらゆる物を購買しようとし，またそれに支払おうとするものが，わが国の貨幣であると私は考えます」(第3883号 A)。

　では「紙券」(銀行券)によって「代理」された「地金」そのものはどう規定されるのか。

　委員ウィルソンは，「貴方は私的当事者の手に在る地金を[貨幣に]含めるのですか」(第3884号 Q)と質問するが，オーヴァーストーンの答えは「いいえ」である。そしてその理由を，彼は次のように説明する。即ち，「それ[地金が貨幣に含まれるかどうか]は，以下の想定に依存する」からで，「地金をわが国に輸入する人が，もしもそれを一般的等価物の諸機能を行なう目的で保持しよう

としているのであれば，彼は，当然のことながら，それをイングランド銀行の発券部に預金するものと理解します。そしてそれが一応正しいものと考えると，そのように預金された地金を除くどんな地金も，私は貨幣とは見なさず，そしてその［預金された］地金は，それに対して発行された銀行券によって代理されて (re-presented) います。もしも輸入商が地金を彼自身の所有に留めておくのであれば，そのことは，彼がそれを偉大な一般的等価物として働かせること以外の他の目的で留めているという最も強く推定できる証拠である，と私は結論します」(第3884号A)，と。

彼によれば，金塊の輸入商が「それ［金塊］をイングランド銀行に預金するその瞬間に，あるいは，彼がそれを造幣局に持っていくその瞬間に，彼はそれを，偉大な一般的等価物のうちの，［わが国の］貨幣 (money) を構成する部分に転換 (convert) する」(第3885号A)。そして「問題は，どんな性格で，そして何の目的のために，それが［輸入商の手許に］留め置かれ，保持されているかである」(第3886号A)。「もしも私が自分の食卓に1枚の金の皿を持っているとすれば，それは貨幣ではない[1]。しかし疑いもなく私はその金の皿を送って，金塊に鋳潰し，そのようにしてイングランド銀行に預金してしまうかもしれない。その場合には私は，それ［1枚の金の皿］を偉大な一般的等価物の一部に転換し，その過程によってそれを貨幣に転換したのある。問題はそれ［金塊］が保持されているその目的である」(第3886号A)。「地金が貨幣であるかそうでないかは，紙が銀行券であるかそうでないかと全く同じである。それは，それ［地金］が留め置かれ保持されようとしている形態と目的に全く依存する」(第3889号A)，と。

そこでオーヴァーストーンの言うところを整理すると，こうなるであろう。「一般的等価物」たる「貨幣」は購買または支払手段として用いられるのであるから，「世界貨幣」である貴金属のうち各国に「配分」されてきた「地金」は，それを輸入した貴金属商ないし貿易商等が国内で「貨幣」(「通貨」) として用いようとするのであれば，彼らは「金塊」ないし「地金」をイングランド銀行に「預金」し，それをイングランド銀行券で引き出して「貨幣」(「通貨」) として用いるか，あるいは，彼らがそれを造幣局に持ち込んで直接に金鋳貨に「転換」して「貨幣」(「通貨」) として用いることとなる。そして前者の場合，

1844年銀行法の下では，イングランド銀行は，1400万ポンドを越えては，預金された地金額だけの銀行券しか発行できないのであるから，その限り「地金」は「貨幣」(「通貨」)としては，「それに対して発行された銀行券によって代理される[2]」(第3884号A)。だから，「私的当事者の手にある地金」，例えば「金の皿」，あるいは「預金」され「準備金」としてイングランド銀行に保管されている「地金」は，同時に「貨幣」ないしは「通貨」ではあり得ない[3]。したがって地方銀行券を考慮の外に措くとすれば，「わが国の貨幣」は，イングランド銀行の銀行部の準備金を構成している金鋳貨とイングランド銀行券[4]とを含めた，金鋳貨とイングランド銀行券とから成り立っている，ということとなる。

だからこのような「混合通貨」の下では，彼によれば，「純粋金属通貨」の場合と同様に，「地金」が流入するならば，「地金」は「それに対して発行された銀行券によって代理され」，それだけの「貨幣」量の増大となる。そして「もし人がわが国の貨幣のある一部を対外目的のために用いたいとするのであれば」，人は「イングランド銀行券に代わって，輸出のための貨幣として使用される地金を引き出す」(第4143号A)。そこで「地金」が流出すればそれだけの銀行券の引上げであり，したがって「貨幣」量の減少となることとなる[5]。

このようにオーヴァーストーンは，「わが国の貨幣」は，金鋳貨と，信用貨幣としての兌換銀行券とではなく，「地金を代理している銀行券」とから成り立っていると言うのであり，また，次のように，銀行業(banking)を，自らの信用によって「銀行営業資本(the banking capital)」を「調達」・「創造」し，それを貸出していく貨幣取引業[6]と規定するのではなく，「単なる貨幣取引，つまり低率での借入れとより高率での貸出しであるに過ぎない銀行業務」(第3648号A)と規定するのであるから，彼にとっては，「紙券の管理(the management of the paper money)」(第3648号A)も，金鋳貨の鋳造と同様に，「銀行業務」から分離して行なわれるべきである，という「大きな問題」が「必然的に提起」(第3640号A)されることとなる。

そこで彼は「発券業務と銀行業務との根本的な区別の主要な原因」(第3648号Q)として，次の6点を挙げていく。「第1に，現在の鋳貨(the current coins)，即ち，王国の貨幣(the money of the realm)の供給は，単に貨幣取引(trading in money），つまり低率での借入れとより高率での貸出しであるにすぎない銀行業務からは，完全に分離されるべきである。第2に，銀行券は，現在の鋳貨,即ち，わが国の金属貨幣(the metallic money)の証拠物(tokens)あるいは代理物(representatives)として扱われるべきである。1枚の5ポンド銀行券は，実際に，5個の1ポンド金貨(five sovereigns)を代表している1つの証拠物あるいは証明書(certificate)であり，どんな銀行業者も私的個人も，このような証拠物あるいは証明書を，彼らが王国の鋳貨(the coins of realm)を発行することを許可(permit)されていないのと同様に，発行することは認められる(allow)べきではない。銀行券あるいは証明書は，貨幣——銅，銀，または金のいずれであれ——が鋳造されるように，法律の厳密な規定の下で，そして造幣局のような，法律によって設立された当局(an authority)によって，その法律で決められた厳密な規制に服して，発行されるべきである。」「第3に，鋳貨はその適正な量と価値とを，それが構成されている金属の内在的価値のお蔭で維持される。紙幣または証明書(the paper notes or certificates)は，それを，あらゆる事情の下で，それが代理している鋳貨または金属通貨(metallic circulation)に量的に一致させることで，その適正な価値を保持されるべきである。第4に，貨幣——それが銅，銀，金，または紙であれ——を鋳造する唯一の特権は，その排他的な目的のために設立され，法律の厳密な規定に服する，1つの組織(one institution)に附与されるべきである。このような特権のどんな分け前も，銀行または私的個人にいかなる形でも許し与えられるべきではない。第5に，内在的価値を持つ鋳貨に代っての，紙的証明書，即ち銀行券(paper certificate, that is bank notes)の発行から生じる全利益は，国庫(the public exchequer)に充当されるべきであって，銀行あるいはその他いかなる関係者の利益にも転換されるべきではない。第6に，競争の完全な自由は，銀行業務においては確立されるべきであるが，それは正しく理解さるべきであり，鋳貨を作るという機能から，ないしは，鋳貨の紙製の証拠物または代理物(paper tokens or representatives of coins)，即ち銀行券(that is bank notes)を発行するという機能——それは，乱用を許す形で鋳貨を造ることである，というのは，紙幣(paper notes)の過度な発行は，金属貨幣の発行を有効に規制している内在的価値によっては制限されてはいないからであるが——から，充分に区別されるべきであ

る」(第3648号 A), と。

　彼もまた, 一方では,「地金で支払われ得る普通の銀行券(the common banking notes, payable in bullion)」(第4049号 Q)と,「受取ることを強制されないとすれば, それを受取る者は誰もいないであろう」(第4053号 A)「政府紙幣(Government notes)」(第4050号 A)とを区別してはいる。しかし他方では彼は,「普通の銀行券」は, 上述のように, 信用貨幣であり, 銀行の振出す債務証書(要求払の正貨支払の約束証書)であり, それ故「地金[正貨]で支払われ得る」のであることには全く言及しないで, 兌換銀行券を「価値章表」に過ぎない単なる「紙券(paper money)」と同一視し, ソーヴァリン金貨の単なる「証拠物」「代理物」「証明書」であると主張する。

　だから彼は,「紙券(paper money)量の変化を金属通貨(metallic currency)の変化に一致させるには…銀行券の兌換性のみで有効であろうという意見」(第3874号 Q)では「全くない」(第3874号 A)し, そして「紙券(paper currency)の価値は, 金属通貨がそうであったであろう同じ量で維持されるということに由来する」(第3875号 A), と言うのである。そしてまた, 本来「銀行業務(the business of banking)」の1つに属した銀行券の発行業務[7]が, 本位貨幣(standard money or coin)をはじめとする鋳貨の国家による鋳造と同一視され, 国家による「紙券の管理」が求められることとなる。そこで「銀行業務」は預金業務と貸出業務とに限られ, 銀行券の「発券業務」はそこから「分離」され,「王国の鋳貨」の鋳造と同様に,「造幣局のような」然るべき「当局」によって,「法律で決められた厳密な規制」(第3648号 A)の下で行われるべきである, ということとなる。

　ところで「発券を政府によって指定されたか, あるいは法令の直接の権威の下で指定された, 組織体(body)に移すことは可能ではないのですか」(第3670号 Q)という委員長の質問に対して, オーヴァーストーンは,「それは単に名称の変更に過ぎないであろう。発券部に代わって『造幣局』という言葉を置いても, あるいは…あなたが好む他のなんでもお選びなさい。発券は現在実質的に全く分離されており, 全問題は単に形式の問題に過ぎない, と私には思えます」(第3670号 A)と答えている。というのは, 彼は, イングランド銀行の「発券業務(issue business)」を「銀行業務(banking business)」から「分離」した

1844年銀行法の下では,「地金は今では発券部(the Issue Department)に存在しており, この部局は国家の一部局(a department of the State)以上のものではなく, イングランド銀行の職員によって機械的かつ事務的に運営されているが, しかしそれは本質的には国家の一部局である」と見なしているからである。だから彼は,「地金をイングランド銀行に存在しているものとは考えていない」(第3649号 A)のみか,「イングランド銀行の地金準備(the bullion reserve of the Bank)」(第3649号 Q), あるいは「イングランド銀行における地金(the bullion in the Bank of England)[という表現]を, 全く人を誤らせる表現形態であると理解している」(第3649号 A)のである[8]。

そして彼は, イングランド銀行発券部は「本質的には国家の一部局」であり, したがって「イングランド銀行」には地金は存在しないというこの点を, 繰り返し主張する。例えば,「イングランド銀行は1844年法の下では地金の蓄え(a store)など持ってはいません, と私は重ねて言わなければなりません」(第3801号 A)[9]。「イングランド銀行には地金などはありません; 地金は全て発券部に在るのです」(第3952号)。「いま一度述べますが, 銀行部(the Banking Department)というその表現(expression)によって常に[私が]理解しているイングランド銀行は, 1844年[銀行]法によって, その[発券の]ような操作に従わされてはいません; イングランド銀行は地金と関係することは何もないのです」(第3964号A)。「発券部は国家(the State)に属しています」(第3953号 A)。「一般的には, イングランド銀行は国家に代って発券部の業務を行なうことを契約しているのである, と私は言うつもりです」(第3955号 A), と。

これに対して, 委員長自身が1844年法の条文を持ち出して,「法律は, 2つの部局について, イングランド銀行の2つの部局として, 1つを発券部, いま1つを銀行部と説明している。[それゆえ]同法が, イングランド銀行をこれら2つの部局から形成されるものとしていることは明らかである」(第4015号 Q), とオーヴァーストーンに「注意を喚起」しようとする。しかしオーヴァーストーンは, 次のように反論する。「ある個人がその性格でも, その性質でも, 規制される諸原理でも, 全く異なっている2つの仕事を遂行するということは全く可能でありまた決して例外的なことではない。」同様に「イングランド銀行(the Governor and Company [of the Bank of England])は, …2つの異なった

業務を運営しなければならない；一方，彼等自身の側にある自由裁量権，そして結果についての彼等自身の私的責任を条件とした自由裁量権で，即ち，銀行業務においては；しかし[他方]発券部においては，彼等は[国家の]単なる機械的な道具であり，彼等は彼等に与えられた自由裁量などを持ってはいない」(第4015号 A)，と。そして「私が言いたいのは以下のことです。即ち，発券部を，銀行部規制の諸原理ないしはシステムと全く同類または類似の規制の諸原理ないしはシステムに服するものとして考えたり，あるいは取扱うのは，完全に不正確であるということ；両部局は全く別々に相互に離れて運営されるべきであるということ；両部局は完全に異なった諸原理——私は相互に敵対的な諸原理といってもよいと考えているが——に従って運営されるべきであるということ；そして類似性の概観は，2つの業務が同じ人々の組織体(body)によって営まれているという事実にのみ基づいているだけであるということ」(第4017号 A)であり，また「私の用語法では，イングランド銀行とは，常に銀行業務(the banking business)を行なう組織体を意味している」(第4018号 A)，と。

イングランド銀行の両部局は「完全に異なった諸原理に従って運営されるべきである」というこの主張は，委員ウッドによる質問——「先の第3953号の答弁で，貴方は，発券部は国家に属していると述べ，むしろそれは恰もイングランド銀行の一部ではないかのように取り扱っていました。それによって貴方は何を意味していたのかを正確に説明して下さい」(第4155号 Q)——に対するオーヴァーストーンの次ぎの答弁によっても確認される。

即ち，「発券部(the Issue Department)がイングランド銀行の運営(the management of the Bank of England)——(それが運営と呼ばれ得るのならば)——の下に置かれているという事実については疑い得ません。それはイングランド銀行(the Bank of England)の壁の中で管理(conduct)されています。それはイングランド銀行の行員によって運営されています。そしてイングランド銀行(the Governor and Company of the Bank of England)は，銀行法の明白な諸規定に従って国家に責任を負っており，彼等はその諸規定を機械的に遂行します。その限り，発券部はイングランド銀行(the Governor and Company of the Bank of England)の監督と運営(the charge and management)の下に在る1つの部局です。しかし，私が先の答弁[第3953号]で言いたかったことは，発券部はある意味

では，そしてイングランド銀行の銀行業務(the banking business of the Bank of England)がイングランド銀行(the Governor and Company of the Bank of England)の運営と管理(management and conduct)の下にあるという意味や趣旨からは，完全に全く異なり区別された趣旨で，イングランド銀行(the Governor and Company of the Bank of England)の運営と管理の下にあるということであったのです。 … 発券部を全く分離すること——言葉のあらゆる意味での——が，1844年法の根本的目的(the fundamental object)であり原理なのです」(第4155号A)，と。

以上が，「紙券」に関する独自の「理論」に根ざし，しかも平板な銀行業論を前提にした，「発券業務と銀行業務とは本質において別であるという」(第3647号Q)イングランド銀行業務「分離」についての，オーヴァーストーンのいわば「原理」であるが，この「分離」の実際上の意義を，彼は「分離」に伴うイングランド銀行の諸勘定の「分離」とその「公表(publication)」(第4073号A)に求めていく。

彼によると，「紙券発行量の変動を法律による積極的な規制に服させるという」1844年銀行法の「この目的を確実にするには，諸勘定を分離すること，即ち，紙券量の規制と銀行業務の運営との間に有効な区別を達成し，それらを勘定の形式において分離したものとさせ，また実際上も，それらは現実に原理的に分離しているようにさせること。そして一方では，紙券をその量の変動に関して法律による積極的な規制に服させ，他方では，銀行業務の運営は自由競争並びに個人的な裁量と責任性の原則に従わせるに任せること。これらのことが明らかに必要となる。」そこで，この銀行「法の大きな特徴が，…，紙券の発行に関係する諸勘定(accounts)の，銀行業務(banking business)に関係する諸勘定からの分離である」(第3648号A)，ということとなる。

ところで，前節末尾で言及しておいたように，オーヴァーストーンによると，「イングランド銀行それ自体は割引率を引上げる力など持っていない」(第3800号A)。また「イングランド銀行の銀行部準備(the reserve of the Bank of England)の増減は，公衆によってわが国における貨幣量の増減を指し示すものとみなされている」(第3839号A)。実際，イングランド銀行の銀行部「準備の状態は，わが国における貨幣量の増減に対する指示器であり，そしてわが国にお

ける貨幣が増減するのに比例して貨幣の価値が増減し，そしてイングランド銀行割引率はその変化に一致するであろうから，割引率の変動は疑いもなく銀行部準備の状態(the state of the reserve)に非常に密接な関係[10]をもっている」(第3841号 A)のである。

だからイングランド銀行が割引率あるいは利子率を「引上げる(raising)」という「専門的表現様式」「専門用語(the technical term)」は，オーヴァーストーンによると，「正しくない」のであり，「イングランド銀行が割引率を引上げるのではない」のである。「貨幣量の減少が，残っている貨幣の価値を高め，そこでイングランド銀行は貨幣の価値におけるその上昇に一致させられる，というのが事実なのである」(第3800号 A)。そして上述のように「利子率における変動は，2つの原因のうちの1つから…生じる」(第3653号 A)のであるから，「イングランド銀行は，ただ2つの原因からのみその割引率を引上げることができる。1つは資本の価値における現実の変化からであり，いま1つは貨幣量の変化からである[11]。わが国における貨幣が［金］流出(drain)によって減少する時には，その価値が増大し，そしてイングランド銀行は，貨幣の価値におけるその変化——利子率の引上げ(raising)という専門用語によって意味されているのだが——に，一致しなければならない」(第3805号 A) のである。

そして彼は，後者つまり貨幣量の変化に起因する利子率の変動について，別の答弁では，「自然利子率」という概念を媒介に，次のようにも言っている。「イングランド銀行は利子率を引上げたり引下げたりする恣意的な(arbitrary)力などを持ってはいない。イングランド銀行は自然利子率(the natural rate of interest)に一致することを余儀なくさせられている。貨幣量が減少しているときには，利子率の上昇傾向があるでしょう。そしてそれに一致させることがイングランド銀行の必要条件です」(第4006号 A)，と。

だからこの場合の，「上昇傾向にある」「自然利子率」とは，「公衆」により，「貨幣量の減少がある」との「確信によって作り出された貨幣の増大された価値」(第4064号 A)と同義と理解し得る[12]が，オーヴァーストーンは，地金準備を銀行部準備から「分離」し，銀行部準備を，イングランド銀行券と少量の金鋳貨とに限定した1844年銀行法の「功績と効果」を次のように称揚する。即ち，「1844年法が可決されてからは，イングランド銀行の銀行部準備(the Bank reserve)は明白に制限され限定され，そして逼迫が地金準備(the reserve of the bullion)に襲うのを許させずに，逼迫が，誰もが知っておりそして誰もが注視しているイングランド銀行の銀行部準備(the reserve of the Bank of England)に襲いかかる。それ故，それ［銀行部準備］がその［逼迫の］社会的(moral)結果と同じく直接的結果を作りだし，そして私はその機械的結果と呼びたいのだが，そのことによって，イングランド銀行の銀行部準備を公衆にはっきりさせ知らしめることから，われわれは為替相場に影響を行使し得る［つまり，利子率を引上げ得る］こととなり，そこで1844年以前には全ての場合に曝されていた地金の極端な枯渇からそれを守り得ることとなったのである。それがまさに1844年法の功績と効果なのである」（第3895号A)，と。

1) 「私的当事者の手にある地金」は「通貨」ではない。例えば「1枚の金の皿」は明らかに「通貨」ではない。しかし「貨幣」としては，「蓄蔵貨幣」として機能し得る。
2) イングランド銀行券としては，発券部にある地金に対して発行された銀行券の他に，「有価証券［公債］に対する発行1400万ポンド」が存在する。そこで委員ウィルソンは質問する。「それらの銀行券は，発券部にある地金の一部を代理(represent)しているに過ぎないのではありませんか？」（第3945号Q)，と。これに対してオーヴァーストーンは，次のように答えている。「それらの銀行券は，他のどの銀行券も発券部にある地金を代理しているという意味より以外のどのような意味においても，発券部にある地金を代理してはいません。2500万ポンドが現在発券部で発行されている銀行券です。そして発券部には1000万ないし1200万ポンドの地金が存在します。その1000万ないし1200万ポンドの地金が，外部にあるすべての銀行券を代理――もしも貴方がその言葉 'represent' を使用することを選ぶならば，そしてその言葉は最も悪い表現形態ですが――するのですが，しかしその地金が，他方の銀行券より一方の銀行券を代理しているのではありません」（第3945号A)，と。
3) 委員ウィルソンは質問する，「原理に関する限り，輸入業者の手に在る金塊は，イングランド銀行の手に在るのと同様に，法定通貨であろうし，また容易に鋳貨に転換(convert)されるでしょう」（第3885号Q)，と。しかしオーヴァーストーンは，「いいえ。［金塊が同時に］他方で輸入商の手に保持されてはいません」（第3885号A)，と答弁する。
4) 「イングランド銀行の銀行部の金庫の中に在る銀行券はわが国の貨幣の最も重要な一部である」（第3891号A)。
5) 「地金は，イングランド銀行券で支払うことによる以外には，発券部からは獲得され得ない」（第4144号A)。だから「わが国からの地金の輸出はわが国の貨幣量の減少」であり，そしてそれによって「貨幣の増大された価値がわが国に貨幣を呼び戻す」（第4145号A)こととなる，と言うのである。しかしこれに続けてオーヴァース

第5章　オーヴァーストーンの「1844年銀行法弁護」　201

トーンは、「わが国の貨幣量の減少は、勿論一般的には(generally)貨幣市場に逼迫を創りだす」(第4145号A)と言うのであるから、この「貨幣」とは、貨幣貸付資本を意味していることとなる。なお、「地金」を輸出するためにイングランド銀行に「支払われた」「これらの銀行券は、金の購買者の資本の一部を形成していたのではなかったのでは？」(第4140号Q)という委員ハンキーの質問に対しては、彼は「『資本』という言葉の使用は大変危険です」(第4140号A)*、と答えている。

　*Cf. *MEGA*, S.589；*MEW*, S.525：訳、720ページ。

6) 例えば、ギルバートにとっては、この「銀行営業資本」の「調達」・「創造」の主要な方法が、預金の受入れ・兌換銀行券の発行(＝流通)・為替の振り出しという、銀行業者にとっての債務の形成として捉えられている。この点については、さしあたり、本章第2節の注5)、第3章第2節、第9章第4節、第11章第5節、等々を参照されたい。

7) 前注6)を参照されたい。

8) なお「地方銀行券の発行権」について言えば、彼はそれを「廃止していくのが良い」(第3672号A)と考えているのであるが、その場合、1つの方法がこの発行権を「貨幣制度から除去する仕方」であり、いま1つの方法が、1844年銀行法が選んだ「漸次的に[発行権を]取り上げていく仕方」(第3678号A)である。そして既に1844年10月から1857年5月までの13年間に、「地方銀行の総発行額」(第3682号Q)は「およそ100万ポンドの減少を示している」(第3684号Q)のである。

9) これは委員ケイリーの質問に対する答弁である。

10) 他方でオーヴァーストーンは、イングランド銀行の銀行部「準備の状態は、多かれ少なかれ発券部における地金の状態に従い」(第3842号Q)、「両者の間には密接な関係がある」(第3842号A)、とも述べている。

11) オーヴァーストーンは、「イングランド銀行は、2つの原因——1つは資本の相対的需給の真の関係、いま1つはわが国における貨幣量の減少——からによるのを除けば、利子率を引上げる(raise)ことは出来ない」(第4064号A)とも表現している。

12) オーヴァーストーンは、「一般的に生じて」いる利子率を、「市場(利子)率(the market rate)」(第4065号A)とも呼んでいる(後述)。

〔補遺-5〕　銀行部準備と地金量

　1844年銀行法の下では、イングランド銀行の銀行部の準備は預金の払戻し請求に対する支払準備であるが、それは、発券部準備である地金の増減に応じて発行された銀行券が、銀行部に移され、しかもそこから貸出された残りの銀行券である。したがって発券部準備の増減と銀行部準備の増減とが一致するとは限らない筈である。

　そこでこの点についての、委員ウィルソンの質問とオーヴァーストーン

の応答を，1-2挙げておこう。

「閣下は次のことをご存知ですか。即ち，私が先に引用した丁度その時——その[1847年] 4月に，地金は980万ポンドに，[銀行部]準備は280万ポンドに減少し，前貸しが5％の利子率で成されていたその時——から，イングランド銀行[銀行部]準備(the Bank reserve)は，その時期以降は減少しないで，非常に顕著に増大する。そして利子率が5 ½％に引上げられたとき，銀行券からなるイングランド銀行準備は394万6千ポンドで，結果として447万6千ポンド前貸しがなされたが，他方，地金は891万5千ポンドへと更なる減少を被むってきた。増大した[銀行部]準備と，しかし減少した地金にも拘わらず，割引率を5 ½％に引上げるのは必然的だったのですか」(第4005号Q)——「私はそういう事実を知りません。が，それは充分可能です。イングランド銀行は，その銀行部準備(its banking reserve)を非常に不適切な枯渇された条件にまで減少させるのを許したのかもしれません…」(第4005号A)。

「イングランド銀行は，貨幣の価値または市場における割引率を引上げる力を持っていないということが全く真実であると認めるとして…，イングランド銀行が市場における貨幣の一般的な価値に従うとはいっても，イングランド銀行はそれ自身の準備を保護する目的で，業務(business)の銀行自身の[貸出]条件を，銀行自身の行動によって引上げなければならないのでは？」(第4007号Q)——「イングランド銀行はある点では特殊な立場にあります。私は，イングランド銀行に対して割引を求める需要が，むしろ利子率上昇に対して増大するということが，非常にしばしば見られるであろうということを信じます。しかし，それはただ他のところでの割引を求める需要が非常に減少したからに過ぎません。真の原理は，しかしながら，根底においては(at the bottom)，わが国における貨幣が対外流出(a foreign drain)によって減少したので，残っているものの価値が増大しているということです」(第4007号A)。

このようにオーヴァーストーンは，この場合にも，自分の信用を介して借入れて「銀行営業資本」を「調達」・「創造」して，それを貸出していく近代的銀行業者にとって，自分の債務に対する支払準備として不可欠の，

この準備金の本質の無理解をさらけ出している。そして「公衆がイングランド銀行報告書の他の部分よりも銀行部準備に注目」(第3838号 Q) したのは，おそらく銀行部準備率の増減によって，「貨幣貸付資本」としての「貨幣の価値」，つまり利子率を含む貸出し動向を，知り得たからであろう。

第5節　「政府書簡」と銀行法の「一時停止」
——むすびにかえて——

　上来，オーヴァーストーンによる1844年ピール銀行法「弁護」の基本的組立を，1857年の下院「銀行法特別委員会」におけるに彼の「答弁」(「証言」) を通して考察してきた。そしてその際，彼が一貫して同法「弁護」の基準に置いていたものは，「正貨支払」のための「地金準備の有効な保護」(第3648号A) という同法の「最終的目的」(第3779号A) が達成されたか否かという「事実」(第3895号A) 関係であり，その観点から同法の「功績と効果」(第3895号A) が評価されていた。だから彼は，「1844年[銀行法]の規制の目的は，以前に存在した地金量よりもずっと多い地金量の維持を一般的に確かにすることではなく，たとえどんな事情の下でも，地金が安全な量以下に減少するのを防ぐことであった」(第3649号A) としながらも，「地金は1847年と1856-57年の2度，厳しい流出を受けてきたが，しかし，それは甚だしく低い額(unduly low amount)には減少させられなかった。——未だ1度も，地金は800万ポンド以下には低下しなかった」(第3648号A) ことを強調する。そして「1844年以来のイングランド銀行の地金準備(the bullion reserve of the Bank)」は，「平均を取っても最低をとっても」，それ以前に較べて「大きくなっている」という「事実」(第3649号Q)を，否定しないのである。

　したがって1844年銀行法施行の「目的」は達成されてきたということとなる筈であるが，それにも拘わらず，1847年10月25日には「政府書簡(Government letter)」の「公布(issue)」によって，同法は一時的にであれ「停止」に追い込まれ，「有価証券に対する発券1400万ポンド」(第3646号Q) というイングランド銀行券の発行「限度」を超えた「無制限」の発券——一定の条件付ではある

が——が，許されることとなる。そこでこの事態を，オーヴァーストーンはどのように受け止めていくかを一瞥することによって，本章のむすびにかえることとする。

ところで，まず1847年春についてであるが，委員ウィルソンは，1844年銀行法施行下でありながら，「1847年にはその年の初めに地金量の大幅な減少が，利子率の照応的な増大無しに生じ，そのことが年の後半における[地金]流出の大きな悪化に導いたのでは」(第3996号Q) ないのかと，オーヴァーストーンに質問する。これに対して彼は次のように答弁する。

「1847年について私が述べることは以下の通りである。即ち，1847年春の間にイングランド銀行発券部にある地金に重大な流出があったこと。地金のこの流出にも拘わらず，イングランド銀行はその前貸し(advance)を続けたこと。これはイングランド銀行の銀行部準備(the Bank reserve)の絶えざる減少を生じさせたこと。そしてもしもわれわれが，1847年に，[イングランド銀行の]部局の分離の結果として，公表された諸勘定に幸にも銀行部準備の状態を説明する追加項目を持たず，そして公衆が銀行部準備の急速な減少を見て驚愕するということがなかったとすれば，その過程は全地金が枯渇するまで進行した…であろうということ。以上である。この枯渇を見て，私自身個人的に若干のイングランド銀行理事に彼らが彼らの利子率を引上げないことで抗議[1]し，またこれらの抗議を繰り返しながら新聞に手紙を書いた。そしてやっと利子率は引上げられたが，しかし公衆が銀行部準備の枯渇した状態を見て驚愕したが故にのみ，利子率が引上げられたのである」(第3996号A)，と。

したがって彼もまた，1847年春の時点でのイングランド銀行の対応の拙劣さを認めるのではあるが，しかし彼は，1844年銀行法のお蔭で銀行部準備の「枯渇した状態」が公表され，そして「公衆がそれを見て驚愕した」ことで利子率が引上げられ，発券部準備である地金の流出が阻止され得たのであって，「もしも，1844年[銀行]法が必要なものとしたあの勘定，即ち，銀行部準備の状態の勘定が当時存在しなかったならば，正貨支払の停止からわれわれを保全する何ものもなかったであろうに」(第3996号A)，と言うのである。そして彼は，公衆のこの「驚愕した」状態を，別の答弁では，「半パニック的」とも表現する。即ち，「1847年春に銀行部準備(the banking reserve)の枯渇状態について

第5章　オーヴァーストーンの「1844年銀行法弁護」

大きな不安が発生し…，それは一種の半パニック的性質(semi-panic character)を帯びたが，その効果は[地金]の流出を是正し，それを止めることであり，そしてイングランド銀行における地金の適度な新補充であった」(第4086号A)，と。

そして彼は，「私は1847年春を，銀行部準備(the banking reserve)の枯渇を知って創り出されたパニック的驚愕(panic alarm)の状態として叙述した」(第4089号A)こと，この公衆の「パニック的驚愕の状態」によって「地金流出の是正」が行なわれるに至ったのだから，銀行部の勘定を公表する「1844年[銀行]法がなかったとしたら，われわれは1847年春に正貨支払を停止したであろう」(第4189号A)ということを，繰り返し強調する。

というのは，彼によると，上述のように，「イングランド銀行の銀行部準備の状態は，わが国における貨幣量の増減の指示器」(第3841号A)であり，また「イングランド銀行の銀行部準備の増減は，公衆によってわが国における貨幣量の増減を指示するものと見なされている」(第3839号A)ので，「公衆は，[銀行部]準備の増大によって多いに安堵し，またその減少によって多いに不安となる」(第3839号Q)。しかし「イングランド銀行はそれ自体には割引率を引上げる力など持っていない」(第3800号A)。そしてイングランド銀行は，銀行部準備の増減に対する公衆の反応を見て，その利子率ないし割引率を「市場[利子]率」(第4065号A)に一致させるという形で変更するのであるからである。

ではオーヴァーストーンは，秋の「パニック」をどのように説明するのか。委員ウッドに対する彼の答弁によると，1847年には，「流動資本の，鉄道という形での固定資本への外延的な移転」であるとか，「穀物の破滅的状態と必要食糧の供給のために支払われた大きな[「事実上の資本」]額」，等々の，「多様な諸条件に起因する資本需要の大増加」によって，「地金の激しい流出」(第4189号A)を伴いながら，「資本に対する非常に大きな逼迫が創り出されていた」(第3834号A)。だから「1847年の逼迫は資本に対する需要との関連での資本の欠乏(paucity)に起因していた」(第3835号Q)のである。そして「結果は高い利子率。非常に広範な商業上の支払不能(insolvency)。イングランド銀行の側での，その立場の新しさからの臆病な行動。最後に，当時は公衆がその諸原理を充分には理解していなかった[1844年銀行]法の働きについての憂慮によっ

て惹起された公衆の側での無知によるパニック」（第4189号A），であったのである。

したがって1847年秋の「パニック」は，春の「パニック的」状態の場合とは異なって，イングランド銀行の銀行部準備の減少による公衆の「不安」「恐怖」に起因してはいなかったこととなる。ところが，この委員ウッドに対する答弁（第4189号A）に先立って行なわれた委員ケイリーとの質疑・応答の中で，オーヴァーストーンは，1847年秋の事態と「政府書簡」の果たした役割について，次のように答弁している。

「1847年の政府書簡」によって，「イングランド銀行の銀行部準備(the Bank reserve)は無制限(indefinite)に増加され，その結果，奇跡がたちどころに働き，信頼の欠如が除去され，あらゆることが円滑・容易に成され，行き詰まっていたわが国信用制度の全機構は直ちに整序され，単にイングランド銀行の銀行部準備の増大だけから，あらゆる事が全く容易に進んだ」（第3833号A）。「利子率は…急速には下落しなかった。政府書簡は，事態(the state of things)に対して投薬する媒体だった。それは，あらゆるものを実際に行き詰まらせたパニックの状態を和らげる媒体だった。そしてパニックのあの状態の原因は何であったのか？　[それは]イングランド銀行の銀行部準備(the Bank reserve)が現実に枯渇したという感じ[であった]。そしてその点で事物をその秩序に戻したものは何であったのか？　それが，その結果がイングランド銀行の銀行部準備に無制限の増加を与えることであったところの，簡単な政府書簡であった」（第3836号A），と。

彼によると，「政府書簡」によって，1844年銀行法がイングランド銀行券の発行に設けていた発券「限度」が一時的にであれ「停止」され，発券部の「地金」準備に制約されることなく銀行券を「無制限」に——一定の条件は付されるが——発行することが許され，その銀行券が銀行部に引き渡されて銀行部準備が増加するのであるから，公衆はそれを知って「安堵」し，「パニック」状態を脱出できたのである，というのである。そしてオーヴァーストーンのこの答弁は，実は，「わが国の活動に関するイングランド銀行の銀行部準備の驚くべき有効性を示す」（第3836号A）ために，1847年秋の「政府書簡」に言及したものであったのである。

しかしこの答弁に限って見れば，1847年秋の「パニック」は，春の「パニック的」場合と同様に，イングランド銀行の銀行部「準備の枯渇」に起因していることとなる。そこで委員ヒルドヤードは委員ケイリーとのこの質疑・応答を踏まえて，春の「パニック的」状態も秋の「パニック」も銀行部「準備の枯渇」に起因していると理解した上で質問に立つ。ところがオーヴァーストーンは，一方で，委員ヒルドヤードは，委員ケイリーとのやり取りを誤解しているとして，議事録の再読を求めつつ（第4087号 A），他方では，春の「半パニック的驚愕」状態の原因と，秋の「非常に大きなパニック感情[2]」（第4089号 A）の原因との相違を，再三にわたって次のように強調していく。

即ち，秋の「あのパニック感情は，その時に発生していた膨大な商業上の失敗(failures)と密接に結びついており，そしてそれは，公衆が1844年［銀行］法の真の性格と働きを会得しないことから，彼らの心のうちに存在していた非常に無知な理解によってさらに増幅された」（第4084号 A）。「1847年秋には…即ち，極めて広範な商業上の失敗，当時展開されていた商業世界の大きな部分の全く不健全な事情，並びに，1844年［銀行］法について多くの人々によって懐かれていた，そして同法の真の規定と効果についての無知見解に基礎付けられた憂慮という，2つの原因から非常に激しいパニック感情(panic feeling)が発生した」（第4086号 A）。「1847年の秋に関しては，当時非常に大きなパニック感情が発生したことは疑いが無い。そしてパニック感情は，いま一度言わねばならないが，膨大な商業上の災害(disasters)から生じたのであり，それはさらに，1844年銀行法の正しい活動と効果についての無知によって作り出された誤解と全ての不安とによって助長されたのである」（第4089号 A），と。

したがって秋の「パニック」状態は，ここでのオーヴァーストーンの「答弁」によると，鉄道建設への投資や不作に伴う穀物の大量輸入といった現実資本の再生産過程における「失敗」や「不健全な事情」，並びに1844年銀行法に対する公衆の側での「誤解と不安」という，「2つの原因」に起因し，そしてそれによって「わが国の全信用制度が行き詰まらされていた」（第3833号 A，第4084号 Q）のである。そしてそのような状態が，10月25日に「政府書簡が公布される直前に存在した事態」（第4080号 Q）であったのである。

しかし委員ヒルドヤードによると，この10月の時点では，既に「為替相場は

好転」(第4084号Q)し，イングランド銀行庫中の地金は「最少で840万ポンド」(第4082号Q)維持されており，地金の「対外流出(the external drain)は止んでいた」(第4089号Q)のである。そしてオーヴァーストーンもこの時に，地金は「およそ800万ないしは900万ポンドであったかと思われる」(第4083号A)，と答えている。

そこで委員ヒルドヤードは，このような条件の中での「あの[信用制度の行き詰まりという]事態は，[銀行部と発券部とへの「分離」によって]イングランド銀行がその真の準備全体(the whole of its actual reserve)を用いることを妨げたところの，1844年[銀行]法の結果ではなかったのか」(第4089号Q)と，問い質すこととなる。しかし，オーヴァーストーンは，当然のことながら，「それ[「あの事態」]は銀行法の必然的結果」ではなく，それは「公衆の心理を捉えた非常に激しく，しかも不合理なパニック感情の結果」(第4084号A)であった，と答えていく。したがって彼によれば，「政府書簡」は「全信用制度の行き詰まり」によって「公布」されたのではあるが，「全信用制度の行き詰まり」自体は，広範な商業上の「失敗」と1844年銀行法に対する「誤解と不安」を背景にもつ「公衆のパニック」に起因したのであって，1844年銀行法と「必然的な」関係にはなかったのである。否むしろ，オーヴァーストーンによると，地金が維持されていたことによって，「パニック」による「全信用制度の崩壊」と「正貨支払の停止」という2つの「災難」の同時発生を防げたところに，1844年銀行法の「功績」があったのである。即ち，「いま一度イングランド銀行に当時横たわっていた800万ないし900万ポンドの地金について言えば，その時に地金のそれだけが存在したことは，最も幸運な環境であったと私は信じている。というのは，それ[この地金の存在]が，わが災難，即ち，わが正貨支払についての不安，という大釜に投げ込まれる別の非常に恐るべき要素を，予防したからである。1844年の[銀行]法が，当時，われわれを災害の1つの形態であるそれ[正貨支払の不安]から守ったのである」(第4089号A)，と。

そこで委員ヒルドヤードはやや視点を変えて，今度は，「国会が会期中であるとして，…仮に…あの書簡を公布する代わりに，われわれが1844年[銀行]法を廃止(repeal)する法案を通過したとしたならば，貴方は同じ結果が生じたと信じますか」(第4090号Q)，と質問を続ける。

これに対しオーヴァーストーンもまた,「政府書簡は, ある形での, 1844年[銀行]法の一時停止(a temporary suspension of the Act)であった」(第4090号A)ことを認めていく。ただし彼は,「同法の廃止が, イングランド銀行による無制限の発券だけを意味している」(第4091号A) のであれば,「シティーにおける信頼の回復」(第4091号Q)という点では「同法の廃止」も「政府書簡」と「同じ結果をもつであろうが, しかしそれ以外では同じではないであろう」(第4092号A)と言う。なぜなら,「もしも1844年[銀行]法の廃止がイングランド銀行による無制限の発券だけを意味しているのであれば, それは…わが国を紙券の過剰発行という全く厄介な恐怖に巻き込むであろうし, そして要するに正貨支払の停止(the suspension of specie payments)を惹起するものと, 恐らく取り替わるであろう」(第4093号A)からなのである。

確かに「政府書簡は, イングランド銀行をしてイングランド銀行が適当と考える銀行券の量を発行することを可能にした」のであるが,「疑いも無くこれらの銀行券も正貨で支払い可能[3]」であり, 書簡はこの問題に直接に適用し得る条項を伴っていた。」しかし「書簡は, イングランド銀行の制御で銀行券の無制限量を認めたけれども, しかも, あの[過剰発行と正貨支払の停止という]大変な危険からわれわれを守るために, この許可には,『貴方はこれら銀行券の一枚たりとも8％以下の利子で通用させてはならない』という制限が付されていた」(第4094号A)。したがってオーヴァーストーンにしてみれば,「シティーにおける信頼の回復」(第4091号Q)という点以外では,「政府書簡」と1844年銀行法の「廃止」とは「同じ結果」を齎すものとは言い難いのである。

しかし委員ヒルドヤードは, この銀行法の「意義」を執拗に問い質す。「これらの条件で…銀行券が発行された。[すると]信頼が回復され, 流出(drain)が終わって, そして12月にはイングランド銀行庫中の地金は, 貨幣で800万ポンドから1200万ポンドに増大した」(第4095号Q)というのが,「全く正しい」(第4095A)と言っているが, しかし続いて「閣下は, いまや行き過ぎつつある長い流出の間に, 1844年[銀行]法がこの国に齎した大変な利益について述べました。そして閣下は, もしも1844年[銀行]法に代わるものが無かったとすれば, われわれは銀行券の兌換に応じることはできなかったであろうにと述べていたと思います」(第4096号Q), と。

委員ヒルドヤードが説明を求めているのは，オーヴァーストーンは，1844年銀行法によって地金が確保され，兌換停止に追い込まれないという「大変な利益」があったと言っているが，イングランド銀行庫中には840万ポンドもの地金が存在していた[4]のに「信用制度の全機構が行き詰」ってしまったという現実についてであり，そして「政府書簡」によってこの銀行法が一時「停止」となるや，地金「流出が終わり」，1ヶ月余りで地金が400万ポンドも「増大」したという事実についてなのである。

しかし，これに対してオーヴァーストーンは，ただ次のように強弁するだけである。「過去2年間わが国は貴金属の非常に激しい流出に服していたこと，そして貴金属の激しい流出はイングランド銀行が厳密かつ有効にその義務を果たすことによって対応されたことは，疑いありません。即ち，イングランド銀行はその利子率を逼迫の下で減少された貨幣量によって作り出された現実の利子率(the real rate of interest)に直ちに一致させた。結果は以下の通りだった。多様な諸原因に起因した，非常に長引いたそして非常に激しい逼迫の下で，あらゆることが安全にそして円滑に進行し，1844年[銀行]法がその上に立てられていたあらゆる原理が立証され，そしてそれ[1844年銀行法の原理]を支持する人々によって用いられたあらゆる議論が現実の経験によって確証された」（第4096号A)，と。

しかし「立証」され，「確証」されたのは，「信用制度の全機構が行き詰まる」ような一大逼迫期における，地方銀行業者やビル・ブローカー等を含む「公衆」による金鋳貨ないし地金の「退蔵」，それに伴うイングランド銀行からの地金の「対内流出」，さらには「法定通貨(a legal tender)」であるイングランド銀行券の「公衆」による「退蔵」等々は，オーヴァーストーンが1844年銀行法「弁護」に前提していた「理論」の射程の外であったと言うことであろう。なぜなら彼が前提していた「理論」は，既に考察してきたように，地金の「対外流出入」による「貨幣量」の変動に伴う「貨幣価値の増減」，並びに，地金ないし金鋳貨の「証拠物」「代理物」としての銀行券という「紙券論」（および，それと表裏の関係にある平板な貨幣貸借業としての銀行業）であったからである。だからまた彼は，上述のように，「信用制度の全機構の行き詰まり」自体の原因を，「公衆の無知によるパニック感情」に帰せざるを得なかったのであろ

第5章　オーヴァーストーンの「1844年銀行法弁護」

う[5]。

1) なおオーヴァーストーンは,「私が抗議した」のは,「イングランド銀行が,一般的に利子率で生じていた上昇に一致するように引上げていなかったからであり,市場利子率(the market rate)以下にその利子率を維持していることに抗議した。さもないとイングランド銀行への大きな需要が続き,イングランド銀行の銀行部準備(the Bank reserve)を減少させるからである」(第4065号A),と弁明している。

2) 因みにマルクスは,「銀行部準備(die Bankreserve)の枯渇に対する恐怖——オーヴァーストーンの創造物(a creation)である——が,10月の恐慌に貨幣パニックを付け加えた」(*MEGA*, S.486；*MEW*, S.436：訳, 599ページ),と評している。

3)「政府は1844年[銀行]法を停止し,イングランド銀行に,その法律によって規定されていた制限を越えた有価証券に対する銀行券を発行する,ただし8％の最低利子で,権限を与えた」(Maclaren, *op.cit.*, p.229)のであって,「正貨支払」を停止したのではない。したがって,エンゲルスが,『資本論』第Ⅲ部第33章に,「イングランド銀行が地下の丸天井の部屋にある金属財宝によってカバーされていない銀行券を発行する限り,イングランド銀行は価値章標(Wertzeichen)を創り出す」(*MEW*, S.557：訳, 766ページ)との書入れを行なっているのは,誤りと言わなければならない。

4) この点については,本書第6章第3節も参照されたい。

5) なお,このような「理論」を拠り所にした1844年銀行法の「大原理」に従って,地方銀行からの銀行券発行のイングランド銀行への集中——本章では殆ど言及し得なかったが——が,そして銀行券の中央銀行券化が推し進められることとなったが,そのことの歴史的評価とこの「理論」の評価とは,2つのことである。念のために。

第6章　D. B. チャップマンの「1844年銀行法修正」案

第1節　はじめに

　1857年の下院「[1844/45年]銀行法に関する特別委員会」におけるチャップマン(D. B. Chapman)に対する質疑・応答(第4832号～第5409号)[1]は，7月21日と同・24日[2]の2日に及んだのであるが，「1817年以来」(第4833号 A)，手形割引業者＝貨幣取引業者(billbroker＝money-dealer)である「オーヴァーレンド・ガーニー商会(the house of Overend and Gurney)の協同経営者(the managing partner)」(第4832号 A)として，「同商会の運営に積極的な役割を果たしてきた」(第4834号 A)チャップマンは，永年にわたって「商業手形(commercial paper)を割引」(第4836号 Q)いて来た体験から，「わが金融制度(our monetary system)」(第5173号 A)＝「信用制度(system of credit)」(第5335号 Q)についてのいわば経験則を見出し，それに基づいて1844年ピール銀行法の「欠陥」を指摘し，その「更改(alteration)」(第4903号 Q)ないし「修正(modification)」(第5321号 Q)を，強く求めて行く。

　チャップマンに対する質疑・応答では，この1844年銀行法の評価と「修正」の問題が繰り返し取上げられ，その過程で，関連する諸論点が派生的に展開されて行くこととなる。例えば，「イングランド銀行利子率(the Bank rate)」と「市場利子率(the market rate)」との関係，「高利禁止法」即ち「法定利子率(the legal rate of interest)」と利子率プラス「手数料(commission)」即ち「割引手数料(brokerage)」との関係，あるいは1852年の最低「市場率」——1¾%(第5090号 A)——や，1847年10月におけるイングランド銀行の貸出条件——10%(第5107号 A)[3]——の問題,等々がそれに属している。

　ところで手稿「信用。架空資本」の，「混乱」および「混乱：続き」部分において，マルクスは，チャップマンに対するこの質疑・応答から極めて多くの

第6章　D.B. チャップマンの「1844年銀行法修正」案　213

引用を，小見出しやコメントを付けながら行なっている[4]。しかもその分量は，同じ手稿の「補遺(Zusätze)」部分(現行版第26章)におけるオーヴァーストーンに対する質疑・応答からの引用やコメントの個所[5]の2倍を越している。それのみでない。「混乱：続き」部分でチャップマンの証言を取り扱っているところには，マルクスによって重要なコメントが，——即ち，手稿の「Ⅲ)」の部分(現行版第30章・第31章)の冒頭で，「信用という事柄全体にとって唯一困難な問題[6]」の1つに挙げられ，さらに手稿の「Ⅲ)：続き」部分(現行版第32章)においても，「答えられうる2つの問題(Fragen)[7]」の1つとして言及されている，信用制度の下での「貨幣貸付資本(monied Capital)の増減」と「国内にある貨幣の量」との関係の問題についての重要なコメントが，書き加えられている[8]のである。

　ところがエンゲルスは，手稿の「混乱」および「混乱：続き」部分でマルクスが書き抜いたチャップマンの答弁を，「銀行法特別委員会」での質疑・応答の番号順に並べ替え[9]，「尋問の主たる内容をまとめて掲げよう[10]」と述べて，現行版『資本論』第33章「信用制度の下での流通手段」の主要部分[11]を編み上げていく。

　しかし現行版第33章を見る限り，チャップマンの答弁を「特別委員会」における質疑・応答の順序に並べ替えただけでは，その「尋問の主たる内容」——即ち，チャップマンによる1844年銀行法の「修正」の強い要望，具体的「修正」条項の提案，そしてその根拠——を読み取ることは容易ではない。

　確かにマルクスは，「混乱：続き」における次のコメントでは，「立法」，つまり法律の制定に言及している。「チャップマンへの質疑で，こ奴らが，いかに公衆の貨幣を事実上彼らの所有と見なし，またいかに彼らの手形は何時でも(stets)換金可能(convertibel)であるに相違ないことを〔立法の〕義務(Pflicht)と見なしているかは，最高に愉快(amüsant)である。答弁と質問における素朴さ(Naivität)。」「立法(Gesetzgebung)は，大商会によって割引かれた手形を常に(immer)『換金可能』としなければならない。〔インクフント銀行はてれら〔割引手形〕を常に割引かねばならない。〕〔そして1857年における，凡そ800万〔ポンドの負債〕をもち，相対的には彼ら自身の資本をもたない，このような3人の手形仲買人(billbrokers)の倒産〕[12]」，と。

そしてこのコメントに続く，次ぎの質疑・応答からも，銀行法の改定が論議されていることは推測し得る。即ち，

「通貨の条項は，確実な性格の為替手形は，イングランド銀行券のように，いつでも容易に貨幣に対して交換可能(exchangeable)であるというように形作られるべきであると，あなたは考えているのですか」（第5184号 Q）――「私はそう考えています」（第5184号 A）。「イングランド銀行，または誰か個人が，法律によって(by law)それ[手形]を交換することを強制されるべきであるということを意味しているのではないのですか」（第5185号 Q）――「通貨のための法案(a bill)を工夫するに当っては，わが国の為替手形――それらが疑う余地なく確実で合法的であると仮定して――の交換不可能性を防ぐ用意をするべきであると私は考えています」（第5185号 A），と。

しかしここでマルクスが「立法」と言っているのが，チャップマン自身による1844年銀行法の「修正」案，銀行法への新たな「条項」の追加案を意味しているということは，容易には理解できないであろう。

エンゲルスが，2つのパラグラフから構成されているマルクスの上のコメントを1つに纏め，しかも若干手を加えて[13]，一方では「[立法の]義務」をチャップマンたち手形仲買人の「権利(Recht)」に置き換え[14]，他方ではそれに対応させて，「立法の義務(Pflicht der Gesetzgebung)」という言葉を挿入したのも，あるいはエンゲルスが，チャップマンが1844年銀行法の「修正」を主張していることを表現しようとしたかったのかもしれない[15]。

いずれにしても，マルクスが手稿「混乱」と「混乱：続き」で書き抜いた質疑・応答からでは，チャップマンが1844年銀行法に対する「修正」を求めていること，さらに，その具体的「条項」の提案まで行なっているということを読み取ることは容易なことではない。その上に，現行版第33章の編集に際してのエンゲルスによる削除と加筆が，「尋問の主たる内容」の理解を益々困難にしている。というのは，チャップマンが1844年銀行法「修正」の基礎に置いた，だから「貨幣量と利子率」の関係についてのオーヴァーストーンの「理論」批判の基礎に置いた，チャップマンの経験則，そしてそれについてのマルクスのコメントを，エンゲルスはすっかり削除してしまっているからである。

そこで本章では，まずチャップマンが「わが貨幣制度」（＝「信用制度」）をど

のように特徴づけ，また「わが貨幣制度」の下でどのような経験則を体得し，それに基づいて1844年ピール銀行法をどのように評価し，どのような「修正」案を提示していくかを検討し，そして最後に，エンゲルスが行なった削除と加筆に言及することとする。

1) 本章においても，イギリス下院『銀行法特別委員会報告書(1857年)』に依拠して，チャップマンの証言を検討していく。
2) この7月24日には，チャップマンに対する質疑・応答の後，キャップス(E. Capps)が最後の証人として喚問され，この「特別委員会」の証人尋問は終了している。
3) この点は派生的であるとはいえ，1844年銀行法の下でのイングランド銀行の発券と貸出に係わる問題であるので，その「修正」を求めるチャップマンに対する質疑・応答の最後まで(第5406号〜第5409号)尾を引くこととなる。
4) この点については，本書第4章第4節，第8章第3節も参照されたい。なお「Ⅲ)：続き」においても，チャップマンの答弁から3箇所が，括弧(　)に入れられた挿入的部分・書き込み部分として引用されている。
5) 本書第5章第1節を参照されたい。
6) *MEGA*, S.529；*MEW*, S.493：訳，675ページ。
7) *MEGA*, S.588-589. なおこの部分は，現行版第32章では削除されている。本書第8章第3節注58)を参照されたい。
8) この点については後述するところ，および本書第13章第5節を参照されたい。
9) マルクスは，「混乱」部分では第5075号から第5159号まで，そして戻って第4926号から第5057号まで，また「混乱：続き」部分では第4846号から第5387号まで——いずれもその全てではないが——を書き抜いているのだが，エンゲルスは，主として，前者からは第5126号〜第5159号を，後者からは第5177号〜第5383号までを，番号順に並べ替えて第33章で利用している。そして手稿の(Ⅲ)：続き」部分でのチャップマンからの3個所の引用は，括弧を取り除いて現行版第32章に採り入れられている。
なお，「手形割引」に関する答弁(第5139号 A)は，第33章だけでなく第26章でもエンゲルスによって利用されている。
10) *MEW*, S.544：訳，748ページ。なおその際エンゲルスは，「われわれが後になって「即ち，第35章「貴金属と為替相場」において」初めて研究する若干の諸論点も，そこ[チャップマンの答弁の中]で取り扱われているのだとしても」(*MEW*, S.544：訳，748ページ)，ここ第33章で利用していくと断っているが，この「貴金属と為替相場」に係わってくる質疑・応答＊も，実は1844年銀行法に対するチャップマンの「修正」提案との係わりで行なわれているのである。

＊例えば，第5126号〜第5147号(*MEGA*,S.568-571；*MEW*, S.547-549：訳, 753-756ページ)を参照されたい。

11) エンゲルスが独自に編み上げたこの第33章は，彼自身によって3つの部分に区切られており，最も長い第2の部分がその主要部分をなしている。
12) *MEGA*, S.603；*MEW*, S.550：訳，757ページ。
13) 「チャップマンの証人尋問において，これらの人々が，公衆の貨幣を事実上彼らの所有と見なし，また彼らが，彼らによって割引かれた為替手形の絶えざる換金性(Konvertibilität)に対する権利を持つと信じているかは，最高に愉快である。質疑・応答における素朴さは大したものである。大商会によって引き受けられた為替手形を常に換金可能にすることが，即ち，イングランド銀行が，あらゆる事情の下で，それら［手形］を手形仲買人に再割引することに配慮することが，立法の義務となる。そしてしかも1857年には，およそ800万［ポンドの負債］とこの負債にとっては有るか無きかの自己資本をもった3人のこのような手形仲買人が破産した」(*MEW*, S.550：訳，757ページ)，と。
14) チャップマンは，銀行券の保持者が兌換する，即ち，金鋳貨を請求するのと同様に，手形の保持者が「手形が満期になる前に，誰かに，それを割引くことを命ずることによって貨幣を要求する権利(a right to claim money)」が，「公衆」に与えられるような「機構」の設立を求めているのではないのですか(第5180号Q)という質問に対して，「いいえ。［手形割引の］引受け手についてではありません」(第5180号A)と答えている。念のために。
15) 因みに大谷氏は，このマルクスの文言を訳出するに当って，それを何の断りもなしに，事実上エンゲルスの現行版の文言——「どんな事情の下でも手形仲買人のために再割引してやるように配慮すること，こういうことが立法の義務となる」——と差し替えている(「『信用制度下の流通手段』および『通貨原理と銀行法』(『資本論』第3部第33章および第34章)の草稿について」『経済志林』第67巻第2号，1999年，152ページ)。

第2節　手形決済に「必要な通貨」と「貨幣退蔵」

チャップマンによると，「わが金融制度(our monetary system)」は，「一瞬に王国の鋳貨(the coin of the realm)で支払われることを要求されるかもしれない負債300,000,000ポンドをもっており，そして王国の鋳貨は，もしもその全部が［負債に］取って代えられる(substituted)としても，23,000,000ポンド，あるいはたとえ幾らであれ，それぐらいである」というような制度である。だからそれは，「ある瞬間には，われわれを激震(convulsion)[1]に投げ込むかもしれない状態[2]」にあり，「誰もが皆それを高度に人為的(highly artificial)であると告白するに相違ない」(第5173号A)ような制度[3]なのである。

第6章　D.B.チャップマンの「1844年銀行法修正」案　217

　この場合，彼が挙げているこの「負債300,000,000ポンド」は，振出された為替手形だけを意味しているのではない。彼は，リーサム(Leathem)が「熟知の小冊子[4]で，流通している為替手形(the bills of exchange current)を200,000,000ポンドと見積もって」（第5272号A)いるが，「200,000,000ポンドは流通している手形額を大いに超過」（第5280号A)しており，「地方手形(local bills)」（第5281号Q）を「除く」（第5281号A)ならば，「われわれが流通している為替手形(the bills of exchange floating)を100,000,000ポンドから120,000,000ポンドと見積もるならば，われわれは遥かに目標近くにいる」（第5274号A)，と言っている。したがって180,000,000ポンドから200,000,000ポンドの「負債」は，流通している為替手形以外のものということとなる。

　実際彼は，「要求次第で王国の流通手段(the circulating medium of the realm)を支払うことに責任を負わされている」（第5169号A)人々として，手形を振出す商人の他に，銀行業者を挙げている。即ち，「銀行業者は彼の預金[5]を支払うことを要求され」（第5824号Q)，「商人は彼の為替手形を決済することを要求され，地方銀行業者やイングランド銀行は，彼らの銀行券を支払うことを要求されている」（第5285号Q)[6]，と。

　しかし同時にチャップマンは，この「高度に人為的」で「極度に繊細な[信用]制度」を通じて，わが国の「大繁栄」（第5318号A)がもたらされたことを強調する。即ち，「もしもあなたが，人が彼のビジネスでもっている彼自身の貨幣量を…資本と呼ぶとするならば，それ[自己資本]は，最も多くの場合に，公衆によって彼に与えられる信用を通して彼の業務(affairs)で彼が旨く使用する貨幣の」，つまり使用総資本の，「非常に小さな割合を形成する」（第5316号A)のみで，「貨幣を持っている人が，持っていない人に，彼の商業上の活動のために貨幣を貸すことを躊躇しないというような信頼(confidence)を，われわれが相互に持っているということがわが国の大きな特質(distinction)で，だから1年間に輸出が20,000,000ポンドも並外れて増大し，そして大繁栄が行き渡ったのです。だからまたわれわれは300,000,000ポンド以上を，鉄道，その他の事柄，そして公的事業に使用したのです」（第5318号A)，と。

　ただし，このような「スターリング硬貨(in hard sterling cash)での支払なしに毎日毎日手形交換所で決済されるという，わが国の栄誉にまで成長してき

た事態」(第5319号A)も,「それら[引受手形]が満期となるその時に,それらを弁済する(redeem)ための流通媒介物(a circulating medium)があるだろうという信頼(faith)によって与えられている」(第5319号Q)という前提があることを,即ち,手形を決済するためには一定の「流通媒介物」が,「通貨」が「必要」であることを,だからまた万が一にもこの「流通媒介物の不足が生じる時には」(第5284号Q),「確かに誰もが支払要求に曝される」(第5284号A)ことを,彼は「手形割引業者」=「貨幣取引業者」として体得していたのである。そしてそのことについて,彼は,既に「1844年[銀行]法の審議中に,ロバート・ピール卿(Sir Robert Peel)と…話し合いをしていた」(第5231号A),と言う。即ち,

「私は,私が金融界(the monetary circle)で保持していた立場において,当時,公的にすることが企てられていた[銀行]法案についての,私が考えていたような危険(danger)を,彼[ピール]に説明することを義務と感じていました。私は彼に,わが王国の通貨のうちで,要求次第で支払われることになっているわが国の債務——それらは,先ず第1に銀行業者の預金,そしてまた日々満期となる為替手形から成り立っているが——の途方もない額を,はっきりと説明しました。それから私は彼に,これらは手形交換所で毎日毎日,慣例(custom)に従って,その時に存在している流通媒介物で決済されなければならないということを示し,そしてもしもなんらかの攪乱的原因で流通媒介物が仮に非常に少ない額に減少させられると仮定するならば(were),不可能ではないにせよ,これらの物件をそのように[日々]決済することの大きな困難について,私は彼を得心させました(と,私は信じていたのですが)。ロバト卿は,最初の話し合いの後,彼は私に今一度会うことを望み,私はそれを行ないましたが,最後に彼は私に,『チャップマンさん,常に枢密院の女王様に頼みの綱がありますよ(there is always recourse to the Queen in Council)』,と言うのでした。私は直ちにロバト卿に頭を下げて,それについて言いました。『私は一瞬たりとも貴方様の時間を占拠など致しません。私は大変満足致しました』,と。会見は終了しました」(第5232号A),と。

チャップマンによると,「わが国自身の国内債務(engagements)を処理させ得る」(第5225号Q)には,「経験からして,公衆の手に少なくとも18,500,000ポ

ンドから19,000,000ポンド[の銀行券]が絶対に必要[7]である」(第5225号 A)。しかも，この「公衆の手にある銀行券の量が大いに変動するということ」(第4846号 Q)は，「殆どなく，以前のある時期には，公衆の手にある銀行券の量が18,500,000ポンドと19,000,000ポンドの間を往復するというのは珍しいこと(a singular thing)でした。あるいは，なんらかの攪乱的原因があるのを除けば，非常に小さな変動で，殆ど19,000,000ポンドから19,500,000ポンドであると言ってもよいかもしれません[8]」(第4846号 A)。したがって，1844年銀行法の下では，公債に対して発行されるイングランド銀行券14,000,000ポンドに，地金に対しての発券額およそ5,000,000ポンド[9]を加えた額が，「公衆の手にある」銀行券の，通常の平均的な「絶対的必要量」であるということとなる。

しかし「攪乱的原因」がある場合には，「流通している商業上の債務(commercial engagements afloat)の量に較べて，公衆の手にある流通媒介物が少なくなる(at low ebb)」(第4844号 A)ことがある。

例えば，1856年1月には「公衆によって保持されていた銀行券の額は18,700,000ポンドであった」(第5003号 A)が，3月にロンドン・イースタン銀行の経営が「困難に陥り，不安の感情が発生」すると，「2週間で公衆の手にある銀行券が1,000,000ポンド・スターリング増大したのを見出すでしょう。イングランド銀行からの引き出し(an abstraction)，そして公衆のポケットへの，銀行券1,000,000ポンドの…押込みがあったのです。去る3月28日には公衆の手にあって実際に流通していた銀行券はおよそ18,584,000ポンドでした。次の週にはそれは500,000ポンドないしそれぐらい増大し，続く週に500,000ポンドかもう少し増大し，そこで19,537,000ポンドへの増大となったのです」(第4848号 A)。そして10月23日には「公衆によって保持されていた，現実に流通にある銀行券は，21,155,000ポンドに上り[10]」(第5000号 A)，他方，同じ「10月23日には，イングランド銀行手中の銀行券は2,550,740ポンドの低位にまで減少したのを見出します」(第4909号 A)。つまり，公衆によって保持されていた銀行券は「異常に大きく」(第5022号 Q)，「貨幣を求める率(the rate for money)は，同時に，異常に高かった」(第5022号 A)[11]。「それがまさに事実なのです。公衆の手に[銀行券]21,000,000ポンドがありながら，利子率はなお$6^{1}/_{2}$％で持ち合っていたのです[12]」(第5023号 A)。

だからこのように「攪乱的原因」がある場合には，イングランド銀行の銀行部にある「銀行券準備」が減少するので，イングランド銀行の貸出は抑制され，「公衆の手にある銀行券は非常に大きいけれど，［銀行券を］手に入れられない (are not to be had)」(第5062号 A)。そこで，「流通している商業上の債務［即ち，手形］の量に較べ」ると，それを「決済するために…必要な…通貨」が「不足」し，「貨幣を求める率」即ち「利子率」は「異常に高い」こととなる。「公衆」は自分の支払を確保するために「通貨を引き上げ」，それを「退蔵」してしまっている[13]，と言うのである。そしてマルクスは，このチャップマンの答弁(第5062号 A)に，「貨幣はそこ［公衆の手］にある。しかし誰も，それを貸付可能な『貨幣』に転化させることを非常に警戒する。彼は，それを彼自身のところに安全に保っておこうと試みる[14]」とのコメントを付している。

このように，「攪乱的原因」が発生して自分の債務の支払に必要な貨幣を入手することに疑いを持つぐらいなら，危険を犯してまで貨幣を貸出して利子など得ようとはしないのみでなく，チャップマンによれば，「銀行業者たち…が流通媒介物を退蔵する(hoard)」(第5292号 Q)のは「単に自然」(第5292号 A)であるだけでなく，「危険な状態がある時に，自分自身を防衛し得る人々が」(第5293号 Q)「もしもそうしないならば，それは大変な誤り」(第5293号 A)となるのである。なぜなら彼ら銀行業者は，「預金者に自分自身を準備状態で維持しなければならない」(第5301号 A)のであるからである。

だから逆に，「なんらかの種類の，パニックまたは逼迫あるいは憂慮が過ぎ去った時には，貨幣は，…帳場の引き出しに転がり込んでくる」(第5290号 Q)。例えば1856年の場合，「イースタン銀行事件の後は，貨幣の非常に大きな額が大量にわれわれの手に入ってきました」(第5287号 A)。「公衆のマインド」が改善された後では，「非常に大きな額［の貨幣］がわれわれに土砂降りのように戻ってきました，といえば充分でしょう」(第5289号 A)。いや，「私は戻ってきたとは言いません。なぜならそれは，取引と同一であろうからです」(第5287号 A)。即ち，貨幣を安全に「退蔵」していた，そして「利潤から利子を引き出している全ての銀行業者は，直ちに貨幣を運用し始める」，つまり「取引」を再開するという「最も合理的」(第5290号 A)な理由があるからである，と。

第6章　D. B. チャップマンの「1844年銀行法修正」案　221

　ところでチャップマンの経験によると，信用制度の下でも一定の貨幣量の存在が必要である。例えば，年々の4半期の「期末」（第4844号 Q），「国債利子（dividends）［支払］に先んじて国家収入（revenue）の6,000,000ポンドあるいは7,000,000ポンド［分］が流通（circulation）から引上げられる時期」（第5196号 A）には，それだけ通貨が「不足」する。そこで「各4半期のうちで，公衆の貨幣がイングランド銀行に入って行く間に[15]，［われわれが］イングランド銀行に［借りに］行くことが，われわれの自然の仕事」（第4864号 A）であり，そしてこの間は，「われわれがイングランド銀行に［借りに］行かねばならないのは自然（natural）であるのみでなく，絶対に必要であると私は考えます[16]。誰かがその間それを供給する仲介者（the medium）であらねばなりません」（第5196号 A）[17]。

　そして，この「国債利子［支払］に先んじて国家収入が…流通から引上げられる」（第5196号 A）場合と同様に，「攪乱的原因」による「流通媒介物の退蔵…も［その］不足（scarcity）を創り出し」（第5292号 Q），この「パニックのような何かあることが，貨幣貸付業者を貨幣の供給を求めてイングランド銀行に追いやるという結果を生みだす」（第4848号 A）。というのは，イングランド銀行に「われわれが貨幣を求めた時には，［イングランド銀行が］われわれに貨幣を供給するのが習慣であった[18]」（第5195号 A）からである。

　とはいえ，「私が以前に［第4864号 A で］説明しようと努力したように，われわれがそうであるべきことが自然である時を除けば，われわれは［イングランド銀行への］自発的な借り手（voluntary borrowers）である筈がありません」（第4912号 A）。「絶対的必要によってイングランド銀行に駆り立てられるのでない限り，イングランド銀行に［貨幣融通を求めて］行くことを，われわれは，われわれの側では，非常に嗜みのない（indelicate）ことと感じています」（第4913号 A）[19]，とチャップマンは言う。

　だから，このように「貨幣に対する需要が非常に顕著で，公衆がイングランド銀行を頼みの綱（recourse）とする時期」には，「イングランド銀行が［利子］率を調整する（regulate）非常な力を持っていることは明らかです。つまり，もしも市場における［貨幣の］供給が，イングランド銀行に頼ることなしには（without recourse）公衆の需要を充たすには充分でないとするならば，もちろんイ

ングランド銀行は彼らが好むどんな利子率をも課することができ，公衆はそれに服さなければなりません[20]」（第4840号A）。そして仮にイングランド銀行が「貨幣の供給」，即ち，手形の割引ないし有価証券担保の貸出による「貨幣[通貨]の前貸し」に応じようとしないならば，あるいは応じ得ないのであれば，「流通媒介物不足のための麻痺状態」（第4907号A），「全く進退窮まった」状態（第5220号A），即ち，「手形交換所[で手形]が決済され得ないであろうという」（第5221号A）「激震」（第5173号A），「一つの全般的な激震」（第5222号A）に陥らざるを得ないこととなる。そして1839年の時には，次節で考察するように，イングランド銀行は，いわばビタ一文の追加貸出を行なうことなしに，「全般的な激震」を回避させたのである。そしてそれが，チャップマンの「手形割引業者」＝「貨幣取引業者」[21]としての体験なのである。

1) チャップマンは，手形交換所での取引の行き詰まり，取引の麻痺の状態との関連で，「一つの全般的な激震(one universal convulsion)」（第5222号A），という表現も用いている。
2) マルクスはここに，「信用(Credit)[貨幣制度]から金貨幣制度(Monetarsystem)へのこの急変(Umschlag)」（*MEGA*, S.604；*MEW*, S.552：訳, 760ページ）と注記している。そして，さらに改行してそこに，マルクスは「恐慌における国内のパニックを除けば，貨幣の量は，ただ地金，即ち『世界貨幣』との関連でのみ問題となりうる」と書き加えている。ところがエンゲルスは，これに続けて「そしてまさにこれ[世界貨幣]をチャップマンは除外して，彼は単に23百万の銀行券についてだけ言及している」（*MEW*, S.552：訳, 760ページ）との加筆を行なっている。しかし後述するように，チャップマンは，豊富な地金がありながら，手形の決済に必要な通貨の不足によるパニックをクローズ・アップさせるのである。なお本節の注14)や後述の第6節の注11)を参照されたい。
3) そこでチャップマンは，それは「手形交換所を通じてイングランドの金融取引(monetary transaction)の決済を行なう極度に繊細な制度」（第5334号Q），即ち，「現存している信用制度(system of credit)」（第5335号Q）を指しているのかとの質問に，「その通りです」（第5335号A）と答えている。チャップマンは同じように，「わが金融制度の高度に人為的な状態」を「誰も否定できない」（第5236号A）と言い，また「非常に人為的な制度(the very artificial system)の下にあるわが貨幣的条件(monetary condition)において，われわれは生活している」（第5329号A）とも言っている。
4) 因みにマルクスも，手稿「信用。架空資本」の「冒頭部分」（現行版第25章）で，「本来的な商業貨幣」である「手形」についての脚注として，W. リーサムの「小冊

第 6 章　D. B. チャップマンの「1844年銀行法修正」案　223

子」『通貨についての手紙』に言及している(cf. *MEGA*, S.470；*MEW*, S.414：訳, 569ページ)。
5) なおチャップマンは，次の質疑・応答に示されるように，預金を通貨として認めている。「あなたは預金をどのような見方で考察しますか」(第5301号 Q)──「要求次第で支払われ得るものとして」(第5301号 A)。「あなたはそれら[預金]を通貨の一部(part of the circulation)として考察しますか」(第5302号 Q)──「確かに。即時に私の手から人が引き出すことのできるものが通貨の一部であるということを，誰かが疑い得るのですか？私は自分自身を人に支払う準備状態に維持していなければなりません」(第5302号 A)，と。因みにエンゲルスは，現行版第25章における J. W. ボサンケ(Bosanquet)からの引用文中の「手形交換所」という言葉に，「ここで，ロンドンの銀行業者は，支払われた小切手や満期の来た手形を相互に交換する」(*MEW*, S.414：訳，570ページ)，つまり手形のみでなく小切手も交換され，決済されているのだという説明を加えている。
6) 以下，委員の質問(Q)を引用する場合には，特に断らない限り，チャップマンが質問内容を肯定しているものとする。
7) 後述する第5224号 A──本章第4節注5)の個所──も参照されたい。
8) チャップマンは別の答弁では，「株式銀行の手形交換所への加盟＊が認められて以来，それ[公衆の手にある平均的銀行券量]が19,000,000ポンド，ないしはその辺りに増加したように見えますが，しかし時にはそれはそれ以上でありました」(第5287号 A)，とも言っている。なお本章第4節の注9)も参照されたい。
　＊この加盟は，1854年6月8日である(cf. *MEGA*, S.552；*MEW*, S.539：訳，741ページ)。
9) したがってこの地金5,000,000ポンドという数量が，チャップマンによる1844年銀行法の具体的「修正条項」の提案にとって，1つの大きな意味を持つこととなる。本章第5節注1)の個所を参照されたい。
10) 「この21,000,000ポンドの大部分が，即ち，自然の水準を超えるこの異常な額が，1844年[銀行]法の下で備えをしていた国じゅうの人々──彼らは不安に駆られそして彼らの準備金を強化していたのだが──によって保持されたのです。それについては疑いありません。公衆によって保持された額が19,752,000ポンドから21,155,000ポンドに増加したのです」(第5003号 A)。
11) なおこの時点でのイングランド銀行発券部の地金準備高については注14)を，詳しくは次節を，参照されたい。
12) 「昨[1856年]10月には公衆の手にあるこの[通貨の]額は21,155,000ポンドに急増しましたが，貨幣を獲得する異常な困難がありました。公衆がそんなに多くを持っていたにもかかわらず，われわれはそれに手を伸ばすことは出来ず，われわれの[割]引]率は非常に高かった」(第5287号 A)。
13) これまさに「オーヴァーストーンが1844年銀行法『弁護』に前提していた『理論』の射程の外＊」にあった，「イングランド銀行券の『公衆』による『退蔵』の問題に

他ならない。

　　＊本書第5章第5節の末尾を参照されたい。

14)　*MEGA*, S.602 ; *MEW*, S.547：訳, 752-753ページ。なお *MEGA* では，マルクスはこのコメントの次のパラグラフで，1856年10月23日の，「公衆の手にある銀行券」，「イングランド銀行の手にある銀行券」(銀行部準備)，「地金」(発券部準備)および利子率を，チャップマンの答弁から拾い挙げている＊。その際マルクスは，チャップマンの答弁番号を一々示すことを省いているのであるが，*MEGA* 編集者は，マルクスが依拠したチャップマンの答弁番号を「第5020号～第5025号」と指示している(cf. *MEGA*, Apparat, S.1311)。確かにこの指示は正確ではないが，しかし第5020号～第5025号ではチャップマンが銀行券準備と地金の概数しか挙げていないからといって，「マルクスは他の資料からこの二つについて正確な数字を補っている」(大谷，前掲，150ページ)，ということにはならない。なぜならチャップマンは，既に第4923号A，第5000号A，第5026号Aで「正確な数字」を挙げて答弁して来ているからである。なお大谷氏は，第5099号から第5106号の訳出に際しても，質問者である委員ウィルソンを，なんの断りもなしに，委員でもないガーニーに変更し，チャップマンの協同経営者であるガーニーが，恰も委員としてチャップマンを質問していたかのように，ガーニーという名前を挿入している(大谷，同上，151，205ページ)。全く理解に苦しむところである。

　　＊なおエンゲルスは現行版では，地金が豊富で利子率の高いこの事例を，注意深く削除している。先の注2)および後述する第6節注11)を参照されたい。

15)　逆に「国債利子の受領のような貯えから，貨幣が極端に過剰となる時期があります。国債の利子から公衆の手に入ってくる貨幣がイングランド銀行への借入れの返済によって打ち消されないとすると，大きな額が運用されないままとなります」(第4868号A)。

16)　「現実の，ビジネスの状態から独立の，通貨(Circulation)の膨張あるいは収縮(それゆえ，しかし公衆がそれを必要とする額は同じままであるが)は，技術的原因からのみ生じる。例えば，納税の時期には銀行券(と鋳貨)がイングランド銀行に通常の程度を超えて流入し，通貨に対する需要を考慮することなしに，実際に通貨を収縮させる。国債の利子が支払われる場合には，逆である。最初の場合には，イングランド銀行での借入れ(loan)が通貨(Circulation)のためになされる」(*MEGA*, S.600 ; *MEW*, S.544-545：訳, 749-750ページ)。なお本書第13章第5節を参照されたい。

17)　マルクスは，チャップマンのこの答弁(第5196号)を引用して，そこに，「この場合には，資本の[供給]ではなく，貨幣の供給が問題である。／貨幣貸付資本(moneyed Capital)[の供給]でもない」(*MEGA*, S.604 ; *MEW*, S.551：訳, 759ページ)とのコメントを付している。なお，後出第5節の注13)も併せて参照されたい。

18)　これもまた「通貨のための借入れ」であり，だから「貨幣が銀行業者たちの手に集積されている発達した信用制度の場合には，彼らがそれ[貨幣]を少なくとも(名目的には)前貸しする(vorschiessen)」(*MEGA*, S.602 ; *MEW*, S.547：訳, 752ページ)，

第6章　D. B. チャップマンの「1844年銀行法修正」案　225

とマルクスは言うのである。
19) 逼迫期を除くならば，イングランド銀行もチャップマンたち市中の貨幣取引業者も，共に，商業手形を割引いているからであろう。
20) だから，「通貨(Circulation)の絶対量は，逼迫の時期にのみ，利子率に決定的に作用する。… それ以外には，通貨の絶対量は利子率には影響しない」(*MEGA*，S. 601; *MEW*，S.545-546：訳，751ページ)，と言われるのである。なお本書第13章第5節を参照されたい。そして先の注2)で引用したように，このような「恐慌における国内パニックを除けば，貨幣の量が問題となるのは，地金，即ち『世界貨幣』との関連でのみである」とマルクスは言い，そして彼は，これらを指摘しているのと同じ手稿「混乱：続き」部分の後段(cf. *MEGA*, S.620-626)で，「逼迫時における銀行券の退蔵」，そして特に「地金の流出入」についての「注意」に立入って行く。それが現行版の第35章第1節(*MEW*, S.580-589：訳，798-811ページ)である。
21) チャップマンは，「あの法律[「高利禁止法(the usury law)」](第4880号Q)]が廃止されるまでは[われわれは]割引業者(brokers)として行動することを余儀なくされていました」(第4881号A)が，その廃止以降われわれは「手形割引業者(bill brokers)ではありません」(第4931号A)，「貨幣取引業者(a dealer in money)です」(第5297号Q)，と言う。そして彼は，「その時[1825年恐慌]，もしくはそのあたりまでは，われわれは割引業者(brokers)として行動しており，われわれの取引に手数料(commission)[「割引手数料(brokerage)」](第5263号Q)]を課していました」(第5261号A)が，「われわれはブローカー・ビジネスから[貨幣]ディーラー・ビジネスへと離れていき，…われわれは貨幣の真の価値に従って公衆と取引をしており，手数料を課することなどは非常にまれなことです」(第5267号A)，と言う。彼によれば，「われわれは，[シティーの]他の銀行業商会(banking houses)がしているように，預金で貨幣を受け容れる」のではあるが，彼らとは異なって，「貨幣の価値の市場率でそれ[預金]に利子を与えている。」ところが「通常の銀行業務に加えて」，「いまや株式銀行によって」それが「追従される」(第4943号A)に至っている，と言うのである。

第3節　逼迫期におけるイングランド銀行の貸付
―――発券部準備と銀行部準備―――

さて1839年には，チャップマンによると，イングランド銀行は次のように「逼迫」に対処したと言うのである。
「われわれの机には，最高級の性質の商業手形が[割引かれないで]積まれていました。…協同経営者のガーニーは『なぜなら，イングランド銀行がそれらをわれわれに代わって割引くかどうか疑わしいと告げたからです』，と言いました。」そこでチャップマン自身が当時の総裁レイド卿(Sir John Rae Reid)，

副総裁ペリー卿（Sir Henry Pelly）に会いにイングランド銀行に赴き次のように話をした。「われわれは自分のことは自分で処理致します。われわれはわれわれ自身のための貨幣を欲しているのではありません。なぜならわれわれは信頼すべき手形を持っているからです。そして紛れも無い謀議でもない限り，われわれは誰をも気にかけないでしょう。しかしわれわれは公衆に［貨幣を］供給しなければなりません。あなた方がわれわれに銀行券の発行を停止してしまいました。そしてもしもあなた方――われわれが貨幣を求めた時には，われわれに貨幣を供給する習慣(habit)であったあなた方――が，今やそうなさらないお心算ならば，他方でわれわれは公衆に［貨幣を］供給致しません」，と。つまり「彼ら［イングランド銀行］が取引を切り詰める心算であるならば，… われわれもイングランド銀行と調和的に行動します」（第5195号 A），つまり，われわれも割引を致しません[1]，と。

その結果，「レイド卿は直ちに言いました，『私はあなたの言うことを充分に理解しました』，と。そしてほんの少し協議した後で，『もしもそれらの手形が全て適切な手形(proper bills)であるならば割引きなさい，そしてもしもあなたが貨幣を必要とするのならば，われわれのところにお出でなさい』，と彼は言いました。…［そこで］われわれはすべてのものを割引きました。そして私が思い出す限りでは，イングランド銀行に1シリングたりとも［貨幣融通を］求めに行ったとは思っておりません。銀行営業貨幣(the banking money)の満ち干きへの妨げなどはありませんでした」（第5195号 A）。

というのは，この場合，もしも「イングランド銀行が『あなた［方］はそれ［その貨幣］を入手しないでしょう』と言った時には，結果はたちどころに数百万［ポンド］を仕舞い込ま(lock up)なければなりません。というのは，われわれに預金されている銀行営業貨幣の一大部分が大きな額であるのに，当事者たちは，かれらがそれを一瞬で入手し得ないことを知っているからです。われわれ自身とイングランド銀行との間でのわれわれとの話し合いにおいて，もしもイングランド銀行が『われわれはこれをする心算はありません』と言うのであれば，一瞬の内にその全てが停止されます。そして，さもなくば公衆に利益をもたらす(benefit)こととなるであろうこれら数百［万ポンド］は，存在していた事情の下では，直ちに仕舞い込まれてしまいます。なぜなら，人々は『われわ

れが貨幣を必要とする場合に，われわれがそれを獲得することに疑いを持つよりは，むしろわれわれは利子など全く入手しようとしないであろう(would)』，と言うからであります」(第5195号A)，と。

　では1844年銀行法の下で「攪乱的原因」が発生した場合にはどうなのか。
　まず1847年について，チャップマンは次のように言っている。
　「その年の早い時期に，わが地金の喪失から，わが通貨の非常に大きな収縮があり…，われわれは不作で，その年の早い時期にわれわれはそれを知覚的に感じ始めました。その年の4月，われわれは大きな逼迫でした。そして10月には拡大された激しさで逼迫が再発しました。それゆえ貨幣市場の攪乱の本源的原因は，疑いもなくその年の異常な輸入の結果，わが為替相場を調整するのに必要とされた貨幣量にあったのです」(第5218号A)，と。
　このようにチャップマンも，「貨幣市場の攪乱の本源的原因」は世界貨幣としての地金の流出にあったとするのであるが，しかし1844年銀行法の下では，発券業務を除く銀行業務は，発券部から分離された銀行部に属しており，銀行部準備(銀行券準備)が減少する時には，上述のように，イングランド銀行はチャップマンたち金融業者たちに「援助」の手を差し伸べる余裕がなくなる[2]。そこでチャップマンたち「公衆」は銀行部準備の動向に注意を払い，またそれが減少すると「不安」になる，と言うのである。
　実際1847年秋には，彼によると，事態は次ぎのように経過した。即ちこの「年のある時期に，イングランド銀行によって保持されていた銀行券は，1,150,000ポンドでした。そして前年の10月にはそれは2,550,000ポンドでした[3]。イングランド銀行が，その手に銀行業者たちの大きな額の預金残高——恐らくそれは昨年の銀行部準備に全く等しいほどの額——を持っていることを，またイングランド銀行目身の10の支店に[銀行券]を供給しなければならないことを知って，それ[銀行券準備]に注意を払っていたわが国の全金融業界(the whole monied interest)が，その事態に不安(anxiety)を感じ」，そして「そのような時に，イングランド銀行に援助を全て頼ることは極度に危険となり，またそのような瞬間には，わが国の金融業務(the monetary business)は非常な不安をもって行われる[4]」(第4900号A)こととなったのである。

そして「われわれは，10月19日，20日，21日[5]に，通常のコースを外れて，全く3度だけですが，イングランド銀行に割引を頼みました。…イングランド銀行との予めの話し合いで，われわれが貨幣を必要とする場合には，彼らイングランド銀行が出来得る限りのものをわれわれに持たせましょう，と彼らは言っていました。われわれは10月19日には［イングランド銀行に］行く都合となりました。彼らは，『あなたは貨幣を得るでしょうが，しかしあなたはわれわれに，それに対する10％を支払わなければなりません』と言いました。これがわれわれの為替手形の価値についての経験でした。彼らは，われわれを万事完全に切り抜けさせました。しかしもしわれわれがその時に大蔵省証券を持っていたならば，イングランド銀行は大蔵省証券を担保に貨幣を与え得なかったでしょう。… そしてそれらを売ることについても不可能であったのです[6]」（第5107号 A）。

その上このような事態に立ち至ったのも，実は，イングランド銀行との間でいわば「暗黙の了解」（第4915号 A）があったからで，この10月には「非常に大きな額の貨幣が，われわれの商会から…引き出された」（第5238号 A），とチャップマンは答えている。即ち，「私は10月5日にイングランド銀行に行きました。…イングランド銀行当局(the Governor and the Deputy Governor)から私が受取った答えは，『宜しい，必ずそれをお見せしましょう。そしてわれわれがあなたに与えることのできる貨幣をあなたが求める場合には，あなたは得るでしょう。しかしわれわれは銀行券を発行する(make)ことは出来ません』，でありました。それに従って，われわれはわれわれのビジネスを続行したのです。そして10月19日に至るまで，われわれは毎日毎日わが国の種々な部分からのわれわれ宛ての手形全てに対処する他に，われわれは実際非常に顕著に割引をしました。われわれが最初にイングランド銀行に［貨幣融通を］頼んだのはその時でした。そして答えは私の以前の答弁［7月21日の第5107号 A］におけるもので，あなたの前にあります」（第5244号 A），と言うのである。

彼によると，「イングランド銀行がその貨幣融通に対して求めた利子率［10％］は，その時のイングランド銀行の銀行部準備(the Bank's reserve)の状態に一致して」（第5245号 Q）は「おらず，それは最も高利をむさぼる取引でした。」そして「あなた［イングランド銀行前総裁ウェーグェリン(Weguelin)］が率直

第6章　D. B. チャップマンの「1844年銀行法修正」案　229

に質問しているので，私は率直にお答えすることを余儀なくされています[7]」が，もちろん「私はそれが1844年[銀行]法において制定されていることと一致していることを知っています。しかしわれわれに自由に割引くことを，その時にあの大きな貨幣額を提示することを励めた後に，われわれが非常に短期の手形[8]（very short bills）80,000ポンドで申し入れた時に，『われわれは10％をあなたに求めます』と告げられたのは，私には最もひどいこと」（第5245号A）でした。そして10月25日には「政府書簡」が発せられ，「パニックが過ぎ去ったので，貨幣は直ぐにわれわれに再び流れて来ました[9]」（第5239号A），と。

　以上が，チャップマンにとって恐らく苦々しい経験であった1847年の場合である。そしてこの1847年10月には，イングランド銀行の発券部には地金が「8,100,000ポンド」（第5381号A）も保管されていたのである[10]。

　次に，1856年の10月はどうであったのか。既に前節で言及したように，「公衆の手にあるイングランド銀行券」は10月23日には「21,155,000ポンドに達し」（第5000号A），また「イングランド銀行手中の銀行券は2,550,740ポンドの低位にまで減少した」（第4909号A）が，「地金は10月23日には9,231,000ポンド，16日にはそれは9,589,000ポンド，その前の週にはそれは10,226,000ポンド」（第4923号A）であった[11]。

　だから1856年の場合には，確かに10月23には，地金は9,231,000ポンドに減少したとはいえ，なお9,200,000ポンドもの地金がイングランド銀行「庫中に」あり（第4923号A），そして「全体として[イングランド]銀行券…総額23,706,000ポンド」（第5377号A）のうちの，「銀行券21,156,000ポンド」が「流通に」（第5377号Q）ありながら，イングランド銀行銀行部の銀行券準備は2,550,740ポンド（第4909号A）に過ぎなかったのである[12]。そこで，チャップマンたちが「イングランド銀行[利子]率（the Bank of England rate）よりも1.5％高い[率]を課していた」にもかかわらず，「われわれの割引は大幅に増加し，割引を抑えることが出来なかった」（第5374号A），と彼は言う。

　ところで，地金準備の豊富さと銀行券準備の少なさ——それ故の利子率の高さ——というこの関係を理解することが，当時，いかに容易でなかったかを物語る1例として，次の質疑・応答を挙げておこう。「イングランド銀行が所有している地金の全体量について，それは当時9,200,000ポンドでしたが，実際に

はそれを2,550,000ポンドだけ運用する(use)ことができたのですね。流通にはイングランド銀行券21,156,000ポンド[13]があり，そこで地金を代表する(represent)2,550,000ポンドの銀行券だけが［銀行部に］残っていたのですね」(第5377号 Q)という質問に対して，チャップマンは次のように答える。「いいえ。それはそのことを説明する正しいやり方ではないでしょう。もしもあなたが，私にそう言うことを許されるならば，あなたは全体としての銀行券を考察しなければなりません。この場合には［銀行券の］総額は23,706,000ポンドでした。それがイングランド銀行と公衆との間で保持されていたのです。イングランド銀行はその一部を，公衆はその一部を分担したのです。即ち，イングランド銀行は2,550,000ポンドを保持していたのです」(第5377号 A)，と。

そして続く「なぜイングランド銀行［銀行部］準備(the Bank reserve)はただ2,550,000ポンドに過ぎなかったのですか。それは1844年［銀行］法の帰結ではなかったのでは？」(第5378号 Q)という質問に対して，チャップマンは，「いいえ。あなたは1点では正しい。即ち，もしわれわれが1844年［銀行］法をもっていなかったとしたならば，疑いもなくイングランド銀行が障害物なしにその発券を拡大し得たかもしれないということでは」(第5378号 A)，と答えていく。つまり彼によれば，問題は，発券部準備である地金のいわば絶対量ではなく，「公衆」の「不安」が「流通媒介物の引き上げ」を齎す点にあるのである。だから彼は，「もしも1844年［銀行］法が存在しなかったとしたならば，イングランド銀行が立っていたであろう立場にイングランド銀行が立っていたとしたなら，即ち，イングランド銀行がその発券を，その地下金庫にある地金を考慮しながら，彼らイングランド銀行が適当と考える限り拡大したかもしれないという立場にイングランド銀行が立っていたとしたなら，あなたが言及したあの不安などはなかったであろう，とあなたは言うのですか？」(第5380号 Q)という質問に，次のように答える。「いいえ。事態は1847年におけるのと正に同様でした。われわれはその時，激震(convulsion)の瀬戸際にいました。イングランド銀行に閉じ込められた膨大な地金量を伴ってです」(第5380号 A)，と。

そして彼は，この1856年10月におけるイングランド銀行発券部準備(地金)と銀行部準備(銀行券準備)，そして「公衆の手にあるイングランド銀行券」との関係について，次のように，極めて重要な質疑・応答を行なっている。

第6章　D. B. チャップマンの「1844年銀行法修正」案

「10月23日における「銀行部の銀行券準備(the note reserve)の低い状態は，イングランド銀行にある地金の減少に帰せられるべきではありませんか」(第4923号 Q)──「はい。[確かに]地金は顕著に減少しました[が]」(第4923号 A)。

「銀行券準備は発券部の地金によって測定されるのではありませんか」(第4924号 Q)──「銀行券準備は地金とは少しも関係ありません。それはイングランド銀行の銀行部と関係があるのです」(第4924号 A)。

「しかしそれは，発券部の地金の量に依存しているのではないのですか」(第4925号 Q)──「いいえ。銀行券の一定量があります。発行されている(in circulation)銀行券額は，地金プラス14,000,000ポンドによって決まっており，これらの銀行券は，公衆によって，そしてイングランド銀行によって，保持されています。イングランド銀行によって保持されている銀行券は，その銀行業務状況によって左右されているのです」(第4925号 A)。

「銀行券準備は，発行された総額とイングランド銀行が発行する資格を与えられている額との差額(difference)ですか」(第4926号 Q)──「はい」(第4926号 A)。

「銀行券準備(the note reserve)は，発券部にある地金に絶対的に依存しているのではないのですか」(第4927号 Q)──「いいえ。イングランド銀行によって準備されている銀行券(notes reserved by the Bank)が，ではありません。発行された銀行券の総額が，地金に依存するのです。もちろんそれは地金と共に変動します」(第4927号 A)。

「では，イングランド銀行の銀行券準備(the note reserve in the Bank)は，地金の総額と公衆の手にある[銀行券]量に依存しているのですね」(第4928号 Q)──「それはそうです」(第4928号 A)。

「では，一般的な言い方で，銀行部の銀行券準備(the note reserve in the Banking Department)は，発券部の地金に依存している，と言っても宜しいのですか」(第4929号 Q)──「はい。実際に流通にある銀行券(the notes actually in circulation)が考慮されるならば[そうです]」(第4929号 A)[11]，と。

そしてこの「実際に流通にある銀行券」とは，「公衆の手にある銀行券」を意味しているのであるから，それを「考慮」に入れるということは，「銀行券の発行総額は地金に依存する」(第4927号 A)というのと同じこととなる。

さて以上のように，1847年10月および1856年10月の経験からチャップマンは，「攪乱的原因」によって「公衆による通貨の引き上げ」（貨幣退蔵）が一般化すると，イングランド銀行の銀行部準備（銀行券準備）が減少し，銀行券の発行が厳格に制限されている1844年銀行法の下では，イングランド銀行の貸出能力，したがって手形決済に必要な通貨の供給能力が低下するが，しかし，銀行部準備（銀行券準備）は発券部準備（地金準備）に直接には依存しないのであるから，後述するように，「正貨支払を維持」しながら「超過発行」によって銀行部の貸出の低下を阻止し得る，とするのである。そしてこれが，彼の銀行法「修正」の論拠となるのである。

1) なおチャップマンは，「わが国の貨幣取引業者たちは，実際上，公衆を代表しているだけである。彼らは，銀行業務の世界で，彼らを通じて便宜よく処理される媒体にすぎない。もしも貨幣取引業者がイングランド銀行に来なかったとするならば，公衆が直接にくることになるであろう（would）」（第5190号A）。そしてわれわれ貨幣取引業者が「イングランド銀行に1シリングたりとも求めない」とすれば，「その場合には，イングランド銀行が公衆のために割引かねばならず，結果としてイングランド銀行は膨大な額まで割引かねばならないであろう（would）」（第5191号A），と言っている。

2) なおこの「特別委員会」でも，1844年銀行法を「犯すこと（infringement）」（第5164号Q）である発券部準備（地金）を超えての「超過発行（extra issues）」（第5329号Q）と，「追加的前貸し（additional advances）」（第5164号Q），「拡大された前貸し（increased advances）」（第5167号Q）とは，同義的に理解されて質疑・応答が行なわれている。マルクスも，「イングランド銀行は全ての貸付（loans）や割引をその銀行券で行なうのだから，云々」（MEGA, S.512）と記している。エンゲルスは，さらにそこに「周知のように」という言葉を書き添えているほどである（MEW, S.468；訳，643ページ）。

3) 「もしも私が正しく覚えていればですが，1847年10月にイングランド銀行によって［銀行部］準備に保持されていた銀行券は，2,000,000ポンド以下であったのではなかったのですか」（第5227号Q）——「11月の4日には僅かに1,176,000ポンドであったようです」（第5227号A）。

4) 同じことを彼は，再度答弁している。「貨幣取引業者たち（the money dealers），あるいは同じことですが公衆——というのは，われわれは，事実上，ある意味では公衆なのです——が，イングランド銀行に［救済（relief），つまり貨幣融通を］求める機会をもつ時には，彼らイングランド銀行は，彼らからその預金残高を引き出し得る銀行業者たちに対して負っている債務を想起し，また彼らイングランド銀行がその支店10店に［銀行券を］供給しなければならないことを想起するならば，あなたは，

第6章　D.B.チャップマンの「1844年銀行法修正」案　233

われわれが実際非常に大きな不安の下で生活しなければならないことを容易に理解できるでしょう」(第4909号 A)，と。

5) チャップマンは，7月24日に行なわれた第5239号 A で，「10月の金曜，土曜，そして月曜，つまり19日，20日，そして22日に——日付は正確であると思いますが——」と訂正している。念のために。

6) 「結局，あなたが1847年におけるような市場の状態に到達するならば，あなたは大蔵省証券を売ることは出来ません」(第5114号 A)。

7) 実は，チャップマンの答弁(第5239号 A)に対して，「あなた，または，あなたの協同経営者は，1847年の政府書簡が発せられる前の数時間に，イングランド銀行に，いかなるそしてどれほどの申し入れをしましたか？」(第5240号 Q)，「それがどれだけで，そして結果はどうであったかを陳述することに何か異議がありますか？」(第5241号 Q)といった質問が投げかけられているが，チャップマンは，「その時にイングランド銀行とで何が生じたかということを答弁に盛り込むことを，私は全く望みません」(第5241号 A)と，一旦は答弁(証言)を拒否している。そこで，7月24日の最初の第5217号から続いていた質疑・応答は，この第5241号 A で中断され，証人は一時退席を命じられる。そして質疑・応答の第5242号として「特別委員会」が再開された後の質疑・応答が，委員ウェーグェリンとのこの第5244号・第5245号のやり取りなのである。念のために。

8) 実は10月19日，20日，22日に「イングランド銀行から受取った金額に関してですが，われわれは次の水曜日[24日]に手形を回収できれば，われわれは，まことに有難かったのです」(第5239号 A)と言うのであるから，ほんの数日のいわば繋ぎ融資を求めていたものと推測できよう。因みにチャップマンの貸出金利は，「1847年10月には7％，11月に向けてそれは10％で，…政府書簡が出た後は非常に急速に下落し…，12月には6％」(第5255号 A)であった。

9) 「1847年には，政府書簡が公表された後は，事態はなんと速やかに貨幣市場における供給と需要の自然の均衡を取り戻したことでしょう」(第5149号 A)，と彼は言っている。

10) なおこの点については，本書第5章第5節も参照されたい。

11) 因みに，「11月3日にそれ[地金]は8,914,000ポンドに減少し」(第5026号 A)，それが地金の「最低点」(第5026号 Q)であった。

12) 「1856年10月には…イングランド銀行[銀行部]準備は2,550,000ポンドに減少していましたね」(第5368号 Q)。「そうでした」(第5368号 A)。「それにもかかわらず，イングランド銀行地下金庫には9,200,000ポンドが横たわっていたのですね」(第5369号 Q)。「それは完璧に正確です」(第5369号 A)。

13) ここではチャップマンは，銀行券準備を2,550,740ポンドではなく，2,550,000ポンドという概数で答えている。そこで，総発券額23,706,000ポンドから2,550,740ポンドを差し引くと，「公衆の手にある銀行券」は21,155,260ポンドとなるのであるが，概数の2,550,000ポンドを差し引くと，それは質問のように21,156,000ポンドということ

となる。念のために。
14) マルクスは，手稿の「混乱」部分の「準備金」という小項目の下で，これら第4926号A，第4928号Q，第4929号Qを引用したところで，第4929号Qについて，「これは全く正確ではない(nicht ganz exakt)」(*MEGA*, S.571)と指摘し，さらに，「公衆の手にある[イングランド銀行券の]量が一定であると想定すれば，それ[イングランド銀行の銀行部準備]は地金の変動に依存し，地金の量が与えられていると想定すれば，それは公衆の手にある[銀行券の]量に依存する」とのコメントを書き記している(cf. *MEGA*, S.571-572)。そして彼は手稿では，このコメントの後に，さらに続けて第4994号A，第5046号A，第5054号A，第5057号Q・Aを引用しているが，現行版では，第5046号Aと第5057号Q・Aを除けば，マルクスのコメントも含めて，すべてが削除されてしまっている。そしてその第5046号Aは質疑・応答順に並べ替えられた一連の引用の最後のところに，また第5057号Q・Aは，第35章1節に，収録されている(*MEW*, S.554, 589：訳，763, 811ページ)。

第4節　1844年ピール銀行法の評価
―――「長所」と「欠陥」―――

　ところでチャップマンによる1844年銀行法の「修正」提案の問題に進む前に，予め同法に対する彼の評価を検討しておくことが必要である。そして彼は，この点を巡って繰り返された質疑・応答を通じて，一貫して，「私は1844年[銀行]法には大きな長所(merit)があると考えますが，大きな欠陥(defects)もあると考えています」(第4903号A)，と答弁している。例えば，「イングランド銀行の銀行運営は大変素晴らしかったので，言ってみれば，われわれはそれと全く折り合ってきました。がしかし，それは時折大きな不安の下にありました」(第4896号A)と言い，あるいは「私は，それ[1844年銀行法]は大きな長所を持っているが，しかし大きな欠陥ももっている，と言ったのです」(第5356号A)，と答えている。
　ではその「長所」とは何を指すのであろうか。彼はそれを次のように指摘する。「私はあの[1844年銀行]法は，決まった原理(a fixed principle)に従って通貨の発行を行うことで大いに有益(advantage)であると考えます」(第4963号A)。「それ[長所]は，流通媒介物(the circulating medium)の発行を極めて望ましい明示された基礎(a defined basis)の上に置いたということである，と私は考えます。私は[発券には]1つの線があるべきであり，その線からの逸脱は

例外であるべきであると考えます」(第4969号 A)。あるいはまた,「流通媒介物の発行を一定の明示された諸原理に依拠させている1844年[銀行]法の重要な原則(the grand principle)に, 私は大いに賛成しています, と抽象的にお答えします」(第5175号 A),とも答弁している。つまり, イングランド銀行券の発行が, 確たる基準もなしにイングランド銀行理事者の「自由裁量」に任されていた[1] のに対し, 1844年銀行法は, それについて, 国債を担保に14,000,000ポンド, それを超えては地金に対して発券するという「1つの線」を明示した。そして, そのような「決まった原理」を明示したというまさにそのことにメリットを認めると言うのである[2]。

なお彼は, イングランド銀行の発券部と銀行部の2部局への「分割について」(第4973号 Q)は,「イングランド銀行にとっては全く1つの事柄です」(第4973号 A)と答え, むしろ「分割は大いに望ましいと考えています」(第4956号 A)とさえも言っている。それというのも, 彼にとって「影響する点は, 銀行部である」(第4955号 A) からなのである。ただし彼は,「地方銀行発券(the country bank issues)を…イングランド銀行券(the Bank of England paper)によって置き換えること」(第4957号 Q)については,「私は全く賛成ではありません」(第4960号 A)と答え, またスコットランドとアイルランドの 「紙券流通(paper circulation)」(第4961号 Q)に関しては,「私は精通していません」(第4961号 A)と, 答弁を控えている。

このように彼は, 1844年銀行法の「主要原理」には「大いに賛成」であると言うのであるから, それでは「何が欠陥なのですか」(第4904号 Q)という質問が発せられることとなる。そしてそれに対してチャップマンは次のように答える。即ち,「パニックや制御し得ない偶発事件——凶作, あるいは戦争——のような特殊な原因による通貨の引上げ(withdrawal of currency)——, そして私は有害で正当とは認められない貨幣退蔵(injurious and unjustifiable hoarding)をも加えたいのですが——に対する規定が欠けている点で, それ[1844年銀行法]には欠陥がある, と考えます」(第4904号 A), と。

ただその場合チャップマンは,「パニックや制御し得ない偶発事件」——凶作と戦争——に伴う「通貨の引上げ」と,「有害で正当とは認められない貨幣退蔵」との間に[3], 1つの区別を置いている。

そこでまず「パニックや制御し得ない偶発事件」に基づく「通貨の引上げ」であるが，これは，既に本章第2節で言及したように，それを行なうのが「銀行業者たち」にとって「自然な」(第5292号A)ことであり，そうしない方がむしろ「大変な誤り」(第5293号A)であるような「貨幣退蔵」である。即ち，

「われわれの商業界(commercial circle)を熟知している人は誰でも，われわれが大蔵省証券を売ることができず，東インド債権(India Bonds)が全く役立たず，あなたがたが第1級の商業手形を割引くことができないような状態にわれわれがいる時には，その人々のビジネスが，彼らに王国の流通手段(the circulating medium of the realm)を要求され次第支払うことに責任を負わされている人々にとっては，大きな不安(anxiety)があるに相違ない，ということを知っているに相違ありません。そしてそれが全ての銀行業者に当てはまります。そこでそのことの結果が，各人がその準備金(his reserve)を2倍にすることです。そのことの結果がわが国全体でどのようであるかを見てください。即ち，全ての地方銀行業者——およそ500人です——が，彼のロンドンの代理人にイングランド銀行券で5,000ポンドを彼に送らなければならないということを。[5,000ポンドという]平均——それは全く馬鹿げているのですが——のような限られた額(a limited sum)をとるとしても，流通から引上げられるのは2,500,000ポンドに達します」(第5169号A)，と。

このように，なんらかの「攪乱的原因」によって「不安」が発生すると，「貨幣の大きな額を要求次第で支払うことに責任を負う人々は[商人も銀行業者も]皆，[貨幣]市場での引締まり状態の場合に」(第5302号A)は，自分自身を支払のための「準備状態で維持しなければならなくなる」(第5301号A)。そしてそのことが「パニック理解にとって」(第5286号Q)の「全く合理的な根拠である」(第5286号A)，とチャップマンは言う。しかも，「制御し得ない偶発事件」のうち，不作による穀物の「異常な輸入の結果，わが為替相場を調節するのに必要な貨幣の量[4)]」(第5218号A)が問題となるのは言うまでもないが，「戦争遂行の必要性による地金の非常に大きな流出」(第5224号Q)も，手形交換所での「日々の業務を決済するため絶対的に必要な額以下に通貨を減少させる[5)]」(第5224号A)こともあり得る[6)]，と彼は言う。

ところが，逼迫期には「自然な」このような「通貨の引上げ」(貨幣退蔵)が

広く行なわれると,「有害で正当とは認められない貨幣退蔵」(第4904号 A)が発生する。即ち,「事態の適正な状態とは考えてはいない」のではあるが,「特に通貨(circulation)が非常に少ない(low)状態である時に,途法もない不足と逼迫とを創り出すことができる,ロンドンに現に存在しているような,資本家の力の下に貨幣市場があり,…そしてそのことが可能である。…流通媒介物から銀行券の1,000,000ポンドないしは2,000,000ポンドを引き上げることのできる資本家──もしも彼らが,それによって成し遂げるべき目的を持っていればですが──が,1人[7]以上はいます」(第4963号 A)。そしてこのような資本家は「公債での一大相場師(a great operator in the funds)」であり,彼は「整理公債1,000,000ポンドないし2,000,000ポンドを売って,公債市場から貨幣を受け取ります。一定額の国債が…市場に投入される時に,即ち,市場から銀行券を獲得することによって流通媒介物が突然に引き上げられる時に,それがどんな結果を惹き起すかを,われわれは皆,ごく最近に起きたこと[8]によって知っています。それは最も激烈な逼迫を創り出したのです」(第4965号 A)[9]。

なおここで,チャップマンが「通貨が非常に少ない(low)状態にある」(第4963号 A[10])と言っているこの「通貨」とは,イングランド銀行の手中にあるイングランド銀行券,即ち,銀行部準備(銀行券準備)を指している。したがって「通貨が非常に少ない状態」は,「公衆の手にあって実際に流通していた銀行券[通貨]」が,例えば1856年 3月のように「2週間で1,000,000ポンド・スターリングも増大し」,3月28日の「およそ18,584,000ポンドから…19,537,000ポンドへと増大」(第4848号 A)し,さらに10月には21,155,000ポンドにまで急増するような状態(第5004号 A)を意味していることとなる。そしてそのようにイングランド銀行の貸出余力が極めて小さくなっている状態の時に,2〜3の大資本家が整理公債を纏めて大量に売却して,銀行券(通貨)を流通から引き上げるならば,「最も激烈な逼迫が創り出される」(第4965号 A)こととなる,と言うのである。

では,このような「正当とは認められない貨幣退蔵」が行なわれるのは,どのような目的をもって,そしていかようにして,なのであろうか。

まずその目的であるが,確かに,「もしも誰かが流通(circulation)からイングランド銀行券を引き上げる目的で,国債を1,000,000ポンドないし2,000,000ポ

ンドの範囲で売却して，それだけのイングランド銀行券を獲得するとしても，彼がそれら［銀行券］を保持している限り，それらは不生産的(unproductive)ではないのか」(第4967号 Q)という疑問が生じ得る。

しかしチャップマンは，その目的を次のように説明する。「そのことが彼の大目的に効果があるのならば，それは取るに足りないことです。彼の大目的は公債［価格］を暴落(knock down)させ，［貨幣］払底(scarcity)を創り出すことなのです。そして彼はそうする力を完全に支配下に置いているのです。もしもあなた［委員長］が，銀行券の突然の引き上げを例示することを私に許して下さるならば，私は遥かに有効に説明できます」，と答えて，彼は次のような体験を挙げる。「午前中に証券市場で大きな貨幣需要がありました。誰もそれがどうしてであったかを知りません。1人の人がやってきて，私に私が貨幣を貸すかどうか尋ねました。私は『私は承知しました』と言いました。彼は，『私は7％であなたから50,000ポンドを手に入れたい』と言いました。私は驚きました。われわれの利率はそれより大分低かったのです。私は『あなたにそれを貸しましょう』と言いました。彼はさらに50,000ポンドを7½％で求めに戻ってきました。その後，彼は8％で100,000ポンドを求めて戻って来，そして再び8½％で若干を求めに戻ってきました。私は『お客様，私は驚いています。これが何を意味するのか私には解かりません』と言いました。後になって，この巨大な逼迫を創り出した，市場からの突然の，貨幣の引き上げがあったということが判明しました。私は大きな額を8％で貸しましたが，しかし流通媒介物の非常に少ない(low)状態の下でそれをする力が，大きな資本家たちの支配下にあるのです」(第4967号 A)，と。

例えば，「1856年には公債(the funds)は95［ポンド］から，あるいは8月には95［ポンド］と96［ポンド］との間から，10月または11月には91［ポンド］にさえ下落した」(第5372号 Q)。そこでそれらを安値で買い集める。「1847年の恐慌では，力のある［ロンドンの］諸銀行業商会」(第5384号 Q)が，「彼らの引受手形を決済するために窮地に陥っていた人々から，ロンドン-バーミンガム［鉄道］社債(debenture)を75ポンドという安値で購入」(第5385号 Q)したり，これら「資本家たちが…恐慌を利用して彼らの犠牲となる人々の破滅から，莫大な利益を創り出」(第5383号 Q)している。

このように，この「貨幣退蔵」は「逼迫を悪化させ，そして結果から利益を得る意図での貨幣退蔵を意味している」（第5358号Q）ので，チャップマンは，それを「不合理な貨幣退蔵(irrational hoarding)」（第5357号Q）などとは「言わず，正当とは認められない(unjustifiable)貨幣退蔵と言った」（第5357号A）のである。そして「それが正当とは認められないという言葉の使い方」（第5358号A）であるとともに，「私が委員会に特に望みたいことは，非常に制限された通貨の下で，われわれが完全に幾つかの大きな組織や個人のなすがままになっているということ，そしてそのことが，われわれ皆が理解すべき非常に重要な事柄であるということを，理解することです」（第5357号A），と彼は言う。

しかもこのような「正当とは認められない貨幣退蔵」を行う「資本家」は，いまや「公債での一大相場師」（第4965号A）だけではなく，株式銀行もそれに加わりつつある。例えば，「株式銀行がその会議を開き，そして状況の局面は好ましくない，為替相場は下落しつつあり，銀行券に対する逼迫が生じると思う，さあわれわれの銀行券を500,000ポンド増やそう，と言うことが全く容易であるほどに，聳え立った強大な力があるということにも注意されるべきである。一言でそれをすることができ，さあそれが成されるべしと言うことだけでそれが起きるところの，これら組織体の3つにおいてそれが成されたと想定するならば，われわれは完全に震撼される(convulsed)ということを見越すことは出来ないでしょうか？それはただ，彼らがコールで受取る[11]貨幣の代わりに，証券取引所に解約通知を送付するだけであり，そしてまた日々(de die in diem)満期となる彼らの手形代金を徴収する(collect)ことだけにすぎませんが，［それで］公衆は破滅(destroy)させられるのです」（第5358号A）。

そしてこのような「正当とは認められない貨幣退蔵」も，「穀物の払底が発生している時に」「穀物をたまたま所有している人々が，最大可能な価格を獲得するためにそれを貯め込む(hoard)」（第5380号Q）のと「同じ原理」（第5386号A）のものであり，そこで「商業上の適法な(legitimate)企業」（第5360号Q）によって「厳密に法に一致して」（第5383号Q）行なわれている。1844年銀行法は，このような「貨幣退蔵」に対してさえ，「なんの規定も設けていない[12]」（第5387号A），とチャップマンは言うのである。

1）　さしあたり，本書第5章第2節を参照されたい。
2）　例えば次のような質疑・応答がある。「わが国の通貨（currency）を決まった原理で規制するものとして，一般的規定として，あなたは1844年［銀行］法に賛成している，とあなたが言っているものと私は理解しましたが？」（第5162号）という質問に，彼は「そうです」（第5162号A）と簡単に答弁している。彼がこの答弁のいわば裏側で言いたいことは，直ぐ後で見ていくように，「一般的規定」とともに，「例外」（第4969号A）規定をもしておくべきである，ということなのである。
3）　チャップマンは，この第4904号Aでは，この2つの「貨幣退蔵」を区別しているのであるが，質問に立つ委員たちは，「4つの出来事」（第5194号Q）と言ったり，「不作，戦争，パニックおよび不合理な貨幣退蔵（irrational hoarding）」（第5357号Q）というように，「4つ」を並列している。しかし彼は，この「不合理な貨幣退蔵」という表現には，厳しい批判を加えている（第5357号A）が，例えば，「あなたは以下の4つの事情――即ち，パニック，凶作による突然の地金の流出，戦争，または正当とは認められない貨幣退蔵――のいずれか1つの下では，あの［1844年銀行］法を破ること（infringement）を認めるであろう，とあなたが言っていると私は理解しましたが？」（第5163号Q）という質問に対しても，「はい，そうです」（第5163号A）と，特に異議を唱えてはいない。
4）　この場合のようにチャップマンは，「貨幣」という言葉を，「流通媒介物」あるいは「通貨」から区別して，「世界貨幣」として機能する「地金」と同義に使用することがある。
5）　本章第2節注7）を参照されたい。
6）　しかしクリミヤ戦争の際には，「オーストラリアから，そしてアメリカからさえも，到着してくる地金の，全く計算を超えた異常な額があった」（第5310号A）ので，このような事態には至らなかった，と彼はみなしている。
7）　しかし，この「1人の大きな資本家という言葉」で「イングランド銀行を暗に指しているのですか」（第4964号Q）という質問に，チャップマンは，「全く違います」（第4964号A）と答えている。
8）　「それは何時でしたか」（第4966号Q）という質問に対して，チャップマンは，「日時にまで立ち入ることは必要ありません」が，「ほんの少し前でした」（第4966号A），と言葉を濁している。
9）　だから「われわれはそれに対して護られるべきである」（第4963号A）と，チャップマンは言う。
10）　マルクスは，この第4963号Aと，直ぐ次の第4967号A（後述）とを引用した後に，「19-20百万ポンドの銀行券が，ほぼ何時でも公衆の手にあると世間では思われている（angeblich）とはいえ，これらの銀行券のうち現実に流通している部分と銀行業者たちの手許で準備金として（als Reserve）充用されない（unemployed）でいる部分とは，絶えずそして顕著に変動する」（MEGA, S.600; MEW, S.544：訳，749ページ）とコメントしている。しかし，チャップマンに関する限り，既に見てきたように，

第6章　D. B. チャップマンの「1844年銀行法修正」案　241

彼は，発行されたイングランド銀行券総額は，「公衆の手にある銀行券」つまり「現実に流通している部分」と，「イングランド銀行(bei der Bank)の銀行部準備」即ち「銀行券準備」とに分かれると言っているのであって，「銀行業者たち(bei den Bankers)の準備」とに分かれていると言っているのではない。マルクスの手稿そのものがどのように読めるのか，疑問が残るところである。そして既に本章第2節で考察したように，チャップマンは，「公衆の手にある銀行券の量が大いに変動するということ」(第4846号Q)は，「攪乱の原因があるのを除けば」「殆どない」(第4846号A)，と言っている。

ただし後述するように，手稿の「補遺」部分でオーヴァーストーンを取り上げているところでは，マルクスもチャップマン同様に，総発行イングランド銀行券を，「公衆の手」と「イングランド銀行」とに分属するものとしている(cf. *MEGA*, S. 495, 500; *MEW*, S.499：訳，617ページ)。

なおマルクスは手稿の「Ⅲ)」部分では，この「公衆の手にある銀行券の量」についてのイングランド銀行総裁ニーヴの，「銀行法特別委員会(1858年)」における，答弁(第947号A，第949号A)を引用している(*MEGA*, S.552; *MEW*, S.549：訳，743ページ)。併せ参照されたい。

11) 因みにチャップマンは，株式銀行の登場によって，地方銀行の「遊休銀行営業貨幣(the loose banking money)」(第5298号A)が，ロンドンの手形割引業者に流れるといういわば従来のコース＊以外に，それがコール市場に流れ込み始めていることに注意している。「あなたは貨幣のかなりをコールに回すことが近年多いに流布し増大したと[先に第4941号Aで]述べましたね」(第5097号Q)——「株式銀行とともに確かに大いに。彼ら[株式銀行]は，新たな大いに重要なシステムをわが国に導入しました」(第5097号A)，と。

　＊この点については，本書第3章第3節の〔補遺〕を参照されたい。

12) このような「貨幣退蔵」も「適法な」活動と認めているためか，あるいは同じ金融業者の行為であるためなのか，チャップマンは，1856年10月における公債価格の暴落については，「われわれ[貨幣取引業者]は公債を取扱ってはおりません」(第5372号A)，「私は[なぜ短期のうちに公債が大きく下落したのかという]その質問に答えることは出来ません」(第5373号A)と言葉を濁し，また1847年における鉄道債の買い叩きについても，「そのことは，私が適切には(ad rem)入って行くことの出来ない論議です」(第5384号A)，あるいは「かってその種のどんなことが私の特別な注意に入ってきたかを言うことはできません。私はその種のどんなことも決して知りませんでした」(第5385号A)，と言を左右している。因みに，チャップマン自身は，公債類のように「たとえ幾らかでも変動する資産(any fluctuating property)を保持しているということは，非常に気分が良くない(unpleasant)でしょう」(第5102号A)，と答えている。

第5節 「超過発行」と「正貨支払の維持」
──銀行法「修正」の「立法」化──

では，チャップマンはどのように1844年銀行法を「修正」しようと言うのであろうか。

彼によると，「われわれは，われわれが現在曝されている事柄，即ち，私が挙げた[「攪乱的」]諸原因からの，わが通貨(circulation)の引上げを追い払うべきである」(第4905号A)。そうすれば，「われわれが最も被害を蒙るパニックの結果」(第5230号A)を免れることが出来る，と言うのである。そしてそこに，彼の銀行法「修正」の眼目がある。

即ち，「いかなる事情の下でも流通媒介物の不足による麻痺(paralysis)の状態に，わが国は決して引き込まれるべきではない」(第4907号A)。しかし既に見てきたように，「1844年[銀行]法に従うと，イングランド銀行は銀行券に相当する彼らの手中にある地金を超えては，たとえ1枚たりとも銀行券を創り出すことは，彼ら[イングランド銀行]の権限の外」(第4899号A) に置かれている。そしてまた，「貨幣取引業者」が貨幣融通を求めて「イングランド銀行に行かねばならない」1847年10月や1856年10月のような時には，イングランド銀行発券部には地金が豊富に存在するにもかかわらず，「公衆の手にある銀行券」が増大し，銀行部の銀行券準備は減少するので，イングランド銀行は「われわれを喜んで迎えることはなく」，したがって「われわれは不安に(anxious)なる」(第5302号A)。だから，「公衆」の「不安」を払拭して，「公衆の手にある銀行券」増大の原因となっている「貨幣退蔵」を取除くようにすることが必要である，とチャップマンは言うのである。

では，どのような条項を立法化すれば，それを実現し得ると言うのであろうか。

上述のように，「与えられた量の銀行券は公衆によってかイングランド銀行によって保持されており，もしも公衆がそれを保持していればイングランド銀行は保持しておらず，そして逆は逆」(第5228号A)である。したがって，「公衆」が「貨幣退蔵」を中止し，イングランド銀行が保持する銀行券が増加すれ

ば，イングランド銀行による「通貨の供給」，つまり「通貨の貸出し(前貸し)」が容易となる筈である。そしてそのためには，チャップマンは，「このような特殊な事情の下では，…われわれの発券を拡大する力以上の策(plan)などを私は知りません」(第5229号A)と言う。彼によると，「そのような事情の下で，[「公衆」に]安心(relief)を与えるために，そしてまたパニックを防ぐために，どこかに[「発券を拡大する」] 1つの力が存在すべきなのである」(第5230号A)。即ち，「現在の[発券]制限は余りに狭いので，…国債に対する銀行券の発行」(第4901号Q)は，「むしろ拡張されてよい」(第4901号A)。あるいは，「ある公的機関が，一定の事情の下で，紙券通貨(paper circulation)[の発行を]を拡大するように規定するべきなのである」(第4906号Q)。

そして，もしもそのことが行なわれ，「単に安全性のみだけでなく，純粋に商業的な性格の点でも確実な手形を，[だから]第1級の手形」を「割引く力」がイングランド銀行に与えられるならば，「その時には，パニックから貨幣をしまい込むといういかなる考え(idea)も全く笑いものとなり，またそれは馬鹿げているであろう(would)」(第5008号A)こととなり，「商業社会に安心(relief)を提供」(第5006号Q)し，「世界で第1級の企業体の引受手形を割引くことの不可能性による震撼の危険」(第5008号A)を逃れ得るようになるであろう，と言うのである。

その場合，もちろん彼も，「国債に対する銀行券の発行」の「拡張」は，「非常に慎重な考慮を必要とし」(第4901号A)，また「流通媒介物は地金と若干の関係をもたねばなりません」(第4905号A)，そして「われわれは，疑いもなくわれわれの正貨支払(specie payments)を維持する努力をしなければなりません」(第4980号A)と言うのではあるが，しかし，そうでは「あるけれども，一定の範囲と規定の下で，この国の日々の業務(the affairs de die in diem)を決済するための流通媒介物(a circulating medium)が，疑う余地なく，与えられるべきであります」(第4905号A)，と言う。だからチャップマンは，「正貨支払の維持」と「産業を止めないこと」，即ち，「取引(trades)の維持」という「2つのことを成さなければならない」(第5342号A)，と言うのである。

そこでチャップマンは，これら「2つのこと」を1844年銀行法の「修正」という形で，どのように「整えようと努めるのか」(第5000号Q)が問わることと

なる。そしてその際彼が着目するのが、利子率である。彼によると、「もしも貨幣[地金]をわが国民から外国人へと連れ出す傾向があることを知るならば、それを防ぐ唯一の方法は割引率を引き上げること」であり、それが、「われわれが持っている唯一の安全弁(safety valve)なのである」(第4937号A)。そしてその具体案が、地金が一定程度減少すると利子率を引き上げるという提案であり、彼はそれによって「正貨支払を維持」し得ると考える。

即ち、「私はさしあたり、例えば、およそですが、イングランド銀行の地金[準備](the Bank bullion)が10,000,000ポンドに低下したと仮定するならば、その場合には、『われわれはわが地金をわが国から追い出す権利はない』、とイングランド銀行に言うことを命令(imperative)とするでしょう。もしもイングランド銀行[割引]率が4％であったと仮定すると、その場合には、決まった原理に従って、それを5％に引き上げなくてはなりません。その時、もしも地金が9,500,000ポンドに低下したならば、イングランド銀行[割引]率を5½％に上昇しなくてはなりません」(第4982号A)、と。つまり、地金が10,000,000ポンドに低下したならば、イングランド銀行の地金の減少とその割引率の引き上げとの関係を、イングランド銀行の「自由裁量に残す」(第4983号A)のではなく、地金が5,000,000ポンドにまで減少した時に[1]イングランド銀行割引率が10％に達するように、地金の「減少500,000ポンド毎にその[利子]率は½％上昇するべし」(第4992号A)といった「命令形(imperative)[2]」に、銀行法は改められるべきである(第4983号A)、と言うのである。

確かに、「人々は7％とか8％の[利子率]では取引などすることが出来ないから、[利子率の引上げによって]わが商業上の業務は収縮するでしょう。」しかし、「われわれが[地金の]完全な枯渇という条件に届くずっと前に、われわれが例えば地金が5,000,000ポンドに届く時に、地金のこのような収縮は10％の利子率を創り出すものと想定してごらんなさい。[利子率]10％の下では、ロシヤの鉄道[投資]とかロシヤ・ローン、またはサルジニア・ローン、あるいはわが国から貨幣[地金]を取上げる傾向をもつそういった類[の投資]について語ることは、馬鹿げたこととなるでしょう。それ[そういう投資]を試みる人は狂人でしょう。それゆえ、地金のあの打ち沈んだ状態[「完全な枯渇」]になるずっと前に、利子率のこの増大によって、わが国から貨幣[地金]を取上げる傾向を直

第6章　D. B. チャップマンの「1844年銀行法修正」案　　245

ちに阻止するでしょう[3]。逆にそれ［利子率の増大］は，地金を取り戻すでしょう」（第4979号A）。ただしこの場合，「われわれは，これまでと同様には自由に，わが貨幣［地金］を浪費する(spending)ことは出来ません」（第4980号A），と。

　しかしこのようなチャップマンの立法化案も，この「特別委員会」において容易には理解されない。例えば，委員グラッドストーン(Gladstone)は，次のように，再三にわたる執拗な質問を繰り返し行なっている。即ち，「われわれは地金の量とは逆に変化する利子率の基準(scale)についてのあなたの提案を論議してきました。そしてわれわれは，恐慌が明らかに視野に入りつつある時に，商業社会(community)への警告を与える便宜との関係で，それ［あなたの提案］を議論して来ました。あなたの最初の方の答弁［第4907号A］で，あなたが麻痺の状態――その時には，イングランド銀行の銀行部準備(the Bank reserve)が非常に少なく，そして商業上の取引(transactions)を遂行する手段［「流通媒介物」］の絶対的不足(failure)の明白な可能性がある――と呼んだ事態に，あなたは同様に言及しました。そのような麻痺の状態の下で，あなたは，われわれが［いま］話をしているその基準を，商業社会に追加発行(additional issues)によって与えられる筈であるとあなたが考えている安心(relief)に導くように，整えようと努めるのですか」（第5000号Q）。あるいは，「流通媒介物の気遣われる不足の時期に，あなたが商業社会に安心を提供しようとするそのやり方について，あなたの説明を要約して頂けませんか」（第5006号Q）。「それ［貨幣不足に起因する災害に対する規定］は，［そのような］法律(law)によって成され得るとあなたは考えているのですか」（第5008号Q），あるいは，「あなたがその規定をしようとしている特殊な仕方を委員会に指摘して下さい。私は，銀行部準備(the banking reserve)が非常に低い点に落ち込んでしまった時，そして流通媒介物の憂慮された不足が生じている時，その時期に，規定が実施されるべきであるとあなたは考えている，と理解します。あなたはどのように規定を作ろうとするのですか」（第5009号Q），さらにまた，「私があなたの言うことを正しく理解しているとするならば，あなたは，一定の事情の下では，国債担保での通常の決まった発券額を超えて発券する権限を，しかもそれらの発券は地金に対してなさるべきだという条件を求めることなしに，［イングラン

ド銀行に]与える」(第5010号Q)ということですね⁴⁾，と。

これらの質問に対して，チャップマンは直接には，「われわれにとって絶対的に必要と考えている第1の事柄は，われわれの正貨支払の維持を守ること」であり，そのためには「地金がある点にまで減少している時に警鐘をを鳴らすことが命令的(imperative)であるべきで…そして，われわれは単に警鐘を鳴らすだけではなく，わが通貨(currency)の収縮が，残っているそれにとってより高い価値を創造するように規定するべきで」，つまり，利子率を引き上げるべきで，「それが，われわれが成すべき第1のことで，そして次の事柄が，パニック，あるいは戦争または飢饉…から起こりうる攪乱的原因による災害(suffering)に対して規定するであろうということであります」(第5006号 A)，という答弁を繰り返している。

というのも，チャップマンによれば，既に検討してきたように，イングランド銀行発券部に一定量の地金があると想定するならば，銀行部の銀行券準備は発券部の地金準備の量とは直接には関係がない[5]のであるから，彼にとっては，地金が5,000,000ポンド確保され，しかもイングランド銀行券の総発行額が19,000,000ポンド＋「超過発行」によって，イングランド銀行の「貸し渋り」が解消される，あるいはその見通しが与えられるならば，「公衆」は「安心」し，「公衆の手にある銀行券」も減少し，パニックは回避され[6]，したがって「正貨支払の維持」と「産業の維持」＝「取引の維持」とが両立し得ることとなる筈であるからなのである。

なおチャップマンは，この「超過発行」が過剰発行＝過剰貸出に陥らないように，次ぎの条件を付している。即ち，「国債に対する銀行券の発行」(第4901号Q)限度を超えた銀行券の発行に関しては，「私はイングランド銀行に，必要が求めているところを越えては流通媒介物を人々が申し込むことを困難にするような与えられた利子率[例えば10%]で，それを拡張する力を与えるでしょう。しかし適正な性質を持つ確実な有価証券[手形]にとっては，流通媒介物は常に手に入るべきであります」(第5009号 A)，と。

ところが1847年10月25日の「政府書簡」による1844年銀行法の「一時停止」の場合には，国債に対する発券1400万ポンドを超えた発行に対しては「8％の最低利子[7]」が課せられていた。そこで次ぎの諸質問が投げかけられることと

なる。即ち、「実際には、そのことは、それが成功するとしたら、その効果では、1847年にラッセル卿(Lord John Russell)とウッド卿(Sir Charles Wood)の書簡によって創り出された効果と殆ど同じことに達するのでしょうか」(第5012号Q)、あるいは、それは「過去3年間のイングランド銀行の——いかなる規制もなかった——運営が、あなたが述べた…見解に、非常に一致していたのではありませんか？」(第4999号Q)、さらにまた、この「超過発行」即ち「追加前貸し(additional advances)」(第5164号Q)の判断を「イングランド銀行の自由裁量」(第5165号Q)に任せるのか、それとも「国法で(under an Act of Parliament)1844年[銀行]法を修正しようとするのですか」(第5167号Q)、と。

しかしチャップマンは、これに対し、地金の減少に伴う利子率の引き上げが、「ある定義づけられた原理(a certain defined fixed principle)に従ってなされているか、それともわれわれが不確定性に従う(subject to uncertainty)利子率を持つかどうかは、非常に大きな相違をなします」(第4999号A)と答え、また、それを法文化しておけば、「事柄は半分だけしか決して進まない」、つまり、「逼迫は決して生じなかったでしょう」(第5012号A)とも答えている。だから法制化することが、「われわれの[貨幣＝信用]制度に[とっての]…安全弁(safety-valve)」(第5170号A)であるということの意味である、と言うのである。

〔備考〕 委員ウィルソンの質問——「資本か貨幣か」——
　チャップマンの銀行法「修正」案は、実は委員ウィルソンによっても理解されていない。例えば、ウィルソンは、「攪乱的原因」での逼迫は、「対外支払のための地金に対する需要から生じている」(第5015号Q)。そして「地金が非常に少ない[5,000,000ポンドの]時に、…[イングランド銀行の発券規定を]緩和する力を…導入するとして、その瞬間には、求められている国内目的の流通媒介物は、逆の為替相場の結果として、海外に送るための地金に対する需要ほどには大きくはないのでは？」(第5018号Q)と質問する。しかしチャップマンは、「私は、そうは言っていません。もしも人が、そのときに一般的であるであろう利子率、即ち10％で、それ[地金]を海外に送ることが出来得るとしたならば(could)、海外に送られるべき地金はイングランド銀行に準備されているでしょう(would)。しかしわが国

内の流通媒介物は依然として同じままでしょう。私はわが国内にある地金の量を知りませんが」(第5018号 A)，と答えている。

そこでウィルソンは重ねて，「にもかかわらず，…海外に送る目的での地金を求める大きな逼迫があるのでは？」ないのかと質問を続け，それに対してはチャップマンも，「疑いもなく，それが貨幣市場の収縮を作り出した真の原因であったところのものです」(第5019号 A)と答えていく。それというのも，「地金が出て行くにつれて，それはそれだけの銀行券を破棄(cancel)し，そしてそのこと自体が貨幣市場に影響をもつ」(第4994号 A)からではあるが，しかし流出する地金だけ「破棄」される銀行券が銀行部準備の銀行券である限り，銀行券の総発行額は減少するのではあるが，「国内の流通媒介物」，即ち，「公衆の手にある銀行券」は「同じまま」(第5018号 A)であるからである。

ところでこの場合，ウィルソンが，「それは銀行券を獲得することを目的としてではなく，地金を獲得することを目的として」(第5042号 Q)いるのではないのか，と執拗に質問を繰り返すのは，10％もの高い利子を支払ってまでも「求められる貨幣は，古い債務の清算のため」(第5042号 A)の「流通媒介物」である[8]と言うチャップマンに対して，求められているのは「貨幣」ではなくて「資本」であることを認めさせたいからなのである。というのは，ウィルソンにとっては，対外支払のための「地金」は「資本」なのである[9]。そしてそのことは，次の質疑・応答にも見出せる。即ち，「公衆はイングランド銀行からの資本の前貸し(advances of capital)に対して，6％，7％を喜んで支払ったのですか」(第5038号 Q)——「貨幣の前貸し(advances of money)に対してです」(第5038号 A)。「しかしこれらの前貸し(advances)は，結局，地金を引き出すこと(abstraction)に帰せられるべき勘定(accounts)からと思いますが」(第5039号 Q)——「疑いもなくそれは地金を引き出すことによって惹き起されたのではありますが」(第5039号 A),[10] と。

因みに，逼迫期に求められているのは「通貨(貨幣)」なのか「地金(資本)」なのかというウィルソンとチャップマンとのこのやり取りは，イギリスにとっての「貿易差額」と「支払差額」や対アジア貿易の決済手段

(*MEGA*, S.568-571)といった,エンゲルスの言う「後になって[第35章「貴金属と為替相場」で]初めて研究する若干の[具体的な]諸論点」(*MEW*, S.544：訳,748ページ)の理解に係わっている[11]のであるが,ここではそのことを指摘するに止めておく。

なおマルクスは,手稿「混乱：続き」の小項目「資本と貨幣」で,委員「ケイリー(バーミンガム人)[12]」が,オーヴァーストーンの資本に関連してチャップマンに向けた〔質問への〕彼[チャップマン]の答弁は大変素晴らしい(famos)」と評して,次の質疑・応答を挙げている。即ち,「1847年のような逼迫期には,人々は貨幣を求めているのではなく,資本を求めているのであるということが,この委員会で述べられて来ましたが,その点についてあなたのご意見はどうですか」(第5315号Q)——「私はそれを解かりません。われわれはただ貨幣を取り扱っているだけです。それによってあなたが何を意味しているのかを,私は解かりません[13]」(第5315号A),と。

ところでチャップマンは,このような高い利子を付しての「超過発行」権をイングランド銀行に付与することについて,1つの留保条件を付けている。それがイングランド銀行にとってのいわば「企業統治」の「原則」の問題である。

即ち,「イングランド銀行は公的原則(public principle)に従って統治されるべきであって,企業の私的な強化への目的で統治されるべきではないと私は考えます。…われわれは,イングランド銀行のような公的組織体を,単に公的原理に従って支援するのみでなく,私的な利益のためではなく統治されるべきであることが,最も望ましい」(第4974号A)。したがって,「わが地金が枯渇に近づくという危険があるずっと前に,公衆は,高い利子率を採用することを余儀なくされていることを,イングランド銀行の金庫が銀行券で満たされていようといなかろうと,イングランド銀行によって警告されるべきである,と私は言いたい」(第4976号A)。そして地金の減少に対して引き上げられて行く利子の場合にも,また「超過発行」に対する高い利子についても,それは「イングランド銀行自身の利益(benefit)のためでは全く」なく,「超過発行によるいかなる利益(profit)も,イングランド銀行のためにであるよりも,政府のために

あるべきである」(第5009号A), と。

というのは，チャップマンは,「私は，私自身，1844年[銀行]法での現在の原則(the present principle)の下で，われわれがイングランド銀行理事に[「超過発行」の]無制限の力(an unqualified power)を与えるならば，それは悪影響(mischief)を及ぼすかもしれない」,つまり銀行券発行「拡大の力で，彼らイングランド銀行が利潤取得の欲望を持つかもしれないということが全くは不可能ではない」(第5328号A), と危惧している[14]からである。

1) 本章第2節の注9)を参照されたい。
2) ただし彼は,「私は，公共の安全(the public safety)のために絶対に必要である以上には，イングランド銀行に干渉しようとは思っていません」(第4987号A), と断っている。
3) 「その[1844年銀行法の]侵害(infringement)の性質は，…イングランド銀行が追加的前貸しをし，しかし割引きの固定された増加率(a fixed increased rate of discount)でなすべきことを求めるということですか」(第5164号Q)──「はい」(第5164号A)。
4) なお別の委員から,「銀行券の超過発行と同じ大きさの額だけ地金がわが国から出て行ってしまうだろうとは考えませんか」(第5403号Q)といった質問もなされているが，それに対しては チャップマンは,「私はそれが生じるだろうとは考えません」(第5403号A), と軽く受け流している。
5) ここで注意すべきは,「貨幣の供給について，貨幣市場の適正な状態の指標として，あなたは地金を，公衆の手にあることとなっている銀行券よりも，遥かに重要なものとして認めますか」(第5063号Q)という質問に対する，チャップマンの次の答弁である。「もしも攪乱的原因がないとすれば，疑いもなく[その通りです]。もしも一般的流通(the general currency)のために大量の銀行券があるとすれば，それはどこかにあるに違いありません。それは公衆の手にあるか，あるいはイングランド銀行の手にあります。それを見つけ出すことが[貨幣]取引業者としてのわれわれの仕事なのです」(第5064号A), と。
6) 逆に,「イングランド銀行は，割引かないことによって公衆に働きかけることが出来る(could)としても，それは即座の激震(immediate convulsion)を創り出すであろうに(would)」(第5065号A), と。
7) J. Maclaren, *A Sketch of the History of the Currency*…. 1858, p.229.
8) 「逼迫の場合には，貨幣貸付資本(monied capital)に対する需要は支払手段に対する需要であって，それに他ならない。(購買手段としての貨幣に対するのではない)」(*MEGA*, S.593; *MEW*, S.531; 訳, 729ページ)。
9) さしあたり，本書第1章を参照されたい。

10) チャップマンは，この「地金に対する需要は，その通常の割引ではイングランド銀行に対する需要の，言ってみれば，単に小さな分野(section)を形成するに過ぎないことは，疑う余地はありません。通常イングランド銀行で割引する人々は，地金とは，たとえ幾らであれ，彼ら自身は関係がありません」(第5048号A)，と答えている。
11) なお，第2節の注2)および注20)も，併せ参照されたい。
12) なおケイリーについては，本書第2章第3節の注4)および第13書第2節の〔補注〕も参照されたい。
13) MEGA, S.606; MEW, S.554：訳，762ページ。なお第2節の注17)も参照されたい。チャップマンの答弁に付されている傍点 ～ は，マルクスによる強調である。
14) 「あなたは非常に高い利子率によって提供された便宜の乱用を阻止しようとし，そしてあなたは同様に，… 利潤は国家(the State)のために当てるべきだという条件によって，イングランド銀行の側でのこのような制度を，それ自身の特別な利益のために役立てる誘引を全く除去しようとしているのですか」(第5011号Q)という質問に対しても，チャップマンは，「完全にそうです。イングランド銀行に，ビジネスを行なうリスクをとることに対して利潤の一定の割合を与えるということを除くならば，あなたが表現して下さった以上に明確に，それを表現することは出来ません」(第5011号A)，と答えている。

第6節　むすびにかえて

　これまで検討してきたように，チャップマンによる1844年銀行法の「修正」提案の基礎には，蓄蔵貨幣機能に着目した，豊富なイングランド銀行発券部準備(地金)の下での「公衆」の「通貨の引き上げ」(貨幣退蔵)とイングランド銀行の銀行部準備(銀行券準備)の減少，それによる「決済に必要な貨幣(通貨)の不足」と高い利子率の並存，という彼が体得した経験則が置かれていた。そして彼の銀行法「修正」案の骨子は，イングランド銀行を「公的に統治」することを前提に，地金，即ち発券部準備が10,000,000ポンドに減少すると，それ以降，地金が500,000ポンド減少する毎にイングランド銀行利子率を$1/2$％引き上げ，地金が5,000,000ポンドにまで低下した時には，利子率が10％に達するような規定を銀行法に盛り込み，同時に，国債に対する銀行券の発行限度14,000,000ポンドを超えての発券を地金に厳密に一致させるという規定を緩和し，その「超過発行」権をイングランド銀行に付与するというものであった。そしてこのような銀行法の「修正」によって，彼は，「正貨支払の維持」と信

用「取引の維持」(即ち「産業を止めない」こと)という「2つのこと」が成就し得るとするのである。

確かに,「攪乱的原因」によって「貨幣(通貨)」が「不足」する「逼迫」期には,「1銀行の信用が揺るがされていない限り, …その銀行が信用貨幣を増発することによって, パニックを緩和し, そして[信用貨幣発行の]収縮によってパニックを増大する, ということは明らかである[1]」, とマルクスも認めている。しかし彼は,「ブルジョア的生産の基礎は, 貨幣が価値の自立的形態として商品に対応すること, あるいは, 交換価値が貨幣において自立的形態を受取らねばならないことである[2]」から,「金属的基礎を維持するためには, 現実的富の犠牲が必要で」, そのことは,「ロイドと同様にトゥックによっても認められている[3]」, と指摘している。

ところがチャップマンの銀行法「修正」案では,「利子率について」(第5341号A)は,「1844年[銀行]法よりも公衆は大変により厳しくなる」(第5341号Q)のではあるが,「第1級の商業手形」(第5169号A)——「商業上の価値を代理していて, 振出人から引受人へと渡って行く, 疑念の余地のない質をもった真正の(bonâ fide)為替手形」(第5333号A), あるいは,「ベアリング商会またはロイド商会といったような商会の引受手形」(第5176号Q)や「スミス・ペイン商会やジョーンズ・ロイド商会の引受手形」(第5177号A)——は,「わが国の商業上の資産の要素を成しており, それは大蔵省証券と同様に, 換金可能(convertible)であるべき」(第5181号A)であり,「一定の事情の下では, 全くそう[「イングランド銀行券が貨幣に兌換され得る(convertible into money)のと全く同様に」(第5182号Q)]である」(第5182号A)こと, を求めている[4]。これはまさに, 兌換銀行券と商業手形とを同一視する[5]彼の「素朴さ[6]」と,「手形割引業者」=「貨幣取引業者」としての彼の利害を物語っているものと言ってよいであろう。

しかしそれにも拘わらず, 彼は, 自らの体験(経験則)[7]に基づいて,「貨幣の量」の増減から「利子率」(「貨幣の価値」)の変動を説明しようとするオーヴァーストーンの利子率変動論[8]を, 事実上, 打ち破ることになる。そして1844年銀行法によって,「利子率をイングランド銀行にある地金の量に従って調整することをイングランド銀行の原理たらしめた[9]」のが, 他ならぬこのオ

第6章 D. B. チャップマンの「1844年銀行法修正」案　253

ーヴァーストーンであったのである。

　ところで，マルクスが手稿「信用。架空資本」において，この利子率，したがって「貨幣貸付資本の増減」と「貨幣の量」との問題を，問題そのものとして，即ち「唯一困難な問題」の1つとして提起してくるのは，本章第1節で既に指摘しておいたように，手稿の「Ⅲ)」（現行版『資本論』第30章・第31章）の冒頭においてである。しかし実はマルクスは，「Ⅲ)」に先立つ「補遺(Zusätze)」部分（現行版第26章）の小項目「通貨，貨幣，資本[10]」において，「銀行法特別委員会(1857年)」でのオーヴァーストーンの答弁を吟味する際に，逼迫期における貨幣蓄蔵の問題とともに，既にこの点を取上げ，コメントを書き加え，さらにチャップマンと同様に，マルクス自身も1856年の具体的数字によって，オーヴァーストーンの誤りを検討している。

　しかし，現行版第26章では，現行版第33章でのチャップマンに対する取扱い——本章第3節を参照[11]——と全く同様に，この問題についてのマルクスのコメントも数字も，すべて削除されてしまっている。そしてそこには，エンゲルスの理論的問題が潜んでいるように思える。そこで，エンゲルスによるこの問題の取扱い方を一瞥することで，本章の結びにかえることとする。

　そこでまず，エンゲルスが第26章で全く削除してしまった数字から見ていこう。

　マルクスは，手稿325aページに，『銀行法特別委員会報告書(1857年)』の第Ⅱ部「付録と索引」に掲出されている「付録[12]」から，1844年から1856年までの「イングランド銀行の割引率。地金。銀行券」という表[13]を作成する。その上で，この表の1856年のところから，さらにマルクス自身が拾い出して，手稿325bページに記したものが，1856年5月と10月の数字(後出)である[14]。そしてこの5月と10月の数字は，オーヴァーストーンに対する次のような質疑・応答を前提として，拾い出されているのである。

　即ち，オーヴァーストーンに対する質問——「イングランド銀行による割引率の変化は，常に[銀行部]準備の状態(the state of the reserve)に，多かれ少なかれ，従うのですか」（第3841号 Q)——に対して，彼は次のように答える。「割引率の変化は，疑いもなく，[銀行部]準備の状態(the state of the reserve)と非常に密接な(close)関係を持っています。なぜなら，[銀行部]準備の状態

(the state of the reserve)はわが国における貨幣量の増減の指標だからです。そしてわが国における貨幣が増減するのに比例して，その貨幣の価値は増減し，そして割引のイングランド銀行率(the bank rate of discount)がその変化に一致するでしょう」(第3841号A)，と。そこで彼は続いて，「[銀行部]準備の状態(the state of the reserve)は，発券部の地金の状態に多かれ少なかれ追随するのですか」(第3842号Q)，と質問される。そしてオーヴァーストーンの答えは，「それらの間には密接な(intimate)関係があります」(第3842号A)というものである。

マルクスは，これらの質疑・応答のうちの，オーヴァーストーンの答弁だけを引用しているので，第3842号Aにおける「それら」に，括弧(　)に入れて「地金の状態と[銀行部]準備の状態」という説明句を補足し，その後に，再び括弧(　)に入れた次の長いコメントを付していく。

即ち，「ここで彼[オーヴァーストーン]は利子率における変化(change)を『貨幣の量』の変動(Wechsel)から説明している。その場合，彼はでたらめを言っている。なぜなら(weil)，わが国における貨幣[15)]が増加しているから(weil)，[銀行部]準備(die Reserve)は減少し得るが故にである。これは，公衆がより多くの銀行券を持ち，そして地金が減少しない場合である。しかしその場合には，イングランド銀行の銀行営業資本(das banking capital)が1844年銀行法に従って制限される故に，利子[率]は上昇する。[イングランド銀行の]諸勘定の変更によって，2つの部局は殆ど何も共有しないのであるから，彼はこのことについては語るべきではない。例えば，1856年5月10日に公衆の手にある銀行券は19,943,000[ポンド]。[銀行部]準備は3,691,000[ポンド]。地金は9,779,000[ポンド]。貨幣29,722,000[ポンド]。銀行券([銀行部]準備を除く)と地金。／1856年10月11日，その時利子[率]は5[％]から6および7％(最低限が引き上げられた)。公衆の手にある銀行券は20,543,000[ポンド]，[銀行部]準備は3,521,000[ポンド]。地金。10,140,000[ポンド]。貨幣30,683,000[ポンド]」[16)]，と。

ところがエンゲルスは，このコメントの「例えば」以下の部分を削除する。しかも彼は，手稿でマルクスが英語のまま引用している[17)]オーヴァーストーンの最初の答弁(第3841号A)を引用する際，誤って銀行部「準備の状態(the state of the reserve)」を「金準備の状態(der Stand der Goldreserve)」[18] と独訳し，その後に，「だからここでは彼[オーヴァーストーン]は，第3755号で一旦は否定したことを，肯定する」との注解を加筆し，その上で第3842号 A を引用する[19]。

ではエンゲルスが指示している第3755号 A とはどのようなものなのか。実はその答弁の前に，オーヴァーストーンは，「閣下は，利子率は資本の量に依存すると述べました。どうか，あなたがどんな資本を意味しているのかを，そしてあなたは，イングランド銀行における大量の地金の貯蔵があった，そして同時に，高い利子率であった瞬間を指摘できるかどうかを，恐れ入りますが説明していただけませんか」（第3754号 Q）と，質問されている。しかし彼は第1点には答えず，第2点についても論点をそらして，「イングランド銀行における地金の蓄積は低い利子率と一致し得ることは非常にありそうなことです」（第3754号 A）と答弁する。そこで，「それではあなたは割引率とイングランド銀行庫中の地金量との間にはなんの関係もないとお考えなのですか」とたたみかけられる。それが第3755号 Q なのである[20]。

それに対してオーヴァーストーンは，「関係があるかもしれません。がしかし原理上の関係ではありません。時間的に同時発生はあるかもしれませんが」（第3755号 A）と答えている。だからここでオーヴァーストーンが「否定」しているのは，地金量と割引率との関係についてであり，彼が第3841号 A で「肯定」しているのは，銀行部準備（銀行券準備）と割引率との関係なのである[21]。

そしてオーヴァーストーンに対するする質問（第3754号 Q）の第2点——「大量の地金」と「高い利子率」との同時存在——に，いわば彼に代ってマルクスが答ているものと見ることが出来るのが，実は，エンゲルスが削除してしまった1856年の10月の数字例——地金は1,014万ポンド，「公衆の手にある銀行券」は2,054万ポンド，しかし銀行券準備は352万ポンドで，利子率は6-7%——なのである。

そしてチャップマンが，1844年銀行法の「欠陥」としてその「修正」を求めていたのも，同法には，まさにこの関係——即ち，発券部には大量の地金が存在しながら，銀行部準備が少なく（だから，現実の「流通」過程で「公衆の手にある」大量の銀行券），したがって高い利子率，という関係——に対する認識が欠

如し,したがってそのような事態に対する「規定」・「安全弁」が欠落している,という点にあったのである[22]。

1) *MEGA*, S.595; *MEW*, S.533：訳, 731ページ。
2) *MEGA*, S.594; *MEW*, S.532：訳, 730ページ。
3) *MEGA*, S.625; *MEW*, S.587-588：訳, 808ページ。
4) Cf. *MEGA*, S.603; *MEW*, S.550-551：訳, 757-758ページ。
5) 「これは銀行券の兌換性に対する為替手形の兌換性である」(*MEGA*,S.603; *MEW*, S.551：訳, 758ページ)。ただしチャップマンは,既に述べたように,手形の保持者が「貨幣を要求する権利(a right to claim money)」が「公衆」に与えられること(第5180号Q)を求めているのではない(第5180号A)。「第1級の商業手形を割引くことができない時には,… 要求次第で支払うことに責任を負わされている人々の方には大きな不安があり」,「全ての銀行業者達」は「その準備金を2倍にする」(第5169号A)。そこでイングランド銀行の銀行券準備は減少し,第1級の商会の「引受手形を持っている人々が,それらを割引かせることが出来ないので,支払を停止する」という「最も極端な状態」(第5177号A)が出現する。そして第1級の商会も「それら[引受手形]が満期となる時以外には,それらを支払うための準備などしていない」(第5179号Q)。だからチャップマンは,第1級の「為替手形の換金不可能の可能性を防ぐ規定をするべきであると考え」(第5185号A),そして「手形を現金に換える(negotiate)ことで困難がないような貨幣供給があるべきであるという条件で,それに対処しようとしている」(第5186号Q)のであり,そして「私にとって重要である」のは,「われわれが…[貨幣]制度に安全弁(safety valve)を持つ」(第5170号A)ということなのである,と言う。それが,上述の,逼迫期における「超過発行」・「追加貸付」という銀行法の「修正条項」であり,それによって,逼迫期における「貨幣退蔵」は避けられるであろう,と言うのである。念のために。
6) *MEGA*, S.603; *MEW*, S.550：訳, 757ページ。
7) 例えばウィルソンが,「地金が増減しつつあるという事実が,われわれに対して増減しつつある対外支払差額の指標であるから」(第5061号Q),「あなたは地金の絶対額だけではなく,それが増減しつつあるという事実にも注視するのですか」(第5060号Q)と質問するのに対して,チャップマンは,次のように答えている。即ち,「われわれはそのことを,そのように見事には論じません。われわれは[あなたウィルソンのような理論家ではありませんので,]それを見ているままに受取ります。もしわれわれが,毎週[地金の]減少を見ており,そしてイングランド銀行にある銀行券が,彼らの負債を考慮して,非常に少ないことを知るならば,われわれは,契約を結ぶことへの注意の直接の必要性から逃れることはできません」(第5061号A),と。これが,チャップマンの体験に基づく貴重な経験則なのである。
8) オーヴァーストーンによると,「利子率における変動」には「2つの原因」があり,その1つが「貨幣量の変化」なのである。この点については,前章第3節を参照さ

第6章　D. B. チャップマンの「1844年銀行法修正」案　257

　れたい。
9) 　*MEGA*, S.493 ; *MEW*, S.447 : 訳, 614ページ。
10)　手稿の「補遺(Zusätze)」部分は, ギルバートの著書からの引用で始まり, 次いで『委員会報告。商業的窮境 1847-8年』からの一連の引用が続く。そして, ターナー(Ch. Turner)からの第971号Aの引用のところで『商業的窮境』からの引用は一旦中断されるが, 再びターナーからの引用(第648号A)――1847年における「銀行券のしまい込み」と「ラッセルの書簡」(「政府書簡」)――に戻り, さらに「銀行業者による貨幣蓄蔵」(*MEGA*, S.482)という小項目の下で, 1847年における「一般的貨幣蓄蔵」についてのピース(Peace)の答弁(第4605号A)が引用される。そしてさらにトゥック(Tooke)の答弁(第5451号A)を引用した後,「貨幣, 通貨, 資本」という小見出しの, 長い小項目(*MEGA*, S.482-500)となっていく。なお, この「補遺」部分については, 本書第4章第4節, 第8章第3節, 第9章第1節, 等を参照されたい。
11)　本章第2節の注2)で指摘した「加筆」, および注14)で指摘した「削除」についても, 併せて参照されたい。
12)　*Report from the Select Committee on Bank Acts…. Part Ⅱ. Appendix and Index,* 1857, p.136f., p.149f. 因みにマルクスが利用したものは,「付録」の「第14：公衆によって保持されているイングランド銀行券についての, そしてイングランド銀行によって準備金(Reserve)において保持されているイングランド銀行券についての, また地金の総額についての, …説明」, および「第15：イングランド銀行, 個人および株式銀行の, 銀行券の流通高…の報告」の2表であると推定できる。
13)　*MEGA*, S.496-499。
14)　Cf. *MEGA*, S.495。なお現行版では, マルクスが最初に作成した表も, そこから拾い出した1856年5月と10月の数字も共に, チャップマンの答弁からマルクスが拾い上げた1856年10月23日の数字と同様に, 削除されている。
15)　エンゲルスは, この「貨幣」を,「国内で流通している貨幣」(*MEW*, S.448 : 訳, 616ページ)に改めている。
16)　*MEGA*, S.495。なおマルクスは, この少し後のオーヴァーストーンの答弁(第3896号A)へのコメントで,「イングランド銀行は, 14白万[ポンド]よりも多くの紙券(Papiernoten)を, プラス地金だけ作るという恣意的な規定が, 当然, このイングランド銀行の発行(Ausgabe)を地金の変動と一緒に変動させる」こと, 発券部から銀行部への銀行券の「交付」という「イングランド銀行の2部局間の」「地金の変動に従う」「この流通(Circulation)」は, イングランド銀行の「ドアの外にある流通(Circulation)[通貨, 流通銀行券]の変動「即ち「現実の流通」を規定しない」ということ, そして「現実の流通からのその[「2部局間の流通」との]差(Unterschied)が[銀行部]準備に(in the Reserve)現れる」こと, 等々を書き記している(*MEGA*, S.495, 500 ; *MEW*, S449 : 訳, 617ページ)。念のために。
17)　Cf. *MEGA*, S.495。

18) *MEW*, S.448：訳, 616ページ。
19) Cf. *MEW*, S.448-449：訳, 616ページ。
20) Cf. *MEGA*, S.493; *MEW*, S.447：訳, 614ページ。
21) このような加筆となったのは，エンゲルスが，銀行部準備を，発券部準備(地金準備)と誤読したためであろう。
22) このようにマルクスは，「銀行法特別委員会(1857年)」での質疑・応答を検討して行く際に，貨幣の量と利子率(貨幣貸付資本の量・その増減)の問題をも，あるいはオーヴァーストーンとの関係で，あるいはまたチャップマンとの関係で検討し，「補遺」・「混乱」そして「混乱：続き」部分で，重要なコメントを付しながらフォローしていたと見ることが出来る。エンゲルスはそれに気づいて，マルクスが手稿執筆の際には未だ「本論」としては執筆していなかったこれらの部分までを，現行版のように，第Ⅲ部第5篇の一部として第26, 33, 34, 35章等に編集したのであろう。ただし，注意深く削除と加筆を行ないながら。したがって当時マルクスが「本論」として展開していなかった部分を現行版のよう第5篇に組み入れたこと自体ではなく，その理論的な視角こそが問われねばならないのであろう。

　しかも問題は，この貨幣の量と利子率の問題のみではない。エンゲルスが，「政府書簡」による「追加発行」によって，「イングランド銀行は価値章標を創り出す」(*MEW*, S.557：訳, 766ページ)と加筆している点については，既に本書第5章第5節注3)で指摘しておいたが，チャップマンと係わる論点だけでも，エンゲルスの「独自」な解釈に基づくものと思われる注意深い削除と加筆が，第26章と第33章に見出される。例えば，チャップマンの「手形割引」についての答弁(第5139号 A)の取扱い(cf. *MEW*,S.445, 548-549：訳, 612ページ, 755ページ)がそれである。しかもエンゲルスは，それを，「資本の前貸か貨幣の前貸か」という「係争問題」に係わらせていく(cf. *MEW*, S.443-445：訳, 608-612ページ)のである。併せて参照されたい。

第7章　W. ニューマーチによる
イングランド銀行割引率についての提言
――1844年銀行法批判との関連で――

第1節　本章の課題

　1857年のイギリス下院「銀行法特別委員会」は，ニューマーチ(William New-march)を，一方ではトゥック(T. Tooke)『物価史』の協力者という資格において，他方では地方銀行業務およびアジア貿易の実態に精通した実務家の資格において，証人として喚問していると推察することができる。即ち，彼に対する質疑(第1335号～第2009号[1])の冒頭部分(第1335号～第1339号)において，彼が1843～46年には「ウェークフィールドのリーサム銀行(the banking-house of Leatham, Tew & Co. of Wakefield)」に，続く1846～51年には「インドにおける最も古い株式銀行(the Agra and United Service Bank—the oldest of the joint stock banks in India—)」のロンドン支店に勤務していたこと，そして1851～57年には保険会社(the Globe Insurance Office)に勤務していること，その上，トゥック『物価史』の最近巻(第5-6巻)ではその共著者となっていること，などなどが確認されている。
　実際 6月5日と9日の2日にわたったニューマーチに対する質疑・応答で取り上げられた主要な問題の1つが，トゥックの主張する「1844年イングランド銀行特許法の作用(operation)に，特に関連した」イングランド銀行の「運営と政策について[2]」であり，そしてその質疑・応答の中から，銀行券以外の流通媒介物の問題や地方銀行業者の発券問題，さらには対アジア貿易，就中，対インド貿易の特殊な実態や為替相場と貴金属の流出入の問題[3]等が，派生して論じられていくこととなる[4]。
　ところで，このイングランド銀行の「運営」と「政策」——割引率(利子率)

「政策」——の論議の出発点は，1844年以降「イングランド銀行によって保有されている地金の平均最小限」が，それ以前の10数年に較べて，「より大きくなっている」（第1348号Q）という「事実[5]」が，1844年銀行法の「作用」によるものであるのどうかかという点であった。即ち，委員長ルイス (Sir George C. Lewis) は，「1844年［銀行］法の法的制限がイングランド銀行理事会 (the Bank Directors) に…より大きな地金準備を保有するようにさせた，とは考えませんか」（第1351号Q），あるいは「金の流入が［近年は］より大きかったけれども，イングランド銀行が［同銀行］法の条文によってそうすることを強いられなかったとしたならば，彼らは1844年以前に行ったよりもより多くの準備地金量を保持したであろうということが，必然的に結果したのでしょうか」（第1352号Q），と質問する。

ニューマーチの答えは，トゥックと同じく，ロシア，そしてオーストラリア，さらにカリフォルニアでの新金鉱の発見と，そこからの金地金の流入増にその原因を求めるもので，1844年銀行法に特別な意義を認めるものではない。彼によれば，イギリスでは「金は貿易商によって受け取られ，そしてその金を他国に輸出する直接の需要がロンドンの地金市場に存在しないと想定するならば[6]，金の自然のそして通常の行く先は…イングランド銀行の金庫」（第1353号A）であった。即ち，「金のこれらの大きな流入の必然的結果，金が最初にはイングランド銀行に入って行き，長かれ短かれ恐らくそこに留まる」のであって，「例えば，1852年および1853年の早い時期に，ほぼ6ヶ月の間に，22,000,000ポンドないし23,000,000ポンドに達した非常に大きなイングランド銀行における地金の蓄積は，オーストラリアからやってき，そして当時カリフォルニアからもやって来つつあった，金の初期の供給のここ［イギリス］への到着の，直接のそして特殊な結果」（第1352号A）であった。したがってわが国への地金の流入は，1844年銀行法の「効果とは無関係に[7]」（第1354号Q），「イングランド銀行の預金の増大」（第1353号A）となったと言うのである。

ところがこのように1844年銀行法の「作用」とは関係なく，地金がイングランド銀行に流入してくるとしても，1844年銀行法の下では，2部局に「分割」されたイングランド銀行の発券部は，そこが保有する地金と同額の銀行券を発行し，それを銀行部に交付するので，他の条件が一定であれば，地金の流入が

銀行部における「貨幣貸付資本(moneyed Capital)の蓄積[8]」として現れることとなる。そこで例えば1852年1853年のように「異常な地金の流入によって[9]」急増した，この貨幣貸付資本のイングランド銀行による「運用」の仕方が，だからイングランド銀行の割引率(利子率)「政策」が，主要問題の1つとして取り上げられることとなったのである。

この場合，1844年銀行法の「作用」に関連したイングランド銀行の「運営と政策」についての，トゥックの主張[10]とニューマーチのそれとが「一般的には一致している」ことは，改めて指摘するまでもないところであろう[11]。しかしニューマーチは，この「委員会」では，一方では，イングランド銀行がロンドンの金融市場において他の金融機関とは「区別」(第1364号A)されるべき独自の位置を占めていることを強調し，他方では，イングランド銀行のこの独自な位置を等閑に付し，同行の貴金属準備を発券部に帰属させ，銀行券の発行量の「制限」にのみ終始した，1844年銀行法による同行の「実務上の原理」と「運営」が，1844年以降の同行割引率の頻繁な変更とその乱高下という「弊害」を齎したと主張している，と見ることができる。そして彼は，一方では，「イングランド銀行に関する限り」では1844年銀行法の「廃止」に同意しつつ，他方では，イングランド銀行割引率の4％以下への引き下げには反対の提言を行っていく。

なお本章は，このイングランド銀行が占める独自の位置を明らかにすることに焦点をおいて考察する。

1) この「委員会」での質疑・応答には，3月3日の最初の証人ウェーグェリン(T. M. Weguelin)に対する第1号から，7月24日の最後の証人キャップス(E. Capps)に対する第5540号までの，通しの番号が付されている(cf. *Report from the Select Committee on the Bank Acts; together with the Proceedings of the Committee, Minutes of Evidence, Appendix and Index*, (Ordered, by the House of Commons, to be Printed, 30 July 1857). Part I. *Report and Evidence*)。
2) T. Tooke and W. Newmarch, *A History of Prices, and of the State of the Circulation, during the nine Years* 1848-1856. in two Volumes, forming the fifth and sixth Volumes of the History of Prices from 1792 to the present Time. Vol. V, 1857. p.485：藤塚知義訳『物価史』第5巻・下，467ページ。
3) この対アジア＝インド貿易に関する問題などは，派生してきた論点であるとは言え，質疑・応答が，第1499号以下，次いで第1786号以下，そして第1915号以下と3

度も繰り返されている。
4） マルクスも手稿「信用。架空資本」，特にその「混乱：続き」部分では，東インド会社を通じたイギリスのインドに対する「善政」（第1925号A）の輸出や，この対インド貿易にさらに中国との「アヘン」取引（第1789号Q）が絡んだ「三国間相互決済貿易」（第1918号A）という複雑な対アジア貿易，等などについての，ニューマーチに対する質疑・応答を丹念にフォローしている。なおそれらの抜き書き部分の大半は，現行版『資本論』第Ⅲ部第35章第2節に収められている。
5） もちろんニューマーチもこの「事実」は認めている（第1349号A）。
6） 後述するように，イギリスは世界への「貴金属の配分者」（第1428号A）であった。
7） だから委員長は，「わが国への地金の逆流（reflux）は法律の効果とは無関係に，イングランド銀行の地金準備を自然に増大させる傾向がある」（第1354号Q）と言うのですか，とニューマーチに念を押している。
8） 「言及した例外の他に，貨幣貸付資本の蓄積は，1852年53年のように，オーストラリアやカリフォルニアの［金鉱］発見の結果における，異常な地金の流入によって［生じ］得る。イングランド銀行に預金される。…イングランド銀行は割引率の2％への引き下げによってこれらの預金を増殖させようとする」（MEGA, S.557; MEW, S.518：訳，710ページ）。
9） Ibid.
10） トゥックは，『物価史』第5巻第5編「1844～56年の期間中にイングランド銀行の運営ならびに政策について」の第27節で，「1844年［イングランド］銀行特許［法］に関する現在の研究の過程で到達したいくつかの結論」を23項目に要約し，「説明」（cf. Tooke and Newmark, op.cit., p.633-639：訳，第5巻・下，606-611ページ）を加えている。参照されたい。
11） 例えば，「1844年銀行法の影響」（第1340号Q）という「対象についての，『物価［史］』に関する労作の中でトゥック氏によって表明された見解に，あなたは一般的には一致していますか？」（第1341号Q）という委員長の質問に，ニューマーチは「一致しています」（第1341号A）と答えている。

第2節　イングランド銀行の独自の位置

　そこで最初に，ニューマーチがイングランド銀行に市中銀行とは異なった独自の位置を与えている答弁を掲げておこう。
　「イングランド銀行とすべての他の銀行（establishments）との間には極めて重要な区別（distinction）があると私は考えます。まず第1に，規模（magnitude）について——イングランド銀行によって処分され使用される資金（funds）の額は，他のどの1つの銀行（institution）によって使用される資金の額よりも何倍

第7章　W. ニューマーチによるイングランド銀行割引率についての提言　263

も大きい——。第2に，イングランド銀行と結びついた社会的威信(a moral prestige)がある。ロンドンにおける他のどの1つの銀行(house)によってなされるかも知れないどのような決定——たとえ規模や名声(standing)がどのようであれ，それは，世間一般の注目の問題としては，われわれが知っている影響の10分の1もないであろう——も，イングランド銀行の動向ならびにイングランド銀行の側での割引率の変化と常に結びついている。その上[第3に]，単に過去数年の経験からのみでなく，かなり顕著な期間の経験からも，イングランド銀行における地金準備は，実を言えば，わが国の全取引(trade)がそれによって遂行されている貴金属の中央準備ないし蓄蔵(the central reserve or hoard of treasure)なのである。それは1種の旋回軸(a kind of pivot)であって，わが国の全取引がそれに従って旋回させられているのであり，わが国におけるすべての他の銀行(banks)は，イングランド銀行を，彼らがそこから彼らの鋳貨の準備を引き出すべき中央蓄蔵ないし貯蔵(the central hoard or reservoir)として注視しているのであり，そして外国為替の作用(action)が常にそこに襲いかかってくる蓄蔵ないし貯蔵なのである[1]」(第1364号 A)。

　因みにこの答弁は，「イングランド銀行は，他のどのような銀行業組織(banking establishment)からも，どの点で，異なって運営されるべきであるとあなたは考えるのですか」(第1364号 Q) という委員長の質問に対するものである。そしてこのような質疑・応答は，直接には，イングランド銀行割引率についてのニューマーチの次の主張との関連で生じたのである。即ち，「1844年以来，予めの[割引率の]不相応な引き下げがなかったならば，それが引き上げられることが必要であったよりも高い点にまで，イングランド銀行理事会がその割引率を引き上げることを強いられた事例があった，と私は考えます。そのことが，この法律の作用(working)に対する，即ち，割引のイングランド銀行率における変化が極端な点の間に在るということに対する，最も多くの実務上の不満を要約している，と私には思えます。——一方の[低い]場合には2％，そして他方の[高い]場合には8％の間での[割引率の]変化，そしてこれらの極端な変動は，1844年[銀行]法で決定された諸原理と政策——そしてこれらの諸原理やその政策はイングランド銀行を(その時に用いられていた言い回しを使用するならば)他の銀行業組織と同じ土台に置くという——の必然的結果として生じたの

である，と私には見えるのです」（第1363号A），と。

そしてロンドンの金融市場におけるイングランド銀行のこの独自の地位の強調は，6月9日の委員ウッド（Sir Charles Wood）の質問――「なぜイングランド銀行理事会は，他の当事者たちがやっていること，即ち彼らの手に偶々貯まりつつある資本を，低い利子率で貸出しをするべきではないのですか？」――に対しても，「申し訳ありませんが，先日［6月5日］の私の証言で申したことを繰り返さなければなりません」と断りながら，やや噛み砕いて，次のように3点にわたって再度説明が行われていく。

即ち，「いくつもの理由でイングランド銀行がそれをすることは望ましくないと私は考えます。まず第1に…，規模については，ロンドンにおいてであれ連合王国においてであれ，その資産（resources）が，一瞬でもイングランド銀行によって使用されている資産と大きさの点で比較されることのできる他の銀行組織（other banking institution）などは存在しません。数年前に，ロンドン金融市場で普通に充用されている資金の残高と比較したイングランド銀行の資産（resources）規模の凡その数字的評価に到達しようと私は骨折って努力しました…。私が到達した結論は系統だった評価を形作る他のどの試みよりも，より多くの信頼を受けるに値するなどと言おうとは思いませんが，しかし金融市場で常に充用されている資金（funds）の額が約120,000,000ポンド・スターリングほどと叙述されうることに私は満足しました。その120,000,000ポンドのうちの非常に顕著な割合，即ち15％ないしは20％ほどがイングランド銀行によって使用されています。さてそれは，他のいかなる1つの銀行（establishment）においても支配していることを見出されない割合です。そこで私は次の［第2の］区別に進みます。単にイングランド銀行資産の規模のみでなく，イングランド銀行のような中央［銀行］組織（a central establishment）の動向に属する社会的（moral）影響，伝統的（traditional）影響が存在します。そして第3の理由は，イングランド銀行に見出される鋳貨の蓄蔵（hoard）と貴金属の貯蔵（reservoir）は，長い経験によってわれわれが知っているのですが，為替相場の逆の状態から生じる流出（drain）を支えるために常に呼び出される，まさにあの蓄蔵ないし貯蔵であるということです。輸出を超える輸入超過のため支払うことを時折求められる3百万あるいは4百万，もしかしたら5百万［ポンド］は，通貨（circulation)を偶々手に入れた人々のポケットからちびちびと引き出されるのではなく，イングランド銀行の中央蓄蔵金(central hoard)からそれは引き出されるのです[2]。だからイングランド銀行は，わが国の商業にとっては，他のいかなる銀行(bank)ないしは他のいかなる多数の諸銀行によって認められた関係とは，非常に異なった関係に立っているのです」(第1889号A)，と。

〔補注〕

　マルクスは，ニューマーチのこれら2つの答弁(第1364号Aと第1889号A)のうち，先の答弁(第1364号A)については，手稿「信用。架空資本」の中の3箇所で書き抜いている。最初が「Ⅲ)」の部分の*MEGA*, S.557[3]において，次が「混乱」部分の*MEGA*, S.564[4]において，そして「混乱：続き」部分の*MEGA*, S.625においてである。しかしそのいずれにおいても，それは第3の点，即ち，イングランド銀行の地金準備はイギリスにおける貴金属の「中央準備」であり，全取引の「一種の旋回軸」をなしているというところに限られている。

　なお，この第3の点である「中央銀行は信用制度の旋回軸(pivot)，そして地金準備はイングランド銀行の旋回軸(pivot)[5]」と「混乱：続き」で記したところに，脚注を付して，ニューマーチの答弁(第1364号A)の一部——イングランド銀行の貴金属準備は「わが国の全取引がそれに従って旋回させられている」「一種の旋回軸(pivot)」であり，「貴金属の中央準備」である——を引用し，さらにそこに，このイングランド銀行の「金属準備を保持するためには現実的富の大きな犠牲が必要であるということは，ロイドと同様にトゥック[だからニューマーチ]によっても認められている。論争はただ，プラスかマイナスか，不可避性の取扱の合理性の多少をめぐってにすぎない[6]」と書き添え，さらにその傍証として，脚注で1847年12月11日付の『エコノミスト』誌の論説(Article)[7]を引用している。

　また後の答弁(第1889号A)については，ロンドン金融市場で常に充用されている資金量を彼が120,000,000ポンドと推定しているところだけをマルクスは書き抜いているに過ぎない。

　ところが現行版『資本論』では，この後の答弁については，第33章の第

3の部分で，マルクスが書き抜いた箇所に続く文——この120,000,000ポンドの凡そ15％ないしは20％がイングランド銀行によって使用されているというニューマーチによる見積もり——が引用され，そしてそこにエンゲルスは，この見積もりは「イングランド銀行の資産規模」（第1889号 A）から見て「かなり控えめである[8]」という評価を与えている。

しかもエンゲルスは，この加筆を行った文章の次のパラグラフでは，「イングランド銀行はその地下室の金属準備によって保証されていない銀行券を発行する限りでは，同行は価値章標を創造するのであって，この価値章標は流通手段を形成するのみでなく，この無保証銀行券の名目額まで，同行にとっての追加の——架空のだとは言え——資本を形成する[9]」という，極めて理解に苦しむ加筆[10]を行い，さらにそこに「そしてこの追加資本は同行に追加利潤をもたらす」として，その傍証であるかのように，銀行券の発行によって創り出された「追加資本」（第1563号 Q）と「信用から生ずる利潤」（第1564号 Q）についての，ニューマーチに対する質疑・応答を引用している[11]。

1) ニューマーチはこの第3の点について，「イングランド銀行の準備は全国民の中央準備であるが，しかし民間銀行は全くその関係には立っていません」（第1415号 A）とも述べている。
2) したがって「地金の流出入」が，通貨学派の主張するように，即「通貨」の減増とはならない，と言うのである。念のために。
3) ただし *MEGA*（S.557）では，第1364号という質疑・応答番号が示されているだけで，そこにはニューマーチの名前は挙げられていない。この点については，本章第4節の〔補注〕を参照されたい。なお現行版では，それは第Ⅲ巻第31章第1節の終わりの方（*MEW*, S.517：訳，708ページ）に収録されている。本書第8章第3節も参照されたい。
4) この「混乱」部分にある2度目の引用では，第1364号が誤って第1363号と記されている（cf. *MEGA*, S.564）。なお「混乱：続き」での3度目の引用は，現行版では第35章第1節に収録されている（cf. *MEW*, S.587：訳，810ページ）。念のために。
5) *MEGA*, S.625; *MEW*, S.587：訳，808ページ。
6) *MEGA*, S.625; *MEW*, S.587-588：訳，808, 810ページ。
7) Conformity of Convertible Notes with a Metallic Currency. *The Economist*, Dec. 11, 1847, p.1418. なお，この点については，本書第4章第4節，第8章第3節，第12章第6節注3）等においても言及しているところである。

8) *MEW*, S.557：訳，766ページ。
9) *MEW*, S.557：訳，766-767ページ。
10) この点については，本書第5章第5節の注3），第6章第6節注22），等も併せて参照されたい。
11) Cf. *MEGA*, S.561-562.

第3節　1844年銀行法とイングランド銀行割引率の乱高下

　このように，金融市場で市中の諸銀行から「区別」された独自の位置に在るイングランド銀行[1]を，ニューマーチによれば，1844年銀行法は逆に市中の「他の銀行業組織と同じ土台に置き」(第1363号A)，したがってその「1競争者」の地位に置いてしまったのであり，そしてそのことが1844年以降のイングランド銀行割引率の頻繁な変更とその乱高下を齎すこととなった，と彼は言うのである。しかもそのことを，再三にわたって繰り返し強調する。
　例えば，「あなたはそのとき［1844年］以来の割引率の変更を自然の原因に，…需要供給の通常の作用に帰するのではなく，1844年［銀行］法の作用に帰するのですか」(第1359号Q)との委員長による質問に，彼は次のように答える。「明らかに1844年［銀行］法の作用に，そして明らかにあの法律がそれに従って形成されまた弁護されている原理の，イングランド銀行の銀行部による，実施結果に［帰します］。そしてその原理とは，発券の機能(the function of circulation[2])は，結局，機械的な原理に相当すると考えられる規制の下に置かれ，そして銀行業務の機能(the function of banking)は，イングランド銀行に関しては，ロンバート街の大商会のいくつかによって銀行業務の機能が遂行されるのと全く同様に，[イングランド銀行の]理事会によって遂行されるべきである，と言うものです[3]。この原理の働きから，1853年におけるように銀行部に準備金の蓄積があるときには何時でも，イングランド銀行の理事会は，彼らが考えているように，1044年[銀行]法の原理に一致して行動するので，あるいはむしろこう言った方がよいかもしれませんが，原理に必ず従って行動するので，彼らの割引率を引き下げて準備金を儲かるように利用する努力をしてきました。そのとき[1853年]には，彼らの割引率は2½％にまで引き下げられましたが，他方1844年以前にはイングランド銀行がその割引率を嘗て引き下げた最低率は

4％でした」(第1359号A)，と。

あるいはまた，「あなたは，何がその[1844年銀行]法律によって導入された[イングランド銀行の]運営についての誤った実務上の諸原理(practical principles)であると言うのですか」(第1366号Q)という質問に対して，彼は次のように答える。即ち，その「第1は，銀行券の発行(the circulation of notes[4])に対する特別な貴金属準備を手に入れる目的をもった，イングランド銀行の2部局への編成であったと私には思えます。その準備を保持することが，実は公衆がイングランド銀行のうちで最も関係しているその分野ないし部局である銀行部(banking department)に，その業務(business)をはるかに少ない貴金属額で行うことを強制したのであり，そしてその貴金属の少ない額が必然的にイングランド銀行にその割引率を，以前に支配していたよりもより頻繁にそしてより激しく変化させることを強いたのだ，ということを述べようと私は努力したのです。これら割引率における頻繁な変更はそれ自体が弊害(evil)ですが，さらにイングランド銀行の銀行部が普通の銀行組織と同じように運営されるということが，明らかに1844年に決められたのです。この教義(doctrine)の結果は，イングランド銀行理事会(the Bank Directors)が単に自分自身を自由であると考えるのみでなく，低金利(cheap money)のときには，ある程度までは(と私は信じますが)，自分自身をロンバート街の金融機関(houses)と割引の点で競争に入る責任があると考えてしまうことです。そこで以下のことが示されうると私は考えるのです。即ち，[市場で]利子率が低かったときには，イングランド銀行率を時々引き下げることが，[市場利子]率を，それがそうでないとき下落したであろうよりもより低く駆り立て，そして流れが変わったときには，そして資本がより大きな価値をもつに至った[利子率が反転した]ときには，イングランド銀行が，ことの性質上先導するのではなく，他の貨幣取引業者(dealers in money)に従うことを強いられました。かくしてこれらの諸原因が相互に作用するその仕方によって，1844年以来実際に優勢であったところの状態が，この法律がなかったとすればそれがそうであったであろうよりも，公衆にとっては，より大きく危険でそしてより大きな災害(suffering)の1つであったのです」(第1366号A)。そして「これが対象[誤った実務上の諸原理と運営]についての私の一般的見解です」(第1367号A)，と。

そしてまた彼は,「われわれは, イングランド銀行の銀行部が, すべての他の株式銀行の地位(status), 状態および諸機能にまで格下げられるべきであるということを原理として設定している1844年[銀行]法の結果, イングランド銀行がロンドン金融市場における普通の1競争者になったということ, そしてロンドン金融市場における普通の1競争者であるので, 利子率が下落しつつあるときには, イングランド銀行が, 利子率をさもなければそれが下落したであろうよりもさらに押し下げてしまい, そしてさもなければそれが留まっていたであろうよりも低い点にそれをより長く下げ続けたこと, そしてイングランド銀行の側でのその行為の結果, さもなければ生じたであろうよりも[利子率の]より激しいリバンドを作り出したことに, 不満を持っているのです」(第1879号A), とも言っている。

　彼が, 上の第1359号Aで, 1844年銀行法が「それによって形成され, また弁護されている原理」と言っているのは, 単に「紙券[銀行券]の量を金属通貨の量における変動に一致させる」というだけの, 同法の「大原理[5]」を指しているものと見ることができる。そしてこの「大原理」を実現するために同法は, イングランド銀行の銀行券発券量を,「公債に対する1400万ポンド(それは現在ある程度増額されているが)および同行が保有している地金額」(第1343号Q)に「制限」し, そのためにイングランド銀行を発券部と銀行部に分割し, そしてイングランド銀行の地金準備を発券部に属することとした。そしてニューマーチは,「イングランド銀行は, その債務が流通銀行券(circulation)から構成されていようと, あるいは預金から構成されていようと, その債務全体のための保障を形作るべきである一定額の地金を保有すべきである」(第1492号Q)と「考える」(第1492号A)のであるから, イングランド銀行のこの2部局への分割は,「銀行券の発行に対する特別な貴金属準備を手に入れる目的をもった」「誤った実務上の諸原理」ということとなる。

　しかもこの分割け, 一方では, イングランド銀行をして, 発券業務については発券部の地金の増減に単に応じるという「機械的な原理」に服させる[6]ことになっただけでなく, 他方では,「公衆」が「最も関係する」部局である銀行部について,「その業務をはるかに少ない貴金属額で行うことを強制」し, その結果, イングランド銀行理事会はこのような「銀行業務」に関してのみ

「自由」であると考え，市中の「貨幣取引業者」と同様に，その時々の「準備金を儲かるように利用する努力」をさせることとなり，イングランド銀行理事会自体が，イングランド銀行の独自の地位を忘れて，イングランド銀行割引率の頻繁な変更のみでなく乱高下を齎すに至った，と言うのである。

だから委員長が，イングランド銀行券発行の「制限が，法律によって課せられることを，あなたは望ましいと考えますか？」（第1344号 Q）と質問すると，ニューマーチは，「ご質問は，地金の一定量が国債の一定額と一緒に，発券(circulation)のための担保として特別にとって置かれるべきことを，私が望ましいと考えているかを意味していると推定いたします。…私はかかる考えには同意していないと言わなければなりません。イングランド銀行の地金準備がなぜ２つに分断されるべきであるのか，道理においても実際においても，その何らかの根拠があるとは私は考えません」（第1344号 A）と答えるのである。そして彼は，このような法的発券制限が，割引率の乱高下だけでなく，結果として，例えば，1853年９月と1854年５月のように，10,000,000ポンド以上の地金準備がありながら，銀行部の銀行券準備によって割引率の５％台への引き上げが行われるに至っている，と言うのである。

即ち，「割引率が５％から５½％に引き上げられた1854年５月11日に，イングランド銀行にある地金総額は12,000,000ポンドと13,000,000ポンドとの間であったということを私は知っています。1853年９月29日に割引率が５％に引き上げられたときに，地金の総額は15,000,000ポンドと16,000,000ポンドとの間であったのを私は知っています。しかし私が銀行部にある準備に注目するとき，1853年９月の銀行部にある準備は7,000,000ポンドと8,000,000ポンドの間であったことを私は見出します。1854年５月［割引］率が５½％に引き上げられたときの準備は5,000,000ポンドと6,000,000ポンドとの間に，およそ5,300,000ポンドに減少していたのを私は見出します。だから私は，イングランド銀行理事会の判断が銀行部準備(the banking reserve)に全く局限されていたので，そして銀行部準備が約8,000,000ポンドから5,000,000ポンドに減少してしまったので，割引率を引き上げることが必要となったということを認める用意はあります。しかし私が，1853年９月に16,000,000ポンドに達していたイングランド銀行の総準備(total reserve)が，1854年５月にはただ12,000,000ポンドと13,000,000ポン

第7章　W. ニューマーチによるイングランド銀行割引率についての提言　271

の間に減少したに過ぎないということを見出すと，そのことが偶々生じたときに，割引率を引き上げるなんらかの必要性があった，と私は言うことができません」(第1433号A)，と。

　これは，委員ハンキー(Hankey)との質疑・応答での答弁であるが，ニューマーチは，委員ウッドによる質問——「公衆に貨幣融通すべきイングランド銀行の力は，あなたが準備を2つに分断すると呼ぶことによって，どの点で弱められているのですか」(第1875号Q)——に対しても，この1853年と1854年を例に挙げて，次のように答えている。「イングランド銀行がその業務(business)を，その本来の資産(natural resources)の単に半分で行うことを強いられているが故にです。先日の私への尋問に，私はそれについて若干の例を委員会に敢えて提示しました。尊敬する委員閣下(the honourable Member)は，1853年と1854年——そのとき，イングランド銀行の割引率は銀行部における準備の3,000,000ポンドの額の減少の結果として5％から5½％に引き上げられたのですが——について，私に充分質問されました。しかし一方で，銀行部における準備は7,000,000ポンドと8,000,000ポンドとの間から3,000,000ポンドの額，ないしは37％少々減少しましたが，他方で，イングランド銀行の総準備は16,000,000ポンドからほんの3,000,000ポンド減少しただけです。さて8,000,000ポンドの準備に従ってのみ活動しているので，5,000,000ポンドに減少された8,000,000ポンドを見て，イングランド銀行がだからその割引率を非常に大幅に引き上げたということはイングランド銀行の非常に適切かつ必要な行動であったとしても，他方，もしもイングランド銀行が1853年に保有していた貴金属の全16,000,000ポンドを自由にしようしていたとしたならば，同じこと［大幅な引き上げ］が必要であったであろうと言うことには決してなりはしません。それが1つの事例です。私は他の多くの事例を提供することができるでしょう」(第1875号A)，と。

　ここでニューマーチが，「本来の資産の単に半分で」と言っているのは，この「事例」では「総準備が16,000,000ポンド」であるのに対して，イングランド銀行券での銀行部準備はその「半分」の「8,000,000ポンド」であったからであって，彼が言いたいところは，1844年銀行法によって銀行部は，上述のように，「その業務をはるかに少ない貴金属額で行うことを強制」(第1366号A)さ

れることとなったということなのである。そしてウッドとのこの質疑・応答(第1875号)の直前で，実はウッド自身がその点を質問し，ニューマーチと，次のような興味あるやり取りを行っている。

即ち，ウッドは，「発券部で保有されている金の全体が，あなたが2つの部分への準備の分割と呼ぶところのことによって，あなたが金の等価物として説明している銀行部に置かれている，銀行券によって代表されている，銀行部にある準備は，どのような仕方で減少させられているのですか？」(第1872号Q)，と質問する。それに対してニューマーチは，1844年以前との対比で次のように答える。「準備は2つに分断されているのです。私はそれを，1844年に先立って行われていたことを参照することによってのみ例証することができるのです。1844年以前には，イングランド銀行の負債全体が，即ち，その外部にある流通銀行券(circulation)であれその預金であれ，1つの部類(one class)[負債(liabilities)の部]に置かれており，これらの負債は資産(assets)の一部を構成している鋳貨と地金の形態での一定の準備によって備えられていました。1844年以降はその事態が変更されました。その地金準備の最も重要な部分が持ち去られ，しまいこまれました。即ち，発券(circulation)に対する特別な準備を用意するために囲い込まれました。だから結果は，公衆は不便にされ，割引率における激しい上下の，痙攣的な前後への，変動で大いに苦しめられた，ということでした。そのことは，イングランド銀行によって行なわれねばならなかったところの，そして地金のうち偶々銀行部にあることとなった部分に基づいてのみ行われねばならなかったところの，膨大量の操作から発生したのでした」(第1872号A)，と。

恐らくウッドの質問は，銀行部の銀行券準備となっている銀行券も兌換銀行券で「金の等価物」なのだから，金準備によって銀行業務が行われているのと同じではないのか，というほどの意味であったものと思われる。が，それに対してニューマーチは，1844年銀行法の下では，イングランド銀行の2大負債のうちの1つ——「要求次第支払の約束手形」(第1947号A)である銀行券の発行——にだけ貴金属準備全体が当てられてしまい，いま1つの負債である預金に対しては銀行部準備のみしか当てられていない。だから銀行部準備は「減少させられている」と言うのである。

ところがウッドは，ニューマーチの答弁の，恐らく最後のところに誘い込まれるように，「金を代表している銀行部にある銀行券は，イングランド銀行にその銀行業務(banking transaction)を可能にするのと同じ量の金に等しくはないのですか？」(第1873号 Q)，と問い直してしまう。そこでニューマーチは，ここぞとばかり皮肉たっぷりに，次のように逆に問い質す。「尊敬する委員閣下，私が常に主張してきました，そしてそれは私が同意見である栄誉を担っている人々によって主張されてきたもの，即ち，銀行部の準備はそれと同じ量の地金に等しい，という見解にご賛成のご様子であるとお聴きして，大変嬉しく存じます」(第1873号 A)，と。ニューマーチにとっては，まさにそこが要点であったのである。銀行部は総地金準備によってではなく，銀行部にある銀行券準備と「同じ量の地金」によってのみ，だから総地金準備の一部によってのみ，その銀行業務をしなければならなくなってしまったのだ，と。

ウッドは慌てて，「私の質問は，それ[銀行部準備]はイングランド銀行の銀行業務(banking operations)を行う目的にとって，それが地金であるかのように，有用な(useful)ものとして存在していないのか，ということです」(第1874号 Q)，と訂正するが，ニューマーチは「それ[銀行部準備]は地金準備と同様に全く有用です。それ[地金準備]は地金の準備であるから，それは他の目的にとっても有用ですが」(第1874号 A)，と軽く受け流す。そして，再びイングランド銀行の2分割問題に立ち返っての質疑・応答となる。それが先の第1875号でのやり取りであったのである。

以上のようにニューマーチによれば，イングランド銀行の発券部と銀行部との2分割は，とりもなおさず「銀行券の発行(circulation of notes)に対する特別な貴金属準備」(第1366号 A)を，即ち，「流通銀行券(circulation)に対する特別な準備を用意する」(第1872号 A)ことであり，「地金の一定量が…流通銀行券(circulation)のための担保として特別に取っておかれる」(第1344号 A)ことであったのである[7]。

なお彼は，1844年銀行法の下では，発券部から銀行部への銀行券の「発行(issue)」が，誤って「発行(circulation)」と混同されるに至っている，と言うのである。例えば「イングランド銀行の発券(Issues of the Bank)に対して，何らかの仕方で，法律によって何らかの制限が課せられるべきであるということ

を, あなたは当を得ていると考えますか」と委員長から質されると, ニューマーチはすかさず,「『イングランド銀行の発券』によって, 私は委員会が公衆の手にあるイングランド銀行券の流通(the circulation of the notes of the Bank of England)を意味しているものと敢えて想定いたします」(第1342号A)と断ってから, 答えていく。と言うのは, 彼によれば,「私が流通銀行券(circulation)[と言う言葉]によって理解している唯一のことは, それら[銀行券]がそこに起因している組織(establishment)[銀行]の壁の外で流通している(circulate), イングランド銀行の銀行券または個人銀行ないし株式銀行の銀行券[8]」(第2000号A)であって, 発券部から銀行部に「発行」しただけでは, 未だ厳密な意味での「発行」とは認められ得ない[9]からなのである。したがって彼は,「発券部から銀行部に発行された(issued)銀行券の量」(第1685号Q)は「明らかにイングランド銀行の側での負債ではありません」と言い,「事実に関しても法律に関しても, …[イングランド銀行という]設立物の壁を越えて出て行ってしまい, 公衆の手にある銀行券に対してだけが, イングランド銀行の側での負債」(第1685号A)であることを強調する。

そして彼は, この「公衆の手にあって」現実に流通過程で通貨として機能している流通銀行券(circulation)の量(=「流通に必要な貨幣量」)は, 現実の取引(「公衆の活動」)で決まってくる, と言う。即ち,「イングランド銀行は, その外部にある流通銀行券(circulation)が, どんな量であるべきかを任意に決めるどのような手段も持ってはいません」,「また外部にある銀行券の量は, イングランド銀行についても地方銀行についても共に, 完全にそして何時でも, 公衆の[取引]活動によって決められるものであって, ほんの僅かたりとも, 発券者の側での何らかの決断によって決められ得るものではない[10], と私は確信しています[11]」(第1342号A), と。

 1) 例えば委員長も,「イングランド銀行のような国民的機関(a national establishment)」(第2007号Q)という表現を用いているように, イングランド銀行が独自の金融機関であることは, 広く認められていたところである。
 2) ウィルソンは, 預金銀行(a bank of deposit)に対して発券銀行を, a bank of circulation(第1584号Q)または banks of issue(第1589号Q)と表現し, またニューマーチも発券銀行を a bank of circulation(第1586号A)と表現している。ここでは

circulation を，それと同義に解しておく。
3）「単に銀行部だけを考察するならば，［銀行部］準備は単に預金とのみ関係するだけである。ところでオーヴァーストーンによれば，［発券部の］『自動的発券』を考慮することなしに，銀行部は銀行業者としてのみ行動すべきである。しかし現実の逼迫においては，組織［銀行部］は準備から独立に［発券部の］地金に目を向けている」（MEGA, S.597；MEW, S.535：訳，735ページ）。
4）ここでの circulation については，上の注 2 ），および後述するところを参照されたい。
5）この点については，さしあたり，本書第 5 章第 2 節注 2 ），ならびに，本節末尾の〔補遺-1〕を参照されたい。
6）例えばオーヴァーストーンは，この「銀行法特別委員会（1857年）」で，「この部局［発券部］は国家の一部局以上のものではなく，イングランド銀行の職員によって機械的かつ事務的に運営されているが，しかしそれは本質的には国家の一部局である」（第3649号 A）と言っている。この点については，さしあたり，本書第 5 章第 4 節を参照されたい。
7）因みに委員ウィルソンは，「ウェークフィールドでの銀行業者」であったニューマーチの「経験」について，「あなたは，一方［［流通銀行券(circulation)］］に対する準備と同時に，他方［「預金」］に対する準備を保持しなければなりませんでしたか？」（第1648号 Q），と質問する。「流通銀行券と預金とは全体の部分を成していました。会計上の計算書での問題としては，もちろんそれらは異なって記録されていましたが，しかし一般的に銀行の運営に関していえば，銀行は，その経験に従って，それが必要と見出した，直接に利用可能な資産の額を［準備として］保持しなければなりませんでした」（第1684号 A）。これがニューマーチの答弁である。そして続けて「額において最も変化したのは 2 つのうちの流通銀行券でしたか預金でしたか」（第1649号 Q）という質問には，「預金でした」（第1649号 A）と答え，さらに彼は「地方銀行券の流通」には 1 年のうちある時期には多く，他の時期には少ないといった「特殊なサイクル」（第1650号 A）があることを付け加えている。
8）彼はまた，「私はその言葉［circulation］が紙券(paper)に用いられようが，ソヴリン金貨に用いられようが，流通しているものだけを circulation［通貨］とみなすことができます」（第2003号 A），とも言っている。
9）例えば委員ウィルソンによる，発券部「勘定のその部分に関しては，その負債は擬制(a fiction)と呼ばれうるものですか？」（第1686号 Q）という質問に，ニューマーチは「それは大いにそのようなものです」（第1686号 A），と答えている。
10）「あなたは銀行券の流通(circulation of notes)の増加は，増大した取引の原因とみなされるよりもむしろ結果とみなされるべきであると述べましたね」（第1739号 Q）──「それが増加した原因ではないことは全く確かです」（第1739号 A）。なおこの点については，本書第 1 章第 2 節，第 2 章第 2 節も参照されたい。
11）これはまさに，1844年銀行法の「大原理」の否定に他ならない。そして彼は，「一

般的見地では，公衆と共に流通している銀行券が，その保有者の意思で何時でも鋳貨に兌換可能である限り，それら銀行券は過剰には発行されえない」(第1345号A)と考えているのであるから，「あなたはそれ[1844年銀行法]を廃止し，イングランド銀行の発券についてのすべての法的制限を除去しようと言われているものと理解しますが」(第1346号Q)と委員長に問い質されると，ニューマーチは，「イングランド銀行に関する限り，私は確かに[そうです]」(第1346号A)，と答えていく。

〔補遺-1〕 取引の増減と流通銀行券の増減

ニューマーチは，銀行券の流通の増加は増大した取引の「原因」ではなく「結果」であるが，しかし増大した取引と較べて，銀行券の流通の増加は非常に小さいことをも指摘している。即ち，「流通銀行券(circulation)の比較的大きな額を必要とする取引の増大は，銀行業者の小切手(banker's cheques)やその他の種類の信用の移転のような信用の比較的大きな様式(mode)を通じては行われない，賃金の支払やその他の小さな支払で，主として感じとられるのでしょうか？」(第1741号Q)というウィルソンの質問に対して，彼はそれを肯定しつつ，さらに次のように付け加えている。1834年と1855年の連合王国における総取引額の増大「30〜35％」に較べると，「連合王国における，イングランド銀行券，株式銀行の銀行券，そして個人銀行の銀行券を含むすべての種類の銀行券流通の総[平均]額」は，37,500,000ポンドから39,000,000ポンドへという「非常に僅かな差」に過ぎなかった。そしてそのことは，「銀行業務の便宜性(banking facilities)の拡張」や「導入」の他に，「通信のより良い方式，ペニー郵便料，電信，鉄道の導入が，流通手段(circulating medium)の必要を大いに節約したことによってのみ説明することができます」(第1741号A)，と。

しかしニューマーチはこの答弁に先立つ委員ウェーゲェリン[1]との質疑・応答——手形流通量の増加と割引率の上昇との関係(第1520号〜)[2]——で，「流通手段」(銀行券)の使用を節約する信用取引，就中「元帳記入(entries in ledgers)」による取引について説明し，銀行券の発行制限だけを企図した1844年銀行法を，次のように皮肉を込めて批判している。即ち，「平穏な通常の時期には信用の大きな操作が行われる。鋳貨あるいは銀行券あるいは為替手形によってではなく，元帳記入によって[交換が]行

第7章 W. ニューマーチによるイングランド銀行割引率についての提言　277

われます。平穏な通常の時期には元帳が交換の実際の手段です。しかし何か困難が生じるとき，即ち，例えば，…，割引のイングランド銀行率における上昇があり，そして割引くことが認められている手形の満期支払期日に関してイングランド銀行で制限の可能性が導入されているとき，そのとき取引は自然に為替手形を振り出すことに帰着していきます。そしてこれら為替手形は，単に発生した取引の法的証拠に関してより便宜であるのみでなく，どこか他のところで購買を行うためにもより便宜であり，またそれによって資本が調達される信用手段としてもずば抜けて便宜です。以上を私は…正しい説明であると信じています。[ところで]非常に多くの著名な人々によって受け入れられている1つの考えがあります。その考えとは，人手から人手へと流通しているイングランド銀行券の量をもしもあなたが制限(limit)するとするならば，イングランド銀行券——信用の他のすべての形態の上に位置する優れたものと定義され，本質的に貨幣である——を，あなたはその制限(limitation)によって，制御し制限し，そして信用の他のすべての形態を範囲内に保持し，またそれに活動の一定のコースを定めるというものです。さて私が参照した数字はほんの僅かでもこの仮説を支持していません。逆にそれとは明白に矛盾していることを示しているように思えます。(証人によって第1426号Aで配布された…)この表[3]の寓意(the moral)は，事実上，以下のようであるように大いに思えます——即ち，あなたは，あなたがロンドン市西端門(Temple Bar)を閉じることによってロンドンの通行(traffic)を止めようとするのと恐らく丁度同様に，イングランド銀行券の量を制御しようと努力することによって信用活動を制御しようとしているのです」(第1522号A)，と。

　因みに，「前貸し(advances)は必ず銀行券でなされるのですか？[4]」(第1846号Q)というウッドの質問に，ニューマーチは，「それらが必ず銀行券でなされるのでは決してありません。そのことは事実であるどころか，1つの前貸しがもしなされるとしても，それがすべて銀行券でなされる事例は殆ど100に1つよりも多くはないと，私は信じています」(第1849号A)，と答えている。

1) 因みにイングランド銀行総裁であったウェーグェリンは，ニューマーチに対する尋問に先立つ3月3日，5月19日，22日，29日，そして6月5日の「委員会」では証人として答弁しているが，彼はこの「委員会」の委員でもあったのである。念のために。
2)「手形流通額における変動と銀行券流通における変動との間には何の関連も存在していません。…割引率における上昇によって示されるような貨幣市場に何らかの逼迫があるときには，いつでも手形流通(bill circulation)の量が非常に増大し，そして逆の時には逆であります」（第1426号A）。
3) この表とは，Appendix, No.39 PAPER presented by Mr. Newmarch, 5. June 1857, Bills of Exchange(Inland Bills), England and Wales(cf. *Report from the Select Committee on the Bank Acts*…,(Ordered, …, to be Printed, 30 July 1857). Part Ⅱ. *Appendix and Index,* p.324-327)を指している。そこには，1830年~1853年の24年間について，各4半期末の内国為替手形(大・中・小別)振出額，ロンドン市場割引率(market rate)，並びに，イングランド銀行券および個人銀行券と株式銀行券の各4半期3ヶ月平均発行(circulation)額が，掲出されている。
4) これは，市中の金融機関が行う「前貸し」についての質問である。このようなやり取りが行われるのは，恐らく，イングランド銀行は「周知のように」(*MEW*, S.468：訳，643ページ)「全ての貸付や割引をその銀行券で」(*MEGA*, S.512) 行っていたからであろう。なおこの点，本書第6章第3節注2)も参照されたい。

第4節　イングランド銀行の最低割引率
—— 地金流出を防ぎ，一定額の貴金属を維持するための——

さて上述のように，「1852年および1853年の早い時期に，イングランド銀行における地金の蓄積は…22,000,000ポンドないし23,000,000ポンドに達していた」（第1352号A[1]）が，「イングランド銀行は，1852年と1853年には，これらの預金を割引率の引き下げによって活用しようと努め…，割引率は，われわれ皆が知っているように，2％に引き下げられた。」しかし「イングランド銀行がこれらの預金をどの程度まで割引や前貸しに充用しうるかは，別の考慮すべき事柄に依存する」（第1353号A）とニューマーチは言う。別言するならば，彼によれば，「イングランド銀行はロンドン金融市場における普通の1競争者」（第1879号A）として，その「割引率を引き下げて準備金を儲かるように利用する努力」（第1359号A）をするべきではない，と言うのである。というのは，例えば割引率が急上昇して8％にも達したことがあった（第1363号A）が，「公開

市場(open market)における割引率の上昇の結果は，もし上昇が重大な上昇であるとすれば，そのような上昇が起こらないであろうという想定に従って始められていた取引や運用を，疑いもなく混乱させるであろう」(第1472号 A) からである。

つまりここで「別の考慮すべき事柄」というのは，イングランド銀行が金融市場で独自の位置を占めていることによって齎される，次のような諸作用を指している。同行は大きな「資力」と「社会的威信」(第1364号 A)をもっているので，イングランド銀行がその割引率を例えば 2 ％に引き下げるならば，「そのときの市場利子率は 1½％から 2 ％」(第1467号 A)へと押し下げられ，そのことが「他の原因」を生み出し，新たな結果を齎すと言うのである。即ち，「イングランド銀行における割引率が非常に低い点に引き下げられているとき，…他の原因が活動を始めます。即ち，イングランド銀行がその割引率を非常に低い点に引き下げることの結果，その率を単にイングランド銀行においてだけでなく，公衆によって前貸しがそれで獲得されうる外部の一般的率をも低下に追いやるということです。結果は，さもなければ下落したであろうよりも大いに低い点にまでその率を引き下げることであるということです。そしてわれわれは，ある長い時期の間継続された低い利子率によって殆ど不可避的に作り出された結果を，殆ど完全に熟知しています。即ち，結果は，前貸しがなされる有価証券の質が次第に低下することであり，そして遅かれ早かれ激しいリバンドを作り出すということです」(第1896号 A)，と。

あるいはまた，次のようにも指摘する。即ち，「われわれは割引率の変化は循環的に運動すること，またもしもあなたが，資本が豊富で安価である結果として，割引の非常に低い率を保持するとすれば，割引くことを認められる手形の質における変化(alteration)が生じ，そして結果としてわが国の取引と貿易の大きな膨張となるだろうということを良く知っています。わが国の取引と貿易のその大きな膨張は，遅かれ早かれ，割引率における上昇を作り出し，それは…一般的には貴金属(treasure)の流出(efflux)を…作り出しました。その場合，貴金属のその流出は，現状では，われわれがイングランド銀行に見出されるものと想定していたところの貴金属の大きな蓄積から行われるでしょう。経験から判断すると，外国貿易における何らかの動揺から生じる貴金属の流出は

3,000,000なし4,000,000ポンド・スターリングを超えて進むでしょう」(第1494号 A)。そこで遅かれ早かれ割引率の「激しいリバンドを生み出す」(第1879号 A, 第1896号 A)、と。

このようにニューマーチによれば、イングランド銀行が蓄積された貨幣貸付資本を非常に低い割引(利子)率で長い期間「運用」し続けるならば、市場割引(利子)率をさらに押し下げ、「前貸し」が成される有価証券の質が低下し、そのような「前貸し」によって膨張した「取引と貿易」によって国際収支が悪化し、貴金属の流出を結果する。そして貴金属のこの流出は、イングランド銀行の貴金属準備から行われるので、割引(利子)率の「リバンド」を生み出す、と言うのである。だから彼によれば、国際収支の悪化とそれに伴うイングランド銀行からの貴金属の流出は、1844年銀行法が想定するように、発券量したがって通貨量の増加に伴う物価騰貴の結果に求められるのではなく[2]、利子率の異常な低下とその持続に伴う手形割引や貸付という「前貸し」の質の低下の結果に、したがって銀行業務(banking)の内実に求められるのである[3]。

そこで、このような貴金属の流出を防ぎ、「2つの債務[流通銀行券(circulation)と預金]に釣り合った地金の一定額を維持するという目的」(第1494号 Q)を「達成するやり方」として、彼は、「イングランド銀行によってその割引率を[予め]ある点以下には引き下げないこと」を、そして「敢えて提示するならば、その点とは4％」(第1494号 A)であることを、提言する。

「私が言いたかったことのすべては以下の通りです。イングランド銀行の準備は全国民の準備であり、また外国為替から生じるどんな流出も殆ど排他的にそこに作用する蓄蔵ないし貯蔵(hoard or reservoir)であるから、イングランド銀行の準備は他の銀行に見出される準備から根本的に区別されるので、イングランド銀行が貨幣市場での公開競争のシステムに踏み入るべきであるということを、私は事柄の望ましい状態とは考えていません。イングランド銀行の[割引]最低率は、たとえそれが外部[の市場]ではどうであろうとも、決して4％以下であるべきではないと私が敢えて提言するのは、これらの理由によるのであります」(第1440号 A)、と。

ただしイングランド銀行の最低割引率を4％とするというこの率それ自体は、経験的な提言に止まる。即ち、「1844年以前にはイングランド銀行がその割引

率を嘗て引き下げた最低率は4％で」(第1359号A)あり,「1844年以前にはイングランド銀行は4％より低い割引率をとるべきではないということを謳った法律はありませんでしたが，しかしそれが慣例的な政策でした。それが適切で望ましい事態であるという一般的な了解がありました」(第1361号A)。あるいは,「為替手形に関しては，割引のイングランド銀行率は決して4％以下には引き下げられなかったというのが，1844年以前の事実でした」(第1450号A)。「この問題についての私の調査は，わが国の貿易についての一般政策上の諸理由で，イングランド銀行の割引率が4％以下であることは望ましくないという，いくぶん強い見解を受け入れることに私を導きました」(第1360号A)，と。また彼は,「イングランド銀行はその割引率を4％以下に下げるべきではありません」(第1880号A)と，経験的事実としての「4％」を繰り返し強調する。そしてこの最低割引率4％について,「何らかの規制を課することが望ましいとお考えですか」(第1885号Q)というウッドの質問に対しては，ニューマーチは,「何らかの法律はあるべきではありませんが，イングランド銀行の割引率は4％より低くあるべきではないという慣例(tradition)ないしは了解のような何かがあるべきです」(第1885号A)，と答えている。

　ところで「法律」によるのではないとしても，イングランド銀行割引率を4％以下には引き下げないとすると，一方では，借手としての「公衆」にとっては，1844年銀行法の下での現状に較べて，高い利子を支払わなければならないこととなる。

　そこでウッドは,「あなたの理論は，公衆への資本の使用に大いに制限を課しませんか？」(第1891号Q)，あるいは「ではもしもイングランド銀行が4％よりも低い率で前貸しすることを許されないとすれば，それは，前貸しまたは割引の形であれ，あるいは資本が前貸しされうるどんな仕方であれ，公衆に対する貨幣融通を阻止するのでは？」(第1899号Q) ありませんか，とニューマーチを問い質して行く。そしてニューマーチも，「イングランド銀行に関する限りは，そうです」(第1891号A)，あるいは「その形では，それはそうであろうと私は考えます」(第1899号A)と，そのこと自体は否定しないのであるが，しかし彼は,「イングランド銀行が通常その資金(money)を有利に(advantageously)充用しうる仕方」(第1450号Q)という「この問題についての論議」では,

「経験から，広く公衆にとって何が最も有益(advantage)であると思われるか」を「考慮しなければなりません」(第1450号A)と主張する。

他方ではニューマーチは，「そのこと[4％以下での割引の自粛]は，イングランド銀行の利潤を当てにしてそれ[イングランド銀行]に託された資本の使用で，イングランド銀行を不利益におくことにはならないだろうか？」(第1901号Q)と，同じくウッドによって問い質される。そしてそれに対しても彼は，「確かにそれ[イングランド銀行]は，ある程度は，利潤を減少するでしょう」(第1901号A)と認めていくので，ウッドはさらに，「そのことはイングランド銀行に対して公平だろうか？」(第1902号Q)，と質問する。

そしてニューマーチの答えは次の通りである。即ち，「イングランド銀行が，企業体が単に取引を行う諸目的に必要であろうよりも，より多くの貴金属額を維持するようにその運営を行うべきことが定まった慣行の重要事項となった後は，それ[イングランド銀行]が公的業務(the Government business)を遂行する諸条件に関して，イングランド銀行に若干の補償(compensation)がなされうる根拠をなすであろう，と私は考えます」(第1902号A)，と。つまり，イングランド銀行における地金準備は，上述のように，「為替相場の逆の状態から生じる[貴金属の]流出を支える」(第1889号A)「中央準備」であり，「わが国の全取引がそれに従って旋回させられている」「一種の旋回軸(pivot)」(第1364号A)なのであるから，市中の「企業体」である銀行業者が必要とするよりも「より多くの貴金属」を維持することが「定まった慣行」となった「後は」，4％以下での前貸しの自粛というイングランド銀行の割引「政策」によって，仮に同行に不利益が齎されるというのであれば，その「補償」がなされてしかるべきである，と言うのである。

ウッドはこれには驚いて，「あなたは，ある時期に，商業世界(trading world)の貨幣融通を抑制することのために，公的元本(the public funds)からイングランド銀行に補償をしようというのですか？」(第1903号Q)と質問するのであるが，ニューマーチは，為替相場が逆転するような「ある時期に」，「貴重な貨幣融通を，最大規模に，公衆のために準備するべく，私はイングランド銀行に補償をするでしょう」(第1903号A)，とイングランド銀行の独自な地位を維持する必要性を強調する。

とは言え，ニューマーチによれば，イングランド銀行がその割引率を極度に引き下げたからといって，その割引業務が増加しているわけではない。即ち，「1854年に提供された［イングランド銀行の］報告書(Return)によると，低い点にまで割引率を引き下げたイングランド銀行は，決してその業務を拡大してはいない」のであり，また1854年の「議会文書」によると，例えば，「1852年1月2日に割引率は2½％に引き下げ」られ，それが3ヶ月半続いたけれども，「イングランド銀行の平均割引額は…1,109,000ポンドから510,000ポンドに」半減した。また「1852年4月12日に割引率は2½から2％に引き下げられた」が，「それに続く3ヶ月の平均割引額は[「8,000ポンド少ない」]438,000ポンド」(第1468号A)であった，と。そしてこのように「割引額が割引率の変化によって増加されなかった」(第1895号Q)ことが，「なぜ割引率が不当に(undue)低められるべきではないかの1つの大きな理由であります」(第1895号A)，とも彼は言っている。

　またニューマーチによれば，このようにイングランド銀行が「一般的な了解」ないしは「慣例」に基づいてその最低割引率を4％にするということは，「全国民の中央準備」(第1415号A)としての一定額の地金を保持するためであれ，それは1つのことであって，イングランド銀行がその「資金」ないしその「預金」をどのように「運用」するかということは，いま1つのことなのである。即ち，「イングランド銀行が，その手元に偶々存在することとなった資本［──例えば「政府預金」，あるいは「支払いに先立つ大量の国債利子(dividend)」など(第1448号Q)──]を充用する種々なやり方を持っていることを，ハンキーさんは私が知っているよりもはるかに良くご存知です。為替手形の割引はそれらのやり方のただ1つにすぎません。イングランド銀行は，その手形割引に関しては4％の率で止めることを選ぶのですから，イングランド銀行が，その場合の必要に迫られて，その資金(mony)を少しも充用できなくなるということには決してなりません。イングランド銀行には，それが持つこととなるかもしれない資金(funds)を充用する種々なやり方があります。大蔵省証券への投資，鉄道社債や資金(money)が充用される種々な様式への前貸しがあります」(第1448号A)，と手形割引以外のその「運用」の仕方を挙げている。

　いずれにしてもニューマーチにとって，市中の他の金融機関とは「区別」さ

れた独自の地位を占めるイングランド銀行の,「広く公衆にとって…最も有益であると思われる」(第1450号 A)その「運営」とは, 結局のところ, 1844年銀行法の下でのように「銀行券の発行に対する特別な貴金属準備」(第1366号 A)を維持する目的に沿ったものではなく, 流通銀行券(circulation)と預金という「2つの債務に釣り合った地金の一定額を維持するという目的」(第1494号 Q)に沿った, 割引「政策」の採用であったのである.

〔補注〕

　先に, 本章第1節の注8)で引用した,「言及した例外の他に, 貨幣貸付資本の蓄積は, 1852年53年のように, 云々…」の文章を, 手稿「信用。架空資本」の「Ⅲ)」の部分[4]に, マルクスはニューマーチの答弁(第1352号 A, 第1353号 A)およびウェーゲリンの答弁(第1329号 A)を念頭に置きながら認めたものと見ることができる.

　ただし MEGA では, この文章の末尾に脚注「c)」が付され, そこには「(ニューマーチ)第1353号, 同上. 当時1853年, 6ヶ月間, イングランド銀行における地金は22百万ないし23百万[ポンド]」と記されているが, この第1353号は, 第1352号の誤記である. また手稿の本文(Text)部分には, この脚注「c)」の記号は付されてはいない[5]。

　そして, 手稿「信用。架空資本」全体の中で, ニューマーチの答弁からの書き抜きが初めて行われるのが, 実はこの「Ⅲ)」部分の MEGA, S. 557, Z.42の脚注「c)」における第1352号であり, その脚注の後に,「+a)」という脚注の記号を付し[6], ニューマーチの名前を示さないまま, マルクスは彼の答弁(第1364号 A)を書き抜いていく. しかも「Ⅲ)」部分を中断して書かれていく「混乱」部分の冒頭部分では, 今度は, これら「Ⅲ)」部分でのニューマーチの答弁からの抜き書きを受ける形で,「1844年の[銀行]法によって設置された銀行[部]準備の割引率における変化への作用(action)」という小項目の下で, 彼の答弁の番号(第1357号, 第1358号および第1366号)が指示され[7], そして以下, さらにニューマーチの答弁からの一連の引用が行われていく[8]。

1)　この点については, 本節の〔補注〕を参照されたい.

第7章　W. ニューマーチによるイングランド銀行割引率についての提言　285

2） 委員長，「あなたは，紙券発行量が物価に重大な影響を及ぼすと言う意見が，ある人々によって支持されていることを疑いなくご存知と思いますが，あなたはそれに与しますか」（第1422号Q）。——ニューマーチ，「ほんの僅かでも与しません」（第1422号A）。
3） 例えば，ウィルソンによるピール銀行法批判の基調には，「銀行業者が『銀行業務』についての『根本的原理』を遵守して業務に従事していくならば，『逼迫やパニックのときでさえも』『資本』を損なうことはなく，したがってピール銀行法のような『自動原理』に基づく『規制』など必要ないのみか，そのような『規制』は事情によっては恐慌を激化さえしかねない，という考え」（本書第2章第1節）が横たわっている。（なお第3章第2節も参照されたい。）
4） Cf. *MEGA*, S.557.
5） Cf. *MEGA*, *Apparat*, S.1307. なおこの点について，詳しくは，大谷禎之介「貨幣資本と現実資本（『資本論』第3部第30-32章）の草稿について——第3部第1稿の第5章から——」『経済志林』第64巻第4号，1997年，249ページを参照されたい。
6） Cf. *MEGA*, *Apparat*, S.1076.
7） Cf. *MEGA*, S.561.
8） 本書第8章第3節注42）も参照されたい。

第5節　地金の流出入と為替相場
——結びに代えて——

　そこで最後に，貴金属の流出入と為替相場についての質疑・応答を一瞥して，結びに代えることとしよう。
　ところで，イングランド銀行保有の地金準備の「平均最小限」が新金鉱の発見による海外からの地金輸入によって，1844年以降増大したことは，最初に指摘しておいたところであるが，その地金準備が，1856年，そして1857年と，前年に較べて減少している。そこでニューマーチはこの「事実」の「説明」（第1428号Q）を求められ，彼は，「金産出諸国から受取られる金の量がわが国に留まるべきであるということは…不可能であるというのが答えであるように思えます。金は［産出国から］この国にやってきて，そして長かれ短かれここに一時留まっていますが，しかし貿易の必要が引き起こすのですが，金は通過場所としてわが国にやってくるのです。わが国は，貴金属（the precious metals）が貿易取引によってそこに運ばれていく世界の部分への貴金属の配分者（dis-

tributor) として活動しているのです」(第1428号 A)，と答えていく。

しかし金産出国からこの国に流入した地金のこの世界的配分は，「貿易取引」を通じる部分についてだけを取り出してみても，必ずしも単純ではない。「貴金属の移送」は，「わが国への輸入品の支払いにおいて，あるいは他国に代わってわが国によって引き受けられた債務の支払いにおいて」行われ，「例えば，対アジア貿易(the Eastern Trade)」でみると，「全く充分に知られている」ように，貿易「収支のうち，わが国によってまず第1に直接に地金で支払われた非常に大きな部分は，全部がわが国のためではない。アジア(the East)への貴金属の移送は，絹や茶の，単に連合王国への輸入のみでなく，フランスやヨーロッパのその他の部分，およびアメリカ合衆国への輸入から生じている負債の支払いをも表している」(第1499号 A)。そして実際のところ，「アジア貿易に関しては，全体としてみると，つまりインドと中国とを一緒にするとき，インドとオーストラリアとの間の取引を，そしてさらに重要な中国とアメリカ合衆国との間の取引をも勘定に入れるとき，貿易は三国間の相互決済貿易(trade being a triangular one)であって，われわれ[イギリス]を通じて調整が生じるので，貿易収支は逆なのである。…[しかも]それは，単にわが国に対して逆であるのみでなく，フランスに対してもアメリカ合州国に対しても逆である[1]」(第1918号 A)。そしてさらに，インドと中国——「一般的にはインドに対する債務者」(第1789号 A)である——との間では，「アヘンでの取引」(第1789号 Q)を介した決済の問題が加わってくるし，またアジアへの支払手段としての銀の入手のための英仏間での金と銀との取引問題——「それは，彼らのコニャックとわれわれの綿加工品との交換と全く同様な[金と銀との]商業上の操作」(第1704号 A)——，等々も，そこから派生してくる。

ところが対アジア貿易のうちの対インド貿易だけを取ってみると，「連合王国とインドとの間の貿易収支については，その貿易収支は非常に急速かつ完璧に調整され，過去2年間では，わが国とインドとの間での貿易収支は明白にわが国に順(favour)」であった。しかしこれも，「もしもインド商会手形(India House drafts)[——「即ち，東インド会社(The East India Company)によって彼ら自身の支出のために振出されたファンド」(第1786号 A)，即ち，「貢納(tribute)[2]」(第1915号 A)——]がなかったとすれば，[貿易]残高をインドへ送る必

要がある」(第1920号 A)。即ち,「インドでわが国によって行われたサービス」(第1919号 A), 即ち,「善政(good government)」(第1925号 A)を, わが国からの輸出に含めているので, 対インド貿易収支は「順」となる。

だからニューマーチは,「私は委員会に, わが国とインドとの間では, 流布している印象は正しい印象ではないので, 即ち, 過去4～5年間の貿易収支はわが国に非常に大きく逆(against)であったということを伝えようと意図しました。」そして「それが私の説明の要点でした」(第1918号 A), と述べるのである。

そしてこのような対インド貿易は,「善政」を含む貿易収支がイギリスに「順」であるにも拘らず,「貴金属の移送」を見ると,「貴金属の大きな送金」が「わが国」から「インドへ向けて生じて」いる。これは,「わが国からインドへの商業上の負債の発生のためではなくて, インドでの鉄道建設に差し伸べられたイギリス資本を投資するため」(第1499号 A)であったのである。

そこでニューマーチは貴金属の対外流出を次のように整理する。わが国からの「地金のすべての対外流出は, …3つの範疇に帰着する。」即ち,「[ⅰ)]純粋に商業上の根拠による, 即ち輸入が輸出を超過している場合の流出, または[ⅱ)]イギリス資本をある海外企業に投資する手段を供与するための地金の流出, あるいは[ⅲ)]…, [クリミア]戦争の場合にそうであったような, 海外支出を遂行する目的でのわが国からの地金流出」, と。そして彼は, 凶作の「結果における, わが国への穀物の非常に大きな輸入から生じた地金の流出」は, やはり貿易収支によるものであるから, それはⅰ)に属し, また「イギリス資本のインドにおける鉄道への投資の結果や, その他の原因でのアジアへのわが国からの地金の流出」はⅱ)に, そして「クリミアにおける軍事的兵站部的支出の結果」であるトルコへの「地金流出[3)]」はⅲ)に属する(第1702号 A), と言うのである。

しかし為替相場への影響の点では, このⅱ)の「海外企業への投資」とⅲ)の「軍事的兵站部的支出」の場合には, 2つのことを区別することが必要となる。例えばインドでの鉄道建設の場合には,「インドでの鉄道建設という理由でのイギリス資本の移転は, 1856年末におよそ12,000,000ポンド・スターリング」(第1500号 A)だったが,「インドの鉄道のために募集された資本」(第1500号 Q)

「12,000,000ポンド全体が送金されたのではなく，レールとかあるいは鉄道建設に必要とされる商品にここ[イギリス]で充用された部分を控除した…6,000,000ポンドないし7,000,000ポンドが，種々な貴金属で移送された」(第1501号 A)のである。またⅲ)の場合にも，「例外的事例」であるとニューマーチが言う「兵站部的支出目的のためにクリミアへの金や銀の移送」(第1507号 A)と「クリミアに軍需品を」(第1928号 Q)，「例えばクリミアにいる軍隊に火薬や小銃を送ること」(第1931号 Q)とが存在した。

ところが質疑・応答の中で，資本投資に対するリターン(配当などの収益)と輸出に対するリターン(照応する輸入)の問題が，混入されてくる[4]。だから「為替に関する限り，それ[鉄道投資]は軍事支出と同じ結果──照応する輸入[リターン]をもたない──をもちませんか」(第1793号 Q)とのウィルソンの質問に，ニューマーチは，「[照応する輸入がない点では]相違はありません」(第1794号 A)と答えることとなる。そこでウィルソンはさらに，「資本が鉄製レールの形態で送られるか地金の形態で送られるかは，だから[「一国から他国への」(第1796号 Q)] 資本の移動は同じでしょうね」(第1975号 Q)と畳み掛けると，ニューマーチは，「照応する輸入」という「リターン」がないという点では「同じ」であるから，「はい」(第1976号 A)と答えていく。

〔補注〕
　因みにマルクスは，一方では，このウィルソンとニューマーチとの質疑・応答での，ウィルソンによる「為替相場への地金の輸出の影響と為替相場への資本の輸出一般の影響とを同一視しようとする愚かな試み[5]」を，「貨幣貸付資本(moneyed Capital)と資本一般(Capital generally)との同一視[6]」を，したがってまた『エコノミスト』誌[7]（だからウィルソン）による「貨幣貸付資本(moneyed capital)の過剰(低い利子率)と資本一般(capital überhaupt)の過剰との同一視[8]」を批判しながら，他方では，「為替平価(the par of exchange)」や為替相場の具体的変動要因については，1850年11月30日付の『エコノミスト』誌[9]による解説を書きぬいていく[10]。

そこで，この貿易外収支の問題である鉄道投資の問題を最初に質問(第1500号 Q)したウェーゲリンは，「この鉄[製レール]に対してリターンがなされな

第7章　W.ニューマーチによるイングランド銀行割引率についての提言　289

いとするならば，それは為替相場にどのように影響すると言われ得るのですか」(第1797号Q)，とウィルソンとニューマーチの論議に割って入ってくる。そしてニューマーチも為替相場への影響という論点に絞って次のように答えていく。「[投資]支出のうちで，商品の形で送り出される部分が為替の計算に影響するとは，私は考えていないということを説明しようと努力してきました。2国間の為替の計算は，人が言うように，それ[為替]に対して他方の国で提供している債務または手形の量(quantity offering)と比較された，一方の国で提供している[債務または手形の]量によってのみ影響されるということは，われわれが全く充分に知っているところです。そのことが為替相場の理論的根拠(the rationale)です。さてこの12,000,000ポンドをインドへ送ることについては，まず第1に，わが国で資金(money)が募集されます。その全体が12,000,000ポンドです。取引の性質が，もしもその全体…がカルカッタ，ボンベイ，マドラスにおいて貴金属で支払うことが求められているとすれば，貴金属の12,000,000ポンドを求めて生じている突然の需要が，大変激しく銀の価格や為替相場に…作用するであろうことを，何人たりとも疑いはしません。しかしそれは事実ではなく，これら…の半分が…わが国で商品購入に支出されます。これらの商品は，この瞬間には，鉄製レールや材木，客車や駅を作るためやその他の材料でしょう。そしてこれらの材料が送り出されます。だからそのように支出された6,000,000ポンドが関係する限り，それはインドに送られるべき特定種類の商品へのわが国の資本のわが国での支出であって，それで終わりです」(第1797号A)，つまり為替相場には影響しません，と。

しかし今度はウェーゲリンが，「鉄道のために必要な鉄や材木と言ったこれらの財貨の生産には，為替相場に影響し得る海外財貨の大きな消費を生みだしませんか？」(第1798号Q)と，為替相場へのいわば間接的な影響を持ち出してくる。そしてやがてウッドも議論に加わってくる。即ち，「インドに鉄製のレールの形態で財貨が送られるか，それとも金が送られるかは同じことではないかとあなたは[ウィルソン氏に]質問され，あなたはその主張には全くは同意しませんと述べましたね？」(第1927号Q)。「あなたは，それはクリミアに軍需品を送ることと同じではないかと[ウィルソン氏に]質問されましたね？」(第1928号Q)，と。

そしてニューマーチは，この第1の質問(第1927号Q)には「私はその主張には全く同意しません」(第1927号A)と答えるが，第2の質問(第1928号Q)には，無限定に，「私は2つの操作(operations)はそれらの究極の性質では同じだと考えます」(第1928号A)と答える。そこで「あなたはクリミアへの軍需品の輸出とインドへの鉄または金の輸出との間に相違を見ないのですか？」(第1929号Q)，「あなたはクリミアに軍需品を送ることはその国との為替相場に影響したと考えますか？」(第1930号Q)と立て続けに質問され，彼は，それが為替相場に影響するのは「特別の場合です」(第1930号A)と簡単に答える。実は彼によれば，それは，「兵員に［給与を］支払うために貴金属の形態で行われる」(第1933号A)場合を指していたのであるが，しかしウッドはその意味を理解しえず，「例えば，火薬や小銃をクリミアにいる軍隊に送ることはトルコとの為替相場にどのように影響しましたか？」(第1932号Q)，等々(第1933号Q，第1934号Q)，同趣旨の質問を繰り返すこととなる。

これに対しニューマーチは，「クリミアへ商品を送ることは，結局，インドに鉄を送ることと同じ経過となります。商品を送ることはわが国とトルコとの間での為替相場に必然的には影響しないでしょう」と正しく答ながらも，「がしかし，一国から他国にその国際的支払の一般的条件に対して，多かれ少なかれ激しい作用を作り出すことなしには，大量の資本を移送することはできません」(第1932号A)という，あいまいな補足を付け加える。

そこでいま一度論議に加わってくるウィルソンが，「もしあなたが，それ［輸出］に対して照応する輸入［リターン］がないこととなっている，ある商品の輸出を大いに行うとしても，あなたは，あなたがあなたの輸入によって創り出した対外債務を返済(discharge)しない。だからあなたは，その取引によって，照応する輸入をもたないあなたの輸出のゆえに対外債務を返済しないことによって，為替相場に影響するに違いありませんね？」(第1935号Q)，と質問する。ところがニューマーチは直ぐ前の答弁――「軍需品の単なる移転がトルコとの為替相場に必然的に影響するであろうということを，私は知りません。が，しかし貴金属の移転は確実に為替相場に影響するでしょう」(第1934号A)――に「自己矛盾[11]」し，「そのことは諸国一般については真実です」(第1935号A)，つまり為替相場に影響するに相違ない，と答える。

第 7 章　W. ニューマーチによるイングランド銀行割引率についての提言　291

　このように混乱に陥ったニューマーチは，再登場したウッドの質問——「リターン［照応する輸入］なしに輸出された商品(articles)の製造に充用される財貨のどの部分も，これらの商品が送られるその国［例えばトルコ］からは来ないとすれば，その国との為替相場はどのように影響されるのですか？トルコとの貿易を均衡という通常の状態にあると想定して，わが国とトルコとの間の為替相場は，クリミアへの軍需品の輸出によってどのように影響されるのですか？」（第1938号 Q）——に対し，「われわれは，実際上の問題を話しつくし，いまや形而上学的論議という非常に高尚な領域に達したように思えます」（第1938号 A）と答えて，質疑・応答から「こっそり逃げ出していく（sneak out）[12]」こととなる。

1）「そこでは，疑いもなく，貿易収支は西欧諸国(the Western countries)に逆でした」（第1504号 A）。

2）「インドによってわが国に支払われた貢納」の中身は，「東インド会社の母国施設に関係付けられた賦課(charges)と東インド株式の所有者に支払われるべき配当」など，「簡単に言えば［インドに対する］イギリスの統治益」（第1915号 A）であって，「1855年にはわれわれはインドから12,670,000ポンドの価値の商品(merchandise)を輸入し，インドはわれわれから財貨(goods)で10,350,000ポンドと善政で3,700,000ポンドを輸入したのです」（第1925号 A）。

3）これは第2日目におけるウィルソンとの質疑・応答における答弁であるが，第1日目のウェーグェリンとの質疑・応答での答弁では，ニューマーチは，「兵站部的支出のためにクリミアへの金や銀の移送が例外的ケースであるのと丁度同じように，全く例外的なケース」（第1507号 A）として，「単なる為替操作(an exchange operation)」（第1504号 A）としての貴金属の移送がある，と言っている。例えば「ウェーグェリン氏は良くご存知の…アジアへの大量の銀の移送」——「それは［貿易収支］残高の支払いのため，あるいは鉄道への投資のためではなくて，単に為替についての操作(an operation on exchange)として行われた」（第1504号 A）——や，同様に「逆の為替相場を匡正」（第1507号 A）するためになされる，「わが国に向けて船積みされた生産物に対して振出された」（第1506号 Q）「わが国宛振出手形に投資される」（第1505号 Q）「3,000,000ポンドないし4,000,000ポンドの［貴金属の］移送」（第1507号 Q）がある，と。

4）ニューマーチの答弁も，この「混入」に振り回されていく。例えば，「貨幣で12,000,000ポンドの支払で，わが国は(言ってみれば)インドから年金(Annuity)を輸入した。12,000,000ポンドに応募した人々はこの貨幣で建設されるべき工場によって，一定の利潤がインドで実現され，そしてその利潤が毎年インドからわが国に送金されるであろうと期待しているのです」（第1791号 A）。「相違は1つの場合［兵站部的

支出]には、それは将来の利益への期待なしの国民的栄誉ないしは国民的安全のための支出であり、いま1つの場合[鉄道建設]は将来の利益を求めてなされているということです」(第1793号A)、と。
5) *MEGA*, S.628; *MEW*, S.591：訳, 814ページ。因みに、「輸入された地金であれ輸出された地金であれ、かかるもの[地金]としての単なる量が[国民経済に]影響するのではなく、それ[その量]が、第1に貨幣貸付資本(moneyed Capital)としての地金の特殊な性格によって影響する」(*MEGA*, S.624; *MEW*, S.586：訳, 807ページ)。
6) *MEGA*, S.631; *MEW*, S.595：訳, 819ページ。
7) Cf. A Reply to Further Remarks on the Proposed Substitution of One Pound Notes for Gold. *The Economist*, May 22, 1847, p.574.
8) *MEGA*, S.635.
9) Cf. The Remarkable Phenomena of the Foreign Exchange. *The Economist*, Nov. 30, 1850, p.1317-1320. 因みにウィルソンは、この論説で、「本位(standard)」と「貨幣呼称(denomination of money)」の相違という点はあるが、「外国為替(foreign bills of exchange)が、一国の通貨(the current money)がその国の国内取引で果たしているのと正確に全く同じ機能を、異なった国々の間での貿易で果たしている」とした上で、彼は「われわれは大きな適切さをもって、外国為替を国際通貨(the international currency)と呼んでよい」と指摘している。管見するところでは、この「国際通貨」という言葉が『エコノミスト』誌上で使われたのは、これが初めてである。そしてウィルソンは、国毎の「本位」と「貨幣呼称」の相違を克服し、「国際通貨がより実用的となるために」、「為替平価」が決められたものとしている。
10) Cf. *MEGA*, S.641, Z.14-38; *MEW*, S.605-606：訳, 835ページ。なおこれらの点については、本書第13章第6節を参照されたい。
11) *MEGA*, S.635; *MEW*, S.599：訳, 825ページ。
12) *MEGA*, S.635.

〔補遺-2〕「金の交換価値」について

　因みに、「金の交換価値」についての委員ベアリング(Sir F. Baring)との質疑・応答においても、ニューマーチは、この「形而上学的」という言葉を2度も用いて、自分の議論の誤りを糊塗しようと試みている。
　ベアリングは一連の質問を「金の交換価値は需要供給で変動するのですか？」(第1978号Q)で始めて、「為替相場から生じる地金額の変動によって物価が影響されること」(第1997号Q)を、ニューマーチに認めさせようとする。
　ところがニューマーチの最初の答弁はこうである。「商品としての金の

交換価値は需要供給に従って変動するでしょう。しかし金の交換価値は，金が本位で，鋳造規則(Mint regulations)の下にあるときには，ただ利子率によってのみ自己を表すものと言うことができます。金1オンスと通貨(currency)3ポンド17シリング10ペンスとは等しいに相違ない2つのものです[1]」(第1997号A)，と。

そこで「金以外の通貨(circulation)がないと想定すると，…商品としての金と流通媒介物としての金とは異なった価値をもつのでしょうか？」(第1979号Q)——「そうは考えません」(第1979号A)。「では金の交換価値は，そのときその国にある[金の]量と共に変動するのですか？」(第1980号Q)——「その場合には金の交換価値は物価(prices of commodities)と同じです」(第1980号A)。「金の価格はその国でそのときの[金の]量に従って変動するのでしょうか？」(第1981号Q)，とニュウーマーチは追い詰められていく。そして彼は，「排他的に金属通貨で，その他の事柄が，即ち，流通される商品の量，生じている取引数量について同じまま，そして生産費も同じままと想定するならば，物価あるいは…金の価値は，その量に従って変動するであろうということが真実であろうと私は考えます。しかしそのことは，これらすべての諸限定(modifications)を条件としてですが」(第1981号A)，と答える。

ニューマーチが，「私はこのような純粋に形而上学的問題については大きな留保条件の下でのみ答え得ます」(第1984号A)と述べても，ベアリングは「しかし物価は，鋳貨化された金量[金鋳貨量]に従ってではなく，その国にある金の総量に従って変動するのですか？」(第1985号Q)と質問を続ける。そして，「金の交換価値に影響する」(第1989号Q)のは，「単に鋳貨の形態で存在している金の量のみではなく，また他の形態[例えば奢侈品としての金の「皿」(第1988号A)]と結合された鋳貨の形態で一般的に存在している[金の]量です」(第1989号A)と答えると，ベアリングは，「何か物価に影響するのでしょうか？たとえそれ[金]がどんな形態であろうとも，そのときの金の量ですか？」(第1990号Q)，「金の交換価値と物価がわが国における地金の量に従って上昇するということが了承されるとすれば，もちろん仮にですが，あなたが為替相場によって金の偶発的な(casual)量

を持ち込むとして，そのことが物価に影響するのですか…？」（第1994号Q）と，たたみかけていくこととなる。

そこでニューマーチは，「われわれは単に金属媒介物による取引の遂行を除くあらゆる事柄を排除している状態についてだけ語って」おり，したがって為替取引のような「信用の形態による取引の遂行という規定を排除しているということを，あなたは留意しなければなりません。それはあまりに純粋形而上学的事例なので，充分な慎重さを持って推論しなければなりません」（第1994号A）と，またしても逃げ口上を並べることとなる。が，しかし「もちろんそれは仮定の事例に過ぎませんが，しかしその仮定に従えばそうではないのですか？」（第1995号Q）と，ベアリングの追及は厳しくなる。

そして遂にニューマーチは，「時間の要素が大きな作用を持つと考えねばなりません。もしも［偶発的ではなく］非常に長い時間流入が進み，そして大きな程度に進行するならば」（第1995号A）という条件をつけてベアリングの主張に同意し，そして形而上学的な限定を捨てて，「想定された事例に近代商業で普及している…原理を適用すれば，為替相場の変動は実際には非常に狭い限界内に限定されるので，物価がその種の偶発的な変化によっては全く影響されないであろう」（第1996号A）と強弁する。

因みにマルクスは，「純粋金属通貨での金の交換価値についてのニューマーチの全く誤った理論」として，第1988号・第1989号以下を指示している2)。

1) ウィルソンは，「貨幣の価値尺度機能と価格の度量基準とを区別」し，「鋳貨の量目」の「確定」——例，金1オンス3ポンド17シリング10½ペンス——によって「金の価値が確定」されるとみなす多くの人々の「大きな誤謬」を指摘している。この点については，さしあたり，本書第1章第2節を参照されたい。
2) *MEGA*, S.563-564. なおその際，マルクスが第1991号と記して引用しているベアリングによる質問は，第1994号からのものであり，またその引用の最後に括弧〔 〕に入れている3文字—in whatever shape—は，第1990号からのものである。

第8章 備忘録：手稿「信用。架空資本」と両院『委員会報告書』

第1節　はじめに

　手稿第5章第5節「信用。架空資本」(『資本論』第Ⅲ部第5篇第25-35章)を執筆するにあたって，マルクスは，イギリス両院の『委員会報告書』——1848年の上下両院における「〔1847年の〕商業的窮境に関する秘密委員会」，並びに，1857年および1858年の下院における「〔1844/45年〕銀行法に関する特別委員会」の『委員会報告書』——から，極めて多くの証言を引用し，その抜き書きを行なっている。そして『エコノミスト』誌からの引用や抜き書き[1]の場合と同様に，この『委員会報告書』に納められている証言の引用や抜き書きも，一面では，事実の確認や例証のためのものであるが，しかし他面では，理論的展開のためのものでもある。それを通じてマルクスはそこから幾つかの重要な理論上の論点を引き出している。そこで本書第5～第7章では，3人の証言に限られてはいるが，1857年の下院「銀行法に関する特別委員会」における証言の考察を試みてきたのである。

　ところが実はマルクスは，既に1850年12月執筆の『ロンドン・ノート1850-1853年』の第Ⅴ冊において，例えば，オーヴァーストーンの小冊子2点，ノーマンの小冊子1点からの抜き書きを行っている[2]。しかしこの手稿の執筆に際しては，『エコノミスト』誌の利用の場合とは異なって，彼らによる1844/45年ピール銀行法擁護論の検討・批判は，もっぱら1857年の下院「銀行法に関する特別委員会」における証言の検討を通じて展開されており，彼らの著書からの引用を見つけ出すことはできない[3]。ところが「商業的窮境に関する秘密委員会」における証言の利用は，『ロンドン・ノート』第Ⅶ冊に依存したり[4]，あるいは，後述するように，その『報告書』から直接に引用したりしている。

そこで本章では，マルクスが各種『委員会報告書』を，手稿のどこで，どのように利用しながら，「信用。架空資本」を執筆して行ったのか，その全体の流れを概観しておくこととする。

1) この点については，さしあたり，本書第4章を参照されたい。
2) Cf. *MEGA*, IV/7, 1983, S.411f., 426f., 429f. 因みに以下の3点がそれである。
   * Exzerpte aus Samuel Jones Loyd : Reflections suggested by a Perusal of Mr. J. Horseley Palmer's Pamphlet on the Causes and Consequences of the Pressure on the Money Market. London 1837.
   * Exzerpte aus Samuel Jones Loyd : Further Reflections on the State of the Currency and the Action of the Bank of England. London 1837.
   * Exzerpte aus George Warde Norman, Esq. Remarks upon some prevalent Errors, with Respect to Currency and Banking, and Suggestions to the Legislature and the Public as to the Improvement of the Monetary System. London 1838.
3) 本書第5章第1節も参照されたい。
4) 例えば，本書第10章第2節の注10)を参照されたい。

第2節　『秘密委員会報告書』と『特別委員会報告書』等

さてマルクスがここ手稿「信用。架空資本」で利用している『委員会報告書』は，以下のものである。

まず『商業的窮境に関する秘密委員会報告書』であるが，それは，*Reports from Committees*：1847-8の*Second Volume*である*Commercial Distress*を指し，その全体は，Part I ～ Part III の3部から成り立っている。

そこで本章では，*Commercial Distress*：-Part I を，*Commercial Distress*：I ;『商業的窮境，第 I 部』と略記することとするが，この『第 I 部』には，さらに次ぎの2つの『報告』が含まれている。
* *First Report from the Secret Committee on Commercial Distress; with the Minutes of Evidence.*（Ordered, by The House of Commons, to be Printed, 8 June 1848）
* *Second Report from the Secret Committee on Commercial Distress; with the Minutes of Evidence.*（Ordered, by The House of Commons, to be Prin-

ted, 2 August 1848)

それに対し, Commercial Distress: -Part II (『商業的窮境, 第II部』) は, 『第I部』の「付録」部分であり, そこには次ぎの2つが含まれている。
* Appendix to Reports from the Secret Committee on Commercial Distress.
* Supplemental Appendix to Reports from the Secret Committee on Commercial Distress, with an Index. (Ordered, by The House of Commons, to be Printed, 8 June & 2 August 1848)

しかし, マルクスはこの『第II部』には言及していない。
そして Commercial Distress: -Part III (本章では, Commercial Distress: III; 『商業的窮境, 第III部』と略記する)は,
* Report from the Secret Committee of the House of Lords, appointed to inquire into the Causes of the Distress which has for some time prevailed among the Commercial Classes, and how far it has been affected by the Laws for regulating the Issue of Bank Notes payable on Demand; together with Minutes of Evidence, and an Appendix.
* II. General Index to the principal Matters contained in the foregoing Report. (Ordered, by The House of Commons, to be Printed, 28 July 1848) [1]

とから成り立っている。

次ぎに, 『銀行法に関する特別委員会報告書』とは次ぎの2点である。
第1が,
Report from the Select Committee on Bank Acts; together with the Proceedings of the Committee, Minutes of Evidence, Appendix and Index. (Ordered, by the House of Commons, to be Printed, 30 July 1857)
であり, それは
Part I. Report and Evidence.
Part II. Appendix and Index.
とから成り立っている[2]。
第2が,

Report from the Select Committee on the Bank Acts; together with the Proceedings of the Committee , Minutes of Evidence , Appendix and Index. (Ordered, by the House of Commons, to be Printed, 1 July 1858)[3]
である。

なお以上の他にもマルクスは, 1841年の『発券銀行に関する下院特別委員会報告書』(*Second Report from the Select Committee on Banks of Issue; with the Minutes of Evidence, Appendix and Index.*(Ordered, by the House of Commons, to be Printed, 15 June 1841)の証言にも, 若干ではあるが間接的に言及している (後述)。

- 1) この『第Ⅲ部』は, *Report from the Secret Committee of the House of Lords,* … として, 1857年2月17日付けでリプリントされている。なおマルクスは, このリプリント版を利用していたもようである。
- 2) 本章では特に断らない限り, Part I (第Ⅰ部)を *Bank Acts*:1857;『銀行法:1857年』と略記し, 必要に応じて『第Ⅰ部』または『第Ⅱ部』であることを記すこととする。
- 3) 本章では, *Bank Acts*:1858;『銀行法:1858年』と略記するが, この『報告書』では,「報告」「委員会記録」「証言録」等が1冊に纏められているので, 必要に応じて, どの部分からの引用であるかを記すこととする。

第3節 手稿執筆と『委員会報告書』の利用について

ところで手稿第5節「信用。架空資本」は,「冒頭部分」・「補遺(Zusätze)」・「資本主義的生産における信用の役割」・「Ⅰ)」・「Ⅱ)」・「Ⅲ)」・「混乱」・「Ⅲ):続き」・「混乱:続き」という順に執筆されている。

そしてこの「冒頭部分」(現行版第25章)[1]で, マルクスは「銀行業者が与える信用」の1つの形態として「銀行業者の手形(bankersbills)」を挙げているが, そこに「注」として, 『商業的窮境, 第Ⅰ部』からターナー(C. Turner)とピース(J. Pease)の証言[2]を, また『銀行法:1857年』からオーヴァーストーンの証言を引用[3]している。これらが, この手稿部分での『委員会報告書』からの引用の始まりである。

続く「補遺」部分(現行版第26章)では, 最初にギルバートの著書『銀行業の

『歴史と原理』からの一連の引用[4]を行った後，マルクスは『商業的窮境，第Ⅰ部』から，ホジソン(A. Hodgson)の証言をまず引用する[5]。そして次のターナーの証言からの引用の途中に，匿名の著書(*The Currency Question reviewed etc.* London 1845)や，ハバードの著書(J. G. Hubbard, *The Currency and the Country*. London 1843)からの引用を挿入[6]しはするが，しかしマルクスは，ターナーに続けてガーニー(S.Gurney)，モーリス(J.Morris)，コットン(W. Cotton)，ディズレリー(B. Disraeli)，ピース，ガードナー(R. Gardner)，トゥック(T. Tooke)というように，この『商業的窮境，第Ⅰ部』のほぼ全証言からの引用を，脚注としてではなく本文として行なっていく[7]。そしてこのトゥックの証言を引用した後に括弧〔 〕に入れた岐論を挿入し，それからマルクスは，今度は，「通貨(*Circulation*)，貨幣，資本」という小見だしの下で，まず『エコノミスト』誌からウィルソンを引用し[8]，次いで『銀行法：1857年』からイングランド銀行理事(1793-1882年)ノーマン，そして銀行業者オーヴァーストーンの一連の証言を本文として引用し，さらにコメントを付して，この「補遺」部分を終えていく[9]。

なおこの「補遺」部分での，オーヴァーストーンの一連の証言からの引用の最初の方に，ガーニーの証言(第1324,1325号)が挿入されているが，それは『商業的窮境，第Ⅲ部』からの引用である[10]。そして念のために付言しておくならば，『商業的窮境，第Ⅰ部』については，既に『ロンドン・ノート 1850-1853年』の第Ⅶ冊にその抜き書きが見出され，この『資本論』第Ⅲ部の手稿執筆(1864～1865年)の際には，マルクスは『ロンドン・ノート』の抜き書きを利用したものと推定できるが，それに対し『商業的窮境，第Ⅲ部』や『銀行法：1857年』・『銀行法：1858年』からの引用ないし抜き書きは，この手稿「信用．架空資本」を執筆しながら行われたものと推定してよいであろう[11]。

次ぎの「資本主義的生産における信用の役割」部分(現行版第27章)には，『委員会報告書』からの引用は見当たらない。

そして銀行学派の検討にあてられた手稿の｜1）」の部分(現行版第28章)でも，『銀行法：1857年』からはイングランド銀行総裁(1855-1857年)ウェーグェリン(T. M. Weguelin)の証言が，また『商業的窮境，第Ⅰ部』からは元イングランド銀行総裁(1847-1849年)モーリスや手形割引業者ガーニー，そしてピースの

証言が，主として脚注で，若干引用されるにとどまっている[12]。

また「近代的信用制度＝銀行制度の下で現われてくる『利子生み資本そのもの』——つまり銀行業者の手許に預金を通じて集積される貨幣貸付資本そのもの[13]」の請求権化・架空資本化を明らかにしようとした手稿の「Ⅱ)」部分(現行版第29章)[14]でも，『商業的窮境，第Ⅰ部』からは再びモーリスの証言が引用されるのみである[15]。しかしここで初めて『銀行法：1958年』が取り上げられ，イングランド銀行総裁(1858年)ニーヴ(S.Neave)の証言を引用している「報告(Report)」部分[16]からの引用[17]，並びにコールマン(J. E. Coleman)の証言に言及している「報告」部分からの引用[18]が行われるに至る。

さて手稿の「Ⅲ)」の部分，即ち「この信用という事柄全体にとって唯一困難な問題(die einzig schwierigen Fragen bei dieser ganzen Creditgeschichite)[19]」が冒頭で提起されている部分——現行版第30〜31章——に進むと，『商業的窮境，第Ⅰ部』および『銀行法：1857年』での証言などの引用が再び始められる。

まず『商業的窮境，第Ⅰ部』から，ガーニー，ホジソン，ガードナー，ターナーの証言が脚注として引用され[20]，また括弧〔　〕に入れられ，「通貨の通流速度の規制者としての信用」という小見出しの付けられた岐論的部分で，再びウェーゲェリン等の証言が『銀行法：1857年』から引用される[21]。そして商業信用を考察した後，「商業信用に本来的貨幣信用が加わ」り「混ざり合った」場合には，「事業は崩壊(clash)のまさに直前に常に極度に健全に見える」ということの例証を，1857年の「銀行法に関する特別委員会」における多くの証言が提供しており，特にオーヴァーストーンはその頂点に立っていたと指摘し[22]，その例証としてマルクスは，そこに脚注を付けて，『銀行法：1858年』・「委員会記録」中の委員ケイリー(E. S. Cayley)提出の「報告〔記録〕」を引用する[23]。そしてその直ぐ後のところで，信用制度の拡張の結果として，「1857年に先立つ数年」に，イプスウィッチ地方での借地農業者も銀行に預金を持つに至った例が挙げられてくるが，それはロッドウエル(W. Rodwell)の証言についての『銀行法：1858年』の「報告」部分の記述が下敷きとなっている[24]。しかも「1857年に先立つ数年」というところに脚注「a)」が付けられているが，それは再び『銀行法：1858年』の「委員会記録」中の委員ケイリー提出の「報告〔記録〕」からの引用[25]なのである。

ところで，長い「Ⅲ）」の部分の，およそ3分の2ぐらい書き進んできたところから——即ち，「1830年以来の言及するに値する」「イギリスの経済学的著述家達の特徴」を指摘したパラグラフの次ぎから——，『委員会報告書』等からの引用の仕方に変化が現われてくる。そこまでは，主として脚注の形での引用であったものが，ここからは，本文に直接書き抜く形[26]に移っていく。その最初のものが，『銀行法：1857年』のウェーグェリンの証言（第1218号）の引用である[27]。そして1つ置いたパラグラフが[28]『銀行法：1858年』からの引用であるが，エンゲルスは，そのパラグラフと次ぎのパラグラフを飛ばしたその先のパラグラフからを，現行版第32章としていく[29]。

そしてそこでは，「1）貨幣の貨幣貸付資本（moneyed Capital）への単なる転化」と「2）資本または所得の，貨幣貸付資本に転化される貨幣への転化」とが検討されるのであるが，この第「1）」点の叙述[30]でも，マルクスは，『銀行法：1857年』からのウェーグェリンの証言（第501号，第503号）の引用を直接本文として行なっていく[31]。次いで，『銀行法：1858年』の「委員会記録」に収められていて，先にはそれを下敷きにして記述していた，イプスウィッチ地方での借地農業資本家（farmer）の預金増大についてのロドウェルの証言も，今度はやはり本文として引用されてくる[32]。そして手形の再割引との関連での，1847年11月20日付け『エコノミスト』誌からの長文の引用に含まれている「信用の直接の鎖[33]」の説明の補足として，既に「補遺」部分で引用していた『商業的窮境，第Ⅰ部』のホジソンの証言（第207号）や，あるいはガーニーの証言（第1742号）の参照が求められる[34]。また銀行券流通高についての法則，並びにそれとの関連での「額面別銀行券流通高」の年平均数字やイングランド銀行券総額の減少についての『銀行法：1858年』の「報告」からの引用などが，本文として掲げられ[35]，さらに同「報告」に従って，イングランド銀行券やロンドンの個人銀行の銀行券動向，5ポンド10ポンドといった小額面銀行券の流通動向と手形交換制度の1850年代における発展に伴う大額面銀行券の減少傾向等について，記していく[36]。その後，マルクスは『銀行法：1858年』からニーヴの証言（第947号-第949号）そのものを「証言録」から初めて直接に引用する[37]が，しかし受取または支払に占める貨幣の種類別の割合を示したスレェター（R. Slater）の証言については，再びケイリー提出の「報告［記録］」に戻って，ケ

イリーが整理した数字をスレーターの数字として引用していく[38]。また1824年以来の連合王国の輸出入動向の数字を掲出した[39]後の，1857年11月12日(政府書簡が送られた日)のイングランド銀行における準備高と預金高の記述も，ケイリーの「報告[記録][40]」から採られたものである。そしてこれらはいずれも本文として認められている。

しかし第「2)」点[41]に入る直前から，『委員会報告書』や『エコノミスト』誌からの引用等は，本文としてではなく脚注の形に戻り，『銀行法：1857年』におけるウェーゲリンの証言(第1258号，第1329号)も，またニューマーチの証言(第1353号，第1364号)も，脚注としての引用となっていく[42]。

さて，この「Ⅲ)」の部分を中断して挿入されてくる「混乱」部分[43]は，「Ⅲ)」部分の終わりの方の脚注における，『銀行法：1857年』のニューマーチの証言(第1353号，第1364号)を受ける形で，彼の証言(第1357号，第1358号)への簡単な指示で始まる[44]。そしてこの「混乱」部分の前半は，先の「補遺」部分と同様に，例えば「手形流通と銀行券流通」といった小見出しを立てながら，『銀行法：1857年』からの引用で埋められていく。その最初は，ニューマーチの一連の証言(第1426号-第1991号)からの引用で[45]，その後，ミル(J. St. Mill)[46]，ハバード[47]，アレクサンダー(N. Alexander)[48]，そしてチャップマン(D. B. Chapman)[49]の証言が，いずれも本文として引用されていく[50]。

しかしその後半部分で『商業的窮境，第Ⅲ部』の検討に移ると，今度は小見出しを立てることは止めて，トゥック[51]，ガーニー[52]，グリン(G. G. Glyn)，ウィリイー(A. H. Wylie)，ブラウン(Sir W. Brown)，モーリス，パーマー(J. H. Palmar)[53]，ケネディ(P. W. Kennedy)，アンダーソン(J. A. Anderson)の証言を，本文として引用[54]し，中断していた「Ⅲ)」の部分に，「Ⅲ)：続き」[55]として戻っていく。いずれにせよ，このようにこの「混乱」部分は，『委員会報告書』からの引用と若干のコメントで埋められており，脚注は見当たらない。

ところで「Ⅲ)：続き」(現行版第32章)部分は，内容的には，「Ⅲ)」の終わりのころでの「生産的[産業]資本に再転化される貨幣の大きさ」の問題に直接つなげる形で書き始められるのみでなく，形式的にも，『委員会報告書』からの引用等は脚注におとす形が再びとられていく[56]。即ちマルクスは，「貨幣貸付資本(monied Capital)の蓄積は，単純に，貨幣が貸付可能な貨幣として沈殿

すること，（あるいは貸付可能な貨幣の形態をとること）から成り立っている」のであるから，それは「貨幣の資本への現実の転化からは全く異なった過程である[57]」こと等を指摘した上で，「貨幣貸付資本は一見したところつねに貨幣の形態で（後には貨幣請求権(claim upon money)として…)存在し，そして単なる貨幣が，単なる貸付行為によって，貨幣の預金への転化によって，［貨幣貸付資本に］転化する[58]」ことを指摘する。そしてそこに脚注として，『銀行法：1857年』におけるトゥェルズ(J. Twells)およびオーヴァーストーンの証言を引用し，彼等の証言に含まれる「混乱(Confusion)」を批判していく[59]。それが，ここ「Ⅲ）：続き」における『委員会報告書』からの引用の始まりである。

そしてこれに続くパラグラフでマルクスは，隠退した利子生活者層の増大と信用制度の発展によって，「より長期的に考察すれば，貨幣貸付資本家階級は現実的(real)富の増大と共に増大する」と指摘するのであるが，その次からは括弧（　）に入れた，『銀行法：1857年』における利付証券についてのチャップマンの証言（第4886号，第4890号，第4892号）からの引用[60]——しかも脚注としてではない引用——となってしまう。そして括弧（　）のない文章に戻って，長期的に見た利子率と利潤率について整理し，オーヴァーストーンのいう「資本に対する需要」の問題に向かっての検討に移っていくこととなるが[61]，そこでは『商業的窮境，第Ⅲ部』から株式市場での利子についてのモーリスの証言（第219号）が，再び脚注として引用される[62]。

しかし手稿が，括弧に入れられない本文として記されていくのは僅かで，それは，「オーヴァーストーンは高利貸しを唯一の『資本家』に，そして彼の資本を唯一の『資本』に転化しようとしている」というパラグラフまでであって，次ぎのパラグラフの途中からは，——即ち，「逼迫の場合には，貨幣貸付資本に対する需要は支払手段に対する需要でありそれ以外の何ものでもない…云々[63]」の後からは——，以下「Ⅲ）・続き」の終わりまで——1〜2のパラグラフを除く[64]——が，すべて括弧〔　〕に入れられた幾つもの岐論的・挿入的文章となっていく。そしてこの岐論的部分では，『商業的窮境，第Ⅲ部』からのウィリーの証言[65]や『銀行法：1857年』からのウェーゲリン[66]，ニューマーチ，ミル[67]の証言も，再び脚注としてではなく本文として引用され，そして括弧〔　〕に入れてオーヴァーストーンを批判するという形で，しかし

それも未完のまま「Ⅲ）：続き」は終わっていく[68]。

そして手稿「信用。架空資本」は，その最後でしかも最も長い「混乱：続き[69]」部分となっていく。ここでも，先の「混乱」部分の場合と同様に，例えば「銀行は一方の手で引渡し，他方の手で受取る[70]」といった小見出し——この部分での最初の小見出しであるが——が付けられ，主として『委員会報告書』からの引用とその検討で埋められていく。しかも「混乱：続き」部分は，事実上，さらにおよそ3つ（ないし4つ）の部分に分かれていく。

その第1の部分（MEGA, S.597, Z.32以下）——現行版第33章の中段部分——が『銀行法：1857年』と『商業的窮境，第Ⅲ部』からの証言の引用・検討の部分である。そこでは，「Ⅲ）：続き」の末尾での『銀行法：1857年』からのウェーグェリンの証言の引用を直接に受ける形で，まずウェーグェリンからの，次いで再度，ハバード，トゥェルズ，チャップマン，そして新たにキャップス（E. Capps）の証言が，本文に書きとられていく[71]。特にチャップマンの一連の証言からの抜き書き[72]の途中——証言・第4868号，第4963号，第4967号と第5062–5173号と第5218–5387号との間——に，マルクスは「通貨の絶対量と利子率」についての重要な岐論を展開する[73]。そしてこれら『銀行法：1857年』からの引用の後に，信用制度・信用の状態・信用資本・擬制資本等についての覚え書きを書き込み，さらにStatistical Abstract of United Kingdomから，「地金輸出入」に関する1858年〜1863年の統計数字の書き抜きを試みていく[74]。

次いで『商業的窮境，第Ⅲ部』からの証言の引用であるが，ここでも先の「混乱」部分の場合と同様に，あるいは，「混乱」部分でのトゥックの証言の続きをという方が良いのかもしれないが，再度トゥック[75]，そしてガーニー，ロイド（オーヴァーストーン），グリン，ブラウン，それから新たにリスター（J. Lister）の証言の引用[76]が行なわれる。そこからいま一度ガーニーに戻り[77]，新たにライト（Ch. Wright），コットン，アリソン（Sir A. Alison），マック・ドンネル（M. Donnell），マレイ（R. Murray）の証言が引用される[78]。この最後の2人はアイルランドの銀行業者であるが，次の小項目「大銀行の利潤」というところで，マルクスはハードキャッスルの著書（D. Hardcastle, *Banks and Bankacts.* 2nd ed. 1843）によって，「アイルランド銀行の総利潤」を示す[79]。以上が，「混乱：続き」の第1の部分である。

8章　備忘録：手稿「信用。架空資本」と両院『委員会報告書』　305

　続くその第2の部分（MEGA, S.620, Z.11以下）では，逼迫期における銀行券および貴金属の「退蔵（Hoard）」との関連[80]で，1857年11月13日から30日までのイングランド銀行による法定限度以上の銀行券発行について，『銀行法：1858年』の「報告[記録]」部分からの抜き書きが行なわれていく[81]。そしてこの銀行券の法定発行限度との関係から，「地金の流出入」について注意すべき問題9点が列挙され，さらに『エコノミスト』誌からの引用の後，金の流出入と景気の転換局面が取り上げられ，今度はそこに，脚注として『銀行法：1857年』におけるニューマーチの証言（第1520号，第1522号）が引用され，またウェーゲェリンが批判されていく[82]。そしてこれら一連のイングランド銀行庫中における金地金問題を取り扱った最後のところで，マルクスは，世界貨幣としての地金ではなく，「銀行券の兌換性の保証としての，並びに全信用制度の旋回軸（pivot[83]）としての，地金」に言及し，さらに『エコノミスト』誌（1947年12月11日）のウィルソンの論説[84]を脚注として引用しつつ，「トゥックによってもロイドによっても，金属的基礎を維持するためには現実的富についての最大の犠牲が必要であるということが，同様に認められている。論争はただ，プラスかマイナスか，不可避性の取扱の合理性の多少をめぐってにすぎない[85]」という，通貨論争の両当事者への批判を書き記していく[86]。

　このように脚注としてではあるが，『銀行法：1857年』からニューマーチの証言を3つ——第1520・1522号と第1364号——引用したのを契機に，マルクスは，最初は〔　〕括弧に入れたいわば岐論としてニューマーチの証言を2つ——第1426, 1494号——引用する[87]が，結局，改めて『銀行法：1857年』におけるニューマーチの証言を読み直す形で，一連のニューマーチの証言・第1499-1938号を本文として再度引用していく[88]。即ち，まず第1499, 1504, 1506, 1509号を，そして第1650号と第1651号とを書き抜いて来たところでマルクスは，「地金の流出」，そして「通貨（circulation）」と小見出しを立てて，証言（第1702, 1749, 1750号)を引用[89]した後，「対アジア為替相場」という小見出し[90]を立てる。そしてこの小項目の下で，ニューマーチの第1786号から第1938号までの証言が立ち入って引用され，委員ウィルソン，委員ウェーゲェリン，そして委員ウッドの尋問をも交えながら，貴金属の流出入と為替相場との関係の特殊具体的な問題として，ウィルソン批判を含めて，検討していく[91]。これに続けてマ

ルクスは,「対アジア貿易収支」と「イングランド銀行の影響力」という小見出しの下で, 今度は遡って, ニューマーチの証言の第1918号並びに第1889号, 第1866-1868号, 第1823号を引用し, ニューマーチからの引用を終わりとする[92]。その上でマルクスは,「貨幣貸付資本の過剰(低い利子率)と資本一般の過剰とを同一視する」[93]『エコノミスト』誌(ウィルソン)の主張・等の検討・批判を, 幾つもの小項目を立てながら行なっていく[94]。以上が「混乱:続き」の第3の部分(MEGA, S.628, Z.27以下)である[95]。

さて「混乱:続き」の最後の部分(MEGA, S.641, Z.39以下)は, リカードの『経済学および課税の原理』(D. Ricardo, *On the Principles of Political Economy, and Taxation.* 3rd ed. London 1821)からの引用に始まり[96], 以下小見出しを立てながら, ジョップリン, スタイアリング(P. J. Stirling), ベル(G. M. Bell), キニア, トゥック, ギルバート, コックリン(C. Coqulin), オプダイク(G. Opdyke), コルベート(T. Corbet), ハードキャッスル等の各著書と『エコノミスト』誌とからの引用や抜き書きで埋められている[97]。例えば,「資本の移転のための貨幣と所得の実現のための貨幣」という小見出しの下では, キニーアの著書(J. G. Kinnear, *The Crisis and the Currency.* London. 1847)からの引用が2つなされている[98]。そしてこの「混乱:続き」の最後のところ(手稿ページS.392, 第1行目)には, マルクスは「銀行券とその兌換性」という小見出しを書いただけで[99], この手稿第5節「信用。架空資本」を書き上げないまま, ページを改めて, 次の手稿ページS.393に「第6節 先資本主義的なるもの」を書き始めていく[100]。

1) 手稿と現行版『資本論』との対応関係については, さしあたり, 本書第9章第1節, 第13章第1節を参照されたい。
2) Cf. MEGA, S.473; MEW, S.417-418:訳, 574ページ。なお手稿ではターナーおよびピースの証言については, 証言番号・第901, 902, 903号, 等々, および証言番号・第4636, 4637, 4645号が挙げられているのみで, ターナーおよびピースの名前は明示されていない。『商業的窮境, 第Ⅰ部』によって著者(小林)が確認したところである。
3) Cf. MEGA, S.474. オーヴァーストーンのこの証言・第3763号は, 手稿の「補遺」部分でも再録されている(cf. MEGA, S.494; MEW, S.448:訳, 615ページ)。
4) 現行版では, この一連のギルバートからの引用は, 第25章に収められており, またMEGAでは, その途中の一部の個所から,「補遺」が始まるものとされている

8章　備忘録：手稿「信用。架空資本」と両院『委員会報告書』　307

　　（cf. *MEGA*, S.476）。それに対し著者(小林)は，手稿「S.318,上段,第3パラグラフから S.319,上段,第5パラグラフにかけて書かれている」ギルバートからの2番目の引用から，「補遺」が始まるものとみなしている。この点については，本書第9章第6節を参照されたい。
5） *MEGA*, S.476-477；*MEW*, S.424f.：訳,583ページ以下。なお，このホジソンの証言の引用の仕方については，本書第4章第4節の注8)を参照されたい。
6） *MEGA*, S.480；*MEW*, S.429-430：訳,590-591ページ。なお，この匿名の著書は，A Banker in England, *The Currency Theory Reviewed; …*, 1845を指している。
7） Cf. *MEGA*, S.476-482；*MEW*, S.426-432：訳,585-594ページ。
8） この点については，さしあたり，本書第10章第5節の〔補遺-2〕も参照されたい。
9） Cf. *MEGA*, S.482-495, 500；*MEW*, S.432-450：訳,594-618ページ。この手稿におけるマルクスの通貨学派，特にオーヴァーストーン批判の主要部分をなしているが，*MEGA*, S.588, 592-597, usw.；*MEW*, S.530-535, 525-526, usw.；訳,727-736, 720-721,等々をも参照することが必要である。なお本書第13章第4節や第5節の〔備考-3〕,等も参照されたい。
10） Cf. *MEGA*, S.485；*MEW*, S.435：訳,598ページ。
11） *MEGA*, *Apparat* の「解題」では，『商業的窮境，第I部』からの証言の抜き書きや引用箇所には，『ロンドン・ノート』の該当箇所が指示されている。しかし，『商業的窮境，第III部』や『銀行法：1857年』，『銀行法：1858年』からの証言の引用や抜き書きの個所には，そのような指示は付けられていない(なお，本書第4章第2節の注18)および第4節の注8)も併せ参照されたい)。
12） Cf. *MEGA*, S.510, 513, 518；*MEW*, S.466, 469：訳,639-640, 644-645.なお，モーリスの証言(第3846,3848号)とピースの証言(第4605号)からの引用は，共に「補遺」部分でも行なわれている(cf. *MEGA*, S.481-482；*MEW*,S.431-432：訳,592-594ページ)。念のために。
13） *MEGA*, S.556；*MEW*, S.516：訳,707ページ。なお本書第10章第5節〔補遺-1〕の注2)も参照されたい。
14） 本書第12章を参照されたい。
15） Cf. *MEGA*, S.524, 528；*MEW*, S.490-491：訳,670-671ページ。
16） 当時の『委員会報告書』は，一般に，「報告」・「委員会記録」・「証言録(Minutes of Evidence)」・「付録(Appendix)」・「索引(Index)」という5つの部分から成り立っており，「報告」部分と「記録」部分には，内表紙を第iページとした小文字のローマ数字でのノンブルが通しで付けられ，また「証言録」部分からは，その最初のページを改めて第1ページとして，そこから「索引」の末尾，したがって『報告書』全体の末尾まで，小文字のラテン数字でノンブルが付けられている。そして『銀行法：1858年』では，この委員会の構成メンバーによって提出された「報告」が「委員会記録」部分に納められている。
17） *Bank Acts*：1858, Report, p.v, viii. Cf. *MEGA*, S.529；*MEW*, S.492：訳,673-674

ページ。なおマルクスは「報告(Report)」部分からニーヴの証言第402号と第400号を引用しているが,「委員会記録(Proceedings of the Committee)」に含まれている「委員長」提出の「報告[記録]」部分にも,同じ証言が「記録」されている(cf. Proceedings…, p.xxxvi, xxxix).しかしマルクスはこれらの証言が収録されている「証言録」(*Bank Acts*：*1858*, Minutes of Evidence, p.26)そのものから,ニーヴの証言を引用することはしていない。

18) *Bank Acts*：1858, Report, p.xxi. Cf. *MEGA*, S.529；*MEW*, S.492；訳,674ページ。マルクスは,コールマンの証言内容に言及している「報告」部分を引用しているのであって,そこには直接コールマンの名前は記されていない。「委員会記録」に含まれている「委員長」提出の「報告[記録]」の場合も同様である(cf. Proceedings…, p. xlix)。ただし,「報告」(および「記録」)の欄外には,関連する証言番号(第1946~1948号)が記されているので,「証言録」によって証言者がコールマンであることを確認することができる(cf. *Bank Acts*：*1858*, Minutes of Evidence, p.132)。

19) *MEGA*, S.529. Cf. *MEW*, S.493；訳,675ページ。因みにここでマルクスは,この「問題」を次のように説明している。「第1に。本来的な貨幣資本の蓄積。それは資本の現実的蓄積の,即ち拡大された規模での再生産の,どの程度まで指標であり,また指標でないのか？ いわゆる資本の過多(*Plethora of Capital*)──(常に貨幣貸付資本(monied Capital)について用いられる表現)──は,過剰生産と並ぶ特殊な現象であるのか,あるいは過剰生産を表現する1つの独特の仕方に過ぎないのか？ [第2に]貨幣貸付資本の供給過剰(oversupply of monied capital)は,どの程度まで停滞している(stagnant)貨幣の量(Geldmasse)(鋳貨／地金または銀行券)に一致するのか,それゆえそれはより多い貨幣の量(*Quantität*)に現われるのか？／他方では：貨幣逼迫の際には(bei den pressures of money),それは現実資本の不足(want of real capital)をどの程度まで表しているのか？ それは支払手段の不足のような貨幣としての貨幣の不足と,どの程度まで一致するのか？」(*MEGA*, S.529-530；*MEW*, S.493：訳,675ページ),と。後出の注58)も参照されたい。なおこの問題の立ち入った考察は,本書第13章で行われる。

20) Cf. *MEGA*, S.532-533；*MEW*, S.502-505：訳,688-691ページ。ここではガーニーの名前は挙げられていないが,証言番号・第1664号からガーニーの証言と確認できる上に,それは「補遺」部分でも引用されている(cf. *MEGA*, S.481)。

21) Cf. *MEGA*, S.534；*MEW*, S.537：訳,739ページ。ここでは,『銀行法：1857年』の『第Ⅱ部』(*Bank Acts*：*1857*, Part Ⅱ. *Appendix and Index*, p.300, 301)から,初めて,統計数字が書き抜かれている。

22) Cf. *MEGA*, S.540-541；*MEW*, S.501-502：訳,686-687ページ。

23) ケイリーはいう,「昨[1857]年の証人によれば,事業は非の打ち所がないほどに健全と考えられていた。そして現在の会期の多くの証人によっても同じ見解が抱かれていた。もっとも,パニック以来,わが国とアメリカ合衆国,そして北ヨーロッパとの間での融通手形振出制度(a system of fictitious bill-drawing)の増大について,

8章　備忘録：手稿「信用。架空資本」と両院『委員会報告書』　309

苦情がいわれて来ていたのではあるが」(*Bank Acts*：*1858,* Proceedings…, p.lⅶ)，と。Cf. *MEGA*, S.540-541.
24) Cf. *MEGA*, S.541：*Bank Acts*：*1858,* Report, p.v；*MEW*, S.505；訳, 691ページ。
25) なお *MEGA*, S.541 には，この引用文の出典が示されておらず，また *MEGA*, *Apparat*, S.1304には，「出典を探し出すことができなかった」と記されているが，この引用文は，*Bank Acts*：*1858,* Proceedings…, p.lxⅷ にそっくり見出すことができる。
26) この手稿の「冒頭部分」では，マルクスは，手稿ノートの上段に本文を書き記し，下段に脚注部分(引用・その他)を記すという形で執筆していたが，「補遺」部分に入ると，例えばギルバートの著書からの引用であっても，また『委員会報告書』からの引用であっても，上段から下段へといわば本文として書き流していく形で認めており，下段には脚注としての引用や抜き書き等を記すという書き方ではなくなっていく。おそらくマルクスの手稿ノートそのものでは，後述する「混乱」および「混乱：続き」部分も，「補遺」部分と同じ形式で書かれているものと考えられるが，この「Ⅲ)」部分の後段あたりも，おそらく，上段は本文，下段は注記という形式をとらずに，引用や抜き書き等も，上段から下段へといわば本文として書き流していく形で書かれているものと思われる。なお大谷禎之介氏の考証＊によると，マルクスの原稿そのものでは，本論部分では，原稿用紙の上段に本文が，そして下段には本文への脚注が記され，本論として執筆されたのではない部分では，原稿用紙に上段と下段との区別がなく，いわばベタで書かれているとのことである。

　　＊例えば，大谷禎之介「『信用制度下の流通手段』および『通貨原理と銀行立法』(『資本論』第3部第33章および第34章)の草稿について」『経済志林』第67巻第2号，1999年，59, 62-63ページを参照されたい。

27) *MEGA*, S.546；*MEW*, S.510：訳, 698-699ページ。*MEGA*(Text)においても，ここには証言番号(第1218号)しか記されておらず，また現行版『資本論』では証言番号さえも記されていないが，これは，明らかにウェーゲリンの証言からの引用である。*Bank Acts*：*1857,* Part Ⅰ. Report and Evidence, p.106を参照されたい。
28) *Bank Acts*：*1858,* Proceedings…, p.xlix. なおこの場合にも，*MEGA* でも出典のページなどは示されていない(cf. *MEGA*, S.546)が，これは委員長提出の「報告[記録]」部分からの引用である。
29) Cf. *MEGA*, S.547；*MEW*, S.511：訳, 700ページ。
30) 現行版では，ここからが第31章第1節である(cf. *MEW*, S.511：訳, 700ページ)。
31) Cf. *MEGA*, S.548；*MEW*, S.513：訳, 702ページ。
32) Cf. *MEGA*, S.548-549；*MEW*, S.513：訳, 702-703。
33) Cf. *MEGA*, S.550；*MEW*, S.514-515：訳, 704-706ページ。なおこの点については，本書第3章第3節の〔補遺〕を参照されたい。
34) Cf. *MEGA*, S.551；*MEW*, S.515：訳, 706ページ。
35) Cf. *MEGA*, S.551：*Bank Acts*：*1858,* Report, p.xxvi；*MEW*, S.538：訳, 739-741ページ。)

36) *Bank Acts*：*1858,* Report, p.xxvi, iv；*Bank Acts*：*1858,* Proceeding, p.xxxvi. (Cf. *MEGA*, S.551-552；*MEW*, S.538-539：訳, 741ページ。)
37) Cf. *MEGA*, S.552；*Bank Acts*：*1858,* Minutes of Evidence, p.60；*MEW*, S.540：訳, 743ページ。
38) Cf. *MEGA*, S.552-553；*Bank Acts*：*1858,* Proceeding…, p.lxxi.
39) Cf. *MEGA*, S.553-555；*MEW*, S.517-518：訳, 709-710ページ。
40) Cf. *MEGA*, S.555；*Bank Acts*：*1858,* Proceeding…, p.lvii；*MEW*, S.516：訳, 706ページ。
41) Cf. *MEGA*, S.557；*MEW*, S.518：訳, 710ページ。なお現行版では，ここからが第31章第2節となっている。
42) *MEGA*, S.557；*MEW*, S.518：訳, 708ページ。なおニューマーチの証言・第1353号についての脚注は，「c)(ニューマーチ)[第]1353[号]. 同上[『銀行法：1857年』]。当時，1853年の6ヶ月間，イングランド銀行にある地金は，22百万ないし23百万[ポンド]，」というものであるが，*MEGA*,S.557の本文には「注c)」の記号は見当たらず(cf. *MEGA, Apparat*, S.1307), また「1852年および1853年の初期の6ヶ月間」のイングランド銀行の「地金が，22百万ないし23百万ポンド」であったとニューマーチが証言しているのは，正しくは第1352号である(cf. *Bank Acts*：*1857,*p.117-118)。なお *MEGA*, S.557の脚注における「証言・第1364号」からの引用は，誰の証言であるかが明示されずに，脚注「+a)」として，脚注「a)」のいわば続きとして編まれているが，証言(第1258号)がウェーゲリンの証言であるのに対し，これはニューマーチの証言である。しかも *MEGA, Apparat*, S.1076によると，この「証言・第1364号」からの引用は，脚注「c)に続けて，[手稿]ページの終わりに」書き込まれているというのであるから，ニューマーチについての脚注「c)」の続きとして編むべきではなかったかと思われる。
43) この「混乱」部分は，現行版では，主に第33章・第34章・第35章を編むための材料として用いられている。
44) Cf. *MEGA*, S.561；*MEW*, S.555, 573：訳, 764, 788ページ。因みに彼の証言・第1357号, 第1358号, そしてさらにマルクスが括弧( )に入れて指示している第1366号も，それらはいずれも，1844年銀行法によるイングランド銀行の発券部と銀行部との2分割，それに伴う準備金の2分割，そしてその結果とニューマーチが見なしている利子率ないし割引率の度重なる変動についての証言である。
45) Cf. *MEGA*, S.561-563；*MEW*, S.539, 557-558：訳, 742, 767-768ページ。なおそこには，ニューマーチの証言だけでなく，委員長ルイス(Sir George Cornwall Lewis)や委員ウィルソン(J. Wilson), 委員ウッド(Sir Ch. Wood), 委員ベアリング(Sir F. Baring)の尋問の引用も含まれている。
46) Cf. *MEGA*, S.564-565；*MEW*, S.571-572：訳, 786-787ページ。
47) ここにはイングランド銀行の金地金，市場割引率，および商品価格の変化についてのハバードが提出した統計——『銀行法：1857年』『第Ⅱ部』(*Bank Acts*：*1857,*

8章　備忘録：手稿「信用。架空資本」と両院『委員会報告書』　311

　　　Part Ⅱ, *Appendix and Index*, p.290-291)――からの「要約」が，ここで初めて掲げられ，オーヴァーストーン批判との関連で，その参照が求められていく(cf. *MEGA*, S.565-566)。なおこれらは，現行版では第34章に見出される(cf.*MEW*,S.565-567；訳，778-780ページ)。
48)　Cf. *MEGA*, S.568；*MEW*, S.567-568：訳, 781ページ。
49)　チャップマンの証言は，証言番号・第5120号から第5159号までが最初に引用され，その後，この「混乱」部分で今一度，第4926号-第5057号に遡って引用されている(cf. *MEGA*, S.568-572；*MEW*, S.542-555：訳, 746-764ページ)。
50)　Cf. *MEGA*, S.563-572.
51)　Cf. *MEGA*, S.572-583；*MEW*, S.583-584：訳, 787-788, 803ページ。
52)　Cf. *MEGA*, S.573；*MEW*, S.543：訳, 748ページ。
53)　第999号の質疑・応答で，パーマーが答弁できないとした質問に，「その目的は貨幣を高架にすることだ」として1844年銀行法のもつその効果を指摘している。
54)　Cf.*MEGA*,S.573-583；*MEW*,S.568-569, 573-575, 577-578, 584：訳, 781-783, 788-792, 794-795, 803-804ページ。
55)　Cf. *MEGA*, S.574.「Ⅲ)」の部分の執筆は *MEGA* の561ページで「中断」されたので，「Ⅲ)：続き」とは，正確には，「[561ページの]続き」のことである。
56)　Cf. *MEGA*, S.561, 584.
57)　Cf. *MEGA*, S.586；*MEW*, S.523：訳, 717ページ。
58)　*MEGA*, S.588；*MEW*, S.525-526：訳, 720-722ページ。なおマルクスは，ここに続けて，――現行版では削除されているのだが――，次のように書き加えている。「第1に，貨幣貸付資本(monied Capital)の相対的増大あるいは減少は，一言でいえば，その[貨幣貸付資本の]一時的あるいはより継続的蓄積は，生産的資本の蓄積に対してどのような関係にあるのか？そして第2に，それ[貨幣貸付資本の増減]は何らかの形態で一国に現存する貨幣の量に対してどのような関係にあるのか？」(cf. *MEGA*, S.588-589)，と。これは，「Ⅲ)」の冒頭で呈示された，「Ⅲ)」ないし「Ⅲ)：続き」部分での検討課題そのものに他ならない。なお前注19)を参照されたい。
59)　Cf. *MEGA*, S.588-589；*MEW*, S.525-527：訳, 720-722ページ。なお，ここで引用されているオーヴァーストーンの証言(第4112, 4140, 4148号)は，「補遺」部分では引用されていない。念のために。
60)　Cf. *MEGA*, S.589-590；*MEW*, S.527：訳, 722-724ページ。
61)　Cf *MEGA*, S.590f.；*MEW*, S.528f.：訳, 724ページ以下。
62)　Cf. *MEGA*, S.591；*MEW*, S.528：訳, 724ページ。
63)　*MEGA*, S.593；*MEW*, S.531：訳, 729ページ。
64)　*MEGA*, S.595-596, 596-597；*MEW*, S.534-535：訳, 733, 734-736ページ。
65)　*MEGA*, S.596；*MEW*, S.534, 568-569：訳, 734, 782-783ページ。
66)　Cf. *MEGA*, S.596-597. ここでウェーゲリンの証言を引用していく際に，マルクスは次のようにオーヴァーストーンに言及している。「そこで同じウェーゲリンは，

『われわれ[イングランド銀行]が，実際に，失業資本の比較的大きな部分の保持者である時』（第1198号)，その時にはイングランド銀行は利子率に大きな影響を[もつ]と言っている。(他方，以前のロイド(Exloyd)氏に従うと，上述を見よ)，(イングランド銀行は資本のための場所ではない(die Bank of England no place for Capital))」，と。ここでマルクスが「上述」といっているのは「補遺」部分で引用されているオーヴァーストーンの証言(第3753号)を指しているものと推定できる。しかしこの第3753号でオーヴァーストーンは，「イングランド銀行は資本預託の場所ではなく(not a place for the deposit of capital)，貨幣預託の場所である」(Bank Acts: 1857, p.341)と言っているのである。ここでは，MEGA でも MEW でも，マルクスの誤記が訂正されていないが，「補遺」部分ではマルクスは英語のまま正しく引用している(cf. MEGA, S.493)。念のために。

67) Cf. MEGA, S.597; MEW, S.573 u. S.571：訳, 788, 786-787ページ。
68) Cf. MEGA, S.597; MEW, S.535：訳, 736ページ。因みに，現行版のこのパラグラフにおける最後の文言は，エンゲルスが補筆したものであり，手稿には見出せない。
69) MEGA, S.597.「混乱」部分は，MEGA の583ページで終わっているので，「混乱：続き」は，正確には，「[混乱。583ページの続き]」である。念のために。
70) MEGA, S.597.
71) Cf. MEGA, S.597-607; MEW, S.544, 575-576, 577：訳, 748-749, 792-794, 795ページ。なおハバードからの引用は，MEGA においても証言番号・第2408号, 第2626号のみしか記されていないが，この引用にはさらに脚注が付されていて，そこではハッバードの名前と共に，彼の別の証言・第2629号，第2667号も引用されている。
72) Cf. MEGA, S.600-606; MEW, S.544-554：訳, 748-764ページ。
73) この点，即ち MEGA, S.600-602については，現行版第33章の中段部分(cf. MEW, S.544-547：訳, 749-752ページ)で利用されている。なお，本書第6章第2・3節，第12章第5節，第13章第5節，等も参照されたい。
74) Cf. MEGA, S.607-614.
75) Cf. MEGA, S.572-573 u. S.614-615; MEW, S.572, 540, 555：訳, 787-788, 743, 763-764ページ。
76) Cf. MEGA, S.615-618; MEW, S.559, 559-560, 577, 578-579；訳, 769, 770-771, 794-795, 796-797ページ。
77) ここで「銀行券の量」という小項目に変わる。Cf. MEGA, S.618; MEW, S.542；訳, 746-747ページ。
78) Cf. MEGA, S.618-619; MEW, S.540-541：訳, 744-745ページ。
79) Cf. MEGA, S.619-620; MEW, S.560；訳, 771-772ページ。
80) Cf. Bank Acts: 1858, Report, p.xi：MEGA, S.620; MEW, S.580：訳, 198ページ。因みにここからが，現行版では第35章第1節となっている。
81) これは，地金の流出入についての1847年5月8日付けの『エコノミスト』誌からの引用であるが，マルクスはさらにそこに脚注を付して，同年10月23日付の同誌を

8章　備忘録：手稿「信用。架空資本」と両院『委員会報告書』　313

引用している。なお本書第4章第2節を参照されたい。
82) Cf. *MEGA*, S.624; *MEW*, S.586：訳, 806ページ。
83) マルクスはここで,「イングランド銀行の地金準備は, わがくにの全取引がそれをめぐって転回する旋回軸(pivot)である」というニューマーチの証言(『銀行法：1857年』, 第1364号)を脚注として引用している(cf. *MEGA*, S.625; *MEW*, S.587：訳, 810ページ)。なお本書第7章第2節〔補注〕を参照されたい。
84) Cf. Conformity of Convertible Notes with a Metallic Currency, *The Economist*, Dec. 11, 1847, p.1418.
85) *MEGA*, S.625; *MEW*, S.587-588：訳, 808, 810ページ。
86) この長いパラグラフの次ぎの短いパラグラフ(cf. *MEGA*, S.626; *MEW*, S.589：訳, 811ページ)までを, エンゲルスは, 第35章第1節としている。
87) Cf. *MEGA*, S.626-627; *MEW*, S.587, 555：訳, 810, 764ページ。この括弧〔　〕に入れて引用した証言は, エンゲルスがそこまでを第35章第1節としたパラグラフに続いている。なおニューマーチの証言・第1426号は, 先の「混乱」部分でも引用されている(cf. *MEGA*, S.561)が, ここではマルクスも『銀行法：1857年』『第Ⅰ部』の指示(cf. Bank Acts：1857, Part Ⅰ. Report and Evidence, p.126)にならって, ニューマーチが委員会に提出し, 『銀行法：1857年』の『第Ⅱ部：付録と索引』に収められている「付録, 第39——1857年6月5日に, ニューマーチによって提出されたペーパー——」(Bank Acts：1857, Part Ⅱ, p.324-327)の参照を求めている(cf. *MEGA*, S.626)。
88) Cf. *MEGA*, S.623-635; *MEW*, S.585-587：訳, 805-808ページ。
89) Cf. *MEGA*, S.628; *MEW*, S.539：訳, 742ページ。
90) Cf. *MEGA*, S.628. Cf. *MEW*, S.591：訳, 814ページ。
91) Cf. *MEGA*, S.628-635; *MEW*, S.591-599：訳, 814-825ページ。
92) Cf. *MEGA*, S.635; *MEW*, S.557-558：訳, 766-768ページ。
93) *MEGA*, S.635. Cf. *MEW*, S.599：訳, 825-826ページ。
94) Cf. *MEGA*, S.635-641. 因みに, 現行版第35章第2節の主たる部分は, 「対アジア為替相場」という小項目部分から始まって, 『エコノミスト』誌からの引用のおよそ前半部分まで(cf. *MEGA*, S.635-641)で, 編まれている。なお『エコノミスト』誌の主張を引用し, 検討していく終わり部分の小項目「対外流出と対内流出」には, ジョップリンの著書(T. Joplin, *An Examination of th Report of Joint Stock Committee*. London. 1836)からの引用も含まれている。
95) この「混乱．続き」の第3の部分でも, 引用は原則, 本文として行われている。脚注としての引用については, 念のために, 漏れなく指摘しておいた。
96) Cf. *MEGA*, S.641-642.
97) Cf. *MEGA*, S.642-646. これらリカード以下11人のうち, ギルバートまでの7人の著書からの引用や抜き書きは, 既に『ロンドン・ノート』の中に見出すことができる(cf. *MEGA*, Ⅳ/7, S.33f. u. *MEGA*, Ⅳ/8, S.119f.)。なおここでの, これら11人の

著書からの引用の途中に，1840-1841年の「発券銀行に関する下院特別委員会」におけるケネディーおよびホブハウス(H. W. Hobhouse)の証言からの引用，並びに『エコノミスト』誌からの引用が挿入されている。しかし前者は，『発券銀行に関する下院特別委員会報告書』からの直接の引用ではなく，ベルの著書からの孫引きである(cf. *MEGA, Apparat,* S.1319)。なお，このリカード以下の部分には，脚注は1つも付けられていない。
 98) *MEGA,* S.643-644; *MEW,* S.459, 541：訳, 630, 745ページ。
 99) ここに *MEGA* 編集者によって，「見出しの後にはそれ以上書かれていない。そのページは書かれないままとなっている」と注記されている(cf. *MEGA, Apparat,* S.1082)。
 100) Cf. *MEGA,* S.646.

第4節　おわりに

　上来。マルクスがイギリス議会の『委員会報告書』を克明にフォローし，検討・批判しながら，手稿「信用。架空資本」をどのように執筆していったかを概観してきた。この簡単な概観からでも，彼が本文と脚注とを区別していわば本論的に執筆していたのは，「補遺」・「混乱」・「混乱：続き」を除く部分であったこと，本論的に執筆していた部分でも，例えば「Ⅲ)：続き」部分では明らかに，本文と脚注との区別が次第に消えていき，結局は未完成のままに終わっていること，そして現行版の第26章と第33, 34, 35章は，「補遺」・「混乱」・「混乱：続き」部分等からエンゲルスが編み上げたものであること，等々を，容易に知りうるであろう[1]。本章で，特に「補遺」・「混乱」・「混乱：続き」部分について，煩瑣な注を付して *MEGA* 版と *MEW* 版との対比を試みたのも，そのために他ならない。

　1) 例えば，手稿ノートのS.372からS.376までが現行版第35章第1節に利用されているのであるが，S.374の最初の部分とS.375の最後の部分は削除され，その前者の後半，『エコノミスト』誌からの引用(*MEGA*,S.623, Z. 8 -27, Z.35-42)は現行版第34章で利用されている(cf. *MEW*,S.578：訳, 796ページ)。なお，それらについては本書第9章，第13章等も参照されたい。

第III部
「信用。架空資本」論の考察

第9章 ギルバート著『銀行業の歴史と原理』の引用を巡って
——手稿の「冒頭部分」(現行版第25章)における——

第1節 手稿「信用。架空資本」と現行版との異同について

　本章では，手稿「信用。架空資本」の冒頭部分で，マルクスがギルバートの著書『銀行業の歴史と原理』——「銀行業の基本原理(grammar)[1]」とみなされていた——から行っている引用の仕方を探ることによって，マルクスが「銀行業」を，したがって「銀行業者の資本」をどのように捉えようとしていたのか，またその諸引用は単に「冒頭部分」(現行版『資本論』第Ⅲ部第25章にのみ関わっているのか，それとも「補遺」部分(現行版第26章)にまで及んでいるのかを検討したい。そしてそのことはまた，手稿「Ⅱ)」(現行版第29章)部分でのマルクスによる「銀行業者の資本」把握の典拠を探る[2]一助ともなるであろうと考えられるからである。

　しかし手稿「信用。架空資本」の「冒頭部分」におけるギルバートの著書からの引用の仕方といった特定の論題の考察に立ち入る前に，予め次の2点について簡単に言及しておくことが必要である。

　その第1は，手稿第Ⅲ部第5章第5節「信用。架空資本」と現行版『資本論』第Ⅲ部第5篇第25～35章との構成上の異同の点[3]である。*MEGA*, Ⅱ/4・2の目次[4]からも容易に伺えるように，手稿第Ⅲ部第5章第1～4節および第6節は，現行版第Ⅲ部第5篇第21章～第24章および第36章に編集され，手稿の各節の表題がほぼそのまま現行版のこれら諸章の表題として採用されている。しかし手稿第5節については事情が異なり，若干錯綜している。

　即ち，*MEGA* の目次によれば，手稿第5章第5節の表題が「信用。架空資本」であり，それは，表題のない「冒頭部分」に続けて，「補遺(Zusätze)」・「資本主義的産における信用の役割」・「Ⅰ)」・「Ⅱ)」・「Ⅲ)」・「混乱(Konfu-

第9章 ギルバート著『銀行業の歴史と原理』の引用を巡って 317

sion)」・「Ⅲ)：続き(Ⅲ. Fortsetzung)」・「混乱：続き(Die Konfusion. Fortsetzung)」という構成で書き連ねられている。そしてエンゲルスは，およそであるが，この表題の順序に従って，まず第25章を「信用と架空資本」とし，以下「Ⅱ)」までを第26～29章とする。そして「Ⅲ)」と「Ⅲ)：続き」から第30～32章を編み，さらに主として「混乱：続き」から第33章と第35章を，そして「混乱」等から第34章を新しく編みあげている。だから現行版の第25～35章全体が手稿の第5節に相当する[5)]こととなっている。

そこで便宜のために，手稿第5節と現行版第25～35章との照応関係を，MEGA版ページによった簡単な対照表に纏め，掲げておくこととする。

手稿と現行版との対照表＊

手稿の構成

Fünftes Kapitel： Spaltung des Profits in Zins und Unternehmungs-gewinn.(industrieller oder kommerziller Profit.)Das zinstragende Kapital

5. Kredit. Fiktives Kapital	⋯S.469-
Zusätze	⋯S.476-
Die Rolle des Kredits in der kapitalistischen Produktion	⋯S.501-
Ⅰ.	⋯S.506-
Ⅱ.	⋯S.519-
Ⅲ.	⋯S.529-
Die Konfusion	⋯S.561-
Ⅲ. Fortsetzung von S.561	⋯S.584-
Die Konfusion. Fortsetzung von S.583	⋯S.597-646

現行版 と 手稿ページ
第5篇
　第25章　S.460-475 ｜ Zusätze S.476-479
　第26章　Zusätze S.479-482, 483-495, 500
　第27章　Die Rolle des Kredits S.501-505
　第28章　Rolle S.505 ＋ Ⅰ. S.506(Konfusion Ⅱ S.643-644)-515, 516-519,

519-520
第29章　Ⅱ. S.519, 520-529
第30章　Ⅲ. S.529-532, 535-541, 541-544, 545-546
第31章第1節　Ⅲ. S.547-551, 553, 555-556, 553
　　　第2節　Ⅲ. S.557-561
第32章　Ⅲ. Fortsetzung S.584-597
第33章　Ⅲ. S.533-535, 551-552 ＋ Konfusion S.562 ＋Ⅲ. S.552 ＋ Konfusion Ⅱ S.614, 618 ＋ Konfusion S.582, 583 ＋ Konfusion Ⅱ S.619, 644, 628 ＋ Konfusion S.583 ＋ KonfusionⅡ S.604, 618, 600-601, 601-602 ＋ Konfusion S.569-571 ＋ Konfusion Ⅱ S.603-606, 614, 603, 644-645, 646, 626(＝Konfusion S.561), 638-639, 600, 635 ＋ Konfusion S.562 ＋ Konfusion Ⅱ S.635 ＋ Konfusion Ⅱ S.616 ＋ Konfusion S.567 ＋ Konfusion Ⅱ S.644-645, 615-616, 619-620, 643
第34章　(KonfusionⅡ S.641-642), Konfusion S.565-567, 568, 575-576, 577, 578, 564, 572-573, 561, 579-580, 580-582＋KonfusionⅡ S.598-600, 617, 606 ＋Konfusion S.582, 583 ＋ Konfusion Ⅱ S.623
第35章第1節　Konfusion Ⅱ S.620-622 ＋ Konfusion S.572, 579 ＋ Konfusion ⅡS.622-626
　　　第2節　Konfusion S.565, 567 ＋Konfusion Ⅱ S.628-641, 646
　　　　　注) なお Konfusion Ⅱ は「混乱：続き」を表わしている。

　その第2は，現行版第25章部分そのものの編集の仕方の点である。
　手稿第5節の「冒頭部分」の「本文」は，そこで考察する「信用制度(Creditwesen)」を限定する文章のパラグラフ——「信用制度と，信用貨幣等々のような，それ[信用制度]が創りだす諸用具の分析は，われわれの計画の外にある」——で始まり，次いで，本論である信用制度の第1の側面と第2の側面・基礎ついての叙述があって，最後に再び「銀行の特殊な諸形態のような，特殊な信用諸用具(Creditinstrumente)は，われわれの目的にとっては立入って考察

するを要しない」との限定のパラグラフで終わっている[6]。そしてこのような「本文」に多くの「注」が付されていくのであるが，この「本文」は手稿ノートの上段に，「注」は下段に書き込まれていく。その上面倒なことに，さらに「本文」の「注」に対する「注」——いってみれば「注の注」——もノートの下段に記されていく[7]。

　例えば，信用制度の第1の側面についての叙述の最初のパラグラフ——「単純な商品流通から，支払手段としての貨幣の機能が，したがってまた商品生産者や商品取引者の間での債権者と債務者との関係が，どのように形成されるか[a]を，私は既に明らかにした」——は，手稿ノートのS.317，上段，第3パラグラフに書かれており，そこには「注」の記号——「[a]」——が付されている。そしてこの「注a)」そのものは，S.317，下段，第1パラグラフに，「a)『経済学批判』云々，122ページ以下」と，まず記される。ところがマルクスは下段の第2パラグラフに「注 b[a]」を，第3パラグラフに「注 b)」を，第4パラグラフに「注 c)」を記した後，第5パラグラフを「注a)に」として，そこに『通貨理論評論』からの抜き書きを記し，さらに，次のS.318の下段の第1パラグラフを再び「注a)に」として，今度はそこに「トゥックは信用一般について次のように言っている」との前置きを書いて，『通貨原理の研究』からの長い引用を記していく[8]。そして彼は，S.317，下段の行間の空きに，後から，「S.318を見よ。注a)に。トゥック」と書き入れ，この書き込みを，「注a)に」と『通貨理論評論』からの引用の初めの部分との間に，線で挿入している[9]。

　ではどうして手稿の第1項である「冒頭部分」には，多くの引用が集中しているのであろうか。確かにこの「冒頭部分」は，手稿「第5章第5節」全体のいわば序章として，「貨幣貸付資本(monied capital)[10]」考察の前提となる近代的信用制度＝銀行制度の2つの側面・基礎について，本質的規定を与えようとしている[11]。だからそこでは多くの典拠が「注」として挙げられているものと思われるのであるが，しかしそうではあるが，『資本論』第Ⅲ部のこの手稿(いわゆる「主要原稿」)は第1手稿であって完成原稿などからは程遠く，したがってマルクスは書きながら気がつくところを一先ず次々と書き込んでいったという事情をも考慮することが必要であるように思われる。それがまさに，ここで

の「注」の付け方やギルバートの著書からの引用の仕方に表れているものと思われるのである。

ところがエンゲルスは，現行版第25章を編集するにあたって，「本文」から「注」の記号をすべて取り去り，「注a)『経済学批判』云々。…」を，『資本論』「第Ⅰ部第3章第3節 b」と書き替え，それに括弧（ ）を付して，それを「本文」の中に入れ込み，他方，最初の「注a)に」を削除してしまう。その上で，信用制度の第1の側面についての長いパラグラフの後に，「注b)」,「注b[a)]」,「注a)に。トゥック。」,「注c)」の順序で，「注」の内容[12]となっている引用文を，エンゲルスの判断で取捨した上で[13]一括し，しかし「注」としてではなく，引用として挿入する。また「信用制度の他の側面」についても，エンゲルスは同様に，「本文」から「注」の記号をすべて取り去り，手稿ノートの下段に記されている「注」そのものを，やはり彼の判断で取捨した上で，「本文」の後[14]に，「注」としてではなく引用として，一纏めに挿入する形に変えている。さらにその上，手稿の「補遺」部分の一部をも第25章に取り込み，また手稿の他の部分をもこの第25章に持ち込んできているのである[15]。

これに対し MEGA 版では，「冒頭部分」以外の個所をそこに持ち込むことは行ってはおらず，また手稿「本文」およびそこに付された「注」の記号，並びに「注」の内容をすべて復元してはいるが，しかし「注の注」の取扱いに問題を残している。例えば先の「注a)」の場合，MEGA 編集者は，「注a)『経済学批判』云々。…」をまず復元する。そして次に，S.317，下段の「注a)に」を，「注a)」の「続き」と解釈して，「注a)に」という小見出しを削除し，この「注a)に」の内容を「注a)」の内容に続けて復元する。そこで「注の注」が恰も「注a)」そのものの一部であるかのように復元されていく。ところが上述のように，「注a)」に対していま一度「注a)に」が，S.318 の下段の第1パラグラフとして書かれている。しかし MEGA，Text で見る限り，どこまでが「注a)」で，どこからどこまでが最初の「注a)に」であるのかは，全く区別ができない[16]こととなってしまっている。そこでこの第25章部分については現行版と MEGA との対比のみでなく，MEGA と大谷禎之介氏の手稿解説との対比が不可欠となる。

そこで以下では，大谷氏の考証をも参照しつつ，手稿でのマルクスによるギ

第 9 章 ギルバート著『銀行業の歴史と原理』の引用を巡って 321

ルバートの著書『銀行業の歴史と原理』からの引用の仕方を手がかりにして，以下の諸点を検討する。

1） J. B. Gilbart, *The History and Principles of Banking*, 1st ed., 1834, p.vi.
2） この点については，本章第 6 節の〔補遺〕を参照されたい。
3） この点については，大谷禎之介氏によって多くの研究成果が公表されてきている。例えば，大谷禎之介「『信用と架空資本』(『資本論』第 3 部第25章)の草稿について——第 3 部第 1 稿第 5 章から——」(上)『経済志林』第51巻第 2 号，1983年10月，46, 51-54, 75-77 ページ，等々を参照されたい。
4） Cf. *MEGA*, S.6*-7*.
5） Cf. *MEGA*, Ⅱ/3・4, S.7*; *MEW*, Inhalt, S.1003-1004. なお，大谷禎之介「『資本論』第 3 部第 1 稿について——オリジナルの調査にもとづいて——」『経済志林』第50巻第 2 号，1982年10月，136-137 ページ；大谷「『資本論』第 3 部第 5 篇の草稿について」『信用理論研究』第 1 号，1984年 7 月，4-20ページを参照されたい。
6） Cf. *MEGA*, S.469-475.
7） Cf. *MEGA*, Apparat, S.1060, 1061.
8） 大谷「『信用と架空資本』…」前掲(上)，75ページ；大谷「『信用と架空資本』(『資本論』第 3 部第25章) の草稿について——第 3 部第 1 稿第 5 章から——」(中)『経済志林』第51巻第 3 号，1983年12月，6-7 ページ。
9） *MEGA*, Apparat, S.1061 には，手稿の S.317 のフォトコピーが収録されている。参照されたい。
10） この点については，さしあたり，次の第10章を参照されたい。
11） この「冒頭部分」は，この第 5 節で考察する「信用ないし信用制度」論の「序論」ではなく，「以下」での考察の「前提」をなす近代的信用制度＝銀行制度の 2 つの側面について，予め本質的規定を与えようとしているのであり，その意味でそれは「序章」としての位置をもつものと思われる。なお，さしあたり次章第 5 節の〔補遺-1〕も参照されたい。
12） これらの「注a)に」，注「b^a)」，「注a)に。トゥック」等の内容については，次節で「注aおよびbに」との関連で，立入ることにする。
13） 例えば「注b^a)」には，ギルバートからの引用も含まれているが，現行版では，それは削除されている。
14） 厳密にいえば，信用制度の第 2 の側面についての「本文」に付された「注」を，この第 2 の側面についての叙述の後にではなく，「本文」全体のパラグラフの後に，一括掲出するという形が現行版では採られている。
15） それが現行版第25章の「Ⅰ」「Ⅱ」「Ⅲ」「Ⅳ」「Ⅴ」の部分である(cf. *MEW*, S.423-428：訳，581-589ページ)。
16） Cf. *MEGA*, S.469. しかも *MEGA* 編集者は，後の方の「注a)に」，つまりトゥックからの引用を先に，前の方の「注a)に」，つまり『通貨理論評論』からの引用を

後に，復元している。編集者は MEGA, Apparat, S.1060 で，「S.318 を見よ。注a)に。トゥック」という指示の文言が，先の方の「注a)に」の後になってからから書き込まれたものであることを記しているが，それ以上の説明は与えていない。しかし MEGA, Apparat, S.1061に収録されている手稿 S.317 のフォトコピーから判断すると，「S.318 を見よ。云々」の指示が，最初の「注a)に」の文章部分——『通貨理論評論』からの引用——の前に入るように線で記されているので，MEGA 編集者は，後の方の「注a)に」つまりトゥック『通貨原理の研究』からの引用を，『通貨理論評論』からの引用より先に，復元したのであろう。その点で，つまり2つの「注a)に」の前後関係理解の点で，MEGA 編集者と大谷氏とでは相違している（大谷「『信用と架空資本』…」前掲，(中)，7ページ参照）。

第2節　信用制度の第1の側面とギルバートからの引用

さてマルクスによるここでのギルバートからの引用は，全て，彼の著書『銀行業の歴史と原理』の第Ⅲ部「銀行業の原理」部分からである。因みにこの第Ⅲ部の構成は，第Ⅷ章　預金銀行，第Ⅸ章　送金銀行，第Ⅹ章　発券銀行，第ⅩⅠ章　割引銀行，第ⅩⅡ章　キャッシュ　クレディット銀行，第ⅩⅢ章　貸付銀行，第ⅩⅣ章　貯蓄銀行，［第ⅩⅤ章　ロンドン＝ウェストミンスター銀行］となっており，マルクスは最後の2章を除くすべての章から書き抜いている。

そしてここでの最初の引用を，信用制度の第1の側面——「信用制度（Creditwesen)の本来的基礎」である「生産者や商人の相互のもとでの相互的な前貸し」——についてのパラグラフの中に付された「注」に見出すことができる。即ち，商品の信用取引においては，商品は「手形」と引き替えに販売され，そして「これらの手形そのものはその支払期日まで支払手段として流通し，それらが本来の商業貨幣を形作る[b)およびba) 1)]」という「本文」に付されている「注」の記号——「b)および b[a)]」——のうちの，後から書き込まれたものとされている「および b[a) 2)]」の中に，ギルバートからの最初の引用が見出されるのである。

〔補注①〕

　厄介なことに，この「注」の記号「b)および b[a)]」のうちの「および b[a)]」は，「b)」を書いた後で書き足されたものであるのに，「注」そのものが書かれた結果だけを見ると，上述のように，「b[a)]」，「b)」，「c)」，「注

a)に」,「注 a および b に」の順になっており,しかも「b^a)」の最後の 2 行と「b)」の後半は細かく詰めて書かれており,そして「b)」の終わりの 1 行は,「注 a および b に」の後に回され,手稿 S.317,下段,最後の行に書き込まれている[3)]。

　手稿 S.317 のフォトコピーを見ると,S.317 の下段にマルクスは,初め注の記号「a)」「b)」「c)」だけを等間隔に書いておいて,まず「a)」を,次に「b)」を書いていくと,「b)」のスペースが狭いので細かな字で詰めて書き,後から「b^a)」を,「a)」の下の空きに書き入れていくと,またスペースが不足して細かく詰めて書いていったように見える。

　そこでまず注「b)」であるが,それは現行版にも全文が収録されているように,リーサム(W. Leatham)の第 1 書簡集(1840年,第 2 版)からの引用で,商業手形が「本来の商業貨幣である」という「本文」への「注」として,1839年の手形振出し総額と流通手形総額についての引用で始まっている。

　そして注「b^a)」では,まずオプダイク(G. Opdyke)から,「相互的な債権の清算に役立つのではない限りの,あるいは銀行券のように貨幣に代って流通するのではない限りの」手形や小切手の役割や,自分の債務を受取手形である自分の債権で清算する場合や,さらに受取手形を割引くことで取引を拡大する場合についての,2 つの引用がなされる。そして続けて,次にギルバートからの抜き書き——即ち,「手形〔(その割引)〕によって彼〔事業主(tradesman)〕は信用を与えられえ,そして彼は彼の資本への何らかの追加を求めることなしに,彼の事業を拡張しうる[4)]」(引用 1)[5)]——,となっている。

〔補注②〕

　　注「b)」でのリーサムからの引用の最後の部分は,融通手形による「仮空資本(the ficticious capital)を創造する[6)]」ことについての抜き書きである。

　　他方,注「b^a)」でマルクスが引用したギルバートの文章の次に来るパラグラフでは,ギルバートは,既に1834年に,同じく「融通手形,即ち風手形(wind-bills),凧(kites)と呼ばれているこの種の手形[7)]」や,またそれによる「仮空資本(the ficticious capital)の調達」に言及している。そし

てさらに彼はこれに続く次のパラグラフでは,「手形は[信用]保証を与える容易な方法を提供する」ことによって,「融通手形」による「仮空資本の調達」が行われるのみでなく,それによる破産の危険がもたらされることにも説き及んでいる[8]。

〔補注③〕

　現行版では,注「b)」と「注aおよびbに」の一部とが収録されているが,注「b[a)]」はすべて削除されている[9]。これに対し MEGA では,いうまでもなく注「b)」がまず全文復元されているが,次の注「b[a)]」として,手稿で注「b[a)]」とされている１つのパラグラフ――オプダイクとギルバートとからの引用――の他に,「注aおよびbに」が,注「b[a)]」の第２,第３のパラグラフとして復元されている。つまり MEGA 編集者は「注aおよびbに」を,注「b[a)]」への「続き」と解し,したがってそれを注「b[a)]」の一部として復元している[10]。そこで MEGA, Text を見る限り,注「b[a)]」と「注aおよびbに」との区別をすることは不可能となっている。

　ところが「注a」も,第１節の注16)で既に言及しておいたように複雑で,「注a)に対する「注」である「注a)に」が２つ付けられている。したがってこの「注aおよびbに」も,それが注「b[a)]」への「続き」,あるいは注「b[a)]」に対する「注」であると断定するのは容易ではない。即ち,単純な商品流通から支払手段としての貨幣の機能が生まれ,それと共に「債権者と債務者との関係」,即ち信用関係が商品の売手買手の間に形成されるということを,マルクスは既に「明らかにした」と「本文」で述べ,その出所を指摘しているのが「注a)」であった。そして最初の「注a)に」は,現金払いで処理されない「すべての取引(every transaction)は厳密には信用または清算取引(a credit or time bargain)で」,「それ[信用取引]が原則をなし,現金取引(cash bargain)は例外をなす[11]」ほどに信用取引が支配的になっている,という匿名の『通貨理論評論』からの引用であった。また第２の「注a)に」は「信用一般について」のトゥックの『通貨原理の研究』における叙述からの引用であった。

　それに対し,「注aおよびbに」はボサンクェ(J. W. Bosanquet)からの

第9章　ギルバート著『銀行業の歴史と原理』の引用を巡って　　325

引用であるが，その前半は預金通貨についての抜き書きであり，後半は手形についてのそれである[12]。だからエンゲルスのように預金通貨についての部分を削除してしまうのも，またMEGA編集者のようにこれらを一括して注「b[a]」の一部としてしまうのも，共にマルクスの意図に添うものではないであろう。

　信用制度の第1の側面の叙述との関連でのギルバートからの抜き書きは，この引用1だけである。そしてこの引用1は，もしかすると引用2以下との関連で，後から書き加えられたのかもしれない[13]。
　ところで「貨幣取引業の発展と結びつく」とされる「信用制度の他の側面[第2の側面]」についての叙述は，手稿では5つのパラグラフ——現行版では最初の2つのパラグラフが1つに纏められている——から成立っているが[14]，「銀行業者の与える信用」についての叙述である第5パラグラフ[15]の末尾に近いところに，次節で検討するように，「注」の番号「1)」が付されている[16]。そしてこの「注1)」に，さらに「注1)(318および319)へ」という「注」が付されて，そこでギルバートからの引用がなされ，そしてこのいわば「注の注」の後にも，ギルバートからの引用が小見出しを付して続けられていく。
　そこでその点を，手稿ノートへの書き方に即してやや立入って見ると，次のようになっている。即ち，信用制度のこの第2の側面についての「本文」は，手稿S.317, 上段, 第4, 5, 6, 7パラグラフからS.318, 上段, 第1パラグラフへと書き続けられ，またその「注」はS.318, 下段, 第2パラグラフに始まり，S.319, 下段, 第1〜第5パラグラフへと書き続けられていく。したがって「注1)」は，S.319, 下段, 第2パラグラフに記されている[17]。
　ところが，「注1)」に対する「注」である「注1)(318および319)へ」は，手稿ノートのS.318, 上段, 第3パラグラフに書かれており，このS.318, 上段, 第3パラグラフを含む第6パラグラフまでと，S.319, 上段, 第1〜第5パラグラフとが，ギルバートからの纏まった一連の引用となっていく。しかもS.319, 上段, 第3パラグラフには，「318ページへ」という指示の付された引用も見出される[18]。そしてここでのギルバートからの引用には原則的に小見出しが付されているから，「注1)(318および319)へ」および「318ページへ」という指示自

体，そこでの引用に対する小見出しと解することができる。
　そこで，この手稿 S.318, 上段, 第 3 パラグラフから S.319, 上段, 第 5 パラグラフにかけて纏めて書き抜かれた都合21にも及ぶギルバートからの引用を，どのように位置付けるかが，以下での課題となる。

1 ）　*MEGA*, S.470.
2 ）　Cf. *MEGA, Apparat, S.*1063. なお大谷「『信用と架空資本』…」前掲，(中)，12ページを参照されたい。
3 ）　Cf. *MEGA, Apparat, S.*1061. なお大谷「『信用と架空資本』…」前掲，(中)，12ページの「注24)」も参照されたい。
4 ）　Cf. *MEGA*, S.470. なお引用文中の括弧〔　〕内はマルクスが説明のために挿入した部分である。以下同様とする。なおマルクスによるギルバートからのこの引用は，ギルバートが上述の第XI章「割引銀行」の第 2 節「手形の利点」で，その第 3 として指摘（*ibid.*, p.176）し，「手形が事業主(tradesman)をして同額の資本でより外延的な事業を遂行させうる」(Gilbart, *op.cit.*, p.152)事例として挙げているところからのものである。
5 ）　以下，ギルバートからのここ「冒頭部分」での引用に，順次ノンブルを付していくこととする。因みに，手稿第 5 章第 1 節(現行版第21章)には，ギルバートの同書(第XI章第 5 節)からの引用(cf.Gilbart,*ibid.*,p.162)が，既に見いだされる(cf. *MEGA*, S.412; *MEW*, S.351：訳，481ページ)。
6 ）W. Leatham, *Letters on the Currency, addressed to Charles Wood Esq., M. P.* …, 2 [nd] ed., 1840, p.44.
7 ）　融通手形のスコットランドにおける別名等については，J. W. Gilbart, *A Practical Treatise on Banking,* (1 [st] ed., 1827), 4 [th] ed., 1836, p.80 でも言及している。因みにマルクスは，ギルバートのこの著書をも，既に手稿第 5 章[篇]第 2 節[第22章*]で利用している(cf. *MEGA*, S.434; *MEW*, S.372-373：訳，511-512ページ)。また，手稿第 5 章第 5 節「信用。架空資本」の「混乱：続き」(*MEGA*,S.644-645, 646; cf. *MEW*, S.555, 559：訳，764, 770ページ)では，Gilbart, *An Inquiry into the Causes of the Pressure on the Moneymarket during the Month* 1839, Lond. 1840から，さらに第 6 節(*MEGA*, S.656; cf. *MEW*, S.624：訳，861ページ)——現行版第36章——においては，再び *The History and Principles of Banking* からの引用がなされている。

　　　*なおマルクスが第 5 章第 2 節で引用している *A Practical Treatise* … は，*MEGA* および *MEW* の編集者によると，1849年の第 5 版(2 巻本)の第 1 巻とのことである(cf. *MEGA, Apparat,* S.1370; *MEW*, S.947)が，ギルバートの同書は，第 4 版で最初の若干の加筆がなされ，この第 5 版で大きな加筆が行われ，2 巻本となる。その第 6 版は1859年である。なお同書は，ギルバート没(1863年)後，

第9章 ギルバート著『銀行業の歴史と原理』の引用を巡って　327

The History and Principles…等と共に合冊され, *The Principles and Practice of Banking*(1871年)として, あるいは *The History, Principles, and Practice of Banking,* Vol.Ⅰ&Vol.Ⅱ(1882年)として, 刊行されている。そしてこの合冊本で見ると, マルクスがこの第2節で利用している箇所は, The Administration of a Bank under the Act of 1844 と The Administration of the Banking Department of the Bank of the England の2つの章——第5版で大きく加筆された部分の一部——からである。

8) Cf. Gilbart, *The History and Principles*…, *op.cit.*, p.152-153.
9) Cf. *MEW*, S.414-415：訳, 569-571ページ。
10) Cf. *MEGA*, S.470.
11) Cf. *MEGA*, Text, S.469; *Apparat*, S.1061. マルクスの引用は若干の意訳となっている(cf. A Banker in England, *The Currency Theory Reviewed; A Letter to The Scottish People on the menaced Interference by Government with the existing System of Banking in Scotland,* 1845, p.29)。なおマルクスはこれを *The Currency Question Reviewed* …として引用している。また大谷氏はなぜか,『通貨理論評論』からの2つ目の引用を訳出されていない(大谷「『信用と架空資本』…」前掲,(中), 7ページ)。
12) Cf. *MEGA*, S.470；大谷, 同上, 9-10ページ。
13) 因に, 既に指摘しておいたように, 注「b^{a)}」の最後の2行, つまりギルバートからの抜き書きのところは, 細かく詰めて書かれている上に, この引用1には, ギルバートの著書のページが示されていないのである。
14) Cf. *MEGA*, S.471-475; *MEW*, S.415-417：訳, 571-573ページ。
15) なお,「銀行が自由にする貸付可能資本は…」に始まる第3パラグラフの終わりから2番目の文章には注「f)」の記号が付されているが, この記号に対応する注は,「f) ギルバート」とだけ書かれて, しかも抹消されてしまっている(cf.*MEGA*,S.472; *Apparat*, S.1064; 大谷「『信用と架空資本』…」前掲,(上),73ページ；(中), 16-17ページ)。
16) Cf. *MEGA*, S.474.
17) 大谷「『信用と架空資本』…」前掲,(上), 74-76 ページ；(中), 24ページを参照されたい。
18) 大谷, 同上。

第3節 「信用制度の他の側面」とギルバートからの引用

ところで「信用制度(Creditwesen)の他の側面」についての手稿の叙述は, 次のようになっている。即ち, 第1パラグラフで, この「側面」は「貨幣取引業の発展」と結びついていることが簡単に指摘され, 第2パラグラフで「貨幣

取引業というこの土台の上で…[それに]結びついて」,「利子生み資本あるいは貨幣貸付資本(moneyed capital)の管理」という「信用制度の他の側面」が「貨幣取引業者の特種的業務として発展する」ことが指摘される。続く第3パラグラフでは「銀行が自由に処分できる貸付可能な[貨幣]資本が二重の仕方で銀行に流れ込む」ことが，つまり銀行業務の一面，即ち「貸付可能な貨幣貸付資本(moneyed capital)を自分の手中に大規模に集中する」仕方が，そして第4パラグラフでは，銀行業務の他面，即ち「本来の商業[上の]信用」における「貸付」の形態が考察される。その上で第5パラグラフでは,「銀行業者が与える信用」が取上げられる[1]。

ではこの第5パラグラフのどこに，どのように注「1)」が付されているのか。まず「銀行業者が与える信用は種々な形態で，例えば，銀行業者手形[i]，銀行信用，小切手[j]，等々で，最後に銀行券で，与えられうる[2]」と，銀行業者が与える信用の諸形態が指摘される。そしてこれらの信用諸形態のうちで，銀行券が「素人には特に目につく重要なものとして現れる」理由を2つ挙げた後,「しかし」としてマルクスは次のようにいう。「銀行業者が彼[銀行業者]に預金された貨幣を現金で前貸しする場合でさえも，銀行業者はその他のあらゆる形態での信用でも取引する，云々[(1)]。実際には，銀行券はただ卸売業の鋳貨をなしているにすぎず，銀行で主要な問題となるのはつねに預金である。例えば，スコットランドの諸銀行を見よ[(2) 3)]」，と。そしてこの引用文中の，「[i)]」および「[j)]」，並びに「[(1)]」および「[(2)]」は，いずれもマルクスが付している「注」の記号なのである。

さて問題の「注1)[4)]」は次のような内容である。即ち，「ロイド。『銀行業者，彼は仲介者であり，一方で預金を受け入れ，それらを資本の形態で人々に任せることによって，充用している。』(第3763号。ロイド(オーヴァストーン)の答弁。議会[銀行法特別委員会]報告書，1857年)。」「銀行業者が公衆に行う提案は次のようなものである。：『「私は私の信用をあなたの資本と交換したいが，しかしあなたは，あなたの資本の使用を利子なしで私に許さなければならず，しかもあなたは私に，私の信用の使用に対する利子を払わなければなりません。」』(204ページ，注。ラゲー(コンディ)『通貨および銀行業に関する一論』，第2版，フィラデルフィア，1840年)。[5)]」

そして「本文」では，銀行業者が「彼［銀行業者］に預金された貨幣を現金で前貸しする場合でさえも」，「銀行業者が取扱うものは信用そのもの」であって，「銀行で主要な問題となるのは常に預金である」ことが強調されていた。そして「注１）」の２つの引用は，いずれも，「預金」と銀行業者が貸出す「資本」との関係，ないしは銀行業者の与える「信用」つまり銀行が貸出す「資本」と，銀行業者に無利子での利用を許す「あなたの資本」つまり「預金」との関係についてのものである。マルクスはこの関係を，したがってまた「銀行業者の資本」なるものを，より明快に説明しているものとして，ギルバートの『銀行業の歴史と理論』の第Ⅲ部第Ⅷ章「預金銀行(banks of deposit)」から抜き書きし，そこに「注１）(318および319)へ」という見出しを付したのであろう。

　ところで前置きが長くなったが，ギルバートはこの第Ⅷ章の冒頭で次のように言う，「銀行業(*banking*)は貨幣を稼ぐことを目的として営まれる一種の取引(trade)である」が，「銀行業者の取引は，それが主として他人の貨幣(money)で営まれる限り，他の諸取引とは異なる」，と。そして続いて彼は，マルクスが引用する「銀行の使用総資本」なるものの説明に入っていく。「銀行の使用総資本(the trading capital of a bank)は２つの部分に，即ち投下資本(the invested capital)，および銀行営業資本(the banking capital)に，分けられるといってよい。投下資本は事業(business)を営む目的で出資者(partners)によって払い込まれた貨幣である。これは真の資本(the real capital)と呼ばれえよう。銀行営業資本は［銀行の使用総］資本のうちの，その事業の過程で銀行自身によって創造(create)される部分であり，そして借入資本(borrowed capital)と呼ばれえよう[6]」——引用２——，と。

　では「借入資本」である「銀行営業資本」はどのようにして「創造」されるのか。引用２に続くパラグラフ全体で，ギルバートはそれを説明する。即ち，｜銀行営業資本ないし借入資本の調達には３つの仕方がある：第１に預金の受入によって，第２に銀行券の発行によって，第３に為替手形の振出しによって。ある人が私に100ポンドを無償で貸してくれて，その100ポンドを私が４パーセントの利子で他の人に貸すとすれば，１年の経過後に私はこの取引で４ポンドを儲けるだろう。またある人が私の『支払約束』［銀行券］を受取ってくれて，年度の終わりにそれを私に返し，そして私に４パーセントを支払うならば，あ

たかも私が100ポンド金貨を彼に貸して，その取引によって4ポンド儲けるであろうのとまさに同じことである。さらにまた地方都市のある人が私に100ポンドを，21日後に私がロンドンのある人に同額を支払うという条件で持ってくるならば，21日間に私がその貨幣で稼ぎうる利子は，それがいくらであれそれは私の利益となろう。これが銀行業の諸操作の，そして銀行営業資本が預金，銀行券，および手形によって創造される仕方の，簡明な描写である[7]」，と。これがギルバートによる，債務の債権化としての「銀行営業資本の創造」の簡明な説明であり，マルクスはこのパラグラフ全体をそのまま引用する――引用3――。

このように「銀行の使用総資本」は2つの部分から成立っていて，銀行業者は自己の債務である借入資本を「銀行営業資本」として貸付けるのであるから――「銀行業者の取引は主として他人の貨幣で営まれる」のであるから――，「銀行業者の利潤」もまた独特となる。そしてマルクスはその説明のパラグラフの最初と最後の部分を，一つに纏めて引用する。それが「銀行業者の利潤は一般的に彼の銀行営業資本，即ち借入資本の額に比例する。…銀行の真の利潤(the real profit)を確定するには，総利潤から投下資本についての利子が控除されるべきであり，そして残るものが銀行業利潤(the banking profit)である[8]」という，引用4である。

その上でギルバートは次に，「預金銀行(a bank of deposit)」と「発券銀行(a bank of circulation[9])」とが，手形を割引く際の，「資本創造」の違いの検討に入っていく。即ち，「銀行業のこれら2つの種類」は共に「銀行営業資本を獲得しようとするが，しかし異なった手段によってである。」前者・預金銀行は，「不生産的に」「遊休している貨幣」を預金として集めて，それを「活動させる」，つまり手形割引に充用するのに対し，後者・発券銀行は，「彼自身の約束手形を発行する」ことによって「手形を割引く。」したがって「いずれの場合にも銀行営業資本が創造され，そしていずれの資本も全く同じ仕方で充用される[10]」，と。

マルクスによる引用6および7は，以上に続くパラグラフの最初の部分――「銀行券を発行しないこれらの銀行［預金銀行］業者達でさえ(even)[11]，手形を割引くことによって銀行営業資本を創造する。彼らは彼らの割引を彼らの預金

第9章 ギルバート著『銀行業の歴史と原理』の引用を巡って　331

の増加に役立たせる。ロンドンの銀行業者は彼らに預金口座を開設している人々のため以外には割引をしない」——引用6——。「手形を割引き，そしてその全額に利子を支払った当事者は，その［割引いた］額のある部分を無利子でその銀行の手許に残すに相違ない。このようにして銀行業者は実際に前貸しされた貨幣に対する通例の利子率以上を獲得し，また彼の手に残されている残高の額まで銀行営業資本を調達する[12]」——引用7——である。そしてギルバートは，さらにロンドンの銀行では預金は無利子であるが，しかし銀行での諸取引には手数料がかからないが，スコットランドでは異なること，また両地での預金口座の微妙な相違と銀行券の流通との関係等を指摘した後，今度は発券銀行でもある預金銀行の場合における銀行営業資本調達——例えば，預金が自行銀行券で，あるいは他行銀行券でなされる場合——の考察に進んでいく[13]。

　ところで以上の引用2, 3, 4, 6, 7は，いずれも第Ⅷ章「預金銀行」からのものであるが，引用5は第Ⅺ章「割引銀行(banks of discount)」の序論的部分からとられたものである。そこではギルバートは「近代銀行業の事業の顕著な分野は為替手形を割引くことから成立っている」とし，その理由の一方として，為替手形の性質——手形は満期までの期間が短く，投下した資本は直ぐに還流し，また必要ならば再割引されうる——を挙げる。そして他方の理由は，銀行が貸出す資本の性質にあるとして，次のように説明する。「銀行業者のその顧客に対する前貸しは他人の貨幣でなされ，かつその貨幣はいつ引出されてもよいのであるから，これらの前貸しがなされる有価証券は急速に回転し，またいつでも換金可能(convertible)でなければならないからである[14]」，と。そしてマルクスが引用5としてくるのは，「銀行業者のその顧客に対する前貸しは他人の貨幣でなされる」というところである。

　以上，引用2～7が「注1)(318および319)へ」という「注1)」に付された「注」——いわば「注の注」[15]——である。そしてその中の引用4は，上述のように括弧〔　〕に入れられた岐論的・挿入的な内容のものであるから，内容的には引用5は引用3に直接続くものと見ることができる。即ちマルクスは，これらのギルバートからの抜き書きから成立つ「注の注」によって，債務の債権化としての「銀行営業資本」の特質に，ここで若干立入っておこうとしたのであろう。

そしてこの「注の注」に続くギルバートからの引用が，すべて彼の著書『銀行業の歴史と原理』での叙述の順序に従った抜き書きであるところからすると，おそらくマルクスは引用2～7を書き抜いたついでに，ここで小見出しを付けながらギルバートの著書からの書き抜きを続けたのであろう。だからまた次に考察するように，手稿のS.318，上段，第4～第6パラグラフのギルバートからの引用8～12を，MEGA版のように，「注1)(318および319)へ」の「続き」ないしその一部として処理してしまう[16]のは，手稿の誤読となるであろう。

1) *MEGA*, S.471-475.
2) *MEGA*, S.473. Cf. *MEW*, S.417：訳，573ページ。なお「注i)」は，「『委員会報告』第8巻．『商業的窮境』，第2巻第1部，1847-8年。証言記録」として，また「注j)」は，フラートンからの引用として，現行版にも収められている(cf. *MEW*, S.417-418：訳，574-575ページ)。ただしそこでは「注j)」は簡略化され，「注i)」と一つに纒められている上に，さらに「注jへ」という「注の注」が全く削除されてしまっている(cf. *MEGA*, S.473; *Apparat*, S.1064; 大谷，前掲，（中），29ページ)。
3) *MEGA*, S.473-474. なお引用文中のマルクスが付した注の記号は，*MEGA*版では「1)」および「2)」であるが，著者（小林）が文中で付している注の番号との混同を避けるために，ここではマルクスが付したそれを，敢えて「(1)」および「(2)」と記して引用することとした。念のために。
4) なお「注2)」は，「預金」という小見出しが付されているが(cf. *MEGA*, S.475-476)，エンゲルスはこの小見出しをとって，『『通貨理論評論，云々』(62-63ページ)」からの引用として，それをギルバートからの一連の引用の後に，収録している(cf. *MEW*, S.420：訳，577-578ページ)。
5) *MEGA*, S.474. 上述のようにエンゲルスはこの「注1)」を削除してしまっている。
6) Gilbart, *The History and Principles*…, *op.cit.*, p.117. マルクスはこのパラグラフを「銀行の使用総資本は2つの部分から，即ち投下資本と借入れられた銀行営業資本とから成立っている」と要約する形で引用している。その結果マルクスの引用2の中には，「真の資本」という言葉は省略されている。Cf. *MEGA*, S.474.
7) Gilbart, *op.cit.*, p.117.
8) Do, *ibid.*, p.118. なお，この引用4はマルクスによって括弧〔　〕に入れられている(cf. *MEGA*, S.474)。したがって，いわば岐論的・挿入的な引用ということとなろう。
9) Gilbart, *op.cit.*, p.118.「どの銀行であれ銀行が流通で(in circulation)保持している銀行券(notes)の額が，通常銀行業者によって"the circulation"と呼ばれる」(*ibid.*, p.132)。
10) Do., *ibid.*, p.118-119. なおここでギルバートは，預金を通して遊休貨幣をこのよう

第9章　ギルバート著『銀行業の歴史と原理』の引用を巡って　333

に「活動させる」ことは，貨幣の流通速度の増大をもたらすものとし，さらに「貨幣の流通速度の増大は通貨[貨幣]量の増大と正確に同じ効果をもつ」とする。そこで彼は，銀行券の発行だけが「高物価，過剰取引，そして投機の唯一の原因」ではないと主張する(*ibid.*, p.119)。

11) マルクスの引用では，「まさに(grade)…これらの銀行業者達は」となっている(*MEGA*, S.474)。
12) Gilbart, *op.cit.*, p.119-120. マルクスの手稿では2か所からの引用となっており，ここでもそのように引用6および引用7とするが，これらはギルバートの原文では，同一パラグラフ内の2つの文章である。
13) Do., *ibid.*, p120-121.
14) Do., *ibid.*, p.146.
15) 上述のように，これら引用2〜7は，手稿のS.318，上段，第3パラグラフに記されている。
16) *MEGA*, S.474-475では，本来の注「1)」に続けて，ギルバートからの引用2〜12並びに引用15〜18も，「注1)」として復元されている。したがって*MEGA*版では，「補遺」は，ギルバートからの引用13,14をもって始まるものとなっている(cf. *MEGA*, S.476)。

第4節　引用8〜14について

そこで念の為に，「注1)(318および319)へ」に続く小見出しの付された引用8を，まず，ここで概観しておこう。

既に引用7のところで指摘しておいたように，ギルバートは「預金銀行」の章で，預金が自行銀行券でなされるか，あるいは他行銀行券でなされるかによる銀行営業資本の増減を検討していた[1)]が，その後，彼は預金制度と通貨量の問題に考察を進めていく。彼によると「預金制度は通貨の量には影響しないが，それは通貨の性格(character)を変える。」即ち，一方で預金が金貨，銀貨，あるいは他行の銀行券等の既存の通貨でなされ，他方で発行がすべて「銀行業者自身の手形」であれば，やがては既存の通貨は銀行の手に渡ってしまい，現存する通貨はみな「銀行業者自身の手形」から成り立つことになるというのである。そしてさらに彼は，小切手によって「債権者と債務者との間の支払が貨幣を全く使用しないでなされる」から，「預金銀行は流通媒介物の使用を節約する(economize)ことに資する[2)]」という。そしてこの問題の検討箇所から，

マルクスは「準備金の節約。預金，小切手[3]」いう小見出しで2つの引用をする。

これら2つの引用——「預金銀行は[振替(transfer)によって]流通媒介物の使用を節約し，少額の貨幣をもって大きな額の取引を決済させうる。このようにして遊離された貨幣は銀行業者によって，彼の顧客への割引その他による前貸しに充用される。かくして振替の原理は預金制度に追加的効果を与える」——引用8——と，「相互に取引する2人の当事者が，彼らの口座を同じ銀行に持っているかあるいは異なった銀行に持っているかは，たいしたことではない。なぜなら，銀行業者は彼らの小切手を手形交換所で相互に交換するからである。…このように預金制度は，振替によって，金属通貨の使用を完全に駆逐する程にまで押し進められるかもしれない。もし各人が銀行に預金口座を維持していて，各人の支払いのすべてを小切手で行うものとすれば，小切手が唯一の流通媒介物となる。この場合には，しかしながら，銀行業者は貨幣を自分の手に持っていると想定しなければならない。さもなければ小切手は何の価値をも持たないであろうに[4]」——引用9——は，現行版第25章にもほぼそのまま収められている[5]。

しかしここでギルバートが取上げているのは，「振替の原理」——小切手を用いた「預金の振替(the transfer of lodgements)」による取引の決済——と，それに基づく「流通媒介物の使用の節約」であって，「準備金の節約(Oekonomisierung d. Reservefonds)」ではない。もっとも引用9で想定しているように，小切手が「金属通貨(a metallic currency)」に取って代わる場合にも，ギルバートは，「銀行業者は貨幣を彼の手中にしていなければ，小切手は価値を持たないであろうに[6]」と言っており，マルクスはこの銀行業者が持っている現金準備としての「貨幣」も節約される[7]と解しているのであろうか？いずれにしても「預金銀行」の章からの引用はこれで終わっている。

引用10と11とは，手稿では「銀行の組織について。1)支店。2)代理店(agencies)」という小見出しの下にあるが，引用10は第IX章「送金銀行(Banks of Remittance)」からのものであり，また引用11は第X章「発券銀行」からのものである。そして小見出しに続けてマルクスは，「地方銀行業者達は次のようにしている」と述べて，直ちに引用10——「それぞれの地方銀行業者は彼の銀行

券または手形を支払うために，そしてロンドンでの支払いをするために，ロンドン代理人（agent）をロンドンで雇っている。また他方では，ロンドン在住の当事者によって地方在住の当事者のために預けられる金額を受取るためでもある[8]」——を始めていく[9]。

　ところがエンゲルスは小見出しを削除し，「地方的取引は次のものに媒介されて諸銀行の手に集積される。(1)支店によって。地方銀行はその地方の小都市に，ロンドンの銀行はロンドンの種々な区域に，その支店を有する。(2)代理店によって」という，彼の説明文を挿入し，それにギルバートからの引用10を続けていく[10]。

　ではギルバート自身はどのように論じているのか。彼はこの章ではまず，国際間での商業が貨幣の運搬（transmission, carrying, transmitting）を必要とし，そこから為替手形が発明されてきたこと，また国内，例えばイングランド内での地方間でも為替手形が用いられていたが，地方間での取引の発展が「支払における貨幣を運ぶある種の手段をもつ必要を惹き起し…結果的に銀行が設立」されてきたことを指摘する。そして彼は「一国じゅうに貨幣を運ぶ最も有効な手段は銀行の外延的な設立による」として，「銀行が貨幣を運ぶ」手段の第1が「代理店」，第2が「支店」，第3が「銀行券の流通」であるとする。したがってギルバートはこの章では，それぞれについての送金の具体的仕方が，例えば，地方銀行からロンドンの代理人の貸方への記入，あるいはロンドンの銀行宛に振出された地方銀行手形の送付，あるいは「信用状」や「21日後払い手形」の郵送，一覧後7日払の銀行振出し郵便手形の発行，はてはイングランド銀行券を半裁して郵送し，受取りの通知まで残りを留め置く仕方，等々を，説明していく[11]。そしてマルクスが引用しているのは，その第1の「代理店による」いうところの最初の部分だけなのではあるが，しかしおそらくマルクスは，「銀行の組織について」という小見出しで，制度的な組織ではなく，このような具体的な銀行間取引の実態を記しておこうとしたのであろう。

　引用11は，既に指摘しておいたように第Ⅹ章「発券銀行（a bank of circulation）」からの抜き書きであるが，そこでギルバートは，銀行券の，特に地方銀行券の発行にも，それを抑制する4つの要因があることを指摘している。そしてその第3として，彼はこの引用11——「ある銀行業者が他の銀行業者の銀

行券を受取る時には，彼はそれを決して再び払出さない。もしも2人の銀行業者が同じ場所に住んでいるならば，彼らは週に1～2度都合の良い時を見つけて，彼らの銀行券を交換する。彼らの間の交換尻が，もし何ほどかあるならば，ロンドン宛の手形によって支払われる」——に示されているような，銀行券交換を通じた，地方銀行間の自行銀行券のシェアー拡大競争よる，地方銀行券の流通からの相互引上げという要因を挙げている。そして彼はそこで地方銀行券間の交換尻(balance)の処理の仕方を，同一都市内での地方銀行間，地方銀行のロンドン代理店間，遠隔地地方銀行間，それらの組み合わせといった条件の下で検討し，ある銀行が必要以上の銀行券を流通させようとしても結局は「交換」を通じて「還流」してしまうことを示している[12]。そしてマルクスの関心は，ここでも引用10の場合と同様に，ギルバートが取上げている地方銀行券の発行限度の問題ではなくて，「銀行の組織」を通じた銀行券「交換」の実態の方であったのであろう。

〔補注〕「通貨の法則(the Laws of Currency)」について

銀行券に対する「公衆の必要」について，後にギルバートは次の3つの論稿を発表している。

On the Laws of the Currency in Ireland, as exemplified in the Changes that have taken Place in the Amount of Bank Notes in Circulation in Ireland, since the passing of the Act of 1845. *Journal of the Institute of Bankers,* Vol. XV, Dec., 1852, p.307f.

The Laws of the Currency, as exemplified in the Circulation of Country Bank Notes in England, since the Passing of the Act of 1844. *Quarterly Journal of the Statistical Society,* Vol. XVII, Dce., 1854, p.289f.

The Laws of the Currency in Scotland. *Journal of the Statisitical Society,* Vol. XXX, June, 1856, p.144f.

そして例えば彼は，第1論文で次のように言う，「アイルランドには3つの否定的通貨の法則がある。アイルランドにおける流通銀行券の額は，議会の条例によっては規制されず，アイルランドの銀行業者の意志によっても，またイングランド銀行の金のストックによっても規制されない。／アイルランドでは銀行券は主として農産物の購入を目的に発行され，流通

に投入される銀行券の額は，農産物の量並びにそれが購入される価格によって主として規制される[13]」，と．

　ところでギルバートはこの第X章で最初に，まず「発券銀行」による銀行券の「過剰発行」問題——この点が引用11に関連していたのであるが——を，次に「発券銀行」が「投機の精神を助長する」と非難される問題を，検討している[14]．そして彼は「投機」の概念規定までも試みているのであるが，この章からのいま1つの引用——「銀行業の目的は取引を容易にすることであり，そして取引を容易にするものは何であれ投機をも容易にする．取引と投機とは若干の場合に非常に密接に結びついているので，正確にどこまでが取引で，どこで投機が始まるかということは不可能なほどである．…銀行が在るところでは何処でも，資本は比較的容易に入手され，しかも比較的安い利子率である．肉やビールの低廉さが大食や酩酊を容易にするのとまさに同様に，資本の安さは投機を容易にする[15]」——引用12——に，マルクスは「銀行業と投機」という小見出しを付けている．

　引用13[16]は，再び第XI章「割引銀行」からの抜き書きである．この章には，上述のように序論的部分があり，さらに「Ⅰ．為替手形の性質と起源」，「Ⅱ．手形の諸利点(advantages)」，「Ⅲ．手形の等級(classes)」，「Ⅳ．公証人」，「Ⅴ．割引率」，「Ⅵ．割引の通貨(circulation)への影響」の諸節[17]に分かれている．そしてギルバートは第Ⅱ節で，為替には「貨幣を移転する(transferring)手段としての有用性(utility)の他に…以下の諸利点がある」として，5点を挙げていく[18]．そしてその第5項目をマルクスは，「手形の割引による種々な事業部門への諸資本の配分[19]」という小見出しを付して引用する．それが現行版では全く削除されている引用13である．

　ギルバート自身はこの第5項目を，「手形はある事業部門から他の事業部門への，事情の求めに応じた，資本の移動を容易にする手段である」という言葉で始めている．その意味するところはこうである．即ち，需要が多く，したがってより多くの商品を生産したい製造業者はより多くの資本を求めているが，彼はより多くの商品を販売するから，また割引を求める手形もそれだけ多い．そして逆は逆である．そこで「主として手形の割引に充用しようとしている銀

行業者の資本は，それぞれの当事者の事情に正確に比例して，製造業のある部門から他の部門へ，容易に移転される。」つまり製造業における資本の部門間移動は，信用制度を通して，特に手形割引を通じて行われるというのである。そして彼は，「この問題については，私はリカード氏を引用する」と述べて，自分はリカードの『経済学および課税の原理』での叙述をより具体的に展開しているものとする[20]。

　ところで次の手稿 S.319, 上段, 第2パラグラフは，「長期手形は投機を助長(encourage)する」という短かな抜き書き――引用14――で，これには手稿にも小見出しは付されていない[21]。しかしこの抜き書きも第XI章の中の「III. 手形の等級」からの引用である。因にこの第III節では，ギルバートは銀行に割引を求めてくる手形5種類の「等級」を論じ，融通手形を最下位に位置付けた後，今度は手形期間の長短によるメリット・デメリットを論じている。そしてマルクスの引用箇所は，「短期手形，対，長期手形」という項目の最後の部分で，「手形が短期(of short date)であれば，投機は防がれよう」という短期手形のメリットについて言われている箇所である。しかしギルバートは，長期手形はデメリットのみであると言っているのではない。「長期手形，対，短期手形」の項目の最後では次のように借手にとってのメリットを挙げている。土地所有者が借地人の長期手形を割引くことができれば，「貨幣は，その間，土地改良に充用されうる」ように，「長期手形を割引くことは資本の永久的な(permanent)前貸しに似ている[22]」，と。だからここでも，おそらくマルクスの関心は，先の引用12の「銀行業と投機」にあって，それとの関連でここを小見出しなしに書き留めたのであろう。しかしいずれにせよこの引用14も現行版では削除されている。

1) Cf. Gilbart, *op.cit.*, p.121-122.
2) *Ibid.*, p.122-123.
3) *MEGA*, S.474-475.
4) Gilbart, *op.cit.*, p.123-124.
5) 但し小見出しは，現行版では誤って，「準備金，預金，小切手，の節約」となっている(cf. *MEW*, S.419: 訳，576 ページ)。
6) Gilbart, *op., cit.*, p.127.
7) ギルバートでは，節約される金(銀)鋳貨が，さらに中央銀行に集中されることに

第 9 章　ギルバート著『銀行業の歴史と原理』の引用を巡って　　339

ついての言及は，ここではなされていない。
8)　Gilbart, *op.cit.*, p.127.
9)　*MEGA*, S.475.
10)　*MEW*, S.419 ; 訳，576ページ。
11)　Cf. Gilbart, *op.cit.*, p.126-128.
12)　Cf. Gilbart, *op.cit.*, p.133-135. 因みにギルバートの挙げる4要因の，第1は銀行券に対する「公衆の必要」と前貸しの安全性に対する銀行業者自身の判断であり，第2は銀行券の兌換性であり，第4は預金への利子付与による銀行券還流の促進である。
13)　Gilbart, On the Laws of the Currency…, *op.cit.*, p.309.
14)　Gilbart, *The History and Principles*…, *op.cit.*, p.135-139. その後彼はさらに，銀行券の発行が価格上昇に作用する場合や逆に価格低下をもたらす場合——「銀行が独占を破壊することによって価格を引き下げる」場合も含め——等を検討し，最後に「流通銀行券の量が外国為替に対してもつ作用は多くの論議の対象であった」として地金委員会報告にまで言及していく (cf. Gilbart, *ibid.*, p.143f.)。
15)　Gilbart, *ibid.*, p.137-138. なお引用8～12は，既に指摘しておいたように，手稿S.318，上段に書かれている。
16)　手稿ではこの引用13が，S.319，上段，第1パラグラフとして書かれている。
17)　Gilbart, *op.cit.*, p.147, 150, 155, 157, 163, 171,
18)　「1. 手形はある人から他の人へ負債(debts)を移転する手段である。」「2. 手形は負債支払いの時期を確定し，また訴訟の場合には負債証拠を容易に提供する。」「3. 手形は事業家をして同じ額の資本でより大きい(extensive)事業を遂行させる。」「4. 手形は[信用]保証を与える容易な方法である。」「5. 手形は…資本移動を容易にする手段である」(cf. *ibid.*, p.150-154)。
19)　*MEGA*, S.476.
20)　Gilbart, *op.cit.*, p.153-154. 因にギルバートは，リカードの『経済学および課税の原理』第4章「自然価格と市場価格について」における，毛織物製造業と絹製造業との間での資本移動の例＊を引用している。
　　＊Cf. D. Ricardo, *On the Principles of Political Economy, and Taxation*, ed. By Gonner, 1925, p.66-67：羽鳥／吉沢訳（岩波文庫版）上，131-132ページ。
21)　*MEGA*, S.476. Cf. Gilbart, *op.cit.*, p.156.
22)　Gilbart, *ibid.*, p.157.

第5節　引用15～18は「冒頭部分」か「補遺」部分か？

ところで手稿S.319，上段，第3パラグラフ——引用15——[1]も第XI章「割引銀行」からの抜き書きである。しかし *MEGA* 版では，引用13，14は「補

遺」部分とされ，他方，引用15以下引用18まで[2]が，引用12に続けて，第4節で検討しておいた「注1)」の一部とされている。恐らくこの引用15に，「318へ」という指示(＝小見出し)が付されているからであろう[3]。

さて引用15は，第XI章「割引銀行」の第VI節「通貨(circulation)への割引の影響」からの抜き書きである。この節の冒頭でギルバートは次のようにいう。「発券銀行が手形を割引くことは，通貨[の性格]を変える点では預金勘定(deposit accounts)と同じ影響をもつが，しかしそれほど急速には作用しない。」なぜなら，「手形が割引かれる時には銀行業者は彼自身の銀行券を手形額面まで発行する」が，「手形が支払われる時には，彼はその額面の一部を金[貨]，銀[貨]または他行の銀行券で受取る」という風にしてであるからである，[4]と。

そして次に彼は，「預金勘定に対する銀行券の発行は全く預金者次第である[5]が，割引での発行は全く銀行業者次第である」とした上で，手形割引と通貨量との関係を，銀行業者が銀行のどの資本部分をもって手形を割引くかという点と関わらせて，次のように論じていく。(1)「もし彼が真の資本(real capital)で割引くとすれば，彼はそれによって通貨の量を増大することにはならない；というのは，その資本はあれやこれやの仕方で予め(previously)充用されてしまっているからである。」(2)「もしも彼が彼の銀行営業資本(banking capital)のうちの預金によって調達されている部分で割引くとすれば，彼は通貨の量を増大しないが，しかし通貨に，増大された[流通]速度を与える。」(3)「もし彼が彼の銀行営業資本のうちの銀行券によって調達される部分で割引くとすれば，彼は通貨の量を増大する[6]」，と。

したがって手形割引が直接に通貨の量を増大させるのは(3)の場合だけということになるが，(2)についても，上述のようにギルバートは「貨幣の流通速度の増大は通貨[貨幣]量の増大と正確に同じ効果をもつ[7]」というのであるから，その効果という点から見れば，この(2)の場合も(3)の場合の「通貨の量を増大する」というのと同じということになろう。そしてマルクスが引用してくるのはこれにすぐ続く同一パラグラフ内の，次の文章である。

即ち，「発券銀行はつねに彼ら自身の銀行券を発行するのであるから，彼らの割引業務(discounting business)は全くこの最後の資本種類(last description of capital)[8]でのみ行われるように見えるであろうが，しかしそうではない。銀行業者は，彼が割引く手形すべてに彼自身の銀行券を発行することは非常にありそうであるが，それでも彼の持っている手形の10分の9は真の資本(real capital)を代表(represent)するであろう。なぜなら最初には銀行業者の銀行券が手形と引替えに与えられるのではあるが，しかもこれら銀行券は手形が支払期日となるまで流通に留まってはいないからである。手形は満期まで3ヶ月あるかもしれないが，銀行券は3日で還流するかもしれない[9]。」そしてこれが引用15である。

　先に彼は，「銀行の使用総資本」のうちのどの資本部分で手形を割引くかということと「通貨の量」との関係を問題としたのであるが，今度は，銀行券の発行によって調達された「銀行営業資本」による手形割引と，「真の資本」との関係を問題とする。だからこの部分は，「銀行業者の資本」と「預金」との関係についての「注1)」そのものへの「注」ではなくて，むしろ「銀行の使用総資本」，その「真の資本」と「銀行営業資本」との分割，後者の資本の「創造」等々を説明した「注1)(318-319)へ」の，より具体的事例による「補足」と解することができる。だからマルクスはこの引用15に，「318へ」との小見出しを付けたのであろう。

　ところでこの引用15をギルバート自身の文脈で捉えるとどういうことになるのだろうか。銀行券は発券銀行に数日で還流してしまうから，その間のみしか通貨流通量の増大をもたらさず，またその間だけしか銀行営業資本の創造とはならない，ということになる。実際ギルバートは，同一パラグラフ内で，この引用15に続けて次のように述べている。「手形と交換に与えられた銀行券が，手形が満期になるまで，流通に残っているならば，その時には，割引は手形自身に等しい額の銀行営業資本をまさに創造する。しかしもしも手形が3ヶ月通用し，そして銀行券は1ヶ月だけ[流通に]残るとすれば，銀行券は手形の額の3分の1だけ資本を創造し，そして残りの3分の2は他の源泉に由来する資本から成立つに相違ない。もしも銀行券が，手形が支払い期日になる時を越えて[流通に]残るなら，その時には割引は手形の額を越えてまさに銀行営業資本を創造する[10]」，と。

　したがってギルバートによれば，銀行券の発行は，その銀行にとっては債務

の創出であり，この債務証書で手形を割引けば，債務の債権化による「銀行営業資本の創造」となる。しかし銀行券が発券銀行に還流すれば，銀行にとっての債務はそれだけ消滅し，割引による貸付，つまり銀行にとっての債権は，手形が満期になり返済が完了するまで銀行の手に残るとはいえ，もはや借入資本である銀行営業資本の貸付ではなくなってしまい，この貸付は「真の資本を代表する」ことになる，というのである[11]。

しかし銀行券の還流は，必ずしも兌換による還流のみとは限らない。例えば銀行がAの手形を自行銀行券で割引き，Aがその銀行券でBに支払い，Bが，受け取った銀行券で預金しても，銀行券は還流する。その結果，銀行券発行に伴う銀行の債務は消滅するが，しかし銀行は新たな債務を預金者Bに対して負うこととなる。あるいはこのBが受取った銀行券で，銀行からのBの借り入れを返済するとすれば，…，等々。そしてマルクスはこれら諸点にここでは全く言及することなしに[12]，ギルバートからの引用15を行っているが，いずれにせよマルクスの第XI章「割引銀行」からの抜き書きは，この「318へ」という小見出しの引用15をもって終わっている。

なお念の為に，手稿 S.319, 上段, 第4・第5パラグラフ——引用16〜18——についても，簡単に言及しておこう。

まず第4パラグラフには，「キャッシュ クレディット，過振り」の小見出しが付けられており，それは第XII章「キャッシュ クレディット銀行」からの2つの抜き書から成立っている[13]。そこで最初の文章を引用16, 後の方を引用17と呼ぶこととする。

ところでギルバートのいう「キャッシュ クレディット」とは，「当座貸越勘定(an overdrawn current account)[14]」の一種であって，スミスが『諸国民の富』(第II編第2章)でスコットランドの銀行に関して「キャッシュ アカウント」と呼んで紹介している[15] ものを指している。即ち，それは「銀行の方では，個人(an individual)に彼が時々必要とする貨幣額を，全体ではある一定の額を越えない範囲で，前貸しする取り決めであり，他方，信用が与えられる個人は，前貸しが実際になされた額についての，要求次第の，前貸がなされる日からの各部分への利子を付しての，償還のための，複数の・一般的には総数2人の・保証人との契約」である。したがって「当座勘定では当事者は彼自身の保証(security)で過振りし,そしてキャッシュ クレディットでは当事者は彼のために責任を負う2人の保証人(securities)を見つけるという点を除けば,キャッシュ クレディットは,実際には,当座貸越勘定と同じものである。いま1つの相違は,ある人はそのつど銀行からの許可なしには彼の当座勘定を過振りすることはできないが,それに対しキャッシュ クレディット勘定の過振り[16]は取引上の普通の事柄(a regular matter of business)である,という点である。それが,事実上,キャッシュ クレディットが与え(grant)られる目的なのである[17]」,と。そして引用16は,この最後の部分である。

そこでギルバートは,「手形を割引かせることによるよりも,キャッシュ クレディットによる」貨幣調達の方が,借手にとって「より有利」であるとして,次の4点を指摘する。即ち,「キャッシュ クレディットにおいては」,1)「当事者は彼が実際に充用する貨幣に対してのみ利子を支払う。」2)「当事者が望むときにはいつでも,引出された額のどの部分をも払戻すことができる」から,利子の支払がそれだけ少なくてすむ。3)「当事者は彼が望むときにはいつでも,彼の信用の全額を引出す法的能力(power)を持っている」から,手形割引の場合にも,手形ごとに銀行の審査を受けないですむ。4)「当事者は利子を年度末まで支払わない」,と。そしてキャッシュ クレディットの借手にとっての利点をこのように指摘した後ギルバートは,「キャッシュ クレディットは単に個人的保証で(upon personal security)与えられる[18]のみでなく,公債(Public Funds)を担保にも与えられる[19]」,と付け加える。引用17はこの付言部分である。

次いでギルバートは,スミスによる「キャッシュ アカント」についての長い叙述を引用した後[20],今度は,キャッシュ クレディットによる前貸しと為替手形割引との銀行業者の立場からの比較を試み,「キャッシュ クレディットは,割引勘定と当座預金勘定(a discount account and a current account)との結合物と同様に作用する」と述べ,キャッシュ クレディットと銀行営業資本との関係を次のように要約する。『銀行業者はそれ自身の額に等しい銀行営業資本をキャッシュ クレディットが維持するであろうことを期待している。銀行業者は通常前貸しの状態にあるから,キャッシュ クレディットは預金によっては銀行営業資本をなんら創造しえない。銀行営業資本は銀行券によっての

み創造されうる。そこでもしもキャッシュ クレディットでの諸操作(operations)がそのクレディットの額に等しい銀行券量を流通に維持するのに充分であるならば，その時このクレディットは銀行業者に満足を与える。が，そうでなければそれは満足を与えない。…だからキャッシュ クレディットは銀行業者の銀行券を流通させる手段をもたない…人々には与えられない[21]」[22]，と。

さて最後の引用18は，第XIII章「貸付銀行(loan banks)」からの抜き書きで，そこにはマルクスによって「商品担保貸付」との小見出しが付されている。ギルバートによると「貸付銀行は，商品担保貸付(advancing loans upon articles of merchandise)の目的で形成された銀行」を意味し，それには「収益目的のためのものと慈善動機のもの」とが存在する。そしてマルクスが引用してくるのは収益目的のための貸付に関する部分からで，手形割引による前貸しとの比較の文章である。即ち，「商品を担保に，貸付という仕方で前貸しされた資本は，恰も手形の割引で前貸しされたかのような，同じ作用を生み出す。ある当事者が彼の商品を担保に100ポンド借りるならば，それは恰も彼が彼の商品を100ポンドの手形と引き替えに販売し，それを銀行者に割引かせたのと同じである。この前貸しを得ることによって，彼はこの商品をより良い市場を求めて持ち越すことが可能とされ，そしてさもなければ，差し迫った目的のために貨幣を調達しようとして，彼が見切り売りに誘い込まれたかもしれない犠牲を避ける[23]」，と。

そしてギルバートは，次の結論を引出す。即ち，だから「銀行業者による貨幣の前貸し(advance)はいずれも，たとえそれがどのような仕方でなされるにせよ，事実上は貸付(loan)である。」担保貸付と手形割引との「相違」は，担保が1つかそれとも2ないしそれ以上か，返済の時期が固定されているか，利子が前貸しされた時点で全額支払われるかどうか，である。いずれの場合にも「事業主(trader)は同額の貨幣融通を受け，通商への影響は同じであろうということは明らかである。手形は単に債務の，振出人から，振出人の保証での，銀行への移転にすぎない。キャッシュ クレディットは貸付であり，貸付額は毎日変動するがしかし最高額は固定されている。…貸越勘定，抵当(mortgages)，何らかの質(pledges)または担保(securities)での貨幣前貸し(advance)すべてが，貸付(loan)であることをいうのは不必要である[24]」，と。

第9章　ギルバート著『銀行業の歴史と原理』の引用を巡って　345

〔備考〕「永久貸付」と「銀行営業資本」,「公債投資」と「真の資本」

　引用18の少し後でギルバートは,「永久貸付」ないし「無期限貸付」と「銀行営業資本」ないしは「真の資本」との関係,並びに「真の資本」と準現金準備としての「公債投資」との関係等について,次のように言及している。マルクスはそこを抜き書きしてはいないが,「注1)」への「注」,さらにそれへの「注」としてマルクスが書き抜いた箇所と同様に,そこでも「銀行の使用総資本」の2つの部分——「真の資本」と「銀行営業資本」——とその運用の仕方に,ギルバートは次のように言及している。即ち,「銀行業者が貨幣を永久貸付(permanent loan)の形で,あるいはそれは無期限貸付(dead loan)と呼ばれるような形で前貸しすることは,銀行業の健全な全ての原理に反する。まず第1に,これら無期限貸付はいかなる銀行営業資本も創造しない。また第2にそれら貸付は急には呼び戻され得ない。銀行業者が彼の銀行営業資本を永久貸付の仕方で貸出す(lend out)ことは軽率である。…また銀行営業資本のある突然の収縮の場合に,真の資本(real capital)が利用し得るものとなっているためには,それは処分され得る形(disposable form)で維持されるべきであるのに,銀行業者が彼の真の資本をそのような[永久貸付の]仕方で前貸しするのは,同様に軽率である。貨幣を公債に投資すること(investing)は厳密には銀行業務の1つではない。それは銀行営業資本を増大させない。しかも銀行業者が彼の資本のある部分をこのような仕方で使うべきであることは必要である。と言うのは,万一取付けが彼の銀行に生じるような場合に,容易に貨幣化(realize)できるからである。このように投資された資本部分はおそらく,彼の資本部分のうちで時折の需要に応じるために彼の金庫に保持されている額を除けば,他のどの部分よりも生産的ではない。しかしながら,時には公債の上昇が彼に顕著な利益を与える手段であろう[25)]」,と。

　上述のようにギルバートは,引用15に続くパラグラフで「永久貸付」ないし「無期限貸付」に言及していたが,ここでは銀行営業資本(=借入資本)でそれがなされるか,投下資本,即ち「真の資本」でそれがなされるかを検討することによって,投下資本(=自己資本)の果すべき役割を示し

ている。後者は「銀行営業資本の突然の収縮の場合に」つまり逼迫期に、「利用」さるべき「資本」部分であり、それは「投資」された公債類として「現金準備」の一部を構成しているというのである。

1) 手稿 S.318 および S.319 の各下段には，手稿 S.317 および S.318 の各上段に書かれた「冒頭部分」の「本文」に対する「注」が記されている。念のために。
2) 大谷氏はこの小見出しの付されている引用15のみを、「注1)」への「注」とみなしつつも、「ここでは『318ページ』とだけ書かれている。これは318ページの注番号『(1)』を意味するものと考えられるが、もしかするとこの注の第4に収められた『注1)(318および319ページ)へ』を意味するかもしれない」との注記を付されている（大谷「『信用と架空資本』…」前掲、（中）、29ページ）。
3) Cf. MEGA, S.475. なお MEGA 編集者は、大谷氏とは異なって、「注1. 318 へ」と書かれているものと判断している (cf. MEGA, Apparat, S.1065)。
4) Gilbart, The History and Principles …, op.cit., p.171. なおここでギルバートが念頭に置いているのは、引用8，9との関連で既に述べた、預金制度と通貨との関係との対比であろう。
5) 預金が払い戻される時に銀行券でそれがなされるから、この場合の銀行券の発行は銀行業者にとっては全く受動的で、「預金者次第である」との意であろう。
6) Gilbart, ibid., p.171-172.
7) 本章第3節の注10)を参照されたい。
8) マルクスは、「この最後の資本種類」を、「銀行券そのものによって調達された資本」という説明句に差し替えている (cf. MEGA, S.475)。
9) Gilbart, op. cit, p.172.
10) Ibid.
11) 尤もギルバートは、続くパラグラフでは次のように「銀行業」にとっては「銀行営業資本の創造」自体が問題ではなく、その充用の仕方が問題であるとして、問題をそちらに移してしまっている。「銀行業(banking)の諸効果を跡づけるためには、銀行業者が彼らの貨幣を充用する(employ)仕方を詳細に区分する(mark)ことが必要である，ということが注意されてよい。ある国の通貨や産業(trade)や商業に関して最大の効果が生み出れるのは、銀行営業資本の創造ではなく、その資本が使用(apply)される仕方である。価値に対して振出された手形を割引くことに充用された貨幣は、取引(trade)を鼓舞するであろう，——融通手形の割引に充用された貨幣は、投機を助長するであろう，——事業(trade)外の人への永久貸出*(dead loan)として前貸しされた貨幣は、浪費に導くかもしれない，——公債(funds)に投資された貨幣は、その価格を引上げ、市場利子率を引下げるであろう，——銀行の金庫(till)に保持されている貨幣は、銀行業者に利潤(profit)をもたらさず、社会(community)にとってなんらの利益(advantage)ともならないであろう」(Gilbart, ibid., p. 172-173)，と。

* ギルバートは，この dead loan という言葉を，permanent loan という言葉と同義に用いている(cf. *ibid.*, p.181-182)。なおこの点については後述の〔補遺〕も参照されたい。

12) なおマルクスは手稿の「Ⅰ)」(現行版第28章)で，貸付と銀行券の還流と「銀行営業資本」との間の問題を論じている。即ち，「地金の流出を考慮の外に措けば，イングランド銀行がいかにして，例えばその有価証券(即ち，その貨幣融通の額)を，その銀行券発行なしに増大しうるか？」と問題を立てて，貸付に用いられた銀行券の還流の仕方は「二重である」として，第1例・第2例の検討を試みている(cf. *MEGA*, S.515-516)。しかしそこでのマルクスによる banking capital の理解は必ずしも一義的ではなく，したがってその説明は混乱してゆき，エンゲルスも「原文の文章は関連が理解し難い」(*MEW*, S.472：訳, 515-516ページ)と注記していくこととなる*。マルクスが「銀行業者の資本」についての「立ち入った吟味」を次の「Ⅱ)」で改めて行なおうとするのも，1つには，マルクス自身その点が未整理であることに気付いて行ったからではないかと思われる。なおこの点については，本書第11章第1節と第4節を参照されたい。

* とはいえ，ここに挿入した「資本の前貸し」と「支払手段の前貸し」についてのエンゲルスの解説(*MEW*, S.472-473：訳, 648-650ページ)が妥当であるか否かは，いま1つ別の問題である。

13) *MEGA*, S.475.
14) Gilbart, *ibid.*, p.174.
15) Cf. A. Smith, *An Inquiry into the Nature and Causes of the Wealth of Nations*, (1767), 1904, ed. by Cannan, 4th ed. 1925, Vol. Ⅰ, p.281-283：大内兵衛/松川七郎訳『諸国民の富』(岩波文庫版)②, 274-278ページ。
16) マルクスはここに「残高を越した小切手の振出し」との説明を挿入している(cf. *MEGA*, S.475)。
17) Gilbart, *op.cit.*, p.174.
18) マルクスはここに「この場合には個人が債務証書(a bond, obligation)を提出する」との注記を挿入している(cf. *MEGA*, S.475)。
19) Gilbart, *op.cit.*, p.174-175.
20) ギルバートは，ここで，「キャッシュ クレディット制度の立入った説明」(*ibid.*, p.177)については，自分の *Practical Treatise on Banking* の参照を求めている。
21) Cf. Gilbart, *History and Principles* …, p.178-179.
22) この「キャッシュ クレディット」は「貸越当座勘定の一種」とされるが，この「当座勘定」での支払いには小切手は用いられない。「スコットランドでは当座預金を使う場合に，顧客が彼の個人的支払いのために銀行宛に小切手を振り出すことも，また銀行で支払い可能な手形を受け取ることも，一般的慣例(practice)ではない*」(Gilbart, *Principles and Practice* …, *op.cit.*, 1871, p.494-495)。「この〔キャッシュ クレディット〕制度は銀行券流通と共にのみ存在しうる」(*ibid.*, p.502)。

＊なお同書の1871年版の編者は，ここに「この慣習(custom)は今日では非常に修正されている——イングランドの小切手制度がより普通になっている」との注を付している。したがって「過振り」について，マルクスが先の注16)のような説明句を挿入することもあながち誤りとは言えないであろう。

23) Gilbart, *The History and Principles*…, p.179, 180-181.
24) *Ibid*., p.181.
25) *Ibid*., p.181-182.

第6節　むすびに

　上来検討してきたように，現行版『資本論』第Ⅲ部第5篇第25章(「信用と架空資本」)で，「信用制度の他の側面」との関連で一括して収録されているギルバートからの一連の引用は，手稿第5節「信用。架空資本」の「冒頭部分」の「本文」に直接に付された「注」ではない。それらは「冒頭部分」に続く「補遺」部分の一部であり，手稿 S.318, 上段，第3パラグラフから S.319, 上段，第5パラグラフにかけて書かれている[1]。それらが「本文」への単なる「注[2]」として書かれたものではないからこそ，つまり「冒頭部分」から区別された「補遺」として書かれたものであるからこそ，それらは手稿ノートの下段にではなく，上段に書かれていると解さなければならない。そしてまた，ギルバートからの抜き書き部分を含めてこの「補遺」部分では，抜き書きなり取上げられている事項なりに，原則として「表題」ないし「小見出し」が付されている。ただしこの「補遺」部分の最初の抜き書きに，つまりギルバートからの引用2～7に，マルクスは「信用制度の他の側面」についての叙述に付された注「1)」への「注」としての指示——「注1)(318および319)へ」という小見出し——を付している，と見なければならない。

　もし仮にこの指示を，注「1)」への「続き」と理解し，さらにこの指示を単に引用2～7だけに対する「小見出し」ではなくてもう少し広義の「表題」と解するならば，例えば引用の2から14までの「表題」と解するならば，引用2～14までが「注1)」の「続き」の部分であると解釈されてしまうことになる。実際現行版は，ギルバートからの引用13と14を除く引用2～18全体を，事実上「注1)」の一部としてしまうような編集となっている。また *MEGA* 版

第 9 章　ギルバート著『銀行業の歴史と原理』の引用を巡って　　349

では明示的に，ギルバートからの引用 2～12 および引用 15～18 を，「注 1)」の「続き」──つまり注「1)」の一部──として処理しているのである[3]。

　しかしそうではない。「注 1)(318 および 319)へ」という指示(＝小見出し)の付されたパラグラフの中にある引用 2～7 も，「注 1)」の「続き」ではなく，「注 1)」への「注」，つまり注「1)」を補う「注」であり，また「318 へ」という指示(＝小見出し)の付されたパラグラフの引用 15 は，「注 1)」そのものへの「注」ではなく，「注 1)」への「注」を補う「注」なのである[4]。

　そしてこのようにギルバートからの一連の引用を，一部を除いて，手稿第 5 節「信用。架空資本」の「冒頭部分」からは相対的に独立なものとして位置付けるならば，手稿の「Ⅱ)」(現行版第29章) 部分でマルクスが，ギルバートに全く言及することなしに，しかしギルバートに倣って，「銀行業者の資本」の「立入った吟味」を行ったとしても不思議ではない。なぜならマルクスにとっては，手稿「冒頭部分」に続く「補遺」部分での抜き書きは，単に「冒頭部分」に吸収されてしまうような，そこでの「注」の「続き」等ではなく[5]，同時に「Ⅱ)」(現行版第29章) 部分，等々にとっても活かされるべき部分[6]であったからなのである。

　　1)　大谷「『信用と架空資本』…」前掲，(上), 75-76ページ，および同，(中), 28-34ページを参照されたい。
　　2)　前節の注 1)で指摘しておいたように，手稿「冒頭部分」の S.317～318 の上段に書かれた「本文」への「注」は，S.318～319 の下段に書かれている──大谷，同上──ことに注意しなければならない。
　　3)　したがって MEGA 版では，「冒頭部分」に続く「補遺」部分は，事実上，ギルバートからの引用 13, 14 をもって始まるものとされている。
　　4)　したがって，現行版第25章のように，あるいはまた MEGA 版のように，ギルバートからの抜き書きの殆どすべてを手稿の「冒頭部分」(現行版第25章)にのみ関わらせ，一括して収録ないし復元することは，妥当な手稿の処理とは言い難い。
　　5)　なお引用 3, 4, 6, 7 や，この「注の注」への「注」である「318 へ」という指示(＝小見出し)の付された引用 15 等は，むしろ「銀行営業資本の創造」に関わる抜き書きである。そしてそれらは，この「Ⅱ)」(現行版第29章)部分で論じられているマルクスのいわゆる「架空な銀行業者の資本(fiktive Banker's Capital)*」論(＝「架空化」論)との関連で検討されることが必要であろう。なおその点については，本書第12章を参照されたい。
　　　　*MEGA, S.525; MEW, S.487: 訳, 666ページ。

6） 例えば「資本主義的生産における信用の役割」(現行版第27章)部分の冒頭で，マルクスは「信用制度がこれまでわれわれを引きつけてきた一般的注目点は以下の諸点であった(waren)」と過去形で述べて，その第1として，「全資本主義的生産が基礎にしている利潤率の均等化あるいはこの均等化運動を媒介するための，この[信用]制度の必然的形成*」を挙げている。恐らくここでマルクスは，ギルバートからの引用13を想起しているのであろう。

*MEGA, S.501; MEW, S.451: 訳，619ページ。

〔補遺〕 手稿「Ⅱ)」における「銀行業者の資本」の
「立ち入った吟味」について

因みに，手稿「Ⅱ)」(現行版第29章)は，「さて銀行業者の資本(das banker's Capital)は何から成り立っているかを立入って吟味することが必要である[1]」という文章をもって始まっている。そしてマルクスは，「銀行業者の資本」の「諸成分」について，銀行の貸借対照に従って，最初に資産の側(貸方[2])を1)現金(金または銀行券)と2)有価証券とに分け，さらに後者を①「商業証券である手形」と②「利子生み証券」——公的証券とあらゆる種類の株式，抵当証券等——とに分ける。そして次に負債の側(借方)について，次のようにいう，「これらの現実的(reale)諸成分から成立つ資本と並んで，それ[銀行業者の資本(Bankerscapital)]は，銀行業者自身の投下資本と，預金(彼の銀行営業資本(banking capital)，即ち(oder)借入資本(gepumptes Capital)とに分かれる[3]」，と。

しかしマルクスがどのようにして「銀行業者の資本」の実態に迫りえたのか，あるいは，どのような文献を通して「銀行業者の資本」の実態を知りえたのかを，この「Ⅱ)」の部分[4]から読み取ることは容易ではない。というのは，そこにはエンゲルスによって書き加えられた「注」はいくつも存在するが，マルクス自身による「注」は手稿にも殆ど見いだすことができず[5]，またこの部分の「本文」の中での引用も，『諸国民の富』，『通貨理論評論』，『商業的窮境。1847-48年』，『銀行法特別委員会報告書(1857年，1858年)』からのみ[6]で，しかもこの最後のものからの引用を除けば，その他は「銀行業者の資本」それ自体に関する内容のものとはいい難いからである。

しかもマルクスがこの手稿を執筆していた1865年当時は，1844年のピール銀行法に基づく株式銀行の簡単な財務報告がやっと The Economist 誌に掲載されるようになり始めた[7]時期であり[8]，その財務報告の形式も，また銀行貸借対照表の形式も，未だ統一化されてはいなかった[9]のであるから，マルクスが「銀行業者の資本」を銀行の貸借対照表に従って分析するには，何かに依拠することが不可欠であったはずなのである。

ところが上述のように，銀行業者であったギルバートが，「銀行の使用総資本」を「投下資本」と「銀行営業資本」とに分類し，後者の「創造」と，したがってまたそのための「準備金」について叙述するとき，彼は「銀行の貸借対照表」を前提していることはいうまでもない。事実彼は，その著書『銀行業の歴史と原理』(1834年)に先立つ1827年に，既に『銀行業実務』を著しており，そこでは銀行簿記についての，したがってまた銀行貸借対照表についての説明をおこなっている[10]。また『歴史と原理』の第Ⅰ編「銀行業の歴史」の第Ⅲ章「イングランド銀行の歴史」にも，1832年2月29日のイングランド銀行の貸借対照表を，また第Ⅲ編第ⅩⅤ章「ロンドン＝ウェストミンスター銀行」には，1834年12月31日の同行の貸借対照表を掲出している[11]。

そこでギルバートによる銀行貸借対照表の範例並びに事例2つを掲げておくこととしよう。

銀行貸借対照表の範例[12]

A Statement of Affairs of the Bank, December 31st. 1834.			
Dr.	THE BANK.		Cr.
Due to the Public on Current Accounts: At the Head Office. At Branch A. At Branch B. At Branch C. Due to the Public on Deposits Receipts: At the Head Office. At Branch A. At Branch B. Due to the Public for Interest on Deposit Receipts. Due to the Public for Notes in Circulation. Due to the Public for Credits on Agents outstanding. Total Amount due to the Public. Due to the Proprietors for Paid-up Capital. 1st Instalment. 2nd ditto. 3rd ditto. Balance in favor of the Bank.		Due to the Bank on Investments: Bills discounted current. Government Stock. Exchequer Bills. India Bonds. Loans outstanding. Past due Bills considered good. Total amount due to the Bank. Preliminary Expenses. Cash in hand.	

ロンドン＝ウエストミンスター銀行の事例[13]

A Statement of the Affairs of the Bank, Dec. 31. 1834.

DR.　　　　THE LONDON AND WESTMINSTER BANK.　　　　CR.

	£	s.	d.		£	s.	d.
Due to the public on account of lodgments and interest on deposit receipts	180,380	9	10	Due to the Bank on account of investments in government securities. bills discounted. &c. and cash in hand	355,540	3	6
Due to proprietors for paid-up capital	182,255	1	0	Preliminary expenses	10,635	12	10
Balance in favour of the Bank	3,540	6	6				
	£ 366,175	16	4		£ 366,175	16	4

ピール銀行条例以前のイングランド銀行の事例[14]
A statement of the affairs of the bank. Feb. 29. 1832

THE BANK.

Dr.			Cr.		
To bank notes outstanding		£18,051,710	By advances on government securities, viz. Exchequer bills on the growing produce of the consolidated fund in the quarter ending.		
To public deposits, viz.					
Drawing accounts	2,034,790				
Balance of audit roll	550,550		5th April, 1832,	3,428,340	
Life annuities unpaid	85,030	3,193,730	5th July. ditto	697,000	
Annuities for terms of yrs. unpaid	38,360		Exch. bills on supplies 1825	7,600	£4,134,940
Exchequer bills depos	490,000		Ditto for £10,500,000 for 1825	2,000	
To private deposits, viz.			By the advances to the trustees appointed by the Act 3 Geo. IV. c. 51. towards the purchase of an annuity of £585,740 for 44 years from the 5th April, 1823		10,897,880
Drawing accts.	5,683,870	5,738,430			
Various other debts	54,560				
To the Bank of England for the capital		14,553,000			
To balance of surplus in favour of the Bank of England		2,637,760	By other creditors, viz.		
			Exchequer bills purchased	2,700,000	
			Stock purchased	764,600	
			City bonds	500,000	
			Bills and notes discounted	2,951,970	
			Loans on mortgages	1,452,100	9,166,860
			London Dock company	227,500	
			Advances on security of various articles	570,690	
			By cash and bullion		5,293,150
			By the permanent debt due from government		14,686,800
		£44,179,630			£44,179,630
			Rest, or surplus, brought down		2,637,760
			Bank capital due to proprietors		14,553,000
					£17,190,760

Besides the rest. or surplus capital, the bank hold dead stock to a considerable extent, such as buildings, &c.

1) Cf. *MEGA*, S.519. なおマルクスが, なぜこのような形でこの「Ⅱ)」を始めているかについては本書第11章を参照されたい。
2) *MEGA*, S.520; *MEW*, S.481：訳, 657-658ページ。
3) *MEGA*, S.520; *MEW*, S.481：訳, 657-658ページ。
4) 現行版第29章は, 手稿の「Ⅱ)」の範囲に相当するが, 現行版第28章にしても手稿の「Ⅰ)」の範囲に必ずしも一致していない。その点については, 第10章第5節の〔補遺-2〕および第11章末尾の〔補遺〕を参照されたい。
5) 手稿には, エンゲルスによって削除されたマルクスの「注」が3つあるが, そのうちの1つは *"Theory of Exchanges"* という書名のみであり, 他の2つは, H. Thornton, *An Enquiry into the Nature and Effects of the Paper Credit of Gr. Brit.* Lond. 1802 と J. Steuart, *Recherche des Principes de l'Economie Politique*, Pari, 1789, t. Ⅳ. とからの引用である。前者は手形を割引く時の割引率についてのものであり, また後者は預金額は絶えざる変動の下にあるという指摘のものに過ぎない (cf. *MEGA*, S.522, 525)。なおこれら「他の2つ」については, 第12章第2節の注8)および注11)を参照されたい。
6) Cf. *MEGA*, S.526-529; *MEW*, S.489-492：訳, 668-674ページ。なお本書第8章第3節も参照されたい。
7) Cf. Reports of Joint Stock Banks of the United Kingdom, for the Half-Year or the Year ending December 31, 1862. *The Economist,* May 23, 1863.
8) ただし, イングランド銀行に関しては, 1844年の銀行法以降の貸借対照表と, 銀行法以前の形式へのその組替え貸借対照表とが, *The Economist* 誌に掲載され続けてきていた。
9) 銀行貸借対照表の形式の統一化の必要は, イギリスでは1870年代に至っても——20世紀に入ってさえも——望まれているほどである。例えば, J. Dun , The Banking Institutions, Bullion Reserves, and Non-LeagalTender Note Circulation of the United Kingdom statistically Invested. *Journal of the Statistical Society,* March, 1876, p.63や, R. H. I. Palgrave, Bank Balance-Sheets. *The Institute of Bankers,* March, 1907, p.144-145 等を参照されたい。なお本書第12章第4節〔備考-2〕も参照されたい。
10) Gilbart, *Practical Treatise* …, *op.cit.*, p.12f., 41.
11) Do., *The History and Briciples*…, *op.cit.*, p.73.;*The History and Primciples*…, 3rd *ed.*, 1837, *p.*263.
12) Gilbart, *Practical Treatise…*, *op.cit.*, p.41より。上述のように, 同書はギルバート没後に合冊本として刊行されるが, その1871年版(cf.p.405)または1882年版に収録されている銀行貸借対照表は, ここに掲出した第4版のそれに較べて, 複雑になっている。著者(小林)には, マルクスが利用した第5版を参照する機会はなかった。なお1882年版は, 1968年にリプリントされている(cf. Vol.Ⅱ, p.83)。

13) Do. *The History and Principles*…, 3 rd ed., p.263より。なお、この『銀行業の歴史と原理』の第XV章「ロンドン・ウェストミンスター銀行」は、その後の合冊版では削除されている。因みに同書初版の1834年は、同行が設立された年である。
14) *Ibid.*, 1 st ed., p.73より。なおこのイングランド銀行の貸借対照表は、同書の合冊本の『歴史と原理』には収録されていない。しかし合冊本に収録されている、大きく増補された『銀行業の実務』の方には、ピール銀行条例施行後最初に公表された、1844年9月7日付の貸借対照表が収められている(cf. p.254-255またはVol. I , p.367-368)。

〈付記〉

① J. W. Gilbartの諸文献——ただし *The History, Principles, and Practice of Banking,* Vol. I・IIを除く——、ならびにH. Thornton, J. Dun およびR. Palgraveの諸文献は、武蔵大学所蔵の『イギリス銀行業と通貨コレクション』に収められている。

② W. Leatham, *Letters on the Currency,* ..., 2 nd ed., 1840は、一橋大学所蔵の『メンガー文庫』を、またA Banker in England, *Currency Theory Reviewed,* …, 1845は、故藤塚知義氏所蔵のコピーを利用させていただいた。記して謝意を表す。

第10章 「英語でいう moneyed な Capital」について
―― 手稿「Ⅰ)」(現行版第28章)の冒頭部分について ――

第1節　moneyed Capital とは

　手稿「信用。架空資本」の第4項である「Ⅰ)」(現行版第28章)[1]は，次のような書き出しで始まっていく。即ち，まず手稿の第3項「資本主義的生産における信用の役割」(現行版第27章)の最後のパラグラフの後に，改行して1本の横線[2]が引かれていく。その次に，「トゥックやウィルソン等々がそれを行っているような通貨(*currency*)と資本との間の区別は，そしてその際に，鋳貨としての流通手段，貨幣，貨幣資本および利子生み資本(英語でいう貨幣貸付資本)の間の諸区別(die Unterschiede zwischen Circulationsmittel als Münze, Geld, Geldcapital und Zinstragendem Capital (*moneyed Capital* im englischen Sinn))が，ごっちゃに混同されているのであるが，［それは］次の2つのことに帰着する[3]」という，「Ⅰ)」の最初のパラグラフが記される[4]。そしてそのパラグラフの後に，改行の上，手稿の第4項をを示す「Ⅰ)」の記号が書き込まれ，さらに改行して，「次の2つのこと」についての内容の，長いパラグラフが続くという形をとっている。

　ところで，この「2つのこと」については次章で考察することとして，ここ本章では，この「Ⅰ)」の冒頭の文章の中の「利子生み資本(Zinstragendes Capital)」の後に，括弧( )に入れて書き添えられた moneyed Capital im englischen Sinn について，若干立ち入って考察することとする。というのは，手稿では，この一句が書き添えられた後は，今度は，「利子生み資本」という言葉は原則として使用されなくなり，代わってこの moneyed (monied) capital という言葉が用いられていくからである。そして他方，現行版『資本論』では，この書き添えられた句中の moneyed capital は英語のまま残されてい

第10章 「英語でいう moneyed な Capital」について　357

るが，それを除くと，手稿での moneyed(monied) capital という言葉は，原則として Geldkapital または Leihkapital に適宜独訳されていく[5]のである。

　しかもこの moneyed capital という言葉(熟語)は，これから検討していくように，『資本論』生成の第1期の手稿『経済学批判要綱』には見出されず，その第2の時期の手稿『経済学批判について』(いわゆる「23冊ノート」)で使用され始めるが，しかしそこでは，「貨幣取引〔資本〕(Geldhandel)の意味で」と「利子生み資本」という意味でと，2つの意味で用いられていた[6]。しかし『資本論』生成の第3の時期の，『資本論』第Ⅲ部第1稿第4章(現行版第4篇)では，「貨幣取引〔資本〕の意味で」の moneyed capital という言葉は用いられず，第5章第1節[7](現行版第21章)で「利子生み資本」の意味で用いられ始め，そして第5節の第4項「Ⅰ)」(現行版第28章)では，上述のように，「英語でいう moneyed な Capital」という一句が「利子生み資本」という言葉の後に括弧(　)に入れて書き添えられていく。

　では，この 'moneyed Capital im englischen Sinn' をどのように理解したらよいのであろうか[8]。イギリス人がこの moneyed Capital という言葉(熟語)を普通に用いていたので，マルクスは，「利子生み資本」とは英語の moneyed Capital という言葉で言い表はされるということを書き添えたのであろうか。

　本章では，その点を，'moneyed capital' という言葉が『資本論』生成の過程でどのように使用されるに至ったかを考察しながら考えてみたい。

1) 手稿第Ⅲ部第5章第5節「信用。架空資本」と『資本論』第Ⅲ部第5篇第25-35章との対応関係については，さしあたり，本書第9章第1節を参照されたい。
2) この「1本の横線」が，手稿の第3項(「信用の役割」)と第4項(「Ⅰ)」)との区切りを表わしているものとみなし，現行版同様に，このパラグラフから「Ⅰ)」(現行版第28章)が始まるものと解しておく*。ただし「Ⅰ)」が手稿のどこで終わり，「Ⅱ)」(現行版第29章)が手稿のどこから始まるかについては，必ずしも現行版には従いえない。この点については次章末尾の〔補遺〕を参照されたい。
　　* この点の考証については，大谷禎之介「『資本主義的生産における信用の役割』(『資本論』第3部第27章)の草稿について──『資本論』第3部第1稿から──」『経済志林』第52巻第3・4号，1985年，347, 348-349ページ，および，大谷「『流通手段と資本』(『資本論』第3部第28章)の草稿について──第3部第1稿の第5章から──」『経済志林』第61巻第3号, 1994年, 272-273ページを参

3) *MEGA*, S.505; *MEW*, S.458：訳, 627ページ。なお, 手稿第3項「信用の役割」における「以下について」の「叙述プラン」と, この第4項である「I)」冒頭でのトゥック, ウィルソン批判との関係については, 本章第5節の〔補遺-1〕を参照されたい。
4) なお, この「I)」の最初のパラグラフの現行版との相違, およびエンゲルスによる脚注の加筆については, 本章第5節の〔補遺-2〕を参照されたい。
5) 例えば, *MEGA*, S.531-532と *MEW*, S.495-496, 502：訳, 678, 687-688ページを比較, 参照されたい。
6) さしあたり, 小林賢齊「『資本論』第II部第I編成立過程の一齣——手稿『経済学批判』第XV冊および第XVII冊について——」『土地制度史学』第132号, 1991年7月, 11-12ページを参照されたい。
7) Cf. *MEGA*, S.423.
8) 例えば大谷禎之介氏は, 「ここで言う『利子生み資本』とは, 英語で普通『貨幣資本〔monied capital〕』と呼ばれているもののことなのだと, ［マルクスは］言っている」と解され, そして氏は, 「マルクスは, もろもろの種類の資本家や実務家や経済学者が『貨幣資本〔monied capital〕と呼んでいたものの, 資本としての最も本質的な規定を概念的に『利子生み資本』として把握した」のであると言われている（大谷禎之介「『貨幣資本と現実資本』（『資本論』第3部第30-32章）の草稿について——第3部第1稿の第5章から——」『経済志林』第64巻第4号, 1997年, 67, 68ページ）。

第2節　下院「秘密委員会」での委員クレイの「尋問」

まず1857-1858年執筆の『経済学批判要綱』では, 「利子生み資本（das zinstragende Kapital）」という言葉は, 「利潤生み資本（das Profittragende Kapital）」に対する言葉として用いられている[1]。そしてこれに照応して, 「産業資本家の階級（eine Klasse von industrial captalists, eine industrial class of capitalists）に対する貨幣貸付資本家の階級（eine Klasse von monied capitalists, eine moneyed class of capitalists）[2]」というように, moneyedという言葉が用いられている。そしてそのすぐ後で, マルクスがやや簡略的にではあるが, J. S. ミル（Mill）の「簡単に［言えば］生産的階級（a producing class）があり, そしてさらに, 生産という仕事には自分では従事しないで, その資本の利子で生活する, 貨幣貸付［資本家］階級という熟語で呼ばれている階級（a class technically styled the monied class）がある[3]」という文言を引用している[4]ところから

第10章 「英語でいう moneyed な Capital」について　359

すると，マルクスはミルに倣って，この「貨幣貸付資本家階級」という言葉を使用したのであろう。したがってこの場合の moneyed は，「土地所有者階級(the landed proprietors)[5]」という場合の landed に相当するものとして用いられているとみなしてよいであろう。しかし「貨幣貸付資本(monyed capital)」という言葉自体は，『経済学批判要綱』には見出せない。

ところが，この『経済学批判要綱』よりも早い1851年2月末から4月にかけて執筆[6]された『ロンドン・ノート』の第Ⅶ冊における，『1847-8年委員会からの諸報告書。商業的窮境に関する秘密委員会からの第1報告』からの引用部分に，the moneyed capital という言葉を見出すことができる。即ち，この「秘密委員会」で，委員クレイ(Sir W. Clay)は証人ホジソン(A. Hodgson)に対して，「委員会は，その[貨幣]逼迫を，あなたがわが国の貨幣貸付資本の実際の減少(the real diminution of the moneyed capital of the country)に帰そうとしていると想定して宜しいですか」(第464号Q)，「1844年銀行法の作用とは別にですか」(第465号Q)，そして，「わが国のその貨幣資本(that money capital)の減少は，一部は，世界中の国々からの輸入に対して金で支払う必要から生じ，また一部は鉄道建設のための流動資本の固定資本への吸収から生じたと，あなたは想定しているのですか」(第466号Q[7])という3つの質問をし，マルクスはそれらを1つにまとめて次のように書き抜いているのである。「わが国の貨幣貸付資本(monied capital)の実際の減少から生じた逼迫は，1844年銀行法のすべての作用を考慮の外において，一部は世界中からの輸入に対して金で支払う必要に，また一部は鉄道建設のための流動資本の固定資本への吸収に，起因した[8]」，と。

ただしこの『ロンドン・ノート』におけるマルクスの「商業的窮境」に関する『秘密委員会報告書』からの抜き書きの仕方は，質疑・応答番号を明示して『報告書』を厳密に引用していくというものではなく，「大英博物館においてつけられた[手書きの]ページ番号[9]」を示すだけのもので，したがってその引用箇所を見る限り，それがクレイの質問部分であるのか，あるいはホジソンの合弁部分であるのかを見極めることは難しい[10]。MEGA編集者が，この「秘密委員会」でのクレイとホジソンとの質疑・応答の一部ではあるが，原文(英文)――moneyed capital と money capital の部分――を「注解[11]」に掲げてい

るのも，その故であろう。とは言え，これらの質疑・応答においては，証人ホジソンは，委員クレイの質問に対して単に「はい」(第464号 A, 第465号 A)，あるいは「全くそうです」(第466号 A)と肯定的に答えているだけである[12]から，マルクス自身は，この言葉を用いているのが委員クレイであること承知して，この moneyed capital という言葉を書き抜いたものとみて間違いはないものと思われる。

　なおこの「秘密委員会」で委員クレイは，マルクスが書き抜いた第464号 Q〜第466号 Q より少し前の，同じ証人ホジソンに対する質問・第437号 Q と第444号 Q においても，「貨幣貸付資本の不足(a want of monied capital)」，あるいは「貨幣貸付資本(monied capital)のこの明らかな減少[13]」という形で，monied capital という言葉を用いている。実はこれらの場合，彼は，monied capital という言葉で，「預金の減少によって指し示されるような，わが国における貨幣貸付資本(monied capital)」(第437号Q)の「不足」ないし「減少」を取り上げているのである。そして彼がこの「秘密委員会」で，monied capital というこの言葉を用いているのは，第437号 Q，第444号 Q，第464号 Q の3箇所においてのみであり，また彼は，第466号 Q の場合と同様に，monied capital と同義の money capital という言葉を，証人マックファーレン(J. F. Macfarlan)に対する質問(第7661号 Q)においても，「銀行業務への貨幣資本(money capital)の適切な充当[14]」という形で用いている。

　ところでクレイがこの「秘密委員会」でこの言葉を用いて質問するよりも20年余り以前に，トゥックは彼の初期の論考[15]において，この言葉を次のように用いている。「一般的にいえば，手形を担保に貸し出される，即ち，割引で，不動産担保で，あるいは何らかの種類の担保で，貸出されるものが貨幣貸付資本(*monied capital*)と呼ばれ得る。他方，通貨(*currency*)は，金[貨]，銀行券，手形，あるいは信用であれ，商品の購買がそれで行われる媒介物(*medium*)である」のに，「通常は，貨幣貸付資本と通貨の双方が貨幣(*money*)と呼ばれ，また貨幣貸付資本ないし処分可能資本(*monied or disposable capital*)のための市場が貨幣市場(*moneymarket*)と呼ばれており，それゆえ，貨幣貸付資本が意味されている貨幣(*money*)という言葉の使用から，多くの混乱が生じている[16]」，と。

第10章 「英語でいう moneyed な Capital」について 361

なおこの money という言葉の使用の「混乱」について，トックは『通貨の状態についての考察』の本文で使用した monied capital という言葉への脚注として指摘しているのであるが，そしてマルクスはトックのこの論説が「付録」として抜粋されている彼の『物価史』から，その脚注部分ではなく本文部分[17]を『資本論』第Ⅲ部第5章[篇]第3節[第23章]で引用していく[18]のであるが，その点に進む前に，この monied capital という言葉をマルクスがどのように使用していたかを見ておくこととしよう。

1) Cf. *MEGA*, Ⅱ/1・2, 1976, S.716：高木幸二郎監訳『経済学批判要綱』Ⅳ, 820ページ。なおマルクスは「利潤をもたらす資本(das profitbringende Kapital)」に対し，「利子をもたらす資本(das zinsbringende Kapital)」という言葉も用いている(*ibid.*, S.738：訳, 849-850ページ)。
2) *Ibid.*, S.714, 715：訳, Ⅳ, 818, 819ページ。
3) J. S.Mill, *Some unsettled Questions of Political Economy,* (1 st ed. 1844), 2 nd ed. 1874, p.110. 因みにミルは，「あらゆる国の資本家たちの間」に存在する「階級」として，この2つの「階級」を挙げているのである(cf. J. S.Mill, *ibid.*, p.109：訳, 142ページ)が，末永氏は，the monied class を「金持ち階級」と訳出されている(末永茂喜訳『経済学試論集』, 143ページ)。
4) Cf.*MEGA*, Ⅱ/1・2, S.718：訳, Ⅳ, 822ページ。因みにマルクスは，リカードが monied という言葉を the monied individuals というように用いている箇所＊も引用している(cf. Marx, Aus den Heften von 1850/1851 über Ricardo. in *Grundrisse der Kritik der Politischen Ökonomie*, 1953, S.778：高木監訳, Ⅳ, 820ページ)。
   ＊Cf. D. Ricardo, *On the Principles of Political Economy, and Taxation,* ed. by Gonner, 1825, Chap.27, p.346. 因みに，この the monied individuals は，例えば，「預金者」(小泉信三訳)，「個人資産家」(竹内謙二訳)，「資産家個々人」(羽鳥・吉沢訳)等々，種々に訳出されている。しかしこの場合にも monied には，単に資産を持っているという意味だけではなく，ミルが定義しているように「資本の利子で生活する」という意味が含まれているのではなかろうか？
5) *MEGA*, Ⅱ/1・2, S.717：訳, Ⅳ, 821ページ。
6) Cf. Entstehung und Überlieferung, *MEGA*, Ⅳ/8, Apparat, S.771-772.
7) *Reports from Committees 1847-8. First Report from the Secret Committee on Commercial Distress; with the Minutes of Evidence.* Ordered, by The House of Commons, to be printed, 8 June 1848 , p.39.
8) *MEGA*, Ⅳ/8, S.251.
9) *MEGA*, Ⅳ/8, S.247. なお，この手書きの「ページ番号」については，さしあたり，本書第4章第4節の注8)を参照されたい。

10) マルクスは『ロンドン・ノート』第Ⅶ冊において，このように1つにまとめられた抜き書きをしているが，この手稿「信用。架空資本」の「Ⅲ)」の脚注a)で，この書き抜きをそのまま利用し，さらにそこに，「次のような決まり文句」として，「流動資本の固定資本への吸収(absorption)がいかにして『この国の貨幣貸付資本(das moneyed capital)』を減少させる」というのか，というコメントを書き加えている(cf. *MEGA*, S.532; *MEW*, S.503：訳，688ページ)。しかしその場合にも，一読したところでは，この「決まり文句」がホジソンのものであるのか否かを判読するのは容易ではなかろう。なお，手稿「補遺」部分の最初に来るギルバートからの引用に続く部分(*MEGA*, S.476-479, S.480-482)——途中で『通貨問題評論』やハバードの著書からの引用を挟むが——に見出される，ホジソンの証言に始まる「商業的窮境，1847-8年」に関する『報告書』からの一連の証言の引用は，すべて『ロンドン・ノート』Ⅶに書き抜かれた引用に依拠している(cf. *MEGA*, *Apparat*, S.1289-1295; *MEGA*, Ⅳ/8, S.248-270)。そして上に指摘した手稿「Ⅲ)」の脚注a)での『ロンドン・ノート』第Ⅶ冊からの引用は，この「補遺」での引用を前提しているように見える。本書第4章第4節および第8章第3節も参照されたい。

11) Cf. *MEGA*, *Apparat*, S.1303. しかしこの「注解」においても，それらが質疑・応答の第464号Qと第466号Qであることは，残念ながら示されていない。

12) *Reports from Committees 1847-8. First Report*…. *op.cit.*, p.39.

13) *Ibid.*, p.38.

14) *Reports from Committees 1847-8. Second Report from the Secret Committee on Commercial Distress; with the Minutes of Evidence.* Ordered, by The House of Commons, to be printed, 2 August 1848, p.106.

15) 大友敏明「投機と信用——1825年恐慌とフリーバンキング学派——」『山梨大学教育人間科学部紀要』第7巻第2号，2005年，48ページ以下を参照されたい。

16) T. Tooke, *Considerations on the State of the Currency*, (2nd ed.), 1826, p.11-12.

17) Cf. T. Tooke, *History of Price*, Vol. Ⅱ, 1838, p.355-356：藤塚知義訳，第2巻，330-331ページ。

18) なおマックラーレン(J. Maclaren)も，1858年には，moneyという言葉の使用について，トゥックと同趣旨の指摘を次のように行っている。「貨幣市場(money market)で貨幣(money)と呼ばれているものは，何らかの種類の通貨(currency)ではなく，貸付け力(the power of lending)」，即ち，「少なくとも通常の時には，所有者が充用しようとしていない当座の貯蓄，および1つの充用から他の充用へと移転する状態にあるような資本の一定額」，つまり「貸付可能な資本(loanable capital)*」を意味している，と。

*James Maclaren, *A Sketch of the History of the Currency, comprising A Brief Review of the Opinions of the Most Eminent Writers of the Subject*, 1858. p. 238〜239, 301, 333.

第3節 「貨幣取引資本」と「貨幣貸付資本」——その1

　さてマルクスがこの moneyed capital という言葉を使用し始めるのは，1861年8月～1863年6・7月執筆のいわゆる「23冊ノート」である。ただしその場合彼は，最初に言及しておいたように，この言葉を「貨幣取引[資本](Geldhandel)の意味で[1]」と，「利子生み資本(Zinstragendes Capital)[2]」の意味でとの，2つの意味で用いている。

　即ち，「23冊ノート」の第15冊，第17冊(および第18冊)で，「商業資本(Handelscapital)」——「商業資本(das mercantile Capital)。貨幣取引に従事する資本(das im Geldhandel beschäftigte Capital)」——を論ずる[3]にあたって，マルクスは，「ノート」第15冊では，前者，狭義の「商業資本(das commercial capital)」を，「商品資本(Warrencapital)」であると同時にその自立化した「商品取引[資本](Waarenhandel)」であると規定し，また後者を「*moneyed capital*(ここでは貨幣取引の意味での(hier im Sinn von Geldhandel)[資本])」と呼んだ上で，それは「*moneyed Capital*(Geldcapital)」であると同時にその自立化した「*moneyed Capital*(Geldhandel)」であると規定して，論を進めていく[4]。

　ところが「ノート」第17冊で，「貨幣取引に従事する資本は，商品取引に従事する資本と並んで，商業資本(Handelscapital)の1つの特殊な種類であり，一方は商品資本の発展した特殊な種類であり，他方は貨幣資本(*Geldcapital*)の発展した特殊な種類ある」こと，「両者は流通過程で見出される生産的[産業]資本の単なる自立化した形態でありそして存在様式であること」を再確認したところで，「商業資本(das mercantile Capital)が，資本の最初の自由な形態として，生産的[産業]資本以前に存在するように，貨幣取引とそれに従事する資本…は，ただ商人資本(das Kaufmannscapital)を前提するだけで，だから同様に生産的[産業]資本に先行する資本の1つの形態として存在する[5]」，と言う。ただしその場合の「貨幣取引とそれに従事する資本」には，「貨幣貸付資本(*moneyed capital*)，[即ち]利子生み資本(Zinstragendes Capital)もまた属するのだが」とマルクスは付言する。したがってここでは，moneyed capital は，「利子生み資本」(「貨幣貸付資本」)の意味で，しかも産業資本に「先行する資本

の1つの形態として」の「利子生み資本」という意味で用いられていると見ることができよう。

　しかしマルクスはさらに，「利子生み資本もまたそれに属する」ところこの「貨幣取引に従事する資本」という規定は，単に歴史的に先行する「利子生み資本」についての規定であるのみでなく，「資本の再生産過程自体から生じる」それについての規定でもあると言う。即ち，「資本家は貨幣を彼自身の事業に投下できない限り，彼はこの遊休蓄蔵貨幣を利子生み資本として価値増殖し，貸付けようと努める。このことを貨幣取引業者が[資本家]階級全体のために行う，即ち，[貨幣の]支払や収納のように，貸付と借入が貨幣取引に従事する資本の特殊な機能——資本の再生産過程自体から生じる機能となる[6]」，と。

　このように「貨幣取引資本」は，「生産的[産業]資本」の再生産過程にある「貨幣資本」が「自立化」し発展した「1つの特殊な種類の資本」であるが，実際にはそれが貨幣取引にまつわる諸々の業務を遂行していく過程で，「遊休蓄蔵貨幣を利子生み資本として」貸付けて価値増殖させるに至る。そしてそれを通じて，貨幣の支払や収納のような本来の「貨幣取引」業務も発展するのではあるが，しかし，「貨幣貸付資本(das monied capital)と貨幣取引は，信用制度(Creditwesen)と共に初めて，資本主義的生産様式それ自身から生じる形態を受け取る」のであるから，「ここでやっと信用としての資本についての篇(Abschnitt)に入りうるのだが，それはここ[「商業資本」論]でのわれわれの課題の中にはない[7]」，とマルクスは言う。

　そして彼は，「23冊ノート」第17冊の「商業資本(続き)」に直ぐ続く部分として，「エピソード。資本主義的再生産における貨幣の還流運動」を，第17冊と第18冊で展開していくのである[8]。

1) MEGA, II/3・5, S.1579：資本論草稿集翻訳委員会訳『資本論草稿集』⑧, 60ページ。
2) Ibid., S.1697：訳, ⑧, 240ページ。
3) Cf. ibid., S.1545〜, 1682〜, 1761〜：訳, ⑧, 5〜, 222〜, 356〜ページ。
4) Cf. ibid., S.1579：訳, ⑧, 60-61ページ。なお引用文中のアンダーラインは著者(小林)による強調である。
5) Ibid., S.1697：訳, ⑧, 239-240ページ。
6) Ibid., S.1699-1700：訳, ⑧, 242ページ。因みに，この「遊休蓄蔵貨幣」には，「蓄

積基金」としての「蓄蔵貨幣」のみでなく，「全ての生産的[産業]資本家」，「地代生活者」や「全ての不生産的労働者」の，「一度にではなく少しずつ費消される所得」も含まれる。そして「これら全てが貸付可能な資本として貨幣取引業者(Geldhändler)の手許に集中され，…, 彼は[資本家]階級全体のために貸出しそして借入れるのである。むしろ全階級の貸出し借入を遂行するのである」(ibid., S.1700：訳，⑧，243ページ), と。

7) Ibid., S.1701：訳，⑧，244, 245ページ。
8) Cf. ibid., S.1701〜, 1750〜：訳，⑧，246〜，337〜ページ。なお，この「エピソード」については，本書の序章を参照されたい。

第4節 「貨幣取引資本」と「貨幣貸付資本」──その2

この「23冊ノート」における「商業資本」論(および「エピソード。所得とその諸源泉」[1])に照応する『資本論』第Ⅲ部第1稿の第4章[現行版第4篇]および第5章[現行版第5篇]は，『資本論』生成過程の第3の執筆期(1863年7・8月〜1865年12月)の1865年夏から年末にかけて執筆されていく。しかし「商業資本と利子生み資本の考察は，[「23冊ノート」における]計画草案(Planentwurf)の第8[章]で予定されていたよう[2]に，[手稿の第4章と第5章の両者が1つに]結びつけられて展開されるのではなく，4章と5章とに分けられて[3]」いく[4]。しかも実は，『資本論』第Ⅲ部手稿の第3章と第4章との執筆の間には執筆の中断があり，マルクスはその間に『資本論』第Ⅱ部の第1稿を認め，そして第Ⅲ部の執筆に戻ったときには，当初の第4章が，第4章「商品資本と貨幣資本の商品取引資本と貨幣取引資本への，あるいは商業資本(kaufmännisches Kapital)への転化[5]」(現行版第4篇)と，第5章「利潤の利子と企業利潤(産業利潤または商業利潤)への分裂。利子生み資本(das zinstragende Capital)[6]」(現行版第5篇)の2つに分けられていったのである。

そしてこの第4章第4節「貨幣取引資本」(現行版第4篇第19章, 第20章)では，「23冊ノート」の「商業資本」論の場合とは異なって，もはや「貨幣取引資本」の意味で」の moneyed capital という言葉の使用が控えられていく[7]。あるいはこう言った方が良いのかも知れないが，ここ「貨幣取引資本」では，もはや moneyed capital という言葉を用いることを止めていく。

しかし他方，ここでも「23冊ノート」の「商業資本」論の場合と同様に，

「貨幣取引…は，貸借の機能や信用での取引が，その[貨幣取引の]他の諸機能と結びつくや否や，完全に発展する」ことが指摘され，同時に，「われわれは次の章(Capitel)で初めて利子生み資本(das Zinstragende Capital)を展開するのであるから，それについては[ここ「商業資本」論に属する「貨幣取引資本」論においてではなく,]やっと後になって[8)][考察する][9)]」と記されていく。だからその意味でもここ第4章第4節では，moneyed capital という言葉は用いられ得ないのである。

別言するならば，「貨幣取引」は，現実には「信用制度から分離された」「純粋な形態における貨幣取引[10)]」として発展するのではなく，「23冊ノート」で指摘されていたように，「貨幣取引に従事する資本の特殊な機能」として発展する「貸借の機能や信用での取引[11)]」と結びついて発展するのであり，したがって「産業資本」の流通過程にある「貨幣資本」の「貨幣取引資本」としての自立化も，実際には「利子生み資本」がそこに「属する」「貨幣取引資本」として進展するのではあるが，しかし「貨幣取引資本」としての「貨幣取引資本」を概念的に規定するここ第4章第4節では，「貨幣貸付資本(moneyed capital),[即ち]利子生み資本」がそれには「属」さない，いわば「純粋な形態」における「貨幣取引資本」として考察されることとなる。だからここでは，「23冊ノート」のようには moneyed capital という言葉を2つの「意味」をもたせて用いることは，もはやできなくなるのである[12)]。

そして第5章(現行版第5篇)に入ると，まず第1節(現行版第21章)で「利子生み資本(das zinstragende Capital)」の概念規定を与えていく際に，monied capital という言葉を使っていく。即ち，「この章(Abschnitt)では，貸付資本の他の形態がそれから派生する本来的貨幣資本(das eigentliche Geldcapital)のみを取り扱う[13)]」と断った上で，「貨幣貸付業者(Geldverleiher)の資本――貨幣貸付資本(monied Capital)の形態で――が商品として，あるいは，彼が自由に使える商品が資本[――貨幣貸付資本(monied Capital)の形態で――]として，第3者に手放されるのは，この譲渡[――「貨幣貸付資本家(monied Capitalist)」による「生産的資本家」への「貨幣の資本としての譲渡ないしは資本それ自体の商品としての譲渡」――]の過程によってのみである[14)]」という形で，「貨幣貸付資本家」および「貨幣貸付資本」に言及していくこととなる。したがって

第10章 「英語でいう moneyed な Capital」について

ここでは moneyed という言葉が，先の『経済学批判要綱』の場合と同様に，capitalist ないしは capital に対する修飾語として，産業資本家ないし産業資本に対する別の「種類(Sorte)[15]」の資本家ないし資本を表わす言葉として用いられていると見てよいであろう。

次の第2節(現行版第22章)では，「利子生み資本は特殊な商品(Waare sui generis)」となり，「この商品を貨幣貸付資本家たち(die monied Capitalists)が供給し，機能している資本家たち(die functionirenden Capitalisten)がそれを購入する[16]」ことが再度指摘されてはいるが，ここでは lonable capital という言葉は見出されるが，monied capital という言葉は使用されていない。第3節(現行版第23章)に入ると，先に第2節の注18)で指摘しておいたトゥック『物価史』第2巻における monied capital という言葉を含む文章──「利子率は，貨幣貸付資本(monied capital)の一定額に対して，年々にあるいはより長いもしくはより短い期間について，貸手が喜んで受取り，そして借手が支払う比例的額であると定義するべきである。…云々」──が引用されてくる[17]。そしてマルクスは，「利子は，貨幣貸付資本家(monied capitalist)に，[即ち]資本の単なる所有者に過ぎない貸手(lender)に流れ，…そして企業利得(Unternehmunsgewinn)は資本の非所有者である単に機能しているだけの資本家に流れる」こと，「総利潤の単なる量的分割が…質的分割に転変する[18]」ことを指摘した後，ここで再び monied(moneyed) capital という言葉を，「貨幣貸付資本(*monied Capital*)，[即ち]利子生み資本[19]」の意味で用いていく[20]。第4節(現行版第24章)においても，後述のように，同様である[21]。

そして第5節「信用。架空資本」の「冒頭部分」(現行版第25章)の，「信用制度の他の側面は貨幣取引の発展と結びついている」ことが指摘されていくところで，この「信用制度の他の側面」とは，「貨幣取引業者の特殊機能としての利子生み資本の，即ち(oder)，貨幣貸付資本(das monied Capital)の，管理」であることが指し示され，それ以降，「利子生み資本」の意味で monied (moneyed) capital という言葉が繰り返し用いられていくこととなる[22]。

1) Cf. *MEGA*, II/3・4, S.1450〜：訳, ⑦, 404ページ〜。この点については，本書の序章，並びに小林「『資本論』第II部第I編成立過程の一齣」(前掲)を参照された

い。
2） 1862年12月の「第3篇：『資本と利潤』」についてのいわゆる「計画草案」によれば、その第8［章］は「利潤の産業利潤と利子への分裂。貨幣資本(das Geldcapital)」(*MEGA*, Ⅱ/3・5, S.1861：訳,⑧, 541ページ)とされていたが、この『資本論』第Ⅲ部の手稿では、その部分が、地代論に先んずる第4章に移されていく(cf. Entstehung und Überlieferung, *MEGA*, *Apparat*, S.914-915)。そして「計画草案」での「貨幣資本(das Geldcapital)」が、「利子生み資本(das zinstaragende Capital)」に改められていく。
3） Entstehung und Überlieferung, *MEGA*, *Apparat*, S.917. 因みに、ヴィゴツキー等の推定によれば、1863年夏にマルクスが『資本論』の執筆に着手する前に作成していた第Ⅲ部の執筆プランでは、「23冊ノート」の場合と同様に、第Ⅲ部第4章は、「商品資本及び貨幣資本の商品取扱資本及び貨幣取扱資本への転化。利潤の産業利潤と利子との分裂。利子生み資本*」というように、「商業資本と利子生み資本の［両］考察」が「分けられて」はいなかった。
  *「訳者あとがき」、中峯照悦・大谷禎之介・他訳『資本の流通過程――『資本論』第2部第1稿――』1982年、302-303ページを参照されたい。
4）「明らかに第3章は［『資本論』］第Ⅱ部の執筆の前に、第4章は後に、認められた。マルクスは1865年7月と12月の間に第5, 6, 7章［の執筆］に従事した」のである(Entstehung und Überlieferung, *MEGA*, *Apparat*, S.920. Cf. Entstehung und Überlieferung, *MEGA*, Ⅱ/4・1, *Apparat*, S.560)。
5） *MEGA*, S.341；*MEW*, S.278：訳, 385ページ。
6） *MEGA*, S.411；*MEW*, S.350：訳, 479ページ。
7） ここ第4章第4節でも、moneyedという言葉は「イギリス商業資本［家階級］(das englisch mercantaile Capital)と並ぶ貨幣貸付資本家階級(monied interest)」を表わすmonied interestという熟語として用いられている(cf. *MEGA*, S.398；*MEW*, S.340：訳, 465ページ)。因みに、このmoneyed interestという熟語としては、「所有としてのマネーに携わっている階級」(The Concise Oxford Dictionary of Current English,1st ed., 1911, 5th ed., 1964)という意味で、今日も用いられている。
8） すぐ後で見るように、第5章第1節(現行版第21章)に入ると、利子生み資本との関連でmoneyed capitalという言葉が登場し、さらにその第5節「冒頭部分」(現行版第25章)では、「貨幣取引の発展と結びつく」「信用制度の他の側面」としての「moneyed capitalの管理」が指摘されていく。
9） *MEGA*, S.391；*MEW*, S.332：訳, 455ページ。
10） *MEGA*, S.393；*MEW*, S.334：訳, 457ページ。
11） *MEGA*, Ⅱ/3・5, S.1700：訳,⑧, 242ページ。
12） 因みに第4節(現行版第19・20章)の末尾には、「利子生み資本もまた実際に資本の太古の形態である。重商主義(Mercantilismus)がなぜそれに由来しないのか、そ

してむしろそれを論難する(polemisch)関係にあるのかを, 後で見るであろう」(MEGA, S.410; MEW, S.349：訳, 478ページ)との指摘がある。そして第5章第6節「先資本主義的」(現行版第36章)の冒頭部分は, この第4章第4節の末尾を直接に受ける形となっていく。

13) MEGA, S.417; MEW, S.356：訳, 489ページ。
14) MEGA, S.423. 現行版では, この「貨幣貸付資本(monied Capital)の形態で」という句が削除されている(cf. MEW, S.363：訳, 498ページ)。
15) 「全取引が…2つの種類(Sorten)の資本家達の間で, 即ち, 貨幣貸付資本家(die monied Capitalist)と生産的[産業]資本家との間で生じる」(MEGA, S.426; MEW, S.366：訳, 502ページ), と。
16) Cf. MEGA, S.439; MEW, S.379：訳, 520ページ。
17) MEGA, S.442; MEW, S.383：訳, 525ページ。
18) Cf. MEGA, S.446; MEW, S.388：訳, 530ページ。
19) MEGA, S.447; MEW, S.389：訳, 534ページ。
20) 現行版では, このように「貨幣貸付資本(monied Capital)」が「利子生み資本(Zinstragendes Capital)」と併記されている場合, monied Capital が Geldkapital あるいは Leihkapital と訳出されないで, 削除されてしまっていることもある。例えば MEGA, S.450 と MEW, S.392：訳, 538ページとを対比されたい。
21) Cf. MEGA, S.462; MEW, S.405, 406：訳, 557ページ。
22) Cf. MEGA, S.471-472; MEW, S.415-416：訳, 571-572ページ。

第5節　利子生み資本(Zinstragendes Capital)と貨幣貸付資本(monied capital)

上来検討してきたように, マルクスは「商業的窮境」についての「秘密委員会」での委員クレイの質問を書き抜く形で, この moneyed(monied) capital という言葉(熟語)を初めて『ロンドン・ノート』(1851年)に書き記していく。しかしマルクスがこの言葉を使用し始めたのは,「23冊ノート」(1861-63年)においてであり, しかも彼はこの言葉に2つの意味をもたせていた。そして『資本論』第Ⅲ部の手稿(1865年)において, 結局,「商業資本」の1亜種としての「貨幣取引資本」と, 現実資本からは区別された「利子生み資本」とを「分けて」考察することとなると, つまり,「貨幣取引資本」は第4章第4節(現行版第4篇第19章・第20章)でその「純粋な形態」で考察し, また「利子生み資本」は第5章(現行版第5篇)で考察することとなると, この moneyed(monied) capital という言葉は「利子生み資本」の意味でのみ用いられていくこととなる。

ところが，「利子生み資本」(das zinstragende Capital)という言葉をマルクスは，既に第2節で指摘したように，『経済学批判要綱』以来使用しており，実はそれも，英語でいう interest-bearing または bearing interest（「利子生みの」）に由来するものと考えられる。

例えば，ウィルソン(J. Wilson)は『エコノミスト』誌で，「利子生み有価証券(interst-bearing securities)[1]」というように，「利子生みの」を前置の形容詞として使用しており，また彼は，1857年の「銀行法特別委員会」においても委員としての質問で，「利子生みの」という同じ意味の形容詞(bearing interest)を後置の形にして，「利子生み投資(investments bearing interest)」（第1561号Q）というように用いている。そしてこの質問に対する答弁で，ニューマーチ(W. Newmarch)も「利子生み有価証券(securities bearing interest)」（第1561号A）というように，同じ形容詞を後置の形で用いている[2]。そしてマルクスも，この interest-bearing ないしは bearing interest を zinstragend と独訳し，『エコノミスト』誌の場合と同様に前置の形容詞として，「利子生み有価証券への投資(Vorschüsse auf Zinstragende Papiere)[3]」というように用いている。また彼は，『資本論』第Ⅲ部の手稿の第5章第4節(現行版第24章)で，「複利生みマネー(money bearing compound interest)は，初めはゆっくり増大する…云々[4]」というプライス(R. Price)の文章を引用しているが，このmoney を capital に置き換えるならば，capital bearing (compound) interest となるであろう。

だからマルクスが，interest-bearing ないしは bearing interest を zinstragend と独訳し，それを前置の形容詞として capital に冠して Zinstragendes Capital(「利子生み資本」)という言葉をドイツ語で創り出したとしても不思議はないのである[5]。

ところが interest-bearing capital という言葉(熟語)は英語では用いられていないのであるが，それは先に第2節でJ. S. ミル(およびリカード)について言及した折に指摘しておいたように，英語には monied という言葉があるからである。そして実際マルクス自身次のように指摘している，「イギリス人は monied capital [という言葉(言い回し)]において，money capital から区別され

た言葉(Ausdruck)を使っており(besingen)，そしてそれらの第1[の言葉]のみが利子生み資本(Zinstragendes Kapital)等に対して用いられなくてはならない(sollen)[6]」，と。別言するならば，イギリス人は interest-bearing ないしは bearing interest とは別に，monied という「旨い表現」をもっているのであるから，「利子生み資本」を指す場合には，money capital ではなくて monied capital という言葉を用いなくてはならない，と言うのである。

　実はこの指摘は，『資本論』第Ⅱ部用第Ⅱ稿(1868年)の第1章[篇]資本の循環論で，姿態変換過程にある資本の「特殊な形態」の1つである「貨幣資本」についての説明——「貨幣資本(*Geldkapital*)は自立的な資本種類(selbstständige Kapitalart)ではない，——それ[貨幣資本]は経過中の資本価値がその循環において，即ちその姿態変換の過程においてとる特殊な形態の1つにすぎない。だからそれは，例えば利子生み資本のような自立的(selbstständig)資本と取り違えられるべきではない[7]」——の末尾に付された脚注[8]の一部なのである。

　そこではまず，「貨幣…の総ストックの中の一部は，常にそれ[貨幣]を資本として使用する人々の手中にある。後者の場合に，それ[貨幣]が貨幣資本(*money capital*)である」と言う J. ラロー(Lalor)『貨幣と道徳』(1852年)からの引用があり，それについてマルクスは，「ラロー氏にとっては貨幣資本(*Geldkapital, money capital*)は，自己増殖する資本の機能上の形態の1つとしての利子生み資本から全く区別されていない」と批判する。そしてそれに続けてマルクスは，上述のように，イギリス人は money[capital]から区別して monied[capital]という言葉[言い回し]をもっているのに，「しかし不快な訳の解らぬ言葉(das widerliche Kauderwelsch)が——，そしてそれと共に，取引所の野蛮な表象が，特にピットの反ジャコバン政権以来，経済学に入り込んできた」こと，「W. コーベット(Cobbett)は，彼の『政治記録(*Political Register*)』(1815-1829年)で「言葉や思考の誤った用い方(Sprach- u. Gedankenfälschung)と戦っている」こと等を指摘する。そしてさらに，その例証のように，コーベットが彼の『英文法(A grammar of English language, in a series letters…)』(1823年)や『若い男女への忠告』(1829年)等で，「若い人々に」「『貨幣』という言葉を二様に(im Plural)用いる人々との付き合いを戒めている[9]」ことを書き添えて

いく。

　なおこのコーベットについての記述が，1868年ないし1869年の『抜粋帳』に見出される[10]ところからすると，『資本論』第Ⅱ部第Ⅱ稿の第１章［篇］で資本の循環論を展開するにあたってマルクスは，Geldcapital (money capital) とZinstragendes Capital (monied capital) との相違を明らかにするために，改めて money と monied という言葉の使い方[11]，ないし money という言葉の「誤用」を確認しておこうとしたのであろう[12]。

　そして実は，前節の注２）で示しておいたように，マルクス自身も，1862年当時 das Geldcapital と記していたところを，1865年には das zinstragende Capital に改めていくのであるが，いずれにしても，貸付資本や利子を取り扱う場合，単に「利子生み資本」と言うだけでは，そこには建物や機械設備など，いわゆる現物で貸与される固定資本も含まれうる。そしてこのことは，既に「23冊ノート」第15冊の「エピソード。所得とその諸源泉」においても，「資本としての貨幣」という特殊な「商品」以外の「他の商品は，その使用価値の性質から，家屋，機械，などのように，しばしば固定資本としてのみ貸出される[13]」とし，その上で，例えば「貨幣蓄蔵家のあだな願が実現する」のは「利子生み貨幣資本 (Zinstragendes Geldcapital) においてである[14]」，と指摘されていた。換言するならば，問題とする「利子生み資本」とは「利子生み資本」一般ではなく，その「直接的形態」における「利子生み貨幣資本 (das Zinstragende Geldcapital)[15]」であることが，既に指摘されていたのである。

　だからマルクスは，『資本論』第Ⅲ部第５章［篇］で利子および利子生み資本を考察するに当たっては，既に指摘してきたように，第１節（現行版第21章）で monied capital という言葉が用いられ始め，第３節（現行版第23章）では「利子率は貨幣貸付資本 (monied capital) の一定額に対して…支払う比例的額である」というトゥックの文言も引用され，また「貨幣貸付資本 (*monied Capital*)，［即ち］利子生み資本 (zinstragendes Capital)」と併記して，monied Capital は zinstragendes Capital と同義であることを明示し，第４節（現行版第24章）においては，「資本は貨幣貸付資本 (moneyed Capital) において初めて商品となる」こと，「利子生み資本として，そして実際にはその直接的形態における利子生み貨幣資本 (*Zinstragendes Geldcapital*) として，資本はその純粋な物神的形態を受

第10章 「英語でいう moneyed な Capital」について　373

取る」ことを指摘していくこととなる。それと共に，「利子生み資本の他の諸形態は，ここではわれわれには関係がない」と断り，またそれら「他の諸形態はこの[貨幣]形態から再び引き出される[16]」形態であることを再度付言していく。

　それのみでなくマルクスは，第5章第5節「信用。架空資本」の第6項である「Ⅲ)」(現行版第30章)の冒頭で，主題をなす「信用という事柄全体にとって唯一困難な諸問題[17]」の考察に入っていくにあたっても，「ここでわれわれが取扱はなければならないのは，この貸付可能な資本(loanable Capital)の蓄積についてである。そして[それは]まさに絶対に貸付可能な『monied な』資本[の蓄積について]なのである。ここでは家屋あるいは機械などの貸付(loan)が問題なのではない[18]」と，重ねて注意を喚起している。というのも，例えばオーヴァーストーン(Overstone)のように貨幣貸付資本と現実資本とを「同一視」し，「仮に貨幣貸付業者(moneylender)が存在せず，実際に機械，原料などなどが貸付業者(lender)の所有であって，そして彼らがこれらを(現今の家屋のように)生産的[産業]資本家——彼ら自身もこれらの一部を所有している——に貸付けると仮定するとするならば，貸付可能な『資本』(loanable "Capital")の需要と供給は，資本一般への需要と供給と同じもの[19]」となってしまい，彼に逃げ口上を与えてしまうであろうからである。

　さてこのように見てくるならば，『資本論』第Ⅲ部の手稿「信用。架空資本」の第4項である「Ⅰ)」(現行版第28章)冒頭の文章中の「利子生み資本」の後に括弧( )に入れて，「英語でいう moneyed な Capital」が書き添えられているのも，次のように理解して大過ないであろう。

　「貨幣市場にある，即ち，貸付可能な資本(das auf dem Geldmarkt befindliche, d. h. verleihbare Capital)」，あるいは「貨幣資本(das Geldcapital)(貨幣市場にある資本(das Capital auf Geldmarkt)[20]」をドイツ語の das zinstaragende Kapital(「利子生み資本」)で言い表し，この「利子生み資本」という言葉を使用してきたが，ここ「信用。架空資本」の「Ⅰ)」以下で取り扱うのは，「家屋あるいは機械などの貸付」を含むような「利子生み資本」一般ではなく，イギリス人が monied という言葉で「旨く」言い表している「利子生み貨幣資本(das zinstragende Geldcapital)[21]」，ないし「das loanable "monied" capital(貸付

可能な『monied な』資本)[22]」であることを示そうとしたのである，と。あるいは次のように言い換えてもよいであろう。即ち，一方で，英語で言う monied の意味をもつ interest-bearing を zinstragend と独訳し，したがって「利子生み資本(das zinstragende Capital)」という独語を創りだして使用してきたが，他方，英語では money という言葉が「2様に」使われるようになり，money で monied を表すこともあるようになった。 しかし money capital と monied capital とは区別して用いることが必要で，独語の das zinstragende Capital を表す場合には，英語の money capital ではなく，monied capital を用い「なくてはならない(sollen)」。しかし das zinstragende Capital を一般的に解してしまうと，そこには「利子生み貨幣資本(das zinstragende Geldcapital)」から派生するそれ以外の「貸付資本」も含まれてしまう。そこで，特に「係争中の問題」を取り扱うここ『資本論』第Ⅲ部第5章[篇]第5節「信用。利子生み資本」では，「利子生み資本」といってもそれは「英語でいう monied な資本」を指しているのである，と[23]。

1) The Remarkable Phenomena of the Foreign Exchanges. *The Economist,* Vol. Ⅷ, Nov. 30, 1850, p.1318.
2) *Report from the Select Committee on the Bank Acts ; together with the Proceedings of the Committee, Minutes of Evidence, Appendix and Index.* Ordered, by the House of Commons, to be Printed, 30 July 1857, PartⅠ. *Report and Evidence.* p.140.
3) *MEGA*, S.472; *MEW*, S.416：訳，573ページ。
4) *MEGA*, S.464; *MEW*. S.408：訳，560ページ。因みに現行版では，この「利子生みマネー」が，Geld, das Zinseszins trägt と独訳されている(cf. *MEW*. S.408)。
5) 例えばマルクスは，「ウィルソンの…景気局面区分を，… そのままドイツ語に置き換えて使用」もしている。「die scheinbare Prosperität がその好例である。」この点については，本書第3章第3節の注10)を参照されたい。
6) *MEGA*, Ⅱ/11, 2008, S.21. 因みにマルクスは，「イギリス人は云々」というこの言い方を度々おこなっている。例えば『経済学批判要綱』では，「イギリス人は流通手段(Zirkulationsmittel)としての貨幣に対する旨い表現・通貨(*currency*)をもっている」(*MEGA*,Ⅱ/1·2, S.735：訳，前掲，845ページ)という言い方をし，また『資本論』第Ⅲ部の手稿でも，「イギリス人が通貨(currency)を銀行業者風に(bankisirt)サーキュレーション(Circulation)と呼んでいるような通貨(*Circulation*)の量」(*MEGA*, S.508; *MEW*, S.462：訳，635ページ)という言い方をしている。

第10章 「英語でいう moneyed な Capital」について　375

7）　*MEGA*,Ⅱ/11, S.20. 引用文中の selbstständig を selbständig と読み替えておく。なお小林賢齊「『資本論』第Ⅱ部「資本の流通過程」成立過程の一齣——「トックに向けられた疑問」に焦点をおいて——」『武蔵大学論集』第57巻第3・4号，2010年3月，23-25ページも参照されたい。

8）　この脚注そのものは，現行版第Ⅱ部第1篇には見出せない。なお現行版にも，「貨幣資本，商品資本，生産的資本はここでは自立的資本種類(selbständige Kapitalsorte)ではない。…これらの資本はここでは産業資本の特殊な機能形態のみを示すものである」(*MEW*, Bd. 24, S.56：訳，70ページ)という類似の指摘がある。

9）　*MEGA*, Ⅱ/11, S.21 u. *Apparat*, S. 1259

10）　Cf. *MEGA*, Ⅱ/11, *Apparat*, S.1259.

11）　マルクスが注視しているのは，money と monied という言葉の使い方である。後述の注18）も参照されたい。

12）　管見するところでは，初期のトックの論考(1826年)および1847-8年の「商業的窮境に関する秘密委員会」での委員クレイの尋問(質問)を除くと，『資本論』第Ⅲ部執筆当時の『エコノミスト』誌においても，またこの『秘密委員会報告書』や『銀行法特別委員会報告書』(1857年)においても，この moneyed capital という言葉を見出すことはできない。そしてこの時期に，人々が「通貨」としての money と「貸付資本」としての money とを区別して，後者を moneyed capital という言葉で「普通に」言い表していたとしたならば，「貨幣と資本との間の区別が困難なこととして極めて一般的に感じられ」，そして「この問題についての誤った見解が商業恐慌によって提示された現象の探求で多くの混乱に導いた」(Maclaren, *op.cit*., p.239)などということは，なかったであろう。

13）　*MEGA*,Ⅱ/3・4, S.1518：訳，⑦，509ページ。なおイギリス産業革命期における設備投資とその賃貸(リース)関係については，さしあたり，本書第3章第4節を参照されたい。

14）　*Ibid*., S.1522：訳，⑦，515ページ。因みに，これと同じ文言が *MEGA*, S.463；*MEW*, S.406：訳，559ページにも見出される。

15）　*MEGA*, S.462；*MEW*, S.406：訳，558ページ。

16）　*MEGA*, S.462-463；*MEW*, S.406：訳，557-558ページ。

17）　*MEGA*, S.529；*MEW*, S.493：訳，675ページ。

18）　*MEGA*, S.531；*MEW*, S.496：訳，678-679ページ。なおマルクスは，ここで das loanable „monied" capital というように，monied capital 全体にではなく，monied にクォーテーション・マークを付している点に注意することが必要であろう。

19）　*MEGA*, S.596；*MEW*, S.534-535：訳，734ページ。

20）　*MEGA*, S.440；*MEW*, S.380, 381：訳，522ページ。

21）　*MEGA*, S.462；*MEW*, S.406：訳，558ページ。

22）　*MEGA*, S.531；*MEW*, S.496：訳，678-679ページ。

23）　著者(小林)は旧稿「『英語でいう moneyed な Capital』について」において，「moneyed（monied）capital という言葉（熟語）を当時イギリス人が普通に用いていたとは考えられない。この言葉は，むしろマルクスの造語と見る方が時宜にかなっているように思える」（『武蔵大学論集』第53巻第3・4号，2006年，24ページ）と記したが，これは誤りで，「貨幣市場」にある「貸付可能な資本」に対し，das zinstragende Capital という言葉を創り出したのがマルクスであったと改めねばならない。しかし別の旧稿「解題：『唯一困難な問題』について」でも既に記しておいたように（『武蔵大学論集』第55巻第3号，2008年，11-14ページ参照），「イギリスで実務的にも理論的にもごく普通に用いられている語[monied capital]を[マルクスは]意識的にそのまま使ったもの*」とは考えられない。マルクスは，money capital という言葉が monied capital の意味にも用いられるようになってきているが，それは言葉の誤用である，自分は money capital と monied capital とを区別して用いる，と言っているのである。だからエンゲルスが，上述のように，手稿における monied capital を，現行版のように，Geldkapital ないし Leihkapital と訳していくのは二重の意味でマルクスの真意を伝えるものとは言い難いのである。なお，小林『「資本論」第Ⅱ部「資本の流通過程」成立過程の一齣』前掲，26ページも参照されたい。

  *大谷『「貨幣資本と現実資本」〔『資本論』第3部第30-32章〕の草稿について」前掲，81ページ。

〔補遺-1〕「以下について」の「叙述プラン」との関係について

　マルクスは，手稿「信用。架空資本」の第3項である「資本主義的生産における信用の役割」（現行版第27章）の終わりに近いところで，その後の，つまり「以下の」考察対象，即ち，手稿でいえばその第4項である「Ｉ）」（現行版第28章）以下との関連で，予め銀行学派の基礎的概念の混乱を批判しなければならない，と指摘する。即ち，「これまで，われわれは主として信用制度（Creditwesen）の発展…を，主として生産的[現実]資本に関連して考察してきた。われわれはいまや利子生み資本そのもの〔それ[利子生み資本]が受け取る形態のような，信用制度によるそれ[利子生み資本]への影響（Effect auf es durch das Creditwesen, wie die Form, die es annimt）]の考察へと移るが，その際一般に若干の特に経済学的な論評を，なお加えておかなければならない[1]」，と。

　つまり，「Ｉ）」以下では，これまでのように信用制度の発展を生産的[現実]資本との関連において考察するのではなく，「利子生み資本そのもの」を考察するのではあるが，しかしそれは，手稿第5章の第1節〜第4

第10章 「英語でいう moneyed な Capital」について　377

節(現行版第21章〜第24章)でのように利子生み資本についての概念論を反復するのではなく, 手稿の「冒頭部分」(現行版第25章)で規定した2つの側面をもつ近代的信用＝銀行制度の下で現れてくる「利子生み資本そのもの」——つまり銀行業者の手許に預金を通じて集積される貨幣貸付資本[2]——を, その意味で信用制度による利子生み資本への影響の考察に移っていきたいのではあるが, しかしその問題に入る前になお予め,「一般に若干の特に経済学的な論評」——つまり「銀業行者の経済学(bankers' economy)[3]」について「論評」——を加えておく必要がある, というのである。

そしてこの「考察プラン」に従って, 手稿の第4項である「I)」(現行版第28章)は,「トゥック, ウィルソン等々が行っている通貨(*currency*)と資本との間の区別[4]」は,「貨幣が所得の支出を媒介する限り…[それは]鋳貨(貨幣)の流通[(Circulation通貨)]であり, …他方では…それ[貨幣]が資本の移転を媒介する限り, それは資本である[5]」という「2つのことに帰着する[6]」という, 彼らの「混乱」批判で始められて行く。

だからマルクスは, まさにウィルソンが「銀行業の実際に立ち入る前に」予めまず, 世上での「一般的な見解(notion)[7]」, つまり通貨学派の「見解」の, 基礎的「混乱」を批判しようとした[8]のと全く同様に, あるいは, まさにウィルソンのこの考察方法に倣ってと言った方がよいのかもしれないが, マルクスも「それ[利子生み資本]が受け取る形態のような, 信用制度によるそれ[利子生み資本]への影響の考察へ」と移って行く前に, 通貨学派の概念の「混乱」を批判しているトゥックやウィルソンら銀行学派の基礎的概念の「混乱」の批判に, 予め手稿の「I)」(現行版第28章)で入って行ったものと考えられる[9]。

1) *MEGA*, S.504-505. 因みに現行版では, この「考察プラン」の後段の部分は, 手稿とは異なって, 次のように改められている。「以下の諸章では, 利子生み資本そのものとの関連で信用を, 即ち, その[信用の]これ[利子生み資本]への影響, 並びに, それ[信用]がこの場合に受け取る形態(den Kredit mit Bezug auf das zinstragende Kapital als solches, sowohl seinen Effekt auf dieses wie die Form, die er hierbei annimt)を考察する」(*MEW*, Bd. 25, S.457：訳, 627ページ), と。したが

ってエンゲルスの解釈では、以下での考察の対象が、信用ないし信用制度との関連での利子生み資本そのものについてではなく、「利子生み資本との関連での信用」ないし信用制度ということとなる。また wie die Form を、sowohl…wie と改めるために、信用制度の利子生み資本への影響と信用が受け取る形態という２つの事柄を考察するものと解さなければならないこととなるであろう。しかし、そもそもマルクスは手稿の第１項の「冒頭部分」で、最初に「信用制度およびそれが創りだす信用貨幣等々のような諸用具の分析はわれわれの計画の外にある」(*MEGA*, S.469；*MEW*, S.413：訳, 568ページ)と断った上で、近代的信用＝銀行制度の本質を２つの側面から規定し、さらに「銀行の特殊な形態のような特殊な信用諸施設(Creditinstrumente)は、われわれの目的にとっては、これ以上考察する必要はない」(*MEGA*, S.475；*MEW*, S.417：訳, 574ページ)という文言でこの「冒頭部分」を締めくくっている。だからマルクスが、この手稿「信用。架空資本」の第３項で、その第４項「Ｉ」以下で、「利子生み資本との関連での信用ないし信用制度」を考察するという「考察プラン」を記すことはありえないはずなのである。

2）「発達した信用制度をもつ諸国においては、すべての貨幣貸付資本(moneyed capital)、即ち貸付金として処分可能な貨幣貸付資本(alles moneyed Capital, d. h. als Lohn［Loan*］disponible moneyed Capital)は、預金の形態で銀行業者および貨幣貸付業者のところに(bei bankers und money lenders)存在すると仮定することができる」(*MEGA*, S.556；*MEW*, S.516: 訳, 707ページ)のであるから、信用制度の下での利子生み資本とは、結局、銀行業者などの手許に「預金の形態で存在する」貨幣貸付資本を指すものと見ることができよう。

　　＊ Lohn は Loan の誤記であろう。

3）*MEGA*, S.519；*MEW*, S.481：訳, 657ページ。

4）*MEGA*, S.505. なお現行版では、このトゥックのところに、長い脚注が付されている(*MEW*, S.458-459：訳, 629-630ページ)が、その点については、次の〔補遺-２〕を参照されたい。

5）*MEGA*, S.506.

6）*MEGA*, S.505. なおこの点については、次章第２節を参照されたい。

7）「通貨(circulation)あるいは通貨(currency)は、それがたとえ…純粋に金属通貨であるとしても、貴金属がわが国に流入または流出するのに正比例して膨張または収縮するであろう、という非常に一般的な見解(notion)」(Wilson, *op.cit*., p.239)。

8）本書第１章第１節末尾を参照されたい。

9）本書第４章第４節を参照されたい。

〔補遺-２〕　現行版第28章冒頭のパラグラフについて

　現行版『資本論』第Ⅲ部第５篇第28章の最初のパラグラフは、本章第１節で示した手稿のそれとは若干異なって、次の文章で始まっている。「ト

第10章 「英語でいう moneyed な Capital」について

ゥック，ウィルソンおよびその他がおこなっているような流通手段(Zirkulationsmittel)と資本との区別は，そしてその際，貨幣としての，貨幣資本一般としての，そして利子生み資本(英語でいう moneyed Capital)としての，流通手段の間の諸区別(die Unterschiede zwischen Zirkulationsmittel als Geld, als Geldkapital überhaupt, und als zinstragendes Kapital(moneyed capital im englischen Sinn)が，ごっちゃに混同されているのであるが，[それは]次の2つのことに帰着する[1]」，と。

そしてトゥックの名前のところには，「390ページで，トゥックからドイツ語で抜粋的に引用した関係個所を，ここでは原典で示そう」と断って，トゥック『通貨原理の研究』第7章からの英文での引用[2]が，長い脚注として付されていく。しかもその引用の後に，今度は，「次の個所でキニーアは正しい見解に遥かに近づいている」との解説が加えられて，キニーア『恐慌と通貨』第1章からの引用[3]が続けられている。

ところが手稿にはそのような脚注は見いだせないのであるから，「トゥック」のところに付された現行版の脚注はエンゲルスが挿入したものなのである。そしてそこで，「309ページでトゥックからドイツ語で抜粋的に引用した云々」と記されているその個所とは，手稿でいえば，第5章第5節「信用。架空資本」の「冒頭部分[4]」(現行版第25章)の後段の，つまり信用制度の第2の側面である「信用制度の他の側面」についての叙述の，第3パラグラフ[5]の末尾に付された「脚注[g)a)]」の箇所に付された，ドイツ語訳されたトゥック『通貨原理の研究』からの引用[6]を指していたのである。そして確かにこの「冒頭部分」には，ウィルソンからの引用は見当たらない。

しかし続く，手稿の第2項である「補遺(Zusätze)」部分には，『エコノミスト』誌からの引用の形でではあるが，ウィルソンからの引用を確認することができる。即ち，小見出しを立てながら書き記されていくこの「補遺」部分の中で，最も長いしかも最後の小見出し部分である「通貨(Circulation)，貨幣，資本[7]」の最初に，ウィルソン執筆の『エコノミスト』誌からの，次の文章が引用されている。──「鋳貨あるいは貨幣のうちで，いつでも公衆の手中にあって，諸商品の交換を行うことに用いられている部分だけが通貨(circulation)と見なされるに値する，が他方，銀行業者あ

るいは貿易商(merchant)の手中に横たわっていて，利益ある投資機会を求めている鋳貨または貨幣または地金はみな，資本——即ち，恐らくは，流通から，永久に，つまり節約する原理の導入によって引き上げられたか，あるいは一時的に，つまりその年のうちでごく僅かの通貨が必用とされる特定の時期に引き上げられた資本——である，ということは明らかである。(『エコノミスト』誌，1845年版，238ページ)」，「預金が短期間であっても，そしてそれが常に預金者たちの支配下にあっても，いかなる点でも事態(the matter[8])に変わりはない。なぜなら，預金は ある人によって引出されても，他の人によって補填されるからであり，そして一般的平均は大きくは変わらないからである(同上)」，と——。

　実は『エコノミスト』誌からのこれらの引用は，一連のウィルソンの論説「通貨と銀行業[9]」の「第2論説(Article Ⅱ)」で，「銀行業の実際の考察に立ち入る前に」予め世上での「一般的な見解」である通貨学派の基礎的諸概念の「混乱」を批判するために，「資本としての貨幣」と「通貨としての貨幣」との「区別」を「明らかにすることが，最も本質的と考える」とした上で指摘している，ウィルソンの「通貨」と「資本」との区別の個所であり，これらは同一パラグラフの中の続いた1つの文章からの引用なのである[10]。

　だからマルクスは，「通貨，貨幣，資本」というこの小見出しの項目の下で，ピール銀行法批判の論陣を張った『エコノミスト』誌の主張を，通貨学派に対置して最初に置き，そして手稿では，この『エコノミスト』誌からの引用の次に，『銀行法特別委員会報告書(1857年)』からのノーマンおよびオーヴァーストーンの証言の抜き書きとそれについてのコメントを書き記していった[11]ものと見ることができる。

　ところがエンゲルスは，最初の『エコノミスト』誌からの引用部分だけを削除して，それに続くノーマンからの抜き書き部分以下を第26章の主要部分としたのである[12]。そこでエンゲルスは，「Ⅰ)」(現行版第28章)の冒頭の，「トゥック」の個所にのみ脚注を付さざるを得なかったのであろう。

1) *MEW*, S.458：訳, 629ページ。因にドイツ語を挿入した部分について，長谷部訳で

は，「そこでは，貨幣・貨幣資本一般・としての流通手段と，利子生み資本(…)としての流通手段との区別が，…」と訳出されている。この点について藤塚知義氏は，夙に次のように疑問を投げかけられていた。「この所は高畠訳でも長谷部訳でもマルクス研究會訳でも，…2つの間の区別であるが如き訳文となっているが，…論理の脈絡からいっても区別は3者の間の区別であると思われる」と批判し，氏はこれらの区別を，「それぞれ単純流通(第1巻第1篇)，資本流通一般(第2巻)及び資本の総過程の論理上での流通(第3巻第5篇)という段階に関連するものと思われる」，と。そして氏は，「貨幣としての流通手段」，「貨幣資本一般としての流通手段」および「利子生み資本としての流通手段」という解釈を示されていた(藤塚知義「信用理論発達史上の一齣」『金融経済』4号，1950年5月，29, 30-31ページ)。とは云え，「流通手段」についての「3者の区別」が問題ではなかったのだが。

2) 「銀行業者たちの業務は——要求次第で支払われ得る約束手形の発行を別とすれば——，2つの部門に分割され得るのであって，これは，スミス博士によって指摘された商人と商人との間の取引と，商人と消費者とのあいだの取引との区別に，照応する。…前者は資本の流通であり，後者は通貨の流通…云々」，および続く箇所(T. Tooke, *An Inquiry into the Currency Principle*, 2nd ed., 1844,(repr. 1959), p.36-37; 玉野井芳郎訳，世界古典文庫版，79ページ)の引用。

3) Cf. J. G. Kinnear, *The Crisis and the Currency*, 1847, p.3-4; 藤塚知義／竹内洋訳，27ページ。

4) この点については，本書第9章の第1節を参照されたい。

5) 現行版では第2パラグラフである。この点についても，さしあたり，本書第9章第3節を参照されたい。

6) Cf. *MEGA*, S.472.

7) *MEGA*, S.482. なお本書第8章第3節の注8)を参照されたい。この「補遺」部分については，本書第9章を参照されたい。

8) *MEGA*, S.482では，the matter が the process と記されている(cf. *MEGA*, *Apparat*, S.1295)。大谷氏も「過程」と訳出されている＊ところからすると，マルクスの誤記であろう。

＊大谷禎之介「『信用と架空資本』(『資本論』第3部第25章)の草稿について(中)」『経済志林』第51巻第3号，1983年，49ページ。

9) 本書第1章第1節を参照されたい。

10) Cf. Wilson, Currency and Banking(Article Ⅱ), *The Economist*, Mar. 15, 1845, p.238. 本書第1章の第2節を参照されたい。

11) Cf. *MEGA*, S.483f.; *MEW*, 3.439f.；訳, 594ページ以下。

12) なお *MEGA* の編者までも，エンゲルス同様に，「〔Ⅰ〕」の冒頭のトゥックの個所にのみ，「〔トゥック〕472ページ.24-31行を見よ」という「注解」を付しているのは，理解に苦しむところである(cf. *MEGA*, *Apparat*, S.1298)。

第11章　「発券銀行業者の立場」と「彼の資本」
――手稿「Ⅰ）」（現行版第28章）についての覚え書き――

第1節　はじめに

　前章で言及したように，また本章末尾の〔補遺〕で検討するように，手稿「信用。架空資本」の「Ⅰ）」の部分（現行版第28章）は，その文頭も文末もやや錯綜しているのみでなく，これから検討していくように，そこでは「銀行業者の資本」に係わる諸概念がなお未整理なまま，マルクスはトゥックやフラートンの「通貨と資本の区別」を考察していく。そこで，とりわけフラートンの主張――逼迫期における「貨幣融通を求める需要」は「資本の貸付を求める需要」（「貸付資本に対する需要」）であって，「通貨の追加需要」ではない――の考察では，「銀行業者の資本」に係わる諸概念の未整理なことを露呈していくこととなる[1]。

　しかしそれにも拘わらず他方では，マルクスは，フラートン等の主張の検討を通じて，逼迫期に求められているのは支払手段としての貨幣であって「資本」ではないこと，この時期に貸付が増加しながらも貸付に用いられる銀行券量が「停滞的」ないしは「減少」するように見えるのは，支払手段としての貨幣の増加は「瞬時的」であり，それは「貨幣の特性」であることを明らかにし，さらにトゥックやフラートン等が誤って，購買手段としての貨幣を「通貨」，支払手段としての貨幣を「資本」に転化させる「基礎」には，「通貨（Circulation）」についての「発券銀行業者の立場」があると批判していく。

　そしてマルクスが，ここ手稿「Ⅰ）」の部分ではなお未整理のまま用いられていた「銀行業者の資本」に係わる諸概念の考察を，次の「Ⅱ）」の部分（現行版第29章）の冒頭で行うこととしていく。

　そこで本章では，このような「Ⅰ）」の部分（現行版第28章）におけるやや錯綜

第11章　「発券銀行業者の立場」と「彼の資本」　383

した文脈を，手稿に拠って検討してゆくこととする。

1) 例えば本書第9章第5節注12)を参照されたい。

第2節　貨幣の諸機能と所得または資本の貨幣形態
——トゥックの誤り——

　さてトゥックによると，一方では「貨幣が所得の支出を媒介する限り…[それは]鋳貨(貨幣)の流通[(Circulation 通貨[1])であり]，… 鋳貨として機能する。… 他方では…それ[貨幣]が資本の移転を媒介する限り，それは資本である。[2)」これが，彼がおこなっている「通貨と資本との間の区別」が「帰着」する「2つのこと」なのである。だからこの「区別は，事実上，所得の貨幣形態と資本の貨幣形態との区別ではあるが，しかし通貨と資本との間の区別ではない[3)」，とマルクスは彼を批判する。

　そして続けてマルクスは，トゥックをこのような誤りに導いたa), b), c)の3要因[4)]を指摘していくのであるが，彼はその際，トゥック等が「所得の流通としての通貨(Circulation als Circulation von Revenue)と資本の流通としての通貨([Circulation] als Circulation des Capitals)との区別を，通貨(Circulation)と資本との区別に転化する」という，この「ナンセンス(Unsinn)」な「たわごと(Jargon)」は，彼らが「全く銀行券を発行する発券銀行業者(issuing banker)の立場に立っていることに由来する」として，それを次のように説明する。「彼の銀行券(たとえ他の銀行券であるとしても)の，…流通手段(Circulationsmittel)として機能している部分は，彼にとっては紙と印刷以外には何の費用もかからない。それは彼宛の流通している債務証書(Schuldschein)(手形)[兌換銀行券]であるが，しかしそれらは彼に貨幣をもたらし，そして彼の資本の価値増殖の手段をなしている。しかしそれら[債務証書]は，彼の資本(seines Capital)(彼自身の資本であれ，あるいは借入資本であれ(seines eignes oder gepumptes)とは異なっている。だから彼[トゥック]にとっては，諸概念規定とは何の関係もない，他ならぬトゥックによって作り出された諸概念規定とは全く関係のない，通貨(Circulation)と資本の区別が[生じるのである][5)」，と。

しかしこの場合，次の点に留意しておくことが必要である。即ち，トゥックによる「通貨と資本の区別」の「由来」，その「基礎」が「発券銀行業者の立場」にあることをマルクスに推論させたのは，実は，「紙と印刷」の費用以外に必要としない銀行券と，銀行業者の「資本」(「資産」)の一部の売却によって買い戻された銀行券とを，「通貨」と「資本」として「区別」するフラトンなのであるが，そのフラトンは「紙と印刷」の費用以外に必要としない銀行券が発券銀行業者の「資本の価値増殖の手段」として，だから「彼の資本」として機能するとしているのである(後述)。ところがマルクスは，「彼の資本」，つまり「発券銀行業者の資本」に，わざわざ括弧( )に入れて，「彼自身の資本であれ，あるいは借入資本であれ」との注解を加えることによって，発券銀行業者が発行し流通している銀行券を，「彼の資本とは異なった」ものとして説明しているのである[6]。

1) この部分，つまり「I)」の第2パラグラフの書き出しは，*MEGA* 版では，*Circulation* I der Münze(Geld), so weit…となっているが，現行版では Circulation の後の I は削叙され，Das Zirkulationsmittel zirkuliert einerseits als Münze (Geld), soweit es …と改められている(cf. *MEW*, S.458：訳, 630-631ページ)。つまり Circulation は「流通」としてではなく，むしろ「通貨」(ないし「流通手段」)の意味に解されており，したがってこの I は流通に付された番号，つまり「流通 I 」とは解されていないのである。あるいはエンゲルスは，この Circulation の後に記された I は，第1パラグラフの後，第2パラグラフの前に挿入されている，手稿「信用。架空資本」の第4項を示す「I)」と同義のものと解していたのかもしれない。

2) この手稿の第1項である「冒頭部分」(現行版第25章)では，マルクスはトゥック『通貨原理の研究』から3箇所を引用している(cf. *MEGA*, S.469, 472; *MEW*, S.415, 417：訳, 570-571, 574ページ)が，この「I)」の部分には直接の引用は見当たらない。エンゲルスがここに脚注を加筆したのもそのためかと推測できる。しかしマルクス自身の歩みからすると，既に，1861～1863年執筆の手稿『経済学批判』(いわゆる「23冊ノート」)の第XVII冊・第XVIII冊所収の「エピソード。資本主義的再生産における貨幣の還流運動」の「前半部分」を，「貨幣の種々な形態規定と，これらが資本や所得を表すかどうかということとを直接に同一視する」(*MEGA*, II／3・5, 1980, S.1702：訳, 247ページ)トゥック批判で初めている。恐らくマルクスは，この「エピソード。貨幣の還流運動」におけるスミス＝トゥックの流通過程論批判を念頭に置きながら，この手稿「信用。架空資本」の第4項である「I)」の部分を執筆したものと見て大過ないと思われる。この点については，本書の序章を参照されたい。

3) *MEGA*, S.506；*MEW*, S.458-459：訳，630-631ページ。
4) それらは，「a) 機能的諸規定の取り違え（Verwechselung）[購買手段と支払手段という貨幣の機能と，それが所得あるいは資本を表しているかというより進んだ規定との混同]による，b) 2つの異なった機能で流通している貨幣の量についての問題の混入（Einmischung）による，c) 両機能において，だから再生産過程の両分野で流通している通貨（*Circulation*）(currency)＊の量（*Quantis von currencies*）の相互の相対的比率についての問題[の混入による]，種々な混乱（Confusion）」（*MEGA*, S.506；*MEW*, S.459-460：訳，631ページ），である。因みに，この a), b), c) は，現行版では1), 2), 3) の番号に置き換えられている。

＊なおマルクスは，この currency と Circulation について次のように指摘している。即ち，「イギリス人が通貨（currency）を銀行業者風に（bankisirt）サーキュレーション（Circulation）と呼んでいる通貨（*Circulation*）」（*MEGA*, S.508；*MEW*, S.462：訳，635ページ），と。因みに銀行業者でもあったギルバートは，「銀行券を発行する銀行が発券銀行（a bank of circulation）と呼ばれる。いかなる銀行であれ，流通で（in ciculation）保持している銀行券の額が銀行業者によって通常『通貨（"the circulation"）』と呼ばれている」（J. W. Gilbart, *The History and Principles of Banking*, 1834, p.132）と述べている。だからまた彼は circulation を「流通銀行券」の意味でも用いている。その点については，本書第9章第3節注9）や同第4節，第5節等も参照されたい。

5) *MEGA*, S.507；*MEW*, S.461：訳，633ページ。
6) 銀行業者がその運用に当てる資本が「銀行営業資本」（banking capital）であるが，それは発券銀行業者の場合と預金銀行業者の場合とでは必ずしも同一ではない。なぜかここでは，マルクスはその区別を行っていない。なお次節の注19)，注20) も併せ参照されたい。

第3節　フラートンの言う「資本」とは

ところでマルクスは，トゥックを誤らせた上述の3要因の「c) について」の問題――「再生産過程の[「所得支出」と「資本移転」の]両分野で流通している通貨の量の相互の相対的比率についての問題[1]」――との関連で，トゥックの考察からフラートンの考察へと移っていく。即ち，この「c) について」の箇所では，一方では，「再生産過程の停滞と一致する」ところの「減少する信用と共に，第Ⅰ(N.Ⅰ)にとって必要とする通貨量（*Circulationsmasse*）[即ち，「所得支出に必要な通貨」量]は減少し，他方では，第Ⅱ(N.Ⅱ)にとって必要なそれ[即ち，「資本移転に必要な通貨」量]は増大するということは，全く何の疑いも

ない[2])」ことが指摘される。そしてこの点は「既に前に述べたように」として再確認もされていく[3])。

これに対しフラートンによると，逼迫期における「貸付資本に対する需要(*a demand for Capital on Loan*)と追加の通貨に対する需要(a demand for additional Circulation)とは全く異なったことで，滅多に(not often)関連するものではない[4])」のである。そしてイングランド銀行手持ちの「有価証券の総数は，貨幣融通の大きさ(*Umfang der pecuniary accommodation*)を，手形の割引〔および容易に換金可能な有価証券での貸付〕を表わしている」ところから，「フラートン等にとっては」「イングランド銀行の有価証券が増加するような時期〔つまり逼迫期〕には，その銀行券流通は減少し，そして逆の場合には逆であるという現象」が，「規定的な役割を果たす[5])」ものとして現れてくることとなる。

だからマルクスにとっては，その当否が「今や立ち入って考察すべき[6])」事柄となるのであるが，その際彼は，「フラートンのこの箇所全体を再現しておくことが重要である」として，そこに長い「脚注[b)]」を付していく。それというのもそこには，フラートンが「ここで『資本』という言葉で何を理解しているかも示されているから[7])」なのである。

そこでわれわれも，先ずその点を考察しておくこととしよう。

その「フラートンのこの箇所」とは，彼の『通貨調節論』第5章の最後の部分であるが，この第5章では「過剰発行の不可能性の証明[8])」が試みられている。即ち，銀行業者は「彼の前貸しが大きくても小さくても，景気の状況が気持ちよくても消沈していても，等しく，彼ができるだけ多くの流通銀行券(*a circulation*)〔通貨〕を維持することが彼の方針でなければならい。彼がどれだけの前貸しをするにしても，彼は常に彼自身の銀行券で〔前貸し〕することを切に望むであろう。なぜなら，彼自身の銀行券は発券の形態以外のどんな形態ももたらさないような利潤を，彼にもたらすからである[9])。」しかし取引の必要以上となった銀行券は発行者の手元に還流してしまうから，流通銀行券量は銀行業者の「自由裁量」によって決められるものではない，とフラートンは言うのである〔補注〕。

〔補注〕「過剰発行の不可能性」

フラートンは，この第5章で，「地方銀行業者たちによって強く力説さ

れた学説(doctrine)」を含めて，兌換銀行券の流通は，銀行業者の「自由裁量」によって決められるものではないことを再三にわたって指摘している。例えば「いずれの文明社会においても，流通媒介物の供給は…その介入を必要とする交換取引または支払のすべての円滑な遂行に充分であるべきであるということ；この範囲まで与えるべき価値を持ち，担保に入れるものを持っているすべての個人はそのような流通媒介物を支配し得られるべきであること；そしてこれらの限度が遵守される限り[それらの]供給の過剰はありえないということは，承認されると私は推定している。」「兌換銀行券のいかなる流通も，公衆の需要に照応する量で発行されるなら，それ以上にはなし得ないであろう。それらが，より大量に発行されると仮定して，流通に保持されうると想定することは，流通にある銀行券の量は，それらを流通させる人々の必要に依存するのではなく，発行者の意思に依存すると言うことを当然のことと考えることである。」「それを矯正し抑制すために常に活動している対立的力が仮にないとすれば，銀行券の氾濫は抵抗し得ないであろう(would)。この理由だけで，私には，銀行券流通の変動は銀行業者の自由裁量(discretion)に依存するという想定に対する，有効な否定であると思える。…銀行業者と取引する人々が彼の手から受取ろうと思っているすべての銀行券を既に発行してしまった銀行業者の状態は，全く受身である。彼は新たな需要が生じるまではその他の[それ以上の]発行をすることはできない。」「彼ら[地方銀行業者達]の発券額は彼らのそれぞれの地域における，生産や価格の変動と共に変動する取引や支出によって全く調節されており，彼らは，彼らの銀行券を彼らに直ちに還流させてしまうことなしには，そのような取引や支出の範囲が定める限度を超えてこれらの発行を増大することはできず，また，ある他の源泉から空白が満たされることを除けば，殆ど等しい確実さをもって，それらを減少させることもできない。」「[銀行券を]発行することは銀行業者であるかもしれないが，[それを]流通させるのは公衆である；そして公衆の同時的活動なしには[銀行業者の]発行する力も意思も全く役に立たない[10]。」等々。

だからマルクスが「再現」することが「重要」としているこの部分も，フラ

ートンからすれば「過剰発行の不可能性」を証明する事例として挙げられている箇所なのである。そしてそこでは最初に，フラートンによって2つの「需要」の関係が次のように述べられている。「貨幣融通(pecuniary accommodation)を求める需要(即ち，資本の貸付(loan of capital)を求める需要)が，追加の流通手段(means of circulation)[通貨]を求める需要と同一(identical)であると想定すること，あるいは，両者がしばしば関連していると想定することさえ，全く大きな誤りである。それぞれの需要は，特にそれ自身に影響する，そして相互に非常に異なる事情で生じている。より多くの，そしてより多数の支払をする必要から分離し得ない追加の機能を遂行するために，通貨(currency)の追加供給が通常求められるのは，すべてが順調に見えるとき，賃金は高く，物価が上昇し，そして工場が繁忙であるときである。それに対し，利子が上昇し，資本(capital)の前貸しを求めてイングランド銀行に逼迫が到来するのは，…主に産業循環上のより進んだ段階においてである。銀行券以外にイングランド銀行がそれを通して資本(capital)を前貸しすることに慣れている媒介物などは，その[同行の]約束手形[銀行券]という媒介物を除いては存在しないということ，だから銀行券を拒否することは貨幣融通を拒否することであるということは，確かである。しかし，ひとたび貨幣融通が与えられるならば，すべてのことは市場の必要に一致して順応する；貸付は残り，通貨(currency)は，もし必要なければ，発行者に戻って[還流して]いくのである[11]」，と。

したがって，このように「産業循環上のより進んだ段階」（逼迫期）における「貨幣融通を求める需要」は，フラートンによれば，「資本の貸付を求める需要」なのであるから，それは「追加の流通手段」ないし「通貨を求める需要」とは「同一」ではありえないのであるが，しかしその需要も，イングランド銀行券という銀行券をもって充たされ，そして貸付がひとたび行われると，貸付は残るが，貸付けの「媒介物」として用いられたその銀行券は還流してしまうので，過剰発行は生じえないのである。

そしてマルクスがフラートンから引用してくる[12]のは，上の引用に続く次の部分である。——「だから議会報告書の非常に簡単な吟味でも，イングランド銀行の｛保有する｝有価証券は，その[同行の]流通銀行券(circulation)[通貨]と一致して変動するよりも，それとは反対の方向に遥かにしばしば変動す

第11章 「発券銀行業者の立場」と「彼の資本」　389

るということ，そして例えば，だからあの大規模な設立物[イングランド銀行]の例は，もしもその流通銀行券(circulation)[通貨]が，銀行券通貨(a bank-note currency)に一般的に用いられているその目的に既に適合しているならば，どのような銀行もその流通銀行券(circulation)[通貨]を拡大することはできないという趣旨の，地方銀行業者たちによってかくも強く力説された学説(doctrine)に対するなんらの例外をも提供するものではないということを，誰にも確信させるであろう。しかしその限度が越された後は，その前貸しに対するあらゆる追加もその[同行の]資本(capital)からなされねばならず，そして準備であるその有価証券の若干の販売によってか，あるいはそのような有価証券への更なる投資の断念によって，供給されねばならない[13]」。

このようにフラートンによれば，地方銀行業者が主張する「学説(doctrine)」のように，「流通にある銀行券の量はそれらを流通させる人々の必要に依存する」（上述）のであって，「流通銀行券」(「通貨」)量が，流通が必要とする一定量に達しているならばそれ以上にそれを増加することはできないのであり，そしてそこまでは信用に基づく「通貨」の発行で貸出しを行いうるが，しかしある「限度」を超えての銀行券による貸出の場合には，銀行にとっての「資本」(「資産」)である「準備の有価証券」を売却して流通から引き上げて入手した銀行券によって行われなければならない，と言うのである。

そこでマルクスは，この引用に続いて括弧（　）に入れた次のコメントを書き記していく。即ち，「（だからここでは資本とは何か？ イングランド銀行は同行にとっては当然何の費用も要しない支払約束ではもはや前貸しをすることができないということ。しかし，ではそれ[同行]はそれ[前貸し]をどのように行うのか？ 1)準備の有価証券の販売によって；（この準備の有価証券とは，国債，株式そしてその他の利子生み証券のことである[)]。しかしそれ[同行]はこの有価証券(Papiere)を何と引き換えに販売するのか？ 貨幣；金または銀行券(後者[銀行券]がイングランド銀行の場合のように，法定通貨(legal tender)である限り)と引き換えに[である]。だからそれ[同行]が前貸しするものは，どのような事情のドでも貨幣である。この貨幣は今やその資本の一部を構成している。それ[同行]が金を前貸しするときには，このことは自ずと明らかである。銀行券の場合，この銀行券はいまや資本を表している。というのはそれ[銀行券]は，それと引き換えに

売却した一つの現実の価値を，[「準備の有価証券」であった]利子生み証券を表しているからである。個人銀行業者の場合には有価証券の販売によって彼らのところに流れてくる銀行券は，他の銀行券は有価証券の支払いにおいては受け取られないから，単にイングランド銀行券のみでありうる。しかしイングランド銀行自身は，それ[同行]が再び手に入れる銀行券は同行に資本を，即ち，[「準備の有価証券」である]利子生み証券を費やさせる。さらに[2)]同行はそれによって同行自身の銀行券を流通から引き上げる[ことによって]。(同行は，その流通が最高限度(Maximum)に達していないときに，同じものを，またはその補塡のみを，再び発行することができるのである。しかし同行が再び同じものを発行するとすれば，今やそれは資本を表しているのである。)¹⁴⁾」，と。

そしてこのコメントへの「補足(Zusatz)」としてマルクスは，さらに次のコメントを書き添えていく。即ち，フラートンの言う，『『あるいは，そのような有価証券への更なる投資の断念によって』は，個人銀行業者の場合には，そうでなければ彼らがそのような有価証券に投資したであろうイングランド銀行券または金を，今や彼らは[それに]投資することができないということ以外，いかなる意味をももたないのである。彼ら自身は彼らの銀行券でどんな有価証券をも購入できない。イングランド銀行は，金または同行自身の銀行券を入手するために有価証券を売ることが必要なときには，当然同行の銀行券でいかなる有価証券をも買うことはできない。あらゆる事情の下でも資本という言葉は銀行業者の意味(Banquiersinn)でのみ使用されており，その場合彼は単に彼の信用を貸すのではないのである¹⁵⁾」，と。

なおマルクスは，この「補足」の後に，さらにフラートンからの引用の続き——つまり彼が「有価証券」と「流通銀行券」(「通貨」)との関係を示しているものとして挙げている「議会報告書」からの2つの事例¹⁶⁾——を引用し，それでもってこの長い「脚注ᵇ⁾」を終わらせている。そしてその事例では，フラートンは，イングランド銀行によって手放されるこの「準備の有価証券」を「イングランド銀行の資産(resources)¹⁷⁾」と呼んでいるのであるから，フラートンがここで「資本」というときには事実上「資産」を意味しているものと理解してよいであろう。

いずれにしてもフラートンによれば，イングランド銀行が一定の限度内で銀

第11章 「発券銀行業者の立場」と「彼の資本」　391

行券を発行して前貸しする場合と，その発行限度を超えて発券する場合とを対比し，前者の場合には銀行券は同行の信用によって発行されたものであるから「紙と印刷」以外の費用を要していないのに対し，後者の場合には「資本」（「資産」）を費やして入手した銀行券での前貸しであるから，それは「資本」の前貸しであると「区別」していくのである。しかしこの場合にも 2～3 の注意が必要であろう。第 1 は，一般的に言って銀行業者は，流通に必要な貨幣[通貨]を貨幣貸付資本(moneyed capital)として貸出す[18]のであり，そこで「貨幣[通貨]を求める需要」が「資本を求める需要」として現れてくるという点である。第 2 は，発券銀行業者の場合には，この貸付けに用いられる貨幣が信用に基づくいわば「無償の」銀行券であるから，発券銀行業者にとっては，フラートンが言うように，自行の銀行券での前貸しは「利益をもたらす」，つまり「彼の資本」として，だから「価値増殖の手段として」機能する，という点である。ただし，銀行業者の「資本」として貸出しに用いられる「主要な資本」部分は banking capital[19] と呼ばれ，それは貸借対照表上の「負債と資本」の全体ではなく，さらにこの「負債」の範囲が発券銀行と預金銀行とでは異なる点である[20]。

1) 前節の注 4)を参照されたい。
2) *MEGA*, S.510; *MEW*, S.464：訳, 638ページ。
3) 「一方の場合[繁栄期]には商人と消費者との間での通貨(*Circulation*(currency))を求める需要が支配的であり，他方の場合[逼迫期]には資本家[商人達]の間での取引のための通貨(*Circulation*)を求める需要が支配的であるということによって，[両時期は]区別される。[そして]反動(reaction)の時期[逼迫期]には第 1 [の需要]は減少し，第 2 [の需要]は増加する」(*MEGA*, S.511; *MEW*, S.466-467：訳, 641ページ)，と。
4) Cf. J. Fullarton, *On the Regulation of the Currencies*, 2nd ed., 1845, repr. 1969, p.82：天利長二訳『通貨論』(岩波文庫版) 110ページ。
5) *MEGA*, S.511; *MEW*, S.467：訳, 641ページ。
6) *MEGA*, S.510; *MEW*, S.464：訳, 638ページ。
7) *MEGA*, S.511; *MEW*, S.467：訳, 641ページ。
8) Fullarton, *op.cit.*, p.82：訳, 110ページ。
9) *Ibid.*, p.84：訳, 112ページ。なお「流通銀行券(circulation)」については，前節の注 4)を参照されたい。
10) *Ibid.*, p.98, 82, 83, 84, 85-86, 87：訳, 110-111, 111, 112-113, 114-115, 116, 128ペ

ジ。
11) *Ibid.*, p.97：訳，128ページ。エンゲルスはこの部分も「再現」している(cf. *MEW*, S.464-466：訳，638-639ページ)。なおマルクスは，この部分の最後の部分だけを別の箇所で引用している(cf. *MEGA*, S.515)。(後述)
12) Cf. *MEGA*, S.511；*MEW*, S.464-466：訳，638-639ページ。
13) Fullarton, *op.cit.*, p.97-98：訳，127-128ページ。引用文中の傍点 ⁓ はフラートンによる強調ではなく，マルクスによる強調である。また括弧｛ ｝の中は，フラートンに従って筆者が補った部分である。念のために。
14) *MEGA*, S.511-512；*MEW*, S.467：訳，641-642ページ。
15) *MEGA*, S.512；*MEW*, S.467-468：訳，642-643ページ。
16) 「1833年から1840年にわたる議事録——それについては先のページで言及したが——から収集された表は，この真理について頻繁に実例を提供している。しかしそのうちの2つは，それらを素通りすることが私には全く不必要なほどに，注目すべき実例なのである。信用を維持し，金融市場の困難に対処するために，イングランド銀行の資産(resources)が極めて極度に利用された1837年1月3日には，同行の貸付と割引に対する前貸しが，[ナポレオン]戦争以来ほとんど知られていない1702万2千ポンドの巨額に，そして当時1707万6千ポンドという低い点で動かないままであった全発行総額とほとんど等しい額に，達していたのをわれわれは見出す！ 他方，1833年6月4日には，われわれは，1889万2千ポンドの通貨(circulation)が，97万2千ポンド以上には達しないという，過去半世紀における最低ではないとしてもほぼ最低の記録である，私的有価証券の報告と共に，手を携えている！」(Fullarton, *op.cit.*, p.98：訳，128-129ページ)，と。
17) これは「銀行業者の資本」の「実在的諸成分」(*MEGA*, S.520；*MEW*, S.481-482：訳，658ページ)としての「資本」である。
18) 因みに，発達した信用制度の下では，再生産過程で必要とする貨幣は，銀行業者による前貸しを通して供給されるのであるが，その関係の分析は，手稿の「Ⅰ)」や「Ⅱ)」ではなく，「Ⅲ)：続き」「混乱：続き」に属している。その点については，さしあたり，本書第13章第3節，第5節，等を参照されたい。
19) 例えばJ. ウィルソンは，銀行が貸出す「主要な資本」を banking funds とも呼んでいる。本書第2章第4節を参照されたい。
20) 「銀行の資本(the trading capital of a bank)は2つの部分に，即ち，投下資本と銀行営業資本(the banking capital)とに，分けられると言ってよい。投下資本は事業を営む目的で出資者によって払い込まれた貨幣であり，これは真の資本(the real capital)と呼ばれえよう。銀行営業資本は[銀行]資本のうちの，その事業の過程で銀行自身によって創造(create)される部分であり，そして借入資本(borrowed capital)と呼ばれえよう。」そして「銀行営業資本の調達(raise)には3つの仕方がある。第1に預金の受け入れによって，第2に銀行券の発行によって，第3に為替手形の振出しによって」(J. W. Gilbart, *The History and Principles of Banking*, 1834, p.

117），と。因みにギルバートの著書からこの２つの部分を，マルクスはこの手稿の第１項に当たる「冒頭部分」では引用しているのであるが，手稿の第４項であるここ「Ⅰ」」では，第２の引用部分が置き去りにされている。なお第９章第３節を参照されたい。

第４節　マルクスの言う banking Capital とは

さてマルクスが，「今や立ち入って考察すべき[1]」こととしていた問題は次の点であった。即ち，逼迫期における「貨幣融通を求める需要」は「貸付資本に対する需要」（「資本の貸付を求める需要」）であって，「追加の通貨を求める需要」とは「同一ではない」というフラートンの主張の検討であり，また，イングランド銀行の貸出が増加し，したがって同行が保有する「有価証券が増加する」逼迫期には，同行の「銀行券流通は停滞的かむしろ減少する」というフラートン等にとっては「規定的な役割」を果たしている事象を，いかに解明するかという点であった。

そこでマルクスは，「貸付と割引」に用いられたイングランド「銀行券はどうなるのか」を「二様に(doppelt)[2]」検討する。第１は「『貨幣融通に対する需要』が，［対外］支払の逆調から，結果として，地金の流出から生じる場合[3]」についてであり，第２は，「地金の流出を度外視[4]」した場合についてである。そして第２の場合を，「例えばイングランド銀行はその有価証券(即ち，その貨幣融通の額)を，その［同行の］発券［の増加］なしにいかにして増大しうるのか[5]」という形で考察していく。

ところで第１の場合，例えば輸入商が手形を割引いて得た銀行券を兌換し，その金を対外支払に当てるとすれば，同行の有価証券は増加するが，「通貨」は増加しないであろう。「それはちょうど同行が手形割引で直接に，銀行券の媒介なしに，地金を支払ったのと同じことである。」したがって対外支払いのための貨幣需要が７～10百万ポンドに達しても，国内流通にはただの５ポンド銀行券１枚の追加も生じないであろう。だから確かに「事柄は非常に簡単である」が，しかしマルクスは言う。「イングランド銀行はその際資本を前貸しするのであって，流通手段(*means of circulation*)［通貨］を前貸しするのではない

ということは，二重の意味をもつ[6]」，と。即ち，「第1に，同行は信用をではなく，現実の価値を，即ち，同行自身の資本の，あるいは同行に預金されている資本の，一部を，前貸しするということ。他方で，同行は国内流通のための貨幣ではなく，国際的流通のための貨幣を前貸しするということ[7]」，と。そしてマルクスは，フラートンやトゥック等が，「国際的支払手段」としての金の問題を，「国内通貨の問題」から区別して，誤って「単なる『資本の問題』(a mere 'question of capital')[8]」として片付けていく点を批判していく。

しかしこの場合にも，イングランド銀行が手形割引で貨幣貸付資本として「前貸し」するのはイングランド銀行券であって，その銀行券が直ちに兌換されてイングランド銀行の「資産」の一部である金が引出されるとしても，だからといって同行は「現実の価値を，即ち，同行自身の資本の，あるいは同行に預金されている資本の一部を前貸し」していると言うこととなるのであろうか？マルクスはその点には言及せず，ここでも彼は，先のトゥック批判の場合と同様に，発券銀行であるイングランド銀行の「資本」を，「投下自己資本＋預金」として説明しているのである[9]。

さて第2の場合であるが，逼迫期にイングランド銀行が，同行の「資産」(「資本」)を手放して同行銀行券を流通から引き上げて，それによって貸出を増加する場合であっても，上述のように，フラートンは，「ひとたび貨幣融通が与えられるならば，…貸付は残り，通貨は，必要なければ，発行者に戻っていく[還流していく]」と主張していたのである[10]。そして実際，イングランド銀行が銀行券で貸出しても，その銀行券が同行に還流してしまえば，結果としては，「銀行券流通」は増加しないこととなる。

そこでマルクスも，一方で，貸付が増大し「イングランド銀行の有価証券が増加」するが，他方で「通貨(Circulation)を拡大しないためには，有価証券に対して貸出された(ausgegeben)銀行券は，それ[同行]に還流(refluiren)しなければならない」として，同行への銀行券の「還流」の「二様の仕方[11]」——ⅰ)銀行券が預金として発券銀行に還流する場合，ⅱ)借手が自分の債務を発券銀行にその銀行券で返済する場合[12]——を検討する。

そしてマルクスは，還流のこの「二様の仕方」を，逼迫期における「貨幣融通を求める需要」と「資本の貸付を求める需要」の問題，したがって「銀行業

者の資本」の前貸しの問題と関連させて検討していく。即ち、「第 i に；イングランド銀行はAに彼の有価証券に対して銀行券を支払う；AはそれでBに満期の手形を支払い、そしてBは銀行券をイングランド銀行に預金する。この[銀行券]発行(issue)はそれで終わるが、しかし貸付は残る。(『貸付は残り、通貨は、もし必要がなければ、発行者に戻っていく』(フラトン、97ページ)。[だから]イングランド銀行がAに前貸ししたものは資本ではなく、銀行券であったのだ；しかしこの同じ銀行券が今やそれ[同行]に還流している；それに対してそれ[同行]は同じ銀行券で表現された価値額に対するBへの債務者であり、彼はそれでもってイングランド銀行の資本(Capital)の照応する部分を自由にする。《だからその[同行の]元帳(ledger)の立場からすると、取引は結局イングランド銀行がAに資本(Capital)を前貸ししたことに帰着する》[13]」、と。

先の第1の場合の借手である輸入商は対外支払いのために手形を割引いたのであるが、この第2の場合には、借手Aは入手した銀行券でBに「満期の手形を支払う」のであるから、Aにとっては「資本」を借りたのではなく、支払手段としての「通貨」(貨幣)を借りたことは明らかであり、そしてイングランド銀行は自己の銀行券(貨幣)を同行の貨幣貸付資本としてAに「前貸し」したのである。

ところがマルクスは、イングランド銀行が同行の銀行券を貨幣貸付資本としてAに貸付ける(前貸しする)というその関係には言及することなく[14]、ここでは貸出された銀行券のBによる預金としての同行への還流だけを取り上げ、同行の「元帳(ledger)の立場」からすると、Bは預金額だけ「イングランド銀行の資本の照応する部分を自由にする」こととなるのだから、「取引は結局イングランド銀行がAに資本(Capital)を前貸ししたことに帰着する[15]」、と言うのである。

では一体この場合、「イングランド銀行の資本の[預金に]照応する部分」とは何を指しているのであろうか？

もちろん「この元帳の立場は取引の性質を変えるものではない。」つまり、「A)が必要としたものは資本ではなく、Bへの『支払手段』であったこと、発行された銀行券は支払手段として機能したこと、そして貨幣的融通を求める逼迫は決して資本に対する需要ではなく、…支払手段(means of payment)に対す

る需要であること[16]」を，変えるものではない。しかしBは，一体イングランド銀行のどのような「資本」を「自由にする」と言うのであろうか？確かに預金は銀行にとっては債務であり，したがって貸借対照表の「借方」に「負債」の1つとして，投下「資本」と共に計上される。そしてこの「借方」は，地金・有価証券・等が計上される「貸方」(「資産」)に「照応」しなければならない。しかしだからといって預金者Bは，「銀行業者の資本」の「現実的構成要素」である「資産」を「自由にする」と言いうるのであろうか。そしてまた，同行は，先の「地金の流出」の場合のように，結局Aに対して「資本を前貸ししたことに帰着する」と言いうるのであろうか。

　上述のように銀行が貸出しに用いるのは「銀行営業資本(banking capital)」であって，その主たる部分は，ギルバートやウィルソンが指摘しているように，銀行が自己の信用に基づいて「調達(raise)」し「創造(create)」した銀行の「債務」である「借入資本」である。そしてイングランド銀行券が「通貨」として「流通」している限り，それは預金と共に貸借対照表の「借方」に計上されてくるのであって[17]，したがって，この事例のようにBによる同行への預金を通じた銀行券の還流は，結局，同行にとっては，債務の1つの形態(銀行券)から，債務のいま1つの形態(預金)への，債務の形態変化に過ぎないのではなかろうか？

　では「還流」の第iiの場合についてはどうであろうか？「第iiに。AはBに支払い，そしてB自身か，あるいはBが銀行券をさらに引き続いて支払うところのCが，この銀行券で満期となる手形をイングランド銀行に，直接あるいは間接に支払う。この場合にはイングランド銀行はそれ自身の銀行券で自分[同行]に支払っている。しかし取引はこれでもって終了するのであるから〔Aのイングランド銀行への返済まで〕，《同行はなんらかの仕方で資本(Capital)を前貸したとは言われることは出来ない。同行はAに，Bへの支払手段として役立ち，そしてBにイングランド銀行への支払手段として役立つ銀行券を発行した(ausgeben)のである。》[18]」

　したがってこの場合にもイングランド銀行は貨幣(同行の銀行券)をAに貨幣貸付資本として前貸ししたのであるが，Aにとっては支払手段としての銀行券(貨幣)を借りたのである。しかし「還流」の第iの場合とは異なって，今度

第11章 「発券銀行業者の立場」と「彼の資本」　397

はその銀行券が同行に，BないしCの債務の返済を通じて還流するので，第 i の場合のように同行にとって債務が生じるのではないから，その債務(つまり預金)に「照応する」「資産」である「資本を事実上前貸しした」と言うことにはならない，とマルクスは言うのである。

　ところがマルクスは続けて，「《彼［A］が後で彼の売上収益金(Returns)を，だから彼の資本の一部を，イングランド銀行に支払わなければならない限りで，ただAにとってのみ資本〔これはここでは事業に投下されている価値額(Werthsumme)の意味における［資本］〕が問題である；その場合彼が［それを］金で返済するか銀行券で返済するかは彼にとっては全くどうでもよいことである，なぜなら(イングランド銀行とは異なって)彼はなんらかの種類の商品資本を販売せねばならないか，あるいは，なんらかの販売の受取金(Einnahme)をイングランド銀行に支払わなければならないのであり，だから金または銀行券を，それらの貨幣金額(Denomination)に等しいなんらかの等価物と引き換えに受け取ったのだからである。彼に(ihn)とってはそれら［金または銀行券］は資本の価値表現である》[19]」，と付け加えていく。

　この場合，仮にAが入手した銀行券が，手形の割引や，あるいは所有していた有価証券等を担保に入れて入手した銀行券ではないとすれば[20]，「ただAにとってのみ，…事業に投下されている価値額の意味における資本が問題である」と言うこととなるであろう。ただしその場合には，「貨幣融通」が行われたとしても，イングランド銀行手持ちの有価証券は増加しないこととなってしまうであろう。エンゲルスがこの括弧《　》内の部分をも，「関連が理解し難い」と注記して削除し，さらに「還流」の2つの事例を挙げた後に，「さてAに対するイングランド銀行の前貸しは，どの範囲で資本の前貸しとみなされ，またどの範囲で単なる支払手段の前貸しとみなされるべきであるのか？」と問題を立て，さらに「この問題は前貸しそのものの性質に係わる」として，括弧(　)に入れた長い挿入を加えている[21]のも，あるいはこの括弧で括ったようなマルクスの記述が手稿に見出せたためであろうか。

　いずれにしてもここまでは，貸手はイングランド銀行で，借手Aによって需要されているのは支払手段としての貨幣であったが，次に貸手が個人銀行の場合が取り上げられてくる。そしてその場合に今度はマルクス自身がBanking Capital と言う言葉を持ち出してくる。即ち，「個人発券銀行の場合には，[イングランド銀行の場合とは次の]相違がある。彼らの銀行券が地方的流通の中に留まらず，また預金の形態かあるいは満期手形の返済かで彼ら自身に戻ってこない場合には，彼らの銀行券は，彼らがそれと引き換えに同じ［額の］金またはイングランド銀行券を返済しなければならない人々の手に帰する。そこで彼らにとっては彼らの銀行券での前貸しは事実上イングランド銀行券の前貸し，あるいは彼らにとっては同じこととなるが，金の，だから彼らの *Banking Capital* の前貸しを表わしている(repräsentiren)[22]」，と。

　今度はこれまでの設例とは異なって，貸出しに用いられた個人発券銀行の銀行券が自行に還流してこないで，他の銀行業者等の手に留まり，それを保持している他の銀行業者等がその銀行券の，金またはイングランド銀行券への兌換を，発券銀行業者に請求する，と想定されている。そしてマルクスは，だからこの場合には，貸出が信用貨幣である銀行券によってなされるにも拘わらず，「事実上」は発券銀行業者の「*Banking Capital* の前貸しを表している」と言うのである。したがってここではこの Banking Capital という言葉が，発券銀行業者の「資本」(「資産」)の意味で用いられていると見てよいであろう。

　そして続けてマルクスは，「同様に，イングランド銀行自身が——そしてこのことは銀行券発行が最高額を法律によって制限されている全ての銀行の場合に妥当するのだが——，それ自身の銀行券を流通から引き上げ，それからそれを再び与える(vergeben)［貸出す］ために，公債(public securities)を売らなければならないとすれば，いまや自分自身の銀行券がその譲渡された *Banking Capital* の一部を表わしている[23]」，と言う。これでは，イングランド銀行の「資本」ないし「資産」という言葉の代わりに Banking Capital という言葉が用いられているだけではないであろうか？

　さて「これまでは，前貸しは銀行券でなされ，だからたとえ大いに瞬時的であるとしても，少なくとも一時的には，銀行券発行の増加を伴うということ［だから結果としては増加しないということ］が，前提されていた。」しかし「イングランド銀行は銀行紙券(Noten Papier)の代わりに帳簿信用(bookcredit)を与えることが出来る。[24]」そしてその場合には，「イングランド銀行は，例えばその有価証券(即ち，その貨幣的融通の額)を，その［同行の］発券なしに

第11章 「発券銀行業者の立場」と「彼の資本」　399

(ohne ihre issue), …増大し得る[25]」即ち，イングランド銀行の「債務者[借手A]が，同行への(bei ihr)仮想の(imaginäre)預金者となる。彼[A]はイングランド銀行宛の小切手で[B に]支払い，そして小切手の受領者[B]はそれでもって彼の[取引]銀行業者に支払い，[この]銀行業者はその小切手を彼[この銀行業者]に宛てたイングランド銀行のそれ[小切手]と交換する。(手形交換所)。[そこで]この場合には銀行券の介入は全くなく，全取引は，イングランド銀行にとっては，それ[同行]がしなければならない請求(Forderung)が同行自身の小切手で決済され，そしてその[同行の]実際の補償(Recompensation)は A に対する信用請求(Creditforderung)にある(besthen)，ということに限られる[26]」，と。

　そしてマルクスは，「この場合には，イングランド銀行は，彼[A]にその[同行の]*banking capital*──なぜなら同行自身の債務請求(Schuldforderung)[債務]であるのだから──の一部を前貸ししたのである[27]」との注解を書き添えていく。したがってこの場合には banking capital は，同行にとっての「債務」である「預金」の意味で用いられているように見える[28]。

　また banking capital という言葉は次のようにも用いられている。「貨幣融通を求めるこの逼迫(diese pressure for pecuniary accommodation)が資本についての逼迫(pressure upon capital)である限り，それ[この逼迫]は単に *banking capital* にとってのそのようなもの(solches)[逼迫]であるにすぎない；銀行業者の立場からの資本(Capital vom Standpunkt des Banquiers aus)にとって；即ち，金(地金流出の場合には)，個人銀行業者にとっては等価物をもってのみ購入される，だから[それは]その[個人銀行業者の]資本(Capital)を表わしている(vorstellen)；イングランド銀行券(国民的銀行の銀行券)にとって[の逼迫であるにすぎない]；最後に，金または銀行券を引き出すために投げ売りされねばならない公債(*public securiies*)(国債(Staatseffecten))およびその他の利付証券)[にとっての逼迫であるにすぎない][29]」，と。そしてエンゲルスは，この場合の banking capital を Geldkapital で置き換えているが，どのように理解したらよいのであろうか？やはり銀行業者の「資産」の意味で用いられているのではなかろうか？

　なおこれに続けてマルクスが括弧(　)に入れて，「(しかしこれら[有価証券）

はそれらを購入した人々にとってのみの資本であり，…；それ自体はそれらは資本(Capital)などではなく，単なる債務請求権(Schuldforderungen)にすぎない；その他株式(Aktien)…；全てこれらのものは資本などではない；それらは生産的資本のいかなる構成要素をも形成していない；またそれ自体はいかなる価値をももっていない)[30]」と補筆しているところからすると，仮にフラートンが言うように「資本についての逼迫」があるとしても，それは単にbanking capitalにとっての「逼迫」，「銀行業者の立場からの資本」にとっての「逼迫」であるにすぎず，現実資本の逼迫・不足などではないということを，マルクスは言いいたかったのであろうか？

1) *MEGA*, S.510; *MEW*, S.464：訳, 638ページ。
2) *MEGA*, S.517. Cf. *MEW*, S.475：訳, 653ページ。
3) *MEGA*, S.512; *MEW*, S.468：訳, 643ページ。
4) *MEGA*, S.514, 515; *MEW*, S.471：訳, 647ページ。
5) *MEGA*, S.515; *MEW*, S.471：訳, 647ページ。
6) エンゲルスはこの文章を，「ところで，もしイングランド銀行はその際資本を前貸しするのであって，流通手段(Zirkulationsmittel)[通貨]を前貸しするのではないと言われているのであれば(Sagt man nun, daß…)，二重の意味をもつ」(*MEW*, S.468：訳, 643)，と改めている。それによってエンゲルスは，マルクスがそう言っているのではなく，人あってそう言っているとすればという意味を，そこに込めようとしたのであろうか？
7) *MEGA*, S.512; *MEW*, S.468：訳, 643ページ。
8) *MEGA*, S.513; *MEW*, S.468-469：訳, 644ページ。
9) 前節の注20)を参照されたい。
10) Cf. Fullarton, *op.cit.*, p.97：訳, 128ページ。
11) *MEGA*, S.515; *MEW*, S.471：訳, 647ページ。
12) これが，「どのようにして還流するのか」(*MEW*, S.468：訳, 643ページ)とエンゲルスが書き足している問題である。
13) *MEGA*, S.515; *MEW*, S.471：訳, 647-648ページ。引用文中の括弧印《 》は著者(小林)が付したものである。因みにエンゲルスは，この括弧の部分およびそれ以下を，削除している。
14) 前節の注18)を参照されたい。
15) *MEGA*, S.515; *MEW*, S.471：訳, 647-648ページ。
16) *MEGA*, S.515. これが，エンゲルスが以下の部分は理解に苦しむとして削除している(cf. *MEW*, S.471：訳, 647-648ページ)部分である。なお引用文中の…で省略した部分は，手稿では次のようになっている。「たとえイングランド銀行は，最終的には

第11章 「発券銀行業者の立場」と「彼の資本」　401

(im letztern Fall)同行が通貨総量にそれだけ多くの銀行券を追加することによっては需要を満たすことが出来ないで、単に同行が一定の金額のBへの債務者になる、だから前貸しが同行の資本の負担に(auf Rechnung)なるということによってのみ、満たし得るとしても」(MEGA, S.515)、と。

17)　本書第9章第3節、第5節および第6節〔備考〕の銀行貸借対照表を、参照されたい。
18)　*MEGA*, S.515;*MEW*, S.472：訳, 648ページ。引用文中の括弧印《　》は著者（小林）が付したものであるが、現行版では括弧の中、およびそれ以下の部分は、第iの場合と同様に、削除されている。
19)　*MEGA*, S. 515-516。ここでも引用文中の括弧印《　》は著者（小林）が付したものであり、その部分は現行版では削除されている。
20)　Cf. *MEW*, S.472：訳, 648ページ。
21)　Cf. *MEW*, S.472-473：訳, 648-650ページ。
22)　*MEGA*, S.516。因みにエンゲルスは、この Banking Capital を Bankkapital に置き換えている(cf. *MEW*, S.473：訳, 650ページ)。
23)　*MEGA*, S.516;*MEW*, S.473：訳, 650-651ページ。因みに現行版では、この Banking Capital も Bankkapital に置き換えられている。
24)　*MEGA*, S.516;*MEW*, S.474：訳, 651ページ。
25)　*MEGA*, S.515;*MEW*, S.471：訳, 647ページ。
26)　*MEGA*, S.516;*MEW*, S.474：訳, 651-652ページ。
27)　*MEGA*, S.516;*MEW*, S.474：訳, 652ページ。
28)　しかし現行版ではこの場合にも、この言葉を Bankkapital で置き換えている。
29)　*MEGA*, S.516-517;*MEW*, S.474：訳, 652ページ。
30)　*MEGA*, S.517;*MEW*, S.474：訳, 652ページ。

第5節　マルクス自身による問題の整理

ところがここまできたところでマルクスは、以上を次のように整理・要約する。即ち、「さて、われわれはイングランド銀行の有価証券の増大(ないしは貨幣融通を求める増加する逼迫と、同時に生じる通貨(currency)総額の減少または停滞とを、二様に(doppelt)説明してきた：1)地金の流出によって；2)単なる支払手段としての貨幣の需要——その場合にはその［貨幣の］発行(Ausgabe)はただ瞬時的であるか、あるいは帳簿信用の場合には銀行券の一切の発行なしに取引が生じるのであるが——によって；だから単なる信用取引が支払を媒介し、そしてこの支払の媒介が貨幣的取引の唯一の目的［である］。それ

［貨幣］が単に支払の決済のためにのみ機能する，（そのような恐慌においては，買うためにではなく支払うために借り入れられる；新たな取引を始めるためにではなく，過去の取引を終結するために［借り入れられる］），その［貨幣の］流通は，この決済が単なる信用操作によって，貨幣のすべての介入(Dazwischenkunft)なしに生じるのでない限り，単に瞬時的(verschwindend)に過ぎないということは，貨幣の特性(das Eigentümliche)である；だからこの取引の巨大な量と貨幣融通を求める大きな逼迫が，通貨(Circulation)を拡大することなしに生じることも［貨幣の特性なのである］[1]」，と。

　これまで「立ち入って［「二様に」］考察」してきた，逼迫期にイングランド銀行の「有価証券の増大」として現れてくる「貨幣融通を求める需要」の問題は，だから次のように整理できる，と言うのである。第1の場合には世界貨幣（「国際的支払手段」）としての金を求める需要であり，第2の場合には国内における支払手段としての貨幣（「通貨」）を求める需要であること，そして後者の場合には，その需要が銀行券の発行によって満たされるとしても，それは決済のための貨幣が求められているのであって，銀行券の発行は「瞬時的」であるに過ぎないから，貸付けは増大しても結果として通貨量は停滞的ないしは減少さえしうるのであり，したがって問題は，「貨幣融通を求める需要」が即「資本の貸付を求める需要」であるか否かではなく，またその「資本」が「銀行業者の立場からの資本」であるのか否かでもなく，「貨幣の特性」の問題なのである，と。

　マルクスはこのように，これまでの考察の経緯を整理・要約した上で，トゥック，フラートン等の誤りについて次のように結論する。「しかしフラートン，トゥック等々が挙げている単なる事実，即ち，有価証券の増大によって示されるような大きな貨幣的融通と同時に，イングランド銀行の流通銀行券(Circulation［「通貨」］)が停滞的なままであるか，あるいは減少さえする──僅少な通貨(a low currency)──という単なる事実は，彼らの誤った『資本の問題』のゆえに彼らが望むようには[2]，一見して明らかに(prima facie)，決して，支払手段としてのその機能における貨幣（銀行券）の流通(Circulation)は増加せず膨張しないということを，証明するものではない。［この時期には］購買手段としての銀行券の流通(Circulation)は減少するのであるから，支払手段としてのその

第11章 「発券銀行業者の立場」と「彼の資本」　403

流通は増加しうるし，そして通貨(Circulation)の総額＝購買手段＋支払手段として機能する銀行券は，停滞的なままであるかあるいは減少さえしうる。支払手段としての通貨(Circulation)は，彼らにとっては通貨(Circulation)などでは決してないのである。」「支払手段としての通貨(Circulation)が，購買手段としての通貨(Circulation)が減少するより以上の程度で増大するならば，たとえ貨幣が購買手段としてのその機能で，量からして顕著に減少するであろうとしても，総流通銀行券(Gesamtcirculation)は増加するであろう(würde)。そしてこのことは恐慌の一定の瞬間に現実に生じる。フラトン等は，支払手段としての銀行券の流通はこのような逼迫の時期における特徴的なことであるということを立証しないで，彼らはこの現象を偶然的として取り扱っている[3]」，と。

そしてここ「I)」の部分では，その未整理を露呈していた「銀行業者の資本」に係わる諸概念の検討を，最初に指摘しておいたように，マルクスは「銀行業者の資本は何から成り立っているかを立ち入って考察することが今や必要である[4]」という形で，手稿の第5項である「Ⅱ)」の部分(現行版第29章)の冒頭に委ねていく[5]。そしてそこでは，「この銀行業者の資本の現実的構成要素と並んで，それ[銀行業者の資本(Bankerscapital)]は銀行業者自身の投下資本と預金(彼の銀行営業資本(banking capital)，すなわち借入資本)とに分かれる。発券銀行(issuing bank)の場合には，われわれが差し当たり全く考慮の外におこうと思っているのだが，銀行券がさらに加わる[6])」[7]，と補正していくこととなるのである。

1) *MEGA*, S.517; *MEW*, S.475：訳, 653ページ。
2) 前述のように，彼らは一方では「国際的流通のための貨幣」の問題を，「『国内通貨』の問題ではない」という理由から，誤って「単なる資本の問題」(*MEGA*, S.513; *MEW*, S.468-469：訳, 644ページ)であると主張していたのであるが，他方では，彼らは，「『購買手段』としての貨幣と『支払手段』としての貨幣との区別を，『通貨(currency)』と『資本』との誤った区別に転化」(*MEGA*, S.519; *MEW*, S.477：訳, 655ページ)することによって，支払手段としての貨幣の問題を，購買手段としての貨幣，つまり「通貨」の問題ではないという理由から，誤って「資本」の問題として片付け，それによって，「通貨」は「停滞的」であるか，あるいは「減少さえもする」ということを「証明」しようとしているが，しかし「決して[それを]証明するものではない」，と言うのである。
3) *MEGA*, S.517-518; *MEW*, S.475-476：訳, 653-654ページ。

4) *MEGA*, S.519; *MEW*, S.481：訳, 657ページ。
5) なお, 次章の第1節も参照されたい。
6) *MEGA*, S.520; *MEW*, S.481-482：訳, 658ページ。
7) 発券銀行の場合には,「銀行券が[債務として銀行営業資本に]さらに加わる」といっても, それはその銀行券が前貸しされて「流通過程にある」時だけである(第9章第5節を参照)ことに留意しなければならない。W. ニューマーチは,「銀行法特別委員会(1857年)」で, 銀行という組織の「壁の外で流通している」銀行券が「流通銀行券(circulation)」(「通貨」)であり, したがって1844年銀行法の下で発券部から銀行部にイングランド銀行券が引き渡されただけでは厳密な意味ので「発行」とは言えず, したがってまたその銀行券は「イングランド銀行の側の負債ではありません」と強調している(第7章第3節を参照)。

〔補遺〕 現行版第28章の末尾部分について

　現行版第28章は,「金(あるいは銀)に対するこの需要を除くならば, このように恐慌の時期に, 何らかの形で資本が不足しているということは言われない。…云々[1)]」のパラグラフで終わっている。

　ところが手稿によると, 第5章第5節の「Ⅰ)」(現行版第28章)が, 実質的にどこで終わり,「Ⅱ)」(現行版第29章)がどこで始まるかは, 若干複雑である。即ちマルクスは, 手稿334ページ末尾に,「しかしフラートン等(Full. etc)が『購買手段』としての貨幣と『支払手段』としての貨幣の区別を『通貨(currency)』と『資本』との誤った区別に転化したことは明らかである。しかしそこには再び"circulation"についての銀行業者の狭い表象が基礎になっている」と記し, 手稿335ページに移ったところに,「Ⅱ)」と記入し,「今度は銀行業者の資本(das banker's Capital)は何から成り立っているかを立ち入って吟味することが必要である」と認めている[2)]。

　したがってマルクスは,「しかしフラートン等が…云々」のパラグラフで「Ⅰ)」を終え,「今度は銀行業者の資本…云々」のパラグラフから「Ⅱ)」を書き始めようとした[3)]とみることができる。

　しかしこれに続けてマルクスは, 次の3つのパラグラフを認めていく。即ち,「フラートン等(Full. etc)が『流通手段(Circulationsmittel)』としての貨幣と『支払手段』としての貨幣との区別を〔地金の流出が関係する限

第11章 「発券銀行業者の立場」と「彼の資本」　405

りでの『世界貨幣』として[の貨幣との区別をもまた]〕『通貨(circulation・currency)』と『資本』の区別に転化したことを，われわれはまさに見てきた。」(第2のパラグラフ)

　「『資本』がここで演ずる独特な[奇妙な]役割には，啓蒙化された経済学が『貨幣』は資本ではないということを入念に刻印しようとしたのと同じ入念さで，この銀行業者の経済学(bankers' economy)が，事実上貨幣は『優れて』資本であるということを刻印付けようとする入念さがつきまとう。」(第3のパラグラフ)

　「しかしともあれ(so)『貨幣資本(Geldcapital)』が，『利子生み資本(Zinstragendes Capital)』の意味での『貨幣貸付資本(moneyed Capital)』と混同されるが，他方では，第1の意味における資本は，常に，『商品資本』及び『生産資本』としてその固有の形態から区別されたものとしての『貨幣資本』であるということを，われわれは後の研究に際して示す。」(第4のパラグラフ)[4]，と。

　問題はこれら第2～第4のパラグラフについてである。これら3つのパラグラフも，「銀行業者の経済学」についての「論評」であり，したがって内容的には「(I)」についての捕捉と見ることができる。

　ところがマルクスは，続く第5のパラグラフで，「(I)についてはなお(noch)，逼迫のような時期には一体何が不足しているのか？『資本』か，それとも『支払手段』としての規定における『貨幣』か，が問われうる。そしてこれが周知の1つの係争点(eine Controverse)である」と記し，さらに続けて，この「係争点」に係わる2つの長いパラグラフを認めていく[5]。

　しかしエンゲルスは，これら「係争点」に係わる第5～第7の3つのパラグラフだけをまとめて，ただし第5のパラグラフの最初の文言「(I)について」を削除して，「(I)」(現行版第28章)の末尾に移し，「(I)」の終りのパラグラフ――「しかしフラートン等…云々」(上掲)――に続ける形で，この章を編集する[6]。大谷禎之介の考証によると，これら第5～第7の「3つのパラグラフの左側には，インクで上下をやや右に折り曲げた縦線が引かれて[おり]，この3つのパラグラフがひとまとまりのあるものであ

ること」が「明示[7]」されているとのことであり，恐らくエンゲルスは，このインクの縦線に従って，それらをまとめて「Ⅰ)」に移したのであろう。

　ところで，これら3つのパラグラフは「係争点」に係わる「ひとまとまり」ではある。しかしこのひとまとまりの最初のパラグラフ，つまり第5のパラグラフの，エンゲルスが削除した「Ⅰ)について」という言葉を補って読み直すならば，エンゲルスが残した「なお」の前後の関係が異なってくる。即ち，第2～第4のパラグラフで「Ⅰ)について」の補足を書き記したが，それでも「Ⅰについてなお」補足しておくことがあり，それが「通貨主義者」との「係争点」である，という意味となるであろう。

　だからもし手稿の一部を「Ⅰ)」(現行版第28章)に移して編集するとするのであれば，その内容からして「銀行業者の経済学」についての「論評」に関係している第2～第7の6つのパラグラフ全体を，「Ⅰ)」の末尾に移すのが妥当であろう。そしてそうするならば，「銀行業者の資本(das Bankerscapital)は，1)現金。(金または銀行券。)2)有価証券(*securities*)から成り立っている。…云々[8]」という第8のパラグラフが，すんなりと，「Ⅱ)」(現行版第29章)の第1パラグラフ——「今度は銀行業者の資本は何から成り立っているかを立ち入って吟味する」(上述)——に直接続く，「Ⅱ)」の第2パラグラフとなるであろう。

1) *MEW*, S.477：訳，656ページ。
2) *MEGA*, S.519.
3) そこで，この1行を，「Ⅱ)」の第1パラグラフと呼ぶこととする。
4) *MEGA*, S.519.
5) *Ibid*., S.519-520.
6) *MEW*, S.477：訳，655-666ページ。
7) 大谷禎之介「『流通手段と資本』(『資本論』第3部第28章)の草稿について」前掲，272ページ。
8) *MEGA*, S.520.

第12章 「銀行業者の資本」の「架空性」
――手稿「Ⅱ)」(現行版第29章)について――

第1節 はじめに

　手稿の「Ⅱ)」(現行版第29章)は、「銀行業者の資本は何から成り立っているかを立ち入って考察することが今や必要である[1]」という文章で始められている。というのも、第9章で考察したようにマルクスは、手稿の「冒頭部分」(現行版第25章)で、J. W. ギルバートの『銀行業の歴史と原理』から既に次のこと――「銀行の使用総資本(the trading capital of a bank)は」、「投下資本(the invested capital)[『真の資本(the real capital)』]と銀行営業資本(the banking capital)」という「2つの部分に分けられ」、前者は「事業(business)を営む目的で出資者(partners)によって払い込まれた貨幣」であり、また後者は銀行の使用総資本のうち、その事業の過程で銀行自身によって創造(create)される部分であり、そして借入資本(the borrowed capital)と呼ばれ得るということ、そしてさらにこの「借入資本」である「銀行営業資本」は、「3つの仕方――第1に預金の受入によって、第2に銀行券の発行によって、第3に為替手形の振出――によって」「創造(create)」され、「調達(raise)[2]」されるものであることを知り得ていた筈である[3]。ところが前章で考察してきたようにマルクスは、手稿の「Ⅰ)」(現行版第28章)では、この「銀行営業資本」概念の点で混乱に陥り、「銀行業者の資本」について検討する必要に迫られる。

　そこでマルクスは、ここ「Ⅱ)」では、英語を交えながら、「銀行業者の資本(das Bankerscapital)」は、「銀行業者自身の投下資本(das invested capital des Bankers selbst)と、預金(彼の銀行営業資本(banking capital)、即ち(oder)借入資本(gepumptes Capital)とに分かれる。発券銀行(issuing banks)の場合にはさらに銀行券…が付け加わる[4]」と述べて、「発券銀行業者」の「資本」の場合

には，「預金」の他に「銀行券」も「借入資本」に加わることを再確認して行くのである。

ところでギルバートが「銀行業者の資本」を説明する場合には銀行の貸借対照表を念頭に置いており，またマルクスがこのように「負債と資本」の側面からその説明をする場合にも，恐らくギルバートに拠っているものと推測し得るのであるが[5]，しかし両者が「銀行業者の資本」の特質として強調しようとしていた点は同一であったとは思われない。銀行業者であったギルバートの場合には，それは，銀行業務にかかわる側面，銀行の信用によって「創造」=「調達」された銀行にとっての債務——預金・流通銀行券，等——が，銀行業者の「資本」即ち，「銀行営業資本」として貸し出されていくという，いわば債務の債権化の側面であった[6]。これに対し「信用。架空資本」では「信用制度やそれが創りだす信用貨幣のような諸用具の分析は計画外である」と限定している[7]。マルクスの場合には，ここで，「銀行業者の資本」のどのような特質を析出しようとしたのであろうか。

1) *MEGA*, S.519; *MEW*, S.481：訳, 657ページ。
2) J. W. Gilbart, *The History and Principles of Banking*, 1st ed., 1834, p.117. なおさしあたり，本書第9章第3節および第6節を参照されたい。
3) この手稿の「冒頭部分」では，マルクスは，ギルバートによる「銀行の使用総資本」についてのこの説明を，簡略化してではあるが，「銀行の使用総資本(das trading capital)は2つの部分から，即ち投下資本(the invested capital)と借り入れられたその営業資本(ihr banking capital das gepumpte)とから，成り立っている」(*MEGA*, S.474; *MEW*, S.418；訳, 575ページ)，と引用している。
4) *MEGA*, S.520; *MEW*, S.481-482：訳, 658ページ。
5) その点については，本書第9章第3節を参照されたい。
6) 「銀行業(BANKING)は貨幣を稼ぐことを目的として営まれる一種の取引き(trade)」であるが，「銀行業者の取引きは，それが主として他人の貨幣(money)で営まれる限りで，他の諸取引きとは異なる」(Gilbart, *op.cit.*, p.117)。
7) Cf. *MEGA*, S.469, 475; *MEW*, S.413, 417：訳, 568, 574ページ。この点については，さしあたり本書第9章第1節を参照されたい。

第2節 「銀行業者の資本[資産]」の構成とその「架空性」

　この「Ⅱ)」でマルクスは，まず，貸借対照表の「資産」の側から「銀行業者の資本」の構成を次のように挙げていく。「銀行業者の資本(das Bankerscapital)は，1)貨幣(金または銀行券)，2)有価証券(securities)から成り立っている。われわれは後者を2つの部分に，即ち商業証券(手形)(commercial securities (bills))——これは短期的(floating)[1]なもので，そして[銀行の]本来の業務はこの割引で行われるのだが——と，その他の有価証券(コンソル，国庫証券，等のような公的有価証券，およびあらゆる種類の株式のようなその他の有価証券)；簡単にいえば利子生み証券(Zinstragende Papiere)，とはいえ手形(Wechseln)からは本質的に区別されるのだが，(恐らくは不動産抵当証券もまた[含むが])，とに分けることができる」，と。そして彼は，「銀行業者の資本」は「これらの実在的(real)諸成分と並んで」，「負債と資本」の側からすると上述のように，「投下資本」と「借入資本」の2つの部分に分かれるが，しかも「これらが，即ち，貨幣，手形，有価証券が，銀行業者自身の資本を表わしているのか，あるいは彼に貸付けられた資本，即ち預金を表わしているのかということは，銀行業者の資本の実在的(wirklich)諸成分——つまり貨幣，手形，有価証券——をなんら変えるものではない，ということは極めて明瞭である[2]」，という。

　次いでマルクスは，「資産」項目の中の「利子生み証券」——債券や株式等——に転化された貨幣貸付資本が，いかに「幻想的：架空な資本(illusorisch：fictives Capital)[3]」——「擬制資本」——であるかを検討[4]し，その上で「銀行業者の資本の実在的諸成分が果す役割を次のように説明する。即ち，

　①「銀行業者の資本の一部分はこのいわゆる利子生み証券に投資されている。この部分自体は現実の銀行業者の業務(Bankergeschäft)では機能しない[5]準備資本(Reservecapital)の一部である。」

　②銀行業者の資本の「最大の部分は手形，即ち生産的[産業]資本家あるいは商人の支払約束書から成り立っている[6]。〈手形は，その名目価値とその市場価値とが区別されないということで，先に考察された有価証券(securities)[国債や株式等]から区別される。手形は，それが満期になると直ちに，それが振

出された[割引かれた]貨幣額よりも大きな貨幣額に転化する。〉貨幣貸付業者 (moneylender) にとっては，これらの手形は利子生み証券である。即ち，彼がそれらを買うとき，彼はそれらがなお通用しなければならない期間について利子を差し引く*。だから手形が表示する金額からどれだけが差し引かれるかは，その時々の利子歩合に依存する[7],[8]。」

③「最後に，銀行業者の『資本』の最後の部分は，彼の貨幣準備 (Geldreserve) (金または銀行券) から成り立っている」，と。そしてマルクスは，それが預金の支払準備金[9]であることを次のように説明する。即ち「預金は〔契約で長期に固定されていない場合には〕つねに預金者の自由になる[10]。それはたえず変動する[11]。しかし，ある人によって引出されるときには，別の人によって補充されるので，〈事業が正常に経過しているときには〉[預金の]『一般的平均は大きくは変動しない』[12]」，と。

ところでこのように銀行業者の「資産」の諸成分が果たす役割を分析した後，次にマルクスはこれら「銀行業者の資本」の「架空性」を次のように，3点にわたって指摘していく。

①「銀行の準備ファンド (Reservefonds) は，発達した資本主義的生産諸国では，平均的には蓄蔵貨幣として現存する貨幣の量を表現しており，そしてこの蓄蔵貨幣の一部は再び有価証券 (Papieren) から，即ち決して自己価値のあるもの (Selbstwerthe) ではない，金に対する単なる支払指図書 (Anweisungen) から成立っている。」

②「だから銀行業者の資本の最大の部分は純粋に架空 (fiktiv)[なもの]で，(即ち債務返済請求書 (Schuldforderungen)〈手形および公的有価証券〉並びに株式〈所有権利証書 (Eigenthumstitel)，将来の収益に対する支払指図書〉であり，この際以下のことが忘れられてはならない。即ち，これらの有価証券 (Papiere) が銀行業者の金庫で表示している資本の貨幣価値は，これら有価証券が (公的有価証券の場合のように) 確実な収益に対する支払指図書である限りでも，あるいはそれらが (株式の場合のように) 現実資本に対する所有権利証書である限りでも，全く架空 (fiktiv) であり，そしてそれ[有価証券の貨幣価値]は，それら[有価証券]が表示している，現実資本の価値からは離れて調整されるか，あるいは，それらが収益に対する単なる請求権 (Forderug) を表示している (そ

第12章 「銀行業者の資本」の「架空性」　411

して決して資本を表示していない)場合には，同一の収益に対する請求権がたえず変化する架空貨幣資本[擬制資本]で表現されている，ということである。」

　③「さらにこれに次のことが付け加わる，即ち，この架空な銀行業者の資本(diess fiktive Banker's Capital)は大部分が彼の資本ではなくて，彼に預託されている公衆の資本——それに利子が付こうと無利子であろうと——を表示している，ということである」[13]，と。

　まず第①の「銀行の準備ファンド」であるが，それは先には「貨幣準備」として挙げられていた「金[貨]または銀行券」を指している。したがってその一部は「有価証券から，即ち，決して自己価値ではない金に対する単なる支払指図書から成り立っている」と云われる時にも，その「有価証券」とは「利子生み証券」ではなく，兌換銀行券を意味しているものとしなければならない。そして兌換銀行券といえども，それは「自己価値」を持った蓄蔵貨幣ではないのだから，「現金準備」の一部は貨幣(＝金貨)請求権という「架空な」「資産」にすぎない，というのである。

　第②に，「銀行業者の資本([資産])」の圧倒的部分を占める「有価証券」のうち，「商業証券」である割引手形も公的有価証券である国債等も「債務返済請求書」であり，また株式も「将来の収益に対する支払指図書」であるから，それら「有価証券の貨幣価値」は「それら有価証券が表示している現実資本の価値から離れて調整されるか，…同一の収益に対する請求権がたえず変化する架空な貨幣資本で表現されている」という意味で，「純粋に架空なもの」であるというのである。

　したがってこれに続けてマルクスが，「この架空な銀行業者の資本(dies fiktive Banker's Capital)[14]」というときには，このように，「銀行業者の資本」をまず「資産」の側から見た場合の「架空性」を指しているのである。

　ところが彼が第③に，「さらに…付け加わる」として指摘する点は，「資産」の側から見て「架空な」この「銀行業者の資本」を，「負債と資本」の側から見たものである。先には彼は，「銀行業者の資本の実在的諸成分——貨幣，手形，有価証券——」という「貸方(creditor)」の「区分」は，その「借方(debtor)[15]」が自己資本だけであるか，それとも借入資本(預金，等)だけであるかということとは，さしあたっては関係がないとしていた[16]のであるが，実は

「銀行業者の資本」とはいうものの，「銀行の使用総資本（＝総資産）」の「大部分」は，彼つまり銀行業者自身の投下資本ではなくて，「公衆」から借入れられた資本，即ち「預金」であるという点で，「架空な資本」であるというのである。

そこで節を改めてその点を検討しよう。

1) 現行版では，'floating' を「浮動的(schwebend)」と訳出し，その後に「次から次に満期になる」との説明句が挿入されている(cf. *MEW*, S.481：訳，657ページ)。
2) *MEGA*, S.520; *MEW*, S.481-482：訳，657-658ページ。なおマルクスはこれに続けて，「銀行業者が自己資本だけで事業を営むにしても，彼に預託された資本だけで事業を営むにしても，［実在的諸成分の］区分は同じである」と書き加えているが，そのこと自体は誤りではないとしても，「自己資本だけで事業を営む」「銀行業者」を想定することが可能なのであろうか？ なお「銀行業者の資本」の「実在的諸成分」(「資産」)には，「貨幣，手形，有価証券」の他に，「動産不動産」等の 'Preliminary Expenses' を加えることが必要である。なお本書第9章第6節の〔補遺〕の「範例」を参照されたい。
3) *MEGA*, S.521; *MEW*, S.483：訳，659ページ。
4) 「利子生み資本の形態は，一定の，規則的なあらゆる貨幣所得は，それが資本から生じようと生じまいと，資本の『利子』として現れることをもたらす。最初に貨幣所得が『利子』に転化され，それから利子と共に，利子がそこから生まれる『資本』もそこにやって来る。」このように「規則的収入が，平均利子率に従って，ある資本が…もたらすであろう収益として計算されること」を「資本化」ないし「資本還元」と呼ぶが，このようにして形成された「請求権」にすぎないこの「架空な(fiktiv)」「資本」を，ここでは「擬制資本」と呼ぶこととする。そして「すべての資本主義的生産諸国では，利子生み資本，即ち，貨幣貸付資本(*moneyed Capital*)の膨大量がこの形態で存在している」(*MEGA*, S.520, 521, 524; *MEW*, S.482：訳，658，661，665ページ)。
5) 銀行業者が「貨幣を公債に投資すること(investing)は，厳密には銀行業務の1つ(an operation of banking)ではない。それは銀行営業資本を増大させない。しかも銀行業者が彼の資本のある部分をこのような仕方で使うべきであることは必要である。というのは万一取付けが彼の銀行に生じるような場合に，容易に貨幣化(realize)できるからである」(Gilbart, *op.cit.*, p.182)。
6) 「近代銀行業の事業の顕著な分野は為替手形を割引くことから成り立っている」(Gilbart, *op.cit.*, p.146)。
7) *MEGA*, S.524-525; *MEW*, S.487：訳，665ページ。括弧〈 〉の中は，マルクスが抹消した部分である(cf. *MEGA*, *Apparat*, S.1070)。
8) 手稿では，ここに「注a)」が付され，H. Thornton, *An Inquiry into the Nature*

and Effects of the Paper Credit of Great Britain. Lond. 1802, p.26 から，次の引用がなされている。「手形は『割引可能な商品(*discountable articles*)』，即ち，いつでも貨幣に換金する(*converting*)機会のある商品——手形または銀行券の額から，手形が流通するはずの期間の，手形に対する利子に等しい割引ないし差引きが，換金価格(the *price* of conversion)として支払われるのであるが——となる」，と。エンゲルスはこの引用を削除して，文中の＊印の次に，「これが割引と呼ばれる」という一文を挿入している。なお引用文中の＊印は，著者（小林）が付したものである。念の為に。

9) ここではマルクスは銀行券の兌換準備金については言及していない。
10) 「預金勘定に対する銀行券の発行は全く預金者次第であるが，…」(Gilbart, *op. cit.*, p.171)。
11) 手稿では，ここに「注b)」が付され，J. Steuart, *Recherche des Principes de l'Économie Politique*, t. IV, Paris 1789, p.228 から，「銀行または銀行業者の手中にあって商品を買う貨幣は，いつでも非常に大きいとはいえ，たえざる変動の下にある」という引用がなされている。なおこの注も，現行版では削除されている。
12) *MEGA*, S.525; *MEW*, S.487：訳, 665ページ。なお引用文中の括弧〈 〉の中は，エンゲルスが加筆したものである。
13) *MEGA*, S.525; *MEW*, S.487：訳, 665-666ページ。
14) *MEGA*, S.525; *MEW*, S.487：訳, 666ページ。
15) イギリスでは「資産」の側が貸借対照表の右側に，「負債と資本」の側がその左側に表示されている。さしあたり，本書第9章第6節の〔補遺〕および本章第4節の〔備考-2〕を参照されたい。
16) 先の注2）を参照されたい。

第3節　貨幣貸付資本の「架空化」・「貨幣請求権化」

さて「借方」から見た「銀行業者の資本」が「架空な資本」であると云われる時，それは，銀行業者が貸出す「銀行営業資本」の主たる部分が，銀行業者自身が投下した「彼の資本」ではなくて，銀行の信用によって「創造」＝「調達」された「借入資本」であるという意味で云われているのではない。マルクスは，次のように，「貨幣」でなされた「預金」の『価値に対する権利証書」化・「貨幣に対する請求権」化・「資本に対する請求権」化という意味で「架空化」を論じているのである。

即ち，「預金は常に貨幣（金または銀行券）でなされる」が，「準備ファンド（そ

れは現実の流通の需要に従って収縮しまた膨張する）を除くと」，「預金そのものは二重の役割を演ずる。一方ではそれ[預金]は… 利子生み資本として貸出され，だから銀行業者の金庫には存在しないで，預金者の銀行業者への貸越金(Guthaben)として銀行業者の帳簿にのみ現れる。他方では，商人たち（一般的にいえば預金の所有者）の相互的な貸越金が互いに彼らの預金に対する[小切手の]振出し(Ziehn)によって清算され，そして相互に差し引かれる（その場合，預金が同一銀行業者におかれていて，したがって彼[同一銀行業者]が種々な[顧客の]売掛代金(Credit Accounts)を相互に差し引くか，あるいは，種々な銀行業者が彼らの小切手を相互に交換し，そして差額を支払いあうかは，全くどうでもよい）限り，それ[預金]は貸越金のこのような単なる帳簿項目(*Memoranda*)として機能する[1]」，と。

あるいは同じことであるが，マルクスは次のようにも云う，「預金(Deposits)全体は（準備ファンドを除けば），銀行業者への貸越金以外のなにものでもないが，しかしそれ[預金]は寄託物(Deposit)の中には決して存在しない。それ[預金]が銀行業者に振替(virement)のために役立つ限り，彼ら[銀行業者]がこの同じ物[預金]を貸出してしまった後も，預金は同じ人々にとって資本として機能する。彼らは実在していない預金に対する相互的な振出し手形(Drafts)を，この貸越金の差し引きによって支払う」，と。そして彼はこれを一般化して，「利子生み資本および信用制度の発達と共に，同じ資本あるいは同じ債務請求権でさえも，種々な人々の手で種々な形態で現れる種々な仕方によって，すべての資本が2倍化して，そして部分的には3倍化して，見える。[このように]この『貨幣資本なるもの("Geldcapital")』[即ち，貨幣貸付資本]の最大の部分は，純粋に架空(rein fiktiv)である[2]」，と。

だからこういうことになる。まず機能資本家の手許で一時遊休している「自己価値」のある蓄蔵貨幣（「確実な」金貨幣）ないし「金に対する支払指図書」としての兌換銀行券を前提する。次に，「まさに公衆が銀行業者に対して行う貸付(loans)に対する特種な名前にすぎない[3]」「預金」が，この「貨幣（金または銀行券）」で行われるものと仮定する。ところがこの「貨幣」は，預金者にとっての「貨幣資本なるもの」（つまり貨幣貸付資本）に転化したが，それは，銀行業者にとっての「準備ファンドを除く」と，銀行業者による手形割引や貸付

を通じて機能資本家の手に渡ってしまっているか,「有価証券取引業者(株式仲買人)」に貸出されて彼らの手にあるか,あるいは株式あるいは国庫証券等を銀行業者に販売した「私人の手」または「政府の手に」渡ってしまう。だから結局「預金」は,「銀行業者の帳簿上」で「貸越金」——銀行に対する貨幣ないし資本請求権——として存在するにすぎない[4] ものとなってしまう。したがって預金者にとって貨幣貸付資本である「預金」は,一面では,最初の「貨幣」ないし「貨幣資本なるもの」が,「2倍化」「3倍化」して現れることとなる。ところが,このように「(価値章標のように)価値に対する権利証書(Titel auf Werth)」・「単に架空な[資本][5]」であるにすぎない預金が,他面では,「貨幣に対する単なる請求権(bloss claim upon Geld)としては,債務請求権の相殺によって…[現実の貨幣として]作用しうる[6]。」つまり,このような「架空な」預金に対して振出される小切手によって売掛代金が清算される。

　これが,いうところの「銀行業者の資本」をその「借方」(「預金」)から見た場合の特質としての「架空性」なのである。

　　　　〔備考-1〕　同一貨幣片による貸付について
　この同一貨幣片ないし資本の「2倍化」・「3倍化」現象としての「架空化」の説明に,マルクスは,「貨幣が資本貸付において演ずる役割[7]」についてのスミスの説明を援用して[8],次のように云う。「同一貨幣片が,その流通速度にまさに従って,種々な購買をなし遂げうるのであるから,それは同様にまた種々な貸付を成就しうる。というのは購買は貨幣を一方の手から他方の手に移し,貸付は一方の手から他方の手への購買に媒介されない[貨幣の]移転にすぎないからである」,と。

　そして「A. スミスが貸付について一般的に述べていることは,預金…についても妥当する[9]」として,マルクスは同一貨幣片によるその何倍もの預金の形成と,その預金による債務決済についての,次の匿名の著書からの引用を掲げ,「銀行業者の資本」の主要部分を占めている預金の「架空な」実態を示そうとする。即ち,「あなたが今日A行に預金する1000ポンド[の銀行券]が,明日再発行され(reissued)[銀行券で引出され],そしてB行で預金を形成する*ということは疑いもなく真実である。その翌日

にB行から再発行されて，それ(1000ポンドの銀行券)はC行で預金を形成するかもしれない，…等々無限に。貨幣での同じ1000ポンドが，一連の移転によって，このように絶対的に無限の預金額に自らを倍加しうること[も疑いもなく真実である。]それゆえ連合王国における全預金の10分の9が銀行業者達の帳簿におけるそれら記録——彼らはそれぞれそれら[帳簿上の記録]に責任をもたなければならないが——の他には存在しないかもしれないということは可能である。〈このような蓋然性についての次の事実以上により有力な証拠は加えられ得ないであろう，即ち〉平均的には3百万スターリングを決して越えることのない通貨をもってしても (with a currency, which …)，スコットランドの銀行の預金は27 (seven-and-twenty)百万スターリングと見積もられているという事実である。〈もしもグレート・ブリテンとアイルランドの全預金者が同時的な衝動に駆られ，彼らの預金の払戻を請求するために，一斉にそして同じ時に[銀行に]やって来たとすれば，請求は応じられえないであろう。…〉／〈にもかかわらず，示唆されている全くの偶発事——連合王国における全預金の同時的引出し，そしてそれゆえ1つの不可能事——は，各預金者によって何時でも享受される，彼の預金額までの，貨幣の絶対的支配にはほんの少しも影響を及ぼさないであろうに。そして〉この単純な理由から，一連の移転によって自分自身を無限の預金額に倍化することの例として挙げられていた同じ1000ポンドが，もしその行程を送り返されるならば，同じ容易さで等しく無限な額を相殺する (cancel) であろうに。あなたがそれをもって今日1事業家 (trades man) に対する負債を相殺する同じ100ポンドが，明日は商人 (merchant) に対する彼の負債を相殺し，その翌日にはその商人が銀行に対するその商人の負債を相殺する，等々が無限に続く。そこで同じ100ポンドが手から手に，銀行から銀行へと渉ってゆき，そして考えられうるいかなる預金をも相殺する[10]」，と。

　なおマルクスは，この『通貨理論評論』の同じ箇所を，手稿の「冒頭部分」の「本文」の，「銀行券はただ卸売業の鋳貨をなしているにすぎず，銀行で主要な問題となるのは常に預金である。例えばスコットランドの諸銀行を見よ」のところに「注」として，しかも「預金」という小見出しを

第12章　「銀行業者の資本」の「架空性」　417

付して引用している[11]——現行版ではこの小見出しは削除され，しかもギルバートからの一連の引用の後に移されている——。

　またマルクスは手稿の「Ⅱ）」で，『通貨理論評論』のこの同じ箇所を引用するにあたって，引用文中＊印を付した箇所——「…Ｂ行で預金を形成する＊…」——の後に，括弧〔　〕に入れて，次の解釈を挿入している。「このことは次の２つのケースでのみ可能である。［①］預金者が1000ポンドをＢ行に預金するために，Ａ行からそれを引出すか。その場合1000ポンドによって１つの預金だけが想定されていれば，いまやＡ行に代ってＢ行に［預金するということになる。］［②］あるいは，Ａ行が例えば手形の割引，またはＡ行宛に振出された小切手等の支払に（単に1000ポンドの預金者［自身］によってというのではない），1000ポンド［の銀行券］を発行するか。そしてその場合には，受取人〔手形を割引く場合ならば，１つの購買によってかあるいは第３者への支払によって媒介される。なぜなら誰も受領した貨幣を預金するために割引くことはしないからである〕は，1000ポンドを再び別の銀行に預金する［ということになる］[12]」，と。

1)　*MEGA*, S.525-526；*MEW*, S.488：訳，666-667ページ。
2)　*MEGA*, S.526；*MEW*, S.488-489：訳，667ページ。
3)　*MEGA*, S.527；*MEW*, S.490：訳，669ページ。
4)　Cf. *MEGA*, S.525；*MEW*, S.487-488：訳，666-667ページ。
5)　*MEGA*, S.587；*MEW*, S.524-525：訳，719ページ。
6)　*MEGA*, S.589；*MEW*, S.526：訳，722ページ。
7)　*MEGA*, S.526；*MEW*, S.489：訳，668ページ。なお現行版では，「資本が貨幣貸付で…」と，主語と述語が逆転している。念の為に。
8)　Cf. A. Smith, *An Inquiry into the Nature and Causes of the Wealth of Nations*, (1767), 1904, ed, by Cannon, 4th ed. 1925, Vol. I , p.333-334；大内兵衛／松川七郎訳，岩波文庫版，『諸国民の富』(2)，377-378ページ。
9)　*MEGA*, S.527；*MEW*, S.489-490：訳，669ページ。
10)　A Banker in England, *The Currency Theory Reviewed; A Letter to the Scottish People on the menaced Interference by Government with the existing System of Banking in Scotland*, 1845, p.62-63. 引用文の括弧〈　〉の中は，マルクスが省略している箇所である。また引用文中の最後に挙げられている数字例について，マルクスは「同じ1000ポンド」としているが，「同じ100ポンド」の誤りである。なお文中の＊印は，著者（小林）が付したものである。

11) *MEGA*, S.475-476. 因にマルクスはこの引用の後に、さらに「銀行がその『預金者』の［預金］引出しに対して『銀行券』を発行すれば、そのことは明らかに銀行の負債の形態における、要求払いの預金の形態から、要求払いの銀行券の形態への、単なる変化にすぎない」と書き加えているが、現行版では削除されている。

12) *MEGA*, S.527. なお現行版ではこの括弧〔　〕内は削除されている。

〔補遺〕　手稿「Ⅲ）：続き」後段での「架空性」再論

　貸付を媒介する貨幣と、「貨幣貸付資本(moneyed Capital)」の「請求権化」――「架空化」――との関係について、マルクスは手稿「Ⅲ）：続き」（現行版第32章）後段部分において、再度次のように論じている。

　「一見したところ貨幣貸付資本(moneyed Capital)はつねに貨幣a)の形態で存在する。(――後には貨幣に対する請求権(*claim upon money*)として存在する、なぜなら、それ［貨幣貸付資本］が最初に存在する貨幣は、それが貸付けられるやいなや借手の手中に存在し、資本の現実の貨幣形態として、即ち、貨幣資本(money Capital)として機能するからである。貸手にとってはそれ［貸付資本としての貨幣］は、貨幣に対する請求権あるいは所有権利証書(Eigenthumstitel)に転化してしまっている。だからこの同一の貨幣量が貨幣貸付資本の非常に異なった量を表示しうる。〔――〕）そして単なる貨幣が、それが実現された資本であれ、あるいは実現された所得であれ、貸付けという単なる行為によって、［即ち］その預金への転化によって、［貨幣貸付資本となる。］〔吾々は、信用制度が発達している場合で、そして商業上の貸付(commercille loan)が考察に入ってくる限りで、一般的形態を考察しているのだが。預金は預金者にとっては貨幣貸付資本である。しかしそれは銀行業者の手においては、単に潜勢的貨幣資本(potentielles monied Capital)にすぎず、それはその所有者の金庫に代って、銀行業者の金庫で遊休している〕b) 1)」2)、と。

　そして「注a)」では、「銀行業者として」取扱うのは「資本か貨幣か」という、「銀行法特別委員会(1857年)」における質問に対する、銀行業者トゥェルズの答弁が取上げられ、トゥェルズが、預金が払い込まれるときも払い戻されるときも、それは「貨幣で」なされること、さらに「預金」

は「貨幣以外の何ものでもない」ということを承認するに至る点が示される[3]。

それに対し,「注b)」では,今度は同じ「委員会」での,トゥェルズの「混乱」――「この両者が,つまり預金と貸出された預金とが,『貨幣』であるという混乱」――が取上げられていく。トゥェルズによると,例えば彼が預金を持っていて,それである人に支払い,そのある人が預金をすると,彼とある人との両方に「貨幣」があることになる。そこでマルクスは次のようにその「混乱」を分析し批判する。

「混乱はだから部分的には：5000ポンドを預金したAは,［小切手を］振出すことができる。(彼が5000ポンドを持っていたときと同様に, 5000ポンドを自由にしうる。[)］ 5000ポンドは, 彼にとってはその点(5000ポンド)までは, 潜勢的貨幣(money potentialiter)として機能する。 すべての場合に, しかし彼は彼の預金をそれだけ(pro tanto)［小切手を振出すだけ］減ずる。彼が現実の貨幣を引出すならば, そして彼の貨幣は貸付けられているとすれば, 彼は彼によって預金された貨幣ではなく, 他の人が預金した貨幣で支払われる。彼が彼の銀行業者宛の小切手でBに支払い, Bがこの小切手をBの銀行業者に預金し, そしてAの銀行業者が同じくBの銀行業者宛の小切手を持っており, この両銀行業者が小切手を交換するとすれば, Aによって預金された貨幣は貨幣機能を2度果たす：第1には, Aによって預金された貨幣を受取った人の手で, 第2には, A自身の手で。第2の機能においては, 貨幣は貨幣の介入(*Dazwischenkunft*)なしの債務請求権(Aの彼の銀行業者宛の債務請求権と後者［Aの銀行業者］のBの銀行業者宛の債務請求権と)の相殺である。ここでは預金が2度貨幣として, 即ち現実の貨幣として, そして貨幣に対する請求権(claim upon Geld)として［貨幣の機能を果たす。］ 預金は, 債務請求権の相殺によってのみ, 貨幣(他の現実の預金からそれ自身再び貨幣化(realisirt)されたのではない貨幣)に対する単なる請求権として作用しうる[4]」, と。

因にマルクスはここで, 預金を「潜勢的貨幣」と呼んでいるが, これは『通貨理論評論』によったものと思われる。この匿名の著者は, 「潜勢的形態で(in a latent form)で存在する貨幣」, 「その潜勢的形態における貨幣,

即ち，銀行業者の預金[5]」といった表現を用いている。

1) MEGA, S.588; MEW, S.525-526：訳，720ページ。引用文中の「a)」と「b)」は，マルクスが付した注の記号である。
2) 因に現行版では，これに続く次の文章が削除されている。「いまや2つの問題(Fragen)に答えられうる：第1に，貨幣貸付資本の，生産的[産業]資本の蓄積に対する，相対的な増大または減少は，一言でいえばその一時的またはより継続的蓄積はどうなっているのか？そして第2に，それ[貨幣貸付資本]は何らかの形態で一国に現存する貨幣量に対して，どうなっているのか？」(MEGA, S.588-589)，と。
   ところでこの「2つの問題」とは，実は，手稿「Ⅲ」(現行版第30章・第31章)の冒頭での，「われわれが今やそれに近づこうとしている，この信用という事柄(Creditgeschichte)全体で唯一困難な問題」と指摘されていた問題＊に他ならない。
   ＊Cf. MEGA, S.529-530; MEW, S.493：訳，675ページ。なおこの問題については次章で立ち入って考察されている。参照されたい。
3) MEGA, S.588; MEW, S.525：訳，720ページ。なおこの「注a)」では，この後，オーヴァーストーンによる「『資本』と『貨幣』とのたえざる混乱」が指摘されていく。この点についても，次章を参照されたい。
4) MEGA, S.588-589; MEW, S.526：訳，721-722ページ。
5) A Banker in England, The Currency Theory Reviewed, …. op. cit, p.61.

第4節 「準備ファンド」の「架空化」

ところで，「銀行業者の資本」の「架空性」の第③の点——即ち，「公衆」である預金者と預金の受手である市中銀行との関係でいわれていた，貨幣ないし資本の「請求権化」による「同じ資本の2倍化・3倍化」という「貨幣資本なるもの」の「架空化」——は，市中銀行と中央銀行との間についてもいえる，とマルクスは言う。それを彼は次のように表現する。「この信用制度(Creditsystem)の下では，すべてのもの[資本]が2倍化され，3倍化され，そして単なる幻影物(Hirngespinst)に転化するように，それはまた，人がやっと何か確かなものを摑んだと信じている『準備ファンド』にも，妥当する[1]」と。

その第1は，1844/45年のピール銀行法の下で，中央銀行制度が次第に確立され，信用＝銀行制度が重層化していくことによって，市中銀行の「貨幣準備」（支払準備金）が，「手許現金(Cash in Hand)」（正貨およびイングランド銀行券）と「イングランド銀行預け金(Cash at Bank of England)」とに二重化[2]し，

第12章　「銀行業者の資本」の「架空性」　421

市中銀行の金準備が次第にイングランド銀行に集中していく点である。——「単一準備金制度」(one single banking reserve [3]; a one-reserve system of banking [4])——の確立 [5]。その第2は，同じくピール銀行法の下でイングランド銀行に集中化されたこの「単一の」「準備ファンド［まで］も，再び『二重化』される [6]」——という点である。

第1の点についてマルクスは，『商業的窮境』(1847-8年)から，モリス氏(元イングランド銀行総裁)の証言(第3639号，第3642号)——「私営銀行業者達の準備金(reserves)は預金の形態でイングランド銀行の手にある」ので，「金流出の第1の影響はただイングランド銀行に対してだけのように見えるが，しかしそれはイングランド銀行に彼らが持っている準備金の一部の引出し(withdrawal)と同じぐらい銀行業者達の準備金に作用するであろうに」——を引用して，「結局，実際の『準備ファンド』はイングランド銀行の『準備ファンド』に帰着する [7]」と結論する。

第2の点については，マルクスは以下のように説明する。即ち，イングランド銀行「銀行部の『準備ファンド』は，イングランド銀行が発行を法的に許されている銀行券の，流通にある銀行券［イングランド銀行の外にある銀行券］を超える，超過に等しい。［そして］銀行券［発行］の法的な最高限度は，14百万［ポンド］(それに対しては地金準備(Bullionreserve)をなんら必要とせず，国家のイングランド銀行への債務に等しい)プラス地金準備(Bullionvorrath)に等しい銀行券」である。そこでマルクスは，例えばとして，次の数字を挙げる。「地金準備が14百万ポンドであれば，28百万ポンドの銀行券を発行し，その内の22百万ポンドが流通していれば，銀行部の準備ファンドは8［6］百万ポンドに等しい。この8［6］百万［ポンド］の銀行券は，（法的に(gesetzlich)）イングランド銀行がこれを自由にし得る銀行営業資本(banking Capital) [8] であり，そして同時に預金にとっての『準備ファンド』である。さてもし金準備(Goldvorrath)を，例えば，6［4］百万［ポンド］だけ減少させる(それに対しては同額の銀行券が廃棄されなければならない)金流出が生じるならば，銀行部の準備金は8［6］百万［ポンド］から2百万［ポンド］にまで低下するであろう(würde)。 [9]」だから，一方，イングランド銀行は利子率を大いに引上げるが，他方，イング

BANK BALANCE SHEET.

Capital Subscribed ......£
Reserve Fund ... ...

DR. Liabilities.	Assets. Cr.
£ s. d.	£ s. d. £ s. d.
Capital Paid-up	Cash in Hand: —
Reserve Fund	Specie ... ...
Deposits	Bank of England
Current Accounts	Notes ... ...
Acceptances and Guarantes	
Liabilities by Indorsement	Cash at Bank of England ...
on Foreign Bills sold ...	Money at Call and at Short
Othes Liabilities, being Interest due on Deposits, Unclaimed Dividends, etc.	Notice ... ... Money with other Banks. including Cheques not
Rebace on Bills not due ...	cleared ... ...
Profit and Loss	Iuvestments —
	Consols (held at
	) and
	other Goverment
	Stocks ... ... £
	Other Investments (to be
	named) ... ...
	Bills Discounted —
	Three months and
	under ... ... £
	Exceeding three
	months ... ...
	Loans and Advances ... ...
	Liabilities of Custmers on
	Acceptances and Guarantees as per contra ... ...
	Labilities of Customers for
	Indocements as per conta
	Bank Premises. chiefly freehold ... ...
	Other Assets, being Interest
	due on Investemts ...
£	£

ランド銀行への預金者達——銀行業者その他——にとっては，彼らのイングランド銀行への「貸越金」に対する「支払準備」が大いに減少することになる。したがって仮に，イングランド銀行への預金者であるロンドンの4大株式銀行がその預金を引上げるならば，「流通銀行券の兌換の保証として，地金部(Bullion Department)〔発券部〕に数百万〔ポンドの準備金〕(例えば1847年には8百万〔ポンド〕)が横たわっていても，銀行部はそれだけで破産し得る。[10]」このようにイングランド銀行の「準備ファンド」も「二重化」し，「これもまた幻想的(illusorisch)[11]」つまり「架空化」するのである，と。

〔備考-2〕 パルグレイヴによる「銀行貸借対照表のフォーム」について
　因にパルグレイヴは，市中銀行の「手許現金(cash in hand)額がイングランド銀行への預け金残高(the balance at the Bank of England)から分離されたフォーム」のバランス・シート(次のページ)の作成を1907年に提案している[12]。

〔備考-3〕「単一準備金制度」の確立について
　バジョットは1873年に次のように指摘している。「1844年には4大ロンドン株式銀行の負債は10,637,000ポンドであった。が，いまやそれは60,000,000ポンド以上である。イングランド銀行への民間預金は当時9,000,000ポンドであった。が，いまやそれは18,000,000ポンドである。」しかし現在の支払準備率は極めて小さい。彼は云う，「銀行預金に対する現金準備(cash reserve)の割合がいまのイギリスほどに小さい国は，現在どこにも存在しないし，また以前にも全く存在しなかった」，と。同時にまたイングランド銀行庫中の貴金属は新たな重荷を背負うこととなった。「普仏戦争以来，わが国は以前よりも遥かに大規模にヨーロッパの銀行家となった。外国マネーの非常に多くの額が，種々な理由でまた種々な目的のために，ここで保有されている[13]」，と。
　そして1870年代初めには，単にバジョットのみでなく，1844年以降のイギリス銀行制度についての主として統計的・実証的研究が，ニューマーチの研究[14]以来20年ぶりにパルグレイヴやダン等によって相次いで発表され，

それらによってマルクスの云う「準備ファンドの2倍化, 3倍化」——「架空化」——を確認することができる。

　例えば, 銀行業者ダンはまず, 市中銀行の「資産」のうちの「現金と余剰金(Cash and Surplus Funds)」を, 広義の支払準備金として捉らえ[15], そこには「現金準備」を含む各種「準備金」が次のように含まれるとする。即ち, 「銀行の顧客の側での貨幣に対するありうる需要に対する, 銀行防衛の第1線(first line of defense)は, 銀行の庫中の現実の法定通貨(actual legal tender)でなければならない。」これが銀行の「手許現金(Cash on hand)」である。「防衛の第2線は, コールでの貸越残高, 特にイングランド銀行へのそれ, から成り立っている。」「防衛の第3線は, 容易に利用可能な諸投資に」あり, 「それら諸投資のうちイギリス政府証券類が第1級」である。「防衛の第4線は, 短期での, 一般的には, 3日, 7日, または14日の, ロンドン割引商会…および株式仲買人への, 貸付金(money at short notice)である。」最後に「銀行防衛の第5線は, 顧客のために割引いた手形の中の最良のものにある[16]」, と。そして彼は市中銀行では, これら広義の「準備金」と, 「負債と資本」のうちの「公衆への負債」——その大部分が預金——との割合は, 「一般的にいえば, およそ30%」であると推定する[17]。

　市中銀行のこのような「銀行防衛線」を前提した上でさらに彼は云う。「信用がわが金融制度の回転力(rotary force)である。この力が損なわれない限り, 制度は朗らかに回転し続けるが, しかしそれが旨くいかなくなると小さな金属基盤の不十分性が結局は余りに明白となり, その機構(fabric)が倒壊する。…実状は次のようである：銀行業者達が一定額の預金をもっており, それを私は凡そ600,000,000ポンドと推定した[18]。銀行業者達はこれらの一部分で, 手形を割引く顧客に融資するか, あるいはその一部分から前貸しをする。他の部分——一般的には4分の1ないし3分の1——を, 銀行業者達は, 政府証券または他の優良証券で保持し, また, 他の銀行業者またはビル・ブローカーへの, コール(cash at call)あるいは短期貸し(short notice)で保持する。地方銀行は, ロンドンの銀行およびビル・ブローカーに, 預金残高を持っている。ロンドンの銀行とビル・ブロ

ーカーはこれらの残高——彼らは彼らでこの残高の4分の1または3分の1を準備金としながら——をもって取引[即ち貸付]をし，そしてイングランド銀行に[預金]口座をもつ。かくしてその預金の多くの部分が銀行業者の残高から成り立っているところのイングランド銀行は，負債に応じる銀行券の準備を維持しながら，これらの残高で取引をする；これがわが国全体の唯一の究極の法定通貨準備(the sole ultimate legal tender reserve)である[19]」，と。

またパルグレイヴは，1844-1872年のイングランド銀行の貸借対照表の分析を通して，ダンと同様の実態——「準備金」の「2倍化，3倍化」——を，次のように析出している。即ち，銀行部の負債総額は1844年来1872年までに約2倍に増加し，銀行部準備金(banking reserve)も同様に増加してきた[20]。ただし，イングランド銀行にとっての負債である預金のうち，「その他の預金」項目の大きな部分は，ロンドン諸銀行のイングランド銀行への預け金であり，例えば，1872年12月11日付けの貸借対照表で見ると，「その他の預金…18,140,754ポンド，そのうちロンドン諸銀行の残高…は7,623,000ポンド」である。というのは，「最も容易で安全な策であるとして，即座の請求に対するロンドン諸銀行の主たる準備金をイングランド銀行に保持することが，ロンドン諸銀行の慣行」となっているからである。そして地方の銀行業者はその準備金の一部をロンドンの銀行業者への預金残高(balances)として持っており，「ロンドンの銀行業者たちのイングランド銀行への残高は，後者の他の負債の中に含まれている。」だからイングランド銀行への「これらの残高が，わが国の一般的銀行業準備金の一部を形成する。」したがって「これらの残高が，銀行業者の金庫にある現金(cash)の額を越えて，連合王国の銀行業者によって，保持されている現金(ready money)の，唯一の準備金である」ということになる。「もちろん，このように云うことによって，これらの残高が，わが国の銀行業者たちが逼迫時には何時でも頼らねばならないであろう唯一の資産(re-sources)であるということを意味しているのではない。なぜなら『コール』で保持されている額やまた他の形態で容易に利用可能な額は…非常に大きいからである。しかし，現実の現金(actual cash)が問題である限り，

これらの残高が，即座の必要のために即座の供給がそれから獲得されうる唯一の源泉(sources)である。そしてこれらの残高が表示する額を，イングランド銀行の準備金の中に，そしてまた大きくはわが国の銀行業準備金の中に含めることは，一般的見地からはこれらの残高を実際には 2 度(twice)計算することになる[21]」，[22] と。

　そしてこのような「単一準備金制度」の確立と共に，イングランド銀行の「準備金」こそ「最後の拠り所(the final resort)[23]」であるという認識も成立していく。

1) *MEGA*, S.528 ; *MEW*, S.490：訳, 670ページ。
2) 本節の〔備考-2〕を参照されたい。
3) R. H. I. Palgrave, Notes on Banking in Great Britain and Ireland, Sweden, Denmark, and Hamburg ; …. *Journal of the Statistical Society*, Vol. XXXVI, Mar. 1873, p.151.
4) W. Bagehot, *Lombard Street*, (1st ed., 1873), New ed., 1910, p.296：宇野弘蔵訳，岩波文庫版，『ロンバート街』，272ページ。
5) 本節の〔備考-3〕も参照されたい。
6) *MEGA*, S.528 ; *MEW*, S.490-491：訳, 670-671ページ。
7) *MEGA*, S.528 ; *MEW*, S.490-491：訳, 670-671ページ。
8) 1844年銀行法の下では，イングランド銀行が貸出に用い得るのが「銀行部(banking department)」にあるこの「準備金」であるが，だからと言ってそれをbanking capital と呼ぶことはできないであろう。「銀行営業資本(banking capital)」という言葉の用い方としては不適切である。前章第4節を参照されたい。
9) *MEGA*, S.528-529 ; *MEW*, S.491-492：訳, 671-672ページ。
10) エンゲルスはこの部分に「注」を付して，1844年銀行法の「一時停止」によって，イングランド銀行が「その手許にある金準備(Goldschatz)による保証を考慮なしに発行することを同行に許す」ことを，「紙製架空貨幣資本(papieres fiktives Geldkapital)を創造すること」(*MEW*, S.492：訳, 673ページ)と呼んでいるが，この「架空な(fiktiv)」の用語法は，マルクスが「準備金」の「架空化」と言う場合とは明らかに異なっている。因みにエンゲルスは，1857年の場合のように，1844年銀行法の「一時停止」によって発行された銀行券を「貨値章標」と呼び，「金属準備によって保障されていない銀行券」の発行によって「追加の——架空なのだとは云え——資本」が「創造」されていると言う(*MEW*, S.557：訳, 766ページ)。なおその点については本書第5章第5節の注3)および第6章第6節の注22)も参照されたい。
11) *MEGA*, S.529 ; *MEW*, S.491-492：訳, 672ページ。
12) R. H. I. Palgrave, Bank Balance-Sheets. *The Institute of Bankers*, Mar. 1907,

p.141, 142, 144.
13) Bagehot, *op.cit.*, p.20, 18, 17：訳, 29, 26-27 ページ。
14) Cf. W. Newmarch, An Attempt to ascertain the Magnitude and Fluctuations of the Amount of the Bills of Exchange in Circulation …, especially, during Each of the twenty Years 1828-1847, …. *Journal of the Institute of the Bankers,* Vol. XVI, May, 1851, p.143f.
15) J. Dun, The Banking Institutions, Bullion Reserve, and non-legal-tender Note Circulation of the United Kingdom statistically investigated. *Journal of the Statisitical Society,* Vol. XXXIX, Mar. 1876, p.63.
16) *Ibid.,* p.80-82.
17) *Ibid.,* p.84-85.
18) この預金額には，イングランド銀行のそれも含まれている(cf. *ibid.,* p.123-124)。
19) *Ibid.,*p.125. ダンはこのようなイギリスの「貨幣制度(monetary system)」＝「金融制度(finacial system)」を，「極めて独特な(peculiar)もの」(*ibid.*)と呼んでいる。
20) Palgrave, On the Relation of the Banking Reserve of the Bank of England to the Current Rate of Interest, …. *Journal of the Statistical Society,* Vol. XXXVI, Dec. 1873, p.536, 551.
21) *Ibid.,* p.540, 537, 541.
22) 因にパルグレイヴは，これでは「準備金」が二重計算になるとして，「ロンドン銀行業者達の残高」を「イングランド銀行の負債から控除」したならば，「イングランド銀行の準備金がそうであったであろう額の見積もりを，…即ち，もしもロンドン銀行業者達が彼ら自身の準備金を，彼ら自身の金庫にイングランド銀行券で，あるいは金で保持したならば，イングランド銀行が維持したであろうポジションの見積り」を試みている(*ibid.,* p.541-542)。
23) この言葉はバジョットが，'as the Bank of England alone keeps the final banking reserve, the bill-brokers of necessity have to resort to that final reserve'(Bagehot, *op.cit.,* p.300：訳, 275 ページ)と述べているところに由来するといわれている。Cf. R. S. Sayers, *Modern Banking,* 5th ed., 1960. p.97-98：三宅義夫訳, 115 ページ。

第5節 預金と支払準備金とビル・ブローカー

上来検討してきたように，マルクスによる「銀行業者の資本」の「架空化」論は，①〜③の3点にわたって展開されている。そして彼は第③の点を書いた後，「これについての続き[1)]」として，「預金および準備ファンドについて：ビ

ル・ブローカー」と云う小見出しを付して，預金と支払準備金とビル・ブローカーとの関係についての，いわば「補遺」を付け加えている。

即ち，「しかしながら，銀行業者達自身が直接必要としない〔預金の〕大きな部分は，ビル・ブローカー達の手に移り，代りに彼らは銀行業者に，ロンドンおよびこの国の種々な地域の人々のために彼らが既に割引いた商業手形を，銀行業者によって前払いされた金額に対する担保として渡す。ビル・ブローカーはこのコール・マネーの返済に責任を負っている」が，その金額は巨額に上っているとして，さらにマルクスは「銀行法特別委員会(1858年)」におけるニーヴ氏(イングランド銀行総裁)の証言をそこに引用する。それによると，ビル・ブローカーへの前貸し額は350万から800〜1000万ポンドにも及び，しかも「(ロンドンの)ビル・ブローカー達は，彼らの手形が満期になって流れていくことを当てにするか，窮地の場合には割引手形を担保にイングランド銀行から前貸を獲得する力を当てにして，彼らの巨額の取引を全く現金準備なしで(*without any cash reserve*)営んでいる。」そして「そのうちの2社は1847年に支払停止となり，その後取引を再開したが，1857年には再び支払停止〔となる〕。」しかも例えば，そのうちの「1商会は1847年には，資本金180,000ポンドで，負債は2,683,000〔ポンド〕であったが，1857年には，資本金は恐らく1847年の$\frac{1}{4}$を越えないのに，負債は5,300,000ポンドであった…[2]」，と。

ところで，この預金と支払準備金とビル・ブローカーとの関係については，手稿「混乱：続き」の前段部分[3]での，ビル・ブローカーであるオーヴァレンド・ガーニー商会のチャップマンに対する『銀行法特別委員会報告書(1857年)』における質疑・応答の引用とそれに対するコメントの形で詳細に示されている。その点に関しても，既に本書第6章において考察してきたところであるが[4]，ここでその若干を再録しておこう。

「第4868号：(チャップマン)貨幣量(*Quantity of money*)[5]」「第5099号Q：農村地方の地方銀行業者は，彼らの遊休残高(balance)をあなた〔チャップマン〕自身に，あるいは他の商会に送りますか？──A：はい。第5100号Q：そして他方，ランカシャーやヨークシャー地方〔の銀行業者〕は，その事業での使用のために，あなた方から割引〔手形〕を必要としていますか？──A：はい。」

「第5101号Q：ではそのやり方で，わが国のある地方の過剰マネー(*surplus-*

money)が他の地方の需要に利用可能とされるのですか？——A：正確にそうです。」

「第5105号 Q：有価証券——大蔵省証券であれ，あるいは『変動的(fluctuating)性格の何か』であれ——ではなくて，彼のコール・マネー(money at call)を好むのですか？　第5106号 Q：ある割合で日々満期となる，優良な商業手形を好むのですか？」

「チャップマンの尋問の中で最高に愉快なのは，いかにこ奴らが，事実上公衆の貨幣を彼らの所有物とみなし，そしていかに彼らの手形は常に換金可能でなければならないと考えているかと云うことである。…／立法は，大商会によって引受けられた手形を，常に『換金可能(convertible)』にしなければならない。〔イングランド銀行はそれら[の手形]を割引かなければならない。〕〔そして1857年に約800万[の負債]と自分自身の資本は相対的にはもっていない3つのこのようなビル・ブローカーの倒産！〕」

「第5190号 A：わが国の貨幣取引業者(money dealer)は単に，事実上は，公衆を代表しているにすぎない[6]。」

「パニック。第5169号：わが商業界に精通している誰でも，…第1級の商業手形も割引かれ得ないような時には，その業務上，要求次第で王国の流通媒介物を支払わなければならなくなっている人々——それはすべての銀行業者がそうであるが——の側には，大きな不安が在る…ということを，知っているに相違ない。で，そのことの影響は各人がその準備金を2倍にすることです。その影響が国中でどんなものであるかと云えば，あらゆる地方銀行業者——それは凡そ500あるが——，彼のロンドンの代理店に銀行券で凡そ5000ポンドを彼に送ることを依頼しなければならないということである。…それは全く馬鹿げているが，流通から2,500,000ポンドを引上げることになる。これはどのようにして供給され得るのか？／他面，第5195号：貨幣をもっている私人等，資本家等は，どんな利子ででもそれ[貨幣]を『供給』しようとはしない。なぜなら，チャップマンは云う，『なぜなら，吾々が貨幣を必要とする場合に，吾々が貨幣を得ることが疑わしいよりは，むしろ利子など全く取ろうとしないであろうに(would)』，と。／第5173号：吾々の[貨幣＝信用]制度(system)はこうである：吾々は負債300百万ポンドをもっていて，それを王国の鋳貨で，ある一瞬に

支払われることを求められるやも知れない、そして王国の鋳貨は、その[この鋳貨の]全体が代用されているとすれば、23百万ポンドかその程度にのぼる。このことは吾々を何時でも痙攣に投げこむかもしれない状態ではないのか？ /信用(Credit)[貨幣制度]から金貨幣制度(Monetarsystem)へのこの急変(Umschlag)。 / 国内のパニックを考慮の外に置くならば、貨幣の量は、地金(bullion)、即ち『世界貨幣(*the money of the world*)』に関してのみ問題でありうる。 / 第5218号：(同じチャップマン)1847年：「貨幣市場におけるこの攪乱の主要な原因は、疑いもなく吾々の為替を調節するのに必要であった貨幣の量に(*in the quantity of money*)、即ちその年の異常な輸入の結果にあった』、と。/第1に、世界市場貨幣のこの蓄蔵貨幣(Schatz)は最小限に減らされており、第2に、同時に[それは]信用貨幣の兌換性の保証として[機能する。]かように2つの全く異なる諸機能、しかしそれらは貨幣の本性に由来する。なぜなら現実の(wirklich)貨幣は常に世界市場貨幣であり、そして信用貨幣は常に世界市場貨幣に基づいているのだから。 / 第5221号：(1847年には)1844年の法律の停止なしには、『手形交換所は[手形を]清算しえなかったであろうに(*could*)。』/…/だがこ奴[チャップマン]は間近に迫っている恐慌の予感をもっていたということ：/ 第5236号：『貨幣市場には貨幣が極端に[入手]困難であるような諸条件があり、(そして現在はそれから非常に遠くはない)、イングランド銀行に援助(*recourse*)が求められるに相違ない。』 / 第5239号：『金曜、土曜、そして月曜、即ち(1847年)10月19日、20日、そして22日に吾々がイングランド銀行から引出した金額についてであるが、続く水曜日に吾々が手形を取り戻し終えたことに唯々感謝しなければならない。パニックが通り過ぎると、貨幣は吾々に還流しました。』/…/ 第5290号と第5291号： パニックが通過してしまうやいなや、『利子から彼らの利潤を引出しているすべての銀行業者達は直ちに貨幣を充用[貸出]し始めます。』 / 第5302号：チャップマンは、イングランド銀行の準備金の減少の場合の不安を、預金のための恐れから説明するのではなく、『[貨幣]市場が逼迫している時には、要求払いで巨額の貨幣を支払う責任のある人々[銀行業者やビル・ブローカー達]が、イングランド銀行へ駆り立てられると云うことを、彼らが熟知している』ということで説明する。 / 因に、実際の大きさ(*faktische Grösse*)としての準備金がいかに消え失せるかは、見事であ

る。銀行業者達は，彼らの当面の(current)事業にとっての最低限[の準備金]を，イングランド銀行に(または自分自身の手許に)保有している。ビル・ブローカーは，『わが国の遊んでいる銀行営業マネー(loose banking money)』を，準備金なしに保有している。そしてイングランド銀行は，預金に対しては銀行業者等々の[銀行部の]準備金のみをもっているにすぎない。そしてそれをそれ[イングランド銀行]は*(…)最低点，例えば２百万[ポンド]にまで，低下させる。だからこの[銀行部準備金としての]紙券を除けば(ausser diesem Papier)，このくだらないことの一切合切(das ganze Schwindl)は，逼迫時には(そして銀行券は地金と引き替えに支払われ，そして相殺されるのだから，これは準備金を減少させる)，地金の他にはなんらの準備金をももっておらず，そしてだから地金流出(drain)等に際してのこのもの[発券部準備金としての貴金属準備]のすべての減少の影響は…[7]。」

以上からでも，預金と支払準備金とビル・ブローカーとの関係を次のように要約することができるであろう。即ち，銀行業者は「過剰のマネー」をロンドンのビル・ブローカーに「コール・マネー」として貸出し，この短期貸付が，大蔵省証券などへの有価証券投資と共に，地方銀行業者の「資産」の中で広義の準備金(「現金と余剰金[8]」)の一部を占めていく。そしてビル・ブローカーは「準備金なしで」，この「コール・マネー」で手形を割引き，この割引手形を地方銀行業者に担保として渡し，彼等が「窮地」に陥った時には——即ち逼迫期には——，イングランド銀行に援助を求める。しかし「第１級の商業手形」でも割引かれないような事態ともなれば，銀行業者はその準備金を「２倍」に増大しようとし，「利子など」を得るよりも貸出しを手控えてしまう。「負債」が「王国の鋳貨」で一齊に支払を求められたなら，「信用貨幣制度から金貨幣制度への急変」が生じ，国内でパニックが発生する。というのは，銀行業者達は「支払準備金」をさしあたっては「最低限」に押さえており，ビル・ブローカーは無準備であり，イングランド銀行もその金準備のうち，世界市場貨幣としての蓄蔵貨幣部分は「最小限に減らし」ており，その僅かな金準備が実質的には「同時に」国内の銀行券の兌換準備としても機能しなければならず，市中の銀行業者達の準備であるイングランド銀行への彼等の預金の支払準備は，銀行部にあるイングランド銀行券での準備だけとされているからである，と。

1 ）　*MEGA, Apparat*, S.1071.
2 ）　*MEGA*, S.529; *MEW*, S.492: 訳, 673-674ページ。
3 ）　*MEGA*, S.97, Z.32〜S.620, Z.9.
4 ）　なお本書第13章第5節も併せ参照されたい。
5 ）　*MEGA*, S.600. 現行版では，この小見出しは削除されている。
6 ）　*MEGA*, S.602-603; *MEW*, S.547, 550, 551: 訳, 753, 757, 758-759 ページ。
7 ）　*MEGA*, S.604-605; *MEW*, S.551-553：訳, 759-761ページ。この長い引用文の最初の小見出し「パニック」は，現行版では削除されている。また最後のパラグラフの「*(…)」の箇所には，手稿では「（公的預金等々と共に）」と記されているが，理解に苦しむ。また文末の「…」は，原文のままであるが，現行版では，「すべての減少は恐慌を増大する」と補足されている。
8 ）　前節の〔備考-3〕を参照されたい。

第6節　むすびに

　このように，手稿の「Ⅱ)」（現行版第29章）における「銀行業者の資本」の「架空化」論を，手稿での展開に従って，その「混乱：続き」前段部分（現行版第33章中段部分）[1]との文脈において捉えてくると，この「架空化」論は，「イギリスの規模の生産においては，事実上取るに足らない大きさ」にすぎない「5-8百万ポンド位の地金の流出」が「全機構の神経過敏を創り出していく」点，そして「中央銀行は信用制度の旋回軸(pivot)であり，そして地金準備(Bullionreseve)はイングランド〔中央〕銀行の旋回軸」であるから，それを「旋回軸」として「信用貨幣制度(Creditsystem)から金属貨幣制度(Monetarsystem)への急変(Umschlag)[2]」が生じるという問題へと連らなっていることを知りうるのである。
　そしてこの「旋回軸」とイングランド銀行の地金準備の減少と信用貨幣制度の金属貨幣制度への「急変」の問題は，手稿では，上で引用したチャップマン証言の引用箇所に続く部分，即ち「混乱：続き」の中段部分（現行版第35章第1節）で論じられ，しかもそこでは「通貨論争」の両当事者のこの問題に対する立場が，次のように要約・批判されている。即ち，「金属的基礎を保持するためには，現実的富への大きな犠牲が必要(nöthig)であることは，ロイド(Loyd)によってと同様にトゥック(Tooke)によっても認められている。争い

第12章 「銀行業者の資本」の「架空性」　433

(Streit)は単に，不可避的なことのプラスかマイナスか，および多かれ少なかれ合理的な取扱いをめぐってにすぎない*。総生産に較べれば意味のないいくらかの金属量が，制度の旋回軸(*pivot*)として承認されている。だから，恐慌におけるこの『旋回軸的性格(Pivotcharakter)』の恐るべき例証を度外視すれば，麗しい理論的二元論(Dualismusu[対立])。資本が職掌的に(ex professo)取扱われている限り，啓蒙された経済学は，金や銀に最大の蔑視をもって，事実上どうでもよく，全く役に立たない形態として，見下す。それが銀行制度を扱うやいなや，ことの様相が一変し，それ[金または銀]が，資本の他のどの形態や労働をも，その維持のためには犠牲にされねばならない資本それ自体(par excellence)となる[3)]」，と。

そしてこの同じ「混乱：続き」中段部分で，マルクスは，この「イングランド銀行の地金準備の準備金[機能]規定(die Bestimmung des Reservefonds der Bullionreserve der Bank)」についても，次のように，それは「3重である」と指摘していく。即ち，「国際的支払のための準備金(Reservefonds)；事実上，世界貨幣の準備金」および「国内鋳貨流通の準備金(Reservefonds der internal coin circulation)」という，「単なる貨幣としての貨幣の諸機能と関係する」2つの機能「規定」の他に，第3に「銀行業務(*banking*)と関連し，単なる貨幣としての貨幣の諸機能とは関係のない，銀行券の兌換および預金のための準備金」という機能「規定」があること，したがって「銀行券の兌換性[および預金]のための最低限とみなされているところのものが地金流出で影響」を受け，「そのことが，イングランド銀行が強力的に維持しようと努める金準備に作用する[4)]」等々，と。

このようにイングランド銀行の地金準備が，「貨幣としての貨幣の諸機能」とのみでなく，銀行券の兌換や預金といった「銀行業務」と関連することを指摘していくのではあるが，しかしいずれにしてもマルクスは，銀行業者ギルバートないしは銀行学派のウィルソンなどが「銀行業者の資本」の特質を「銀行業務」を行うための「銀行営業資本」の「創造」＝「調達」において捉えていくのとは異なって，貨幣ないし貨幣資本に対する「請求権化」という意味での「架空化」に求めていくのである。

1）手稿「混乱：続き」の前段部分（MEGA,S.597,Z.32以下）は現行版第33章中段部分に取り込まれている。因みに「混乱：続き」の中段部分（MEGA,S.620,Z.11以下）が現行版第35章第1節に，その後段部分（MEGA,S.628,Z.27以下）が第35章第2節に編まれている。

2）MEGA, S.624, 625; MEW, S.586, 587：訳, 807, 808ページ。なおここでマルクスは，この「信用貨幣制度から金属貨幣制度への急変」が「必然的である」ことは，「私が既に早くに『支払手段』のところで示しておいた」と指摘している。なお，この「旋回軸（pivot）」という言葉自体は，ニューマーチに由っている。その点については，本書第7章第2節の「補注」を参照されたい。

3）MEGA, S.625; MEW. S.587-588：訳, 808-809ページ。なお引用文中の＊印の箇所に，マルクスは「注」を付し，「エコノミスト誌を見よ」として，J. ウィルソンによる同誌の社説を引用している。ただしその引用の仕方はとびとびの意訳なので，ここではその全文を掲げておく。「そこで実際には，トゥック氏とロイド氏の両者共に，金に対する追加需要——それがどんな目的のために求められるのであれ——を，［信用の］早めの収縮（contraction）によって応じるであろう（would meet），そしていずれも［金に対する］需要の強さに比例して正確に［信用の］縮小をするであろう。これら両権威の間での唯一の相違は次の点にある。即ち，トゥック氏は，信用の収縮を，利子率の引き上げと資本の前貸しの制限（restrict）に訴えておこなう（resourt）であろう。そして，通貨（the circulation）は，それが随意に兌換できる限り，過剰にも過小にもなり得ないであろう（could）という確信のもとに，通貨をそれ自身に任せるとする。が他方ロイド氏は，ほぼ同じ目的を，直接に通貨を収縮し，価格を引き下げ，かくして輸出を増大し輸入を減少させるという，われわれには実行不可能と見える試みによって，達成しようとしている。…両当事者は，利子率の増大と割引および貸出の削減とによってのみ，彼らの目的が達成されるということを認めている。その上に両者は，単にその銀行券の兌換を保証するためだけでなく，その預金者からのあり得るどんな需要をも満たすためにも，すべての事情の下で，イングランド銀行が充分な金準備を維持する必要性で一致している。しかしロイド氏の原理は，通貨に関するある種の制限と規制（restrictions and regulations）に導くのであるが，これらは，特定の事情の下では極めて深刻な不便を作り出し，同時に他方では，イングランド銀行の安全（security）の増大にほんの僅かでも役立つことがない。」（Conformity of Convertible Notes with a Metallic Currency, *The Economist*, Vol. V, No. 224, 1847, Dec. 11, p.1418.）

4）MEGA, S.621-622; MEW, S.582-583：訳, 801-802ページ。

第13章 「唯一困難な問題」について
―― 手稿「Ⅲ)」(現行版第30章)以下について ――

第1節 「唯一困難な問題」とは

　手稿「信用。架空資本」の第6項である「Ⅲ)」(現行版第30章・第31章)の冒頭には、「われわれが今やそれに近づこうとしている、この信用という事柄全体で唯一困難な問題(Die einzig[1] schwierigen Fragen bei dieser ganzen Creditgeschichte[2], denen wir uns nun nähern)」として、次の問題が提起されている。即ち、「第1に、本来的な貨幣資本の蓄積。それは資本の現実的蓄積の、即ち拡大された規模での再生産の、どの程度まで指標であり、また指標ではないのか？　いわゆる資本の過多(Plethora of Capital)――(常に貨幣貸付資本(monied Capital)について用いられる表現)――は、過剰生産と並ぶ特殊な現象であるのか、あるいは単に過剰生産を表現する1つの独自な仕方に過ぎないのか？　[第2に、]貨幣貸付資本の供給過剰(oversupply of monied capital)は、どの程度まで停滞している(stagnant)貨幣の量(Geldmassen)(鋳貨／地金または銀行券)に一致するのか、それゆえそれはより多い貨幣の量(*Quantität*)に現れるのか？／他方では：貨幣逼迫の際には(bei den pressures of money)、それは、現実資本の不足(want of real capital)をどの程度まで表わしているのか？　それは、支払手段の不足のような貨幣としての貨幣の不足と、どの程度まで一致するのか？[3]」、と。

　ではこれまで、どのような問題をどのように検討してきた上で、「今や」「唯一困難な問題」に「近づこうとしている」とマルクスは言うのであろうか。既に折に触れてこの手稿「信用。架空資本」の構成に言及してきたところではあるが[4]、今一度ここで、予め、簡単に振り返っておくこととする。

　即ち、その「冒頭部分」(現行版第25章)では、この手稿第5節全体のいわば

「序章」として，ここでの考察の前提をなす近代的信用＝銀行制度の2つの側面・基礎——「信用［貨幣］制度(Credisystem)の自然発生的基礎(Grundlage)」であり「信用制度(Creditwesen)の本来的基礎(*Grundlage*)」，並びに，「貨幣取引［資本］の発展と結びつく」「信用制度(Creditwesen)の他の側面[5]」，即ち，「本来的な貨幣貸付信用(der eigentliche monied Credit)[6]」——についての本質的規定がまず与えられる。そしてこの「他の側面」に付された脚注で，ギルバートの著書『銀行業の歴史と原理』から一連の引用が行われていくが，その引用の途中からが，「冒頭部分」の次の「補遺(Zusätze)」部分(現行版第26章)となっていく[7]。

しかもこの「補遺」部分は，手稿では，「冒頭部分」とは執筆の形式が異なって「本文」部分と「脚注」部分とが手稿ノートの上半分と下半分とに区別して執筆されていない，いわばベタ書き部分で，そこでは例えば「現金に代る手形での支払い[8]」といった小見出しが付されるという形式がとられている。そして内容上は，最初はギルバート(Gilbart)の著書『銀行業の歴史と原理』からの一連の引用が小見出しを付して行われ，次いで，『委員会報告。商業的窮境1847-8年』から，小見出しを付しての一連の引用となっていく[9]。それに続けて，現行版第26章の表題とされた小見出し(「貨幣貸付資本(moneyed Capital)の蓄積とその利子率への影響[10]」)の部分となる。そして「補遺」部分の中で最も長い，しかも最後の小見出し部分が「通貨(*Circulation*)，貨幣，資本[11]」であって，そこではまず，「通貨と資本」の区別についての『エコノミスト』誌の(したがってウィルソン(Wilson)の)論説の引用があり，その後に，『銀行法特別委員会報告(1857年)』から，ノーマン(Noran)およびオーヴァーストーン(Overstone)に対する質疑・応答の抜書きが，コメントを付しながら行われていく[12]。

このように，「補遺」の主要部分が，「通貨(貨幣)と資本」についての「周知の論争点」に関する抜書きとコメントで占められているのではあるが[13]，しかし先の「冒頭部分」における信用＝銀行制度の2つの側面・基礎についての叙述を内容的に直接に受けるのは，この「補遺」部分の次に来る，手稿の第3項である「資本主義的生産における信用の役割[14]」部分(現行版第27章)である。

そこではまず，「信用制度(Creditwesen)が今までわれわれに一般的な注意を

払わせてきたのは，以下の点であった」として，Ⅰ）利潤率均等化の媒介，Ⅱ）流通費の軽減，Ⅲ）株式会社の形成，および［Ⅳ］）他人の資本と他人の所有の自由な使用の4点[15]を指摘してそれらを考察し，続いて，以下での考察対象が次のように挙げられていく。即ち，「われわれはこれまで，主として信用制度(Creditwesen)の発展〔およびそこに含まれている潜勢的な資本所有の揚棄〕を，主として生産的資本に関連して考察してきた。われわれは今や利子生み資本そのもの〔それ[利子生み資本]が受け取る形態のような，信用制度によるそれ[利子生み資本]への影響(Effekt auf es durch das Creditwesen, wie die Form, die es annimt)〕の考察へと移るが，その際一般的に若干の特に経済学的な論評を，なお加えておかなければならない[16]」，と。

したがって以下で考察されるのは，「利子生み資本そのもの」といっても，手稿第5章の第「1）」～「4）」節(現行版第21章～第24章)におけるような利子生み資本の概念論を反復するのではなく，第「5)[節]信用。架空資本」の第1項である「冒頭部分」で規定された近代的信用＝銀行制度の下で利子生み資本が受け取る形態[17]のような，信用制度によるそれへの影響などについて考察するというのであるが，しかしその問題に移っていく前に，「マルクスは，まさにウィルソンが『銀行業の実際に立ち入る前に』まず通貨学派の基礎的諸概念の混乱を批判しようとしたのと全く同様に，あるいはむしろそれに倣って…この後の考察対象…との関連で，予め，銀行学派の基礎的諸概念の混乱を批判しなければならない[18]」と言うのである。

そしてそれが，トゥック，ウィルソン等の「通貨(*Circulation*)と資本の間の区別[19]」の批判に始まる，手稿の第4項「Ⅰ）」(現行版第28章)なのである。それはまさに「係争中の問題」の検討に他ならず，ここではマルクスは，銀行学派，特にトゥックとフラートンの，言うところの「資本」なるものとは，帰するところ「発券銀行業者の立場」から見た「資本」，ないしは銀行業者の「資産(resources)」であることを突き止めていく[20]。実際マルクス自身が，「周知の係争問題(bekanntlich eine Controverse)[21]」という言葉を書き記してくるのは，この手稿「Ⅰ）」部分への補足として，その第5項である「Ⅱ）」部分(現行版第29章)に書き足された部分においてなのである[22]。

なおこの「Ⅱ）」では，トゥックやフラートン等が自ずと拠って立っていた

「銀行業者の資本」なるものの実態・その諸成分を，ギルバートに倣ってマルクスも[23]，銀行の貸借対照表を念頭に置きながら示し，さらに信用制度の下での銀行業者の資本の「架空化」を，つまりその貨幣請求権化ないし貨幣資本請求権化を明らかにしていく[24]。

ところでトゥックやフラートン等にあっては，「鋳貨としての流通手段，貨幣，貨幣資本および利子生み資本（英語でいう貨幣貸付資本）の間の諸区別が，ごっちゃに混同されている[25]」とは言え，彼らは「通貨と資本との間」に「区別」を試みている。だからマルクスは，この手稿の「冒頭部分」で規定された近代的信用＝銀行制度の下での「利子生み資本（貨幣貸付資本）そのもの」の考察に進む前に，「一般に若干の特に経済学的な論評を加えておく」ことができたのであり，また彼らが言う「資本」なるものの実態を明らかにすることができたのである。

ところがこれに対しオーヴァーストーンは，「銀行法特別委員会(1857年)」での質疑・応答で，「たえず『貨幣』と『資本』との間で混乱している[26]」のではあるが，しかし彼は，自分は「これら２つを決して混同してはいません」（第3819号)[27]と答え，そして「ごった混ぜの言葉使い(das jumble of phrase)[28]」をすることによって「1844年銀行法の弁護(defence)」（第3994号)[29]を試みていくのである。

そしてマルクスは既に「補遺」部分で，「銀行法特別委員会(1857年)」におけるオーヴァーストーンの答弁における「言葉の奇妙なごった混ぜ(strange jumble of words [30])」をフォローした際に，彼が，「貨幣と資本」という「言葉を決して混同してはいません」と答えているのは，彼はトゥック等とは異なって，「それらを決して区別していないからである[31]」と指摘していた。しかし彼が，「貨幣と資本」を「区別」せずに「ごった混ぜ」にして説明している事実関係・その実態がどのようなものであり，またそれらをどのように理解するのが適切であるのかという「困難な問題」については，未だ立ち入って検討してこなかった。そこでその点の考察に「われわれは今や近づこうとしている」というのが，「Ⅲ)」の冒頭で提起された諸問題であったのである。

ところで厄介なことに，先に掲げたマルクスの問題提起（「唯一困難な問題」）の文章の中には，「第１に」に対応する「第２に」という指示が見当たらず，

第13章　「唯一困難な問題」について　439

現行版では，手稿における「他方では」が「第2に」と書き改められ，しかもそのパラグラフの第2センテンスの前に，「他方では」という言葉が補われている[32]。

しかし「第1に」で始まる第1パラグラフの前半は，「本来的貨幣資本の蓄積」と「現実資本の蓄積」との関係——貨幣貸付資本の「過多(Plethora)」と現実資本の「過剰生産」との関係をも含む——についての問題であり，その後半([第2に]以下)は，「貨幣貸付資本の供給過剰」と「貨幣の量」との関係についての問題である。そして「他方では[33]」で始まる第2パラグラフも，その前半つまり第1センテンスでは「貨幣逼迫[34]」と「現実資本の不足」との関係が問題とされ，その後半では「貨幣逼迫」と「貨幣の不足」との関係が問題とされていると見ることができる。だから第1パラグラフでも第2パラグラフでも，「貨幣貸付資本の蓄積」と「現実資本の蓄積」との関係，および「貨幣貸付資本」と「貨幣の量」との関係についての問題が提起されていると理解して大過ないであろう。

実際マルクスは，手稿「Ⅲ)：続き」の前半部分が終わるところで，「いまや2つの問題に答えられうる(Es sind nun 2 Fragen zu beantworten)[35]」とし，しかもそこでは「第2に」を明記して，次のように問題を整理・再提示している。即ち，「第1に，貨幣貸付資本(monied Capital)の相対的な増大または減少は，一言でいえば，その[貨幣貸付資本の]一時的またはより継続的蓄積は，生産的資本の蓄積に対してどのような関係にあるのか？そして第2に，それ[貨幣貸付資本の増減]は何らかの形態で一国に現存する貨幣の量の大きさ(Masse der in irgendeiner Form im Lande vorhanden *Geldmasse*)に対してどのような関係にあるのか？[36]」，と。

ではこの「唯一困難な問題」，つまりこれら「2つの問題」は，手稿の「Ⅲ)」以下で，一体どのように考察されていくのであろうか？　実はその文脈をどのように追い，どのように読み解いていくかが「極めて困難」なのである[37]が，本章では，次の2点の検討を手掛かりにしながら，煩瑣ではあるが手稿に即してそれを果たすことによって，「唯一困難な問題」についての「解題」としたい。

その1つが，冒頭で提起された「2つの問題」は，この手稿第「5)[節]信

用。架空資本」の中で結論を見出し得ているのか否か[38]。見出し得ているとすれば、それはどこにおいてなのか。——これが第1の点である。

いま1つは、「Ⅲ）：続き」の途中で、現行版では削除されているのであるが、マルクスは、「われわれはオーヴァーストーン氏のごった混ぜの言葉使いをやっと後で(erst nacher)考察しようと思う[39]」との「叙述プラン」を認めている。しかし、後述するように、その直ぐ後からマルクスは、事実上、オーヴァーストーン批判を試みており、「Ⅲ）：続き」はそれで終わっていく。一体マルクスは、どこまで論じた「後で」、手稿「5）信用。架空資本」の幾つもの箇所で行っているオーヴァーストーン（および1844年銀行法）批判を、纏めて叙述しようと[40]考えていたのであろうか。——これが第2の点である。

1) 引用文中の einzig については、わが国では向坂逸郎氏を除く多くの人々によって、「無類に」、「比類なく」あるいは「極めて」等と訳出され、また著者もこれまでそれに従ってきたが、本書では「唯一の」と訳出することとする。なお現行版『資本論』の英訳版あるいは仏訳版も「唯一の」と訳出している。参照されたい。

2) 現行版では「われわれが信用制度(das Kreditwesen)との関連で近づこうとしている」と改められている(cf. MEW, S.493：訳, 675ページ)。なおこの点は、エンゲルスが、「資本主義的生産における信用の役割」（現行版第27章）に記されている、「以下について」の「叙述プラン」で、その考察対象を「信用」ないし「信用制度」としていることと照応するものと思われる。その点については、後出の注16)を参照されたい。

3) MEGA, S.529-530; MEW, S.493：訳, 675ページ。

4) 例えば、第9章第1節などを参照されたい。

5) MEGA, S.469, 470-471; MEW, S.413, 415：訳, 568, 571ページ。

6) MEGA, S.540; MEW, S.501：訳, 686ページ。

7) 本書第9章第2節以下を参照されたい。

8) MEGA, S.476. 現行版ではこれらの小見出しは、原則、収録されていない。

9) MEGA, S.476-479. 因みにこの部分は、現行版では第25章の「Ⅲ.」として収録されている(cf. MEW, S.424-427：訳, 583-587ページ)。

10) MEGA, S.479. エンゲルスは、この小見出しの「貨幣貸付資本(moneyed Capital)」を「貨幣資本(Geldkapital)」に改めて、現行版第26章の表題として用いている。

11) MEGA, S.482-495, 500; MEW, S.432-450：訳, 594-618ページ。

12) 現行版第26章では、『エコノミスト』誌からのこの引用部分が削除されている。

13) エンゲルスもこの「係争問題(die verwirrende Streitfrage)」に着目し、既にここ第26章に、第26章と第28章、第32、33章との関係についての、「1つの途中での注意(Zwischenbemerkung)」を「敢えて」挿入している(MEW, S.443-445：訳,

第13章 「唯一困難な問題」について　441

608-612ページ)。
14) *MEGA*, S.501; *MEW*, S.451：訳, 619ページ。したがって, 先の「冒頭部分」とこの「信用の役割」部分とで, この手稿「信用。架空資本」全体のいわば「序章」をなすものと見なしてよいであろう。
15) *MEGA*, S.501-504; *MEW*, S.451-456：訳, 619-626ページ。因みに手稿には, この[IV])の記号は記されていない。
16) *MEGA*, S.504-505. 因みに現行版では,「以下の諸章では, 利子生み資本そのものとの関連で信用を, 即ち, その[信用の]これ[利子生み資本]への影響, 並びに, それ[信用]がこの場合に受け取る形態を考察する(Wir betrachten in den folgenden Kapiteln den Kredit mit Bezug auf das zinstragende Kapital als solches, sowohl seinen Effekt auf dieses wie die Form, die er hierbei animmt)」(*MEW*, S.457：訳, 627ページ)と書き改められている。そこで, 現行版第28章以下では, 「利子生み資本との関連での信用」ないし信用制度が考察されるものと解釈され, また「信用の利子生み資本への影響」および「信用が受け取る形態」という2つの事柄が考察されるものと解されてきたのである。なおこの点については, 先の注2)および第10章第5節〔補遺-1〕の注1)等も参照されたい。
17) 既に本書第10章第5節〔補遺-1〕の注2)で言及したように, 発達した信用制度の下では,「すべての貨幣貸付資本, 即ち貸付金として処分可能な貨幣貸付資本は, 預金の形態で銀行業者および貨幣貸付業者のところに存在すると仮定することができる」(*MEGA*, S.556; *MEW*, S.516：訳, 707ページ)。
18) 本書第1章第1節末尾, 並びに第10章第5節〔補遺-1〕を参照されたい。
19) *MEGA*, S.505.「I)」のこの冒頭部分も, 現行版ではエンゲルスによって手が入れられている。その点については, 本書第10章〔補遺-2〕を参照されたい。
20) *MEGA*, S.505; *MEW*, S.458：訳, 629ページ。
21) *MEGA*, S.519; *MEW*, S.477：訳, 655ページ。
22) この点については, 本書第11章第5節の〔補遺〕を参照されたい。
23) の点については, 本書第9章第3節, 第12章第2節を参照されたい。
24) この点についても, 本書第12章第3節, 第4節等を参照されたい。
25) 手稿と現行版との相違については, さしあたり, 本書第10章〔補遺-2〕を参照されたい。因みにトゥックによる, 現実資本の姿態変換運動と貨幣貸付資本の貸付(移転)の運動との,「資本の運動」としての同一視についての批判は, 既にいわゆる「23冊ノート」において見出される。この点については, 本書の序章第3節, 等を参照されたい。
26) *MEGA*, S.588; *MEW*, S.525：訳, 720ページ。
27) *Report from the Select Committee on Bank Acts*, Part I, *Report and Evidence, 30 July 1857*, p.353. なお括弧(　)内の番号は, 質疑・応答番号である。念のために。
28) *MEGA*, S.590.
29) *Report from the select Committee on Bank Acts, op.cit.*, p.373. なおオーヴァース

トーンによる「1844年銀行法の弁護」については本書第5章を参照されたい。
30) *MEGA*, S.488; *MEW*, S.438：訳, 602ページ。
31) *MEGA*, S.494; *MEW*, S.448：訳, 615ページ。
32) *MEW*, S.493：訳, 675ページ。
33) この「他方では」は，何に対する「他方」なのであろうか？貨幣貸付資本の「過多」ないしその「供給過剰」に対し，「貨幣逼迫」を取り上げるという意味で，「他方では」と言ったのであろうか。
34) なお現行版では，エンゲルスによって「貨幣逼迫，即ち，[貨幣]貸付資本不足」(cf. *MEW*, S.493：訳, 675ページ)との加筆がなされている。
35) この箇所は現行版では削除されている。なおこの箇所は，しばしば「2つの問題に答えねばならない」，ないし「答えるべきである」の意味に解され，著者もまた以前にはそのように理解していたところであるが，本書では「答えられうる」の意味に改めてある。
36) *MEGA*, S.588-589. このように「唯一困難な問題」をマルクスが「2つの問題」と呼び，「第1に」として貨幣貸付資本の蓄積と現実資本の蓄積との関係を挙げ，また「第2に」としてそれと「一国に現存する貨幣の量」との関係を挙げているので，以下では，前者を「第1の問題」，後者を「第2の問題」と呼ぶこととする。
37) というのは，「Ⅲ)」および「Ⅲ)：続き」は，「補遺」部分や，あるいは「混乱」および「混乱：続き」部分のようないわばベタ書き部分とは異なって*，「冒頭部分」と同様に，「本文」は手稿ノートの上半分に，脚注は下半分にと書き分けられているとされている部分である。しかし，この「Ⅲ)」および「Ⅲ)：続き」部分においても，マルクスは，「唯一困難な」「2つの問題」を追いながらも，関連する論点に気がつくと，直ちにそこにそれを書き留めながら筆を進めたり，あるいはまた，同じテーマについて，濃淡の差があるにしても，反復して書き記したりしている。実際エンゲルスは，現行版『資本論』第Ⅲ部の「序文」で，「本来の困難は第30章と共に始まった。ここからは，出典箇所からの材料のみでなく，挿入文・岐論などによってたえず中断されている，そして他の箇所で[しかも]しばしば全く付随的にさらに追跡されている思考過程を，適切に処理することが必要であった」(*MEW*, S.13：訳, 20ページ)と述懐している。

　* 大谷氏の考証によると，手稿ノートそのものでは，「Ⅲ)」および「Ⅲ)：続き」部分は，「本文」と脚注とがノートの上・下に区別して書かれているとのことである(大谷禎之介「『信用制度下の流通手段』および『通貨原理と銀行法』(『資本論』第3部第33章および第34章)の草稿について」『経済志林』第67巻第2号，1999年，54ページ)。

38) 「マルクスは[「Ⅲ)」の]冒頭で, 貨幣資本(monied capital)と貨幣量との関連についての問題を立てながら, それについて未解答のままでこの「Ⅲ)」を終えているのである。」「冒頭で立てられた問題のうち, 貨幣資本(monied capital)と貨幣の量との関連との問題は, この「Ⅲ)」の範囲内では本格的に論じられておらず, したがっ

第13章 「唯一困難な問題」について   443

てもちろんその答も与えられていない」(大谷禎之介『『貨幣資本と現実資本』(『資本論』第3部第30-32章)の草稿について」『経済志林』第64巻第4号, 1997年, 106, 130ページ)。氏はその点を,『『信用制度下の流通手段』および『通貨原理と銀行法』(『資本論』第3部第33章および第34章)の草稿について」においても強調されている (前掲, 76ページ, 他)。

39) MEGA, S.590.
40) 既にに言及してきたように, まず「補遺」の後半部分で,「銀行法特別委員会 (1857年」)の証言におけるオーヴァーストーンの「奇妙なごった混ぜの言葉(strange jumble of words)」(MEGA, S.488; MEW, S.438：訳, 602ページ)をマルクスは立ち入ってフォローし, コメントを加えており,「Ⅲ)」および「Ⅲ)：続き」のみでなく, また「混乱」部分においても, 1844年銀行法批判と共にオーヴァーストーン批判を試みている。したがってこの手稿「信用。架空資本」で書き記されているオーヴァーストーン(および1844年銀行法)批判を, どこかで纏めて考察することが必要となるのであるが, それはどこが適していると考えていたのであろうか？

第2節 貨幣貸付資本の蓄積と現実資本の蓄積との関係, 並びに, 貨幣貸付資本の増減と貨幣の量との関係

さて「Ⅲ)」の冒頭で, 上述のように,「唯一困難な問題」が提起された後, 最初に, ここで検討する対象の限定がなされていく。即ち,「貨幣資本の蓄積」といっても, それは国債・株式・船荷証券・等々のような「貨幣財産の蓄積」を意味しているのではなく, また「貨幣資本の蓄積で銀行業者(職業的貨幣貸付業者)の手にある富の蓄積」を考えているのでもない。ここでは「われわれの前にある問題をより狭い範囲に限定する[1]。」「銀行業者の資本」の「実在的諸成分[2]」の一部を構成している株式やその他の有価証券は,「貸付可能資本・利子生み資本となるべき資本にとっての投資部面」であって,「それらに投資される貨幣貸付資本(das moneyed Capital)ではない。」また「信用が再生産過程で直接の役割を演ずる限り, 産業家や商人が, 手形を割引こうとしようとしたり, あるいは貸付を受けようとしている時に必要としているものは, 株式でも国債でもない。彼が必要としているのは貨幣(money)である。」したがって「われわれがここで取扱かはなければならないのはこの貸付可能資本(loanable Capital)の蓄積についてである。そして実際まさに貸付可能な『貨幣貸付』資本 (loanable 'monied' Capital) ［の蓄積について］なのである。ここでは家屋や機械

など，固定資本の貸付(loan)が問題ではない。また産業家や商人の再生産過程の循環(Zirkel)の内部で相互に行なう前貸し(Vorschüsse)[商業信用]〔この点に戻ってくるとして[3]〕も問題ではなく，産業家や商人に銀行業者(媒体として)によってなされる貨幣貸付(Geldloan)がもっぱら問題なのである[4]」，と。

このように，マルクスはここでの考察対象を「利子生み資本一般」の蓄積ではなく，「英語でいうmoneyedな資本[5]」(貨幣貸付資本)の蓄積に限定すると共に，手稿では，そこで直ちに「唯一困難な問題」の「第1の問題」について，次の結論をまず与えていく。「何よりもまず，貨幣貸付資本〔貸付可能資本〕(das *moneyed Capital* 〔loanable Capital〕)のどんな蓄積ないし増加も，資本の現実的蓄積ないしは再生産過程の拡大を示して(indicate)はいないということは明らかである[6]」，と。

したがって以下では，この一般的な結論を，いわば例外的な場合も含めて，種々な条件の下で検証していくこととなる筈である。

ところが次のパラグラフは，「通貨の通流速度の規制者としての信用」という小見出しの付された括弧〔　〕に入れられた岐論の挿入である[7]。そしてこの「通流速度」に関係する挿入部分の中に，「この手形の存在(Dasein)は生産者や商人などが相互に与え合う信用に基づいている[8]」という記述があるところから，先には「この点に戻ってくるとして」と括弧〔　〕に入れて考慮の外においていた，「信用貨幣制度(Creditsystem)の基盤(Basis)」をなす「商業信用(der commercielle Credit)[9]〔即ち，再生産に従事している資本家たちが与える信用〕」を，今度は「さしあたり銀行業者の信用(Banker's Credit)を全く考慮の外において[10]」，取り上げることとなる。ただしそれは，「商業信用」の場合における貸付可能資本と再生産的資本との異同の問題として，つまり「唯一困難な問題」の「第1の問題」との関連においてなのである。

即ち，「この[商業]信用を銀行業者の信用から分離して考察するならば，それは生産的資本(Produktives Capital)自体の大きさと共に増大することは明らかである。貸付可能資本(loanable capital)と再生産的資本とは，この場合には同一(identisch)である。というのは，貸付けられる資本は最終的消費に決められている商品資本であるか，あるいは，生産的資本の不変部分に(それを補填するために)要素として入っていくことに決められている商品資本であるか，

第13章 「唯一困難な問題」について　445

だからである。この場合に貸付けられる資本として現れてくるのは，常に，再生産過程の特定の局面で見出される資本であるが，しかし一方の手[局面]から他方の手[局面]に，特定の購買と販売によって媒介されることなく，[「信用によって媒介されて」]移行している資本である[11]。」だから，「ここで貸出されるものは[準備金のように]決して失業している資本(unbeschäftiges Capital)ではなく，その所有者の手でその形態を変えなければならない[機能している]資本である[12]。」

だからまた，「この信用は，再生産過程が円滑である限り，だから還流が確保されている限り，持続し，拡大し，そしてその拡大は再生産過程そのものの拡大に基づいている。」そして「他方では，これ[資本]は，再生産の停滞と共に部分的に失業[する]。[この]信用は，1)この[生産的]資本が『失業』しているが故に，即ち，一つの再生産局面で停滞しているが故に，その姿態変換を遂行し得ないが故に，2)再生産過程における円滑さ(Flüssigkeit)への信頼がなくなっているが故に，3)この商業信用に対する需要が減少しているが故に，収縮する[13]」こととなる。

しかし現実の取引においては，このように「貸付可能資本と再生産的資本」とが「同一」である「商業信用に，[これまで考慮の外においてきた「銀行業者の信用」である]本来的な貨幣貸付信用(die eigentliche monied Credit)がさらに加わる。産業家や商人相互の前貸し(Vorschiessen)が，銀行業者や貨幣貸付業者の側での彼らへの貨幣の前貸しと混ざり合う[14]。」

ところがこの「銀行業者の信用」は，商業信用とは「1つの別の，本質的に異なった契機をなしている[15]。」そこでマルクスはここでやっと，既にその一般的結論だけを先取りしていた「唯一困難な問題」の「第1の問題」，つまり，貨幣貸付資本の蓄積・大きさ(Masse)と現実資本の蓄積・大きさとの関係の問題を，種々の条件を考慮して検証していくこととする。即ち，「貸付可能な貨幣貸付資本(lonable moneyed capital)——利益ある投資を求めている失業貨幣貸付資本(unemployed moneyed capital)——の大きさは，恐慌後，つまり再生産過程が収縮し，したがって再生産的資本の大きさ(それが商品ストックから成り立っている限り)は部分的に減少しているが，しかし固定資本の一部は完全には就業していない，等々の時期[不況期]に，最大である」こと，また「賃金の

支払で機能する，一般的に所得の支出で機能する貨幣の大きな部分でさえ，…貸付可能資本に転化する[16]」こと，等々が，だから貨幣貸付資本の蓄積は資本の現実的蓄積を「示してはいない」ことが，まず確認される。

そして次に，手稿では「さらに」として，生産的資本の蓄積とは関係なく貨幣貸付資本が増大する例が挙げられていく。即ち，「銀行制度(Bankwesen)の整備の結果において(例えばイプスウィッチの例を見よ，そこでは1857年[17]以前の数年に借地農業者(Pächter)の下での預金額(Deponiren)が4倍になった)，だから以前の個人の蓄蔵貨幣(Privatschatz)，あるいは，単なる鋳貨準備であったものが，一定の期間に絶えず貸付可能資本(loanable Capital)に転化するということから生じる貨幣貸付資本(monied capital)の膨張は，生産的資本のいかなる増大(irgendein Wachsen des produktiven Capitals)をも表わしているとは言われえない。(預金に対する利子支払の結果におけるロンドンの株式銀行での預金額の増大も同様に[生産的資本のいかなる増大(irgendein Wachsen des produktiven Capitals)をも表わしているとは言われえない]。)生産規模が同じままである限り，それ[貨幣貸付資本の膨張]は単に生産的資本に対する貸付可能な貨幣貸付資本(das loanable monied capital)の過多(superabundance)にすぎない。だから低い利子率[18]」，と。

このように銀行制度の整備などによる貨幣貸付資本の増加に言及したところで，「産業循環(industriellen Cyklus)」の各局面における貨幣貸付資本の蓄積(その大きさ・量)と再生産的資本の蓄積(その大きさ・量)との関係の問題に戻り，今度は，先の「恐慌後」つまり不況期に続ける形で，「繁栄期(Blüthe)」についてから，順次次のように指摘していく。

「再生産過程が再びその繁栄(Blüthe)の状態(その過度緊張(Ueberstraining)の状態に先立つ状態)に達すると，商業信用は非常に大きく，そしてそのときそれは事実上再び『健全な』基礎[即ち，]円滑な還流と拡大された生産をもっている。たとえ利子率がその最低限を超えているとしても，この状態では利子率はなお低い。これが，低い利子率，だから貸付可能資本の相対的豊富(abundance)が生産的資本の拡大と同時に生じる(zusammenfallen mit)と言われ得る，事実上唯一の時点である。大きな商業信用と結びついた還流の円滑さが，増大する需要にも拘らず，貸付可能資本の供給を確保し，それ[利子率]をその[低

い］水準に保つ。［しかし］他方では今や初めて，準備資本なしに，各自の資本なしに活動し，だから全くの貨幣貸付資本で運営する，騎士たちが目立つほどに登場してくる。ここでは今やあらゆる形態の固定資本の大きな拡大や新たな企業の開設，等々もまたやってくる。いまや利子はその平均的高さに上昇する。」そして「再生産過程が沈滞し，…例外はあるが，失業している生産的資本の過多(superabundance)となるや，［恐慌期には］利子率はその最高限に達する。」「だから全体においては貨幣貸付資本の運動は(それが利子率に現れるような)は，生産的資本とは逆である。［そして］その平均的高さ，その最低と最高から等しく離れている中位への到達は，豊富な貸付資本と生産的資本の大きな膨張との同時発生(Zusammenfallen)を表現する。低位の，しかし最低限を超えている利子率——それは『回復(improvement)』および『増大する信頼(growing confidence)』と同時に生じるのだが——は，同じことを表現する。しかし産業循環の発端では，低い利子率が生産的資本の収縮と同時に起き，その終点では高い利子率が生産的資本の過多とが同時に起きる。『回復』に伴う低い利子率は，商業信用が単に貨幣貸付資本を僅かな量でのみ必要とし，なおそれ自身の足で立っているということを表現するだけである[19]」，と。

このようにマルクスは，産業循環の諸局面の中で，「貨幣貸付資本の相対的豊富が生産的資本の拡大と同時に生じる事実上唯一の時点」は「過度緊張の状態に先立つ」「繁栄の状態」であり，この局面が，両資本の「蓄積」が「同時に生じる」いわば例外的な時期であることを確認する。そして，「この循環にとって事情は，ひとたび最初の衝撃が与えられた後は，同じ事態(dieselbe Geschichte)が周期的に再生産されねばならないという状態である(Es verhält sich mit diesem Cyclus so, daß nachdem einmal erste Stoß gegeben ist, dieselbe Geschihte sich periodsch reproducieren muß)」とし，「沈滞(quiescence)の状態では，生産は，それが以前の循環において到達した規模，そしてそれに対して今や現実の基盤(die reale Basis)が置かれている規模(Stufe)以下に落ち込んでいる。繁栄期(prosperity)(中間期)においては，それ［生産］はこの基盤の上でさらに発展する。過剰取引(overtrade)の時期には，それは生産諸力の緊張を生産過程の資本主義的制限(Schranke)を超えて進ませ」，そこで恐慌に至る，とする[20]。そしてマルクスはここで，この周期的に反復される恐慌を巡

っての争点について，「恐慌期に『支払手段』が不足していることは自明である」とした上で，この恐慌対策として立法化された「(1844-45年のそれのような)恣意的な銀行立法は，この恐慌を悪化させ得る。がしかし，どのような種類の銀行立法も恐慌を取り除きうるものではない」こと，さらに「全過程が信用に基づいている場合に，信用が止まり，そして現金支払だけが通用するや，突然に信用恐慌が現れるに相違なく，また支払手段の不足は明らかで，だから一見したところ(prima facie)，全恐慌は信用恐慌および貨幣恐慌として現れるに相違ない[21]」こと，等々に言及していく。

そしてここまでは手稿ノート344ページである[22]が，その後に，手稿ノート345ページと347ページのそれぞれ一部が挿入されてくる[23]。そこではまず，「因みに」として，「生産資本の過多(superabundance)の際に注意すべきこと」，「輸出入の場合に注意すべきこと」が書き記され，さらに貿易差額と支払差額，金流出入と恐慌，等々について，括弧〔　〕に入れられた挿入部分を伴いながら，考察されていく。そしてさらに「1830年以来の言及するに足りる経済学的文献は主として通貨，信用制度，恐慌に帰せられる」としながらも，それらが地金の輸出を「単にイギリスの立場からのみ考察している」等々の注意が書き留められていく。その後，1847年秋の恐慌時における穀物輸入と地金輸出についての「銀行法特別委員会(1857年)」におけるウェーグェリン(Weguelin)の証言が引用され，さらに，恐慌期における商品価格の下落(先の「生産資本の過多の際の注意」)との関連での「擬制資本，利子生み証券」の価格下落(「架空の貨幣資本」の価値減少)に言及され，そして最後に『銀行法特別委員会報告書(1858年)』の委員長「報告」第54項[24]からの「融通手形」によって創りだされた「大規模な架空信用」，等についての引用がなされていく[25]。

さて，手稿346ページに入ると，今度は，「蓄積された貨幣貸付資本(moneyed capital)の一部は事実上(in der That)生産的資本の単なる表現である」事例が挙げられてくる。即ち，「例えばイギリスで1857年に凡そ80百万ポンド・スターリングをアメリカの鉄道企業に投下した時，この殆ど全てがイギリス生産物の輸出によって支払われ，それに対してアメリカ人(Yankees)は全く見返り(Return)を支払わなかった。この貨幣をそこに送るために，彼らイギリス人はアメリカ宛の為替を買い，それに対してアメリカ人はイギリスでは支払う

第13章 「唯一困難な問題」について　449

必要はなかった。(送るべき見返り(return)はなにもない)26)」，と。

　これは恐らく，先に，産業循環局面の「繁栄の状態」が貨幣貸付資本の「相対的豊富」と「生産的資本の拡大」とが「同時に生じる」例外的な「事実上唯一の時点」として考察されたが，それと同様に，例外的な事例である。そこでマルクスは続けて「しかしここでは一般的に，貨幣貸付資本の過多(superabundance of moneyed Capital)はどこまで――ないしは，貸付可能な貨幣貸付資本の形態での資本の蓄積はどこまで，と言った方がより良いが――，現実的蓄積と同時に生じる(zusammenfallen)のかが問題である27)」と述べ，さらに改行して，「唯一困難な問題」の「第1の問題」――貨幣貸付資本の蓄積と資本の現実的蓄積とはどこまで同時に起きるか――について，これまでの考察を次のように整理し再提示する。

　即ち，「貨幣の貨幣貸付資本(即ち，貸付可能な貨幣貸付資本)への転化は，貨幣の生産的資本への転化よりもはるかにより簡単な事柄(Geschiche)である。がしかし，ここでわれわれは2つを区別しなければならない。

　1)貨幣の貨幣貸付資本への単なる転化；

　2)貨幣貸付資本に転化される貨幣への，資本または所得の転化。

生産的資本の現実的蓄積と関連する，貨幣貸付資本への積極的(positive)な蓄積を含み得るのは，単に後者だけである。1)について(ad 1)。既にわれわれは，ただ単に生産的蓄積と相対的にのみ関連しているところの，即ち，それに逆比例している関係にあるところの，貨幣貸付資本の蓄積(過多(superabundance))は，産業循環の，(恐慌後の循環の初め)生産的資本が縮小している，そしてそれから回復(improvement)が始まるが，しかしなお商業信用が僅かしか貨幣貸付信用(monied credit)に突き進んではいない両局面において，生じうるということを見てきた28)」，と。

　そして「産業循環の[この]両局面」の第1の局面と第2の局面における，貨幣貸付資本と生産的資本との関係について，次のように敷衍されていく。即ち，「第1の局面」では，これまで実際に機能していた「貨幣資本(Geldcapital)」が「失業した貨幣貸付資本(*unemployed monied Capital*)」として現れ，「第2の局面」ではそれが「非常に低い条件」で充用される。そして「貨幣貸付資本の過多(die *Superabundance of monied capital*)は第1の局面では生産的資本の

停滞に現れ，そして第2の局面では商業信用の貨幣貸付信用(monied credit)からの相対的独立に現れる。」「第1の局面では貨幣貸付資本の過多はまさに現実的蓄積の対立物である。第2の局面ではそれは再生産過程の再膨張と同時に生じ(zusammennfallen)，それを伴うが，しかしその原因ではない。その［貨幣貸付資本の］過多は，既に減少しつつあるとしても，それに対する需要に較べて単に相対的であるにすぎない。両局面において，現実的蓄積過程の拡張は，低い利子…が，利潤のうちの企業利潤に転化する部分を拡大するので，促進される。云々[29)]」，と。

さらに，「他方でわれわれは，貨幣貸付資本の蓄積は，現実的蓄積への一切の考慮なしに，銀行制度の単なる拡張によって，そして個人の通貨準備(currency Reserve)あるいは支払手段の準備元本(Reserefonds)——それらは常に短期間それによって貸付可能な資本に転化される——の節約によってもまた生じうるということを，[既に]見てきたのである。」即ち，「この貸付可能な貨幣貸付資本の大きさは…実際，そのように現実的蓄積から全く独立に増大する[30)]」という点をも既に見てきたところである，と付言する。

さて手稿348ページに入ると，考察対象が「第2の問題」つまり「一国に存在する貨幣の量」の問題に移っていく。即ちまず，「現実に流通している貨幣の量は，通貨の通流速度，および支払いの節約が与えられたものとして前提されるならば，単純に，商品の価格と取引などの量によって確定するということは，既に単純な貨幣流通のところで確認されている。同じ法則が銀行券流通の場合にも支配している[31)]」と，銀行券流通量の法則に言及する。そして『銀行法特別委員会報告書(1958年)』に収録の委員長「報告」第69項に記載[32)]の，額面別のイングランド銀行券年平均流通高の表が掲出され[33)]，それによって，ピール銀行法がその発行を規制しようとした「イングランド銀行券の総額は1844年以来実際に減少している[34)]」こと(同，第70項)が，また同『報告書(1958年)』に収録の「ケイリーによって提議された報告」の中の表[35)]によって，当時ロンドンで最大のモリソン・ディロン商会における受取と支払におけるイングランド銀行券の占める比重が如何に小さいかが[35)]，示されていく。

〔補注〕「ケイリーによって提議された報告」について

この『銀行法特別委員会報告書(1858年)』には，この「委員会」の活動

第13章 「唯一困難な問題」について　451

を記録する「報告」が最初に収録されている。委員長と，この場合には他に数人の委員も委員会に「報告」を提出し，委員会としては委員長提出の「報告」を委員会の「報告」として採用し，それが『報告書』の最初に収められている。しかしその後に，委員会の「報告としては採用されなかった」委員の「報告」も『報告書』に収められている。そして委員ケイリーが提議した「報告」はlviページからlxxiiページに収録されており，マルクスは手稿「信用。架空資本」の数箇所でこのケイリー「報告」に言及しており[36]，その1つがこのスレーターの答弁の数字をケイリーが整理した部分である。

　因みに，手稿の「補遺」部分でのマルクスによるオーヴァーストーン証言の検討は，主として委員ケイリーがオーヴァーストーンを追い詰めていく質疑・応答のフォローと見ることもできる[37]のであるが，ケイリーは「バーミンガム派」に属しており，彼は，その貨幣論としては，通貨学派とも銀行学派とも袂を分かっている。両学派とも，「物々交換」を出発点に，商品の「等価物」として貨幣を捉えているからである。それに対し彼はむしろ貨幣を単なる「記号」「法定通貨」として捉えようとしているように見える。なお彼は，上の「報告」において，アリストテレス，プルターク，プラトー，ロック，バークレー，フランクリン等々を挙げて，自説を補強しようと試みている[38]。

　ところで手稿349ページに入ると，今度は，先に挙げられていた「2)について(ad 2)[つまり，「資本または所得の，貨幣貸付資本に転化される貨幣への転化」の問題]に移っていく前に，われわれはなお2つを示しておこう」として，次のa) b) 2点が挙げられてくる。即ち，「a) 貸付可能資本の量は通貨の量(Quantity der Circulation)〔この量の一部は銀行業者の準備であり，これは変化する。通貨の量(Quantity der Circulation)を，われわれはここでは全ての銀行券と地金などと理解する〕とは，いかに全く異なっているのか。b) すべての恐慌の時期の後などに，先行する産業循環において到達された最高の段階が，いかに，次の循環における基礎(Basis)ないしはより低い水準(niedrigere Nieveau)となるのか[39]」，と。

ところが手稿では，まず「b)」の点から，輸出入統計を掲げて説明されていく[40]。即ち，イギリスでは輸出入規模が現実資本の蓄積ないしは現実の再生産過程拡大の具体的指標となるというのである。

次が「a)について」の考察となる[41]。これは，「貸付可能資本の量(die Masse des *loanable capital*)」と「通貨の量」との問題であるから，「唯一困難な問題」の「第2の問題」に他ならない筈である。

しかし「a)について」としてまず掲げられてくるのは，『銀行法特別委員会報告書(1858年)』の「報告」(LⅦページ)からの引用——政府「書簡」が公布された1857年11月12日におけるイングランド銀行(全ての支店を含む)の「全準備金額(the entire reserve)」58万ポンド，並びにイングランド銀行への預金額2250万ポンド(その内の約650万ポンドはロンドンの銀行業者からの預金額)——であり，また『[イングランド銀行]報告書(Return)』からの，1864年のロンドン9銀行における預金額とそれに対する準備元本(Reservefonds)と払込資本金額，等々の書き抜きである[42]。

そして次のパラグラフでは，短期の利子率の変動についての説明がなされる[43]。即ち，「利子率の変動(Variationen)〔長期間に生じる[変動]，あるいは，種々の国々における，第1に一般的利潤率における変化による，第2に利潤率における相違プラス信用制度の発展による，利子率の相違を考慮の外に置く〕は，貨幣貸付資本〔信頼，等々のような全ての他の事情は同じままであるとして〕の分量の状況(Verhältniß der Quantität des monied capital)に，即ち，貨幣の形態で，鋳貨と銀行券の形態で貸付けられる資本の分量の状況に，依存する；再生産的代理人自身の下で，かかるもの[生産的資本]として，商業信用に媒介されて貸付けられる生産的資本とは，異なって[44]」，と。

そして，「しかしそれでもなお(aber dennoch)」とマルクスは続くパラグラフで，「唯一困難な問題」の「第2の問題」についての一般的な結論——「この貨幣貸付資本の量(Masse)は通貨の量(*Masse der Circulation*)とは異なり，また[それから]独立している[45]」——を，ここで，つまり，「第1の問題」の「2)について」に進む前のここで[46]，与えていく。そしてそのことをマルクスは次の例で説明する。即ち，「20ポンドの貨幣が1日に5回貸し付けられたとすれば，100ポンドの貨幣貸付資本が貸付けられるであろう，そしてこのこと

第13章 「唯一困難な問題」について　453

は同時に，この20ポンドはその他に少なくとも4回(最初の貸主を除いて)購買手段または支払手段として機能したということを含むであろうに[44]」，と。

　その上で，輸出入統計が現実資本の蓄積の指標となりうるように，実は銀行業者たちへの預金が，この貨幣貸付資本の具体的な指標となりうることを，次のように指摘する。「発達した信用制度の国々では，われわれは一切の貨幣貸付資本，即ち，ローン(Lohn)[47]として自由に処分しうる貸付資本は，銀行業者や貨幣貸付業者の手元の預金の形態で存在していると想定することができる。このことは少なくとも事業にとって大体において当てはまる[48]」，と。

　さてこのように預金が貨幣貸付資本の具体的指標となりうることを指摘したので，貨幣貸付資本の量と貨幣の量との関係を，今度は具体的に，つまり通貨量と預金量との関係として考察することとなる。即ち，「通貨〔地金と鋳貨を含めた〕の相対的に僅かな量(relative *geringem Quantum von Circulation*)と比較的大きな預金(*grosser Deposits*)との単なる可能性は，1)同一貨幣片が遂行する購買と支払の回数(Anzahl)，並びに2)それが預金として銀行に還流する回数，だから購買および支払手段としてのその反復される機能が，その預金への転化によって媒介される回数に全く依存する[49]」，と。だから「通貨の量」が相対的に僅かであっても，1)と2)の要因如何によって，預金が，したがって貨幣貸付資本の比較的大きな蓄積が可能となるというのである。

　なお「この貨幣貸付資本が，どの程度失業(*unbeschäftigt*)しているかは，銀行業者たちの準備元本(*Reservevonds*)の干満のうちにのみ示される[50]」としているところからすると，この「a)について」の最初のところで挙げられていた1857年11月12日のイングランド銀行「準備金」と「預金」との数値などは，あるいはむしろこの点と関わっていたのかも知れない。

　いずれにしても，「2)について，〔つまり「資本または所得の，貨幣貸付資本に転化される貨幣への転化」の問題〕に移っていく前に」，「a)」と「b)」の「2つを示しておこう」とマルクスが断っていた点は，以上である。

　そしてやっと，「2)について」　それが，商業信用の流動の停滞の表現，あるいは通貨の節約であれ，再生産的代理人の貨幣資本準備の節約であれ，節約(Oekonomisirung)の表現でない限りの，貨幣貸付資本の蓄積[51]」とマルクスは言い出すのではあるが，しかしここでも未だ「2)について」の本来の問題

には直ちには入ってはいかないで，例外的な貨幣貸付資本の蓄積の事例を挙げていく。

即ち，「商業信用の流動の停滞」の，あるいは「節約」の「表現である」ような，上で「言及された例外の他に，1852年53年のようなオーストラリアやカリフォルニアの[金鉱の]発見による地金の異常な流入によって，貨幣貸付資本の蓄積が[生じ]得る。[それは]イングランド銀行に預託され，それに対して銀行券を受け取り，それら[銀行券]は，金が属していた人々によって[市中の]銀行業者たちに直接には預金されなかった。だから異常な通貨[増]。イングランド銀行はこの預金を，割引率を2％に引き下げることによって価値増殖しようと努めた[52]」，と。

その次が信用制度と貨幣貸付事業の発展に伴う貨幣貸付資本の蓄積の事例である。「全ての貨幣貸付資本家(moneyed capitalist)の蓄積は常に直接貨幣形態でなされるが，他方…生産的資本家の現実的蓄積は再生産的資本自体の諸要素で行われる。だから信用制度の発展と貨幣貸付的事業(moneyed concerns)の強大な集積は，本来(an und für sich)，貨幣貸付資本の蓄積を現実的蓄積とは異なった1つの形態として促進するに相違ない。」例えば「彼ら[生産的資本家たち]が生み出し，そして彼らが資本に再転化する全ての利潤を，彼らはさしあたり(zunächst)貸付可能な『貨幣貸付資本』に転化する。現実的蓄積から区別されるものとしての後者の蓄積は，その由来がどうであれ，われわれが単に貨幣貸付資本家(銀行業者，その他)だけを考察する場合には，だから既に，資本家のこの特殊な階級の蓄積として進む(folgen)。そしてそれ[貨幣貸付資本の蓄積]は，再生産過程の現実的拡大を伴う信用制度のあらゆる拡大と共に増大するに相違ない[53]」，と。

なお「その他の階級の貨幣蓄積」にも言及しているが，しかしこの場合にも，「われわれは利子生み証券に投下され，そしてこの形態で蓄積される部分を考慮の外に」おき，「ただ『貨幣貸付の(monied)』／貸付可能な(loanable)資本として，[貨幣]市場に投入される部分だけを考察する[54]」という対象の限定が，再度確認されていく。

そしてやっとここで，「2)について」の本来のテーマに辿りつく。即ち，「第1に，利潤のうちで，所得として支出されるのではなく蓄積に定められて

第13章 「唯一困難な問題」について　455

いるのだが，しかし再生産的資本家はそれに対して彼自身の事業で直接には用いられない部分。この利潤は直接には商品資本の中に，その価値の部分として存在する。さて商品資本が…その生産諸要素に再転化されない限り，それ［利潤］は貨幣に実現され，一時(one moment)貨幣の形態で存在せねばならない。この大きさは資本そのものの大きさと共に増大する。…所得として支出されるべき部分は順次に(au fur und ā mesure)消費されるが，しかしその間は銀行業者の許で預金として貨幣貸付資本を形成する。だから所得として支出される利潤部分の増大さえ貨幣貸付資本の一時的な，しかし絶えず反復される，蓄積を表わしている。蓄積に決められている［利潤の］他の部分も同様である。だから信用制度とその組織の発展と共に，所得(再生産的資本家たちの消費)の増大さえも，貨幣貸付資本の蓄積として現れる。そしてこのことはすべての所得について，それが順次に消費される限り，だから地代，その最高形態における賃金，不生産的階級の所得，等々について妥当する[55]」，と。

　即ち，商品資本の価値構成部分のうちの ma 部分は，それが生み出された事業に直接追加投資されない場合には，貨幣の形態で一時存在しなければならず，それだけ貨幣貸付資本が蓄積される。また mk 部分ですら，それが消費に支出されるまでは「貨幣貸付資本の蓄積として現れる。」またこのことは，地代や賃金ですら，それらが「順次消費される限り妥当する」と言うのである。そしてさらにそこに，「〔生産的資本家を除けば，全ての諸所得が一時的に(einen Augenblick)貨幣所得の形態をとり，そしてだから預金に転化し得，したがって貨幣貸付資本に転化しうる〕[56]」との括弧〔　〕に入れられた挿入がなされ，最後に，貨幣が貸付資本に転化するには，「貨幣が預金に転化すること以外に何も必要ではない[57]」との指摘をして，「Ⅲ)」の部分は一先ず終わり，手稿では「混乱」部分を挟んで，「Ⅲ)：続き」へと続いていくこととなる。

1) *MEGA*, S.530, 531・*MEW*, S.493-494, 495：訳, 675-677, 678ページ。
2) この点については，手稿の「Ⅱ)」(現行版第29章)で既に検討されている。さしあたり，本書第12章第2節を参照されたい。
3) なお現行版では，この括弧〔　〕の部分は削除されている。
4) *MEGA*, S.531-532；*MEW*, S.495-496：訳, 678-679ページ。
5) 手稿の「Ⅰ)」(現行版第28章)の冒頭で，銀行学派の諸概念の「区別」の「論評」

を行う際に，マルクスは「利子生み資本」という言葉の後に括弧に入れて「英語でいう moneyed な Capital」という一句を書き添え，それ以降では「利子生み資本」という一般的な言葉は用いられなくなる。ここでの問題は，「家屋や機械など…の貸付」をも含む「利子生み資本一般」ではなく，「銀行業者によってなされる貨幣貸付」であるからであり，まさにその「混同」・「同一視」が問われなければならないのである。この点については，さしあたり，本書第10章第5節を参照されたい。

6) *MEGA*, S.532. このように手稿では，現行版とは異なって，「第1の問題」についての一般的な結論が，最初に明示されている。しかしエンゲルスは，この結論を後に回し，区切りの横線を挿入し，「だからわれわれはさしあたって商業信用を分析しよう」（*MEW*, S.496：訳, 679ページ）との文言を加えて，商業信用に関する部分を先にもってくる。そしてその後に再び区切りの横線を挿入し，「今やわれわれは貨幣資本の蓄積に立ち返る」と加筆した上で（*MEW*, S.502：訳, 687ページ），その後にこの「第1の問題」についての一般的な結論──「貨幣貸付資本〔貸付可能資本〕（das *moneyed* Capital 〔loanable Capital〕）のどんな蓄積ないし増加も，資本の現実的蓄積ないしは再生産過程の拡大を示して(indicate)はいないということは明らかである」──を移していく。

7) *MEGA*, S.533-535. エンゲルスはこの部分を，小見出しを削除して，現行版第33章の最初の部分に移している。

8) *MEGA*, S.534；*MEW*, S.536：訳, 737ページ。

9) 既に指摘しておいたように，この手稿第「5)〔節〕信用。架空資本」の「冒頭部分」では，「商業信用」が「信用制度(Creditwesen)の本来的基礎(Grundlage)」と規定されると同時に，それは，「信用制度の他の側面」である「本来的な貨幣貸付信用」と統一的に規定され，把握されていることに留意することが必要である。

10) *MEGA*, S.535；*MEW*, S.496：訳, 679ページ。

11) *MEGA*, S.537；*MEW*, S.498：訳, 682ページ。

12) *MEGA*, S.538；*MEW*, S.499：訳, 683ページ。

13) *MEGA*, S.539；*MEW*, S.500：訳, 684ページ。因みに，この前後には，この信用の限界についての記述や，あるいは「消費の限界」や「現実の恐慌の究極の原因」等々についての括弧〔　〕に入れられた岐論が挿入されているが，それらについては後述することとする。

14) *MEGA*, S.540；*MEW*, S.501：訳, 686ページ。因みに，この「本来的な貨幣貸付信用」（「銀行業者の信用」）が，現行版では「貨幣信用(Geldkredit)」に改められている。

15) *MEGA*, S.535；*MEW*, S.496：訳, 679ページ。

16) *MEGA*, S.541. なお現行版ではこの2つのパラグラフは削除され，そしてそこに，上述のように，「第1の問題」についての一般的結論が移されている。前注6)を参照されたい。

17) ここには脚注a)として，「パニック後の取引の停滞」の時期，「繁栄期」，「逼迫

第13章 「唯一困難な問題」について　457

から「パニック」「崩壊」へという産業循環局面についての長い引用がなされている。しかしこの引用の一部は，上の注16)に示しておいた，現行版で削除されている 2 つのパラグラフのうちの第 1 パラグラフに，引用符を付けずに引用されているので，脚注を付するとしたら，ここにではなく，そちらのパラグラフに付すべきであると考えられる。しかも MEGA 編集者は，マルクスが脚注で引用したその「出所は確かめられなかった」との「注解」を付しているが(cf. MEGA, Apparat, S.1304)，これは，『銀行法特別委員会報告書(1858年)』に収録されている「ケイリー(Cayley)によって提議された報告」部分*からの引用である。

　　*Report from the Select Committee on the Bank Acts ; together with the Proceedings of the Committee, Minutes of Evidence, Appendix and Index, 1858, p.lxxii.

18) MEGA, S.541-542 ; MEW, S.505：訳, 691ページ。
19) MEGA, S.542 ; MEW, S.505-506：訳, 691-692ページ。
20) ここでも主題は，「唯一困難な問題」の「第 1 の問題」の考察であって，恐慌や産業循環そのものの分析ではないことは多言を要しないであろう。
21) MEGA, S.543 ; MEW, S.506-507：訳, 692-695ページ。なおこの点については後述する。
22) MEGA, S.543 Z.27.
23) Cf. MEGA, S.543 Z.28〜S.546, Z.38.
24) Report from the Select Committee on the Bank Acts ; 1858, op.cit., p.xxi.
25) MEGA, S.546. 因みに，手稿ノート345ページおよび347ページの一部から編まれた MEGA のこの部分は，部分的に削除されながら現行版第30章に収録され，そして第30章はそこで終わりとなっている(MEW, S.507-510：訳, 695-697, 699ページ)。しかし貿易差額，支払差額や地金の流出入の問題は，むしろ現行版第35章(第 1 節)に移すべき点であるように思える。
26) MEGA, S.546, Z.39. 因みに，この事例は，「混乱：続き」部分で，ニューマーチ(Newmarch)の証言が取り上げられてくる時に為替相場との関係で問題となってくる論点の 1 つ*であるが，エンゲルスはこのパラグラフを削除している。

　　*この点については，第 7 章第 5 節を参照されたい。

27) MEGA, S.546-547 ; MEW, S.511：訳, 700ページ。なお現物出資でのアメリカの鉄道企業への投資の事例を削除したエンゲルスは，ここでは，この「しかし」を削除することとなる。そしてそこに「この問題については未だ結末に達していない(Wir sind noch immer nicht zu Ende mit der Frage)」と加筆しているが，しかし上述のように，マルクスは「この問題」についての一般的結論は既に最初に提示しているのであって，種々な事例の立ち入った検討がなお残っているのである。念のために。
28) MEGA, S.547 ; MEW, S.511：訳, 700ページ。因みに，現行版では，この「1)について(ad 1)」は削除され，そして続く「既に…云々」からが改行され，第31章第 1 節とされている。なお手稿では，この「1)について」に対応する「2)について

(ad 2)」は，*MEGA*, S.557に見出されるが，現行版ではそこからが第2節となっている(*MEW*, S.518：訳, 710ページ)。念のために。
29) *MEGA*, S.547-548；*MEW*, S.511-512：訳, 700-701ページ。
30) *MEGA*, S.548；*MEW*, S.512：訳, 701-702ページ。そしてそれを確認するために，ここには1857年および1858年の「銀行法特別委員会」におけるウェーグェリンやロッドウェルなどの証言や，再割引についての『エコノミスト』誌からの「信用の直接の鎖*」についての引用がなされ，さらに鉄道のような公益企業の「預金」が一時的にいわゆる「貸付可能資本("loanable Capital")」を増加しうることは「既に見てきたところ」であるとして，「補遺」の手稿320ページ(*MEGA*, S.477)の参照を求めている(cf. *MEGA*, S.548-551；*MEW*, S.512-515：訳, p.703-706)。
　　*この点については，本書第3章第3節の〔補遺〕を参照されたい。
31) *MEGA*, S.551. 現行版ではこのパラグラフは，第33章(*MEW*,S.538：訳, 739-740)に移されている。先の注7)を参照されたい。
32) *Report from the Select Committee on the Bank Acts*; 1858, *op.cit.*, p.xxⅵ.
33) *MEGA*, S.551；*MEW*, S.538-539：訳, 740-741ページ。なおこの部分をエンゲルスは，先の「通貨の通流速度」についての箇所と同様に，第33章の前段部分に移している。
34) *Report from the Select Committee on the Bank Acts*; 1858, *op.cit.*, p.lxxⅵ. Cf. *MEGA*, S.552；*MEW*, S.538：訳, 741ページ。
35) 因みに，マルクスが利用しているこの表は，委員会での質疑・応答(第2411号)で，証人スレーター(Slater)が陳述した数字を，委員ケイリーが整理したものである。Cf. *MEGA*, S.553；*MEW*, S.538：訳, 741ページ。なお現行版では，表は収録されていない。
36) Cf. *MEGA*, S.555, 540-541, 552-553. 因みに，このケイリー「報告」に収められているスレーター答弁を整理した数字は，既に『経済学批判につい』の"Urtext"にも収録されている(cf. *Grundrisse der Kritik der Politischen Ökonomie*, (*Rohentwurf*)1857-1858, *Anhang* 1850-1859. 1953, S.875)。
37) 本書第5章第1節も参照されたい。
38) なおウィルソンには，「バーミンガム派」の不換紙幣論批判が見られる。本書第2章第3節注4)を参照されたい。
39) *MEGA*, S.553；*MEW*, S.515：訳, 706ページ。因みに現行版では，「a)」についてだけが，「b)」から切り離され，「a)について」という指示が削除され，またマルクスによる強調(傍点…)も取り除かれて，「因みに，貸付資本の量(die Masse des Leihkapital)は通貨の量からは全く異なっている」(*MEW*,S.515：訳, 706ページ)とされている。後の注41)も参照されたい。
40) *MEGA*, S.553-555. 因みに現行版では，「現実資本の，即ち，生産資本および商品資本の蓄積については，輸出入統計が1つの規準を与える」という説明句が加えられ，そして手稿での順序とは異なって，「b)について」が「a)について」の説明の

第13章 「唯一困難な問題」について　459

　　　後に収められている(*MEW*, S.517-518：訳, 709-710ページ)。
41)　*MEGA*, S.555；*MEW*, S.515：訳, 706ページ。先の注39)も参照されたい。
42)　*MEGA*, S.555；*MEW*, S.516：訳, 706ページ。
43)　ここで,「利子率における変動は2つの原因のうちの1つから, 即ち, 資本の価値における変化からか, あるいは, わが国における貨幣量の変化から生じる」という, オーヴァーストーンの利子率変動論が想起されよう。その点については, 本章第4節並びに本書第5章第3節を参照されたい。
44)　*MEGA*, S.555-556；*MEW*, S.516：訳, 706-707ページ。なお現行版では,「貨幣貸付資本の分量の状況」が,「貸付資本の供給(Angebot des Leihkapital)」に改められている。
45)　*MEGA*, S.556；*MEW*, S.516：訳, 707ページ。
46)　*Ibid*. なお,「唯一困難問題」の「第2の問題」についての一般的な「結論」が, ここで引き出されていることに注意する必要があろう。
47)　既に本書第10章第5節〔補遺-1〕の注2)で指摘しておいたように, この Lohn は Loan の誤記であろう。
48)　*MEGA*, S.556；*MEW*, S.516：訳, 707ページ。なおマルクスはこの文章に続けて, 括弧〔　〕に入れた次の岐論を挿入している。即ち,「ついでに, 以前のこと[前に述べたこと]について言えば：本来的な投機の前の繁栄期には, 常に〔新規の企業(new enterprises)など」, 信用が容易で ―― 信頼が強い。そのような時期には, 信用の移転(transfer of credit)が, 通貨の機能の比較的大きな部分を, 銀行券の介入なしに遂行する」(*MEGA*, S.556；*MEW*, S.516：訳, 707ページ), と。この時期は, 上述のように,「唯一困難な問題」の「第1の問題」については,「貨幣貸付資本の相対的豊富」と「生産的資本の拡大」とが「同時に生じる」「事実上唯一の時期」であるが,「第2問題」から見ると, この時期における取引の大部分が「銀行券の介入なしに」「信用の移転で」行われるというのであり, したがってこれは, 貨幣貸付資本の量は「通貨[貨幣]の量」とは「異なり, それから独立している」ということへの, 1つの傍証ということであろう。
49)　*MEGA*, S.556；*MEW*, S.516-517：訳, 707-708ページ。
50)　*MEGA*, S.556；*MEW*, S.517：訳, 708ページ。
51)　*MEGA*, S.557；*MEW*, S.518：訳, 710ページ。因みに, 現行版ではここからが, 第31章第2節となっている。
52)　*MEGA*, S.557；*MEW*, S.518：訳, 710ページ。なお, この「地金の異常な流入」とイングランド銀行の貴金属準備の増大の問題については, 本書第7章第1節などを参照されたい。
53)　*MEGA*, S.557-558；*MEW*, S.519：訳, 711-712ページ。
54)　*MEGA*, S.558；*MEW*, S.519：訳, 712ページ。
55)　*MEGA*, S.558；*MEW*, S.519-520：訳, 712-713ページ。
56)　*MEGA*, S.558.

57) *MEGA*, S.561 ; *MEW*, S.520：訳, 713ページ。

第3節　貨幣貸付資本の蓄積と現実資本の蓄積との関係(続き)
――「Ⅲ)：続き」の前半部分について――

　手稿「Ⅲ)：続き」(現行版第32章)は, 文字通り *MEGA* の561ページに続く部分(「Ⅲ)Fortsetzung von S.561」)として, 「このように資本に再転化されるべき貨幣の大きさ(Masse)は大量の再生産過程の結果ではあるが, しかしそれだけ(*für sich*)を考察すれば, 貨幣貸付資本(moneyed Capital)としては, それ[es]は再生産的資本の大きさでさえない[1]」, という文章で始まっている。しかしこの「唯一困難な問題」の考察は, 「Ⅲ)：続き」の前半までであって, その後半はオーヴァーストーン批判に直接に関わる部分(および一連の岐論)で終わっていく。

　そこでまず前半部分であるが, そこでは「Ⅲ)」末尾の「2)について」を直接に受ける形で, 「これまで展開してきたうちの最も重要なこと」が確認される。即ち, 「所得のうちで消費に定められている部分[mk]の増大〔その場合労働者については, 彼の所得は可変資本に等しいので除外される〕が, 貨幣[貸付]資本の蓄積(*Accumulation von Geldcapital*)として現れるということである。だから貨幣[貸付]資本の蓄積(*Accumulation von Geldcapital*)には生産的資本の現実的蓄積からは本質的に異なった一契機が入り込んでくる。なぜなら年々の生産物のうち消費に定められている部分は決して資本とはならないからである。(その[消費に定められている年生産物の]一部分は資本を, 即ち, 生活資料生産者の不変資本を補塡する。がしかし, それが現実に資本に転化する限り, それは不変資本の生産者の所得の現物形態で存在する。)所得を表わしている, 消費の単なる手段として役立つに過ぎない同じ貨幣が, 絶えず貸付可能な『貨幣貸付資本』に転化する[2]」, と。

　このようにここでは, 先の「Ⅲ)」(現行版第30章, 第31章)の場合よりもより明瞭に「再生産論」を念頭におきながら[3], 年総生産物の転態を媒介する貨幣について, mk 部分から順次検討していく。即ち, 単純再生産表式でいうならば, 年々の生産物のうちの第Ⅰ部門：生活資料は決して資本には転化しない。

第13章 「唯一困難な問題」について 461

その価値構成部分Ⅰv+mはその部門の消費対象であり，またⅠc部分は年々の生産物の一部(第Ⅱ部門：生産手段)によって補填されるのではあるが，その部分は生産手段生産部門の生産物の価値構成としてはⅡv+m部分であるから，生活資料Ⅰc+v+mは所得支出の対象であって決して現実資本の蓄積とはなり得ない。ところが年生産物の「所得の消費に定められている部分」の転態を媒介する貨幣は，一時的であれ「貨幣貸付資本」に転化する。だから貨幣貸付資本の蓄積には，「生産的資本の現実的蓄積からは本質的に異なった一契機が入り込んでくる」，というのである。

また「この貨幣が賃金[v]を表わしている限り，それ[この貨幣]は同時に可変資本の貨幣形態であり，そしてそれが生活資料生産者の不変資本[Ⅰc]を補填する限り，それは彼らの不変資本の貨幣形態であって，彼らの補填すべき不変資本の移転に役立つ。しかし一方の形態[Ⅱv]においても他方の形態[Ⅰc]においても，それは，たとえその大きさが再生産過程の範囲と共に拡大するとしても，それ自体は(an sich)蓄積を表わしてはいない。しかしそれは同時に一時的には貸付可能な『貨幣貸付資本』の機能を，即ち，貸付可能な貨幣(ausleihbares Geld)としての機能を果たす(verrichten)。だからこの側面からすれば，貨幣貸付資本(*monied capital*)の蓄積は現実に存在する資本の蓄積よりも，常により大きな資本の蓄積を表現するに相違ない。なぜなら，個人的な消費過程は，その[貸付可能な貨幣の]仲介と広がりにおいて，貨幣貸付資本の蓄積として現れるからで，だから現実的蓄積のために，新たな資本投下を開始する貨幣のために，貨幣形態を提供するのである[4]」，と。

このように年総生産物の価値構成部分の転態を媒介する貨幣について，順次考察してきたのであるから，次には蓄積に当てられるべきma部分の転態を媒介する貨幣の問題に入っていく筈のところであるが，そこにマルクスは，括弧〔 〕に入れた2つの岐論を挿入してくる。

第1の岐論は，信用=銀行制度の下での，年総生産物の転態に必要な貨幣とその「前貸し」についての重要な指摘である。即ち，「〔貨幣貸付資本の蓄積は，部分的には，再生産的資本がその過程でその[貨幣の]形態をとるところのすべての貨幣は，その現実的要素の直接的交換を除くと，再生産者達(die *Reproduktiven*)が前貸しする(vorschiessen)のではなく，借りる(leihen)貨幣の形態をと

るという事実；事実上，再生産過程で生じるに相違ない貨幣の前貸し(Vorschuß)は借り入れられた貨幣の前貸しとして現れるという事実以外の何ものをも表現していない。事実上，一方が他方に，彼が再生産過程で必要とする貨幣を貸すのである。しかしこのことが，銀行業者が再生産者達にそれ[貨幣]を貸すという形——これは，彼ら自身公衆に属しているのだが，その公衆に，彼らの必要とする貨幣資本(money capital)の残高を自由に使わせるように——をとる。同時にそれは，この資本についての処分権が仲介者(Mittelpersonen)としての銀行業者たちの手に全く落ちてしまうということを表わしている]5)」，と。

　この問題は，「本来的な貨幣貸付信用」を考慮の外において，年総生産物の転態に必要とする貨幣，就中，剰余価値を実現するのに必要な貨幣がどこから来るのかという問題として，トゥックに対する「反対論者」との関係で，既に「23冊ノート」において論じられ，また『資本論』で言えば，第Ⅱ部第2篇第17章において論ぜられ，さらに第3篇第20章第12節で立ち返っている点である6)。そしてそこでは「資本家階級」ないし「資本家階級全体」がその貨幣を供給するとされているのである7)が，ここでは，その「資本家階級全体(die Gesamtklasse der Kapitalisten)」が再生産的資本家と貨幣貸付資本家(「資本家の特別な階級8)」)とから構成されているものと想定され，そして前者(産業家および商人)が後者(銀行業者)から借り入れた「貨幣」を「前貸し」(投資ないし支出)して年総生産物の転態が行われる，というのである。だからこの点は，後述する，逼迫期における国内にある「貨幣の量」を論ずる前提条件となるのであり，「唯一困難な問題」の「第2の問題」の考察にとって極めて重要な問題点をなす9)。

　これに対し第2の岐論は，貨幣貸付資本の蓄積は，次のような事情からしても現実的蓄積とは「本質的に異なって」いるということを指摘しているもので，「第1の問題」についてのこれまでの考察を補足するものである。即ち，「所得の資本への再転化(規定からして)に関する区別すべき貨幣[貸付]資本(Geldcapital)の蓄積の2つの形態」のうち，第ⅰは，例えば生産要素の価格下落によって再生産的資本家の「貨幣資本の一部は，循環におけるその機能から自由となり，貸付可能な貨幣貸付資本となる」というものであり，「第ⅱに，例えば，

特に商人の場合」には，「回収(return)」が行われても，直ちに次の取引がなされるのではないから，「彼にとっては，貨幣はただ蓄蔵貨幣，失業資本に過ぎない。しかし同時にそれは直接には貸付可能な『貨幣貸付資本』を表わしている」というものである。そして「最後に」，「貨幣貸付資本の蓄積は，財産を安全に確保し，再生産から撤退する奴ら(Kerls)の大きさによっても規定される[10]」，と付け加えられている。

　さてこのように2つの岐論を挿入した後，年総生産物のうち残されていた部分の，「利潤のうち所得として消費されると決められていない他の部分」の，つまり，蓄積に当てられるべき ma 部分の，転態を媒介する貨幣の貨幣貸付資本への転化の考察に移っていく。即ち，「資本に再転化することに決められている利潤については，それがそこで作り出された生産分野における事業の拡大のために直接充用可能でないときには，それはただ貨幣貸付資本に転化されるだけである」，と。しかも「このことは2つの原因から生じうる。［ⅰ］この諸分野が必要資本で飽和状態であるからである。あるいは，蓄積は，［ⅱ］それが資本として機能しうる前に，一定の事業で新資本の充用の量的比率によって規定された，ある大きさに達してからでなければならないからである。だからそれはさしあたり貨幣貸付資本に転化し，そして他の分野における生産の拡大のために役立つのである[11]」，と。

　そこで「全ての条件(circumstances)が同じままであると仮定すれば，資本に再転化することとなっている利潤の大きさは，作り出された利潤の大きさに，だから現実の再生産過程の拡張に依存する」と指摘しながら，したがって現実資本の拡大再生産と共にこの「蓄積基金」の形成も進むとしながらも，直ちに「しかし」として，この貨幣貸付資本の「過多」に言及していくこととなる。即ち，「しかしこの［貨幣貸付資本の］新蓄積が，その充用において，充用分野の欠如から困難に突き当たるとすれば，（だから，就業している再生産的資本は単に低い利子を支払うだけであるというのが結果であるが），貨幣貸付資本のこの過多(Plethora of moneyed Capital)は，資本主義的生産過程の制限(Schranke)以外の何ものをも証明しない」，と。そして貨幣貸付資本のこの「過多」を，「後に続く信用幻惑」に関わらせ，「後に続く信用幻惑はこの過剰［貨幣貸付］資本(dieses surplus Capital)を充用するための積極的障害などは存在しないという

ことを証明している」，と。つまり，資本の「価値増殖法則(*Verwertungsgesetz*)に対する障害，資本がその中で資本として価値増殖しうる諸制限」は存在するのであるが，「貨幣貸付資本としての貨幣貸付資本の過多(Plethora)は必ずしも過剰生産ないしは資本の充用分野の欠如を表現はしてはいない[12]」，というのである。だからこの場合にも，貨幣貸付資本の蓄積は現実資本の蓄積から独立していると言いたいのであろうか。

そしてマルクスは，「因みに人は熟慮せよ(bedenkt)」として，貨幣貸付資本の「過多」が生じ，それが「資本主義的諸制限」を乗り越えさせる契機となるが，しかしそれは最終的に乗り越しうるのではなく，「常にリバンドを惹き起こす」ことを，次のように整理し要約する。即ち「貨幣貸付資本の蓄積は，単純に貨幣が貸付可能な貨幣として沈殿する(あるいは貸付可能な貨幣の形態をとる)ということにある。──1つのプロセスであり，それは貨幣の資本への現実的転化(それは，単にそれ[貨幣]が資本に，それ自体としては処分可能ではない資本に，転化されうる形態での貨幣の蓄積にすぎない)とは全く異なっている。この蓄積は，既に指摘されているように，現実的蓄積からは全く異なった契機を表現しうる。そこで，現実的蓄積の絶えざる拡大の場合に，貨幣[貸付]資本(Geldcapital)の蓄積の拡大が，部分的にはその[現実的蓄積の]結果であり，部分的にはそれに伴う諸契機の結果ではあるが，しかしそれからは全く異なっている，(反対[つまり現実的蓄積の縮小]については考慮の外におく。)貨幣貸付資本の蓄積は，現実的蓄積から独立の，しかしそれに伴う諸契機によって膨張されるといった理由だけでも，[産業]循環の一定の局面においてはこの貨幣貸付資本の過多(Plethora)が生じ，そしてこの過多は信用制度の発展と共に発展し，だから同時に生産過程をその資本主義的諸制限(Schranke)を追い越して進ませる──過剰取引，過剰生産，過剰信用(Overcrediting)の──必然性を発展させるに相違ない。しかしこのことは常にリバンドを惹き起こす形態で生じるに相違ない[13]」，と。

なお，このような整理・要約の後，「地代，賃金，等々からの貨幣資本の蓄積については，ここではそれに立ち入ることは余計(überflüssig)である」とした上で，「ただ次の契機，即ち，現実の貯蓄と禁欲(*Entsagens*)(貨幣蓄蔵家の)という仕事は，それが蓄積の契機を提供する限り，資本主義的生産様式の進歩

における分業によって，その最小限を受け取る人々か，あるいは，なお銀行の破産(Aufsprengen)の際の労働者等々のように，その貯蓄を失う人々に[現実の貯蓄と禁欲が]委ねられるという契機だけを強調すべきである。一方では，生産的資本家の資本が彼自身によって『貯蓄』されるのではなく，彼の資本の大きさに比例して彼が他人の貯蓄(Ersparungen)を自由にする；他方では，貨幣貸付資本家(monied Capitalist)が他人の貯蓄を彼の『資本』にし，そして再生産的資本家たちが相互に与える信用および公衆が彼らに与える信用を，その私的な致富源泉にする。資本についての節約と勤労の末裔であるという資本主義制度の最後の幻想も，それと共に消えてなくなる。利潤が単に他人の労働の着服で成り立っているだけでなく，この他人の労働がそれによって搾取される資本が，彼は彼でその代わりに後者[生産的資本家]を搾取している貨幣貸付資本家が生産的資本家に自由にさせる『他人の』所有から成立っているのである[14]」ことを，皮肉交じりに強調する。そしてさらに，この最後の点との係わりからか，改行して，「なお信用資本(Creditcapital)について若干注意すること[15]」と書き加えられていく。

　しかし次のパラグラフは，「信用資本」についての「注意」ではなく，括弧〔　〕に入れられた岐論である。即ち，「〔同じ貨幣片が何回貨幣貸付資本として，だからどれだけの金額まで機能しうるかは，全く以下のことに依存する：1) それが何回販売あるいは支払いにおいて商品価値を実現するか；そしてそれが何回所得を実現するか，に。… 2) しかし支払の節約に；信用制度の発展と組織に。3) しかし信用のすばやい連鎖(だからそれがある点で預金として沈澱する場合には，それは直ちに再び貸付として出て行く，等々)に〕[16]」，と。これは，先に「Ⅲ)」において，「相対的に僅かな」通貨量で「比較的大きな預金」が可能となる問題が考察されたのと同様に，「唯一困難な問題」の「第2の問題」(貨幣貸付資本の大きさと「貨幣の量」の関係)についての岐論である。

　そしてこの括弧〔　〕に入れられた岐論を受ける形で，貨幣貸付資本の架空化・請求権化が取り上げられ，この「請求権の蓄積」としての貨幣貸付資本の蓄積と現実的蓄積との「区別」の指摘となっていく。即ち，「貨幣貸付資本がそれで存在する形態が，たとえ単に貨幣(金，銀；即ち，その素材が価値の尺度として機能する商品)の形態だけであるとしても，この貨幣貸付資本の大きな部

分は常に必然的に単に架空であるにすぎない，即ち，(価値章標(Werthzeichen)のような)価値に対する権利証(Titel)にすぎない。A が彼の商品または労働力を販売し，それに対して G [貨幣]を，マネーを受け取る。この貨幣が資本の姿態変換において機能する限り，それは貨幣貸付資本に転化するのではなく，その所有者によって再生産の要素と交換される。…しかしそれが貨幣貸付資本に転化され，そして同じ貨幣が繰り返し貨幣貸付資本を表示する限り，それはある点でのみ金属貨幣として存在するに過ぎない；その他の全ての点ではそれは資本に対する請求権(*claim auf Capital*)の形態で存在するにすぎない[17]。前提に従えば，この請求権の蓄積は，現実的蓄積から，即ち，商品資本等の価値の貨幣への転化から生じる；しかしにも拘らず，かかるものとしてのこの請求権の蓄積は，それがそれから生じる現実的蓄積と同様，貨幣の貸付によって媒介されるところの将来の蓄積(生産過程)からも，区別される[18]」，と。

このように，貨幣貸付資本の大きさと「貨幣の量」との関係，および請求権化される貨幣貸付資本の蓄積と現実資本の蓄積との関係という，「唯一困難な問題」の「2 つの問題」に関わる点に言及したところで，「唯一困難な問題」を「2 つの問題」として整理・提示するパラグラフとなる。即ち，「一見して(prima facie)，貨幣貸付資本は常に貨幣[19](後には貨幣に対する請求権(*claim upon money*)として；と言うのは，貨幣は，それが貸付けられるや，まず最初には，借手の手で今や資本の現実的貨幣形態，[即ち]貨幣資本として機能するのであり，貸手にとっては，それは貨幣に対する請求権あるいは所有権原(Eigenthumustitel)に転化するからである。だからこの同じ大きさの貨幣が貨幣貸付資本の全く異なった大きさを表示しうる)の形態で存在し，そして，単なる貨幣——それが実現された資本であれ，あるいは実現された所得であれ——が，単なる貸付けの行為によって，その預金への転化によって，[貨幣貸付資本と]なる。〔われわれが発達した信用制度の下での一般的形態を考察する場合には，そして商業上の貸付けを考察する限り，預金は預金者にとっては貨幣貸付資本である。しかしそれ[預金]は銀行業者の手においては，その所有者に代って，その[銀行業者の]金庫に遊休(brach)している単なる潜勢的な貨幣貸付資本にすぎない。[20]〕今や 2 つの問題に答えうる：第 1 に，貨幣貸付資本の相対的増加あるいは減少，一言でいえば，その[貨幣貸付資本の]一時的あるいは

第13章 「唯一困難な問題」について　467

より継続的蓄積は，生産的資本の蓄積に対してどのような関係にあるのか？そして第2に，それ[貨幣貸付資本の増減]は何らかの形態で一国に存在する貨幣の量の大きさ(Masse der in irgendeiner Form im Lande vorhanden *Geldmasse*)とどのような関係にあるのか？[21]」，と。

　さて現行版では，このパラグラフの最後の部分が，つまり「今や2つの問題に答えられうる」以下が削除されているのだが，「唯一困難な問題」の「2つの問題」としてのこの整理・提示は何を意味しているのであろうか？これまでの検討では，この「2つの問題」に対して答えを引出せなかったので，「今や2つの問題に答えるべきである[答えねばならない]」というのであろうか？それとも，以上の検討から，「今や2つの問題に答えられうる」というのであろうか？

　しかし「唯一困難な問題」の「第1の問題」についても「第2の問題」についても，前節で検討してきたように，既に「(Ⅲ)」において一般的な結論は与えられており，特に「第1の問題」に関しては例外的な事例までをも考察してきていたのである。

　そして実際，このパラグラフの中にも「2つの問題」に対する回答が含まれている。即ち，「貨幣貸付資本は常に貨幣の形態で存在し，そして単なる貨幣が単なる貸付の行為によって貨幣貸付資本となる」というのであるから，貨幣貸付資本の蓄積は「資本の現実的蓄積を示してはいない[22]」ということとなるであろうし，また「同じ大きさの貨幣が貨幣貸付資本の全く異なった大きさを表示しうる」というのであるから，「貨幣貸付資本の相対的増減」と「一国に現存する貨幣の量」とは，「異なり，また独立している[23]」ということとなるであろう[24]。

　しかも「唯一困難な問題」の考察は，このパラグラフまでで事実上終わってしまう。というのは，これに続くパラグラフは，確かに，「第1の問題」に関わる指摘ではある。即ち，「さしあたり(zunächst)より長期的に(mehr permanently)考察するならば，貨幣貸付資本家の階級が，現実的富の増加と共に増加する。というのは，それ[現実的富]は利子によって生活する引退した青物商(greengrocer)の量を増大するからである。第2に信用制度の発展，そしてそれと共に銀行業者等々〔金融業者もまた；しかしわれわれは公信用(public credit)を考慮の外に置く〕［も増加するからである］²⁵⁾」，というものであるが，しかし現実的富の増加と共に貨幣貸付資本家という階級が増加するという類似の指摘は，既にたびたび言及されていたところであるからである。

そして次のパラグラフは，貨幣貸付資本に対する新たな需要についての，括弧（ ）に入れられた「注意(Nb.)」である。即ち，「注意。貨幣貸付資本の発展と共に，以前展開したような，大量の利子生み証券(die *Masse der Zinstragenden Papiere*)，公的動産(public effects)，その他が発展する。しかし同時にそれと共に，貨幣貸付資本に対する需要も［発展する］。というのはこの証券を投機で購入する取引所仲買人(jobber)が貨幣市場で主要な役割を演ずるからである²⁶⁾」，というのである。そしてそれを例証するように，「銀行法特別委員会(1857年)」におけるチャップマンに対する質疑・応答(第4886, 4890, 4892号)が引用され，「信用制度の発展と共に集中されたロンドンのような貨幣市場——それは同時にこの証券取引の本拠である——の創造。銀行業者はこの最もいまいましい奴ら(most damnable rogue)に，公衆の貨幣貸付資本を大量に自由にさせ，そうしてこの賭博士の輩が増大する)²⁷⁾」，という「注意」である。そしてこれも「以前に展開した」ことの敷衍であると言うのである。

そしてこの「注意」の後が，「われわれはオーヴァーストーン氏のごった混ぜの言葉使い(das jumble of phrases)をやっと後で(erst nachher)考察しようと思う²⁸⁾」という，現行版では削除されている「叙述プラン」についての，2行だけの短いパラグラフとなる。そしてここからが「Ⅲ）：続き」の後半部分となっていく。

だから「Ⅲ）」の冒頭で提起された「唯一困難な問題」の考察は，事実上は，先の「唯一困難な問題」を「2つの問題」として整理・提示したパラグラフまでで，そして少なくともチャップマンに対する質疑・応答の引用を含むこの「注意」の部分までで終わり，「唯一困難な問題」のうちの「第2の問題」の，逼迫期という特定の事例の検討を残したまま，「Ⅲ）：続き」の後半部分に入っていくこととなる。

そしてこの残した点——発達した信用＝銀行制度の下では，年総生産物の転態に必要な「貨幣の前貸しは，借り入れられた貨幣の前貸しとして現れる²⁹⁾」という，先の岐論で取上げられた問題と関わる，貨幣貸付資本の増減と一国に

ある「貨幣の量」との関係――の検討は，手稿では，「Ⅲ）：続き」の次に来る「混乱：続き」の中に見出されるのであるが，ここでは，「Ⅲ）：続き」の後半部分で何が考察されているのかを，一先ず先に検討しておくこととする。

1） *MEGA*, S.584; *MEW*, S.521; 訳, 714ページ。現行版では，ここからが第32章とされている。なお，引用文中の「es［貨幣］」は，現行版のように「sie［貨幣の大きさ（die Masse）］」に改めてしかるべきであろう。

2） *Ibid.*

3） 1864年晩夏に，『資本論』第Ⅲ部の第1稿の執筆が中断され，その間に『資本論』第Ⅱ部の第1稿が執筆される。しかしその第1稿自体には単純再生産表式そのものは未だ掲出されていないが，しかしそれ以前に執筆されたいわゆる「23冊ノート」で，事実上，第Ⅰ部門が生活資料生産部門である単純再生産表式は展開されている＊。なお『資本論』第Ⅲ部の手稿第Ⅶ章2）(*MEGA*, S.859)も参照されたい。

　　＊それについては，さしあたり，小林賢齊「『蓄積におけるⅡcの転態』について――「残された問題」との関連で――」『武蔵大学論集』第27巻第3・4・5合併号，1979年12月，369-373ページ；小林「『単純再生産表式』成立過程の一齣――『エピソード。貨幣の還流運動』についての覚え書――」同上，第29巻第3・4号，1981年12月，26-29, 43ページ；小林「手稿『経済学批判』の第Ⅹ冊について――マルクスの『経済表』成立過程との関連で――」『土地制度史学』第109号，1985年10月；並びに，本書の序章，そして本章第7節の〔備考-5〕を参照されたい。

4） *MEGA*, S.584; *MEW*, S.521：訳, 714-715ページ。

5） *MEGA*, S.584-585; *MEW*, S.522：訳, 715ページ。現行版では削除と加筆が見られる。例えばエンゲルスは，「商業信用の基礎上では，事実上，一方が他方に，彼が再生産過程で必要としている貨幣を貸すのである。しかしこのことが今や…その場合には銀行業者が神の恵みを与える者として現れ…云々」，と書き変えられている。しかし既に明らかにされてきたように，「商業信用」において再生産者達が相互に貸付けあうのは再生産的資本として機能している商品資本であって，彼らが銀行業者に「預金」する彼らの「準備金」(「失業している」貨幣資本)ではない。そして彼らが銀行業者に「預金」した彼らの準備金が，銀行業者の「銀行営業資本(banking capital)」として，彼らに貸し出されるのである。

6） この点については，本書の序章第3節および，小林賢齊「『資本論』第Ⅱ部「資本の流通過程」成立過程の一齣――「トゥックに向けられた疑問」に焦点をおいて――」『武蔵大学論集』第57巻第3・4号, 2010年3月, 4-12, 23-24, 30-32, 35-37, 12-43ページを参照されたい。

7） *MEGA*, Ⅱ/12, 2005, S.296-297; *MEW*, Bd. 24, S.335：『資本論』第Ⅱ部，訳, 435ページ。

8） *MEGA*, S.558; *MEW*, S.519：訳, 712ページ。

9） したがってこの岐論部分は，現行版のように第32章にそのまま残すのではなく，第33章に移して編むべきではなかろうか。
10） *MEGA*, S.585; *MEW*, S.522-523：訳，715-716ページ。現行版では，「貨幣資本の蓄積の若干の特殊な形態」として，この「2つの形態」が挙げられている。
11） *MEGA*, S.585-586; *MEW*, S.523：訳，716-717ページ。因みに，マルクスは既にいわゆる「23冊ノート」の執筆中に，「社会的総資本の蓄積＝拡大再生産の考察に際しての基本的2論点——蓄積と不変資本就中Ⅱcの再生産＝補塡との関係，および蓄積のための貨幣蓄蔵の問題——」に逢着するのであるが，しかし，彼はその解決を「残したまま，手稿ⅩⅩⅢ冊で，『再生産過程の表』および『総再生産過程の経済表』(1863年5/6月)をひとまず作成する」(小林「『蓄積におけるⅡcの転態』について」，前掲，372ページ；小林「マルクスの『経済表』について———断章——」『武蔵大学論集』第32巻第5・6号，1985年3月，158-168ページ)のである。そしてこの第Ⅲ部第1稿執筆の時点でも，それら「基本的2論点」は未解決のままであり，したがってここでの蓄積過程分析の視点も，社会的総資本の視点ではなく，個別資本の視点に止まっている。ここで挙げられている「2つの原因」，特に第ⅱの原因である「蓄積基金」の社会的規模での積立ての問題の解決には，同じく社会的規模での「減価償却積立金」問題の解決と共に，より基礎的次元での問題——ある年度に積み立てるための「一方的販売」と，これまでの「積立金」によるある年度中の「一方的購買」(追加投資)との対応——の解決が必要となるが，その点は，『資本論』第Ⅱ部第8稿によって初めて解決されるに至るのである(小林賢齊「拡大再生産表式の展開軸——『資本論』第Ⅱ部第Ⅷ稿における——」『武蔵大学論集』第34巻第2・3・4合併号，1986年12月，28ページ；小林「拡大再生産表式と貨幣流通＝還流——『資本論』第Ⅱ部第Ⅷ稿の検討——」同上，第47巻第2号，2000年1月，5-6, 17-28ページ)。なお本章第7節の〔備考-5〕も参照されたい。
12） *MEGA*, S.586; *MEW*, S.523：訳，717ページ。
13） *MEGA*, S.586; *MEW*, S.523-524：訳，717-718ページ。なおマルクスは，既にこの手稿の第3項である「資本主義的生産における信用の役割」(現行版第27章)において，「予めお次のことを」として，「信用制度に内在し，そして二面的な[その]性格」(*MEGA*, S.505; *MEW*, S.457：訳，627ページ)を指摘している。後述の，本章第7節も参照されたい。
14） *MEGA*, S.586-587; *MEW*, S.524：訳，718ページ。
15） *MEGA*, S.587; *MEW*, S.524：訳，718ページ。なお*MEGA*, S.591には，「単なる信用資本(他人資本)(bloseses Creditcapital (fremdes Capital))」という記述があるところからも，「信用資本」とは，自分の信用によって調達された「他人の」資本を意味するものと思われる。
16） *MEGA*, S.587; *MEW*, S.524：訳，718-719ページ。この部分自体は，エンゲルスの編集方針からすれば第33章に移されてしかるべきかと思われるが，第32章に残されているのも，次のパラグラフとの関係からかもしれない。

第13章 「唯一困難な問題」について　471

17) この点からも、既に「Ⅲ）」で指摘されていたように、貨幣貸付資本の蓄積（大きさ）は「通貨の量」とは「異なり、また独立している」（MEGA, S.556;MEW, S.516：訳, 707ページ）ことは明らかであろう。
18) MEGA, S.587-588; MEW, S.524-525：訳, 719-720ページ。
19) なおこの「貨幣」には、後述するように、オーヴァーストーン批判の長い脚注a）が付されている。
20) ここには長い脚注b）が付され、「預金と貸し付けられた預金というこの両者が『マネー』であるという混乱」の例として、「銀行法特別委員会（1857年）」におけるトゥェルズ（Twells）の証言が引用され、この「混乱」の由来が検討されている（MEGA, S.588-589；MEW, S.526：訳, 721-722ページ）。なお本書第12章第3節の〔補遺〕も参照されたい。
21) MEGA, S.588-589; MEW, S.525-526：訳, 720ページ。
22) MEGA, S.532; MEW, S.502：訳, 687ページ。
23) MEGA, S.556; MEW, S.515：訳, 707ページ。
24) ただし、「第2の問題」については、後に第5節で考察するような、逼迫期における貨幣退蔵と「通貨の絶対量」の検討がなお残されている。
25) MEGA, S.589; MEW, S.527：訳, 722ページ。
26) Ibid.
27) MEGA, S.589-590; MEW, S.528：訳, 723-724ページ。なおこの「注意」は、チャップマンの証言からの引用を含む全体が、括弧（　）で括られている。念のために。
28) MEGA, S.590.
29) MEGA, S.584; MEW, S.522：訳, 715ページ。

第4節　オーヴァーストーンの「ごった混ぜの言葉使い」
――「Ⅲ）：続き」の後半部分について――

　ところで「Ⅲ）：続き」の中ほどで、なぜ「オーヴァーストーン氏のごった混ぜの言葉使い」ということが記されてくるのか？という点から見ていくことが必要であろう。
　実は上述の、「唯一困難な問題」を「2つの問題」として整理、提示したパラグラフの冒頭の、「一見して明らかに、貨幣貸付資本は常に貨幣…の形態で存在し、云々」という文言の中の「貨幣」のところに、マルクスは「銀行法特別〕委員会。1857年を参照」として、長い脚注a）を付していたのである[1]。
　そこではまずトゥェルズに対する質疑・応答――「第4516号 Q. 銀行業者としてあなたは資本を取扱うのですかそれとも貨幣を取扱うのですか？―A.　わ

れわれは貨幣を取扱います。第4517号 Q. 預金は貴方の銀行にどのように払い込まれますか？——A. 貨幣で，です。第4518号 Q. 預金はどのように支払われますか？——A. 貨幣で，です。第4519号 Q. それでは預金は貨幣以外の何かあるものと呼ばれうるのですか？——A. いいえ。」——が引用される。そしてこのようなトゥェルズの答弁に対比して，「オーヴァーストーンはたえず『資本』と『貨幣』との間で混乱し，貨幣の価値は彼にとっては利子でもあるが，しかし貨幣の量によって規定される；そして資本の価値は，生産的資本の利潤によって，もしくは生産的資本に対する需要によって，規定されるものとしての利子でなければならない」，とのコメントが書き添えられていく。その上で次のように，オーヴァーストーンの答弁を引用し，さらに括弧〔　〕に入れて彼の「ごった混ぜの言葉使い」についてのコメントを付していく。即ち，「第4140号 A. 『資本』という言葉の使用は大変危険です。第4148号 A. 地金のわが国からの輸出はわが国における貨幣の量の減少であり，そしてわが国における貨幣の量の減少はもちろん貨幣市場〔ここではだから資本市場ではない〕に逼迫を一般的に創りださねばなりません。第4112号 A. 貨幣がわが国から出て行くので，国内における［貨幣の］量が減少する；わが国に残っている［貨幣の］量のその減少はその貨幣の増大された価値を作り出す。〔これは，彼の理論においては本源的に，(通貨の収縮(Contraction)による)，商品の価値と比較された貨幣としての貨幣の相対的価値における増大［である］；だからその場合には貨幣の価値におけるこの増大は，イコール，商品の価値の減少である。しかしその間流通している貨幣の量が物価を規定しないということが彼にとってさえ反対の余地なく[2]証明されたので，そこで通貨としての貨幣の減少が，利子生み資本としての，貨幣貸付資本としての，その価値を，だから利子率を増大しなければならないのである[3]。〕そして残っているもの［貨幣］のその増大された価値が貨幣の流出(exit)を止め，そして均衡(the equilibrium)を再建するのに必要な貨幣の量をそれが取り戻すまで，維持される[4]」，と。

　ところがMEGA編集者によると，この長い脚注a)の最後に，マルクスは，「以下のページの，チャップマンの引用の後の，オーヴァーストーンの矛盾の続きを参照[5]」という「異文(Variante)」を書き添えている。そしてこの「チャップマンの引用」というのは，前節で引用した，括弧( )に入れられた「注

意(Nb.)」の部分に含まれている。したがって「チャップマンの引用の後の」というのは，このチャップマンに対する質疑・応答（第4886, 4890, 4892号）の引用を含む，括弧（　）に入れられた「注意」の「後の」ということとなる。そしてその「後の」パラグラフが，まさに，「われわれはオーヴァーストーン氏のごった混ぜの言葉使いをやっと後で考察しようと思う[6]」という，僅か2行の「叙述プラン」なのである。

そして厄介なことに，一方，エンゲルスは，「やっと後で考察しよう」というこの「叙述プラン」を削除し，また脚注a)の末尾に付されていた「異文」の一部だけを，つまり「チャップマンの引用の後の」という指示を除いた残りの部分だけを，「異文」が書き記されていた長い脚注a)の最後に，「――オーヴァーストーンの矛盾の続きはさらに以下で(weiter unten)[7]」と書き加えていく。ただし，この書き添えられた「さらに以下で」がどこを指すのかは，現行版でも具体的には明示されていない。

他方，MEGAの編集者は，この「やっと後で」の箇所に，「592／593ページを参照」との「注解(Erläuterung)」を付していく[8]。しかしこの指示されたMEGA, S.592というのは，先の「叙述プラン」以降で，オーヴァーストーンという名前が最初に登場してくる箇所であるに過ぎないのである。

したがって仮に，この「やっと後で」がMEGA編集者の「注解」のように，この「Ⅲ）：続き」の中の，オーヴァーストーンの名前が登場してくるまでの，しかも僅か数ページ後を指しているのであるとするならば，逆に，この数ページでは，一体何が考察されているのかが問われなければならないこととなる。

そこでは，まず，利子率と利潤率との関係についての，「既に言及」してきたことの整理・要約がなされていく。即ち，「平均利子（長い年系列にとって）は，他の全ての条件が同じままであれば，平均的利潤率によって（利潤マイナス利子以外の何ものですらない企業利潤(Unternehmungsgewinn)によってではなく）規定されることは，既に利子生み資本の考察[第5章第2節「利潤の分割。利子。利子の自然率」]の際に[9]示された。」また「商業上の利子の（商業上の取引内における割引や貸出しのために貨幣貸付業者によって計算される利子の）変動(Variationen des commerciellen Zinses)にとって，産業循環の種々の局面に，1つの局面――一方では最低限を超える利子率の上昇の，他方では，その中位的平

均的高さ〔中位的水準を超えてその上昇に直接先行する利子率〕の到達，それは利潤の上昇の結果(Folge)であるのだが——が入り込んでくるということは，既に［「Ⅲ）」において］言及されたし，そしてなお立ち入って検討されよう[10]」，というのである。

そしてこのように利子率と利潤率との，さらに企業利潤との関係については，既に考察してきているのではあるが，「それでもここで，2つの点に(zweierlei)注意すべきである」として，次の2点が指摘される。「第1に：比較的長い期間利子率が高く維持されているとすれば，…，〔この局面では〕利潤率は高いが，しかし企業利潤率(die Rate des Unternehmungsgewinns)は必ずしも高くはないということは，一見して明らかである。…比較的長期に継続する高い利子の可能性は〔本来的な逼迫局面について述べているのではない〕，高い利潤で与えられる。しかしこの高い利潤率マイナス高い利子率は，低い企業利潤率以外の何ものでもない」と注意し，さらに利潤率，利子率，企業利潤率の種々の組み合わせや，「単なる信用資本（他人資本）」での活動や投機的な高い利潤率との関係，等々が指摘されていく。そして「第2に：利潤率が高いので，貨幣貸付資本に対する需要が，そしてだから利子率が増大するという表現は，（生産的）資本に対する需要が増大し，そしてだから利子率が高いということとは同一(identisch)ではない[11]」ことが，注意される。

ところで，オーヴァーストーンは，利子率変動の2つの要因として，利潤率と貨幣の量を挙げ，利子率の「大きなそして長期の変動は…資本の価値」によって，また「小さな〔そして短期の〕変動」は「貨幣の量」によって規定されると主張し[12]，しかも先の長い脚注a)でマルクスがコメントしているように，「貨幣の価値は，彼［オーヴァーストーン］にとっては利子であるが，…そして資本の価値は，生産的資本の利潤によって，もしくは生産的資本に対する需要によって，規定されるものとしての利子でなければならない[13]」のである。したがって，以上のような利子率と利潤率と，さらに企業利潤率との関係についての整理・要約と「それでも」として加えられた「注意」は，そこにオーヴァーストーンという名前こそ書き記されてはいないが，まさに彼の，「資本」と「貨幣」との間での「たえざる混乱」の検討・批判の基準を提示しているのである。例えばこの手稿の第2項である「補遺」部分（現行版第26章）においても，

利潤率，利子率，企業利潤率という3つの率の関係について，括弧（ ）に入れて，次のコメントが挿入されている。即ち，ケイリーのオーヴァーストーンに対する「(この質問自身が，企業利潤率と利子率とを混同し，そして利潤率は両者[利子と企業利潤（産業利潤あるいは商業利潤）]の共通の源泉であることを忘れている。利子率が商業利潤あるいは産業利潤をかき乱すとしても，それ[利子率]が利潤率をかき乱しはしないであろう)[14]」，と。

　これに続くパラグラフにおいても，未だオーヴァーストーンという名前は登場してはこないのであるが，今度はそこでは，上の第2の注意点を踏まえて，やや具体的に，貨幣貸付資本および生産的資本に対する需要と利子率，並びに，賃金の高さと利潤率や利子率との関係，等々が考察されていく。即ち，

「貨幣貸付資本が，支払うためにではなく，〔この[支払うための需要の]点を特に考察すべきである；それ[この点]は貨幣貸付資本の価値[利子]の上昇にとって最重要な点である[から]]，購買のために，そして貨幣貸付資本を生産的資本に転化するために，求められている限り，それ[貨幣貸付資本]は生産的資本家または商人によって求められている。生産的資本家はそれを労働手段〔原料，助成財および機械類〕と労働能力に投資する(auslegen)[15]。」また「労働に対する増大する需要は，それ自体(an sich)，増大する(利潤率によって規定されるような)利子率のための原因ではありえない。比較的高い賃金は，たとえそれがその結果であるとしても，比較的高い利潤の原因などではない。〔人が産業循環の特定の局面を考察する場合には。〕だからこのことはまず第1に問題外となる。労働の搾取が特別に好都合な諸事情の下で生じているのだから，労働に対する需要は増加しうるが，しかし労働に対する，だから可変資本に対する単に増大する需要は，本来は(an und für sich)利潤を増大するのではなく，それだけ(pro tanto)それを削減する。しかしそれでもやはりそれによって可変資本に対する需要は，だから貨幣貸付資本に対する需要は増大し得，そしてこのことは利子率を高め得る。そこで労働能力(Arbeitsvermögen)の市場価格はその平均価値を超えて上昇し，そしてそれによって貨幣貸付資本に対する需要は増大するのであるから，同時に利子率は上昇する。…云々[16]」，と。

　そしてこの後が，オーヴァーストーンという名前が出てくるパラグラフ——「労働を除けば，オーヴァーストーンが『資本に対する需要』と呼んでいるも

のは，単に商品に対する需要であるにすぎない」——となる[17]。そこでは，これに続けて，彼が「混乱」している，あるいは「混乱」させていると言った方が良いのかもしれないが，「資本」（商品）に対する需要と商品価格，および貨幣貸付資本に対する需要と利子（率）との関係・その実態についての考察がなされることとなる。即ち，「商品に対する需要はその［商品の］価格を高める(steigen)〔それは，供給(Zufuhr)が平均以下に落ちるにせよ，あるいは需要が平均以上に増大するにせよ，［そう］である〕。生産的資本家または商人は，それに対して，彼はさもなければ100ポンド支払うのだが，同じ商品量に，例えば，150ポンドを支払わねばならないとすれば，彼がさもなければ100ポンドを借りる場合に，彼は150ポンドを借りなければならないであろうに。そこで［利子率が］5％であれば，彼はさもなければ5ポンドを支払う場合に，彼は7$^1/_2$［ポンド］を支払わなければならないであろうに。借り入れられた資本の大きさが［増大する］のだから，彼によって支払われるべき利子の大きさは増大するであろうに。なぜなら利子率が与えられているとすれば，100,000ポンドを借りた人は1,000ポンド借りた人よりも，より高くはない（恐らくはより低い）利子を支払う。たとえ一方は年5,000ポンドの利子を，他方はただ50ポンドだけを支払うであろうとしても[18]」，と。

つまり，「労働を除外すると」，オーヴァーストーンが「資本に対する需要と呼んでいるものは単に商品に対する需要であるにすぎない」のであるから，「資本に対する需要」が高まれば，貨幣貸付「資本に対する需要」ではなく「商品に対する需要」が高まるのであって，したがってそれは利子率の上昇をもたらすのではなく，商品の価格が上昇するにすぎない。そしてこの場合，商品価格上昇の結果，同じ商品量を購入するのにより多くの貨幣が必要となるが，それを借入れるとすればより多くの貨幣を必要とすることとなり，借入れる貨幣貸付資本量が増加する。そこで支払う利子の量は大きくなるが，しかし「貨幣の価値」としての「利子」の率が上昇するとは限らない，というのである。

そしてマルクスはここで，オーヴァーストーンは，彼がこのように「ごった混ぜ」にしている事実関係によって，何を導き出してくるのかを，括弧（　）に入れて指摘する。即ち，「（オーヴァーストーンの全試み(Versuch)は，貨幣貸付資本の利害(das moneyed interest)と生産的資本の利害とを同一(*identisch*)

として叙述(darstellen)することにあるが，他方で彼の[銀行]法(Akt)は，まさにこれらの利害の相違(*Differenz*)を貨幣貸付資本に有利に利用することを当て込んでいる)[19]」，と。

オーヴァーストーンが「混乱」し，「ごった混ぜ」にしている事実関係・その実態は，これだけではない。これに続けてマルクスは，商品の需要(=「資本の需要」)と商品の価格，貨幣貸付資本に対する需要(したがって利子率の変動)との関係について，3つの事実関係・その事例をさらに挙げていく。

1) 商品の供給が減少し，その価格が上昇しても，利子率は貨幣貸付資本に対する総需要が増大しなければ上昇はしない，という事例——「商品に対する需要が(その供給が平均以下に減少した場合に)貨幣貸付資本を以前よりも多く要求しないということは起こりうる。総価値額に対して支払うべき額は同じ(恐らくより少ない額)であるが，しかしこの同じ額に対してより僅かな使用価値の量が受け取られる。この場合には，たとえ商品(例えば綿花)に対する需要がその供給に比して増大し，だから商品の価格が上昇したとしても(wäre)，貨幣貸付資本に対する需要は同じままであろうし，だから利子率は増大しないであろうに。利子率は，貨幣貸付資本に対する総需要が増大するや，影響される(berühren)だけである。人はまさに，供給が減少しても，このこと[利子率への影響]は必ずしも生じないということを，たった今知ったところである。」

2) 商品の供給不足で商品価格が上昇し，さらに価格上昇を狙って在庫投資がなされ，そのために貨幣貸付資本に対する需要が増大すれば，利子率は上昇する事例——「しかしさらにある財の供給が(綿花や穀物等の不作(dearth)の場合のように)平均以下に減少し，そして貨幣貸付資本に対する需要が増大しうる。なぜなら価格がなおより高くなるであろうということに思惑が向けられるからであり，そしてそれら[価格]を高める手段は，さしあたり(zunächst)，一時的に供給の一部を市場から引き上げることにあるからである。しかし商品に対して契約されている負債を，それ[商品]を販売することなしに弁済するには，手形取引(Wechselwirtschaft)によって貨幣が創り出[される]。この場合には，(しばしばではないが)市場での商品の供給を人為的に減少させるために，貨幣貸付資本に対する需要と利子率が上昇する。そこで利子率の上昇は商品資本の供給の人為的削減を表わしている。」

3）商品に対する需要が増大しても貨幣貸付資本需要は同じか減少しうるが，しかし投機的な理由での貨幣貸付資本需要増の事例——「他方では，ある財に対する需要は増大しうる。なぜならその供給が増大されるから，そしてその財がその平均価格以下であるからである。この場合には貨幣貸付資本に対する需要は同じままでありうるか，あるいは減少しうる。なぜなら同じ貨幣量でより多くの商品を入手しうるからである。しかし，一部は生産的目的のために好機を利用するために，一部は後での偶然的価格上昇を考慮して，在庫の投機的形成（Tilgung）もまた登場（eintreten）しうる。この場合には，貨幣貸付資本に対する需要は増大し得るであろうし，そこで［それは］生産的資本の諸要素の余剰供給（suplus Zufuhr）の表現であろうに[20]。」

このようにマルクスは，これら3つの事例によって利子率は貨幣貸付資本に対する需要が増減しなければ変動しないことを確認したのであるが，ここで括弧〔　〕に入れて，「〔再生産過程の状態が，貨幣貸付資本の供給にどのように作用するかは既に以前に〔『Ⅲ〕」において，産業循環の局面との関連で〕説明してある〕」ので，「〔ここでは商品資本の需要と供給との関連で，単に貨幣貸付資本に対する需要のみを考察〕[21]」したと断った上で，オーヴァーストーンが「ごった混ぜ」にしている事実関係・その実態から，彼が何を導き出そうとしていたかを重ねて指摘する。即ち，「市場利子率は（貨幣貸付）資本の供給と需要によって決められるという平凡な命題と，貨幣貸付資本と資本一般との抜け目ないごった混ぜによって[22]，オーヴァーストーンは高利貸を唯一の『資本家』に，そして彼の資本を唯一の資本に[23]転化しようと努めている（Durch das schlaue Zusammenwerfen des trivialen Satzes, daß die market rate of interest bestimmt ist durch Zufuhr und Nachfrage des (monied) Capital und des monied Capital mit Capital überhaupt, sucht Overstone den Wucherer in den einzigen „Capitalisten" und sein Capital in das einzige Capital zu verwandeln)[24]」，と。

さて次のパラグラフでは，今度は，商品資本に対する需要（商品価格）と購買手段としての貨幣貸付資本に対する需要（利子率）についてではなく，逼迫期における支払手段としての貨幣貸付資本に対する需要と利子率の問題に，改めて言及していく。「逼迫の場合には，貨幣貸付資本に対する需要は支払手段に対

第13章 「唯一困難な問題」について 479

する需要でありそれ以外の何物でもない(購買手段としての貨幣に対するのではない)、そしてその場合利子率は、現実資本が過剰でも不足でも、非常に上昇しうる[25]」、と。

しかしこの点については既に「Ⅲ)」において言及されていたところである[26]ためか、単にそれだけを指摘したのみで、このパラグラフは、直ちに、逼迫期におけるこの支払手段需要が貨幣需要か資本需要かについての括弧〔 〕に入れられた岐論となり、それ以下も、括弧〔 〕に入れられた一連の岐論となっていく。そこで実際に、オーヴァーストーンの狙いを重ねて指摘したパラグラフに続くのは、つまり括弧〔 〕に入れられていない文章という形式からそれに続くのは、一連の括弧〔 〕に入れられた岐論[27]の途中に挟まれた、手形での商品取引の場合における「現金価格」と「信用価格」についてのパラグラフ[28]ということとなる[29]。そして「Ⅲ)：続き」の最後の2つのパラグラフだけが括弧に入れられていない文章となる。

しかもこの2つのパラグラフは、共に「銀行法特別委員会(1857年)」における証言からの引用であり、その第1は、言うところの「失業資本の量(the *amount of unemployed capital*)」と利子率(割引率)との関係についてのウェーゲリンの証言である[30]。そして第2は、1844年銀行法批判に係わるニューマーチ(Newmarch)とJ. S. ミル(Mill)の証言からの引用[31]であり、それを受けてマルクスは、そこに括弧〔 〕に入れた次のコメントを付している。「〔準備は、単に銀行部だけを考察するならば、単に預金と関係しているだけである(steht blos im Verhältniß zu den *Deposits*)。さてオーヴァーストーンに従えば、銀行部は、『自動的』発券を考慮することなしに、単に銀行業者として営業(handeln)すべきである。しかし実際の逼迫においては、銀行部〔(Institut)〕は、〔銀行部〕準備からは独立に、地金〔準備〕から眼を離さないでいる〕[32]」、と。

さて以上のように読み解いてくると、*MEGA* 編集者の「注解」とは異なって、この脚注a)で行った「オーヴァーストーンの矛盾の続き」の検討は、上述の長い脚注a)の最後に書き添えられていた「異文」での指示のように、「ナップマンの引用の後」直ちに行われるが、しかし既に「補遺」部分を初めとし、「混乱[33]」部分を含めて随所でおこなってきた「オーヴァーストーン氏のごった混ぜの言葉使い」の検討については、纏めて「やっと後で考察しようと

思う」と指摘しているものと解して大過ないであろう。

　　　　　〔備考-1〕　一連の岐論部分について
　　この一連の岐論は，以下のように，必ずしも一貫したテーマを追っているようには見えない。
　　即ち，上述のように，「逼迫の場合には，貨幣貸付資本に対する需要は支払手段に対する需要であり，それ以外の何物でもない…，そしてその場合利子率は…非常に上昇しうる」という書き出しのパラグラフの途中から，括弧〔　〕に入れられた，逼迫期における支払手段不足の主張と資本不足の主張の両面批判の岐論が始まっていく。「〔商人や生産者の有価証券(securities)[手形]が良好である限り，支払手段に対する需要は単に貨幣への兌換[換金]に対する需要にすぎない；こやつらが優良な(bona fide)支払源泉を持っていない限り，それ[その需要]は貨幣貸付資本に対する需要である；だから支払手段の前貸し(Vorschuß)が彼らに単に貨幣形態を与えるだけでなく，彼らに欠けている——どんな形態であれ——支払への等価を与える。これが逼迫期における両者が，正しくまた間違っている点である。単に支払手段欠乏(Mangel an Zahlungsmitteln)が存在するだけであるという人々は，優良な有価証券の保持者だけを眼中においているか，もしくは，全ての破産したいかさま師を紙券(Papierzettel)によって支払い能力ある人々に転換することが一銀行の義務である，あるいはその力であると信じている馬鹿者である。単に資本欠乏が存在するだけであるという人々は，そのような時期に(過剰輸入や過剰生産の結果)換金できない(inconvertible)資本が沢山あるのだから，単に逃げ口上(quibble)を述べているに過ぎないか，あるいは，彼ら(sie)は，ただこれら…の信用の騎士(Creditritter)にだけ言及(allude)しているにすぎない。云々)[34]」，と。
　　次のパラグラフも，「ブルジョア的生産過程の基礎(Grundlage)」についての括弧〔　〕に入れられた長い岐論の挿入である[35]。そしてこのパラグラフの最後に，「〔国内生産が組織されていても(wenn die inländische Produktion organisirt wäre)，地金は実際には国際貿易(Handel)の清算のためにのみ必要とされるであろうに(nur erheischt wäre)〕[36]」との指摘が

第13章 「唯一困難な問題」について　481

なされ，「資本主義的生産過程の基礎」としての商品＝貨幣経済における金＝貨幣の位置が想起させられていく。

　この挿入部分で国際貿易に言及したからか，次のパラグラフは，貿易差額(Handelsbilanz)と支払差額(Zahlungsbilanz)とは，個人間とは異なって，諸国民の場合には一致しなくなることが生じることについての，括弧〔　〕に入れられた岐論の挿入となる[37]。

　そして次が，既に指摘しておいた括弧に入れられていない，手形での商品取引における「現金価格」と「信用価格」についてのパラグラフとなるが，その次は，再び括弧〔　〕に入れられ，しかも明らかなオーヴァーストーン批判となる。即ち，「〔貨幣貸付資本に対する需要(利子率)と商品の供給(その相対的供給)とが仮に同一であるとしたら(wäre)，種々な商品，あるいは種々な階梯(Stadien)にある同じ商品を顧慮すると，利子は低くそして高くなければならないだろうに(müßte sein)。云々。〔　〕」[38]，と。

　続く次も括弧〔　〕に入れられた条件法の文章での，オーヴァーストーン批判の挿入文である。即ち，「〔事柄全体(die ganze Geschichte)は以下によって検証すべきである(to bring to test)：貸付可能な『資本』の需要と供給が，仮に資本一般に対する需要と供給と同一(identisch)であるとするならば(wäre)，〔たとえこの決まり文句が馬鹿げているにせよ；たとえ生産者あるいは商人にとって商品が彼の資本の形態であるので，彼が商品を需要しているときには彼は資本としての資本を決して需要はしないとしても；彼は商品としての商品を需要する；たとえそれ［商品］が彼の資本の運動において資本としての何らかの役割を演ずるとしても，彼は商品としてそれを購入しそしてそれに支払う〕；もし仮に貨幣貸付業者(money-lenders)がおらず(gäbe)，機械類・原材料・等が現実に貸付業者(lenders)の所有であるとするならば(wäre)，そして彼ら［貸付業者］がこれらを，これらのものの一部を自身所有している生産的資本家に，（現在の家屋のように），貸付けるであろうに。これらの条件の下では貸付可能な資本の供給は，生産的資本家のための生産諸要素の供給，商人のための商品の供給と，同一であろうに(wäre)。しかし，まず第１に利潤の分割は，この資本が貸付可能な部分と，それ［この資本］がその充用者(employer)の所有

である部分とに分かれる割合に全く依存するであろう，ということは明らかである〕[39]」，と。

1） 前節の注19)を参照されたい。
2） *MEGA* では unwidesprüchlich であるが，現行版に従って unwidersprechlich の意味に訳しておく。
3） *MEGA*, S.588; *MEW*, S.525-526：訳, 720-721ページ。なお引用文中の括弧〔　〕の中の挿入部分は，マルクスのコメントである。
4） なおトゥェルズも，「預金」の二重の作用については「混乱」していく。そこでマルクスは，同じパラグラフで預金に触れたところに脚注 b)を付して，その点に言及している(cf. *MEGA*, S.588-589; *MEW*, S.526：訳, 721-722ページ)。その点については前節の注20)を参照されたい。
5） *MEGA*, *Apparat*, S.1078.
6） *MEGA*, S.590.
7） *MEW*, S.526：訳, 721ページ。*MEGA* での脚注 a)は，現行版の脚注 9)である。
8） *MEGA*, *Apparat*, S.1309.
9） Cf. *MEGA*, S.431ff.; *MEW*, S.370ff.：訳, 508ページ以下。
10） *MEGA*, S.590; *MEW*, S.528：訳, 724ページ。
11） *MEGA*, S.590-591; *MEW*, S.528-529：訳, 724-725ページ。
12） 本章第 2 節の注43)および本書第 5 章第 3 節を参照されたい。
13） *MEGA*, S.588; *MEW*, S.525：訳, 720ページ。
14） *MEGA*, S.489; *MEW*, S.439-440：訳, 604ページ。この「補遺」部分の後半では，既にマルクスによって，枚挙に暇ないほど多数の，オーヴァーストーンの「言葉の奇妙なごった混ぜ」の具体例が検証されている。念のために。
15） *MEGA*, S.591; *MEW*, S.529：訳, 723-724ページ。因みにこのパラグラフも，現行版では，最後の文章を除いて，書き換えられている。念のために。
16） *MEGA*, S.591-592; *MEW*, S.529-530：訳, 726-727ページ。
17） *MEGA* 編集者によると，マルクスの言う「やっと後で」とは，*MEGA*, S.592のここを指しているのである。
18） *MEGA*, S.592; *MEW*, S.530：訳, 727ページ。
19） *MEGA*, S.592; *MEW*, S.530：訳, 727ページ。
20） *MEGA*, S.592-593; *MEW*, S.530-531：訳, 727-729ページ。引用文中の(Tilgung)を，現行版に従って(Bildung)の意味に解しておく。
21） *MEGA*, S.593; *MEW*, S.531：訳, 729ページ。
22） この点を「補遺」部分では次のように説明している。即ち，「高い利潤率から結果する『資本の価値』［利子率］の増大を，以前のロイド(Ex-Loyd)は，貨幣貸付資本を求める需要のゆえの増大とごっちゃにする。ところで［この］需要は利潤率から全く独立の諸原因から生じうるし，そして彼自身，それが現実資本の減少から生じた例

として1847年を挙げている。彼は，1つは現実資本の価値の意味で述べ，いま1つは貨幣貸付資本の意味で述べているのである」(*MEGA*, S.488-489; *MEW*, S.439：訳，604ページ），と。

23）この点もまた「補遺」部分では次のように説明している。「ここでやっと彼が資本を何と理解しているかを知る。彼は貨幣を，『それを委託すること』——利子付きでそれを貸し出すことに対する婉曲な表現——によって，資本に転化するのである」(*MEGA*, S.494; *MEW*, S.448：訳，615ページ），と。

24）*MEGA*, S.593. 現行版では，第3）の事例以下ここまでが，括弧〔　〕に入れられた部分との区別なく1つのパラグラフに括られている。そしてオーヴァーストーンが導き出そうとしている狙いの部分を，エンゲルスは，説明的に次のように修正している。即ち，「市場利子率は(貸付)資本の供給と需要によって決まるという平凡な命題を，オーヴァーストーンは，それに従えば貸付資本は資本一般と同一であるという彼独自の想定と抜け目なくごった混ぜにし，そしてそれを通じて高利貸を唯一の資本家に，また彼の資本を唯一の資本に変えようと努めている(Den trivialen Satz, daß die Marktrate des Zinsfußes bestimmt ist durch Zufuhr und Nachfrage von (Leih-)Kapital, wirft Overstone schlauerweise zusammen mit seiner eignen Annahme, wonach Leihkapital identisch ist mit Kapital überhaupt, und sucht dadurch den Wucherer in den eizigen Kapitalisten und sein Kapital in das einzige Kapital zu verwandeln)。」(*MEW*, S.531：訳，729ページ），と。

25）*MEGA*, S.593; *MEW*, S.531：訳，729ページ。

26）本章の第2節を参照されたい。

27）この「括弧〔　〕に入れられた一連の岐論」については，本節末尾の〔備考-1〕を参照されたい。

28）それは，「商業信用の場合には，利子が(信用価格(Creditprice)の現金価格からの区別として)，手形が通常の時期より長い(長期手形)限りでのみ入り込む。そうでなければ入り込まない(sonst nicht)。そしてこのことは，各人が一方の手でこの信用を受け取り，他方の手でそれを与えるということから説明される。しかし割引がこの形態でここに入る限り，それ〔利子〕はこの商業信用によってではなく，貨幣市場によって規制される」(*MEGA*, S.595-596; *MEW*, S.534：訳，733ページ），というパラグラフである。因みにエンゲルスは，商品のこの現金価格と信用価格との，マルクスによるこの区別について「私の経験とは一致しない」とのコメントをそこに挿入している。なお手形割引についても，エンゲルスはマルクスの説明に異を唱えている(cf. *MEGA*, S.492, 570; *MEW*, S.445, 548-549：訳，612, 755ページ）。

29）しかしこのパラグラフは，前後の関係からすると，括弧に入れられてはいないものの，あるいは挿入部分として書き記されたものかとも思われる。

30）*MEGA*, S.596-597; *MEW*, S.535：訳，734-735ページ。「失業資本の量は，実際には，地金準備であるイングランド銀行の準備によって代表されている。だから地金が引き出されているときには，それは減少し，そしてわが国における失業資本の量

を減少し，結果として残っているそれの価値を高める」(第1258号 A)，と．
31) *MEGA*, S.597; *MEW*, S.535：訳，735ページ．「1844年以降(の割引率における)変更はおよそ60回であるのに対して，1844年以前の変更は，同じ期間において，確実に1ダースに達しなかった」(ニューマーチ，第1358号 A*)．「イングランド銀行はその銀行部の支払能力にとっては，その部局における準備をどれだけ新たに補充(re-plenish)し得るかに依存することを余儀なくされている；だからいくらかでも[地金]流出が進行中であるとわかるや，イングランド銀行はその準備の安全性に注意し，そしてその割引を縮小し始めるか，あるいは有価証券を販売し始めることを余儀なくされる」(ミル，第2102号 A)．

　*現行版では削除されているが，この点については本書第7章第2節・第3節を参照されたい．

32) *MEGA*, S.597; *MEW*, S.535：訳，735ページ．なお現行版では，このコメントの最後の部分に，エンゲルスによって次の加筆がなされている．「そして支払不能に陥らないようにしようとすれば，[銀行部は]そうせざるを得ない．なぜなら，金属準備が消滅するのと同じ割合で，[銀行部の]銀行券準備も消滅するからであり，そしてこのことをオーヴァーストーン氏よりもよく知っている者は誰もいないはずであって，彼は，まさに彼の1844年銀行法によって，これを極めて賢明に調整したのである」(*MEW*, S.535：訳，736ページ)，と．しかし銀行部準備は，必ずしも地金準備と「同じ割合で」のみ減少するのではなく，銀行券の退蔵によっても減少する．それどころか，銀行部準備は，地金が流入しても，減少することが生じたのである．その点については，本書第6章第6節を参照されたい．
33) 手稿の第7項である「混乱」部分については，次節の〔備考-3〕を参照されたい．
34) *MEGA*, S.593-594; *MEW*, S.531-532：訳，729-730ページ．
35) Cf. *MEGA*, S.594-595; *MEW*, S.532-533：訳，730-732ページ．なおここにもオーヴァーストーンおよび1844年銀行法批判が含まれている．
36) *MEGA*, S.595; *MEW*, S.533：訳，731-732ページ．
37) Cf. *MEGA*, S.595; *MEW*, S.533-534：訳，732-733ページ．なお，貿易差額と支払差額の問題は，現行版のように編集するのであれば，第35章第1節に纏める方が適しているであろう．
38) *MEGA*, S.596; *MEW*, S.534：訳，733-734ページ．ただし，このパラグラフでは括弧の閉じの記号〕が欠落している．
39) *MEGA*, S.596; *MEW*, S.534-535：訳，734ページ．このパラグラフも条件法で記されている．

第13章 「唯一困難な問題」について　485

第5節　貨幣貸付資本の増減と
「借入れられた貨幣」としての「貨幣の量」との関係
——「混乱：続き」の「第1の部分」(前半)について——

　さて前後するが，第3節で考察したように，発達した信用＝銀行制度の下では，「〔再生産過程で生じるに相違ない貨幣の前貸し(Vorschuß)は借入れられた貨幣の前貸しとして現れるという事実〕」が，「Ⅲ)：続き」において，括弧〔　〕に入れられた岐論として挿入されていた。しかしそこでは，この「借入れられた貨幣」としての「貨幣の量」が，「貨幣貸付資本の増減」との関係においては，つまり「唯一困難な問題」の「第2の問題」である貨幣貸付資本の増減と「一国にある貨幣の量」との問題としては，考察されていなかった。そして本章第3節末尾で，その点が「混乱：続き(Die Konfusion, Fortsetzung von S.583)[1]」で検討されていることも指摘しておいた。

　ところで，この「混乱：続き」は，「およそ3つ(ないし4つ)の部分[2]」から成立っており，しかもその「第2の部分」を除くと[3]，「Ⅲ)」や「Ⅲ)：続き」とは異なって，「補遺」部分や「混乱」部分と同様に，手稿ノートの上下に「本文」部分と「脚注」部分とを区別して執筆するのではなく，小見出しを立てながら，両院『委員会報告書』やその他の著書からの引用とそのコメントとを，いわばベタで書き流していくという執筆の仕方となっている手稿部分である。そしてその「第1の部分」は，「混乱」部分[4]と同様に，「銀行法特別委員会(1857年)」における証言の引用とその検討からなる前半部分と，「商業的窮境秘密委員会，第Ⅲ部」における証言の引用とその検討からなる後半部分とで構成されていて[5]，前半部分と後半部分との間には，「地金　輸入と輸出」という小見出しの下に，『連合王国統計抜粋』による地金輸出入についての統計が組み込まれている[6]。

　そしてそのような「第1の部分」の前半部分で，「銀行法特別委員会(1857年)」におけるチャップマンの証言[7]を取り上げ検討していく途上で，括弧〔　〕に入れられた岐論として，「貨幣の量」と利子率(だから貨幣貸付資本の増減)との関係の考察が挿入されてくるのである[8]。

そこで，この「第1の部分」の前半全体を予め概観しておくこととしよう。
　まず，「銀行は一方の手で発行し，他方の手で受け取る」という小見出しの下で，国債所有者への4半期毎の国債利払いの場合，あるいは「手形の割引」の場合等について「発行された銀行券」は，「通常は」「預金として戻ってくる」ので，イングランド銀行の「準備」には殆ど影響がないという，ウェーグェリンの証言(第39号，第241号，第500号)が引用される[9]。続いて，「貨幣蓄蔵家とは全く対照的に」として，ハバード(Hubbard)の証言——銀行券の保持を避けうるならば，誰も銀行券を保持しようとはしない(第2408号)と，前貸しの大きさは必ずしも地金には影響しない(第2626号)——が引用され，そしてそこに「通貨(Circulation)(銀行券の発行)と預金は，その限りは，同じである。[即ち]両方の場合に，一方では全ての預金が引き出されることはないということから，他方では全ての銀行券が支払いのために送り込まれることはないということから，利潤が由来する[というその限り][10]」，というマルクスのコメントが記されていく。
　次の小見出し「利子率と通貨の量」の下では，マルクスは，「イングランド銀行制限法の下では，現金支払以来よりも，通貨の過剰と利子率は常に遥かに大きい。後には，減少する銀行券発行と為替相場の上昇と共に，[通貨の過剰と利子率は]急速に減少した」として，1822年から1836年にかけて，および金鉱発見以来の，通貨と利子率を一瞥し，「だから利子率は通貨の量には依存しない」との結論を引き出していく[11]。
　そしてさらに1847年「恐慌期における[有価証券の]減価」(小見出し)に言及した後，「1857年(7月)にわが国の状態に眼を向けさせた商人の唯一の奴(バーミンガム派の以前の仲間(sonst Sorte))が，(ロンドンの銀行業者)トゥェルズである」と指摘し，さらに「誰もなお予感していない時に，恐慌の潜在に対する彼のさらなる注意は重要」とコメントしながら，彼の証言を幾つも引用していく[12]。
　そしてこのトゥェルズの幾つもの証言の引用——その最後が第4794号——の後，トゥェルズと同様に，「目前に迫りつつある恐慌を予感していた[13]」チャップマンの証言の引用(第4868号)が始まり，そして「第1の部分」の前半のほぼ終わりまで[14]が，チャップマンの証言からの一連の引用とその検討となっ

第13章　「唯一困難な問題」について　487

ていく。

　さてこのチャップマン証言からの一連の引用の箇所は，およそ6つの「小見出し」——1）「貨幣の量(Quantity of money)」，2）「銀行券の人為的不足(Künstliche scarcity of Notes)」，3）「貨幣の量(Quantity of money)」，4）「パニック(Panic)」，5）「資本と貨幣(Capital und Money)」，6）「銀行券の退蔵について(Über Hoarding der Notes)」[15]——が立てられている。

　まず最初の小見出し1）「貨幣の量」では，国債利子の支払いに伴って「貨幣が極端に過剰」となり，それによって利子率が低下するというチャップマンの証言(第4868号)が引用される[16]。また次の小見出し2)「銀行券の人為的不足」は，「通貨が非常に少ない(low)状態」にあるときに，例えば公債を売ることによって百万ないし2百万ポンドの銀行券を「突然引き上げ」，それを通じて「恐ろしい［貨幣］不足と逼迫を創りだす」ような「個人資本家」がロンドンにはいるという，チャップマンの証言(第4963号，第4967号)の引用である[17]。そして続く，「公衆の手にある銀行券は非常に大きいのではあるけれども，それらが保持されることがない時期がありうる」という証言(第5062号)[18]の引用との間に，逼迫期における「通貨の絶対量」と利子率の関係を考察する，括弧〔　〕に入れられた長い岐論(後述)が挿入されてくる[19]。

　そしてその岐論の後，マルクスは再びチャップマンの証言(第5062号)に戻り，彼の一連の証言を引用し，それらに対するコメント——例えば，彼ら貨幣貸付業者の「願望」(＝立法で手形を現金化)，「最高に愉快」等々——を書き添え，第5195号の引用で，この小見出し2)を終えていく[20]。

　次の小見出し3)では「貨幣の量」が再び取り上げられ，証言(第5196号)——国債の利子支払いの前には「われわれがイングランド銀行に［借りに］行かねばならないのは…絶対に必要である。云々」——を書き抜き，そこに括弧(　)に入れて「(この場合に問題なのは貨幣の供給(supply of money)であって，資本の［供給］ではない。貨幣貸付資本の「供給」でもない)[21]」，とマルクスはコメントしていく。そして小見出し4)「パニック」となる。

　そこでは，「第1級の商業手形も割引き得ない」ようになれば，「要求次第で王国の流通媒介物を支払」はなければならないすべての銀行業者たちは，支払い準備を例えば2倍にしようとする，という証言(第5169号)が挙げられ，続け

て,「他方では」として,そのような場合には人々は,「必要とする場合に貨幣を入手することに疑問であるよりも,むしろ利子など全く得ようとしないであろうに」,という証言(第5195号)が引用される。そしてさらに,チャップマンによる「わが[信用]制度」についての,「一瞬に王国の鋳貨で支払われることを要求されるかも知れない負債」は3億ポンドもあるが,王国の鋳貨はたかだか2300万ポンドに過ぎないので,「ある瞬間にはわれわれを激震に投げ込むかもしれない状態」にあるという説明(証言・第5173号)が引用される[22]。

そしてこの「激震(convulsion)への投げ込み」というチャップマンの指摘を受ける形で,マルクスは,「信用[貨幣制度]から金貨幣制度へのこの急変(Umschlag)」と書き記し,さらに,「恐慌における国内のパニックを除けば,貨幣の量は,ただ地金,即ち『世界貨幣(the money of the world)』に関してのみ問題となりうる[23]」,との重要な指摘を加えていく。そしてその論拠を示すかのように,証言(第5218号)——「貨幣市場の攪乱の第1の原因は,疑いもなく,この年の異常な輸入の結果としての,わが為替を調整するのに求められている貨幣の量に(in the quantity of money)あった[24]」——をマルクスは引用する。

そしてさらにマルクスは,ここで,「第1に,世界市場貨幣(Weltmarktgeld)のこの蓄蔵は最小限に縮小されており,第2に,同時に[それが]信用貨幣の兌換性の保障として[機能する。]そこで[これらは]2つの全く異なった機能[である],がしかし,現実の貨幣は常に世界市場貨幣に,そして信用貨幣は常に世界市場貨幣に基づいているのであるから,[これらの機能は]貨幣の本性に由来しているのであるから[25]」という,「混乱:続き」の「第2の部分」の問題を先取り的に書き添え,その後に,チャップマンの証言第5221号から第5308号までを引用していく[26]。

なお小見出し5)の「資本と貨幣」は,「委員ケイリー(バーミンガム派の人物)[27]がオーヴァーストーンの資本に関連してチャップマンに向けた〔質問への〕彼の答弁は大変素晴らしい」というマルクスのコメントで始まり,「逼迫期には,人々は貨幣を求めているのではなく,資本を求めているのであるということが,この委員会で[オーヴァーストーンによって]述べられてきましたが,その点についてのあなたのご意見はどうですか」(第5315号Q)に対し,チャップマンが「われわれはただ貨幣を取扱っているだけです」(第5315号A)と答え

第13章 「唯一困難な問題」について　489

ている質疑・応答などが，挙げられていく。

　そして小見出し6)「銀行券の退蔵について」では，「『逼迫を増大させるつもりでの』」退蔵については第5358号，第5383号，その他を見よと指示し[28]，さらに「各4半期中に」われわれチャップマンたちが「イングランド銀行に[借入に]出向くのは自然の業務であると考えている」という証言(第4864号)を引用して，チャップマン証言に関する部分を終えていく[29]。

　そして「銀行法特別委員会(1857年)」の最後の証人である建築業者キャップス(Capps)に対する，1844年銀行法は「全体として，産業の利潤を定期的に高利貸の鞄にもたらす，何はともあれ巧妙な企画と考えているのですか」(第5508号Q)という質問と，「私はそう考えています」(第5508号A)という答弁を引用し，「信用制度が如何に小生産様式を大規模な生産様式に変換するのを手助けするかは，ロンドン住宅建築を見よ。銀行法[特別委員会]報告書。1857年。507ページ，508ページおよび509ページ」[30]と書き記した後，2つのパラグラフが記されて[31]，「混乱：続き」の「第1の部分」の前半は終えていく。

　さて，このように，「第1の部分」の前半では，イングランド銀行が発行する銀行券は，「通常は」預金として還流し，蓄蔵貨幣家のようにはそれを保持しないこと，また長期的には「利子率は通貨の量には依存しない」こと，等が指摘された後，チャップマンの証言の検討に入る。そして「貨幣が極端に過剰」な場合における利子率，次に銀行券が「人為的不足」となる場合における利子率の考察に移り，その箇所に「通貨の絶対量」と利子率との関係についての括弧〔　〕に入れられた長い岐論が，挿入されていくのである。

　そしてこの岐論ではまず，直ぐ前のチャップマンの証言(第4963号)で，彼が「通貨が非常に少ない(low)状態にある」と言っているときの，その「通貨」の理解のための注意で始まっている。即ち，「〔ほぼいつでも19〜20百万ポンドの銀行券が公衆の手にあると世間から思われているとしても，これらの銀行券のうち現実に流通している部分と銀行業者たち[32]の手許に(bei den Bankers)準備として充用されないでいる(unemployed[失業している])部分とは，絶えずそして顕著に変動する，ということを決して忘れてはいけない。この準備が大きく(groß)ければ，(だからまさにその時，それ[現実に流通している部分]が少ない(low)のだが)，貨幣市場(moneymarket)の立場からは通貨(die Circulation)は

潤沢(full)である[と言われ]，そして準備が小さ(small)ければ，[だからまさにその時,]それ[現実に流通している部分]は潤沢(full)なのだが，[貨幣市場(moneymarket)の立場からは]それ[通貨(die Circulation)]は乏しい(low)[と言われる]のである。即ち，貨幣[貸付]資本(money Capital)が充用されないで(unemployed)存在する部分は少ない(low)のである。」[33)]，と。

したがって，「貨幣市場」での用語法からすると，チャップマンは，その証言では，「現実に流通している通貨」ではなく，イングランド銀行の銀行部準備が「少ない」状態[34)]のときに，つまりイングランド銀行の貸出し余力がなくなっている状態のときに，「銀行券の人為的不足」を創りだす個人資本家がロンドンにはいる，と言っていることになるのである。

ところで発行された銀行券の，「現実に流通している」部分と準備として「充用されないでいる部分」とがたえず変動するのは，「〔実際には(wirklich)，事業[ビジネス]の状態からは独立の通貨の膨張または収縮〔だから，しかし公衆が必要とする[通貨]量(amount)は同じままなのだが〕が，単に技術的理由からのみ生じる〕」からなのである。チャップマンが第4868号の証言で述べているように，「〔例えば，納税期には銀行券(および鋳貨)が通常の大きさを越えてイングランド銀行に流れ込み，そして通貨に対する需要を考慮することなしに，後者[通貨]を事実上収縮させる。国債の利子が支払われるときには，逆である。最初の場合にはイングランド銀行の側で通貨のために貸出(die loans)がなされる。後の場合には，個人銀行業者(private bankers)の側で，彼らの準備の一時的増大により，利子率が低下する。このことは，通貨の絶対量(die absolute Masse der Circulation)とは関係なく，それ[通貨]を発行する(issue)当事者とのみ関係するにすぎず，そしてそれ[このこと]は彼ら[当事者]にとっては貸付可能[貨幣]資本の発行(issue von loanable Capital)として現れるのであり，だから彼ら[当事者]はこの発行の利益をポケットに入れるのであるが。〕[35)]」

ここで「公衆が必要とする通貨量」というのは，商品取引に必要な「通貨量」のことであり，それについては既に「Ⅲ)」において言及されていたところである[36)]。そしてこの「通貨量」を満たすには，一定の諸条件の下では，ある一定の「絶対量」——例えば19-20百万ポンドとみなされていた——の通貨が必要である[37)]。しかしこのような商品取引に基づくものではない，納税や国

第13章 「唯一困難な問題」について　491

債の利払いといった「技術的理由」から「通貨の膨張あるいは収縮」が生じ，それが利子率に影響する場合には，通貨の「発行」が行われるが，それは通貨を「発行する(issue)当事者とのみ関係するにすぎない」というのである。

そしてこのような一般的指摘の後，「事業の状態から独立の通貨の膨張あるいは収縮」の3つの事例が挙げられていく[38]。

「〔1つの場合には，流通媒介物の単に一時的な移動(Deplacement)が生じるのみで，イングランド銀行が国債利払の直ぐ前に低利で短期の貸出しをすることによって，それ［流通媒介物］をイングランド銀行が埋め合わせをしているのだが，そこでこの同じ余分な銀行券(surplusnotes)は租税支払が作り出す［流通媒介物の］不足を補い，そしてその［貸出された銀行券の］払い込み(返済)が，国債［利子］の現金支払が作り出す過剰を減らす。〕」——これは，直ぐ前で言及された，納税や国債利子支払いといった「技術的理由」から生じる「流通に必要な通貨」の過不足に対する，通貨を「発行する(issue)当事者とのみ関係するにすぎない」金融的措置の事例である。

「〔いま1つの場合は，乏しい通貨あるいは潤沢な通貨(low oder full circulation)は，常に，単に同じ量の通貨(Circulation)の，流通手段(Circulationsmittel)と貸付用具(Instrument of loans)(預金としての)との実際の配分にすぎない。〕」——これは，発行された通貨量は同じであるが，上述のように，それが「現実に流通している部分」と，「預金として」，したがって「準備金」として，貸付に「充用されないでいる」部分とに「配分」される事例である。

「〔他の場合には，例えば地金の流入によって，それと引き換えに発行された銀行券の数が増大する時には，これらはイングランド銀行の外で割引に役立ち，そしてその［イングランド］銀行券は貸付の返済(repayment)において還流するのであるが，一方，新たな割引は，その［イングランド銀行の］壁の外で生じるので，それ故流通銀行券の絶対量(die absolute Masse)は，ただ一時的に(momentan)増加されるだけである。〕」——これは「地金の流入」による「通貨の絶対量」が一時的であれ「増加」する事例であり，「1852年53年のような…地金の異常な流入」については，例えば「Ⅲ)」においても言及されていた[39]事例である。

では「事業の状態」によって変化する流通銀行券の増減と利子率との関係は

どうなのであろうか？

「〔事業(Gschäfts)の拡大によって通貨(Circulation)が豊富(full)なのであれば――(これは相対的に低い物価でもまた可能であるが)――,(増大する利潤と事業活動の結果での貨幣貸付資本需要の故に)利子率は相対的に高くありうる。事業の収縮のゆえに〔もしくは,信用の流動性のゆえにもまた〕それ(通貨)が乏しい(low)のであれば,利子率は低くありうる〔高い物価の場合にもまた〕。ハバードを見よ〕」[40],と。

因みに,「混乱」部分に引用されているハバードの証言,および「銀行法特別委員会(1857年)」に提出された彼の「表」によると,「物価の運動は地金輸出や利子率から全く独立しているが,これに対し,地金の運動と…利子率との間には密接な関係があることを示して[41]」おり,また彼がその「表」に付した「注解」によると,「イングランド銀行の地金の運動は利子率における増減を伴った」が,「他面,商品価格の変動はイングランド銀行における地金で示される通貨の量からは全く独立している[42]」のである。

ところで逼迫期には,「技術的理由」からでも事業活動によるのでもない「通貨の収縮」が生じうる。それが貨幣退蔵に基づく「通貨の収縮」である。

ところで,年総生産物の転態には一定量の貨幣,つまり「通貨の絶対量」が必要であるが,この必要貨幣は,「本来的な貨幣貸付信用」を考慮の外に置くならば,既に第3節で言及したように,「資本家階級」ないし「資本家階級全体」によって供給される。即ち,再生産的資本家が,取引に応じてそれぞれ「可能なだけ(pro parte)」「余分な資本の支出」として「流通に前貸し」しなければならない[43]。ところが発達した信用=銀行制度の下では,再生産的資本家によるこの「貨幣の前貸しが,〔銀行業者から〕借り入れられた貨幣の前貸しとして現れる。」このような事情の下で,逼迫期における貨幣退蔵に基づく「通貨の収縮」が生じる。そして,貨幣を貸し出して利子を得るよりも多かれ少なかれ貨幣を退蔵し,誰もが貨幣を貸し出そうとせず,その上既に言及してきたチャップマンの証言のように,通貨の「人為的不足」まで創りだされ,銀行業者たちは銀行業者で支払い準備を2倍化しようとする。そこで逼迫期には,年総生産物の転態に必要な貨幣も借り入れられず,「通貨の絶対量」の不足が生じ,信用の収縮と共に利子率が急騰する[44]こととなる。

即ち,「〔通貨の絶対量(die absolute Quantität)が, 逼迫の時期にのみ, 規定的に利子率に崩れかかる(zusammennfallen)[45]。この場合, 豊富な通貨(circulation)を求める需要は, ここでは信用収縮(Discredits)のゆえの, (通貨の減少する通流速度や同一貨幣が絶えず貸付資本に転態する速度の減少を度外視して), 貨幣退蔵(hoarding)のための需要にすぎない。政府書簡が通貨のなんらの拡大を惹き起こさなかった1847年のように。あるいは, それ[豊富な通貨を求める需要]は, 実際に事情によっては, (政府書簡の後, ある期間, 通貨は実際に増加した1857年のように), より多くの通貨が必要とされうる。[46]〕」

そして「〔それ[逼迫期]以外は, 通貨の絶対量(die absolute Masse)は利子率に作用を及ぼさない(wirken nicht auf)。というのは, それ[通貨の絶対量]は, 商品の価格——[通貨の]節約(Oekonomie)および通流速度は一定(constant)と前提すれば——と, 取引の量とによって規定されている〔たいていは1つの契機が他方の契機の作用を麻痺させる〕からであり, そして信用の状態によって規定されているが, しかし逆に後者[信用の状態]を規定するのではないからであり, 他方, 物価と利子とは決して必然的な関係にはないからである。〕[47]」

さて繰り返し述べることとなるが, 発達した信用＝銀行制度の下では, 年総生産物の転態に必要なこの貨幣を, 銀行業者が再生産的資本家に「前貸し」し, その貨幣——再生産的資本家からすれば借入れられた貨幣——が再生産的資本家によって流通に「前貸し」されるという形をとる。その場合注意すべきは, 銀行業者は, 再生産的資本家が年総生産物の転態に必要とする貨幣を, 銀行業者の貨幣貸付資本として「前貸し」するという点である。したがって銀行業者による再生産的資本家へのこの「前貸し」は, 再生産過程で「流通する」「資本の前貸し」からは「区別」されなければならない。

即ち,「〔通貨の発行(Issue of Ciculation)[48]と資本の貸付(Loan of Capital)との区別は, 現実の再生産過程で最も良く示される。われわれはかしこ(dort)[再生産論]では, 生産物の種々な構成部分がどのように交換されるかを考察した。しかし交換は貨幣によって媒介される。例えば, 可変資本は, 事実上は(faktisch)労働者達の食料品で, 彼ら自身の生産物の一部分で成立っている。しかしそれは(断片的に)貨幣で彼らに支払われている。これを資本家は前貸し(vorschiessen)し, そして彼が次週に新たな可変資本を, 彼が前の週に支払っ

たところのその古い貨幣で再び支払い得るかは，信用制度の組織に全く依存している[49]）。資本の種々な部類（例えば，不変資本部分と生活手段で存在している[可変資本]部分）の間の交換においても同様である。しかし貨幣はその流通に，一方の側から，あるいは両側から，可能なだけ（pro parte），前貸しされなければならない。そこで，それ[貨幣]は流通に留まるが，しかしそれ[貨幣]は前貸しした資本家に常に再び還流する。というのは，それ[貨幣]は彼[前貸しした資本家]にとっては余分な資本（彼の生産の資本以外の）の出費（Auslage von Surpluscapital）を形作るからである。銀行業者たちの手に貨幣が集中している発達した信用制度の場合に，少なくとも（名目的には）それ[貨幣]を前貸しするのは，彼ら[銀行業者たち]である。この前貸し（Vorschuß）は流通で見出される貨幣にのみ関係する。それは通貨の前貸し（Vorschuß）であって，それは流通する諸資本（Capitalien）[の前貸し]ではないのである[50]）[51]）」，と。

以上で，「Ⅲ）」の冒頭で提起された「唯一困難な問題」の「第2の問題」は，その系論――貨幣貸付資本の増減と逼迫期における貨幣退蔵との関連での「借入れられた貨幣」としての「貨幣の量」との関係の問題――をも含めて，その考察を終了する。

　　　　〔備考-2〕「第1の部分」の後半について
　「混乱：続き」の「第1の部分」の後半は，上述のように，挿入された地金輸出入についての統計の後の，小見出し「上院，[商業的窮境秘密]委員会 1848年」（手稿369ページ1行目）の下で，トゥックの証言の引用で始まっていく[52]）。
　そしてこの後半部分でも，次のような小見出し――「為替相場」（トゥック），「イングランド銀行の割引率への影響」（トゥック），「銀行券の量」（ガーニー（Gurney）），「貨幣の量」（ガーニー）（オーヴァーストーン）（グリン（Glyn））（ブラウン（Brouwn）），「(1844年銀行法の下での)蓄蔵貨幣の神聖性と不可侵性」（ブラウン）（リスター（Lister）），「銀行券の量」（ガーニー）（ライト（Wright））（コットン（Cotton）），「銀行券の量」（アリソン（Alison）），「繁栄と不況（Prosperity and Distress）のアイルランドにおける銀行券流通

量への影響」——の下で,「貨幣の量」「銀行券の量」,等々に関する「商業的窮境」についての上院秘密委員会における証言の抜書きが続けられ,最後にハードキャッスル(Hardcastle)の著書『銀行と銀行業者』からの引用で終わっている[53]。

〔備考-3〕「混乱」部分について

第2節末尾で指摘しておいたように,手稿では,「Ⅲ)」と「Ⅲ):続き」との間に「混乱」部分が挟まれており,手稿ノートそのもので言えば,その352aページから352eページまでがその前半で,そこでは下院「銀行法特別委員会(1857年)」での証言の引用が行われており,また352fページから352jページまでがその後半で,そこでは上院「商業的窮境秘密委員会」での証言の引用が行われている[54]。

さて「Ⅲ)」の終わりに近い箇所に付された脚注において,イングランド銀行の地金についての「銀行法特別委員会(1857年)」におけるニューマーチの証言が挙げられているが[55],「混乱」の前半は,「1844年の[銀行]法によって設置された銀行[部]準備の,割引率における変化への作用」という小見出しの下で,ニューマーチの証言第1357号,第1358号,さらに第1366号を指示する形で始められ,以下,「委員会」におけるニューマーチに対する一連の質疑・応答が,ここでも小見出しを立てながら,委員の質問を含めて取り上げられ検討されていく[56]。

因みに,小見出しを挙げておくと,およそ次の通りである。「手形流通と銀行券流通」,「イングランド銀行の利子率を引き下げることによっての,その割引業務を増大させることの困難」,「割引率上昇の影響」,「地方銀行業者によって裏書された手形が流通する仕方」,「(商業上の)支払差額による外国向けの,イギリスの資本の海外企業に投資する手段としての,そして第3に海外支出(戦争,等)を続けるための,地金の流出」,「銀行業務施設を除いて,通貨は節約される,『より良い通信様式,ペニー郵便,電信,鉄道,の導入による流通媒介物の必要性を節約する』」,「スコットランドにおける銀行券の平均流通」,「為替相場」である。そして最後に,「純粋金属通貨の状態での金の交換価値についてのニューマーチの全く誤った理

論」についての指摘と,「賢者(Wiseacre)」J.S.ミル批判がなされていく[57]。

　そして同じ小見出し「為替相場」の下で,今度はウェーグェリン,ニューマーチ,J. S. ミル,ハバードへの質疑・応答が取り上げられ[58],特にハバードについては,彼が委員会に提出した,イングランド銀行保有地金,市場割引率と主要商品価格についての1834年〜1853年にわたるリストと,彼の「注解」が紹介され,さらにそれを基に,次のようなオーヴァーストーン批判がそこでなされていく。即ち,「商品の需要と供給がそれらの市場価格を規制するのであるから,貨幣貸付資本に対する需要(割引率に示されたような；むしろ供給の変動)と『現実資本』に対する需要とのオーヴァーストーンの同一視(Identification)が如何に誤りかは,明らかである。事実上彼は,商品［価格］は通貨［量］の変動によって規制されるという彼の古い［リカードからの］くそ(Scheiße)を,いまや割引率変動は,(貨幣［貸付］資本から区別されたものとしての)『現実』資本に対する需要における変動であるという文言で,単に隠しているにすぎない。〔事実上,［これは］地金の運動は,国内における通貨の量を増減することによって,商品価格に影響を与えるという古いたわごと［である］。〕『貨幣の価値［利子率］が,費用の問題に,あるいは需要供給の問題に,作用しない限り,利子率におけるこれらの変動は物価に全く作用しないままである』［ハバード,第2400号[59]］。〔地金が流出しそして物価が下落するとすれば,(通貨理論に従えば)地金の輸出国の輸出［商品］の価値が下落し,そして［地金の］輸入国のそれ［輸入商品価値］が,地金が流入する国で物価が上昇するように,上昇することとなるのであろうに(würde)〕[60]」,と。

　続く小見出し「貨幣の量」では,「(これは通貨の単なる量に関係している)」としてハバードの第2614号が引用され,またウィルソンのノーマンに対する質問(第3295号Q[61])が引用される。次の小見出し「商品の相互の過剰」の下で,アレクサンダー(Alexander)の証言の引用がなされ,そこに,イギリスからフランスへの金の輸出とフランスからの対アジアへの銀の流出と物価とについてのコメントで,「〔通貨学派の連中によれば,そのような［フランスから入手した銀のアジアへの］輸出の場合には,イギリス

における商品の価格が低落し，そしてインドでは上昇するに違いない〕」との通貨学派批判が挿入されている[62]。

　しかもアレクサンダーからの引用は第4349号までで，パラグラフの途中の第5076号から以下が，チャップマンに対する一連の質疑・応答の引用と検討となって行く。そしてその間に，例えば，「支払差額と貿易差額とが相互的債権…の額にのみでなく，支払期日(echeance)にも依存する限り，支払差額は貿易差額から独立している。／そして信用を与える国にとっては，その輸出の増大さえも…国内貨幣市場への増大する需要――しかしそれは逼迫のときにやっとかかるものとして感じられるのだが――として現れる」，あるいは，「過剰輸出は過剰輸入と同一であり，また過剰生産は過剰取引と[同一である]」等々のコメントが加えられた後，小見出しは「準備金」に変わり，第5057号までチャップマンの引用が続けられて，前半部分は終わることとなる[63]。

　ところで後半は，「このページでの引用は商業的窮境についての上院秘密委員会，1857年から」という小見出しの下，為替相場を中心に，幾つものトゥックの証言の引用で始まり[64]，次いで手形割引業者ガーニー，シティーの銀行業者グリン(Glyn)の貨幣退蔵や地金流出などについての証言の引用へと進み，さらにリヴァプールの対米貿易業者ウィリー(Wylie)の一連の証言を引用しながら，「以前のロイド」つまりオーヴァーストーンの批判が幾つも記されていく。例えば，「〔…資本が『不足』しているから貨幣は『高価』であるという，前のロイドの興味ある学識(Weisheit)…。綿花価格は，高い利子(パニックなど)によって，その供給によって規定される価格以下に深く押し下げられた。一方では1848年における輸入の途方もない減少の結果，そして他方ではアメリカにおける[綿花]生産の減少，だから1849年における綿花価格の上昇」〔ところが〕〔彼に従えば，国内で貨幣が多すぎるゆえに，商品は高価となるのである。馬鹿馬鹿しい！〕」；「第2002号　綿工業の状態における最近の衰退は，原料の在庫は非常に減少しているけれども，価格はより安いのであるから，原料の不足に帰せられるべきではない。〔しかし前のロイドにあっては，商品の価格(価値)と貨幣の価値(即ち，利子)との間での心地よい取り違え[混同]〕」；第2026

号「ウィリーは述べた：『(通貨主義の連中，即ち，1844年-45年銀行法の支持者たちによって主張されている)原理…は貨幣に人為的に高い価値を与え，そして全ての商品および生産物に人為的なそして破滅的な安い価値を与えるであろう性質を持っている』，と。」してさらに，括弧( )と括弧〔 〕に入れられた信用制度と銀行法についての次のコメント——「(集中について言おう！擬似国民銀行，大貨幣貸付業者たち，彼らを取り囲む高利貸たちを中心に置く信用制度は，1つの巨大な権力集中であり，これらの寄生階級に，単に生産的階級を周期的に10分の1に減らすのみでなく，生産を妨げる途方もない権力を与える——そしてこれらの多くは生産について知るところがなく，生産には関係がなく，現実の生産への最も危険な干渉をする。)〔金融業者や株式相場師が仲間に入るのであるが，1844-45年銀行法はこの盗賊どもの増大する力の証である〕」——も記されていく[65]。

そして同じリヴァプールの大商人ブラウン(Brown)の証言を引用した後，イングランド銀行総裁モリス(Morris)および元総裁パーマー(Palmer)の証言の引用と検討に移り，そこでは1844年銀行法についてのコメント・批判が幾つも記されていく。例えば，為替相場は順でもイングランド銀行から地金が流出する理由。大量の鉄道建設労働者への金鋳貨による賃金の支払い，銀行業者の貴金属退蔵。そして地金流出が止んでからの恐慌の勃発。「1825年の現実の崩壊(Crash)は，地金流出が止んだ後であった。1839年には崩壊なしの地金流出であった。1847年には地金流出は4月以来止んでおり，崩壊は10月であった。1857年には(対外)流出は11月初め以来止んでおり，崩壊は11月であった。」「(1857年(10月)恐慌の前にイングランド銀行は100万ポンドの銀(100万ポンドの金と交換した)(フランスと)を，東インド会社に用立てた。その他に恐慌中に1845年銀行法はスコットランドとアイルランドへの金の流出を必要とした。」「1837年2月28日に390万ポンド[から]400万ポンドの地金がイングランド銀行の所有であった。)〔1844年銀行法に従えば，イングランド銀行は準備には65万ポンドだけを残しておくであろう〕」，等々[66]。

さらに1844年銀行法そのものについて。イングランド銀行の「銀の量をその金属準備の1/5に制限する規制の目的」(第999号Q)は，「(貨幣を高価

第13章 「唯一困難な問題」について　499

にすることでした； 通貨原理(currency principle)[そのものについて]を除くならば，部局の分離(Separation der Departments)，並びにスコットランドとアイルランドの諸銀行に，規定された範囲を超えた銀行券の発行のために金を持つことの必要とが，如何に国民的貴金属(national treasure)の分散——それは全く逆な為替相場の場合にそれを是正する力を奪うのであるが——となることか。〕〔すべてこれらの規定：即ち，イングランド銀行は金に対する以外は1400万ポンド以上に銀行券を発行してはならない；銀行部は通常の銀行として——余裕の時には利子率を引き下げ，逼迫時にはそれを引き上げる——管理されるべきである；大陸およびアジアとの為替相場を是正する主要手段である銀の制限；彼らは輸出のための金を決して望まず，また銀行券の実体のない(illusory)兌換性のために金を保持することを強いられるという，スコットランドおよびアイルランドの諸銀行についての規制。実際，1844年銀行法はスコットランの諸銀行に金を求める最初の取り付けを作り出した(1857年)。そのとき金に対する対外的需要と対内的需要との間になんらの区別も作り出していない。(商業利子率(merchant rate of interest)におけるたえざる変動。)銀についてパーマーは言う：第992号 イングランド銀行は，為替相場がわが国に順であった時にのみ銀を買うことができた，と。第994号 イングランド銀行は外国為替相場が逆である時には，銀行券の発行によって銀を買うことは決してできません。〕 第1003号 地金のかなりの額を銀で保持する唯一の目的は，為替相場がわが国に逆である限り対外支払を容易にするためである。第1004号 銀は商品であり，それは，世界の他のすべての部分で貨幣であるので，だからその目的のための…最も直接の商品である。——合衆国についてを除く。合衆国は近年金だけを採用した」，等々[67]。

　そして最後にスコットランドの銀行業者クネディ (Konnedy)とアンダスン(Anderson)の証言が引用されていく[68]。

1) *MEGA*, S.597.
2) 本書第8章第3節を参照されたい。
3) この点については次節で言及する。
4) 本節末尾の〔備考-3〕を参照されたい。

5）　Cf. *MEGA*, S.592-607, S.614-620. なお第8章第3節も参照されたい。
6）　*MEGA*, S.607-614.
7）　チャップマンの証言それ自体については、本書第6章を参照されたい。
8）　因みにエンゲルスは、主として「Ⅲ）」と「Ⅲ）：続き」から現行版第30章〜第32章を編み、またこの「混乱：続き」の「第1の部分」の前半を軸にして第33章を纏めている。そして前段、中段、後段から成り立っている第33章の前段部分は、既に本章第2節の注31)33)等で指摘しておいたように、「Ⅲ）」の中における「貨幣の量」と関係する記述部分(*MEGA*, S.533-535, 551-552；*MEW*, S.536-538, 551-552：訳, 737-738, 739-741ページ)、その他(*MEGA*, S.628, 562, 614, 618, 582, 583, 619, 644, 628, 583, 604, 618, usw.)から編まれており、また第33章の主要部分を占める中段部分は、主としてこの「混乱：続き」の「第1の部分」の前半から纏められている。
9）　*MEGA*, S.597-598.
10）　*MEGA*, S.598.
11）　*Ibid.*, エンゲルスはこの部分を後に移している。後出の注47)を参照されたい。
12）　*MEGA*, S.598-600. なお現行版では、小見出し「利子率と通貨の量」のパラグラフや、トウェルズからの引用を含む、小見出し「恐慌期における減価」のところどころが、第33章の中段部分や第34章に取り込まれている(*MEW*, S.546, 575-577：訳, 751-752, 792-793, 794ページ)。
13）　*MEGA*, S.605；*MEW*, S.552：訳, 760ページ。
14）　*MEGA*, S.600, Z.13-S.606, Z.33. *MEGA* のこの部分におよそ対応しているのが現行版第33章の中段(*MEW*, S.544-554：訳, 748-763ページ)である。念のために。
15）　これらの小見出しに付されているノンブル1)-6)は、著者(小林)が便宜上付したものである。なおこれら一連の引用箇所については、本書第12章第5節でも、言及したところである。
16）　Cf. *MEGA*, S.600. なおこの点については、本書第6章第2節を参照されたい。
17）　Cf. *MEGA*, S.600；*MEW*, S.544：訳, 748-749ページ。なお本書第6章第4節を参照されたい。
18）　*MEGA*, S.602；*MEW*, S.547：訳, 752-753ページ。因みにマルクスは、そこに、「(貨幣はそこ[公衆の手]にある。がしかし誰も、それを貸付可能な『貨幣』に転化させることを非常に警戒する。彼はそれを自分自身のところに安全に保っておこうと試みる)」とのコメントを、括弧( )に入れて添えている。
19）　*MEGA*, S.600-602；*MEW*, S.544-547：訳, 749-753ページ。
20）　*MEGA*, S.602-604；*MEW*, S.547-551：訳, 753-759ページ。
21）　*MEGA*, S.604；*MEW*, S.551：訳, 759ページ。なお、本書第6章第2節も参照されたい。
22）　*MEGA*, S.604；*MEW*, S.552：訳, 759-760ページ。
23）　ところがエンゲルスは、ここに、「そしてまさにこれ[『世界貨幣』としての地金]を締め出して、彼[チャップマン]は23百万ポンドの銀行券についてのみ語っている」

第13章 「唯一困難な問題」について　501

　　(MEW, S.552：訳, 760ページ)との加筆をしている。この点については, 本書第6章第2節, 第6節, 等を参照されたい。
24)　MEGA, S.604; MEW, S.552：訳, 760ページ。なお本書第6章第2節も参照されたい。
25)　Ibid.
26)　Cf. MEGA, S.605-606; MEW, S.552-554：訳, 760-762ページ。なおこの間, チャップマンの証言(第5302号)——「イングランド銀行の準備減少の不安」についての説明——との関連で, マルクスは, 「因みに, 準備が事実上の大きさとして, いかに[見事に]消滅するか」として, 「銀行業者は, 最小限を, その当座の事業のためにイングランド銀行(または手許に)にその準備として保持」していること, チャップマンたち手形割引業者は「準備金なしで」活動していること, そして当の「イングランド銀行は, 預金に対しては, ただ銀行業者等の準備(それと並んで公的預金等)を保持するのみで, それを最低限度にまで, 例えば2百万ポンドにまで, 引き下げ」させていることを指摘する。そして「だからこの紙券[準備]の他には, このくだらぬ一切合切(die ganze Schwindel)は, 逼迫の時期には, (そしてこれ[逼迫]は準備を減少させる, というのは, 銀行券は地金と引き換えに支払われ, そして廃棄されるからである), 地金以外には何の準備もないのであり, そしてだから流出の場合における地金減少の影響は」(MEGA, S.605; MEW, S.553：訳, 761ページ)「信用貨幣制度の金貨幣制度への急変」をもたらすのであると, その機構についての説明を加えている。
27)　MEGA, S.606; MEW, S.554：訳, 762ページ。
28)　Ibid.
29)　Ibid. 因みに手稿では, 「混乱」部分においてもチャップマンの証言は引用されている。それについては, 本書第6章第3節を参照されたい。
30)　MEGA, S.606; MEW, S.577：訳, 795ページ。
31)　MEGA, S.606-607. その1つは, 「貸付可能[貨幣]資本の量(die Masse des loanable capital)」に影響する2つの要因についてである。即ち, それは, 第1に「単にそれ自身の量に依存するのみでなく, 信用の状態にも依存」し, そして「信用の悪い状態では, 産業家自身, より僅かしか借り入れない」のであるが, また「第2に, 銀行業者たちの貨幣貸付資本を形成している間抜けどもの一部は臆病となり, たとえどんな条件でも『貸出そう』とはしない」, という指摘である。そしていま1つは, 「擬制資本」と「信用資本」との「区別」についての注意である。即ち, 「擬制資本(fictives Capital)(利子生み証券)と, 銀行券, 銀行業者手形(bankers drafts)等によって形成された信用資本(Creditcapital)〔即ち, そこではこ奴(ein Kerl)が信用それ自身を再び, 彼が取扱う1つの商品にするのだが〕とは区別しなければならない」, と。
32)　「銀行業者たち」ではなく, 「イングランド銀行」と読みたい。注34)を併せ参照されたい。

33) *MEGA*, S.600; *MEW*, S.544：訳, 749ページ。
34) この点については, 本書第6章第4節を参照されたい。
35) *MEGA*, S.600-601; *MEW*, S.544-545：訳, 749-750ページ。
36) 本章第2節注31)および注33)を参照されたい。
37) 上述の小見出し「利子率と通貨の量」における「通貨の量」は, この商品取引に必要な「通貨の量」を指すものと考えられる。なお第3節で指摘しておいたように, マルクスは, 有価証券取引の増大と共に, 貨幣貸付資本がその取引の大量に役立たされていることに「注意」を与えているが, ここでは, 単に商品の取引に必要なそれの意味でのみ用いられているものと思われる。
38) *MEGA*, S.601; *MEW*, S.545：訳, 750ページ。
39) Cf. *MEGA*, S.557; *MEW*, S.518：訳, 710-711ページ。本章第2節を参照されたい。
40) *MEGA*, S.601; *MEW*, S.545：訳, 750-751ページ。この「ハバードを見よ」との指示は, 先に挙げたハバードの証言(第2408号, 2626号)を指しているのではない。
41) *MEGA*, S.565; *MEW*, S.565：訳, 778ページ。
42) *MEGA*, S.565-567; *MEW*, S.566-567：訳, 778-780ページ。
43) *MEGA*, S.602; *MEW*, S.547：訳, 752ページ。
44) そこでチャップマンが言うように, 「貨幣に対する需要が非常に顕著で, 公衆がイングランド銀行を頼みの綱とする時期[逼迫期]」には, 「イングランド銀行が[利子]率を調整する非常な力を持つ」こととなる(本書第6章第2節を参照されたい)。したがって「現実に流通している貨幣」の量に対しては「受身」であるイングランド銀行も, 信用が収縮し貨幣退蔵が行われる逼迫期には, 「信用貨幣の増加によってパニックを和らげ, 引き締めがパニックを増大することは明らかである」(後述)。
45) 現行版では, この zusammennfallen mit が wirken auf に改められている(*MEW*, S.545：訳, 751ページ。
46) *MEGA*, S.601. なお念のために付言するならば, 1847年の場合, 10月25日の「政府書簡」に従ってイングランド銀行が金準備を超えて増発する場合には, 「8％の最低利子*」が課せられることとなっていた。しかし「政府書簡」によって1844年銀行法の発券制限が一時的に停止されることとなったことによって, 退蔵されていた銀行券が貨幣市場に現れ, 発券限度を超えての増発は行われなかったのである。なお次節の注11)も参照されたい。

  *Cf. J. Maclaren, *A Sketch of the History of the Currency*：*Comparison a brief Review of the Opinions of the most Eminent Writers on the Subject*, 1858, p.229.

47) *MEGA*, S.601. なおエンゲルスは, 小見出し「利子率と通貨の量」(上述)のパラグラフを, ここに移している(cf. *MEW*, S.546：訳, 751-752ページ)。
48) ここでは, 「通貨の発行(issue)」を, その「前貸し(advance)」と同義に解しておく。その点については, 例えば, 本書第6章第3節注2)を参照されたい。
49) この点については, 本書序章第3節の注18)を参照されたい。
50) *MEGA*, S.601-602; *MEW*, S.546-547：訳, 752ページ。

第13章 「唯一困難な問題」について　503

51) ここでは「流通で見出される貨幣」つまり「通貨の前貸し」と「流通する諸資本の前貸し」との「区別」が問題なのであって、この問題と、「逼迫の場合に貨幣貸付資本に対する需要が支払手段に対する[需要]でそれ以外のなにもの([購買手段としての貨幣に対するもの)でもない」が、この「貨幣貸付資本に対する需要が、単に貨幣への転換性に対する需要にすぎない」のか、したがってその「支払手段の前貸しが、単に貨幣形態を与えるだけであるのか、それとも、たとえどんな形態であれ、支払うために欠けている等価である」(MEGA, S.592-593; MEW, S.531：訳, 729ページ)のかという上述の問題とは、別である。ところがエンゲルスは、ここに、「われわれは銀行券の発行(Ausgabe)が全ての場合に資本の前貸しを意味してはいないと言うことを既に以上で見てきた」(MEW, S.555：訳, 763ページ)と加筆して、「商業的窮境」でのトゥックの証言を引用している。しかし、エンゲルスの「係争中の問題」についての書込み(MEW, S.443-445, 472-473, 548-549, usw.：訳, 608-612, 648-650, 755ページ, その他)は、上のことを「混同」している。さらに手形割引の理解がこの問題の理解と絡み合い、新たな「混乱」が持ち込まれている。これらの点については、本書第5章第5節3)、第6章第6節注22)、第7章第2節末尾、等で折に触れて言及してきたところである。

52) MEGA, S.614; MEW, S.540, 555, usw.：訳, 743, 763-764, その他。MEGA ではそこに、手稿「S.364の続き」と記されている。

53) MEGA, S.620. なおこれらの多くの部分は、現行版では、小見出しを取り除いて、第33章の中段、あるいは後段に適宜収録されている。

54) Cf. MEGA, S 561-572, S.572-583.

55) Cf. MEGA, S.557.

56) Cf. MEGA, S.561. なお、この「委員会」でのニューマーチに対する質疑・応答そのものについては、本書第7章を参照されたい。

57) Cf. MEGA, S.561-564; MEW, S.573, 555, 557-558, 585, 539, 598-599, usw.：訳, 788, 764, 767, 768, 805, 742, 825, 786ページ, 他。

58) Cf. MEGA, S.564-566; MEW, S.571, 590, 565-567, 590-591, usw.：訳, 786, 812-813, 778-780, 813-814ページ。

59) *Report from the Select Committee on Bank Acts, op.cit.*, p.219.

60) Cf. MEGA, S.566-567; MEW, S.566-567, usw.: 訳, 780ページ, 等。

61) *Report from the Select Committee on Bank Acts, op cit,*. p.304.

62) Cf. MEGA, S.567-568, MEW, S.559, 567-568, 428. 訳, 769-770, 781, 589ページ, 等。

63) Cf. MEGA, S.568-572; MEW, S 547-548, 549-550, 554, usw.: 訳, 753-754, 756-757, 763ページ等。以上、前半の部分は、現行版では、主として、第33章と第35章で利用されている。なおチャップマンに対する質疑・応答そのものについては、本書第6章を参照されたい。

64) MEGA, S.572; MEW, S.584, 572：訳, 803, 787-788ページ。

65) *MEGA*, S.575-576, 576, 577；*MEW*, S.568-569, usw.：訳, 782, 782-783, 783, 783-784ページ等。
66) *MEGA*, S.579-580；*MEW*, S.584-585：訳, 803-804, 789-790ページ。
67) Cf. *MEGA*, S.581-582；*MEW*, S.574-575：訳, 790-791, 792ページ。
68) Cf. *MEGA*, S.582-583；*MEW*, S.578, 541, 578, 542, usw.：訳, 795, 744, 795-796, 745-746ページ, 他。なお以上, 後半の部分は, 現行版では第34章で多くが利用されている。

第6節　貿易差額と支払差額, 為替相場と地金の流出入
―――「混乱：続き」の「第2の部分」と「第3の部分」―――

　「混乱：続き」の「第1の部分」においては, 逼迫期における貨幣退蔵という条件を加えて,「唯一困難な問題」の「第2の問題」――貨幣貸付資本の増減と国内に在る貨幣の量との関係――についても考察し終えたのであるから,「Ⅲ)：続き」の途中で「やっと後で考察しようと思う」と記されていた「オーヴァーストーン氏のごった混ぜの言葉使い」の検討・批判[1]は, ここ, つまり,「混乱：続き」の「第1の部分」の「後」,「第2の部分[2]」に移る前を予定していたと解することもできるであろう。そしてエンゲルスは, ある意味では, そのように理解していたかにも見える。と言うのは, 現行版ではエンゲルスは,「銀行法特別委員会(1857年)」でのオーヴァーストーンの「言葉の奇妙なごった混ぜ[3]」の答弁を, 既に第26章にそのまま組み込んでいるので, それを除いて,「混乱」の後半における「通貨原理と1844年のイギリス銀行立法」の批判・検討を取り込みながら1つの章を独自に組み上げ, それを第34章として,「混乱：続き」の「第1の部分」を中心に編んだとみなしうる第33章「信用制度下の流通手段」の後に, 配しているからである。
　確かにその「第2の部分」は, その叙述の形式からしても「第1の部分」や「第3の部分」などとは異なって,「Ⅲ)」および「Ⅲ)：続き」と同様に,「本文」部分と「脚注」部分とが手稿ノートの上半分と下半分とに書き分けられて記されており, その意味では「Ⅲ)」および「Ⅲ)：続き」と並ぶいわば「Ⅳ」と見ることも可能なほどの叙述形式となっているようである[4]。また内容的にも,「第1の部分」では, 国内に在る銀行券を含む貨幣の量と貨幣貸付資本の

増減(したがって利子率)との関係の考察が主たる対象であったのに対し、「第2の部分」では、その前半では「地金の流出入」についての注意事項が検討され、その後半ではイングランド銀行の地金準備の果たす諸機能が考察されている。

しかし「第1の部分」で、既にマルクスは、上述のように、チャップマンの証言を引用・検討する途上の小見出し4)「パニック」の箇所で、「恐慌における国内のパニックを除けば、貨幣の量は、ただ地金、即ち、『世界貨幣(the money of the world)』に関してのみ問題となりうる」と指摘し、さらに「第2の部分」の問題を先取りするかのように、次のコメントをそこに書き添えている。「第1に、世界市場貨幣のこの蓄蔵は最小限に縮小され、第2に、同時に、[それが]信用貨幣の兌換性の保証として[機能する]。そこで[これらは]2つの全く異なった機能[である]、がしかし、現実の貨幣は常に世界市場貨幣に、そして信用貨幣は常に世界市場貨幣に基づいているのであるから、[これらの機能は]貨幣の本性に由来しているのである5)」、と。

そして実際「第2の部分」では、その前半と後半で、この2つの点がそれぞれ立ち入って考察されていく。

即ち、その前半はまず、「逼迫期における銀行券の退蔵(Hoard)との関連で、貴金属を退蔵すること(Hoarding)が、社会の最も原初的状態において起きるように、ここでも心理的動揺の時期には繰り返されるということに注意せねばならない6)」という注意で始まっている7)。これは、逼迫期には銀行券のみでなく貴金属も退蔵されるのであるから、逼迫期におけるイングランド銀行の地金準備の減少が、オーヴァーストーン等が主張するように、即地金の対外流出を意味するものではなく8)、したがってまた、地金準備の減少が即「通貨の収縮」を意味するものではないという、通貨原理の批判と見ることができる。

そして続くパラグラフでは、オーヴァーストーン等の「通貨原理」を基礎とした1844年銀行法の基本原理が、経験によっても批判されていることが、次のように指摘される。即ち、「1844年の[銀行]法(Akt)は(その影響で)興味がある。というのは、それ[銀行法]は一国に在るすべての金属等を流通手段(circulieren des Medium)に転化しようと努めるからである；したがって、地金の流出は通貨(currency)の収縮に等しく、地金の流入は通貨の膨張に等しいと置こうとするからである。[しかし]その場合、経験的に反対のことが立証された。われわ

れが直ぐにそれに言及しようとしている唯一の場合［1857年］を除けば，流通しているイングランド銀行の銀行券の量(Masse)は，イングランド銀行が発行を許されている最大限には，1844年以来決して達しなかった[9]」，と。1844年銀行法によると，イングランド銀行の銀行券発行の限度は，国債を担保とする1400万ポンドを超えての発行は同行の地金準備に等しくなければならなかったのであるが，1847年恐慌に際し「政府書簡」の発布によってこの条項を一時停止したところ，この発行限度を超えることなくパニックは収束し，銀行券の退蔵が止んで，貨幣は直ぐに再び流れ出した[10]。そして唯一の例外が1857年恐慌の時であった[11]というのである。

このように，地金の流出入が直ちに現実に流通している通貨の増減に等しいとする短絡的な「通貨原理」に対して，貴金属の退蔵，したがって地金の国内流出，および銀行券退蔵の中止（＝貸出の再開）という2つの事柄をマルクスは指摘した上で，今度は具体的に，「地金の流出入との関連で注意すべき」次の9つの要因，

1．世界貨幣としての地金，摩損鋳貨の補塡，奢侈品の材料としの地金
2．金銀非生産国間での金銀の移動
3．国内流通用の貴金属
4．地金の「流出(drain)」と準備金
5．イングランド銀行の金属準備の役割；ⅰ)対外支払いの準備，ⅱ)国内金属流通の準備，ⅲ)銀行券兌換および預金支払の準備
6．為替相場が回復し貴金属の輸入が輸出を凌駕した時に恐慌が勃発
7．恐慌後の貴金属の世界的再配分
8．金属流出は諸関係が恐慌へと成熟している前兆
9．支払差額はアジアに順，ヨーロッパに逆であり得る

を挙げ，それらを手稿372ページから373ページの末尾にかけて順次考察していく[12]。

ところが手稿374ページに入ると，今度はいきなり，「仮にイングランド銀行が銀行券を一切発行せず，単に金属通貨(metallische Circulation)のみを供給する銀行であるとするならば，［地金流出入の］影響は以下のようであろう[13]」として，1847年5月8日付け『エコノミスト』誌の論説「現在の恐慌。その性

第13章 「唯一困難な問題」について　507

格と救済策」の１節「純粋金属通貨の作用[14]」から，地金流入による利子率低下と手形割引を通じた通貨の増大へのプロセスと，地金流出による地金準備の減少，預金の減少を通じた取引および通貨減少へのプロセスについてのシェーマが引用される[15]。

そしてこれに続けてマルクスは，『エコノミスト』誌の同じ論説の終わりの方の１節「銀行業のスコットランドの制度[16]」の中の，スコットランド銀行とそのロンドン代理店との関係についての部分を，今度は括弧（　）に入れて挿入し[17]，さらにそこに脚注を付して，1847年10月23日付け『エコノミスト』誌の論説「スコットランド銀行法（Bill）—1845年」を引用し[18]，1845年銀行法によって，スコットランドとロンドンとの間での地金の移動が必要となり，それがイングランド銀行からの地金の国内流出の要因となったという指摘をしていく。

このように地金の流出入が直接に，即（そのまま）通貨の増減となるのではなく，間接に，「利子率低下や手形割引」，あるいは「地金準備の減少，預金の減少」を「通じて」通貨の増減となることに，そしてまた1844-45年銀行法の下での地金の国内流出に言及した上で今度は，この地金の対外流出入の問題が，世界貨幣としてのそれとしてではなく，直接に貨幣貸付資本の増減の問題として，したがって利子率との関係で考察されることとなる。

即ち，一方，「地金の輸入の運動は，２つの時期（Moment）に優勢である。第１の恐慌に続く時期においては，低い利子率で，そして［それは］生産の収縮の表現である。そして第２の時期においては，そのとき利子率は上昇するが，しかしなおその中位の高さには達していなかった。これは還流が円滑で，商業信用が大きく，そしてだから貨幣貸付資本に対する需要が生産の膨張に比例しては増大していない局面である。両局面においては，貨幣貸付資本は相対的に豊富で，資本（金と銀）——それは１つの形態で存在しており，その形態においてはそれ［資本］は，何はさておき（zunächst），貨幣貸付資本としてのみ機能しうるのであるが——の余剰供給（Surpluszufuhr）が，利子率に大きく作用し，またそのことで事業全体の調子に必ず影響するに相違ない。[19]」

「他方では［地金の］流出（drain），［即ち］継続的で量的に膨大な地金輸出の運動がやってくる。——その出現は，まさに次のこと，即ち，——還流はもはや円滑ではなく，市場は供給過多で，そして外観上の繁栄がなお信用によっての

み維持されており，だから既に貨幣貸付資本についての一定の逼迫が存在し，そしてだから利子率が少なくとも既にその中位の高さには達してしまっているということ，の表現である。だからこれらの条件の下では，それがその形態で直接に貨幣貸付資本として機能するところの形態での資本の，継続的な抽出(abstraction)〔つまり流出〕の作用は重大［である］。このことは直接に利子率に作用するに相違ない。しかしこのものの増大が信用取引を制限する代わりに，それがそのこと［信用取引］を拡大し，その［信用取引の］全ての手段の緊張(zum straining of all its resources)に導く[20]。だからそれはがしゃんという大騒動(Kladderadatsch)に先行する[21]」のである，と。

そしてこのように流出入する地金の貨幣貸付資本としての機能に言及したところで，年総生産額に較べれば「物の数でもない」僅かな地金の流出が，どうして「信用貨幣制度の金貨幣制度への急変」を惹き起こす要因となるのかという点の考察へと移っていく。

「それが輸入された地金であるにせよ，輸出された地金であるにせよ，［地金の］単なる量(Quantität)がかかるものとして作用するのではなく，それが，第1に，地金の貨幣貸付資本としての特殊な性格によって［作用し］，そして第2に，何らかの超過量が一方あるいは他方の側に振り子を振らすという事情の下でそれが現れるから，それが天秤を一方または他方に押し下げる羽毛が作用するように作用するということに帰着するところの，まさに挙げられた諸理由(Gründe)がないとすれば，地金流出——5‐8百万ポンド・スターリングとでも言っておこうか，そしてこれがこれまでの経験の限度であるが——が，資本のこの量が，例えばイギリスの生産の大きさの中では多かれ少なかれ事実上は物の数ではないのだから，いかに大きな影響を及ぼしえるかは全く理解できないであろうに(wäre)。しかし全機構(machinery)のこの感受性を創りだすのはまさに信用および銀行制度の発展なのである。片方では(on the one side)全ての貨幣貸付資本を生産への奉仕へと強制するのに資することに〔あるいは，同じこととなるのだが，全ての貨幣所得を資本に転化させることに〕資しながら，他方では(in an other phase)，貨幣的準備(monetary reserve)を，それが遂行しなければならない諸機能と比較して，その最小限に減らしている[22]」，と。

ところで手稿375ページは，「以上の説明では，地金の流出が凶作などの結果

第13章 「唯一困難な問題」について   509

生じる場合については，除外されていた[23]」と述べて，「第２の部分」の後半の問題，つまりこれまで考慮の外においてきた問題の考察に移っていく。そして「われわれは銀行券の兌換性の保証としての，そして全信用制度の旋回軸(*pivot*)としての地金についてもまた除外していた[24]」として，先に「地金の流出入との関連での注意」事項の第５「イングランド銀行の金属準備の役割」のⅲ）として指摘されていた「銀行券兌換および預金のための準備[25]」としての地金を考察することとなる。

　即ち，「さらにわれわれは銀行券の兌換性の保障としての，そして全信用制度(Creditsystem)の旋回軸(*pivot*)としての地金についてもまた除外してきた。（中央銀行は信用制度の旋回軸であり，そして地金準備(*Bullionreserve*)はイングランド銀行の旋回軸[26]である[)]。信用貨幣制度の金貨幣制度への急変(Umschlag)は，私が既に以前に『支払手段』のところで述べておいたように，必然的である。金属的基盤(die metallen Basis)を維持するために現実的富について最大の犠牲が必要であることは，ロイドによってと同様にトゥックによっても充分に認められている。争いは，単に，プラスかあるいはマイナスか，そして不可避的なことの多かれ少なかれ合理的な取り扱いを巡って［なされている］にすぎない[27]。ある一定の，総生産に較べれば取るに足りない［貴］金属量が制度の旋回軸として認められている。だから恐慌におけるこの『旋回軸性格(Pivotcharavter)』の怖ろしい例示を除けば，麗しい理論的二元論(Dualismus)［となる。即ち，］公然と資本(*Capital ex professo*)が取扱われる限り，啓蒙された経済学は金や銀を，資本の全くどうでもよい，そして全く無益な形態として最大の軽蔑をもって見下している。それが銀行制度(Bankwesen)を取扱うや否や，状況は一変し，それ［金や銀］は優れて資本(*Capital* par excellence)となり，そして資本の他の全ての形態(Form)と労働は，それ［金や銀］の保持のために犠牲に供されなりればならないのである[28]」，と。

　では「金や銀は，何によって富の他の形態(Gestaltung)から区別されるのか？」その理由は，金や銀が「富の社会的性格の自立的化身，表現」であることに求められていく。そして「信用」もまた「富の社会的形態」であるが，「生産が流動的である限り」，そして「生産の社会的性格への信頼」が保持されている限り，貨幣や信用が「社会的定在」であることが忘れられ，「生産物の

貨幣形態を，なにかある消滅的なもの(単なる表象)および観念的なもの(Ideal)としてのみ表わさせる。」「しかし信用が揺らぐや，そして近代産業の循環においてはこの局面が常に必ず登場するのであるが，今や全ての現実の(real)富は現実に(wirklich)貨幣に，金と銀に，転化されるべきである(sollen)」という「途方もない要求が，しかしそれは制度そのものから必然的に生まれてくる」こととなる。しかも「この膨大な要求と比較されるすべての金や銀は，イングランド銀行庫中にある総計2～3百万ポンド[29]」にすぎないのであるから，「地金流出の影響のうちに，生産は社会的過程として現実には社会的統制(Controlle)の下には置かれてはいないという事情が，富の社会的形態がその外部にある物として存在するという事情が，極めて顕著に現れる」こととなる。そして「ブルジョア的制度においては」，「それが馬鹿げた矛盾と不合理の，極めて決定的なそして奇怪な形態で現れるのは，1)それにおいては直接の使用価値のための生産が最も完全に止揚されているからであり，だから富はただ，生産と流通との絡み合いとして現れる社会的過程としてのみ存在するからであり，2)信用制度の発展と共に，ブルジョア的制度はこの金属的制限を，富とその運動の物的でかつ幻想的な制限を，絶えず止揚しようと努力するが，しかし常に再びこの限界に頭をぶつけるからである[30]」，というのである。

このように「第2の部分」の後半は，「金属的基盤(Basis)を維持するために現実的富への最大の犠牲が必要であることは，トックによっても，ロイドによってと同様に充分に認められている」こと，そして「全ての現実の富を金と銀に転化させる」という途方もない要求が生じる根拠とを確認したところで終わっていく[31]。

では，この「混乱：続き」の「第2の部分」が終わったところが，先に「Ⅲ)：続き」で，「やっと後で」と想定していた「オーヴァーストーン氏のごった混ぜの言葉使い」等を書き記す予定の場所であったと推定できるのであろうか？別言するならば，「混乱：続き」の「第2の部分」とそれに続く「第3の部分」(およびそれ以下)とを，分離できるのであろうか。

大谷氏の考証によると，氏の言われる「[混乱：続き][つまり「第1の部分」]のあとに続く[手稿]372-377ページ[つまり「第Ⅱの部分]…では，[マルクスは]ふたたび上半と下半の使い分けを行っている[32]。」そして「第2の部

分」から「混乱：続き」の末尾までの手稿「S.372-392」のうちで，「抜粋ノートである『混乱』の全ページと同様に」，ページを「フルに使用されているのは378, 381, 382の3ページだけであって，あとは上半分だけが使用されているのである[33]」とのことである。したがってこれによると，「第3の部分」が始まる手稿376ページは，手稿ノートの上半分にだけ，しかしベタで一連のニューマーチの証言が引用されていることとなる。そしてこのニューマーチの証言の検討が手稿381ページの最初まで続いていくのであるから，「ページをフルに使用」したり，あるいは「上半分」だけを使用したりしながら，しかし「第1の部分」と同様に，だから「第2の部分」とは異なって，本文と脚注の区別なく，マルクスは筆を走らせて行った[34]ということとなるであろう。

そこで「混乱：続き」の「第3の部分」を簡単に追っておこう。

まず手稿376ページは，いま上で述べたように，「銀行法特別委員会（1857年）」におけるニューマーチ証言の引用であり，そして最初の2つのパラグラフは括弧〔　〕に入れられた形であるが，それらを含めて括弧（　）の中にニューマーチという名前を示しながら，質疑・応答などが書き抜かれていく。彼の証言は，上述のように，既に「Ⅲ）」の終わりに近い箇所で脚注として，また「混乱」の前半で引用されていたのであるが，それがここで改めて検討されていくこととなる。次の手稿377ページに入ると，「地金の流出」「通貨」「対アジア収支」「影響力あるイングランド銀行」といった小見出しの下で，同じく彼に対する質疑・応答が引用され，次の小見出し「対アジア為替相場[35]」では，それについてのマルクスによる長いコメントがまず記され，手稿378ページから，この問題についてのニューマーチに対する質疑・応答の書き抜きとなり，さらにこの378ページの後半から次の手稿379ページにかけて，委員ウィルソンの質問に対するマルクスの批判がなされていく。そして手稿379ページの大半と380ページにかけては，今度は委員ウッドとニューマーチとの質疑・応答が取り上げられ，さらにその討議に割り込んでくるウィルソン[36]が，再びマルクスの批判の対象となっていく。ここまでが，小見出し「対アジア為替相場」であり[37]，手稿381ページに入ると，小見出し「対アジア収支」・「イングランド銀行の影響」の下で，さらにニューマーチの証言などが書き抜かれて，手稿ノート381ページのほぼ1/3までで，この「第3の部分」の前半[38]が，つまりニ

ューマーチ関連の部分が終わっていく。

　このように,「第 3 の部分」の前半は, ニューマーチの証言とそれを巡るやり取りの検討という形をとっているのではあるが, 実は, 貿易差額や支払差額との関連での為替相場を通じた地金の流出入が, 特に「対アジア為替相場」を通じて具体的に考察・検討されているのである。「第 2 の部分」の後半で考察された「全信用制度の旋回軸」としてのこの地金の流出入も, 具体的には, 貿易差額や支払差額との関連で為替相場を通じて行われるのであって, 例えば「第 2 の部分」における「地金の流出入との関連での注意」事項の第 9「支払差額はアジアに順, ヨーロッパに逆でありうる[39]」が, ここで立ち入って具体的に考察されているものとみることもできる。というのも, この地金流出入の実態は, 特に対アジア貿易を含むその実態は複雑で,「銀行法特別委員会 (1857)年」の委員たち自身が, 例えばニューマーチとの質疑・応答を通じて学ばねばならなかったほどであった[40]のみでなく, この流出入する地金を「貨幣」と規定するか「資本」と規定するかが「係争中の問題」の重要な 1 論点で, そのことがこの複雑な実態の理解をさらに複雑にしていたからである[41]。

　そしてマルクス自身,「対アジア為替相場」の問題を取り上げる意味を次のようにコメントしている。「以下の諸点は, それらが, 一部は(theils), 例えばイギリスにとってアジアとの為替相場が逆であるので, それ[イギリス]はいかに他の諸国——アジアからのそれらの国々の輸入を, (貨幣的取引が関係する限り)それ[イギリス]が媒介しなければならない——に頼らねばならないかを示しているが故に重要なのである。しかし第 2 に(zweitens), [それらが]ウィルソン氏がここで再び愚かな試み——[即ち]地金の輸出の為替相場への影響と, 資本の輸出一般の為替相場への影響とを同一視する[という試み]。[そして]どちらも輸出が, 支払手段または購買手段としての輸出ではなく, 投資(investment)のための[輸出]が問題である場合の[輸出]であるが——をしている[ことを示しているが故に, 重要なのである][42]」, と。

　さて「第 3 の部分」の後半は,「エコノミスト誌は, 以下のくだらない文言(Phrasen)で, 貨幣貸付資本の過多(*die superabundance of moneyed capital*)(低い利子率)を, 資本一般の過剰(*superabundance of capital überhaupt*)と同一視しようと努めている[43]」という,『エコノミスト』誌批判で始まっているが, し

かしこの問題自体は，既に「Ⅲ)」および「Ⅲ)：続き」で検討された「唯一困難な問題」の「第1の問題」に属しており，恐らくこの批判は，すぐ前で言及したウィルソンのニューマーチに対する質問に含まれている「愚かな試み」批判を念頭に[44]，オーヴァーストーンのみでなくウィルソンもまた，貨幣貸付資本と資本一般とを「同一視」するという誤りを犯していることを改めて指摘しておこうとしたものであろう。

そして，この『エコノミスト』誌批判の後は，小見出し「手形と銀行券」・「為替相場」の下で『エコノミスト』誌が引用されていくのではあるが[45]，それらは批判のためではなく，特に為替相場と利子率と地金流出入等々についての具体的事実関係の抜き書きとコメントとなっていく。そして手稿383ページに入ると，最初の小見出し「[地金の]対外および対内流出」の下で，ジョップリン(Joplin)の著書からの引用がなされるが，次の小見出し「イギリスの貿易差額[46]」では，ニューマーチの証言で明らかにされてきたインドに対するイギリスの「善政」や，貿易差額とイギリスの輸出信用，等々について，再び『エコノミスト』誌が引用され，さらに「外国為替相は[3要因で]変化しうる」ことや，為替相場と金平価との関係などについての『エコノミスト』誌による解説の抜き書きなど，「第3の部分」の前半に関係する諸問題の抜粋となっていく[47]。そして手稿383ページと共にこの「第3の部分」が終わりとなる。

このように「混乱：続き」の「第3の部分」は，貿易差額，支払差額，そして為替相場の変動を通じた地金の流出入の具体的実態を明らかにすることによって，「第2の部分」を補完しているものと見ることができる[48]。そして「第3の部分」がそういう位置をもつとすれば，マルクスが「Ⅲ)：続き」で「やっと後で」と予定していたオーヴァーストーンの「ごった混ぜの言葉使い」等の検討・批判は，結局のところ，「第2の部分」の前でも後でもなく，「第3の部分」(ないしは「第4の部分」)の「後で」と考えるのが最も自然であろうと思われる。別言するならば，「補遺」，「混乱」，「Ⅲ)」，「Ⅲ)：続き」，そして『混乱：続き』におけるオーヴァーストーン批判や1844年銀行法の検討・批判は，やっとここで纏めて読んでいく[49]のが最も適していると考えられるのである。

〔備考-4〕「第4の部分」について

　手稿384ページ[49]から「第4の部分」に移り，そこでは，まず「リカードは2つを認めている」（小見出し）として，彼の『経済学および課税の原理』から，利子率，物価，現実資本の関係についての引用がなされ，続いて小見出し「銀行券と譲渡可能な預金(*transferable deposit*)」の下でジョップリンの著書(T. Joplin, *Cureency Reform*, 1844)が引用されて，区切りの横線が引かれる[50]。

　この横線による区切りの後は，一連の小見出し──「為替相場」，「銀行業者の品位」，「資本の移転のための貨幣と所得実現のための貨幣」，「例えばスコットランドの通貨の量(*Masse f. i. der Scotch Circulation*)」，「フラートンによるトゥックの『発見』」，「イングランド銀行のネジ」，「銀行券と為替」，「バブル会社」，「スコットランドの銀行。キャッシュ クレディット(Cash Credit)[51]」，「信用と貨幣」，「利子率の上昇」，「手形と銀行券」──の下で，スタイアリング(Stirling)，ベル(Bell)，キニーア(Kinner)，ケネディー(Kennedy)，ギルバート(Gilbart)，コックラン(Coqulin)，オプダイク(Opdyke)，『エコノミスト』誌，その他からの引用が続いていく[52]。そして手稿391ページ末尾に「金貨幣制度(Monetarsystem)は本質的にカソリック的であり，信用貨幣制度(Creditsystem)は本質的にプロテスタント的である。『スコットランド人は金を嫌う。』…しかしプロテスタンティズムがカソリシズムの基礎(Grundlage)から解放されていないのと同様に，信用貨幣制度も金貨幣制度の基盤(Basis)から解放されてはいない[53]」という，よく知られたパラグラフが認められ，次の手稿392ページ第1行目に「銀行券とその兌換性」という小見出しが記されたのみで，「第4の部分」が，だからまた，手稿第5節「信用。架空資本」が終わっていく。

1)　本章の第3節および第4節を参照されたい。
2)　手稿372ページ(*MEGA*, S.620, Z.11)から375ページ(*MEGA*, S.626, Z.36)まで。因みにエンゲルスは，この「第2の部分」をほぼそのまま，第35章第1節「金準備の運動」として編んでいる(cf. *MEW*, S.580-589：訳, 798-811ページ)。
3)　*MEGA*, S.488; *MEW*, S.438：訳, 602ページ。

第13章 「唯一困難な問題」について　515

4) 大谷禎之介氏は，独自の考証を通して，マルクスによる手稿「ページの使い方の違いが考証にとってもつ意義」からしても，「[混乱：続き]」は，MEGA版の「混乱：続き」の「第1の部分」までであり，そこまでとそれ以下，つまり「第2の部分」以下とは，「区別すべきであった*」と推定されている。

　　* 大谷禎之介『『貴金属と為替相場』(『資本論』第 3 部第35章)の草稿について——『資本論』第 3 部第 1 稿の第 5 章から——」『経済志林』第69巻第 3 号，2001年，3-4，9 ページ。なお「[混乱：続き]」の括弧[　]は，大谷氏が付された括弧である。念のために。

5) MEGA, S.604; MEW, S.552：訳，760ページ。
6) MEGA, S.620; MEW, S.580：訳，798ページ。
7) 手稿372ページはこの「注意」で始まっており，またエンゲルスは，現行版第35章第 1 節をここから始めている(cf. MEW, S.580：訳，798ページ)。
8) 「混乱」の後半で1844-45年銀行法の下でのイングランド銀行金準備の国内流出について，上述のように，度々言及されている。
9) MEGA, S.620; MEW, S.580：訳，798ページ。なおこの点は，イングランド銀行発券部によって発行され，銀行部を通じてイングランド銀行の「外」に出てゆき，「公衆」の手に渡ったイングランド銀行券が，現実に流通している同行の銀行券(real circulation)を意味しているのではない。発券総額[＝発券部から銀行部に引き渡された銀行券総額]マイナス貸出総額が，銀行部準備に等しいのである。しかし逆に，発券総額マイナス銀行部準備が，現実に流通しているイングランド銀行券総額に等しいのではない。逼迫期には「銀行券の退蔵」が生じるのである。この点については，本書第 6 章第 3 節を参照されたい。
10) 本書第 6 章第 3 節で示した，「銀行法特別委員会(1857年)」でのチャップマンの答弁(第5239号 A)を参照されたい。
11) 「1857年の恐慌は，一定の事情の下で，この最大限は充分ではなかったことを証明した。1857年11月13日から30日まで，この18日の平均で，日々488,830ポンドがこの限度を超えて発券された。〔その限度は〕14,475,000[ポンド]の法定の限度 ＋ イングランド銀行庫中の地金量。〕銀行法特別委員会報告書，1858年(XIページ)*」(MEGA, S.620; MEW, S.580：訳，798ページ)，と。前節の注46)も参照されたい。

　　* なお，この「銀行法特別委員会報告書，1858年(XIページ)」というのは，『委員会報告書』に付されている「報告」部分のページであって，質疑・応答部分に付されているページではない(cf. Report from the Select Committee on the Bank Acts; 1858, op.cit., p.ⅲ～p.xxⅷ)。

12) MEGA, S.620-623; MEW, S.580-583：訳，798-805ページ。
13) MEGA, S.623. 現行版では削除されている。
14) The Operation of a purely Metallic Currency(The Economist, May 8, 1847, p. 520-522)は，長い論説 The Present Crisis, its Character and Remedy(ibid., p.517-526)の 1 節である。ただし現行版ではこの引用部分は削除されている。

15) 因みに、この純粋金属通貨の場合の検討には、「純粋金属通貨」の下でも「イングランド銀行はその［地金］準備として、少なくとも預金の $1/3$ を保持すべきである」とした上で、さらに次の諸前提がおかれている。即ち、「イングランド銀行はその資本の前貸しを随意に(at pleasure)増減しうるかもしれないが、しかしそれ［イングランド銀行］が流通銀行券(the cicuration of notes)を自在に(at will)増加することはできず、また随意に振舞われうる［預金の出し入れができる］預金が、最低点にまで減らされるまで、それらを減少することもできない。これが充分な注意に値するポイントである。なぜなら資本と通貨とのこの混乱から、これらの対象についての通俗的な誤解の一大部分が作り出されているからである」(*The Economist, op.cit.*, p.519)、と。因みに『エコノミスト』誌は、マルクスが引用した箇所から、「だから、トゥック氏が常に主張していたように、為替相場を調整するための金の輸入あるいは輸出の第1の影響は、イングランド銀行に保持されている地金準備にもっぱら感じられる」(*ibid.*,p.521)との結論を引き出している。なお本書第2章第2節も参照されたい。
16) Cf. The Scotch System of Banking, *Economist,* May 8, 1847, p.523-524.
17) なお現行版では、このスコットランド銀行についての部分は、脚注も含めて、「混乱」末尾で引用されていたスコットランドの銀行業者ケネディーの「銀行法特別委員会(1857年)」における証言と共に、第34章に収められている(cf. *MEW*, S.578：訳, 795-796ページ)。
18) *MEGA*, S.623. Cf. The Scotch Bank Bill―1845, *Economist,* Oct. 23, 1847, p1214-1215.
19) *MEGA*, S.623-624; *MEW*, S.585：訳, 805-806ページ。
20) その例証として、ここに脚注が付され、「銀行法特別委員会(1857年)」におけるニューマーチの証言(第1520号、第1522号)が引用され、そこにコメントが付されている(*MEGA*, S.624; *MEW*, S.586：訳, 806-807ページ)が、現行版では、脚注としてではなく本文として組まれている。
21) *MEGA*, S.624; *MEW*, S.585-586：訳, 806ページ。
22) *MEGA*, S.624-625; *MEW*, S.586-587：訳, 807ページ。
23) *MEGA*, S.625; *MEW*, S.587：訳, 808ページ。
24) *Ibid.*
25) *MEGA*, S.622; *MEW*, S.582-583：訳, 802ページ。
26) この「旋回軸(pivot)」についての指摘に際しては、脚注で、「銀行法特別委員会(1857年)」でのニューマーチの証言(第1364号)が引用されている。因みに、上述のニューマーチからの脚注としての引用(第1520号、第1522号)およびこの第1364号からの引用(*MEGA*, S.624, 625)が、ニューマーチの証言の本格的な引用・検討の始まりとなっていく。
27) ここには脚注が付され、『エコノミスト』誌を見よ」として、『エコノミスト』誌第Ⅴ巻 1847年 1418ページ」と出所を記して、同誌を引用しているが、その引用

第13章 「唯一困難な問題」について　517

は大意訳である。因みに、『エコノミスト』誌は、「利子率の引き上げと資本前貸しの制限による早めの信用の引き締め(contraction)によるのか、好ましからざる、そして恐るべき制限と規制によるのか」(*The Economist,* Dec. 11, 1847, p.1418)という表現で対比しているのである。なお本書第4章第4節の注22)も参照されたい。
28)　*MEGA*, S.625-626; *MEW*, S.587-588；訳, 808-809ページ。
29)　ここに脚注が付されて、チャプマンの参照が求められている。*MEGA* 編集者はその箇所を、「混乱」での小見出し「準備金(Reserve)」の下でのチャップマンの証言(第5057号)からの引用——「地金がある点以下に下がったときには、直ちに警鐘を鳴らした方がよい」(*MEGA*, S.572)——を指しているものとしている(cf.*MEGA*, *Apparat*, Erläuterungen, S.1313)。しかし他方で、「手形など全てが一度に銀行貨幣(Bankgeld)に転換可能であるべきであり、そして銀行貨幣全てが金に兌換可能であるべきである。〔その上に商品も〕」(*MEGA*,S.626; *MEW*, S.589：訳, 811ページ)、というのがまさにチャップマンの「願望」でもあったのである。
30)　*MEGA*, S.626; *MEW*, S.588-589：訳, 809-810ページ。
31)　*MEGA*, S.626,Z.36.「第2の部分」は手稿375ページをもって終わり、次の手稿376ページ(*MEGA*, S.626, Z.37)からは「第3の部分」となる。なお現行版第35章第1節「金準備の運動」も手稿375ページまでから編まれている。
32)　大谷禎之介「『信用制度下の流通手段』および『通貨原理と銀行立法』前掲、54ページ。なお引用文中の「［混乱。続き］」部分の括弧［　］の印は、大谷氏が付されたものであり、氏が「［混乱。続き］」部分とされているのは、*MEGA* 版での「混乱：続き」の最初の部分(「第1の部分」)のみである。先の注4)も参照されたい。念のために。
33)　大谷禎之介「『貴金属と為替相場』前掲、4ページ。
34)　その点は、*MEGA* 版の組上がり具合から見ても、手稿ページの「上半分」だけに記されていたページの組ページと、「フルに使用」されていたページの組ページとでは、組み上がりの行数が異なっていることからも、確認できる。
35)　現行版第35章第2節「為替相場」の導入部は、「混乱」におけるJ. S. ミルおよびハバードの証言の引用(cf. *MEGA*, S.565, 567)などを取り込みながら、エンゲルスが編んでいる部分(cf. *MEW*, S.590-591：訳, 812-814ページ)であり、第2節の中の「対アジア為替相場」というタイトル部分以下が、この「第3の部分」から編まれた部分である。
36)　本書第7章第5節を参照されたい。
37)　*MEGA*, S.628-635; *MEW*, S.591f.: 訳, 814ページ以下。
38)　Cf. *MEGA*, S.627, Z.37-S.635, Z.35.
39)　エンゲルスは、ここに、「銀行法特別委員会(1857年)」におけるニューマーチの証言を脚注として付している。Cf. *MEW*, S.585：訳, 805ページ。
40)　例えば、対インド貿易でイギリスの「善政」をどのように取扱うかによって、対インド貿易差額の大きさが異なってくることを、ニューマーチは縷々説明している。

その上「対アジア」取引となれば，インド-中国間の「阿片」取引も加わり，さらにインドとオーストラリア，あるいは中国と合衆国といった「3国間相互決済貿易」をも考慮せねばならず，しかもそれらに銀による決済のためのヨーロッパ内での，例えば英仏間での金-銀取引も考慮することが必要となる。それらについては，本書第7章第1節，第5節，等を参照されたい。

41) 委員ウェーグェリンとニューマーチ，あるいは委員ウッドとニューマーチとの質疑・応答において，ニューマーチもまた地金の流出入を伴わない対外取引と為替相場との関係についての説明で曖昧さを残すのであるが，そこに，地金を「資本」と規定する委員ウィルソンが割り込んで「愚かな試み」をすることなどが，その好例である。この点についても，本書第7章第5節を参照されたい。

　因みに，一方，トゥック等は，地金の流出入は「国内通貨の問題」ではないが故に「単なる資本の問題」であると主張するのに対し*，他方，オーヴァーストーン等は，「一般的等価物(universal equivalent)**」である「世界貨幣」としての地金の一定部分がそれぞれの国々に「配分」され，それがその国の通貨として流通すると考え，したがって1844年銀行法では，上述のように，「地金の流出は通貨の収縮に，地金の流入は通貨の膨張に等しい」とされることとなる。

　*この問題についての銀行学派の誤りについては，マルクスは，既に「Ⅰ」(現行版第28章)において検討・批判している(cf. MEGA, S.512-513; MEW, S.458-469；訳, 644ページ。なお本書第1章第4節の注10), 第11章第4節, 第5節注2), 等も参照されたい。

　**この点については，本書第5章第3節を参照されたい。

42) MEGA, S.628; MEW, S.591：訳, 814ページ。

43) MEGA, S.635,Z.36-S.638. Cf. MEW, S.600-603；訳, 826-831ページ。なお本書第4章第5節, 第7章第5節, 等も参照されたい。

44) 小見出し「対アジア為替相場」で，「物知り顔のウィルソン」が第1804号で「誤った結論」を引き出そうとしているとマルクスは言い，さらに括弧(　)に入れて，「彼(ウィルソン)は貨幣貸付資本と資本一般とを同一視しようとしている」(MEGA, S.630, 631; MEW, S.595：訳, 819ページ)とのコメントを挿入している。

45) MEGA, S.638-639; MEW, S.556, 603-604；訳, 765, 831-833ページ。

46) MEGA, S.640-641; MEW, S.604-605：訳, 833-834ページ以下。なお現行版では，この小見出し「イギリスの貿易差額」の部分も，第35章第2節に収録されている。

47) MEGA, S.641; MEW, S.606：訳, 836ページ。因みにこの最後の部分には，引用符も付されないままの，『エコノミスト』誌からの抜き書きも見出せる。

48) 現行版第35章第2節「為替相場」は，主として，この「第3の部分」の小項目「対アジア為替相場」や「イギリスの貿易差額」などから編まれている。これについて大谷氏は，次のようにエンゲルスの編集を批判されている。即ち，『『混乱』および『混乱。続き』[つまり「第1の部分」](および，[氏が]続稿で取扱う，『貴金属と為替相場』の本文のために書かれた部分[第2の部分]])のあとに続く抜粋部分[つま

り「第3の部分」，「第4の部分」」)は，正確には，『もっとあとの本』のために行われた材料収録ではあっても，第5章の本文を執筆するための材料収録ではなかった」（大谷「『信用制度下の流通手段』および『通貨原理と銀行立法』」前掲，63ページ。79ページも参照）のに，「エンゲルスは…『第2節　為替相場』という独立の節を設けることによって，マルクスの極めて限られた断片的記述をマルクスの『為替相場論』なるものとして読者に提供することになった」（大谷「『貴金属と為替相場』」前掲，84ページ），と。

　確かにこの「第3の部分」でマルクスは「為替相場」論を展開しようとしているわけではない。また，そういう内容の部分に，エンゲルスが，「為替相場」というタイトルを付したことの当否の問題はありうるかもしれない。しかしそうではあるが，貿易差額，支払差額，そして為替相場と地金の流出入の具体的実態を明らかにしておくことが，手稿「信用。架空資本」論にとって，果たして不要でまた不適当であったのであろうか？別言するならば，その具体的実態を明らかにすることなしに，「1830年以来の言及するに足りる経済学的文献」の論評をなしえたのであろうか。疑問とせざるを得ない。

　なお念のために付言するならば，大谷氏は，マルクスの「為替相場」論について，『ロンドン・ノート』等にまで遡って検討されている。上掲論考「『貴金属と為替相場』」の，65-85ページを参照されたい。

49) エンゲルスは「係争問題」としてではあるが，そして第35章についての言及はないが，しかしこれらを纏めて読むべきことに注意を喚起していることが，想起されよう。本章第1節の注13)を参照されたい。
49) *MEGA*, S.641, Z.39.
50) *MEGA*, S.642-643. この横線は*MEGA*版では欠けている。大谷禎之介「『貴金属と為替相場』」前掲，172ページ参照されたい。
51) 「キャッシュ クレディット」については，本書第9章第5節を参照されたい。
52) *MEGA*, S.643-646; *MEW*, S.561, 541, 559, 555, usw.: 訳，772, 745, 770, 764ページ，等。なお手稿ページは，385ページから390ページへと飛んでいる。
53) *MEGA*, S.646; *MEW*, S.606：訳，836ページ。

第7節　結びに代えて
― 「どのような銀行立法も恐慌を除去できない」 ―

　上来，手稿「信用。架空資本」の「Ⅲ)」冒頭で，「この信用という事柄全体で唯一困難な問題」として提起された「2つの問題」を，2点を手掛かりに検討してきた。1つはその「2つの問題」はこの手稿の中で解決点を見出しえているのかどうか。いま1つは，「Ⅲ)：続き」の途中に記された「叙述プラン」

——「オーヴァーストーン氏のごっ た混ぜの言葉使いをやっと後で考察しよう と思う」——をどのように理解するのが適当か，という点であった。

第1の点については，「Ⅲ）：続き」を経て「混乱：続き」の「第1の部分」にまで及ぶ形で解決されている[1]。そして第2の点に関して言えば，「やっと後で考察しようと思う」と記しながらも，「Ⅲ）：続き」の後半で，直ちに，利潤率，利子率，企業利潤率についての「オーヴァーストーンの矛盾の続き」を検討・批判しているのであるから，「やっと後で考察しよう」というのは，結局，「オーヴァーストーン氏のごった混ぜの言葉使い」全体，つまり「補遺」・「Ⅲ）」・「混乱」・「Ⅲ）：続き」・「混乱：続き」で言及して来たオーヴァーストーン批判と1844年銀行法批判を，纏めて考察するのは「やっと後」でということとなり，それは「混乱：続き」の「第3の部分[2]」の後と考えるのが適当である。これが以上の考察からの到達点であった。

ところでこれまでのところは，1844年銀行法の基礎となったオーヴァーストーンの「誤った貨幣理論[3]」を構成する概念の「ごった混ぜ」，ないしその「矛盾」の検討に焦点を置きながら考察してきたのであるが，マルクスは「2つの問題」を検討しながら，上述のように，同時に，「どのような種類の銀行立法も恐慌を取り除き得るものではない[4]」ことに説き及んでいたのである。そこでその点を一瞥することによって本章の結びに代えることとしよう。

先に本章第2節で商業信用を「銀行業者の信用から分離して考察[5]」したが，その際，この「純粋の商業信用の活動範囲」が次のように指摘されていた。「第1に：この相互的債権の決済は，資本の還流に依存」し，「還流の見込みを除けば，支払いは，遅れた還流の場合にその請求に応じるために，単にそれを自由に処理する準備資本に依存しているにすぎない。」そして「第2に：この信用制度は現金での貨幣支払をする必要性を止揚しない[6]」，と。

だから「それ自体で考察された，この商業信用にとっての限界(limits)は，1）…[資本の]還流が遅れた場合における準備資本に対する彼ら[生産者と商人]の処分権(Verfügung)であり，2）還流自体である」，ということとなる。そして一方では「手形が長ければ長いほど還流がそれだけ遅くなるから，必要な準備資本はそれだけ大きく，その間に商品価格の変化の機会も多く，市場での過剰在庫の機会も多くなる。他方では，本源的取引に商品価格の騰落への投

第13章 「唯一困難な問題」について　521

機がより多く入り込んでくればくるほど，還流がそれだけ不確実となる。ところが労働の生産力の，だからより大規模な生産の発展と共に，1）市場は拡張し生産点から遠くなり，そして2）信用が長期化されねばならず，そして3）取引において投機的要素が益々優勢となるに相違ない，…。そこで…生産過程の発展は［この］信用を拡大し，そして信用は生産的・商業的働きの拡大に導く[7]」，と。

　ところが商業信用の場合には，上述のように，「貸付可能資本と再生産的資本は同一(identisch)であり，貸付けられる資本は，最終的消費に決められている商品資本であるか，あるいは，生産的資本の不変部分に(それを補塡するために)［その］要素として入っていくことになっている商品資本である」から，この信用は，「生産的資本それ自体の大きさと共に増大することは明らかである。[8]」だから「〔ここでは信用の最大限(Maximum)は，生産的資本の完全就業，即ち(i. e.)，消費の限界(the limit of consumption)へのいかなる考慮なしでの，潜在的再生産力の最大の充用(the utmost employment of the latent reproductive power, without any regard to the limit of consumption)である。［そして］この消費の限界は再生産過程自身の緊張によって拡大する。なぜなら，［それは］一方では，労働者と再生産的資本家による所得のより多くの消費(Verzehr)［であり］，他方では，生産的消費と同一の再生過程の緊張［であるからである］。〕[9]」

　だからまた「再生産過程が流動的なままである限り，だから還流が確保されている限り，この信用は持続し，拡大し，そしてその拡大は再生産過程そのものの拡大に基づいている。［しかし］遅延する還流，市場の過剰在庫，価格の下落ゆえに，［再生産過程の］停滞(Stockung)が始まる[10]と，生産的資本の過多(Ueberfluß)がそこにあるが，しかしその形態では，それ［生産的資本］がその機能を遂行し得ない形態においてなのである。大量の売れない商品資本。大量の固定資本。しかし誰も売れない。他方では，これ［生産的資本］は，再生産の停滞と共に，部分的に失業。［この商業］信用は，1）この［生産的］資本が『失業』しているが故に，即ち，一つの再生産局面で停滞しているが故に，その姿態変換を遂行し得ないが故に，2）再生産過程における流動性(Flüssigkeit)への信頼がなくなっているが故に，3）この商業信用に対する需要が減少してい

るが故に，収縮する。その生産を縮小し，そして大量の売れない布を背負い込んだ縫製業者は，信用で糸など買う必要はない。商人は信用で布を買う必要などはない，等々[11]。」

このように「再生産過程のこの強さ(Intensivität)と膨張に支障(Störung)が発生すると，一方では，とも角，信用収縮(Discredit)［が生じる］。著しく掛けで買っている，…しかし［他方では］，何はさておき，各人は販売せねばならず，そして売ることができない。そして支払うためには売らなければならないので，信用収縮が最大であるときには(だから割引率が最高であるときには)，失業している(unbeschäftig)，投下すべき［貨幣貸付］資本ではなくて，再生産過程で阻害されている［生産的］資本の量がまさに最大である。再生産過程が阻害されているのだから，そのとき［生産的］資本は事実上大量に失業する。工場は静止状態で，原料は商品倉庫に横たわり，製品は商品として市場にがんとして動かないでいる。だからこのような状態を生産的資本の不足(Mangel)に帰する以上の誤りはない。その場合一部は，再生産の現実の，そこで収縮した規模との関連での，また一部は不随となった消費との関連での，生産的資本の過多がそこにある(vorhanden)[12]」のである。

そしてこれに続けてマルクスは，括弧〔　〕に入れて「あらゆる現実の恐慌の究極の原因」についての岐論を挿入する。

「〔生産的資本家と賃金労働者とからのみ構成されている社会全体を考え，資本の大きな部分(die grosse Portionen)をその平均的な割合で(in average Verhältnissen)補塡することを妨げ，そして，特に信用制度がそれを発展させているような，総再生産過程の一般的関連の場合に，常に一時的な停滞(Stockung)を惹き起こすに相違ない価格変動を度外視し，また信用制度が助長する見せかけの取引や投機的な取引を度外視するならば，あらゆる恐慌は，ただ種々な部門(Zweigen)における生産の不比例(Disproportion)，並びに，資本家自身の消費がそれ［不均衡］において彼らの蓄積に関係しているであろう(stände)不均衡(Mißverhältniß)からのみ，説明できる(erklärlich)。そうであるがしかし(so aber)，一方，彼らの諸資本の補塡は多くは不生産的階級の消費能力[13]に依存し，他方では，労働者の消費能力は，部分的には賃金の法則によって，部分的には彼らは彼らが資本家階級のために利潤をもって充用される長さだけ充用さ

れるに過ぎないということによって，制限されている。あらゆる現実の恐慌の究極の原因(der letzte Grund aller wirklichen Crisen)は，依然として常に，一方では大衆の窮乏であり，他方では，生産諸力を恰も社会の絶対的消費能力がその限界をなしているかのように発展させようとする，資本主義的生産様式の性向(Trieb)である(Die Armuth der Massen einerseits, der Trieb der capitalistischen Productionsweise andrerseits die Productionskräfte so zu entwickeln, als ob die absolute Consumtionsfähigkeit der Gesellschaft ihr limit bildete)。」[14]」，と。

　このように，生産的資本家と賃労働者のみから成立つ社会をまず想定する。そして「本来的貨幣貸付信用」を考慮の外におき，価格変動や信用による見せかけの取引や投機的な取引を度外視する。そうすると，「あらゆる恐慌(jede Crise)」は，生産諸部門間の「不比例」と資本家の消費と蓄積との「不均衡」からのみ説明しうる，と言うのである。が，それに続けてマルクスは，「そうではあるがしかし」として，実際には，好況末期に「不生産的階級の消費能力」が低下すること，また労働者の消費能力に言及し，その上で，「究極の原因」を，「一方では大衆の窮乏と，他方では，生産諸力を恰も社会の絶対的消費能力がその限界をなしているかのように発展させようとする資本主義的生産様式の性向」に求めていくのである[15]。

　ところで上述のように，「この商業信用に本来的な貨幣貸付信用が付け加わる。産業家や商人相互の前貸しが，銀行業者や貨幣貸付業者の側での彼ら[再生産的資本家]への貨幣の前貸しと混ざり合う[16]。」ところがこの「銀行業者の信用」は，商業信用とは「1つの別の，本質的に異なった契機をなしている[17]」のであって，「手形の割引によって[生産者や商人の相互的]前貸しは単に名目的となる。」というのは，「商業信用の活動範囲」を制約していた，生産者や商人が「自由に処理する準備資本」への依存から，彼らを解き放すからである。例えば「Aは，彼の綿糸を手形で販売するが，しかし彼は手形を割引く。事実上彼[A]は，彼の銀行業者の信用を前貸しし，彼[銀行業者]は彼[A]に彼[銀行業者]の預金者の貨幣資本を前貸しする。そしてその預金者は産業家や商人たち自身から成立っているが，しかしまた労働者(貯蓄銀行[の場合には])，地代取得者およびその他の不生産的階級からも成立っている。準備資本

は，このように，一方では，個々の個人にとっては回避される。他方では現実の還流への依存[から回避される]。[同時に]他方，一方では，手形のやり繰りによって，即ち，手形を振出しうるための商品の販売によって，そして他方では，事実上は，部分的には騙された貨幣貸付業者の犠牲で，部分的には騙された生産者の犠牲で，還流がなされたにすぎなくなった[18]後にも，なお極めて堅実な事業と流動的な還流の外観が長い間存在しうるほど，全事態(die ganze Geschichte)は全く複雑化される。だから事業は常に崩壊(clash)の直前に，まさに健全に見える[19]」こととなる。

　だからこう言うこととなる。即ち，「商業信用」に，それとは「本質的に異なった契機」をなす「銀行業者の信用」が「付け加わり」，両者が「混ざり合う」と，「純粋な商業信用の活動範囲」が「依存」している2つの条件のうちの1つである「生産者および商人」の「準備資本」は，さしあたり「個々の個人」にとっては「回避」され，さらにいま1つの条件である「資本の還流」の点でも，「手形操作」や詐欺的借入によってさしあたりは「回避」されることによって，「流動的な還流の外観」が保たれ，「社会の絶対的消費能力がその限界を成しているかのように」生産諸力を発展させ，生産過程は初めてその「資本主義的制限を越えて」進むこととなる[20]。それが「物価騰貴」と「過剰生産と過度緊張の時期」であるが[21]，しかし，このように「全過程が信用に基づいている場合に，信用が止まり，そして現金支払だけが通用するや，突然に信用恐慌が現れるに相違なく，また支払手段の不足は明らかで，だから一見したところ(prima facie)，全恐慌は信用恐慌および貨幣恐慌として現れるに相違ない[22]」こととなる。

　そのように現れるのではあるが，しかし「実際には，単に手形の貨幣への『転換可能性』だけが問題なのではない。この手形の膨大な部分は，今や炸裂し，明るみに出たいかさま取引を単に表しているにすぎない。失敗した，そして他人の資本で営まれた投機。最後に減価した商品資本，またはもはや行われ得ない還流[を表わしているにすぎない][23]」のである。

　そして，ある国の「過剰輸出」と「過剰輸入」は単にその国だけの問題ではなく，関係する全ての国での問題なのである。「例えば，イギリスにおける地金の流出[はイギリスが]過剰輸入したのである。しかし同時にすべての国々が，

その[イギリスの]商品で過剰在庫となっている。だから彼らもまた過剰輸入してしまったか，あるいは過剰輸入している[24]」のである。そこで「(例外はあるが)彼ら[一連の国々]がすべて過剰に輸出し過剰に輸入していたということ，だから支払差額がすべて[の国々]で逆である」ということとなるのであり，したがって「すべての一連の国々に[支払の]順番が来る(der Reihe nach alle Länder an Reihe kommen)」こととなる。そこでこの場合にも，為替相場と地金の流出の「核心(die Sache)は，実際には，支払差額にあるのではなく[25]」，現実資本の再生産＝循環過程に関わる過剰輸出と過剰輸入にあるのである。

ところで既に言及してきたように，「ブルジョア的生産過程の基礎(Grundlage)は，貨幣が価値の自立的形態として商品に対立的に現れること…であり，そしてそのことは，1つの特定の商品[金や銀]が…まさに一般的な商品…となることによってのみ可能である[26]。」しかし「生産が円滑である限り」，金や銀が「富の社会的性格の独立の化身として」「富の他の形態から区別される」ということが「忘れられている。」そして「富の社会的形態としての信用[27]」の場合にも同様であるが，過剰生産，過剰取引，過剰輸出，過剰輸入の結果として，逆の支払差額と地金の流出が生じると，事態は一変し，「貨幣が支払手段として，そして価値の真の(wahre)定在として，商品に絶対的に対立して現れ…，[信用貨幣の]貨幣への兌換性(Convertibilität)が，即ち，その金との同一性(Identität)が」求められ，金への「この兌換性を確保せんとする強制措置」がとられることとなる。そして「このことが，誤った貨幣理論に基づいた，そして貨幣取引業者(オーヴァーストーン)の利害によって一国民に強制された誤った立法によって，多かれ少なかれ拡大される」としても，その「基礎は生産様式それ自身の基礎とともに与えられている」のである。もちろん，「一つの銀行の信用が揺るがされない限り，かかる場合に信用貨幣の増加によって，それ[一つの銀行]がパニックを和らげ，引き締め(Contraction)がそれ[パニック]を増大することは明らかである[28]。」そこで「一見したところ全恐慌は信用恐慌および貨幣恐慌として現れ」，「手形の貨幣への『転換可能性』」にのみ，また支払差額を決済するための地金の流出にのみ，関心が集まることとなる。その上ロンドンのような金融センターでは「全てがねじれて現れる[29]」こととなるが，しかしこれらは，信用＝銀行制度を「主要な槓杆として[30]」「再生産過

程の暴力的な拡張[31]」が推し進められてきた結果なのである。だから「どのような種類の銀行立法も恐慌を取り除き得るものではない」(上述)とマルクスは言うのである。

そして実は，この手稿「信用。架空資本」の「序章」の一部とみなしうる，手稿の第3項である「資本主義的生産における信用の役割」(現行版第27章)において，既にマルクスは，「予めなお次のことを」として，「信用制度に内在し，そして二面的な[その]性格」を次のように指摘していたのである。即ち，「信用制度(Creditwesen)が，過剰生産の，並びに商業における過剰取引と過剰投機との主要な槓杆として現れるとすれば，それはただ，その性質上弾力的である再生産過程が，この場合には極限にまで強制されるからであるにすぎず，そして実際にそこまで強制さるのは，社会的資本の大きな部分がこの非所有者によって用いられているからであり，彼らはだから，彼の自分の資本の制限(Schranke)をびくびくしながら思案している所有者が彼自身機能する限りとは全く異なって，一か八かやってみるのである。それと共に資本主義的生産の対立的性格に基礎付けられたその価値増殖が，生産力の，現実の，自由な発展を単に一つの一定の点までだけ許容するということ，だからそれは，事実上その内在的な桎梏，制限(Schranke)——信用制度によって絶えず打ち破られるのだが——をなすということ，だけが現れる。だから信用制度は生産力の物質的発展や世界市場の創出を促進する。そしてそれらを，新生産様式の物質的基盤(Basis)としてある一定程度まで作り出すことが，資本主義的生産様式の歴史的任務である。同時にそれ[信用制度]は，恐慌を，この矛盾の強力的な爆発を，だから古い生産様式の解体の要素を促進する[32]」，と。

〔備考-5〕「現実の恐慌の究極の原因」の挿入について

「現実の恐慌の究極の原因」などについての，上述の，括弧〔 〕に入れられた岐論的挿入部分については，従来，多くの解釈が加えられてきたところである。もちろんここでそれに立ち入ることは所を得ていないし，またここではどのような文脈にそれがおかれていたかは，既に述べてきたところから明らかであると考えられる。しかし1点だけ，即ちこの手稿「信用。架空資本」執筆時点における「再生産論」のいわば完成度の問題

にだけ注意しておくことが必要であるように思われる。というのは手稿では5回にわたって「再生産過程の考察」に言及している[33]からである。

　周知のように、いわゆる「23冊ノート」(1861年8月～1863年6・7月)の中の「剰余価値に関する諸学説」(第Ⅵ～第ⅩⅤ冊、第ⅩⅧ冊)で始まった再生産論の研究は、「エピソード。資本主義的再生産における貨幣の還流運動」(第ⅩⅦ冊、第ⅩⅧ冊)において、単純再生産に関しては、年総生産物の「価値＝素材補塡」のみでなく、「貨幣流通＝還流」の検討でも「一つの到達点に達し[34]」、第ⅩⅫ冊には、いわゆる「マルクスの経済表」(「総再生産過程の表」および「総再生産過程の経済表」)が記されるに至っていく[35]。そしてこの「23冊ノート」においても、「エピソード。所得とその諸源泉」(第ⅩⅤ冊)とそれに続く「商人資本。貨幣取引に従事する資本」(第ⅩⅤ冊・第ⅩⅧ冊)において、既に『資本論』「第Ⅱ部第1稿第Ⅰ章の素地や下地が同時に形成されていたのである[36]。」

　そして『資本論』第Ⅱ部第1稿は、同、第Ⅲ部第1稿「第4章『商品資本と貨幣資本の商品取引資本と貨幣取引資本への転化。利潤の利子と産業資本とへの分裂。利子生み資本』を書き始める直前に執筆を中断して[37]」執筆されており、他方、第Ⅱ部第1稿執筆後は、第Ⅲ部第4章[篇]の後半が独立の第5章[篇]「利潤の利子と企業利潤(産業利潤または商業利潤)とへの分裂。利子生み資本」となり、その第5節が「信用。架空資本」となるのである。したがってここで検討している手稿「信用。架空資本」の中で、繰り返し言及されてくる「先に考察した」「再生産論」ないし「再生産過程の考察」とは、この第Ⅱ部第1稿 第3章「流通と再生産[38]」を指称しているものと考えられる。そしてそこでは、年総生産物の3大取引が、「所得と資本」「所得と所得」「資本と資本」との取引と規定され、それらの取引とそれらを媒介する「貨幣流通＝還流」についても、資本の循環と所得の流通との区別と相互連関が考察され、したがって事実上、「社会的総資本の再生産＝循環は、相互に絡み合い、前提しあい、条件付け合う諸資本の再生産＝循環運動と、さらにそれらと相互に絡み合い、条件づけあう諸所得(賃金・剰余価値)の流通とから形作られている[39]」という把握に至っている。

しかしそこでは，例えば「エピソード。資本主義的再生産における貨幣の還流運動」においては，「部門Ⅱ[生産手段生産部門]の賃金支払とその貨幣の還流の仕方」について，それは「直接には還流しない」で「迂回を経て…還流する[40]」とされるに留まっており，「労働者階級が購買者・資本家階級が販売者・として現れる過程による，貨幣形態で投下された可変資本のこの種の還流を，…後で立ち入って研究する[41]」というところにまでは進んではいない。そしてそこまで踏み込むことができたならば，生産手段生産部門での労働力の購入は，資本の側からすれば労働力の一方的購買であり，労働者の側からすれば労働力の一方的販売であり，またその労働者が生活資料に所得としての賃金を支出するときには，今度は彼が生活資料の一方的購買者であり，生活資料生産部門の資本の側からすれば，今度は資本の側が生活資料の一方的販売者となるという関係を明らかにしえたであろう[42]。

　だから，「あらゆる現実の恐慌の究極の原因」等については，岐論として開示されているように，再生産論にまで立ち返って検討することが不可欠ではあるが，しかしそこでの再生産論との関連で言及されている生産諸部門間の「比例性」や労働者階級の「消費能力」については，この手稿「信用。架空資本」の執筆より遥かに後の時期に属する『資本論』第Ⅱ部の第Ⅷ稿における再生産論の展開を踏まえて検討することが必要であると考えられるのである[43]。

1) 付言するならば，「2つの問題」の「第1の問題」の結論は，貨幣貸付資本の蓄積と現実資本の蓄積とは「同一」ではない。唯一例外的に両者が「同時に生じる」のは，「過度緊張の状態に先立つ」「繁栄」の時期であるというものであり，「第2の問題」の結論は，貨幣貸付資本の増減は国内にある貨幣の量からは独立している。そしてこの問題の系論として第5節で考察したように，その唯一の例外は，「技術的要因」による通貨の増減と利子率との関係，並びに逼迫期における貨幣退蔵による通貨の不足と利子率の高騰であり，逼迫期以外には通貨の絶対量は利子率に作用しないというものであった。——したがって「事業の状態に関係」なく「技術的要因」によって「現実に流通している」イングランド銀行券に過不足が生じる場合，また「事業の拡大」によって「現実に流通している部分」が不足する場合には，イングランド銀行がそれを供給し，そして逼迫期にはイングランド銀行が引き締めを強化すればパニックを激化し，銀行券供給の増加によってそれを和らげるという諸結論は，

第13章 「唯一困難な問題」について　529

　　　現在においてもほぼそのまま妥当するであろう。
　2）　ここでは，オーヴァーストーンのみでなく，ウィルソンもまた，貨幣貸付資本と資本一般との「同一視」という誤りに陥っていることが明らかにされている。
　3）　*MEGA*, S.594；*MEW*, S.532：訳，731ページ。
　4）　*MEGA*, S.543；*MEW*, S.507：訳，694ページ。
　5）　*MEGA*, S.537；*MEW*, S.498：訳，682ページ。
　6）　*MEGA*, S.536；*MEW*, S.496-497：訳，680-681ページ。ここでマルクスは，「現金での貨幣支払」が必要な取引として，賃金・税金の支払いの場合の他に，手形相殺による決済のできない取引として，「再生産過程のところで考察した」両生産部門間の取引を挙げている。「例えば，炭鉱業者と機械製造業者に対する紡績業者の間では[そうである]。彼[紡績業者]の事業においては，後者への反対請求を決してなし得ない，なぜなら彼の生産物は後者の生産過程に要素としては決して入らないからである。後者の手形[請求権]は彼には現金で支払われねばならない」（*ibid.* S.536），と。
　7）　*MEGA*, S.536-537；*MEW*, S.497-498：訳，681-682ページ。
　8）　*MEGA*, S.537；*MEW*, S.498：訳，682ページ。
　9）　*MEGA*, S.538-539；*MEW*, S.499：訳，684ページ。
　10）　この「消費の限界」と再生産過程の「停滞の始まり」という基礎的関係について，マルクスはここでも再生産表式を念頭に，次のように括弧〔　〕に入れた岐論の形で，説明している。「〔われわれは以前に[「再生産過程のところで」]次のことを見てきた，即ち，生産に用いられているけれども，消費されていない固定資本を除くと，不変資本の一部は現物で補填され，他の一部は不変資本の生産者の間での交換によって補填されるので，消費者は生産に投下された資本全体を決して補填はしない。しかし彼らの所得[m]と可変資本[v]とを表している部分が，もはや彼らの資本の生産的消費者への販売——彼ら自身の取引は，消費者への販売に依存している——によって補填されなくなるや，この過程は当然彼ら自身の下で停滞する，ということを〕」（*MEGA*, S.538），と。つまり両部門間転態に支障が生じて来ると，生活資料生産者の間に停滞が生じてくる，というのである。ただしこのパラグラフは現行版では削除されている。（なお本節末尾の〔備考-5〕も参照されたい。）
　11）　*MEGA*, S.539；*MEW*, S.500：訳，684ページ。
　12）　*Ibid.* これはウィルソンの1847年恐慌についての流動資本不足説＊を念頭においているのであろうか？｜生産的資本の現実的不足（少なくとも資本主義的に発達した諸国民の場合に）については，それが主要食料品であれ，あるいは主として産業用原料であれ，全般的な不作の場合にのみ語られうるにすぎない」（*MEGA*, S.540；*MEW*, S.501：訳，686ページ。）
　　　　＊この点については，本書第3章第3節を参照されたい。
　13）　「〔不生産階級および固定収入によって生活する階級の所得は，同時に過剰生産と過剰取引が手に手をとって進んでいる物価騰貴（die Inflation of prices）の間は，大

部分が，停滞的のままである。だから彼らの消費能力は相対的に減少し，そして総生産[物]のうち，正常ならば(normaliter)彼らの消費に入り込むに相違ない部分を補塡するはずの彼らの能力[が相対的に減少する]。彼らの需要が名目的には同じままであるとしても，それは実際には(realiter)減少する]」(MEGA, S.543-544；MEW, S.508：訳, 695ページ。)

14) MEGA, S.539-540。因みに現行版では，「究極の原因」の，「一方での大衆の窮乏」のところに「消費制限」が加えられ，「大衆の窮乏と消費制限」(die Armut und Konsumtionsbeschränkung der Masse gegenüber dem Trieb der kapitalistischen Produktion, die Produkutivkräfte so zu entwickeln, als ob nur die absolute Konsumtionsfähigkeit der Gesellschaft ihre Grenze bilde)に改められている(MEW, S.501：訳, 685-686ページ)。念のために。

15) 本節末尾の〔備考-5〕を参照されたい。

16) MEGA, S.540；MEW, S.501：訳, 686ページ。

17) MEGA, S.535；MEW, S.496：訳, 679ページ。

18) 「再生産過程が再びその好況の状態(その過度緊張の状態に先立つ状態)に達すると，商業信用は非常に大きく，そしてその時それは事実上再び『健全な』基礎，円滑な還流と拡大された生産をもっている。…大きな商業信用と結びついた還流の流動性は，増大する需要にも拘らず，貸付可能資本の供給を確保し，それ[利子率]をその[低い]水準に保つ。他方では今や初めて，準備資本なしに，各自の資本なしに活動し，だから全くの[借り入れられた]貨幣貸付資本で運営する騎士たちが目立つほどに登場してくる」(MEGA, S.542；MEW, S.505：訳, 691-692ページ)。なお手稿「Ⅰ」の部分においても，既に次のような指摘が見出される——「還流は商品資本の貨幣への再転化を，G—W—G'を表している。信用は還流を，生産的資本家にとってであれ，商人にとってであれ，現実の還流から独立にする。彼は信用で売る；だから彼の商品はそれが彼に貨幣に再転化する前に，だから彼自身に貨幣形態で還流する前に，譲渡される。他方，彼は信用で買い，そこで彼の商品の価値は，それが現実に貨幣に転態される前に，生産的資本にであれ，商品資本にであれ，再転化される。しかし繁栄期には，手形が満期となり，支払期限となるや，還流している。…急速で確実な還流の外観(Schein)が，その[急速で確実な還流の]現実性が一度動きだした信用によって過ぎ去った後になっても，常に長期にわたって保たれる。というのは，信用還流(Creditreturns)は現実の[還流]を代表しているからである」(MEGA, S.509-510；MEW, S.463-464：訳, 637ページ)，と。

19) MEGA, S.540-541；MEW, S.501：訳, 686-687ページ。これについての「最良の証明を，例えば，銀行法についての報告書(1857年)が提供している。そこでは恐慌が勃発する前の月(1857年9月)に，すべての銀行取締や商業家等々，簡単に全委員会が，繁栄と事業の健全性について相互に祝い合っていた。慶賀者の頂点には，1857年委員会で証言をした証人の1人であったオーヴァーストーン卿が立っていた」(ibid.)。例外として，上述のように，トゥェルズ，チャップマン，カップスが挙げ

第13章 「唯一困難な問題」について　531

られている。
20) 「過度緊張の状態」である「過剰取引の時期には，それ[生産]が，生産諸力の緊張(das straining)を駆り立てて生産過程の資本主義的制限(Schranke)を越えさせる」(*MEGA*, S.543; *MEW*, S.507：訳, 693ページ)のである。なお上述のように「Ⅲ)：続き」においても，信用制度の発展と共に発展する「貨幣貸付資本の過多」が，「生産過程をその資本主義的諸制限を追い越して進ませる——過剰取引，過剰生産，過剰信用の——必然性を発展させる」(*MEGA*, S.586; *MEW*, S.523-524：訳, 717-718ページ)ことが指摘されている。
21) 「同時に過剰生産と過剰取引が手に手をとって進んでいる物価騰貴(inflation of prices)の間」(*MEGA*, S.544; *MEW*, S.508：訳, 695ページ。)
22) *MEGA*, S.534; *MEW*, S.507：訳, 694ページ。
23) *MEGA*, S.543. 因みに現行版では次のように書き換えられている。即ち，「実際には，手形の貨幣への転換可能性だけが問題である。しかしこの手形は，大多数が，現実の売買を表しており，社会的需要を遥かに越えたその[売買の]膨張が結局は全恐慌の基礎である」(*MEW*, S.507：訳, 694-695ページ)，と。
24) *MEGA*, S.544; *MEW*, S.508：訳, 696ページ。この場合，「〔確かに信用で輸出している国と，信用では輸出していないか，あるいは僅かしか輸出していない国との間には１つの区別が入り込む。後者はしかしその場合，信用で輸入する。委託で輸出されている場合は，実際には，後者ではない。〕恐慌はまず最初に，多くの信用を与え，そして僅かの信用しか受けていない国，イギリスで勃発する。なぜなら，貿易差額がイギリスにとってどうであろうとも，支払差額がイギリスに逆であるからである。(部分的にはイギリスの信用の故に，部分的には外国への資本の貸与の故に，本来的な商業的還流の他に大量の還流がそれ[イギリス]に殺到する。)〕」「〔しかし恐慌は，イギリスから極めて多くの商業信用と資本信用を受け取っている国，アメリカにおいて，[イギリスと]同様に，まず最初に勃発さえする〕」(*ibid.*)。
25) *MEGA*, S.544; *MEW*, S.508：訳, 696ページ。
26) *MEGA*, S.594; *MEW*, S.532：訳, 730ページ。このことをマルクスは括弧〔　〕に入れた岐論で強調している。因みに，銀行券の兌換制度が廃止されたからといって，「ブルジョア的生産過程の基礎」そのものが止揚された訳ではない。自然発生的な経済過程で金(または銀)が商品の価値の一般的等価物，商品の価値尺度(Maß der Wert; measure of value)となったのであって，国家が価格の度量基準(Maßstab der Preise; standard of value)を定めたので金(または銀)が一般的等価物となったのではない。その点については，さしあたり，小林賢齊「貨幣貸付資本と現実資本」論，その現代的意義』『季刊経済理論』第45巻第2号，2008年7月，32-34ページを参照されたい。
27) *MEGA*, S.626; *MEW*, S.588：訳, 809ページ。このことは「混乱：続き」の「第2の部分」の後半で敷衍されていたところである。
28) *MEGA*, S.594-595; *MEW*, S.532-533：訳, 730-731ページ。

29) 「この［有価］証券(papieren)の世界では，真の［現実の］価格とその真の［現実の］契機はどこにも現れず，地金，銀行券，手形(転換性)，有価証券［が現れる］。特にその国の全貨幣業務(Geldgeschäft)がそこに集中しているセンター(例えばロンドン，等)においては，この倒錯(Verkehrung)［が現れる］。生産的センターにおいては［この倒錯は］よりは僅かであるが」(*MEGA*, S.543; *MEW*, S.508：訳，694-695ページ)。
30) *MEGA*, S.505; *MEW*, S.457：訳，627ページ。
31) *MEGA*, S.543; *MEW*, S.507：訳，694ページ。「再生産過程の強力的な拡張の全人為的制度は，今やある１銀行(例えばイングランド銀行)が紙券で全いかさま師たちに彼らに不足している資本を与え，そしてすべての商品をその古い名目価値で買うということによっては，当然治癒(curieren)されえない。」
32) *MEGA*, S.505; *MEW*, S.457：訳，627ページ。
33) Cf. *MEGA*, S.536, 538, 584, 601-602, 634; *MEW*, S.497, 521, 546-547：訳，680-681, 714-715, 752ページ。
34) 小林賢齊「『単純再生産表式』成立過程の一齣——「エピソード。貨幣の還流運動」についての覚え書——」『武蔵大学論集』第29巻第3・4号，1981年12月，1, 43ページ，および本書の序章第3節の［6］，等を参照されたい。
35) 小林賢齊「マルクスの『経済表』について—— 一断章——」同上，第32巻第5・6号，1985年3月；小林「『剰余価値の資本への再転化』と『経済表』——手稿『経済学批判』第XXII冊における——」同上，第33巻第5・6号，1986年を参照されたい。
36) 小林賢齊「『資本論』第II部第I編成立過程の一齣——手稿『経済学批判』第XV冊および第XVII冊について——」『土地制度史学』第132号，1991年7月，1ページ。
37) 小林「『資本論』第II部第I編成立過程の一齣」前掲，1ページ。
38) *MEGA*, II/4・1, S.301f.：中峯・大谷／他訳『資本の流通過程 『資本論』第2部第1稿』199ページ以下。
39) 小林賢齊「単純再生産」(所収，岡崎・松岡・深町編『解説資本論(2)原典第II部』1979年，160ページ)；小林『概説 経済学原理』1997年，140-141ページ。
40) *MEGA*, II/3・5, S.1736：資本論草稿集翻訳委員会訳『経済学批判 V』⑧，310ページ。
41) *MEGA*, II/12, S.366; *MEW*, Bd. 24, S.402：訳，526ページ。なお，この点の「立ち入った研究」を『資本論』第II部の第VIII稿(1877年-1881年)に見出すことができる。*MEGA*, II/11, S.735, 761-768, 784, 792, 794-795等を参照されたい。
42) 小林「単純再生産」，前掲，185-186ページを参照されたい。本章第3節の注11)も併せ参照されたい。因みに，この一方的売買関係の解明によって，社会的規模での固定資本の「減価償却積立金」，および，「蓄積基金」の問題の解決が可能となっていくのである。したがって本章で考察してきた「貨幣貸付資本の蓄積」の要因分析には，社会的規模での「減価償却積立金」および「蓄積基金」の問題をも加味していくことが不可欠となろう。

43)「資本の再生産＝循環と所得(賃金)の流通との相互に絡み合い条件づけあう運動——しかもここには一方的販売と一方的購買との対応が含まれる——を正しく理解することが，社会的総資本の再生産＝流通過程に『内在する矛盾』を理解するひとつの要をなしている』(小林「単純再生産」前掲，187ページ)。なお，小林賢齊「再生産表式と資本の循環・回転——「表式」成立過程の一考察——」『経済学論集』(東京大学)第25巻第3・4号，1958年9月(所収，小林賢齊『再生産論の基本問題』1975年12月)；小林「社会的総資本の再生産＝流通過程に『内在する矛盾』について—— 一つの覚え書き——』(所収，金子／他編『経済学における理論・歴史・政策』(1978年11月)を，併せ参照されたい。

あとがき

　「再生産論」の研究から「信用論」の研究へと著者を進ませる契機となったものが「エピソード。資本主義的再生産における貨幣の還流運動」であった。

　社会的総資本の再生産過程を分析する「再生産論」を，単なる「価値＝素材補塡」論（いわゆる「実現論」・「市場理論」）としてのみ捉らえたり，あるいは「価値法則の絶対的基礎」論などと解釈するならば，「再生産論」から「信用論」への道は閉ざされたものとなってしまう。そうではなく，「再生産論」を諸資本の再生産＝循環と，それによって措定される諸所得の流通との，絡み合い縺れ合い条件付け合った運動の分析として，したがって年総生産物の「価値＝素材補塡」とそれを媒介する「貨幣流通＝還流」の両側面の統一としての「再生産＝循環論」として捉えるならば，「再生産論」と「信用論」とは，「貨幣流通＝還流」論を介して内的に連携していくのである。そして，この「エピソード」でマルクス自身が指摘しているように，「本来的な貨幣貸付信用」によって媒介された「貨幣流通＝還流」（「信用還流」）も，結局は，現実資本の再生産過程における「現実的還流」（「真の関係」）から自由ではありえないのである。

　そこでこの「エピソード」についての「解題」を本書の「序章」として，それ以降に発表してきた諸論文のうちの13点を第Ⅰ部〜第Ⅲ部にとりまとめて，本書に収めることとした。いまそれらを初出順に掲げれば次の通りである。

(1) 解題：「エピソード。貨幣の還流運動」──「再生産表式」の形成過程，と同時に「信用。架空資本」の基礎課程，としての──（『武蔵大学論集』第40巻第4号，1993年1月）

(2) ギルバート著『銀行業の歴史と原理』からの引用について──『資本論』第Ⅲ部第25章の編集との関連で──（『武蔵大学論集』第42巻第1号，1994年8月）

(3) 「銀行業者の資本」の「架空性」──『資本論』第Ⅲ部第5篇第29章についての覚え書き──（『武蔵大学論集』第45巻第1号，1997年6月）

(4) 『資本論』第Ⅲ部第28章冒頭部分についての一断章──Ｊ．ウィルソン

「通貨と銀行業」によせて──(『武蔵大学論集』第45巻第2号, 1997年10月)

(5) 『エコノミスト』誌と『ロンドン・ノート』──「信用。架空資本」論によせた一備忘録──(『武蔵大学論集』第46巻第3・4号, 1999年3月)

(6) J. ウィルソンのR. ピール銀行法批判について──「信用。架空資本」論の一源流としての──(『武蔵大学論集』第47巻第3・4号, 2000年3月)

(7) J. ウィルソンの銀行業論──資本主義(比較)構造論によせて──(『武蔵大学論集』第48巻第1号, 2000年8月)

(8) 手稿「信用。架空資本」と両院『委員会報告書』── 一つの備忘録──(『武蔵大学論集』第49巻第1号, 2001年9月)

(9) オーヴァーストーンの「1844年銀行法弁護」──『銀行法特別委員会報告書(1857年)』による覚え書──(『武蔵大学論集』第50巻第2号, 2003年1月)

(10) D. B. チャップマンの「1844年銀行法修正」案──「銀行法特別委員会(1857年)」における──(『武蔵大学論集』第51巻第3・4号, 2004年3月)

(11) W. ニューマーチによるイングランド銀行割引率についての提言──1844年銀行法批判との関連で──(『武蔵大学論集』第53巻第2号, 2005年12月)

(12) 「英語でいう moneyed な Capital」について──『資本論』第Ⅲ部第28章冒頭部分再考──(『武蔵大学論集』第53巻第3・4号, 2006年3月)

(13) 解題:「唯一困難な問題」について──手稿「信用。架空資本」に即して──(『武蔵大学論集』第55巻第3号, 2008年2月)

(14) 「発券銀行業者の立場」と「彼の資本」──『資本論』第Ⅲ部第28章についての覚え書──(『武蔵大学論集』第56巻第3・4号, 2009年3月)

　これらは当初より3部構成の著書を想定して執筆してきたものではない。手稿「信用。架空資本」を読み解くための私自身の苦闘の跡である。
　しかしマルクスの「信用。架空資本」論は,「まえがき」にも記しておいたように, イギリスにおける1844年銀行法を巡るいわゆる「通貨論争」を踏まえた「現状分析」でもあり, したがってマルクス「信用論」を理解するにはその「背景」をなす銀行学派と通貨学派との「通貨論争」を踏まえておくことが不

可欠となる．第2章と第5・6章は直接に「通貨論争」に係わる部分であり，通貨学派が「通貨」の増減と同一視した「地金」の流出入をもたらす基礎となる貿易収支の実態の一端は，第8章から知りうるであろう．またマルクスが前提した信用＝銀行制度の担い手としての商業銀行については，第1～3章や第9章が役立つであろう．抽象的な「序章」を飛ばして，「背景」部分から紐解き始める方が，マルクス「信用論」に接近し易いかも知れないし，またマルクスが解明しようとした「唯一困難な問題」（第Ⅲ部第13章）を現時点に引き寄せて考える場合にも，この「背景」を踏まえておくことが必要であろう．

　いずれにしても，これらの旧稿を一書にまとめるにあたっては，少なくとも重複する部分の削除や，訳語の統一を図るなどの補正の他に，論文の標題などにも手を加え，さらに，特に，(3)(4)(12)などについては大きく書き改めることが必要であった．なお「補遺」などの中には，例えば(4)の一部を「補遺」として新たに(14)に移したものもあるが，また著者にとって割愛するには忍び難く，そのまま「補遺」などとして残したものもある．読者諸賢のご寛恕を請う次第である．

　最後になったが，現下の厳しい出版事情の下で，本書のような純学術研究書の刊行をお引き受け下さった八朔社の片倉和夫氏に謝意を表させて頂きたい．

　2010年3月

著　者　記す

[著者略歴]

小林賢齊（こばやし・まさなり）

1929年　東京に生まれる
1953年　東京大学経済学部(旧制)卒業・東京大学特別研究生，
　　　　武蔵大学経済学部教授，同大学院教授を経て
現　在　武蔵大学名誉教授　経済学博士（東京大学）

主　著　『再生産論の基本問題』（1975年，有斐閣）
　　　　『西ドイツ鉄鋼業――戦後段階＝戦後合理化――』
　　　　　（1983年，有斐閣）
　　　　『概説　経済学原理』（1997年，青山社）
編　著　『山田盛太郎著作集』全6巻〔共篇〕（1983-1985年，岩波書店）
　　　　『資本主義構造論――山田盛太郎東大最終講義――』
　　　　　（2001年，日本経済評論社）

マルクス「信用論」の解明
――その成立史的視座から――

2010年7月25日　第1刷発行
2011年3月20日　第2刷発行

　　　　　　　　　　著　者　　小　林　賢　齊
　　　　　　　　　　発行者　　片　倉　和　夫

　　　　　発行所　　株式会社　八　朔　社
　　　　　東京都新宿区神楽坂2-19　銀鈴会館内
　　　　　振替口座　東京00120-0-111135番
　　　　　Tel.03-3235-1553　Fax.03-3235-5910

Ⓒ小林賢齊，2010　　　　　印刷／製本・信毎書籍印刷
ISBN978-4-86014-049-6

八朔社

大村泉／宮川彰・編
新MEGA第Ⅱ部関連内外研究文献
マルクス／エンゲルス著作邦訳史集成
六三〇〇円

大村泉著
新MEGAと《資本論》の成立
七二八二円

大村泉／宮川彰／大和田寛編著
『学説史』から始める経済学
剰余価値とは何か
二四〇〇円

宮川彰著
再生産論の基礎構造
六〇〇〇円

市原健志著
再生産論史研究
理論発展史的接近
六〇〇〇円

鈴木春二著
再生産論の学説史的研究
四八〇〇円

定価は本体価格です

――― 八朔社 ―――

渡辺恭彦著
18世紀フランスにおけるアンシアン・レジーム
批判と変革の試み ……… 六〇〇〇円

頭川博著
資本と貧困 ……… 二八〇〇円

大石高久著
マルクス全体像の解明 ……… 五五〇〇円

菊池孝美著
フランス対外経済関係の研究
資本輸出・貿易・植民地 ……… 七五七三円

山内清著
価値形態と生産価格 ……… 六〇〇〇円

山内清著
コメンタール資本論
貨幣・資本転化章 ……… 四二〇〇円

定価は本体価格です

―――― 福島大学叢書学術研究書シリーズ ――――

田添京二著	サー・ジェイムズ・ステュアートの経済学	五八〇〇円
小暮厚之著	OPTIMAL CELLS FOR A HISTOGRAM	六〇〇〇円
珠玖拓治著	現代世界経済論序説	二八〇〇円
相澤與一著	社会保障「改革」と現代社会政策論	三〇〇〇円
安富邦雄著	昭和恐慌期救農政策史論	六〇〇〇円
境野健兒／清水修二著	地域社会と学校統廃合	五〇〇〇円
富田哲著	夫婦別姓の法的変遷――ドイツにおける立法化	四八〇〇円

定価は本体価格です